NZZ **Libro**

Markus Freitag und Adrian Vatter (Hrsg.)

Politik und Gesellschaft in der Schweiz

Band 1:
Markus Freitag (Hrsg.),
Das soziale Kapital der Schweiz

Band 2:
Thomas Milic, Bianca Rousselot, Adrian Vatter,
Handbuch der Abstimmungsforschung

Band 3:
Markus Freitag und Adrian Vatter (Hrsg.),
Wahlen und Wähler in der Schweiz

Weitere Bände in Vorbereitung

Verlag Neue Zürcher Zeitung

Handbuch der Abstimmungsforschung

Thomas Milic
Bianca Rousselot
Adrian Vatter

Verlag Neue Zürcher Zeitung

Bibliografische Information der Deutschen Nationalbibliothek

Die Deutsche Nationalbibliothek verzeichnet diese Publikation
in der Deutschen Nationalbibliografie; detaillierte bibliografische Daten
sind im Internet über http://dnb.d-nb.de abrufbar.

© 2014 Verlag Neue Zürcher Zeitung, Zürich

Umschlaggestaltung: icona basel
Gestaltung, Satz: Claudia Wild, Konstanz
Druck, Einband: Freiburger Graphische Betriebe, Freiburg i. Br.

Dieses Werk ist urheberrechtlich geschützt. Die dadurch begründeten Rechte, insbesondere die der Übersetzung, des Nachdrucks, des Vortrags, der Entnahme von Abbildungen und Tabellen, der Funksendung, der Mikroverfilmung oder der Vervielfältigung auf anderen Wegen und der Speicherung in Datenverarbeitungsanlagen, bleiben, auch bei nur auszugsweiser Verwertung, vorbehalten. Eine Vervielfältigung dieses Werks oder von Teilen dieses Werks ist auch im Einzelfall nur in den Grenzen der gesetzlichen Bestimmungen des Urheberrechtsgesetzes in der jeweils geltenden Fassung zulässig. Sie ist grundsätzlich vergütungspflichtig. Zuwiderhandlungen unterliegen den Strafbestimmungen des Urheberrechts.

ISBN 978-3-03823-909-3

www.nzz-libro.ch
NZZ Libro ist ein Imprint der Neuen Zürcher Zeitung

Inhalt

Abbildungsverzeichnis 11
Tabellenverzeichnis 14
Verzeichnis Kästen 16

1 Einleitung 17
1.1 Eine kurze Geschichte der Abstimmungsforschung
    in der Schweiz 22
    1.1.1   Abstimmungsforschung auf der Aggregatdatenebene
             in der Schweiz 25
    1.1.2   Abstimmungsforschung auf der Individualdatenebene
             in der Schweiz 31

**2 Institutionen und Praxis der direkten Demokratie
in der Schweiz** 33
2.1 Typen direktdemokratischer Verfahren 35
2.2 Institutionen und Praxis der direkten Demokratie
    auf der Bundesebene 43
    2.2.1   Das obligatorische Referendum 43
    2.2.2   Das fakultative Referendum 53
    2.2.3   Die Volksinitiative 58
2.3 Institutionen und Praxis direkter Demokratie
    auf der Kantonsebene 70
2.4 Institutionen und Praxis direkter Demokratie
    auf der Gemeindeebene 84

3 Wirkungen der direkten Demokratie in der Schweiz 93

3.1 Die Wirkungen auf die Bürger und die Gesellschaft 93
3.2 Die Wirkungen auf die politische Elite und auf weitere politische Akteure 98
3.3 Die Wirkungen auf die Staatstätigkeit (Policies) 102
3.4 Die Wirkungen auf die Wirtschaft 105
3.5 Die Gesamtwirkungen der direkten Demokratie auf das politische System der Schweiz 109

4 Daten und Methoden in der Abstimmungsforschung 115

4.1 Daten in der empirischen Abstimmungsforschung 115
    4.1.1 Datentypen 117
    4.1.2 Vor- und Nachteile prozessgenerierter Aggregatdaten .. 123
    4.1.3 Vor- und Nachteile umfragebasierter Individualdaten .. 127
    4.1.4 Daten zur Abstimmungsforschung in der Schweiz 130
    4.1.4.1 Aggregatdaten zu eidgenössischen Urnengängen 130
    4.1.4.2 Umfragebasierte Individualdaten zu eidgenössischen Urnengängen 135
4.2 Methoden und Methodenprobleme 138
    4.2.1 Operationalisierung und Messung 139
    4.2.2 Die Fragebogenkonstruktion 144
    4.2.3 Die Stichprobenziehung 146
    4.2.4 Die Auswertung der Daten 155
    4.2.5 Frageeffekte und *non-attitudes* 158
    4.2.6 Wie stabil sind die politischen Einstellungen der Bürger? 162

5 Theoretische Ansätze der Abstimmungsforschung 169

5.1 Strukturtheoretische Ansätze 170
    5.1.1 Strukturtheoretische Ansätze in der Wahl- und Abstimmungsforschung 172
    5.1.1.1 Makrosoziologische Ansätze: Lipsets und Rokkans Cleavage-Theorie 172
    5.1.1.2 Mikrosoziologische Ansätze: das Columbia-Modell ... 175
    5.1.1.3 Kritik an den strukturtheoretischen Ansätzen 180

	5.1.2	Strukturtheoretische Abstimmungsforschung in der Schweiz	182
	5.1.2.1	Ein Beispiel für einen makrosoziologischen Ansatz: Rolf Nefs Modell der sozioökologischen Räume	183
	5.1.2.2	Weitere Schweizer Studien	188
	5.1.2.3	Der «Röstigraben» – eine strukturtheoretische Erklärung für das unterschiedliche Stimmverhalten der beiden grossen Sprachregionen bei aussenpolitischen Abstimmungen	191
5.2		Der sozialpsychologische Ansatz zur Erklärung des politischen Verhaltens	195
	5.2.1	Das Michigan-Modell zur Erklärung des politischen Verhaltens	195
	5.2.1.1	Prämissen und Konzepte des Modells	195
	5.2.1.2	Rezeption und Kritik des Michigan-Modells	202
	5.2.2	Sozialpsychologische Abstimmungsstudien in der Schweiz	205
5.3		Modelle der rationalen Wahl	210
	5.3.1	Die Prämissen der Handlungstheorie und des Rational Choice	212
	5.3.2	Anwendungsprobleme der ökonomischen Theorie: das *paradox of voting*	216
	5.3.3	Stärken des Rational Choice bei der Erklärung des politischen Verhaltens	221
	5.3.4	Ökonomische Stimmverhaltensstudien in der Schweiz	225
5.4		Die kognitionspsychologische Perspektive	233
	5.4.1	Die Organisation politischer Informationen	235
	5.4.1.1	Die Funktionsweise des «politischen Gehirns»	235
	5.4.1.2	Die Integration neuer politischer Informationen	237
	5.4.2	Die Meinungsbildung	238
	5.4.2.1	Onlinebasierte versus memorygestützte Informationsverarbeitung	238
	5.4.2.2	John Zallers RAS-Modell	241
	5.4.2.3	Die Meinungsäusserung	245
	5.4.3	Der Meinungswandel	246
	5.4.3.1	Der überforderte Bürger, Entscheidhilfen und die Demokratiequalität	246

5.4.3.2 Was sind Heuristiken?	248
5.4.3.3 Heuristische und systematische Informationsverarbeitung	249
5.4.3.4 Heuristikanwendung bei Sachabstimmungen	254
5.4.4 Kognitionspsychologisch orientierte Untersuchungen in der Schweizer Abstimmungsforschung	257
5.4.4.1 Heuristiken bei Schweizer Sachabstimmungen	257
5.4.4.2 Der Meinungsbildungsprozess bei Schweizer Sachabstimmungen	260

6 Zentrale Fragestellungen der Abstimmungsforschung ... 263

6.1 Kompetenz und Kognitionsniveau des Stimmbürgers	263
6.1.1 Informiertheit und Demokratiequalität	263
6.1.2 Das Konzept der politischen Expertise	266
6.1.3 Wie gut ist der Schweizer Stimmbürger informiert?	271
6.1.3.1 Exkurs: Wie gut ist das US-Elektorat informiert?	271
6.1.3.2 Gruner und Hertig: die (geringe) materielle Problemlösungskompetenz des Schweizer Stimmbürgers	272
6.1.3.3 Bütschi: das (relativ hohe) individuelle Kompetenzniveau des Schweizer Stimmbürgers	274
6.1.3.4 Kriesi: die (relativ hohe) *political awareness* des Schweizer Stimmbürgers	275
6.1.3.5 Generelle Kritik an der Operationalisierung der Informiertheit	276
6.1.3.6 Wovon die vorlagenspezifische Sachkompetenz abhängig ist	279
6.1.3.7 Der Schweizer Stimmbürger: ein informierter Musterbürger oder ein politischer Ignorant?	282
6.1.4 Zu viel Demokratie macht müde: das Phänomen der *voter fatigue*	283
6.2 Die Rolle der Medien im Abstimmungskampf	285
6.2.1 Der Abstimmungskampf: ein Überblick	287
6.2.2 Die Mediennutzung	296
6.2.3 Meinungsumfragen und Abstimmungsentscheid	302
6.3 Sind Abstimmungen käuflich?	307
6.3.1 Propagandaregulierungen in der Schweiz	307

6.3.2	Die finanziellen Ressourcen der Abstimmungskontrahenten	310
6.3.3	Kann man den Abstimmungserfolg erkaufen?	316
6.3.3.1	Hertig: «Im Prinzip, ja»	316
6.3.3.2	Wie wirken Werbebotschaften auf das einzelne Individuum?	319
6.3.3.3	Die Themenprädisponiertheit	320
6.3.4	Themenprädisponiertheit, Konfliktkonstellation und Käuflichkeit von Abstimmungen	324
6.3.5	Weniger ist manchmal mehr: das Kampagnen-Paradox bei Initiativen	325
6.4	Steuern die Parteien das Volk?	332
6.4.1	Parolenkenntnis	334
6.4.2	Parolenkonformität des Stimmverhaltens	338
6.4.3	Nehmen die Parteien Einfluss auf die inhaltliche Argumentation ihrer Anhängerschaften?	344
6.4.4	Steuern die Parteien das Volk bei Sachabstimmungen?	348
6.5	Die Behörden im Abstimmungskampf	349
6.5.1	Die Einflussmöglichkeiten der Behörden	350
6.5.2	Die Stimmempfehlung des Bundesrats – empirische Ergebnisse	351
6.5.3	Das Bundesbüchlein – staatliches Propagandamaterial?	354
6.5.4	Wie gross ist der Einfluss der Behörden auf das Abstimmungsergebnis?	357
6.6	Kann der Bürger seine Präferenzen an der Urne korrekt umsetzen?	358
6.6.1	Das Konzept des *correct voting*	358
6.6.2	Stimmen die Schweizer korrekt?	363
6.7	Diskriminieren die Stimmbürger gesellschaftliche Minderheiten?	365
6.7.1	Die Einflussfaktoren auf den individuellen Stimmentscheid bei Minderheitenvorlagen	366
6.7.1.1	Die Bedeutung kultureller Wertehaltungen	366
6.7.1.2	Die Relevanz der Sozialstrukturen	368
6.7.1.3	Der Einfluss des politischen Kompetenzniveaus	372
6.7.1.4	Die Effekte politischer Grundhaltungen	373

	6.7.2	Führt die direkte Demokratie zu einer Tyrannei der Mehrheit?	373
	6.7.3	Das Zusammenspiel von individuellen Faktoren und von Vorlageneigenschaften: der Einfluss der Bildung bei unterschiedlichen Minderheitenvorlagen	376
	6.7.4	Diskriminieren die Stimmbürger Minderheiten durch Volksentscheide?	376

7 Partizipation bei Schweizer Sachabstimmungen ... 379

7.1 Eckdaten zur Stimmbeteiligung bei Schweizer Sachabstimmungen ... 380
7.2 Individuelle Determinanten ... 384
    7.2.1 Strukturelle Faktoren ... 384
    7.2.2 Psychologische Faktoren ... 387
    7.2.3 Die ökonomische Theorie der Stimmbeteiligung ... 389
7.3 Institutionelle Faktoren ... 392
7.4 Wären Abstimmungen anders ausgegangen, wenn sich alle beteiligt hätten? ... 395

8 Zusammenfassung und Ausblick ... 399

Literaturverzeichnis ... 425

Abbildungsverzeichnis

Abbildung 2.1: Typen direktdemokratischer Verfahren 41
Abbildung 2.2: Klassifizierung direktdemokratischer Verfahren
nach Vatter (2000) 42
Abbildung 2.3: Erfolgsraten von Volksinitiativen und Referenden
(1848–2013, absolut, in %) 48
Abbildung 3.1: Eine Wirkungsanalyse für das halbdirekt-
demokratische System der Schweiz im Vergleich zu einer
rein repräsentativen Demokratie auf der Basis empirischer
Befunde 111
Abbildung 4.1: Ausschöpfungsquote Vox-Umfragen
(1999–2013, in %) 153
Abbildung 4.2: Links-rechts-Selbsteinschätzung,
Parteiverbundenheit und politisches Interesse 161
Abbildung 5.1: Die vier soziökologischen Räume nach Nef
(1980) 185
Abbildung 5.2: Die Abstimmung über das Bundesgesetz über
die obligatorische Arbeitslosenversicherung und die Insolvenzentschädigung (26.9.2010, Ja-Stimmen-Anteile in %
nach Bezirken) 186
Abbildung 5.3: Der Kausaltrichter der Michigan-Schule 198
Abbildung 5.4: Parteibindungen in der Schweiz. Anteil Parteiungebundener und solcher, die auf die Frage nach der Parteigebundenheit keine materielle Antwort zu geben vermögen
(2000–2012, in % der Stimmberechtigten) 204

Abbildung 5.5: «Rationales», am finanziellen Eigeninteresse orientiertes Stimmverhalten bei der Abstimmung über den Neuen Finanzausgleich (28.11.2004, Nein-Stimmen-Anteile der Kantone in % [schwarze Linie] in der Reihenfolge der wirtschaftlichen Leistungskraft der Kantone [Säulen]) 223

Abbildung 5.6: (Annähernder) Mainstream-Effekt bei der Abstimmung über den Verzicht der Einführung der allgemeinen Volksinitiative (27.9.2009) 244

Abbildung 5.7: Polarisierungseffekt bei der Abstimmung über die Lehrstelleninitiative (18.5.2003) 245

Abbildung 6.1: Vorlagenspezifische Informiertheit der Schweizer gemäss unterschiedlichen Studien (Anteile tief, mittel und hoch informiert, in %) 276

Abbildung 6.2: Häufigkeit der Konfliktkonstellationen bei Sachabstimmungen (1981–2012, n = 259) 289

Abbildung 6.3: Mobilisierung bei Abstimmungen. Anteil eingegangener Stimmzettel im Vorfeld des Urnengangs vom 3.3.2013 im Kanton Genf 291

Abbildung 6.4: Der Inseratenkampagnenverlauf bei den Urnengängen vom 9.2.14 und 18.5.14, Anzahl aufgegebener Inserate in den letzten acht Wochen vor dem Abstimmungstermin 293

Abbildung 6.5: Übersicht der Mediennutzung *earned media* sowie Bundesbüchlein 299

Abbildung 6.6: Übersicht der Mediennutzung *paid media* 300

Abbildung 6.7: Die 13 intensivsten Inseratekampagnen (1981–2010) 315

Abbildung 6.8: Stimmabsichten (in %, geäussert bei der Vorbefragung) und Stimmentscheid (in %, geäussert bei der Nachbefragung) bei den Abstimmungen über das Gurtenobligatorium und die Brotgetreideverordnung (eidgenössischer Urnengang vom 30.11.1980) 322

Abbildung 6.9: Entscheidzeitpunkt und Entscheidschwierigkeit bei 13 ausgewählten Vorlagen (Anteil «von Beginn weg klar» [Säulen] in % und Anteil «eher leichter Entscheid» [Linie] in % aller Stimmenden) 323

Abbildung 6.10: Kampagnenausgaben und Regierungsunterstützung an der Urne (1981–2006) 328

Abbildung 6.11: Propagandastruktur und Abstimmungserfolg
(2005–2011) 330
Abbildung 6.12: Kenntnis der Parteiparolen (Anteile jeweils
in % aller Stimmberechtigten) 335
Abbildung 6.13: Anzahl abweichender kantonaler Parolen und
die Abweichung des Stimmverhaltens der jeweiligen Parteianhängerschaften von der Empfehlung der nationalen
Mutterpartei in Prozentpunkten 340
Abbildung 6.14: Anteil Nutzung Bundesbüchlein
(2000–2013, in % der Teilnehmenden) 355
Abbildung 6.15: Regierungskonformes Stimmverhalten (in %)
und Nutzung des Bundesbüchleins 356
Abbildung 7.1: Beteiligung bei eidgenössischen Urnengängen
(1951–2012, Jahresdurchschnitte und gleitender Fünfjahres-
durchschnitt, in %) 381
Abbildung 7.2: Beteiligungsmuster bei Abstimmungen und
Wahlen in der Stadt St. Gallen (2010–2013) 382
Abbildung 7.3: Typen von Urnengängern und ihre Anteile
am Total aller Stimmberechtigten bei Sachabstimmungen
in der Stadt St. Gallen (2010–2013, in %) 383
Abbildung 7.4: Stimmbeteiligung, Alter und Geschlecht (in %) ... 387
Abbildung 7.5: Stimmbeteiligung in den Kantonen
(2001–2010, in %) 393
Abbildung 7.6: Durchschnittliche kantonale Leerstimmenanteile
bei allen eidgenössischen Abstimmungen (1971–2007, in %) .. 395

Tabellenverzeichnis

Tabelle 2.1: Übersicht über die Volksrechte in der Schweiz
(Bundesebene) 44
Tabelle 2.2: Ergebnisse von obligatorischen und fakultativen
Referenden sowie Volksinitiativen in der Schweiz
(1848–2013) 47
Tabelle 2.3: Beispiele obligatorischer Referenden
(ab 1990, unvollständige Liste) 51
Tabelle 2.4: Themen der eidgenössischen Volksabstimmungen
(1971–2011) 52
Tabelle 2.5: Referendumspflichtige Vorlagen
inklusive dringlich erklärter Bundesbeschlüsse (1874–2011) .. 54
Tabelle 2.6: Beispiele fakultativer Referenden
(ab 1990, unvollständige Liste) 57
Tabelle 2.7: Volksinitiativen und Gegenvorschläge (1848–2013) ... 62
Tabelle 2.8: Beispiele für Volksinitiativen
(ab 1989, unvollständige Liste) 68
Tabelle 2.9: Stimmbeteiligung seit 1990
(Jahresdurchschnitte in %) 70
Tabelle 2.10: Übersicht über die wichtigsten Volksrechte
in den Kantonen 73
Tabelle 2.11: Unterschriftenquorum, Zahl und Erfolgsgrad
kantonaler Volksabstimmungen (1970–2013) 80
Tabelle 2.12: Anteil Gemeinden mit Parlament nach Einwohnerzahl
und Sprachregion (in %) 87
Tabelle 2.13: Typen direktdemokratischer Instrumente
auf der Bundes-, Kantons- und Gemeindeebene 90

Tabelle 4.1: Datentypen und ihre Beziehungen nach
   Aggregierungsniveau 121
Tabelle 4.2: Datentypologie nach Genese und Aggregierungs-
   niveau mit empirischen Beispielen 122
Tabelle 6.1: Durchschnittliche Nutzung von Medienquellen
   (in %) 301
Tabelle 6.2: Geschätzter Kampagnenaufwand für zehn
   ausgewählte Vorlagen gemäss Medienquellen 312
Tabelle 6.3: Abstimmungsresultat und Propagandastruktur
   (1977–1981) 317
Tabelle 6.4: Abstimmungsresultat und Propagandastruktur 317
Tabelle 6.5: Abweichung kantonaler Parolen von jener der nationalen
   Mutterpartei (1981–2011, in %, gerundet) 339
Tabelle 6.6: Parolenkonformität: Abweichung des Stimmverhaltens
   der Parteianhängerschaften von den Parolen ihrer Parteien
   (106 Vorlagen 2000–2011, in %). Total ausgewählte
   Konfliktfelder und -konstellationen 341
Tabelle 6.7: Parolenkonformität: Abweichung des Stimmverhaltens
   der Parteianhängerschaften von den Parolen ihrer Parteien
   (106 Vorlagen 2000–2011, in %). Total ausgewählte
   Konfliktkonfigurationen 341
Tabelle 6.8: Verwendung von Entscheidhilfen bei Abstimmungen
   (Angaben von Empfehlungen bei der Motivfrage, in % aller
   Motivangaben) 353
Tabelle 6.9: *Correct voting* bei Sachabstimmungen in der Schweiz
   (jeweils die drei Höchst- und Tiefstwerte, in %) 364
Tabelle 6.10: Stimmverhalten bei Minderheitenvorlagen 369

Verzeichnis Kästen

Kasten 2.1: Entwicklung der direkten Demokratie in der Schweiz .. 45
Kasten 2.2: Kollision zwischen Stände- und Volksmehr
   bei Abstimmung über Verfassungsänderungen 50
Kasten 2.3: Wie ergreift man das fakultative Referendum? 56
Kasten 2.4: Volksinitiative beim Bund: Verfahrensgang und
   politischer Prozess 60
Kasten 2.5: Völkerrechtswidrigkeit und Ungültigkeit von Volks-
   initiativen 63
Kasten 2.6: Auszug Kantonsverfassung Glarus: Landsgemeinde ... 77

1 Einleitung

Moderne Demokratien kennen zwei spezifische Modi der konventionellen Teilnahme des Bürgers am demokratischen Entscheidungsprozess: den Modus der Wahl und jenen der Abstimmung. Wahlen zeichnen sich dadurch aus, dass sie die Entscheidungsvollmacht übertragen. Sie stellen eine Technik dar, um die Mitglieder von Repräsentativkörperschaften und die Inhaber von Staatsämtern durch die Stimmabgabe der Wahlberechtigten zu bestimmen (vgl. Arzheimer und Falter 2003). Abstimmungen dagegen übertragen keine Entscheidungsvollmacht an Repräsentativorgane, sondern befähigen den Stimmbürger vielmehr dazu, direkt über Sachfragen zu entscheiden. Dabei ist die Abstimmungs- oder direkte Demokratie kein der repräsentativen Demokratie gegenübergestellter, eigenständiger und umfassender Demokratietypus. Vielmehr können direktdemokratische Instrumente als mögliche Bestandteile des komplexen institutionellen Gefüges politischer Systeme und als Elemente der Ausübung der Herrschaftsfunktion verstanden werden, die damit nicht nur ein Mittel zur politischen Bürgerpartizipation darstellen, sondern vielmehr als zusätzliche politische Institutionen einen die repräsentative Demokratie ergänzenden Status erhalten (vgl. Schiller 2002).

Wie in der Wahlforschung kann auch in der Abstimmungsforschung zwischen *System*- und *Verhaltens*forschung unterschieden werden. Während sich die Wahlsystemforschung damit beschäftigt, welche Auswirkungen die unterschiedliche Ausgestaltung des Wahlsystems auf das politische System, auf politische Prozesse und Akteure hat, untersucht die Wahlverhaltens- oder Wählerforschung das individuelle Verhalten der Wähler bzw. die Erklärungsfaktoren für die individuelle Wahlbeteiligung und den Wahlentscheid (vgl. Arzheimer und Falter 2003). Analog gilt, dass sich Abstimmungssystem- oder Direkte-Demokratie-Forschung mit den Auswirkungen der unterschiedlichen Ausgestaltung direktdemokratischer Instrumente auf politische Systeme, Prozesse und Akteure beschäftigt, während Abstimmungsverhaltensforschung, analog zur Wahlverhaltensforschung, folgende Fragen zu beantworten versucht: Welche Bürger beteiligen sich aus welchen Gründen an einer Abstimmung? Wie lässt sich der individuelle Abstimmungsentscheid erklären? Welche Prognosen sind für den Ausgang zukünftiger Abstimmungen möglich? Ist vor allem Wahlverhaltensforschung gemeint, wenn man heute von Wahlforschung spricht, so ist auch Abstimmungsverhaltensforschung gemeint, wenn wir im Rahmen dieses Buches von Abstimmungsforschung sprechen.

Es muss jedoch angefügt werden, dass sowohl Wahlverhaltens- und Wahlsystemforschung als auch Abstimmungsverhaltens- und Abstimmungssystemforschung eng miteinander verbunden sind, da jeweils das System den Rahmen vorgibt, innerhalb dessen sich Verhalten überhaupt erst vollziehen kann, und weil umgekehrt die politischen Wirkungen der Ausgestaltung eines Systems vom tatsächlichen Verhalten der Bürger abhängen (vgl. Arzheimer und Falter 2003). In den gängigen Theorien der Wahlforschung – vom Rational-Choice-Ansatz abgesehen – wurde dem Wahlsystem als möglichem Faktor der Wahlentscheidung nur begrenzt Aufmerksamkeit geschenkt.[1] Bei der Abstimmungsverhaltensforschung hingegen muss zur Beantwortung ihrer Kernfragen das Augenmerk stärker auf den Abstimmungsentscheid beeinflussende Kontextfaktoren wie die Art des direktdemokratischen Instruments und andere, systemische Faktoren gelegt werden, um Unterschiede im Abstimmungsverhalten zu erklären. Dies manifestiert sich unter anderem darin, dass zwar die grossen Theorien der Wahlforschung – der soziologische Ansatz, der sozialpsychologische Ansatz und Rational Choice – auch die grossen Ansätze der Abstimmungsforschung darstellen und es keine alternativen «grossen» Theorien der Abstimmungsforschung gibt. Die Abstimmungsforschung hat sich jedoch schon seit ihren Anfängen mit jenen Spezialfragen beschäftigt, denen wir einen grossen Teil unserer Ausführungen widmen.

---

1 Dies muss heute mit der fortschreitenden Verbreitung neuerer Methoden wie der Mehrebenenanalyse und neuen Datensätzen wie der «Comparative Study of Electoral Research (CSES)», die auch relevante Daten auf Systemebene enthält, die mit Individualdaten verknüpft werden können, etwas relativiert werden.

Das vorliegende Handbuch, das sich als Einführung in die Abstimmungsforschung in der Schweiz an Studierende und Forschende, aber auch an Praktiker und generell Interessierte richtet, beschäftigt sich somit hauptsächlich mit der Abstimmungsverhaltensforschung. Es zieht aber bestimmte Aspekte der institutionellen Systeme, in denen das Abstimmungsverhalten zwangsläufig eingebettet ist, ebenfalls in Betracht. Um ein ganzheitliches Verständnis der direkten Demokratie und der Abstimmungsforschung in der Schweiz zu schaffen, sollen also auch die Wirkungen, welche die direkte Demokratie im politischen System der Schweiz entfaltet, sprich Aspekte der Abstimmungs*systemforschung*, kurz beleuchtet werden. Diese stellen aber, wie erwähnt, nicht das Hauptaugenmerk unserer Studie dar, sondern dienen vielmehr der Einbettung in den weiteren Kontext der Direkte-Demokratie-Forschung.

Der erste Teil des Buches bietet somit einen Überblick über das institutionelle System der direkten Demokratie in der Schweiz und beschreibt die direktdemokratischen Instrumente, die es auf nationaler, kantonaler sowie kommunaler Ebene gibt. Um diese Übersicht systematisch zu gestalten und die direktdemokratischen Instrumente in ihren Grundlagen und potenziellen Wirkungen zu verstehen, werden sie in eine grundlegende Typologie eingebettet, die nicht nur auf die Schweiz bezogen ist, sondern eine generelle Verortung in übergeordneten Demokratietypologien zulässt. Es werden auch einige Eckdaten zu Nutzungshäufigkeiten, Erfolgsquoten, Stimmbeteiligung und betroffenen Politikfeldern vermittelt sowie konkrete Beispiele zu den verschiedenen direktdemokratischen Instrumenten behandelt.

Der zweite Teil widmet sich den Wirkungen dieser Instrumente im schweizerischen politischen System sowohl in Bezug auf Akteure und Prozesse als auch auf die Politikgestaltung und Policy Outputs. Im Zentrum stehen damit die Funktions- und Wirkungsweisen der unmittelbaren Volksrechte im Rahmen eines halbdirektdemokratischen Systems wie der Schweiz auf die Politik, Wirtschaft und Gesellschaft. Hierbei werden insbesondere auch die unterschiedlichen Effekte der direkten Demokratie im Vergleich zu repräsentativen Demokratien herausgearbeitet.

Der dritte Teil beschäftigt sich sodann mit den Daten, die der Abstimmungsforschung in der Schweiz zur Verfügung stehen, und beleuchtet die zur Anwendung kommenden Methoden. Zunächst werden einige grundlegende Eigenschaften von sozialwissenschaftlichen Daten und die Vor- und Nachteile bestimmter Datentypen zur Sprache kommen, aber auch konkrete Datenbeispiele respektive -quellen für die Schweizer Abstimmungsforschung erörtert. Das Hauptaugenmerk liegt neben vornehmlich amtlichen Aggregatdaten auf individuellen Umfragedaten, namentlich den für die Schweizer Abstimmungsanalysen wesentlichen Vox-Analysen. Das Kapitel beschäftigt sich auch mit den Methoden der Datenerhebung und -auswertung sowie den mit ihnen verknüpften methodischen Problemen, besonders den Vox-Umfragen. So kommen Aspekte der Stichprobenziehung ebenso zur Sprache wie Frageeffekte und das Problem der *non-attitudes*.

Das Kernstück dieses Handbuchs ist der vierte Teil, der sich mit den wichtigsten Theorien und Ansätzen der Abstimmungsforschung beschäftigt und deren Anwendung und Entwicklung in der Schweiz beschreibt. Die hier vorgestellten strukturtheoretischen, sozial- und kognitionspsychologischen sowie Rational-Choice-Ansätze stellen zwar die grossen Theorien der Wahl(verhaltens)forschung dar. Sie sind jedoch, wie erwähnt, auch die Basis zur Erklärung des Abstimmungsverhaltens, wenn auch mit besonderen, hier erläuterten Ausprägungen. Zunächst werden in diesem Kapitel die einzelnen Ansätze theoretisch dargestellt. Im Folgenden sollen Anwendungsbeispiele und Weiterentwicklungen aus der nicht schweizerischen, besonders der US-amerikanischen Abstimmungsforschung genannt werden. Sodann werden jeweils die wichtigsten Schweizer Anwendungen vorgestellt und gewürdigt, wobei grosses Gewicht auf aktuellen Studien liegt.

Der fünfte Teil dieses Handbuchs widmet sich den spezifischen Sonderfragen, welche die Abstimmungsforschung – auch als Antwort auf Kritiker der direkten Demokratie – über diejenigen der Wahlforschung hinaus stellen muss (vgl. Cronin 1989). So werden hier Untersuchungen zum Kompetenz- und Kognitionsniveau der Stimmbürgerschaft, zu Medien- und Propagandawirkungen auf das Abstimmungsverhalten, zur Käuflichkeit von Abstimmungen, zu Parteien- und Behördeneinfluss auf das Abstimmungsergebnis, zum *correct voting* sowie zur Rolle von Meinungsumfragen vorgestellt.

Ein letztes Kapitel befasst sich schliesslich mit der Partizipation bei Schweizer Sachabstimmungen und deren Determinanten. Neben individuellen Einflussfaktoren werden institutionelle Determinanten sowie ökonomische Erklärungen beleuchtet. Eine wichtige Frage, die an dieser Stelle behandelt wird: Führen Abstimmungen bei höherer Beteiligung systematisch zu anderen Ergebnissen? Andere wichtige Aspekte sind beispielsweise die Gründe für Abstentionismus oder das Problem der *voter fatigue*, sprich, ob man in der Schweiz von zu viel direkter Demokratie sprechen kann.

Generell liesse sich hier nun die Frage stellen, warum sich ein Werk mit dem Titel *Handbuch der Abstimmungsforschung* ausschliesslich mit der Erklärung des Abstimmungsverhaltens in der direkten Demokratie der Schweiz beschäftigt. Diese Frage wäre durchaus berechtigt, finden doch direktdemokratische Sachabstimmungen auf nationaler, subnationaler und lokaler Ebene nicht nur in der Schweiz, sondern in unterschiedlicher Ausprägung auch in den USA, in verschiedenen europäischen Staaten oder in Südamerika statt (Altman 2010, Hug 2004). Und es ist gerade dieser zunehmende Trend der weltweiten Nutzung direktdemokratischer Instrumente[2] (Hug 2004, Kriesi 2005, Papadopoulos 1998), der aus unserer Sicht ein Überblickswerk über die «grossen Theorien» des Abstimmungsverhaltens und deren empirische Anwendung unabdingbar macht. Es darf jedoch festgehalten werden, dass in keinem anderen Land der Welt die Volksrechte so stark ausgebaut sind und so häufig genutzt werden wie in der Schweiz. Zwischen 1848 und 2013 fanden 571 eidgenössische Volksabstimmungen[3] und damit mehr als die Hälfte aller nationalen Volksabstimmungen weltweit statt (Hug 2004, Kriesi 2005, Vatter 2007a). Somit bietet sich die Schweiz, die zu Recht als die «Avantgarde der direkten Demokratie» bezeichnet werden kann (IRI 2002), als Versuchslabor zur empirischen Erforschung nicht nur der Wirkungen direktdemokratischer Prozesse auf das politische System und seiner

---

2 So stellt Altman (2010: 65) – unter Berücksichtigung der deutlich angestiegenen Anzahl von Staaten – über die letzten 50 Jahre eine Verdoppelung und im Vergleich zum Beginn des 20. Jahrhunderts eine Vervierfachung der Verwendung von direktdemokratischen Instrumenten fest. Zudem weist Scarrow (2001) in etablierten Demokratien auf eine zunehmende Verbreitung direktdemokratischer Instrumente durch institutionelle Reformen hin.

3 Eidgenössische Volksabstimmungen 1848–2013. Bundesamt für Statistik, http://www.bfs.admin.ch/bfs/portal/de/index/themen/17/03/blank/key/eidg __volksinitiativen.html (Zugriff 9.7.2013). Für eine detaillierte Übersicht über die Volksabstimmungen in der Schweiz siehe Centre for Research on Direct Democracy, http://www.c2d.ch (Zugriff 17.6.2014).
http://www.c2d.ch/inner.php?table=country_information&sublinkname =country_information&continent=Europe (Zugriff 9.7.2013).

Akteure, sondern vor allem des Abstimmungsverhaltens geradezu an. Obwohl die hiesige Abstimmungsforschung gerade der US-amerikanischen empirischen Forschung, der wir im Theorieteil ebenfalls viel Raum geben, viel zu verdanken hat, bietet die Schweiz den idealen Anwendungskontext zur Darstellung der grossen Theorien und Sonderfragen der Abstimmungsforschung. Der folgende Überblick über die Entwicklung der Abstimmungsforschung in der Schweiz, der als Einstieg in das Handbuch dient, wird dies genauer veranschaulichen.

1.1 Eine kurze Geschichte der Abstimmungsforschung in der Schweiz

Die Politikwissenschaft in der Schweiz kann – wie anderswo in Europa – als eine «verspätete Sozialwissenschaft» betrachtet werden, die als empirische Erforschung sozialer Phänomene – im Unterschied zur normativen Theoriebildung – zunächst nur in der «Diaspora» verwandter Disziplinen verfolgt und erst spät als eigenständige sozialwissenschaftliche Disziplin etabliert wurde. Wie auch die deutsche Politikwissenschaft war die schweizerische Politologie[4] dabei stark in der US-amerikanischen *political science* verwurzelt, die sich – auch dank der in den 1930er- und 1940er-Jahren emigrierten deutschen Wissenschaftler – früher entwickelt hatte (Patzelt 1993: 260 ff., Ruloff 2003: 22 ff.).

Erst in den 1950er-Jahren bildete sich in der Schweiz das Bewusstsein heraus, «dass Politik weniger als bisher unter dem Gesichtspunkt ihrer institutionellen Aspekte betrachtet werden müsse, sondern mehr unter dem des politischen Verhaltens und Handelns» (Ruloff 2003: 24). Es erstaunt daher nicht, dass auch das Abstimmungsverhalten in der Schweiz mit wenigen Ausnahmen (Giovanoli 1932, Hümbelin 1953, Weber 1963) erst spät Gegenstand empirischer Forschung wurde. Noch zu Beginn der 1970er-Jahre konstatierte Neidhart, dass zwar in der Schweiz dank der «ungebrochenen Geschichte der schweizerischen Demokratie» eine Fülle von politischen Verhaltensdaten existiere, diese

---

4   Eine korrektere, wenn auch weniger gebräuchliche Übertragung des Begriffs Politikwissenschaft ist Politologie, da die Politologie (griech. die *-logie* von *polítes*, Bürgerkunde) im eigentlichen Sinne nur einen Teil des Gegenstandsbereichs der Politikwissenschaft umschreibt (vgl. Patzelt 1993: 12).

aber weitgehend unbearbeitet geblieben sei (Neidhart 1971: 61). Gilg und Gruner (1968: 10) hielten gleichzeitig fest, dass vorangehende Studien «den Volksentscheid aus den wissenschaftlichen Analysen geflissentlich ausklammern, obschon er der zentralste Teil des politischen Prozesses in der direkten Demokratie» sei. Ein Grund für dieses Defizit lag darin, dass es von politischer wie auch wissenschaftlicher Seite in der Schweiz gewisse Vorbehalte gegenüber dem Versuch gab, die Motive und Einstellungen der Stimmbürger bei einem Abstimmungsentscheid auszuloten. «Vox populi, vox dei» war die generelle Auslegung des Volksverdikts an der Urne, wonach im Anschluss an eine Abstimmung nicht herumgedeutet werden sollte, ob das Volk richtig oder falsch entschieden habe (Gilg und Gruner 1968: 10, Linder 1996: 3).

Von Abstimmungsforschung als politikwissenschaftliche Disziplin lässt sich in der Schweiz daher erst ab den 1970er-Jahren sprechen, als sich zwei grobe Forschungsrichtungen herauskristallisierten (Epple-Gass 1989), die erst spät wieder synthetisiert werden sollten (Vatter 1994a). Das hauptsächliche Unterscheidungsmoment dieser beiden Richtungen liegt in den unterschiedlichen Analyseebenen, auf denen das Abstimmungsverhalten untersucht wird: Zum einen wird das Verhalten der Stimmbürger an der Urne auf Individualebene mithilfe von Umfragedaten analysiert, zum anderen ist es auf Aggregatdatenbasis Gegenstand «ökologischer»[5] Untersuchungen.[6]

Während für Aggregatdatenanalysen in der Schweiz eine Fülle von Datenmaterial auf kantonaler und kommunaler Ebene existierte (Neidhart

---

5 «Ökologisch» ist hier im Sinne der politischen Ökologie, d. h. der Kontextanalyse zu verstehen (vgl. griech. «oikos», Haus, Heimat). Siehe auch Seitz (1997: 294, Fussnote 130).

6 Natürlich liesse sich die Schweizer Abstimmungsforschung auch anhand der Zuordnung zu theoretischen Ansätzen unterteilen, wie dies z. B. Linder (1996) tut. Wie dieser betont, sind jedoch «wenige Arbeiten auf einen der drei dominanten Ansätze der soziostrukturellen, der sozial-psychologischen oder der Rational-Choice-Schule zurückzuführen». Da die verschiedenen Studien der schweizerischen Abstimmungsforschung nach theoretischem Ansatz geordnet an anderer Stelle dieses Werks detaillierter beleuchtet werden, wird hier die grobe Unterteilung auf der Basis der Analyseebene unternommen.

1971)[7], mussten die Daten für Untersuchungen auf der Individualebene erst noch erhoben werden. Dies stellte für die Schweizer Abstimmungsforschung jedoch nicht nur aus den oben genannten Gründen und dem allgemeinen Misstrauen der Demoskopie gegenüber ein Problem dar. Es wurde auch bezweifelt, dass Meinungsforschung in der kleinräumigen und sprachkulturell heterogenen Abstimmungsdemokratie Schweiz von Nutzen sei. «In direkten Demokratien mit einer Vielzahl von Abstimmungen zwischen zwei Wahlen kommt der öffentlichen Meinung eine andere Bedeutung zu: Sie interessiert nicht im Umfeld von Wahlen, sondern praktisch permanent. Die kontinuierlichen Entscheidungen sind dabei eine fortgesetzte Möglichkeit, sein eigenes Programm ‹abzustimmen›. Die Abstimmungsdemokratie der Schweiz wurde denn auch häufig als Grund dafür bezeichnet, weshalb es Umfragen hierzulande gar nicht brauche» (Longchamp 1998). Zudem waren die finanziellen Mittel für die Erhebung der Individualdaten durch persönliche Interviews nur relativ schwer zu beschaffen (vgl. Linder 2003).

Erste Erfahrungen mit der politischen Meinungsforschung wurden in der Schweiz in den frühen 1960er-Jahren gemacht (Seitz 1997: 339).[8] Umfragen zu Nationalratswahlen fanden erstmals 1963 im Testkanton Aargau (Gruner 1963) und 1971 gesamtschweizerisch statt (Sidjanski 1972). 1977 gelang es schliesslich auf Initiative des Demoskopen Werner Ebersold und des Berner Historikers Erich Gruner, die Vox-Analysen eidgenössischer Abstimmungen zu lancieren.[9] Die Vox-Nachbefragungen wurden zunächst als Kooperation zwischen der Schweizerischen Gesell-

---

7   Auch die Verarbeitung der eidgenössischen Abstimmungsstatistik wurde ab 1931 beim Bund eingestellt, was Gilg und Gruner (1968) ebenfalls als Zeichen der Scheu vor der wissenschaftlichen Auseinandersetzung mit Abstimmungsergebnissen deuten (Linder 2003). In den 1980er-Jahren baute das Bundesamt für Statistik die «während Jahrzehnten völlig vernachlässigte politische Statistik» jedoch wieder auf.

8   Im Auftrag der *Basler Zeitung* respektive der Liberalen Partei Genf wurden Befragungen zu den beiden eidgenössischen Atomwaffeninitiativen (1962 und 1963) unter ausgewählten Basler Stimmbürgern sowie eine Studie über die kantonalen Wahlen in Genf (1962) durchgeführt.

9   Für eine allgemeine Übersicht über die Geschichte der Demoskopie in der Schweiz siehe Longchamp (1998). Für einen Überblick über die Geschichte der Vox-Analysen siehe Linder (2003) und Longchamp (2007).

schaft für praktische Sozialforschung[10] und dem damaligen Forschungszentrum für Geschichte und Soziologie der schweizerischen Politik an der Universität Bern, ab 1985 dann in der Arbeitsgruppe Vox, der auch die politikwissenschaftlichen Institute der Universitäten Zürich und Genf angehören, durchgeführt. Sie eruierten die *vox populi*, die individuellen Einstellungen und Motive der Stimmbürger in Bezug auf ihren Stimmentscheid. Diese Vox-Umfragen wurden schon bald zu einer unverzichtbaren Informationsquelle für Öffentlichkeit, Medien, Politik und Politologie in der Schweiz (Linder 2003, Longchamp 2007).[11] Damit stand der politikwissenschaftlichen Forschung neben den Aggregatdaten nun auch eine Fülle von Individualdaten für die Abstimmungsanalyse zur Verfügung.

An dieser Stelle wird ein historischer Überblick über die verschiedenen Stationen der Entwicklung der schweizerischen Abstimmungsforschung geliefert, ohne genauere Betrachtung der einzelnen Studien. Eine detaillierte Besprechung der Arbeiten findet sich im Kapitel zur empirischen Abstimmungsforschung in der Schweiz.

1.1.1 Abstimmungsforschung auf der Aggregatdatenebene in der Schweiz

Epple-Gass (1989) unterscheidet drei jüngere «Schulen» der ökologischen Abstimmungsforschung in der Schweiz: die soziologische «Zürcher Schule», die historisch-politologische «Berner Schule» und die «politökonomische Schule». Als weitere «Schule» nennt er eine Reihe von älteren Studien, die – wie man bereits an den unterschiedlichen Publikationsdaten und -orten ablesen kann – jedoch nicht wirklich einer eigentlichen «Schule» zuzuordnen sind. Ihnen ist vor allem gemeinsam, dass sie sich vor den 1970er-Jahren mit Abstimmungsanalysen auseinandersetzten und ihnen daher weniger ausgereifte statistische Methoden

---

10 Die Schweizerische Gesellschaft für praktische Sozialforschung (GfS) wurde 1959 in Zürich gegründet. Selbsterklärtes Ziel der GfS ist es, Ergebnisse und Methoden der Sozialforschung in der Schweiz anzuwenden und bekannt zu machen. Hierfür existieren eine Gesellschaft in Vereinsform und drei kommerzielle Institute (gfs-befragungsdienst, gfs.bern und gfs-zürich) als Aktiengesellschaften, die 1996 von der Gesellschaft getrennt wurden.

11 Zur politischen Sensitivität der Vox-Abstimmungsanalysen siehe Linder (2003a: 232 ff.).

zur Verfügung standen (Epple-Gass 1989: 38, siehe auch Seitz 1997: 308). Zu dieser «alten Schule» zählt Epple-Gass (1989) Autoren wie Batteli (1932), Giovanoli (1932), Hümbelin (1953) und Weber (1963). Laut Seitz (1997) seien auch die Arbeiten von Funk (1925) und Imboden (1963) zu nennen, jedoch handle es sich mit Ausnahme von Hümbelin (1953) nicht um tatsächliche ökologische Abstimmungsanalysen, sondern eher um juristisch und staatspolitisch orientierte Arbeiten mit normativem Unterton, die mehr von «Sorge um die staatsbürgerlichen Grundlagen des politischen Systems» als von wissenschaftlicher Neugier inspiriert gewesen seien. Deren Hauptinteresse galt der Abstimmungsträgheit als «Symptom mangelnder staatsbürgerlicher Anteilnahme» und weniger dem Stimmverhalten (Seitz 1997: 308). Besonders Hümbelin leistet mit seiner Dissertation *Eidgenössische Volksabstimmungen im Lichte der Statistik* von 1953 Pionierarbeit für die schweizerische Abstimmungsforschung, indem er die ihm neu zur Verfügung stehenden statistischen Methoden zur Bestätigung seiner Beobachtungen verwendet und Begrifflichkeiten klar definiert.

Methodologische Pionierarbeit für die schweizerische ökologische Abstimmungsforschung leistete laut Seitz (1997) auch die «soziologische Schule» um die Zürcher Soziologen Nef, Meier-Dallach, Rosenmund und Ritschard sowie den Lausanner Soziologen Joye.[12] Kennzeichnend für diese Schule ist, dass sie zur Erklärung des Abstimmungsverhaltens implizit von einem sozialstrukturellen Modell ausgeht (vgl. Lazarsfeld et al. 1969). Wie Epple-Gass (1989) aufzeigt, lehnen sich die «Zürcher» jedoch auch stark an den strukturtheoretischen Ansatz des Soziologen Heintz (1982) an, den Nef (1980) und Meier-Dallach et al. (1982) in ihren Studien zum Abstimmungsverhalten praktisch anwenden. Gemeinsam ist der «soziologischen Schule», dass ihre Vertreter davon ausgehen, dass das Abstimmungsverhalten «als Ausdruck von räumlich bestimmbaren, kollektiven politischen Orientierungen» betrachtet werden kann (Seitz 1997: 311) und in seiner räumlichen Ausdifferenzierung «nicht amorph variiert, sondern dass in gewissem Ausmass segregierte Verhaltensdimensionen

---

12 Milic (2008a) nennt an dieser Stelle auch Gilg als Vertreter der «soziologischen Schule», da er sich in seinen Studien von den Vertretern der «Zürcher Schule» im methodischen Umgang und nicht in seinen theoretischen Prämissen unterscheide. An dieser Stelle wird Gilg jedoch Epple-Gass (1989) folgend als Vertreter der «historisch-politologischen Berner Schule» diskutiert.

von überdauernder, nicht bloss situativ-partikulärer Bedeutung existieren» (Nef 1980: 155). Ziel der «soziologischen Schule» ist es, solche «Präferenz- oder Konfliktdimensionen», d. h. Dimensionen der politischen Auseinandersetzung, zu bestimmen und räumlich zu verorten.

Als eine der ersten Arbeiten dieser «Zürcher Schule» untersucht Nef (1980) in einer grundlegenden Analyse sämtlicher 137 Volksabstimmungen zwischen 1950 und 1977 die Abstimmungsresultate auf Kantonsebene mit dem Ziel, die Effekte soziostruktureller und soziokultureller Teilung auf das Abstimmungsverhalten zu messen und elementare politische Orientierungsmuster zu eruieren. Er bedient sich dabei vor allem der Faktoranalyse zur Untersuchung des statistischen Zusammenhangs zwischen den kantonalen Abstimmungsergebnissen und der Regressionsanalyse zur Identifikation der «Determinationsmuster», bei denen die Präferenzdimensionen gewissen räumlichen Strukturelementen zugeordnet werden. Weitere Studien von Nef und Ritschard (1983), Meier-Dallach et al. (1982) und Joye (1987) beschäftigen sich ebenfalls mit den «sozioökonomischen Räumen» als Analyseeinheit und versuchen auf ähnliche Weise die durch die unterschiedlichen Raummerkmale stimulierten «Konflikt- oder Präferenzdimensionen» zu identifizieren. Sie unterscheiden sich von der Studie Nefs (1980) vor allem in Bezug auf das Aggregationsniveau und auf die Auswahl der Abstimmungen. Theoretische Annahmen und angewendete Methoden sind ähnlich (Epple-Gass 1989: 48).[13] Genau an diese Aspekte richtet sich die Kritik, die besonders vonseiten der Berner «historisch-politologischen Schule» an den Zürcher Studien geübt wurde.

Wie die Zürcher Schule basiert auch die historisch-politologische Berner Schule auf dem sozialstrukturellen Ansatz. Die beiden Schulen teilen also gewisse Annahmen in Bezug auf die räumliche Ausdifferenzierung des Abstimmungsverhaltens und deren Determinanten[14], und auch in ihrem konzeptionellen Vorgehen weisen die Studien Ähnlichkeiten auf

---

13 Für eine detailliertere Betrachtung dieser Studien siehe Epple-Gass (1989), Seitz (1997) sowie das in diesem Band vorliegende Theoriekapitel.

14 Epple-Gass (1989) nennt als Gemeinsamkeit folgende Annahmen: Abstimmungsentscheide sind Ausdruck von politischen Orientierungen, die sich in der räumlichen Differenzierung des Abstimmungsverhaltens erschliessen lassen und die auf kollektiven Prägungen beruhen. Gruppen von Abstimmungsentscheiden (auch solche unterschiedlichen konkreten Inhalts) offenbaren

(Seitz 1997: 327). Im Gegensatz zur Zürcher Schule hat die Berner Schule jedoch nur einen deskriptiven Anspruch, «ihre theoretischen Annahmen und analytischen Ziele sind bescheiden» (Epple-Gass 1989: 49). Zudem zeichnet sie sich durch eine gewisse Skepsis gegenüber der Zulässigkeit respektive den Ergebnissen der von den Zürchern verwendeten statistischen Methoden aus, was bei den Bernern in einer Art selbstauferlegter methodischer Zurückhaltung – besonders in Bezug auf die in den Zürcher Studien prominente Faktoranalyse[15] – resultiert. Während sich die soziologische Schule also stark statistischer Methoden bedient, ist die Berner Schule klar historisch orientiert. Der von ihrer Seite an die Zürcher gerichtete Vorwurf der Ahistorizität überrascht daher nicht. Dieser bezieht sich vor allem auf die Ausklammerung der geschichtlichen Ebene hinsichtlich der politischen Auseinandersetzung, des Einflusses von Eliten und Medien, Parteien und anderen Organisationen sowie der mangelnden Berücksichtigung der Ähnlichkeit von Inhalt und Konfliktkonstellation bei der Abstimmungsgruppierung (Epple-Gass 1989: 48 f.). Zwar verwenden auch die Berner statistische Methoden, diese werden jedoch auf ihre «historische Plausibilität» geprüft (Seitz 1997: 327).

Als Vertreter der historisch-politologischen Schule ist vor allem der Berner Historiker und Politikwissenschaftler Peter Gilg zu nennen, der als Erster der «jüngeren Schule» ökologische Abstimmungsanalysen durchführte. Gemeinsam mit Ernst Frischknecht veröffentlichte er 1976 die Studie «Regionales Verhalten in eidgenössischen Volksabstimmungen», in der auf Bezirksdatenbasis eine Typologisierung der Kleinregionen der Schweiz in Bezug auf ihr Abstimmungsverhalten vorgenommen

---

    dabei Präferenz- oder Konfliktdimensionen, die sich aus der Korrelation zwischen Zustimmungsprofilen erschliessen lassen (Gilg 1984).

15 In Bezug auf die Faktoranalyse herrscht besondere Skepsis im Hinblick auf die Frage, ob die damit identifizierten Abstimmungsgruppen nicht Artefakte der Methode sind. Kritisiert wird die Methode ebenfalls, wenn die Abstimmungsgruppierung den politischen Realitäten in Bezug auf ihre Wirkung nicht zu entsprechen scheint und zur Interpretation ein zu grosses Mass an Abstraktion notwendig ist (Epple-Gass 1989: 23). Laut Epple-Gass (1989: 23) ist diese Skepsis der Berner Schule vor allem Ausdruck der unterschiedlichen wissenschaftlichen Sozialisation der Zürcher Soziologen und Berner Historiker, die sich mit Abstimmungsforschung beschäftigen.

wird.[16] Dazu bilden auch Gilg und Frischknecht Gruppen von Abstimmungen, deren Ähnlichkeit sie untereinander jedoch mithilfe von Korrelationen eruieren und die sie anschliessend auf ihre inhaltliche Relevanz prüfen.[17] Mithilfe einer Faktoranalyse, welche die Korrelationsanalyse weitgehend bestätigt, zeigen sie schliesslich, «wie sich die politische Landschaft der Schweiz in dreifacher Hinsicht in drei Grossräume gliedern lässt» (Gilg und Frischknecht 1976: 197). In der 1987 folgenden Arbeit «Stabilität und Wandel im Spiegel des regionalen Abstimmungsverhaltens» schliesst Gilg an den deskriptiven Anspruch seiner früheren Studie an, verzichtet in seinem Versuch einer Gliederung der schweizerischen politischen Landschaft diesmal jedoch gänzlich auf die Methode der Faktoranalyse. Er analysiert die Volksabstimmung von 1874 bis 1980, unterteilt in sechs Perioden, für die er unterschiedliche Präferenz- oder Konfliktdimensionen festhält.[18] Aus diesen Konfliktdimensionen kristallisieren sich in der Analyse schliesslich temporär mehr oder minder konstante Pole[19] heraus, die Gilg unterschiedlichen regionalen Charakteristika zuordnet.

Die Stärke der Berner Schule ist ihre kritische Distanz zu den verwendeten statistischen Methoden sowie zu ihren eigenen Annahmen: Durch den Verzicht auf Faktoranalysen und die Gruppierung von solchen Abstimmungen, die untereinander stark korrelieren, soll der Kritik begegnet werden, dass eine induktiv gewonnene Abstimmungsgruppe nicht unbedingt eine Präferenzdimension repräsentiert. Denn es kann nicht davon ausgegangen werden, dass Abstimmungsvorlagen in der ganzen Schweiz einheitlich rezipiert werden (Epple-Gass 1989: 50, Seitz 1997: 331). Die Schwäche der Berner Schule ist wiederum ihre Theorieabstinenz und ihr bereits erwähnter deskriptiver Charakter. «Die Rückkoppelung des Ab-

---

16 Die Bezirksdatenbasis scheint für Gilg und seine Mitarbeiter vielversprechender, da die Kantone ihm «als Räume für kollektive politische Orientierungen, für die politische Kultur» zu heterogen erscheinen (Seitz 1997: 328).

17 Gilg verwendet für seine Analysen nur Abstimmungsvorlagen mit eindeutigen Korrelationen (1976: Korrelationskoeffizient von mindestens |.5|, 1987: Korrelationskoeffizient von mindestens |.7|).

18 Für eine detailliertere Diskussion der Perioden und der für sie charakteristischen Präferenzdimensionen siehe Seitz (1997: 323 ff.).

19 Als konstant erweist sich der «konservative Pol», während der «progressive Pol» höhere Variablität zeigt (siehe Seitz 1997: 326 ff.).

stimmungsverhaltens zu soziostrukturellen und -kulturellen Merkmalen der regionalen Untersuchungseinheiten bleibt oberflächlich und statistisch ungeprüft» (Epple-Gass 1989: 51). Eine schwache theoretische Abstützung kommt vor allem dort zum Vorschein, wo wegen mangelnder Erklärungskraft des Vorlageninhalts Faktoren wie Sprache und Urbanität eingeführt werden, deren Verhaltensrelevanz jedoch unerklärt bleibt, und die auf anderer Ebene anzusiedeln sind als inhaltsbezogene Faktoren.

Kritik an beiden Schulen und ihrem induktiven Vorgehen bei der Gewinnung der Abstimmungsgruppen übt Gruner (1987: 285 f.): «Sie machen eine aus Abstimmungsverhalten hergeleitete Subkultur zu einem Substrat», das «dann wieder das Abstimmungsverhalten erklärt». Kritisch betrachtet werden kann auch die «Stabilitätsfixierung» beider Schulen, die sich ebenfalls – theoretisch – als Artefakt der Methode (hier der Korrelationsanalyse) ergibt, da zufällige mit erklärbaren Ähnlichkeiten verglichen werden (Epple-Gass 1989: 53).[20]

Dieser «Stabilitätsfalle» entgeht die politökonomische Schule, die Epple-Gass (1989) ebenfalls zur ökologischen Abstimmungsforschung zählt. Laut Epple-Gass ist der politökonomische Ansatz dynamisch, da er die wirtschaftliche Entwicklung in die Analyse miteinbezieht und sich für die Veränderung des Abstimmungsverhaltens interessiert. Die politökonomische Schule geht von der grundlegenden Annahme aus, dass individuelles Verhalten im wirtschaftlichen und politischen Bereich durch den gleichen Ansatz erklärt werden kann. Parteien, Politiker und Wähler verhalten sich wie rationale Akteure auf einem Markt, auf dem politische Macht in Form von Wählerstimmen gegen die Realisierung politischer Ziele getauscht wird. Die Rationalität der Marktteilnehmer bezieht sich dabei ausschliesslich auf die optimale Erreichung ihrer persönlichen ökonomischen und politischen Ziele (Downs 1957b). Auch in der schweizerischen direkten Demokratie kann der Bürger sein politisches «Geld» einsetzen, und zwar nicht nur im Rahmen von Wahlen, sondern mehrmals jährlich durch seinen Abstimmungsentscheid. Zur Reduktion der Informationskosten verwendet der nutzenmaximierende Stimmbürger dabei jedoch eine Abkürzung, d. h. leicht verfügbare Informationen über die Wirtschaftslage: «Voters tend to blame the government when economic conditions worsen, and to support the government when

---

20 Weitere Kritikpunkte sowie Anforderungen an die Analyse von Abstimmungen bzw. Abstimmungspaketen spricht Seitz (1997) an.

economic conditions improve. It is therefore hypothesized that the better the state of the economy, the smaller the share of voters rejecting a referendum» (Schneider et al. 1981: 235).

Vertreter dieser politökonomischen Schule in der Schweiz sind Friedrich Schneider und Werner Pommerehne, die in verschiedenen Studien (Pommerehne und Schneider 1985, Schneider 1985, Schneider et al. 1981) versuchen, politökonomische Hypothesen bezüglich des Zusammenhangs zwischen Abstimmungsverhalten und wirtschaftlichen Rahmenbedingungen, Parolen von Interessengruppen bzw. der Kaufkraftinzidenz zu testen. In einer späteren Anwendung dieses Ansatzes überprüft Adrian Vatter in seiner Dissertation von 1994 anhand von 20 kantonalen Finanzvorlagen, inwiefern sich politische Akteure eigennützig verhalten und somit der ökonomischen Theorie entsprechend handeln. Er kommt zum Schluss, dass der Ansatz nur eingeschränkt unter bestimmten Bedingungen anwendbar ist (Vatter 1994a).

Neben diesen drei respektive vier von Epple-Gass benannten Haupt-Schulen der Abstimmungsforschung auf Aggregatebene in der Schweiz nennt Seitz eine weitere, jüngere Schule um den Lausanner Politikwissenschaftler Papadopoulos, die sich insbesondere mit der Rolle der Eliten beschäftigt (Seitz 1997: 309). Wie Linder (2003: 233) jedoch anfügt, «brach die kaum begonnene akademische Tradition» der Aggregatdatenanalyse in der Abstimmungsforschung an den Schweizer Universitäten trotz einiger Widerbelebungsversuche (Linder et al. 2000) und trotz ihrer praktischen Vorteile hinsichtlich der Datenverfügbarkeit jäh ab. Ein Grund dafür lag darin, dass das Bundesamt für Statistik die Finanzierung der Aggregatdatenstudien einstellte.

1.1.2 Abstimmungsforschung auf der Individualdatenebene in der Schweiz
Seit 1977 führt die Vox-Arbeitsgemeinschaft regelmässig Abstimmungsanalysen zu den einzelnen eidgenössischen Vorlagen durch. Einen wichtigen Schritt für die schweizerische Abstimmungsforschung machten Gruner und Hertig 1983, als sie erstmals systematisch einen Datenpool der Vox auswerteten. Dieser enthielt die ersten 41 Vorlagen, für die Individualdaten erhoben wurden, und damit über 7000 Fälle (Gruner und Hertig 1983, siehe auch Linder 2003: 231, Trechsel 2002: 559). Ihr Hauptinteresse gilt in dieser Studie der Frage, wie die Stimmbürger auf behörden- und medienseitige Informationsangebote, Parolen und Propaganda

reagieren und wie hoch ihre politische Kompetenz ist. Die zentrale Hypothese von Gruner und Hertig ist, dass die Stimmbürgerschaft von der Komplexität der Sachentscheidungen im modernen Dienstleistungsstaat überfordert ist. Sie kommen zum Schluss, dass die «materielle Problemlösungskapazität» der Stimmberechtigten niedrig ist und sehen ihre Hypothese damit bestätigt. Zehn Jahre später veröffentlicht Kriesi (1993) von ihm und seinem Genfer Team durchgeführte Abstimmungsstudien, die auf einem Datensatz der Vox-Analysen von 1981 bis 1991 mit etwa 20 000 Fällen beruhen. Wie bereits die Studie von Gruner und Hertig beschäftigt sich der Sammelband mit Fragen zum Abstimmungsverhalten, zur politischen Kompetenz sowie zur Partizipation.

Nach diesen Pionierarbeiten machte die schweizerische Abstimmungsforschung auf Individualdatenebene grosse Fortschritte und seither wurden verschiedentliche Untersuchungen zu spezifischen Fragestellungen und auf Basis variierender theoretischer Ansätze vorgenommen. Details zu diesen Studien finden sich in den Kapiteln zur empirischen Abstimmungsforschung in der Schweiz. An dieser Stelle folgt ein Überblick über die direktdemokratischen Instrumente der Schweiz.

2 Institutionen und Praxis
der direkten Demokratie in der Schweiz

In modernen Demokratien gibt es prinzipiell zwei spezifische Formen der konventionellen Teilnahme des Bürgers am demokratischen Entscheidungsprozess: den Modus der Wahl und den Modus der Abstimmung. Abstimmungen unterscheiden sich von Wahlen dadurch, dass sie keinen Partizipationsmodus zur Übertragung von Entscheidungsvollmacht auf Repräsentativorgane, sondern einen Modus zur direkten Entscheidung der Stimmbürger über Sachfragen darstellen.[21] Abstimmungen sind damit Teil dessen, was man als direktdemokratische Mitbestimmung bezeichnen kann, und schliessen per definitionem Verfahren der Direktwahl oder Abberufung von Amtsträgern aus.[22] Der Begriff «direkte

---

21 Nach Nohlen (2004) sind Wahlen grundsätzlich zu definieren als eine «Technik, eine Körperschaft zu bilden oder eine Person mit einer Führungsposition zu betrauen». Mit anderen Worten, sie sind nicht ipso facto als demokratisch zu betrachten, sondern nur wenn bestimmte Kriterien bezüglich der Erteilung von Wahlberechtigung, des Auswahlangebotes der Entscheidung sowie der Feststellung des Wahlergebnisses erfüllt sind. Dies ist analog auch bei direktdemokratischen Sachabstimmungen der Fall.

22 Direktwahlen oder Abwahlen von Amtsträgern, z.B. Regierungschefs oder Bürgermeister, gehören somit nicht zur direkten, sondern zur repräsentativen Demokratie (vgl. Schiller 2002). Cronin (1989) hat in Bezug auf die Abberufung von Amtsträgern im US-amerikanischen Kontext jedoch eine andere Sicht. Da die Abberufung durch die Wahlberechtigten im Gegensatz zum Impeachment ein politischer und nicht ein *semi-judicial*-Akt ist, dessen Urheber nicht das Parlament, sondern das Volk ist, betrachtet Cronin diese als

Demokratie» wird dabei häufig explizit oder implizit als Bezeichnung für einen eigenständigen, der repräsentativen Demokratie antithetisch gegenüberstehenden Demokratietypus verwendet (Schmidt 1995). Unter den Bedingungen der Moderne sind die heutigen Demokratien, die sich sowohl durch Flächenstaatlichkeit als auch durch arbeitsteilige, pluralistische Gesellschaften auszeichnen, jedoch ipso facto repräsentativ verfasst (Kelsen 1981, Schiller 2002).[23] Direktdemokratische Instrumente haben in diesen repräsentativen Demokratien also «nur» einen Ergänzungsstatus (Schiller 2002: 36). Als Elemente der Herrschaftsfunktion, und nicht nur Instrumente der Partizipation, sind sie – je nach Ausgestaltung – als ergänzende Institutionen (z.B. als Legislativinstanz) im demokratischen politischen System zu verstehen und haben auf dieses einen mehr oder minder starken transformierenden Einfluss.[24] In anderen Worten lassen sich direktdemokratische Instrumente auf unterschiedliche Weise im «Dreieck der Verfassungsorgane» – Legislative, Exekutive, Judikative – eines jeweiligen politischen Systems verorten und mit ihrem jeweiligen Ergänzungsstatus gewichten (Schiller 2002: 18). Sprechen wir von direkter Demokratie, so meinen wir hier die «Gesamtheit der Instru-

---

direktdemokratisches Instrument. Es handelt sich jedoch auch hier um eine Entscheidung über eine Repräsentativkörperschaft und nicht um eine Sachentscheidung, weshalb wir die Abberufung nicht zu den direktdemokratischen Instrumenten zählen.

23 So stellt laut Kelsen (1981: 24) die als alternatives politisches System betrachtete direkte Demokratie «mit Rücksicht auf die Grösse des modernen Staates und die Vielfältigkeit seiner Aufgaben» keine mögliche politische Form mehr dar, sodass der Bürger zwangsläufig die Entscheidung von Sachfragen Berufspolitikern überlassen muss. «Als strukturbestimmende Verfassungsinstitution eignet sich die direkte Demokratie nur für politische Systeme, die nach Zahl der Teilnahmeberechtigten klein, nach Fläche überschaubar und nach Zahl und Art der zu entscheidenden Themen von geringer Komplexität sind» (Schmidt 1995: 231, Schmidt 2000). Für Ausführungen zu den klassischen Argumenten zu repräsentativer und direkter Demokratie siehe Held (1996) und Birch (1993).

24 Vgl. Marxer und Pállinger (2007). Für eine ausführliche Diskussion über den Zusammenhang zwischen Systemtypus und direktdemokratischen Verfahren siehe Jung (2001) und Vatter (2000, 2009, 2014). Vgl. auch das folgende Kapitel zu den Wirkungen der direkten Demokratie.

mente direktdemokratischer Entscheidfindung» (Jung 2001: 13), die sich in unterschiedlichen Systemen auf verschiedene Weisen manifestieren.

Wie Wahlen durch Wahlgesetze geordnet werden, so sind auch für direktdemokratische Instrumente Verfahrensregeln erforderlich, die diese Instrumente nicht nur zwischen unterschiedlichen politischen Systemen, sondern auch innerhalb des gleichen politischen Systems differenzieren.[25] Diese Verfahrensregeln können dabei sehr unterschiedlich ausgestaltet sein und den Akteuren – seien dies Regierung, Opposition, Parteien oder sei dies die Gesamtheit der Stimmberechtigten – ein unterschiedliches Mass an Entscheidungsmacht zuschreiben. Im Folgenden sollen daher die wichtigsten Kriterien, nach denen sich direktdemokratische Instrumente unterscheiden lassen, dargestellt und darauf aufbauend eine weiterreichende Typologie direktdemokratischer Instrumente eingeführt werden.

2.1 Typen direktdemokratischer Verfahren

Das gestiegene Interesse an direktdemokratischen Verfahren führte in den letzten Jahren zu dem Versuch, die verschiedenen Instrumente der direkten Demokratie zu kategorisieren und eine solche Abstimmungstypologie auch in übergeordnete Typologien demokratischer Systeme, wie z. B. Lijpharts (1999, 2012) Unterscheidung in Mehrheits- und Konsensusdemokratie, einzubetten.[26] Dabei können, je nach Herangehensweise, verschie-

---

25 «The embedding of direct-democratic procedures in the overall system requires the creation of appropriate rules of procedure and participation which should ensure that the functioning of the political system is not impaired by the existence of non-congruent instruments» (Marxer und Pállinger 2007: 14). Hierzu sind Adaptionsmechanismen vonnöten, welche die formelle Kompatibilität des direktdemokratischen Instruments mit dem repräsentativen politischen Prozess und dem Rechtssystem sicherstellen. Diese Kriterien oder *adaption mechanisms* lassen sich auch zur Typologisierung direktdemokratischer Instrumente und deren Verknüpfung mit übergeordneten Demokratietypologien verwenden.

26 Wie Marxer und Pállinger (2007) festhalten, gibt es in der Politikwissenschaft verschiedene Ansätze, um die modi operandi und institutionellen Formen verschiedener politischer Systeme zu verstehen und zu vergleichen. Neben

dene Kriterien zur Anwendung kommen. Als wegweisend gilt der Typologisierungsversuch von Smith (1976), der direktdemokratische Verfahren zum einen danach unterscheidet, welchen Grad an Kontrolle in Bezug sowohl auf die Auslösung als auch die genaue Fragestellung die Regierenden über das Verfahren haben, und zum anderen, ob diese hegemoniale oder antihegemoniale Konsequenzen für das Regime haben können.[27] Ein weiterer Kategorisierungsversuch, der auch übergeordnete Typologien demokratischer Systeme berücksichtigt, stammt von Jung (2001: 90). Aufbauend auf den Arbeiten von Smith (1976), Moeckli (1991, 1994) und anderen (etwa Hamon 1995, Setälä 1999, Suksi 1993, Uleri 1996) schlägt Jung zusammenfassend vier hauptsächliche Kriterien zur Klassifikation vor:

1) die auslösende Instanz (Wer verfügt über die Kompetenz zur Auslösung einer Abstimmung?);
2) die Urheberschaft des Abstimmungsgegenstands (Wer ist der Urheber der zur Abstimmung stehenden Vorlage?);
3) den Charakter der Abstimmung (Hat die Abstimmung Zustimmungs- oder Entscheidungscharakter, d. h. findet sie vor oder erst nach einem Parlamentsentscheid statt?); sowie
4) die Regeln der Abstimmung (Nach welchen Regeln wird entschieden? Gilt das einfache Mehr oder existieren bestimmte Zustimmungs- und/oder Beteiligungsquoren?).

---

der klassischen Differenzierung zwischen parlamentarischen und präsidentiellen Demokratien und dem Veto-Spieler-Ansatz ist vor allem die auf Lijphart (1984, 1999, 2012) basierende Unterscheidung zwischen Mehrheits- versus Konsensusdemokratie von Bedeutung. Keiner dieser Ansätze hat bisher eine systematische Verknüpfung der direkten Demokratie mit anderen Demokratietypen herstellen können. Diese Lücke schliesst laut Marxer und Pállinger ein Ansatz, der die Arbeiten von Jung (2001) und Vatter (2000, 2009) verbindet. Auch in diesem Handbuch stützen wir uns zur Einordnung der beschriebenen direktdemokratischen Instrumente auf diesen kombinierten Ansatz (vgl. auch Vatter 2014).

27 Lijphart selbst verwendete Smiths Typologie und kam zum Schluss, dass «most referendums are both controlled and hegemonic» (Lijphart 1984: 203). Dies wird jedoch von Autoren wie Qvortrup (2005) infrage gestellt.

Für eine Typologisierung direktdemokratischer Instrumente, die hier vor allem dazu dienen soll, die in der Schweiz existierenden Volksrechte zu kategorisieren und gleichzeitig in die übergeordnete Lijphart'sche Demokratietypologie einzubetten und somit Vergleiche mit anderen Systemen zu erlauben, fokussieren wir auf die Kriterien 1, 2 und 4, da diese die Charakteristika der verschiedenen direktdemokratischen Instrumente hinsichtlich Form und Wirkung hinreichend beschreiben.[28]

In Bezug auf das erste Kriterium können eine Reihe von Merkmalsausprägungen festgehalten werden, die sich wiederum in unterschiedlicher Weise in die Demokratietypologie Lijpharts (1999, 2012) einbetten lassen. Als auslösende Instanz kommen beispielsweise die Regierung, eine Parlamentsmehrheit respektive -minderheit in einer oder beiden Kammern, das Staatsoberhaupt, eine bestimmte Anzahl von Regionalparlamenten oder -regierungen oder das Volk, sprich ein Teil der Stimmbürgerschaft, infrage. Setzt man diese verschiedenen Ausprägungen in einen Zusammenhang mit dem Grad des Konkordanz- respektive Mehrheitscharakters eines Systems, so lassen sich diese in zwei grobe Kategorien zusammenfassen: Auf der einen Seite liegt das Auslöserecht bei den «Regierenden», was tendenziell dem Mehrheitsprinzip entspricht, auf der anderen Seite

---

28 Laut Jung (2001: 85) ist eine Unterscheidung nach rechtlicher Verbindlichkeit des Ergebnisses einer Abstimmung sowie nach dauerhafter Normierung versus ad hoc gesetzten Abstimmungen unnötig. Denn einerseits kommt auch konsultativen, d. h. rechtlich nicht bindenden Abstimmungen in der Praxis faktische Bindungswirkung zu. Andererseits können ad hoc Abstimmungen nur von Regierungsseite angesetzt werden und dieses Instrument unterscheidet sich in Charakter und Wirkungsweise nicht von anderen Referenden mit der Urheberschaft der Regierung. Laut Jung (2001) können diese Kriterien bei der Typenbildung somit vernachlässigt werden. Andere Autoren beziehen diese jedoch mit ein (vgl. Schiller 2002). Auch wir unterscheiden kontrollierte Referenden nach der Normierungsstufe, differenzieren also zwischen Plebisziten und passiven fakultativen Referenden (siehe unten). Rechtlich nicht bindende Abstimmungen wie z. B. Volksbegehren, die eine unverbindliche Form der Volksinitiative darstellen, die vom Parlament bearbeitet werden muss, aber zu keiner Referendumsabstimmung führt, berücksichtigen wir hier analog zu Vatter (2014) nicht.

liegt es beim «Volk»[29], was eher dem Konkordanz- oder Machtteilungsprinzip entspricht. Wie Vatter (2014) sprechen wir in Anlehnung an Suksi (1993) und Hug (2004) von «kontrollierten» respektive «passiven» Referenden, wenn Regierung oder Parlamentsmehrheit als auslösende Instanz fungieren, und von «unkontrollierten» respektive «aktiven» Referenden, wenn eine Minderheit der Stimmbürgerschaft bzw. eine parlamentarische Minderheit ein Referendum auslösen kann.[30] Plebiszite[31], die in der Regel durch die Regierung ausgelöste Ad-hoc-Referenden sind, für die keine Verfassungs- oder andere gesetzliche Provisionen bestehen, und normierte, durch die Regierungsmehrheit ausgelöste fakultative Referenden sind den passiven, kontrollierten Referenden zuzuordnen. Volksinitiativen und fakultative Referenden, die vonseiten des Volkes respektive einer Minderheit lanciert werden können, stellen hingegen Formen aktiver, unkontrollierter Referenden dar.[32]

---

29 Jung (2001) subsumiert unter «Volk» hier alle Akteure, die zur regierenden Mehrheit in Opposition stehen, also auch parlamentarische Minderheiten und Regionalparlamente, bezieht sich in ihren Ausführungen jedoch explizit auf die Auslösung durch das «Volk», also den Bürger, im engeren Sinne.

30 Hug (2004: 323) spricht von «aktiven» Referenden, da hier zivilgesellschaftliche Akteure (z. B. Bürgerkomitees, Parteien, Verbände) bei der Lancierung eine wichtige Rolle spielen können, während sie bei der Auslösung kontrollierter Referenden eine «passive» Rolle spielen. Vgl. hierzu auch Suksi 1993: 7.

31 In der Literatur gibt es verschiedene Definitionen des Plebiszits. Wir beziehen uns hier auf Suksi (1993: 10): «A ‹plebiscite› can be characterized in two different ways. First, it may be an ‹ad hoc referendum› for which there exist no permanent provisions in the constitution or in ordinary legislation. A ‹plebiscite› is thus organized when needed. Second, it might deal with something other than a law or bill considered by parliament. A ‹plebiscite› is often a vote of confidence in disguise on the policies of the government or the head of state.» Wie Vatter (2014) ausführt, findet man Plebiszite oft in präsidialen Demokratien respektive in eher instabilen Demokratien, während die Nutzung anderer, unkontrollierter Formen der direkten Demokratie mit einem höheren Demokratisierungsniveau einhergeht.

32 Zu fakultativen Referenden schreibt Suksi (1993: 28–29) Folgendes: «Some constitutions provide for a referendum to be organized in specific cases in order to obtain the people's approval of a measure. Such referendums are *mandatory* [sic!]. If a referendum is not mandatory, it is *facultative* [sic!].

Auch die Verfassung respektive andere Gesetzgebung kann als auslösende Instanz fungieren, wenn eine Abstimmung (verfassungs-)rechtlich vorgeschrieben und die Auslösung somit automatisch erfolgt. Laut Vatter (2014) nehmen solche obligatorisch genannten Referenden eine mittlere Stellung zwischen kontrollierten und unkontrollierten Referenden ein, da einerseits die Regierung hier das Agenda-Setting (siehe unten) übernimmt, sie andererseits aber keine Kontrolle über die Durchführung der Abstimmung hat, da diese automatisch stattfindet. Laut Setälä (2006: 711) zeichnen sich obligatorische Referenden somit durch mittlere Regierungskontrolle aus.[33]

Analog zu dieser dichotomen Kategorisierung lassen sich auch die Ausprägungen des zweiten Kriteriums, der Urheberschaft des Abstimmungsgegenstands, in zwei Kategorien zusammenfassen: Entweder stammt die Vorlage vom Volk oder von den Regierenden. Dies ist ein nicht zu vernachlässigendes Kriterium. Es unterscheidet danach, ob das Volk lediglich sein Veto gegen parlamentarisch verabschiedete Gesetze einlegen kann oder ob es selbst aktiv die Agenda mitzubestimmen und gesetzesinitiativ tätig zu werden vermag. Letzteres stellt dabei das stärker machtteilungsorientierte Instrument dar, da hier das Volk auch gegen den Willen der Regierungsseite Themen auf die politische Agenda setzen und Entscheidungen erzwingen kann. Eine Gesetzes- oder Verfassungsinitiative, bei der eine Minderheit die Agenda bestimmt, erlaubt der

---

Thus a facultative referendum encompasses everything that cannot be classified as a mandatory referendum, for instance, cases in which a certain number of the members of parliament can require a referendum to be held.» Wird ein durch Gesetzgebung normiertes fakultatives Referendum durch die Regierung ausgelöst, kann es also als kontrolliertes, passives Referendum betrachtet werden. Wird es dagegen durch das Volk respektive eine Minderheit z. B. des Parlaments ausgelöst, kann es als unkontrolliertes respektive aktives Referendum bezeichnet werden.

33 «The level of governmental control over mandatory referendums depends on the extent to which governments have the authority to interpret the constitution» (Setälä 2006: 715). Jung (2001: 92 f.) vertritt hier eine etwas andere Position: Laut ihr kann auch die Verfassung als auslösende Instanz unter der Kategorie «Volk» zusammengefasst werden, sie sieht hier also eher eine schwache Regierungskontrolle.

Regierung also weniger Kontrolle als ein fakultatives Referendum oder Plebiszit, bei denen die Mehrheit die alleinige Agenda-Setting-Macht innehat.

Zentral ist neben dem ersten und zweiten auch das vierte genannte Kriterium[34], dessen Merkmalsausprägungen sich danach differenzieren lassen, ob Entscheidungen mit einfacher Mehrheit der gültigen abgegebenen Stimmen getroffen werden können, oder aber ob bestimmte Quoren gelten. Letztere lassen sich wiederum in Zustimmungs- und Beteiligungsquoren unterteilen. Mit Beteiligungsquoren soll eine gewisse Repräsentativität und Legitimität des Entscheids gewährleistet werden, indem für die Gültigkeit einer Abstimmung vorausgesetzt wird, dass sich ein bestimmter Prozentsatz der Wahlberechtigten beteiligt. Bei Zustimmungsquoren geht es hingegen um die «Maximierung der Zustimmung». Als Beispiele sind eine Zweidrittelmehrheit oder eine Mehrheit der Abstimmenden in einer Mehrheit der Gliedkörperschaften (Schweiz: Kantone) zu nennen, derer es bedarf, damit eine Vorlage als angenommen gilt. Auch hiermit sollen Legitimität und Repräsentativität erhöht werden. Somit lässt sich auch das vierte Kriterium dichotom in Abstimmungen mit einfachem Mehr versus Abstimmungen, bei denen ein (Zustimmungs- oder Beteiligungs-)Quorum gilt, unterscheiden, wobei das einfache Mehr eher dem Mehrheits- und das qualifizierte Mehr eher dem Konsensusprinzip entspricht (Vatter 2000, 2009).

Zusammenfassend können Volksabstimmungen also danach differenziert werden, wer die auslösende Instanz, wer der Urheber der Vorlage und ob ein einfaches oder qualifiziertes Mehr erforderlich ist. In Anlehnung an Jung (2001) und Vatter (2000, 2009, 2014) lassen sich die direktdemokratischen Verfahren wie folgt (Abbildung 2.1) einordnen:

---

[34] Auch das dritte Kriterium lässt sich dichotom nach Zustimmungs- und Entscheidungsreferendum differenzieren, je nachdem ob bereits ein Parlaments- oder Regierungsentscheid vorliegt, welcher der zusätzlichen Zustimmung des Volkes bedarf, oder aber das Volk die alleinige Entscheidungsgewalt hat und anstelle des Parlamentes entscheidet (Jung 2001: 93). Für eine mit der Lijphart'schen Demokratietypologie verknüpfte Kategorisierung direktdemokratischer Instrumente, die hier vor allem für die Schweiz Anwendung finden soll, ist dieses Kriterium jedoch wie betont weniger wichtig, weshalb wir hier auf die drei anderen Kriterien fokussieren.

2.1 Typen direktdemokratischer Verfahren | 41

Abbildung 2.1: Typen direktdemokratischer Verfahren

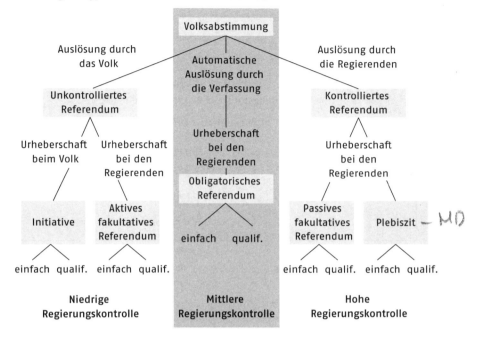

Quelle: eigene Darstellung, adaptiert von Jung (2001: 96).

Wie Vatter (2000, 2009, 2014) darlegt, können die verschiedenen Typen direktdemokratischer Instrumente im Lijphart'schen Demokratieraum zwischen Mehrheits- und Konsensusdemokratie verortet werden (Abbildung 2.2). Während also Plebiszite klar auf der Seite der Mehrheitsdemokratie stehen, befinden sich obligatorische Referenden, die per Verfassung, Gesetz oder anderen rechtlichen Normen dem Volk zwingend vorgelegt werden müssen, zwischen den beiden Lijphart'schen Demokratiespielarten, da die Regierungsseite zwar einerseits die Agenda bestimmt, andererseits aber keinen Spielraum in Bezug auf die Auslösung des Referendums hat. Aktive fakultative Referenden, die durch das Volk oder beispielsweise eine Parlamentsminderheit ausgelöst werden, sich aber auf eine bereits verabschiedete Regierungsvorlage (sprich ein Gesetz o. Ä.) beziehen und somit dem Volk nur ein Vetorecht einräumen, entsprechen eher dem Prinzip der Machtteilung. Noch stärker ist dies der Fall bei

2 Institutionen und Praxis der direkten Demokratie in der Schweiz

Abbildung 2.2: Klassifizierung direktdemokratischer Verfahren nach Vatter (2000)

Quelle: adaptiert von Vatter (2000: 176).

Volksinitiativen, bei denen das Volk (oder eine Parlamentsminderheit) nicht nur Auslöser der Abstimmung ist, sondern auch den Inhalt der Vorlage bestimmt und somit gesetzesinitiativ tätig wird.

Wie Vatter (2000), der sich hier auf das vierte Kriterium von Jung stützt, aufzeigt, ist es jedoch nicht nur nötig, den Machtteilungs-Charakter eines direktdemokratischen Instrumentes in Bezug auf dessen Auslösung zu betrachten, sondern auch jenen in der Entscheidungsphase. Jung (1996) und Vatter (2000, 2009) heben deshalb die substanziellen Unterschiede zwischen Abstimmungen mit einfachen und qualifizierten Mehrheiten hervor. Dabei verstärken Quoren dank dem aus ihnen resultierenden Minderheitenschutz den Konsensuscharakter eines direktdemokratischen Instruments (Vatter 2009).

Mithilfe der von Jung verwendeten Kriterien und der von Vatter vorgenommenen Einbettung in die Lijphart'sche Demokratietypologie lassen sich somit die direktdemokratischen Instrumente typologisieren und auf der Skala der Mehrheits-Konsensusdemokratie verorten. Dies soll im nächsten Abschnitt mit den direktdemokratischen Instrumenten der Bundes-, Kantons- und Gemeindeebene konkretisiert werden.

2.2 Institutionen und Praxis der direkten Demokratie auf der Bundesebene

Wie im letzten Abschnitt ausgeführt, kann die direkte Demokratie unter den Bedingungen der Moderne «nur» einen ergänzenden Status im politischen System eines Staates haben und stellt deshalb keinen der repräsentativen Demokratie diametral gegenüberstehenden Demokratietypus dar. Dies ist auch in der Schweiz der Fall, wo direktdemokratische Instrumente in ein System eingebaut wurden, das ursprünglich – mit Ausnahme des obligatorischen Verfassungsreferendums und der Volksinitiative auf Totalrevision der Verfassung – rein repräsentativ verfasst war (Vatter 2014). Entsprechend verwendet Linder (1999, 2012) den Begriff «halbdirekte Demokratie», wenn er von der Gesamtheit des Schweizer Entscheidungssystems spricht, in dem Regierung, Parlament und Volk zusammenwirken. Im Gegensatz zu anderen Ländern, die Formen der Direktdemokratie kennen, gibt es in der Schweiz das halbdirektdemokratische System jedoch nicht nur auf Ebene der Teilstaaten (Kantone), sondern auch auf nationaler Ebene. Im Folgenden sollen nun zunächst die direktdemokratischen Instrumente oder «Volksrechte» auf Schweizer Bundesebene vorgestellt werden und es wird der Versuch unternommen, diese in die oben eingeführte Typologie der direkten Demokratie einzubetten. Tabelle 2.1 zeigt eine Übersicht der direktdemokratischen Instrumente auf Bundesebene. An ihr lässt sich zudem die graduelle Einführung der direkten Demokratie in der Schweiz nachverfolgen (vgl. Kasten 2.1).[35]

2.2.1 Das obligatorische Referendum

Das einzige direktdemokratische Instrument, das neben der Initiative auf Totalrevision der Verfassung (siehe unten) bereits in der ersten Verfassung des modernen Schweizer Bundesstaates von 1848 enthalten war, ist das obligatorische Verfassungsreferendum. Es wurde 1921 bzw. 1977 durch das obligatorische Staatsvertragsreferendum und 1949 durch das resolutive Referendum erweitert. Nach Art. 140 Abs. 1 (Obligatorisches

---

[35] Für eine detailliertere Beschreibung der Volksrechte in der Schweiz sowie ihrer Nutzung und Wirkungen siehe Church (2004), Gebhart (2002), Haller, Keller und Häfelin (2012), Kobach (1993), Kriesi (1991), Linder (2002, 2005, 2012), Trechsel (2002) und Vatter (2014).

Tabelle 2.1: Übersicht über die Volksrechte in der Schweiz (Bundesebene)

Instrument, Jahr der Einführung	Anwendungsbereich	Erfordernis für Zustandekommen	Bemerkungen
Verfassungs- (1848) und Staatsvertragsreferendum (1921, 1977) (obligatorisch)	Alle Verfassungsänderungen; Beitritt zu supranationalen Organisationen/ Organisationen kollektiver Sicherheit	–	Volks- und Ständemehr
Gesetzesreferendum (1874) (fakultativ)	Alle Gesetze sowie referendumspflichtige Bundesbeschlüsse	50 000 Unterschriften oder 8 Kantone	Einfaches Volksmehr
Staatsvertragsreferendum (1921 und 1977) (fakultativ)	Ein Teil der Staatsverträge	50 000 Unterschriften oder 8 Kantone	Einfaches Volksmehr
Resolutives Referendum (1949) (Nachträgliche Aufhebung eines Bundesbeschlusses, fakultativ oder obligatorisch)	Dringliche Bundesbeschlüsse, die die Bundesversammlung dem Referendum entzieht	Nicht verfassungskonform: obligatorische Abstimmung; Verfassungsmässig: 50 000 Unterschriften	Beschluss tritt nach einem Jahr ausser Kraft, falls nicht verfassungskonform oder falls Referendum erfolgreich
Verfassungsinitiative auf Totalrevision (1848)	Gesamterneuerung der Verfassung	100 000 Unterschriften	Erreicht das Begehren das Volksmehr, wird das Parlament neu gewählt und die Totalrevision ist an die Hand zu nehmen
Verfassungsinitiative auf Teilrevision (1891)	Ausformulierung, Vorschlag oder allgemeine Anregung	100 000 Unterschriften	Werden nach Behandlung durch Bundesrat und Parlament in der Regel zur Ablehnung empfohlen; Möglichkeit des Gegenvorschlags; Volks- und Ständemehr
Allgemeine Volksinitiative (2003–2009)	Allgemeine Anregung	100 000 Unterschriften	Parlament entscheidet über endgültigen Text und Normstufe (Verfassung oder Gesetz)

Quelle: adaptiert von Linder (1999).

Kasten 2.1: Entwicklung der direkten Demokratie in der Schweiz

Exkurs: zur Entwicklung der direkten Demokratie in der Schweiz
«Sowohl Landsgemeinden *als auch* Rousseau» ist laut der neueren verfassungsgeschichtlichen Forschung die Antwort, die auf die Frage nach den Wurzeln der direkten Demokratie in der Schweiz gegeben werden kann (Tschentscher 2010). Denn einerseits lässt sich argumentieren, dass es in der Schweiz eine Art mentale Kontinuität der versammlungsdemokratischen Kultur in den Landsgemeindekantonen (wie wohl auch der Genossenschaften) seit dem Spätmittelalter gibt, andererseits die Entwicklung in den Schweizer Kantonen unter dem verfassungsrechtlichen Einfluss der Französischen Revolution – und damit Rousseaus – stand (Tschentscher 2010, siehe besonders auch Kölz 1992, 1998), die der Entwicklung der direkten Demokratie auf Bundesebene vorausging (Linder 2005).
Zu Beginn des 19. Jahrhunderts konnte in der Schweiz – mit Ausnahme der acht Landsgemeindekantone und zwei föderativer Republiken – von direktdemokratischer Mitbestimmung keine Rede sein. Die vorherrschende Staatsform entsprach eher einer durch Zensus und anderen Vorrechten aristokratisch gefärbten Repräsentativverfassung. Erst mit dem Aufkommen der liberalen Regenerationsbewegung der 1830er-Jahre wurden – unter starkem Druck der mobilisierten bäuerlichen Bevölkerung sowie von Radikalen und Demokraten – in beinahe allen neuen Kantonsverfassungen das obligatorische Verfassungsreferendum und in immerhin sechs Kantonen die Volksinitiative auf Verfassungsänderung eingeführt. Die Wirksamkeit dieser Instrumente wurde jedoch stark zugunsten des repräsentativen Prinzips eingeschränkt, und ihre Einführung bedeutete somit noch nicht eine prinzipielle Veränderung des Staatsaufbaus in den Kantonen. In einer zweiten Phase übernahmen Mitte des 19. Jahrhunderts erstmalig einige Kantone das fakultative oder obligatorische Gesetzesreferendum, allerdings dominierte in den 1840er- und 1850er-Jahren nach wie vor das durch die mehrheitlich herrschenden Liberalen bevorzugte Repräsentativsystem. Erst mit der Durchsetzung der Forderungen der von Radikalen, Demokraten und Sozialisten getragenen demokratischen Bewegung in den 1860er-Jahren und der Einführung insbesondere des obligatorischen Gesetzesreferendums auch in Nicht-Landsgemeindekantonen wurde das bisher geltende Repräsentativitätssystem nicht nur tendenziell, sondern prinzipiell durchbrochen, was die Staatsform der Kantone in nachhaltiger Weise veränderte. Dieser Demokratisierungsprozess hatte seine ideellen Wurzeln dabei weniger in den konservativen Landsgemeindekantonen, sondern vielmehr in

den Schriften der Französischen Revolution. Allerdings waren es die Deutschschweizer Kantone, welche die Volksrechte nicht nur zu einem frühen Zeitpunkt einführten, sondern auch weniger restriktiv gestalteten als die französisch- und italienischsprachigen Kantone (Vatter 2007a, 2014).

Auf Bundesebene bildeten sich die heutigen Formen des Referendums und der Volksinitiative erst gegen Ende des 19. Jahrhunderts heraus. Die Verfassung von 1848 enthielt nur Provisionen für das obligatorische Verfassungsreferendum sowie die Volksinitiative auf Totalrevision der Verfassung. Erst die Einführung des fakultativen Gesetzesreferendums 1874 und der Volksinitiative auf Teilrevision der Verfassung 1891 veränderten den noch stark repräsentativ geprägten Charakter des politischen Systems hin zur halbdirekten Demokratie, wie sie die Schweiz heute kennt. Weitere Modifikationen im 20. Jahrhundert sind die Einführung (1921) und Erweiterung (1977, 2003) des Staatsvertragsreferendums, das dem Volk Mitspracherecht in aussenpolitischen Entscheidungen einräumt, sowie das fakultative und obligatorische resolutive Referendum, das 1949 eingeführt wurde, um Dringlichkeitsrecht dem Referendum zu unterstellen. Nach Einführung des Frauenstimmrechts im Jahre 1971 wurde 1977 die Zahl der erforderlichen Unterschriften für das fakultative Referendum von 30 000 auf 50 000 und jene für die Volksinitiative von 50 000 auf 100 000 erhöht.

Für eine detailliertere Darstellung der Geschichte der direkten Demokratie in der Schweiz siehe Kölz (1992, 1996), Auer (1998, 1996), Adler (2006), Linder (2005, 2012), Vatter (2007a, 2014) sowie Tschentscher (2010).

Referendum) der Bundesverfassung von 1999 (BV) werden Volk und Ständen
- jegliche Änderungen der Bundesverfassung,
- der Beitritt zu Organisationen für kollektive Sicherheit oder zu supranationalen Gemeinschaften sowie
- dringlich erklärte Bundesgesetze, die keine Verfassungsgrundlage haben und deren Geltungsdauer ein Jahr übersteigt,

zwingend vorgelegt. Die dringlichen Bundesgesetze ohne Verfassungsgrundlage müssen dem Volk innerhalb eines Jahres nach Annahme durch die Bundesversammlung zur Abstimmung unterbreitet werden (siehe unten).

Da die Kompetenzvermutung in der Schweiz ohne anderweitige Kompetenzvergabe durch die Verfassung aufseiten der Kantone liegt und nach Art. 3 BV jegliche neue Kompetenz dem Bund nur durch Verfassungsänderung erteilt werden kann, kam dem obligatorischen Referendum mit dem Ausbau der Bundesaufgaben seit den 1960er-Jahren eine grössere Bedeutung zu und es wurde häufiger genutzt. Dies lässt sich auch an der Tabelle 2.2 ablesen, die einen Überblick über die Nutzung der Volksrechte in der Schweiz von 1840 bis 2013 bietet. Der grösste Teil der obligatorischen Referenden betrifft daher die Erweiterung oder Veränderung von Bundeskompetenzen (Linder 2005), während das Staatsvertragsreferendum seltener, aber im Rahmen von wichtigen Abstimmungen wie z. B.

Tabelle 2.2: Ergebnisse von obligatorischen und fakultativen Referenden sowie Volksinitiativen in der Schweiz (1848–2013)

Periode[1]	Obligatorische Referenden		Fakultative Referenden		Volksinitiativen		Initiativen mit Gegenentwurf				Total		Total
							Initiative[2]		Gegenentwurf[2]				Abstimmungen[2]
	A	V	A	V	A	V	A	V	A	V	A	V	
Total	160	55	96	76	17	151	3	13	6	10	282	305	571
1848–1870	2	8									2	8	10
1871–1880	2	2	3	5							5	7	12
1881–1890	3	1	2	6							5	7	12
1891–1900	6	3	3	7	1	4					10	14	24
1901–1910	4	1	3	1	1	2					8	4	12
1911–1920	8		2	1	1	1	1			1	12	3	14
1921–1930	7	2	1	4	2	10	1	1			11	17	27
1931–1940	7		2	7		5	1	1			10	13	22
1941–1950	4	3	4	3	1	6					9	12	21
1951–1960	13	7	4	7		7	2	1		1	18	24	40
1961–1970	12	2	4	4		7					16	13	29
1971–1980	33	8	11	7		16	6	3		3	47	40	81
1981–1990	18	5	6	6	2	25	1	1		2	27	39	64
1991–2000	28	7	25	11	2	31	1			1	55	51	105
2001–2010	11	5	23	5	5	29	1	1		2	40	43	80
2011–2013[3]	2	1	3	2	2	8					7	11	18

Erläuterungen: A = Angenommen, V = Verworfen.
1) Jahr der Abstimmung.
2) Die Volksinitiativen mit Gegenvorschlag werden zusammen als eine Abstimmung gezählt.
3) Stand: 9. Juni 2013.
Quelle: Bundesamt für Statistik.

über den Beitritt zur UNO (1986, gescheitert) oder zum Europäischen Wirtschaftsraum EWR (1992, gescheitert) genutzt wurde.

Die Übersicht über die Nutzungshäufigkeit der direktdemokratischen Instrumente auf Bundesebene und deren Ergebnisse macht deutlich, dass die Volksrechte unterschiedliche Annahmeraten haben. So wurden von den 215 obligatorischen Referenden, die in der Schweiz seit der Gründung des modernen Bundesstaates 1848 stattgefunden haben, 160 von Volk und Ständen angenommen und 55 verworfen. Dies bedeutet, dass in etwa 75 Prozent der Fälle das Volk der Vorlage des Parlaments zustimmte und es in einem Viertel der Fälle sein Veto einlegte (siehe Abbildung 2.3).

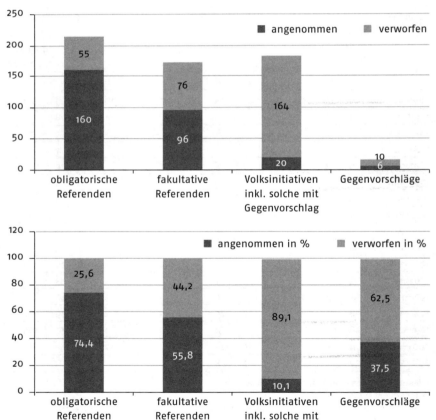

Abbildung 2.3: Erfolgsraten von Volksinitiativen und Referenden (1848–2013 absolut, in %)

2.2 Institutionen und Praxis der direkten Demokratie auf der Bundesebene | 49

Ein Grund für die relativ hohe Hürde für die Annahme eines obligatorischen Referendums ist das Doppelmehr-Erfordernis: Es bedarf der Zustimmung sowohl einer einfachen Mehrheit der abgegebenen gültigen Stimmen der gesamtschweizerischen Stimmbevölkerung als auch einer Mehrheit der Stände, d. h. einfacher Mehrheiten der abgegebenen gültigen Stimmen in den einzelnen Kantonen. Das Ergebnis der Volksabstimmung im Kanton gilt dabei als dessen Standesstimme (Vatter 2014). Wie Linder (1998) ausführt, handelt es sich beim Ständemehr um eine Verknüpfung des demokratischen Prinzips «eine Person eine Stimme» mit dem föderalistischen Prinzip «jedem Kanton die gleiche Stimme», welche in der Verbindung von Demokratie und Föderalismus der Schweiz im Verfassungsgebungsprozess von 1848 den Kompromiss zwischen dem «Status quo einer unzufriedenstellenden Konföderation und einem unwillkommenen Zentralstaat» (Linder 1998: 44, Übersetzung durch die Verfasser) ebnete. Zwar bedeutet dies de facto, dass beispielsweise die Stimme eines Wählers im Kanton Appenzell Innerrhoden etwa 40-mal mehr Gewicht hat als jene eines Wählers im Kanton Zürich (Vatter 2014), die Interessen kleinerer Kantone durch diese «föderalistische Beteiligung» (Linder 1998: 93) der Gliedstaaten an der direktdemokratischen Entscheidfindung jedoch gewahrt sind und der Minderheitenschutz in diesem Sinne gewährleistet ist. Kehrseite dieser Medaille ist, dass eine Minderheit in den kleineren Kantonen dadurch effektiv eine beträchtliche Vetomacht besitzt (Vatter 2014).

Für das Ständemehr haben 20 der 26 Kantone eine volle und sechs Kantone (Obwalden, Nidwalden, Basel-Stadt, Basel-Landschaft, Appenzell Innerrhoden, Appenzell Ausserrhoden) je eine halbe Standesstimme. Bei 11,5 zu 11,5 Stimmen gilt die Vorlage als abgelehnt. Bisher scheiterten acht vom Volk angenommene obligatorische Referenden sowie eine Volksinitiative am Ständemehr und eines der von den Ständen angenommenen obligatorischen Referenden sowie zwei Volksinitiativen am Volksmehr. In der Regel stimmen also Volks- und Ständemehr überein, die Kollisionsgefahr hat aber aufgrund der demografischen Entwicklung im Lauf der Zeit zugenommen.

Es besteht beim obligatorischen Referendum demnach kein Beteiligungs-, aber ein Zustimmungsquorum. Dass dennoch drei Viertel der obligatorischen Referenden diese Hürde passieren, hat mit dem vergleichsweise geringen Konfliktgrad der Vorlage im Parlament und innerhalb der Bevölkerung zu tun.

2 Institutionen und Praxis der direkten Demokratie in der Schweiz

Kasten 2.2: Kollision zwischen Stände- und Volksmehr bei Abstimmung über Verfassungsänderungen

Am Ständemehr gescheiterte Verfassungsvorlagen
1866: Obl. Referendum zu Mass und Gewicht: Volk 50,4 % Ja, Stände 9,5:12,5
1955: Initiative «Mieter- und Konsumentenschutz»: Volk 50,2 % Ja, Stände 7:15
1970: Obl. Referendum zur Finanzordnung: Volk 55,4 % Ja, Stände 9:13
1973: Obl. Referendum zum Bildungswesen: Volk 52,8 % Ja, Stände 10,5:11,5
1975: Obl. Referendum zum Konjunkturartikel: Volk 52,8 % Ja, Stände 11:11
1983: Obl. Referendum zum Energieartikel: Volk 50,9 % Ja, Stände 11:12
1994: Obl. Referendum zum Kulturartikel: Volk 51,0 % Ja, Stände 11:12
1994: Obl. Referendum erleichterte Einbürgerung: Volk 52,8 % Ja, Stände 10:13
2013: Obl. Referendum zum Familienartikel: Volk 54,3 % Ja, Stände 10:13

Am Volksmehr gescheiterte Verfassungsvorlagen
1910: Initiative «Proporzwahl des Nationalrats»: Volk 47,5 % Ja, Stände 12:10
1957: Obl. Referendum zum Zivilschutzartikel: Volk 48,1 % Ja, Stände 14:8

Quelle: Schweizerische Bundeskanzlei (www.admin.ch).

Mit dem Verfassungsreferendum hat die Schweiz somit ein direktdemokratisches Instrument, das in der gezeigten Typologie als *qualifiziertes obligatorisches Referendum* einzustufen ist und das im Rahmen des Lijphartschen Demokratieverständnisses zwischen Mehrheits- und Konkordanzcharakter eingeordnet werden kann.

Tabelle 2.3 zeigt eine Auswahl obligatorischer Referenden, über die während der letzten zwei Dekaden abgestimmt wurde. Sie bietet damit einen Überblick über die Themenspannbreite und die Höhe der Stimmbeteiligung sowie die Ja-Stimmen bei Volk und Ständen. Es fällt auf, dass die Stimmbeteiligung je nach Vorlage stark schwankt: Beteiligten sich am EWR-Entscheid 1992 mehr als drei Viertel aller Stimmberechtigten, belief sich die Partizipation bei der Abstimmung über den Bildungsartikel 2006 nur auf etwas mehr als ein Viertel der Stimmbevölkerung. Dies weist bereits darauf hin, dass die Themen der Vorlagen nicht gleich prädisponiert sind bzw. die Stimmbevölkerung nicht gleich interessieren und dass es nicht unbedingt die obligatorischen Referenden auf der Normstufe der Verfassung sind, bei denen die konfliktträchtigsten Themen zur Abstimmung gelangen und die dementsprechend Kampagnenwirkung entfalten. Dies ist stärker beim fakultativen Referendum der Fall, das – auch aus

2.2 Institutionen und Praxis der direkten Demokratie auf der Bundesebene | 51

Tabelle 2.3: Beispiele obligatorischer Referenden (ab 1990, unvollständige Liste)

Jahr	Gegenstand	Stimmbeteiligung %	Ja-Stimmen % Volk	Ja-Stimmen Kantone
1991	Bundesbeschluss über die Herabsetzung des Stimm- und Wahlrechtsalters auf 18 Jahre	31,3	72,8	23
1991	Bundesbeschluss über die Einführung eines Zivildienstes für Dienstverweigerer	39,2	82,5	23
1992	Bundesbeschluss über den Europäischen Wirtschaftsraum (EWR)	78,7	49,7	7
1994	Bundesbeschluss über die Einführung einer leistungs- oder verbrauchsabhängigen Schwerverkehrsabgabe	40,7	67,1	21
1996	Bundesbeschluss über den Übertritt der bernischen Gemeinde Vellerat zum Kanton Jura	31,0	91,6	23
1996	Bundesbeschluss über die Revision des Sprachenartikels in der Bundesverfassung (Art. 116 BV)	31,0	76,2	23
1999	Bundesbeschluss über eine neue Bundesverfassung	35,9	59,2	13
2001	Bundesbeschluss über eine Schuldenbremse	37,8	84,7	23
2002	Gold für AHV, Kantone und Stiftung (Gegenvorschlag zur Goldinitiative)	45,2	46,4	6
2003	Bundesbeschluss über die Änderung der Volksrechte	28,7	70,4	23
2004	Bundesbeschluss über die Finanzierung der AHV/IV durch Anhebung der Mehrwertsteuersätze	50,8	31,4	0
2004	Bundesbeschluss zur Neugestaltung des Finanzausgleichs und der Aufgabenteilung zwischen Bund und Kantonen (NFA)	36,9	64,4	20,5
2004	Bundesbeschluss über die ordentliche Einbürgerung sowie über die erleichterte Einbürgerung junger Ausländerinnen und Ausländer der zweiten Generation	53,8	43,2	5,5
2006	Bundesbeschluss vom 16. Dezember 2005 über die Neuordnung der Verfassungsbestimmungen zur Bildung	27,9	85,6	23
2009	Verfassungsartikel vom 3. Oktober 2008 «Zukunft mit Komplementärmedizin» (direkter Gegenvorschlag zur zurückgezogenen Initiative «Ja zur Komplementärmedizin»)	38,8	67,0	23
2010	Bundesbeschluss über die Aus- und Wegweisung krimineller Ausländerinnen und Ausländer (direkter Gegenentwurf zur Ausschaffungsinitiative)	52,9	45,8	0

Quelle: Bundeskanzlei/ www.swissvotes.ch

diesem Grund – eine generell niedrigere Annahmerate hat als das obligatorische Referendum.

Betrachtet man die Themen der eidgenössischen Volksabstimmungen auf der Bundesebene über alle direktdemokratischen Instrumente hinweg, so wurde – vor allem in den letzten 20 Jahren – am häufigsten über Vorlagen zur Sozialpolitik entschieden. Auch Abstimmungen über Infrastruktur und Lebensraum sowie zur Staatsordnung fanden häufig statt (Vatter 2014). Die Abstimmungsgegenstände reflektieren dabei generell die (wahrgenommenen) politischen Brennpunkte, wobei anzumerken ist, dass auch im gleichen Politikbereich nicht immer dieselben politischen Strömungen vom Gebrauch direktdemokratischer Instrumente profitieren. Im Bereich der Sozialpolitik beispielsweise konnte die rechtskonservative Opposition in den 1970er- und 1980er-Jahren mit dem Referendum erfolgreich den Ausbau des Sozial- und Leistungsstaates bremsen, dies vor allem aufgrund des Vorteils, den der Status quo in Abstimmungen besitzt. Andererseits erlaubt das Referendum auch linken Strömungen, den im Zuge von Liberalisierungsbestrebungen unternommenen Versuch des Abbaus sozialstaatlicher Leistungen zu unterminieren, auch dies dank dem Status-quo-Bias in der Stimmbevölkerung (Linder 2012, und siehe unten). Dies betrifft jedoch vor allem das fakultative Gesetzesreferendum, das im Folgenden vorgestellt wird.

Tabelle 2.4: Themen der eidgenössischen Volksabstimmungen (1971–2011)

Thema[1]	Periode				
	1971–1980	1981–1990	1991–2000	2001–2011	Total
Staatsordnung	8	7	21	13	49
Aussenpolitik	3	1	7	7	18
Sicherheitspolitik	3	4	7	6	20
Wirtschaft	15	9	11	2	37
Öffentliche Finanzen	16	3	9	7	35
Infrastruktur und Lebensraum	16	21	19	14	70
Sozialpolitik	13	13	28	26	80
Bildung, Kultur, Medien	7	6	3	6	22
Total Abstimmungen[2]	81	64	105	81	331

1) Themenklassierung in Anlehnung an das jährlich erscheinende «Schweizerische Politik im Jahre [Jahr]», hrsg. vom Institut für Politikwissenschaft/Universität Bern.
2) Die Volksinitiativen mit Gegenvorschlag werden zusammen als eine Vorlage gezählt.
Quelle: Bundesamt für Statistik.

2.2.2 Das fakultative Referendum

Das fakultative (Gesetzes-)Referendum wurde auf Bundesebene durch die Totalrevision der Verfassung 1874 eingeführt und 1921 respektive 1977 durch das fakultative Staatsvertragsreferendum sowie 1949 durch das fakultative resolutive Referendum ergänzt. Laut Art. 141 der BV von 1999 werden dem Volk

- Bundesgesetze,
- dringlich erklärte Bundesgesetze, deren Geltungsdauer ein Jahr übersteigt,
- Bundesbeschlüsse, bei denen Verfassung oder Gesetz ein fakultatives Referendum vorsehen, sowie
- völkerrechtliche Verträge, die unbefristet und unkündbar sind, die den Beitritt zu einer internationalen Organisation vorsehen oder die wichtige rechtsetzende Bestimmungen enthalten oder deren Umsetzung den Erlass von Bundesgesetzen erfordern,

vorgelegt, sofern dies 50 000 Stimmberechtigte oder acht der 26 Kantone innerhalb von 100 Tagen ab der amtlichen Veröffentlichung des Erlasses verlangen. Im Gegensatz zum obligatorischen Referendum, das Recht auf Normstufe der Verfassung betrifft, ist für die Annahme des fakultativen Referendums nur das einfache Volksmehr, d. h. die einfache Mehrheit der gesamtschweizerisch abgegebenen Stimmen, und nicht die Mehrheit von Volk und Ständen, nötig. Von den 169 fakultativen Referenden, die bis 2011 auf Bundesebene stattgefunden haben, gingen 96 zugunsten der Behördenvorlage aus, was eine Annahme der Vorlage des Parlaments durch das Volk bedeutet. Bei 76 Vorlagen bzw. etwa 44 Prozent der fakultativen Referenden entschied das Volk anders als das Parlament und nutzte das Referendum erfolgreich als Veto.

Wie aus Tabelle 2.5 ersichtlich, muss die mit etwa 44 Prozent relativ grosse Vetomacht des fakultativen Referendums jedoch etwas relativiert werden, da im Zeitraum von 1874 bis 2011 nur bei 193 von den mehr als 2500 referendumspflichtigen Vorlagen das Referendum eingereicht wurde. Von diesen 193 eingereichten Referenden kamen 169 zustande, d. h. es wurden die erforderlichen Fristen eingehalten und die nötige Anzahl gültiger Unterschriften eingereicht. Mit anderen Worten, es wurden nur etwa 7 Prozent der vom Parlament verabschiedeten Gesetze, Beschlüsse und Verträge dem Referendum ausgesetzt und – bei einer Erfolgsrate von 44 Prozent – nur etwa 3 Prozent durch ein Referendum zu Fall gebracht.

Tabelle 2.5: Referendumspflichtige Vorlagen inklusive dringlich erklärter Bundesbeschlüsse (1874–2011)

Referendumspflichtige Vorlagen	2515	100 %
Nicht zustande gekommene Referenden	24	1 %
Zustande gekommene Referenden	169	7 %

Quelle: Bundeskanzlei.

Diese Zahlen weisen bereits darauf hin, dass eine Art Referendumsvermeidungsstrategie des Parlaments besteht, d.h., dass die Parteien im National- und Ständerat sowie Verwaltung und Interessengruppen bemüht sind, bei der Ausarbeitung der Vorlagen bereits in der vorparlamentarischen Phase einen konsensfähigen Kompromiss zu finden, um das Referendum möglichst zu umgehen (Neidhart 1970). Sieht eine Gruppe ihre Partikularinteressen durch eine Vorlage gefährdet und erkennt sie die Möglichkeit, dass der ausgehandelte Kompromiss durch eine Volksabstimmung angreifbar ist, ergreift sie das Referendum. Findet dann eine Abstimmung statt, ist die Behördenseite nur in etwas mehr als der Hälfte aller Fälle erfolgreich, d.h., sie hat ein Interesse daran, ein Referendum möglichst im Vorhinein zu verhindern.

Ein Sonderfall ist das resolutive Referendum. Die Bundesverfassung von 1874 sah in Art. 89 Ausnahmen von der Referendumspflicht vor, wenn in Krisen- oder Kriegszeiten ein Gesetz keinen Aufschub duldete. Dieses Dringlichkeitsrecht wurde in der Wirtschaftskrise der 1930er-Jahre sehr häufig genutzt, sodass 1930 und auch 1949 eine zeitliche Beschränkung sowie die Möglichkeit bzw. Notwendigkeit eines fakultativen respektive obligatorischen resolutiven Referendums eingeführt wurde (Art. 165 BV).

Generell gilt, dass jeder dringliche Bundesbeschluss befristet ist. Übersteigt die Gültigkeit die Dauer eines Jahres, so muss der Beschluss aufgehoben werden, wenn erfolgreich das fakultative Referendum ergriffen wird. Betrifft der Beschluss das Verfassungsrecht, so ist dieser nach einem Jahr automatisch dem obligatorischen Referendum unterstellt.

Ein weiterer Sonderfall des fakultativen Referendums ist das sogenannte Kantonsreferendum, das laut Art. 141 BV von acht der 26 Kantone ergriffen werden kann, wobei die jeweilige Kantonsverfassung regelt, welches Organ das Referendum im Namen des Kantons auslösen kann. In den meisten Kantonen ist dies das Kantonsparlament. Lange war die Verfassungsprovision für das Kantonsreferendum ein toter Buchstabe (Vatter 2014). Sie wurde 2003 das erste Mal von elf Kantonen gegen das sogenannte Steuerpaket[36] ergriffen, eine vom Parlament verabschiedete Gesetzesvorlage, die eine Neuordnung der Familienbesteuerung sowie Änderungen in der Wohneigentumsbesteuerung beinhaltete. Denn die Kantone sahen durch die Vorlage ihre (fiskalen) Interessen bedroht. In der auf das Kantonsreferendum folgenden Volksabstimmung vom 16. Mai 2004 wurde die Vorlage vom Volk mit 65,9 Prozent Nein-Stimmen deutlich abgelehnt. Die Volksabstimmung hätte jedoch auch ohne das Kantonsreferendum stattgefunden, da zeitgleich 50 000 Unterschriften bei der Bundeskanzlei eingereicht wurden.

Wie oben beschrieben, kann das fakultative Referendum gegen alle Parlamentsentscheidungen zu Bundesgesetzen und einen erheblichen Teil der Bundesbeschlüsse ergriffen werden und betrifft dementsprechend Vorlagen aus den unterschiedlichsten Politikfeldern. Tabelle 2.6 gibt einen beispielhaften Überblick über verschiedene Themen, über die in den letzten zwei Dekaden abgestimmt wurde.

Auch die Beteiligung an fakultativen Referenden unterliegt Schwankungen und hängt von der Prädisponiertheit und dem Interesse der Stimmbürgerschaft an den jeweiligen Themen ab. So zeichnen sich Abstimmungen über europapolitische Fragen (z. B. die bilateralen Verträge mit der EU), die gewissermassen Arena für die Austragung von Konflikten neuer politischer Spaltungslinien in der Schweiz sind, durch eine relativ hohe Stimmbeteiligung aus. Bei weniger konfliktgeladenen Vorlagen fällt die Stimmbeteiligung tiefer aus. Generell setzt jedoch das Ergreifen des fakultativen Referendums zumindest eine gewisse Konflikthaftigkeit der entsprechenden Vorlage voraus, da ansonsten das Referendum nicht ergriffen worden wäre.

Beim fakultativen Referendum, wie auch bei allen anderen direktdemokratischen Instrumenten auf Bundesebene, gibt es kein Mindest-Beteiligungsquorum. Mit anderen Worten: Ist ein Referendum (oder eine Volksinitiative) einmal zustande gekommen, spielt es keine Rolle, wie

---

36 Bundesgesetz vom 20.6.2003 über die Änderung von Erlassen im Bereich der Ehe- und Familienbesteuerung, der Wohneigentumsbesteuerung und der Stempelabgaben. http://www.admin.ch/ch/d/pore/va/20040516/det509.html (Zugriff 6.6.2013).

Kasten 2.3: Wie ergreift man das fakultative Referendum?

Wer kann das fakultative Referendum ergreifen?
Das fakultative Referendum kann von jeder in der Schweiz stimmberechtigten Person ergriffen werden, auch wenn sie ihren Wohnsitz im Ausland hat.

Wie ergreift man das fakultative Referendum?
1. Generell wird ein Referendumskomitee gegründet. Die Gründung kann der Bundeskanzlei mitgeteilt und ihr eine Kontaktperson genannt werden. Nicht mitgeteilt werden muss die Anzahl Komiteemitglieder, deren Identität oder die beteiligten Organisationen. Gegen das gleiche Gesetz oder den gleichen Parlamentsbeschluss können mehrere Referendumskomitees gegründet werden.
2. Bevor das bestrittene Gesetz oder der bestrittene Beschluss im *Bundesblatt* (BBl), der amtlichen chronologischen Sammlung der Erlasse und amtlichen Dokumente der Bundesverwaltung, veröffentlicht wird, bereitet das Komitee die Unterschriftenbögen vor. Die Bundeskanzlei stellt dem Referendumskomitee auf Anfrage Muster für diese Unterschriftenbögen zur Verfügung. Diese Bögen müssen zwingend bestimmte Angaben umfassen, insbesondere den genauen Titel des bestrittenen Gesetzes oder Beschlusses und das Datum der Verabschiedung in der Bundesversammlung. Wenn das Referendumskomitee es will, kann es den Unterschriftenbogen bei der Bundeskanzlei überprüfen lassen.
3. Von jenem Moment an, in dem das bestrittene Gesetz oder der bestrittene Beschluss im *Bundesblatt* erscheint, hat das Komitee 100 Tage Zeit, um die nötigen 50 000 Unterschriften zu sammeln, sie von den Gemeinden bestätigen zu lassen und sie bei der Bundeskanzlei einzureichen. Da in der Regel nicht alle Unterschriften gültig sind, empfiehlt es sich, über 50 000 Unterschriften zu sammeln. Zu beachten ist auch, dass die Gemeinden für die Prüfung der Unterschriften eine gewisse Zeit benötigen. Die Unterschriften müssen deshalb rechtzeitig bei den Gemeinden eingereicht werden, denn die Frist von 100 Tagen ist unumstösslich.
4. Eine Volksabstimmung wird organisiert, wenn die Bundeskanzlei mindestens 50 000 Unterschriften für gültig erklärt.

Quelle: www.ch.ch

Tabelle 2.6: Beispiele fakultativer Referenden (ab 1990, unvollständige Liste)

Jahr	Gegenstand	Stimmbeteiligung %	Ja-Stimmen % (Volk)
1992	Bundesbeschluss über den Beitritt der Schweiz zu den Institutionen von Bretton Woods (Staatsvertragsreferendum)	38,8	55,8
1992	Bundesbeschluss über den Bau der schweizerischen Eisenbahn-Alpentransversale (Alpentransit-Beschluss)	45,9	63,6
1994	Luftfahrtgesetz (LFG)	40,6	61,1
1994	Bundesgesetz über schweizerische Truppen für friedenserhaltende Operationen (BTFO)	46,8	42,8
1994	Bundesgesetz über die Krankenversicherung (KVG)	44,0	51,8
1995	Bundesgesetz über die Alters- und Hinterlassenenversicherung (AHVG) (10. AHV-Revision)	40,4	60,7
1995	Bundesgesetz über den Erwerb von Grundstücken durch Personen im Ausland (Lockerung Lex Friedrich)	40,3	46,4
1996	Bundesgesetz über die Arbeit in Industrie, Gewerbe und Handel (Arbeitsgesetz)	46,7	33,0
1999	Bundesgesetz über die Mutterschaftsversicherung (MSVG)	45,9	39,0
2002	Schweizerisches Strafgesetzbuch (Schwangerschaftsabbruch)	41,8	72,7
2004	Bundesgesetz über die Erwerbsersatzordnung für Dienstleistende in Armee, Zivildienst und Zivilschutz (Mutterschaftsversicherung)	53,8	55,5
2004	Bundesgesetz über die Forschung an embryonalen Stammzellen	37,0	66,4
2005	Bundesgesetz über die eingetragene Partnerschaft gleichgeschlechtlicher Paare	56,6	58,0
2005	Bundesbeschluss über die Genehmigung und die Umsetzung der bilateralen Abkommen zwischen der Schweiz und der EU über die Assoziierung an Schengen und an Dublin	56,8	54,6
2006	Asylgesetz (AsylG)	49,1	67,8
2008	Bundesgesetz über die Betäubungsmittel und die psychotropen Stoffe (Betäubungsmittelgesetz, BetmG)	47,1	68,1
2009	Bundesbeschluss über die Genehmigung der Weiterführung des Freizügigkeitsabkommens zwischen der Schweiz und der Europäischen Gemeinschaft und ihren Mitgliedstaaten sowie über die Genehmigung und die Umsetzung des Protokolls über die Ausdehnung des Freizügigkeitsabkommens auf Bulgarien und Rumänien	51,4	59,6

Quelle: Bundeskanzlei/www.swissvotes.ch

viele Stimmberechtigte sich an der Abstimmung beteiligen. Die Mehrheit der Teilnehmenden an einer Abstimmung entscheidet über das Ja oder Nein, auch wenn beispielsweise nur ein Viertel der Stimmbevölkerung an die Urne gegangen ist.

Die Schweiz verfügt damit über ein direktdemokratisches Mittel, das in der oben beschriebenen Typologie direktdemokratischer Instrumente als *nicht qualifiziertes, aktives fakultatives Referendum* einzustufen ist. Es gibt dem Volk oder einer Minderheit der Kantone als auslösende Instanz zwar Veto-, aber keine Agenda-Setting-Vollmacht. Da beim fakultativen Referendum in der Schweiz weder ein Beteiligungs- noch ein Zustimmungsquorum gilt, ist es im Rahmen der Lijphart'schen Demokratieformen zwar eher auf der Seite der direktdemokratischen Instrumente mit Machtteilungscharakter einzuordnen, jedoch nicht so deutlich wie die Volksinitiative, die im Folgenden behandelt wird.

Abschliessend ist hier noch auf das resolutive Referendum hinzuweisen, das in einer obligatorischen und einer fakultativen Form auftritt. Analog zum obligatorischen Referendum handelt es sich beim obligatorischen resolutiven Referendum in der Typologie direktdemokratischer Instrumente um ein *qualifiziertes obligatorisches Referendum*, das in der Mitte der Lijphart'schen Demokratietypen steht (Vatter 2014). Analog zum fakultativen Referendum kann das fakultative resolutive Referendum hingegen als ein *nicht qualifiziertes, aktives fakultatives Referendum* typologisiert werden, das generell eher auf der Seite der direktdemokratischen Instrumente mit Machtteilungscharakter einzuordnen ist. Laut Jung (2001: 88) sind fakultative abrogative Referenden, also Referenden über bereits seit Längerem bestehende Gesetze, jedoch ein Sonderfall. Zwar stellen sie formell eine Form des aktiven fakultativen Referendums dar und geben somit dem Volk «nur» eine Vetomöglichkeit. Sie zwingen jedoch den Gesetzgeber, bei ihrer Annahme im Sinne des Referendumsurhebers gesetzgeberisch tätig zu werden und sind somit funktional eher mit der Gesetzesinitiative gleichzusetzen.

2.2.3 Die Volksinitiative

Neben den Formen des Referendums verfügt das Volk mit der Verfassungsinitiative auch über ein Instrument, mit dem es eine Verfassungsrevision initiieren und somit aktiv die Politikagenda mitbestimmen kann. Art. 138 der BV von 1999 legt das Initiativrecht auf Totalrevision,

d. h. Änderung der gesamten Verfassung fest,[37] Art. 139 das Recht auf Teilrevision der Verfassung bzw. die Änderung einzelner Artikel. Zur Auslösung einer Volksinitiative bedarf es 100 000 Unterschriften, die innerhalb von 18 Monaten nach Veröffentlichung der Initiative gesammelt werden müssen. Die Frist zur Unterschriftensammlung beginnt mit der Publikation der durch das mindestens siebenköpfige Initiativkomitee bei der Bundeskanzlei eingereichten Initiative. Letztere prüft, ob die gesetzlichen Anforderungen erfüllt sind, und ist für die Übersetzung bzw. sprachliche Angleichung der Initiativtexte zuständig. Sie überprüft auch das Unterschriftenblatt. Die unterschriebenen Unterschriftenlisten müssen innerhalb der Sammelfrist den entsprechenden Wohngemeinden zugestellt werden, welche die Unterschriften auf Gültigkeit (Stimmrecht der Unterzeichnenden) prüfen. Die Unterschriftenlisten müssen abschliessend rechtzeitig, gesamthaft und getrennt nach Kantonen bei der Bundeskanzlei eingereicht werden. Die Bundeskanzlei stellt sodann fest, ob die erforderliche Zahl gültiger Unterschriften erreicht und die Volksinitiative somit formell zustande gekommen ist.

Wie beim obligatorischen Referendum gilt auch hier das Doppelmehr-Erfordernis, denn es betrifft das Recht auf der Normstufe der Verfassung. Zur Annahme einer Initiative bedarf es daher der Mehrheit von Volk und Ständen. Während die seit Gründung der modernen Eidgenossenschaft bestehende Volksinitiative auf Totalrevision in der Vergangenheit nur marginale Bedeutung hatte und bisher nur einmal – erfolglos – ergriffen wurde,[38] erfreut sich die Volksinitiative auf Teilrevision der Verfassung seit ihrer Einführung 1891 häufiger Nutzung, wie sich an Tabelle 2.7 ablesen lässt.

Die Teilrevision der Verfassung nach Art. 139 kann die Form einer allgemeinen Anregung haben oder konkret ausformuliert sein, wobei Letzte-

---

37 Im Fall der Annahme einer Initiative auf Totalrevision der Verfassung sind National- und Ständerat neu zu wählen und die Totalrevision ist an die Hand zu nehmen.

38 1934 lancierte eine «Nationale Tatgemeinschaft für das Volksbegehren auf Totalrevision der Schweizerischen Bundesverfassung», bestehend aus jungkonservativen und frontistischen Kreisen, mit über 74 000 eingereichten Unterschriften eine Volksinitiative auf Totalrevision der Verfassung. Diese wurde jedoch 1935 von 72,3 Prozent der Stimmenden abgelehnt. Siehe Bundeskanzlei (www.admin.ch) sowie Linder (2012).

Kasten 2.4: Volksinitiative beim Bund: Verfahrensgang und politischer Prozess

Verfahrensgang und politischer Prozess bei der Volksinitiative beim Bund
Laut Bundesgesetz über die politischen Rechte (BPR) von 1976 muss das Initiativkomitee, das eine Volksinitiative lancieren möchte, diese vor Beginn der Unterschriftensammlung zur Vorprüfung bei der Bundeskanzlei einreichen (Art. 69 BPR). Die Bundeskanzlei stellt daraufhin fest, ob die Unterschriftenliste der gesetzlichen Form entspricht, ob der Titel der Initiative irreführend ist oder zur Verwechslung Anlass gibt und ob er kommerzielle oder persönliche Werbung enthält. Ferner prüft die Bundeskanzlei die verschiedensprachigen Versionen auf ihre Übereinstimmung und nimmt allfällige Übersetzungen vor. Die Vorprüfung erstreckt sich somit nur auf Titel, Form und Übersetzungskorrektheit der Initiative und nicht auf deren Inhalt. Der eventuell geänderte Titel und Text der Initiative sowie die Namen der Urheber werden daraufhin im *Bundesblatt* veröffentlicht, womit die 18-monatige Frist zur Sammlung der Unterschriften zu laufen beginnt (Art. 71 BPR). Laut Verordnung über die politischen Rechte von 1978 muss das Initiativkomitee vor Ablauf der Sammelfrist bei den Wohngemeinden die Stimmrechtsbescheinigung zur Kontrolle der Unterschriftenlisten einholen. Formell werden die Unterschriften daraufhin gesamthaft und getrennt nach Kantonen bei der Bundeskanzlei eingereicht, was oftmals öffentlichkeitswirksam als Medienveranstaltung vor dem Bundeshaus geschieht. Die ausreichende Anzahl der Unterschriften wird durch die Bundeskanzlei in Form einer Verfügung über das Zustandekommen der Initiative festgestellt, die ebenfalls im *Bundesblatt* veröffentlicht wird und die Initiativphase somit abschliesst (Art. 72 BPR). Das BPR hält auch fest, dass jede ausformulierte Volksinitiative vom Initiativkomitee so lange zurückgezogen werden kann, bis der Bundesrat die Volksabstimmung festsetzt (Art. 73). Die Rückzugserklärung ist verbindlich, wenn sie von der absoluten Mehrheit der stimmberechtigten Mitglieder des Initiativkomitees unterzeichnet worden ist. Der Rückzug einer Volksinitiative ist dabei in der Regel unbedingt. Hat die Bundesversammlung jedoch spätestens gleichzeitig mit der Schlussabstimmung über die Volksinitiative einen indirekten Gegenvorschlag in der Form des Bundesgesetzes verabschiedet, so kann das Initiativkomitee seine Volksinitiative ausdrücklich unter der Bedingung zurückziehen, dass der indirekte Gegenvorschlag nicht in einer Volksabstimmung abgelehnt wird.
Die Bundesversammlung, an die jene zustande gekommene Volksinitiative vom Bundesrat zusammen mit einer Botschaft über die Empfehlung zur Annahme oder Ablehnung weitergeleitet wird, prüft daraufhin die Gültigkeit

der Volksinitiative, wobei sie an einen engen Regelkatalog gebunden ist. Laut Art. 75 BPR prüft die Bundesversammlung, ob die Einheit der Materie, sprich der sachliche Zusammenhang, und die Einheit der Form gewahrt bleiben, d. h., ob es sich eindeutig um eine allgemeine Anregung *oder* eine ausformulierte Initiative handelt. Sie prüft ebenfalls, ob zwingende Bestimmungen des Völkerrechts verletzt werden, in welchem Fall die Bundesversammlung die Initiative ganz oder teilweise für ungültig erklären kann. Die Gültigkeitserklärung erfolgt über einen einfachen Bundesbeschluss bezüglich der gesamten Initiative oder Teilen davon. Die Fristen bei Volksinitiativen unterscheiden sich je nachdem, ob es einen direkten Gegenvorschlag gibt oder nicht. Der Bundesrat muss eine zustande gekommene Initiative inklusive Botschaft und Bundesbeschlussentwurf innerhalb eines Jahres nach Einreichung an die Bundesversammlung verweisen, bei einem Gegenvorschlag innerhalb von 18 Monaten. Die Bundesversammlung beschliesst innerhalb von 30 Monaten nach Einreichung über Empfehlungen und Gegenentwurf, kann diese Frist jedoch um ein Jahr hinauszögern, wenn in engem Zusammenhang mit der Initiative beraten wird. Zu einem direkten Gegenvorschlag kommt es dabei nur selten, da in der Regel Initiativforderungen in einem sogenannten indirekten Gegenvorschlag in anderen durch die Bundesversammlung begonnenen Gesetzesvorlagen aufgenommen werden, um so der Initiative ihre politische Brisanz zu entziehen.

Nach der Schlussabstimmung in der Bundesversammlung unterbreitet der Bundesrat die Volksinitiative innert zehn Monaten dem Volk zur Abstimmung. In der Regel sind vier Sonntage im Jahr, die sich nach den Feiertagen richten und normalerweise in die Monate Februar/März, Mai/Juni, September sowie November fallen, als Abstimmungstermine reserviert. Diese werden von Kantonen und Gemeinden auch für ihre Abstimmungen verwendet. Findet im Oktober die Gesamterneuerungswahl des Nationalrates statt, was alle vier Jahre der Fall ist, fällt der Septembertermin aus. Die Anzahl der eidgenössischen, kantonalen und kommunalen Vorlagen, über die gleichzeitig an einem Abstimmungssonntag abgestimmt wird, schwankt beträchtlich.

Eine Volksinitiative gilt als angenommen, wenn sie sowohl gesamtschweizerisch das einfache Mehr der abgegebenen gültigen Stimmen als auch das Ständemehr, d. h. das einfache Mehr der abgegebenen gültigen Stimmen, in genügend Kantonen erreicht. Sie tritt sofort nach Annahme als Verfassungsänderung in Kraft, bedarf zur Umsetzung allerdings häufig einer Gesetzesvorlage oder -änderung.

Vgl. Tschentscher (2010).

Tabelle 2.7: Volksinitiativen und Gegenvorschläge (1848–2013)

Zustande gekommene Volksinitiativen	305
Nicht zustande gekommene Volksinitiativen	99
Zurückgezogene/gegenstandslos gewordene Volksinitiativen	90
Ungültig erklärte Volksinitiativen	4
Bis 2013 zur Abstimmung gebrachte Volksinitiativen	184
Angenommene Volksinitiativen	20
Abgelehnte Volksinitiativen	164
Gegenvorschläge der Bundesversammlung	16
Angenommene Gegenvorschläge	6
Abgelehnte Gegenvorschläge	10

Quelle: Bundeskanzlei www.admin.ch (Zugriff 8.7.2013).
In der Tabelle nicht aufgeführt sind die hängigen Volksinitiativen.

res aufgrund der grösseren Kontrolle über den Revisionsprozess normalerweise der Fall ist: Der Gegenstand einer Volksinitiative ist in der Regel ein oppositionelles Begehren, das im Parlament wenig Unterstützung findet. Daher müssen die Initianten bei Nichtausformulierung befürchten, dass die Verfassungsrevision durch das Parlament in «verwässerter» Form umgesetzt wird (Linder 2012, Tschentscher 2010). Formelle Anforderungen an eine Volksinitiative sind die Einheit von Form und Materie, und es gelten zwingende Bestimmungen des Völkerrechts (siehe die Kästen 2.4 und 2.5). Werden diese verletzt, kann die Bundesversammlung die Volksinitiative für ganz oder teilweise ungültig erklären. Im Fall einer allgemeinen Anregung arbeitet die Bundesversammlung die Teilrevision im Sinne der Initiative aus und unterbreitet sie dem Volk und den Ständen zur Abstimmung.[39] Handelt es sich um einen ausgearbeiteten Entwurf, wird dieser direkt den beiden Körperschaften zur Abstimmung unterbreitet. Dabei hat die Bundesversammlung jedoch das Recht, die Initiative zur Annahme oder Ablehnung zu empfehlen oder der Initiative einen Gegenentwurf gegenüberzustellen.

---

39 Laut Art. 139 Abs. 4 BV kann die Bundesversammlung die Teilrevision direkt ausarbeiten, wenn sie mit der Anregung einverstanden ist, oder diese zunächst dem Volk und den Ständen vorlegen und die Teilrevision erst dann ausarbeiten, wenn das Volk und die Stände der Anregung zugestimmt haben.

2.2 Institutionen und Praxis der direkten Demokratie auf der Bundesebene | 63

Kasten 2.5: Völkerrechtswidrigkeit und Ungültigkeit von Volksinitiativen

Völkerrechtswidrigkeit und Ungültigkeit von Volksinitiativen
Laut Art. 139 Abs. 3 der Bundesverfassung von 1999 kann die Bundesversammlung eine Volksinitiative gesamthaft oder teilweise als ungültig erklären, wenn diese die Einheit von Form und Materie oder *zwingende* Bestimmungen des Völkerrechts, ius cogens, verletzt. Für eine solche Ungültigkeitserklärung auf der Basis von Verletzungen des zwingenden Völkerrechts gibt es bisher in der Schweiz jedoch nur ein Beispiel: die 1992 von der rechtsnationalen Partei der Schweizer Demokraten eingereichte und 1996 durch die Bundesversammlung für ungültig erklärte Volksinitiative «Für eine vernünftige Asylpolitik», welche die ausnahmslose und sofortige Ausweisung aller illegal eingereisten Asylbewerber forderte und damit gegen das Non-Refoulement-Prinzip[40] verstossen hätte. Einfache Völkerrechtsverstösse führen in der Schweiz jedoch nicht zu Ungültigkeitserklärungen von Volksinitiativen durch die Bundesversammlung. Als Beispiele können hier die Alpeninitiative von 1994, die Verwahrungsinitiative von 2005 oder die Minarettverbotsinitiative von 2009 genannt werden, die zwar gegen völkerrechtliche Normen wie z. B. im Falle der Verwahrungsinitiative gegen die europäische Menschenrechtskonvention verstossen, nicht jedoch gegen ius cogens. Problematisch ist, dass diese Volksinitiativen von der Bundesversammlung nicht für ungültig erklärt werden können und damit dem Volk vorgelegt werden müssen, sich jedoch bei ihrer Annahme die gleichzeitig verfassungs- und völkerrechtskonforme Umsetzung als unmöglich erweist. Auf der Basis des geltenden Verfassungsrechts lässt sich ein Auseinanderfallen von Gültigkeitserklärung und wirksamer Umsetzung einer solchen Initiative in der gängigen Praxis nicht vermeiden (Auer 2008, Tschentscher 2010).
Ein Grund hierfür ist, dass die Schweizer Verfassung keine Ewigkeitsklausel kennt und materielle Schranken der Verfassungsrevision bisher nur beschränkt

---

40 Art. 33 der Genfer Flüchtlingskonvention enthält das Verbot, einen Flüchtling im Sinne des Art. 1 der Konvention «auf irgendeine Weise über die Grenzen von Gebieten auszuweisen oder zurückzuweisen, in denen sein Leben oder seine Freiheit wegen seiner Rasse, Religion, Staatsangehörigkeit, seiner Zugehörigkeit zu einer bestimmten sozialen Gruppe oder wegen seiner politischen Überzeugung bedroht sein würde». Dieses völkerrechtlich geregelte Ausweisungs- und Zurückweisungsverbot wird international als Prinzip des Non-Refoulement bezeichnet.
Quelle: Bundesamt für Migration und Flüchtlinge, www.bamf.de

vorhanden sind. Als weiterer, damit zusammenhängender Grund lässt sich das Primat des Volkssouveränitätsprinzips nennen, welches das Schweizer Demokratieverständnis prägt – im Gegensatz etwa zum in Deutschland vorherrschenden Primat der Verfassungssouveränität – und die prinzipielle Ablehnung einer Ewigkeitsklausel stützt.

In der letzten Dekade wurden verschiedentlich Reformmöglichkeiten bezüglich der Völkerrechtskonformität von Volksinitiativen in der Schweiz diskutiert. Ein 2011 veröffentlichter Zusatzbericht des Bundesrates zur Vereinbarkeit von Volksinitiativen mit dem Völkerrecht[41] schlug eine erweiterte, materielle Vorprüfung von Volksinitiativen durch das Bundesamt für Justiz im Eidgenössischen Justiz- und Polizeidepartement (EJPD) und die Direktion für Völkerrecht im Eidgenössischen Departement für auswärtige Angelegenheit (EDA) vor. Dabei handelt es sich allerdings nur um eine Stellungnahme über die Völkerrechtskonformität der Initiative zuhanden der Initianten sowie um die diesbezügliche Information der Stimmbevölkerung via einer Notiz auf dem Unterschriftenbogen. Ein weiterer Vorschlag des Berichts ist die Erweiterung der Ungültigkeitsgründe auf Verletzungen des Kerngehalts der verfassungsrechtlichen Grundrechte. Davon betroffen wäre beispielsweise eine Volksinitiative für die Wiedereinführung der Todesstrafe. Die 2009 angenommene Minarettverbotsinitiative wäre in Anwendung dieses Kriteriums jedoch nicht für ungültig erklärt worden. Wichtig ist anzumerken, dass die Schaffung weiterer Gültigkeitsvoraussetzungen eine Verfassungsrevision erfordert. Schliesslich untersuchte der Zusatzbericht, ob gestützt auf die Rechtsprechung des Bundesgerichts (sogenannte Schubert-Praxis) eine Konfliktregel in der Bundesverfassung verankert werden könnte, die den Vorrang bei Widersprüchen zwischen Landesrecht und Völkerrecht festlegt. Seit März 2013 befinden sich drei Vorlagen zu Änderungen des Bundesgesetzes über die politischen Rechte sowie der Verfassung in der Vernehmlassung, welche die materielle Vorprüfung von Volksinitiativen vor der Unterschriftensammlung und die Ausdehnung der Ungültigkeitsgründe auf grundrechtliche Kerngehalte zum Inhalt haben.[42]

---

41 Bundesrat (2011): Zusatzbericht des Bundesrats zu seinem Bericht vom 5. März 2010 über das Verhältnis von Völkerrecht und Landesrecht, http://www.admin.ch/opc/de/federal-gazette/2011/3613.pdf (Zugriff 3.1.2014).

42 Siehe Dokumentation des Eidgenössischen Justiz- und Polizeidepartements, http://www.ejpd.admin.ch/content/ejpd/de/home/dokumentation/mi/2013/2013-03-150.html (Zugriff 3.1.2014).

> Zur weiteren Diskussion siehe Reich (2008), Tschentscher (2010) und Christmann (2012). Zur Völkerrechtskonformität der Minarettverbotsinitiative siehe etwa Zimmermann (2009).

Arbeitet das Parlament einen direkten Gegenentwurf zu einer Volksinitiative aus, so nimmt sie das oppositionelle Begehren in der Regel in gemässigter Form im Entwurf auf und erfüllt somit Teilforderungen der Initianten in der Hoffnung, so die Annahme der radikaleren Volksinitiative zu verhindern. Bis 1987 war es den Stimmenden nur möglich, entweder für die Volksinitiative oder für den Gegenvorschlag mit «Ja» zu stimmen. So verringerten sich die Chancen einer Volksinitiative an der Urne in der Regel stark, da das reformwillige Lager in Befürworter der Initiative und Befürworter des Gegenvorschlags gespalten war. Da dies vom Parlament durchaus zu taktischen Zwecken genutzt wurde, was teilweise heftige Kritik auslöste, wurde 1987 das «Doppelte Ja» eingeführt. Damit ist es nun möglich, gleichzeitig für die Initiative und den Gegenvorschlag ein «Ja» in die Urne einzulegen. In einer Stichfrage können die Stimmberechtigten angeben, welcher Vorlage sie den Vorrang geben, falls beide angenommen werden. Erzielt bei angenommenen Verfassungsänderungen in der Stichfrage die eine Vorlage mehr Volks- und die andere mehr Standesstimmen, tritt jene Vorlage in Kraft, bei welcher der prozentuale Anteil der Volksstimmen und der prozentuale Anteil der Standesstimmen in der Stichfrage die grössere Summe ergeben (Art. 139b BV). In der Praxis kommt es häufig zu «indirekten» Gegenvorschlägen, in denen die von der Bevölkerung vorgebrachten Anliegen bei laufenden Gesetzgebungsvorhaben teilweise berücksichtigt werden. Dies zielt auf die Schwächung der Initiativanliegen oder den Rückzug der Initiativen ab.

Wie Tabelle 2.7 zeigt, kommen nicht alle eingereichten Volksinitiativen zustande bzw. gelangen nicht vor das Stimmvolk. Einige Initiativforderungen werden anderweitig durch das Parlament geleitet – z. B. in «indirekten» Gegenvorschlägen –, wobei Volksinitiativen teilweise von vornherein nur als Verhandlungspfand in laufenden parlamentarischen Gesetzgebungsprozessen gedacht sind oder durch Ereignisse überholt werden. Ein Problem waren diesbezüglich bis 1997 die langen Behandlungsfristen von Volksinitiativen, da es bis zu sieben Jahre dauern konnte, bis eine Initiative dem Volk zur Abstimmung vorgelegt wurde. Der oftmals genutzten Möglichkeit, dringliche Initiativbegehren in der Warteschleife «auskühlen» zu lassen, schob das Parlament 1997 einen Riegel vor. Seitdem muss die parlamentarische Behandlung innerhalb von 30 Monaten nach Einreichung einer Initiative abgeschlossen und darüber innerhalb von weiteren zehn Monaten abgestimmt werden, sofern kein Gegenvorschlag formuliert wird (Linder 2012, Tschentscher 2010).

Eine Gesetzesinitiative, d. h. eine Initiative auf der Normstufe eines Bundesgesetzes, gibt es in der Schweiz auf Bundesebene nicht. 2003 hatte das Volk die allgemeine Volksinitiative angenommen, die in Form einer allgemeinen, nicht ausformulierten Anregung die Auslösung eines Gesetzgebungs- oder Verfassungsrevisionsprozesses beinhaltete, wobei die Entscheidung über die Umsetzungsstufe sowie die konkrete Ausformulierung dem Parlament überlassen war. Sie wurde jedoch wegen mangelnder Umsetzung bzw. Praxistauglichkeit 2009 per Volksentscheid wieder aus der Verfassung gestrichen.[43]

Auch aus Mangel an Alternativen auf niedrigerer Normstufe erfreut sich die Volksinitiative auf Teilrevision der Verfassung in der Schweiz grosser Beliebtheit und kommt häufig zur Anwendung. Wie jedoch Abbildung 2.3 und Tabelle 2.7 zeigen, stellt sie ein direktdemokratisches Instrument dar, das nur beschränkt «direkte» Wirksamkeit entfaltet: Von den bis 2013 dem Volk vorgelegten 184 Volksinitiativen wurden nur 20 von Volk und Ständen angenommen, was einer langjährigen Erfolgsrate von etwa 10 Prozent entspricht. Hierfür können verschiedene Gründe angeführt werden. Zunächst einmal ist die Hürde für die Annahme einer Volksinitiative aufgrund des Doppelmehrerfordernisses, wie es auch beim obligatorischen Referendum gilt, relativ hoch. Volksinitiativen gehen häufig auf bestimmte Partikularinteressen vertretende Gruppierungen zurück, die damit spezifische (wahrgenommene) Probleme zu thematisieren versuchen. Sie werden daher im Gegensatz zu obligatorischen Referenden auf der Normstufe der Verfassung nicht als konsensorientierte Kompromisslösungen im Bewusstsein der bevorstehenden Volksabstimmung ausgehandelt. Lösungsvorschläge bei Volksinitiativen sind oft weitreichender und radikalerer Natur als beispielsweise Gesetzesvorlagen. Letztere werden im Parlament ausgehandelt und weichen oft allein aufgrund des «Damoklesschwertes Referendum» (Neidhart 1970), das besonders bei Verletzung der Interessen referendumsfähiger Gruppierungen droht, kaum vom Status

---

43 Zum Scheitern der allgemeinen Volksinitiative siehe Braun (2007) und Graf (2007).

quo ab. Volksinitiativen greifen häufig Probleme auf, die bisher in ungenügender Weise im parlamentarischen Prozess behandelt wurden, und erfahren daher in vielen Fällen zunächst relativ grosses Interesse. Im Meinungsbildungsprozess während des Abstimmungskampfs wird dann jedoch oftmals von verschiedenen Seiten auf die weitreichende und radikale Prägung des in der Initiative vorgebrachten Lösungsvorschlags hingewiesen – häufig durch den Bundesrat selbst, der Volksinitiativen in der Regel zur Ablehnung empfiehlt. Weiter kann das in der Initiative angesprochene Problem durch einen direkten oder indirekten Gegenvorschlag in gemässigter Form anderweitig aufgenommen werden. Damit sind Initiativen an der Urne insgesamt nur selten erfolgreich.[44]

Der Erfolg kann jedoch nicht nur anhand der direkten Annahme des Initiativbegehrens durch die Stimmbürgerschaft gemessen werden. Vielmehr ist oft zu beobachten, dass politischer Unmut innerhalb konventioneller demokratischer Beteiligungsmöglichkeiten geäussert und ein (Tabu-)Thema somit neu auf die politische Agenda gesetzt wird. Dies kann zumindest als Teilerfolg für die Initianten gewertet werden, auch dank direkter oder indirekter Gegenvorschläge. Somit hat zwar nur ein Zehntel aller Volksinitiativen an der Urne Erfolg, ein weitaus grösserer Teil jedoch bewirkt anderweitige, wenn auch weniger weitreichende politische Veränderungen.[45] Tabelle 2.8 gibt einen illustrativen Überblick über die Themen, die in den letzten zwei Dekaden durch Volksinitiativen auf das politische Parkett gebracht wurden.

Wie aus der Tabelle ersichtlich ist, schwankt auch bei Volksinitiativen die Stimmbeteiligung beträchtlich. Analog zur Beteiligung an Referenden hängt dies mit der allgemeinen Prädisponiertheit bzw. dem Interesse der Stimmbevölkerung an den Themen, aber auch mit der Spannbreite der an einem Abstimmungssonntag dem Stimmvolk unterbreiteten Vorlagen zusammen. Fällt die Abstimmung einer wenig prädisponierten Vorlage mit einer Abstimmung über ein Thema zusammen, das stark konfliktbe-

---

44   Einen überdurchschnittlich hohen Erfolgsgrad weisen jedoch in neuester Zeit die vonseiten der SVP und ihr nahestehenden Organisationen lancierten Volksinitiativen auf.

45   Vgl. hierzu die Dissertation von Rohner (2012) zu den indirekten Wirkungen der Volksinitiative: 47 Prozent der Begehren haben «formalen Erfolg» und führen mittels Annahme in der Volksabstimmung oder via direkter oder indirektem Gegenvorschlag zu einer Änderung der Rechtsordnung.

Tabelle 2.8: Beispiele für Volksinitiativen (ab 1989, unvollständige Liste)

Jahr	Gegenstand	Stimmbeteiligung %	Ja-Stimmen % (Volk)	Ja-Stimmen (Kantone)
1989	Eidgenössische Volksinitiative «Für eine Schweiz ohne Armee und für eine umfassende Friedenspolitik»	69,2	35,6	2
1997	Eidgenössische Volksinitiative «Jugend ohne Drogen»	40,8	29,3	0
2001	Eidgenössische Volksinitiative «Für eine glaubwürdige Sicherheitspolitik und eine Schweiz ohne Armee»	37,9	22,9	0
2002	Eidgenössische Volksinitiative «Für den Beitritt der Schweiz zur Organisation der Vereinten Nationen (UNO)»	58,4	54,6	12
2004	Eidgenössische Volksinitiative «Lebenslange Verwahrung für nicht therapierbare, extrem gefährliche Sexual- und Gewaltstraftäter»	45,5	56,2	21.5
2005	Eidgenössische Volksinitiative «Für Lebensmittel aus gentechnikfreier Landwirtschaft»	42,2	55,7	23
2007	Eidgenössische Volksinitiative «Für eine soziale Einheitskrankenkasse»	46	28,8	2
2009	Eidgenössische Volksinitiative «Gegen den Bau von Minaretten»	53,8	57,5	19.5
2008	Eidgenössische Volksinitiative «Für ein flexibles AHV-Alter»	47,6	41,4	4
2010	Eidgenössische Volksinitiative «Für die Ausschaffung krimineller Ausländer (Ausschaffungsinitiative)»	52,9	52,3	17.5
2010	Eidgenössische Volksinitiative «Für faire Steuern. Stopp dem Missbrauch beim Steuerwettbewerb (Steuergerechtigkeits-Initiative)»	52,4	41,5	3.5
2010	Bundesbeschluss über die Aus- und Wegweisung krimineller Ausländerinnen und Ausländer im Rahmen der Bundesverfassung (Gegenentwurf zur Volksinitiative «Für die Ausschaffung krimineller Ausländer [Ausschaffungsinitiative]»)	52,9	44,5	0
2012	Eidgenössische Volksinitiative «Schluss mit uferlosem Bau von Zweitwohnungen!»	45,2	50,6	13.5
2013	Eidgenössische Volksinitiative «Gegen die Abzockerei»	46,7	68	23

haftet ist und in den Medien im Voraus viel diskutiert wurde, so kann man davon ausgehen, dass daraus bei Ersterer eine höhere Beteiligung resultiert, als wenn diese alleine zur Abstimmung gestanden hätte. Mit Bezug auf Dalton (2006) kann man also sagen, dass das Stimmvolk aus überlappenden *issue publics* besteht, wobei die grösste *issue public* bei Themen existiert, die von generellem Interesse sind, d. h., welche die grösste Anzahl an Stimmbürgern direkt berühren, und zu denen vorgeprägte Einstellungen existieren. Bei Themen, über die am gleichen Abstimmungssonntag abgestimmt wird, kann so auch eine Art kumulierte *issue public* entstehen: Wer sich für ein Thema interessiert und darüber abstimmt, tut dies auch für ein anderes und vice versa.[46] Als Beispiel mag hier die eidgenössische Volksabstimmung vom 8. Mai 2003 gelten, an der gleichzeitig über sieben Volksinitiativen sowie zwei Bundesgesetze abgestimmt wurde und die Stimmbeteiligung bei den einzelnen Vorlagen zwischen 49,5 und 49,7 Prozent lag und damit leicht überdurchschnittlich war, wie Tabelle 2.9 zeigt. Hierzu sowie zu den Determinanten der Stimmbeteiligung gibt das Kapitel zur Partizipation an Abstimmungen in der Schweiz weiteren Aufschluss.

Mit der Volksinitiative über die Teilrevision der Verfassung verfügt die Schweiz über ein direktdemokratisches Instrument, mit dem das Stimmvolk nicht nur sein Veto gegen ein bereits verabschiedetes Gesetz oder eine bereits verabschiedete Verfassungsänderung einlegen, sondern aktiv die politische Agenda mitbestimmen kann, in dem es quasi sich selbst einen ausformulierten Verfassungsartikel zur Abstimmung vorlegt. Diesen Artikel können das Parlament und die Regierung zwar diskutieren und zur Annahme oder Ablehnung empfehlen und sie können der Initiative in der Abstimmung auch einen direkten Gegenvorschlag gegenüberstellen. Es ist ihnen jedoch nicht erlaubt, die Vorlage zu verändern, und sie haben somit weder über die Auslösung noch den Abstimmungsgegenstand direkte Kontrolle. Die Hürden für einen direkten Erfolg einer Volksinitiative an der Urne sind relativ hoch, denn es gilt wie beim obligatorischen Referendum das Zustimmungsquorum des doppelten Volks- und Ständemehrs. Das Instrument der Volks- oder Verfassungsinitiative ist somit eine *qualifizierte Initiative* mit starkem Machtteilungscharakter, den es gerade in seinen indirekten Wirkungen geltend macht.

---

46 Vgl. hierzu auch Longchamp und Rousselot (2010: 233).

Tabelle 2.9: Stimmbeteiligung seit 1990 (Jahresdurchschnitte in %)

Jahr	Beteiligung	Anzahl Urnengänge	Anzahl abgestimmte Vorlagen
1990	40,7	2	10
1991	32,3	2	4
1992	52,0	4	16
1993	48,0	4	16
1994	44,3	4	13
1995	39,1	2	7
1996	36,4	3	9
1997	38,1	2	5
1998	43,7	3	10
1999	39,9	3	10
2000	44,3	4	15
2001	45,3	3	11
2002	48,2	4	8
2003	39,2	2	11
2004	46,8	4	13
2005	51,2	3	5
2006	40,7	3	6
2007	41,2	2	2
2008	43,8	3	10
2009	46,2	4	8
2010	44,8	3	6
2011	49,2	1	1
2012	38,5	4	12

Quelle: Bundesamt für Statistik.

2.3 Institutionen und Praxis direkter Demokratie auf der Kantonsebene

Wie im Abschnitt über die direktdemokratischen Instrumente auf Bundesebene beschrieben (vgl. Kasten 2.1), entwickelte sich die direkte Demokratie in der Schweiz zunächst auf der Kantonsebene. Als Resultat der liberalen Regenerationsbewegung der 1830er- sowie der demokratischen Bewegung der 1860er-Jahre führten die Kantone in unterschiedlichem Masse differenziert ausgestaltete Volksrechte ein. Im Verlauf der 1830er-Jahre war in fast allen neu entstandenen Kantonsverfassungen ein obligatorisches Verfassungsreferendum vorgesehen. Sechs Kantone (Aargau, Basel-Landschaft, Thurgau, Schaffhausen, Luzern und St. Gallen) führten auch die Initiative auf Totalrevision der Verfassung ein, wenn auch in den meisten Fällen mit Zustimmungsquorum (absolute bzw. Zweidrittelmehrheit). Zwischen 1831 und 1841 erhielten die Bürger in St. Gallen, Basel-Landschaft, Wallis und Luzern eine Form des Volksvetos, das an das Veto in der französischen Montagnard-Verfassung von 1793 angelehnt war. Dies war bereits eine, wenn auch komplizierte, Möglichkeit, das Inkrafttreten von Gesetzen und anderen Beschlüssen des Parlaments zu verhindern. Dem modernen Referendum entsprechende Volksabstimmungen über Erlasse unterhalb der Verfassungsstufe wurden in Form des obligatorischen und fakultativen Referendums eingeführt: das obligatorische Referendum zunächst in Graubünden, dann auch in anderen Kantonen (von 1863 bis 1873 in Basel-Landschaft, Zürich, Thurgau, Bern, Solothurn und Aargau); das fakultative Referendum zunächst in Solothurn, dann auch in Schaffhausen, Luzern und Zug. 1845 führte der Kanton Waadt als erster das umfassende Initiativrecht ein. Von den 1850er-Jahren an verbreiteten sich dann rasch die Volksinitiative auf Teilrevision der Verfassung sowie Formen der Gesetzesinitiative (1852 Aargau, 1863 Basel-Landschaft, 1869 Zürich, Thurgau und Solothurn), wobei beide Instrumente Postulate der Demokratischen Bewegung darstellten. Bis 1883 zogen die meisten Kantone nach, Wallis (1907) und Freiburg (1921) jedoch erst im 20. Jahrhundert. Das Finanzreferendum wurde ab 1848 in verschiedenen Kantonen eingeführt und setzte sich in unterschiedlicher Ausprägung in fast allen Kantonen durch.[47]

Die demokratische Bewegung der 1860er-Jahre löste mit ihren Forderungen nach einem Gesetzesreferendum und einer Volksinitiative somit umfassende Verfassungsänderungen aus und wandelte die repräsentativen Demokratien der Kantone in halbdirekte Demokratien mit unterschiedlich ausgeprägten Volksrechten um. Allerdings waren es in erster Linie Kantone im deutschsprachigen Teil der Schweiz, welche die Volksrechte früh und umfassend in ihre Verfassungen integrierten. Die latei-

---

47 Vgl. Historisches Lexikon der Schweiz, http://www.hls-dhs-dss.ch/index.php (Zugriff 15.10.2013). Für eine umfassendere Diskussion der direkten Demokratie in den Kantonen und ihrer historischen Entwicklung siehe Adler (2006), Auer (1998, 1996), Roca (2008), Roca und Auer (2011) und Vatter (2002).

nischsprachigen Kantone hingegen führten diese später ein und gestalteten sie zudem restriktiver (Linder 2005, 2012, Vatter 2014).

Es erstaunt daher nicht, dass sich die Schweizer Kantone mit Bezug auf die Formen der direktdemokratischen Instrumente sowie in deren konkreter Ausgestaltung und Nutzung relativ stark unterscheiden. Tabelle 2.10 gibt eine Übersicht über die wichtigsten kantonalen Volksrechte.[48]

Wie Tabelle 2.10 zeigt, sind die direktdemokratischen Rechte der Bürger in den Kantonen im Vergleich zum Bund heute stärker ausgebaut. Denn es bestehen in den Kantonen nicht nur die Verfassungsinitiative sowie das obligatorische Verfassungsreferendum und das fakultative Gesetzesreferendum, sondern auch die Gesetzesinitiative und das Finanzreferendum. Darüber hinaus kennen einige Kantone weitere Formen des Referendums, wie das Verwaltungs-, Staatsvertrags- oder Konkordatsreferendum oder Referenden über Stellungnahmen der Kantone bei Vernehmlassungen auf Bundesebene sowie zur Auslösung des Kantonsreferendums. In einigen Kantonen bestehen ausserdem zusätzliche Varianten der Volksinitiative, wie z.B. Staatsvertrags- und Verwaltungsinitiativen[49] (Linder 2002, Vatter 2002, 2014).

Während in allen Kantonen das Verfassungsreferendum obligatorisch ist, kennen einige Kantone nur das obligatorische respektive nur das fakultative Gesetzesreferendum und in anderen Kantonen existieren beide Formen nebeneinander. Die konkreten Bestimmungen, wann welches Referendum anwendbar ist bzw. ausgelöst wird, unterscheiden sich je nach Kantonsverfassung. Das obligatorische Gesetzesreferendum gilt beispielsweise unbeschränkt für alle Gesetze im Kanton Uri (Art. 24 Kantonsverfassung [KV])[50], während in anderen Kantonen, wie z.B. Schaffhausen (Art. 32 und 33 KV), Solothurn (Art. 35 KV), Basel-Landschaft (§ 30 KV) oder Aargau (§ 62 KV), nur jene Gesetze dem obligatorischen Referendum

---

48 Für weiterführende Literatur zu den direktdemokratischen Instrumenten in den Kantonen siehe Hangartner und Kley (2000), Linder (2005, 2012), Lutz und Strohmann (1998), Trechsel und Serdült (1999) und Vatter (2002, 2014).

49 Bei der Staatsvertragsinitiative handelt es sich um eine Aufforderung an die Behörden, Verträge zwischen Kantonen oder Staaten auszuhandeln oder zu ändern. Bei der Verwaltungsinitiative geht es um Rechtserlasse auf der Verordnungs- oder Dekretstufe (Trechsel und Serdült 1999).

50 Im Kanton Uri gibt es auch das fakultative Gesetzesreferendum, das sich jedoch auf die Normstufe der Verordnung bezieht (Art. 25 KV).

2.3 Institutionen und Praxis direkter Demokratie auf der Kantonsebene

Tabelle 2.10: Übersicht über die wichtigsten Volksrechte in den Kantonen

Kanton	Verfassungsreferendum	Gesetzesreferendum	Finanzreferendum	Verfassungsinitiative (Total- oder Teilrevision)	Gesetzesinitiative	Initiative zur Auslösung einer Standesinitiative	Landsgemeinde
AG	O	O/F	F	Ja	Ja		
AR	O	F	O	Ja	Ja		(bis 1997)
AI	O	O/F	O/F	Ja	Ja		Ja
BL	O	O/F	F	Ja	Ja		
BS	O	F	F	Ja	Ja		
BE	O	F	F	Ja	Ja		
FR	O	F	O/F	Ja	Ja		
GE	O	F	F	Ja	Ja		
GL	O	O	O	Ja	Ja		Ja
GR	O	F	O/F	Ja	Ja	V	
JU	O	F	O/F	Ja	Ja	V	
LU	O	F	O/F	Ja	Ja		
NE	O	F	F	Ja	Ja		
NW	O	F	O/F	Ja	Ja		(bis 1996)
OW	O	F	F	Ja	Ja	V	(bis 1998)
SG	O	F	O/F	Ja	Ja		
SH	O	O/F	O/F	Ja	Ja	V	
SZ	O	O/F	O/F	Ja	Ja		(bis 1848)
SO	O	O/F	O/F	Ja	Ja	V	
TG	O	F	O/F	Ja	Ja	V	
TI	O	F	F	Ja	Ja		
UR	O	O/F51	O/F	Ja	Ja	V	(bis 1928)
VS	O	F	F	Ja	Ja		
VD	O	F		Ja	Ja		
ZG	O	F	F	Ja	Ja	V	(bis 1848)
ZH	O	F	O/F52	Ja	Ja	V	

Legende: F = fakultativ; O = obligatorisch; V = Volk.
Quellen: Lutz und Strohmann (1998), Trechsel und Serdült (1999), Vatter (2002), Vatter (2007a) nach Linder (2005). Eigene Anpassungen auf Basis der Kantonsverfassungen, Stand November 2013.

---

51 Fakultatives Gesetzesreferendum auf Normstufe Verordnung (Art. 25 KV).
52 Obligatorisches Referendum gilt nur für Steuergesetze (Art. 32 Abs. f KV).

unterstehen, bei denen nicht ein bestimmtes qualifiziertes Mehr des Kantonsparlamentes zugestimmt hat. In einigen Kantonen, wie Basel-Landschaft (§ 30 KV) oder Aargau (§ 62 KV), kann das Parlament ein Gesetz auch per separatem Beschluss dem obligatorischen Referendum unterstellen. Referenden über Stellungnahmen der Kantone bei Vernehmlassungen auf Bundesebene gibt es beispielsweise in Zürich, Nidwalden, Glarus, Schaffhausen, Waadt, Neuenburg (alle obligatorisch) sowie in Bern und Genf (fakultativ) in Bezug auf Stellungnahmen des Kantons zum Bau von Kernkraftwerken, Aufbereitungsanlagen oder Lagerungsstätten für atomaren Abfall (Vatter 2002).

Auch das Finanzreferendum gibt es in den Kantonen in unterschiedlichen Kombinationen, sprich zum Teil nur als obligatorisches oder nur als fakultatives Referendum sowie in beiden Formen nebeneinander.[53] 13 Kantone verfügen sowohl über das obligatorische wie auch das fakultative Finanzreferendum, zehn nur über das fakultative und zwei nur über das obligatorische Finanzreferendum. Einzig der Kanton Waadt kennt das Finanzreferendum nicht (siehe Tabelle 2.10). Je nach Form des Referendums (obligatorisch oder fakultativ) sowie je nachdem, ob es sich um einmalige oder wiederkehrende Ausgaben handelt, schwankt dabei die Höhe der dem Referendum unterstehenden Kreditlimite auch zwischen den Kantonen. Beispielsweise ist das Finanzreferendum im Kanton Uri obligatorisch, wenn es um Kantonsausgaben von mehr als einer Million Franken geht bzw. mehr als 100 000 Franken, wenn Letzteres während mindestens zehn Jahren wiederkehrend ist. Es ist fakultativ, wenn es um Kantonsausgaben von mehr als 500 000 Franken bzw. mehr als 50 000 Franken (wiederkehrend) geht (Art. 24 und 25 KV). Im Kanton Zürich betrifft das obligatorische Referendum nur Steuergesetze und deren Änderungen, die neue Steuern einführen oder die für Einzelne höhere Steuerbelastungen zur Folge haben (Art. 32 KV). Das Referendum über einmalige Kantonsausgaben über 6 Millionen Franken oder wiederkehrende Ausgaben über 600 000 Franken ist in Zürich fakultativ (Art. 33 KV). In Basel-Landschaft gibt es nur das fakultative Finanzreferendum, das Beschlüsse des Landrats über einmalige Ausgaben von über 500 000 oder wiederkehrende Ausgaben von über 50 000 Franken betrifft (§ 31 KV). In den

---

53 Für detailliertere Informationen zum Finanzreferendum siehe Tornay (2008), Trechsel und Serdült (1999) und Tschannen (2007).

2.3 Institutionen und Praxis direkter Demokratie auf der Kantonsebene | 75

fünf Kantonen Freiburg, Appenzell Ausserrhoden, Wallis, Neuenburg und Jura sind die Kreditlimiten in Prozentsätzen festgelegt.

Verfassungs- und Gesetzesinitiativen gibt es in allen Kantonen. Während Erstere den Kantonen vom Bund vorgeschrieben sind, sind Letztere von den Kantonen freiwillig eingeführt worden und können auch wieder abgeschafft werden (Vatter 2002, 2014). Analog zur Verfassungsinitiative auf Bundesebene können in den meisten Kantonen sowohl formulierte als auch nicht formulierte Begehren auf Erlass, Änderung oder Aufhebung von Verfassungs- und Gesetzesbestimmungen (Trechsel und Serdült 1999), in einigen Kantonen auch Verordnungsbestimmungen (z. B. Kanton Uri, Art. 27 KV) eingereicht werden. In der Regel muss das Begehren ausdrücklich einer Normstufe zugeordnet werden, dabei gelten wie beim Bund die Anforderungen der Einheit von Form und Materie sowie die Wahrung übergeordneten Rechts (vgl. Art. 28 KV Kanton Zürich). In den meisten Fällen kann eine kantonale Volksinitiative durch eine bestimmte Anzahl Stimmberechtigter per Unterschrift verlangt werden, in einigen Kantonen jedoch auch durch eine Parlamentsminderheit, eine bestimmte Anzahl von Gemeinden, eine oder mehrere Behörden (Behördeninitiative) oder eine Einzelperson (Einzelinitiative). Die beiden letzten Möglichkeiten bestehen beispielsweise im Kanton Zürich (Art. 24 KV). In neun Kantonen haben die Stimmberechtigten ausserdem die Möglichkeit, Volksinitiativen für die Lancierung einer Standesinitiative einzureichen (Vatter 2014: 354). Grundsätzlich können die Kantone analog zur Bundesebene den Volksinitiativen einen direkten oder indirekten Gegenvorschlag gegenüberstellen (Trechsel und Serdült 1999), wobei in 16 Kantonen und beim Bund das doppelte Ja mit Stichfrage erlaubt ist (Vatter 2002).[54]

Ein Sonderfall der direkten Demokratie auf Kantonsebene ist die Landsgemeinde, die bis 1848 in acht Kantonen bestand. Mit Gründung der modernen Eidgenossenschaft schafften die Kantone Zug und Schwyz diese ab, 1928 folgte Uri, 1996 Nidwalden, 1997 Appenzell Ausserrhoden und 1998 Obwalden.[55] Heute existiert diese Form der direkten Demokratie noch in den Kantonen Glarus und Appenzell Innerhoden. Dort ist

---

54 Für mehr Informationen zum Gegenvorschlag auf Kantonsebene siehe Trechsel und Serdült (1999).

55 Zu den Gründen für die Abschaffung der Landsgemeinde im Kanton Schwyz mit Referenz auf unterschiedliche Demokratieverständnisse (altdemokratisch im Sinne einer privilegierten Versammlungsdemokratie, modern-demo-

die Landsgemeinde als Versammlung der stimmberechtigten Bürger das oberste Organ des Kantons. An ihr wird in direkter Abstimmung über zuvor im Amtsblatt veröffentlichte Gesetzes- und Beschlussentwürfe des kantonalen Parlaments sowie eingereichte Anträge, die einem formulierten oder nicht formulierten Initiativbegehren auf Gesetzes- oder Verfassungsebene durch individuelle Bürger, Gemeinden oder Gemeindevorsteher (Kanton Glarus) bzw. Genossenschaften (Kanton Appenzell Innerrhoden) entsprechen, entschieden. Ein Antrag zuhanden der Landsgemeinde kann dabei die Total- oder Teilrevision der Verfassung oder eine Gesetzesvorlage betreffen, darf jedoch nicht bundesrechtswidrig bzw., im Falle einer Gesetzesvorlage, nicht kantonsverfassungswidrig sein. Die Landsgemeinde entscheidet daneben auch über Kantonsausgaben, die eine bestimmte Höhe überschreiten, was dem Finanzreferendum in anderen Kantonen entspricht. Kasten 2.6 liefert einen Auszug aus der Kantonsverfassung des Kantons Glarus vom 1. Mai 1988, an dem sich die Verfahren und Bestimmungen der Landsgemeinde ablesen lassen.

Die direktdemokratischen Instrumente in den Kantonen sind also sehr unterschiedlich ausgestaltet. Zwischen den Kantonen gibt es dabei auch grosse Varianz in Bezug auf die Hürden, die zur Lancierung eines Referendums oder einer Initiative zu überwinden sind. Wie Händel (2012) festhält, bestehen diese Schranken einerseits im Auslösequorum, d. h. in den für das Zustandekommen eines Referendums oder einer Initiative nötigen Unterschriften, und andererseits in den Fristen der Unterschriftensammlung sowie der Art der Unterschriftensammlung. Während in den deutschen Bundesländern beispielsweise die Unterschrift per Amtseintragung geleistet werden muss, können diese in der Schweiz auf Bundes- und Kantonsebene frei gesammelt werden, müssen jedoch durch die entsprechenden Wohngemeinden geprüft werden. Nichtsdestoweniger stellt die Unterschriftensammlung ein wesentlich einfacheres und zugänglicheres Verfahren als die Amtseintragung dar. Auch die Sammelfristen in der Schweiz sind im Schnitt länger als in den Ländern der Bundesrepublik Deutschland, unterscheiden sich jedoch auch deutlich zwischen den Kantonen. Während im Kanton Solothurn die Initianten 18 Monate Zeit zur Sammlung der nötigen Unterschriften für eine Volksinitiative haben, beträgt die Sammelfrist im Tessin und in Nidwalden nur zwei Monate.

---

kratisch im Sinne rechtsgleicher Versammlungs- oder Referendumsdemokratie) siehe Adler (2006) und Brändli (2006).

Kasten 2.6: Auszug Kantonsverfassung Glarus: Landsgemeinde

Kantonsverfassung Glarus, Abschnitt 2: Landsgemeinde

Art. 61 Stellung der Landsgemeinde
Die Landsgemeinde ist die Versammlung der stimmberechtigten Landeseinwohner. Sie ist das oberste Organ des Kantons.

Art. 62 Landsgemeindememorial
[1] Das Landsgemeindememorial enthält die an der Landsgemeinde zur Behandlung kommenden Geschäfte, insbesondere die Gesetzes- und Beschlussentwürfe des Landrates und die eingereichten Memorialsanträge.
[2] Die vom Landrat unerheblich erklärten Memorialsanträge werden ohne Stellungnahme gesondert aufgeführt.
[3] Mit dem Memorial werden der Landsgemeinde die Staatsrechnung, der Finanzbericht sowie der Voranschlag zur Kenntnis gebracht.
[4] Das Landsgemeindememorial wird in einer ausreichenden Anzahl spätestens vier Wochen vor der Landsgemeinde an die Stimmberechtigten verteilt; für eine ausserordentliche Landsgemeinde kann der Landrat diese Frist verkürzen.
[5] In dringenden Fällen kann der Landrat der Landsgemeinde auch ein Geschäft vorlegen, das im Memorial nicht enthalten ist; der Antrag des Landrates ist im Amtsblatt zu veröffentlichen.

Art. 63 Einberufung
[1] Die ordentliche Landsgemeinde versammelt sich am ersten Sonntag im Mai in Glarus.
[2] Der Regierungsrat entscheidet über eine allfällige Verschiebung.
[3] Eine ausserordentliche Landsgemeinde findet statt, wenn die Landsgemeinde es beschliesst, wenn es mindestens 2000 Stimmberechtigte unter Angabe der zu behandelnden Gegenstände verlangen oder wenn der Landrat die Stimmberechtigten zur Behandlung dringlicher Geschäfte zusammenruft.
[4] Die Einberufung erfolgt spätestens 14 Tage vor der Versammlung durch das Amtsblatt.
[5] Der Regierungsrat kann Massnahmen zur Erleichterung der Teilnahme treffen, besonders für Stimmberechtigte aus entfernteren Gemeinden.

Art. 64 Leitung und Eröffnung
[1] Der Landammann leitet die Landsgemeinde. Wenn er verhindert ist, tritt an seine Stelle der Landesstatthalter, bei dessen Verhinderung der amtsälteste Regierungsrat.

² Der Landammann eröffnet die Landsgemeinde mit einer Ansprache. Danach werden die stimmberechtigten Teilnehmer vereidigt.

Art. 65 Verhandlungen
¹ Die Grundlage für die Verhandlungen bilden die im Memorial oder im Amtsblatt veröffentlichten Vorlagen des Landrates; andere Gegenstände dürfen nicht beraten werden.
² Jeder stimmberechtigte Teilnehmer hat das Recht, zu den Sachvorlagen Anträge auf Unterstützung, Abänderung, Ablehnung, Verschiebung oder Rückweisung zu stellen.
³ Abänderungsanträge müssen zum Beratungsgegenstand in einem sachlichen Zusammenhang stehen.
⁴ Auf die vom Landrat nicht erheblich erklärten Memorialsanträge tritt die Landsgemeinde nur auf besonderen Antrag hin ein; sie kann entweder die Ablehnung oder die Behandlung auf das folgende Jahr beschliessen.
⁵ Wer sich zu einer Sachvorlage äussern will, hat zuerst seinen Antrag zu formulieren und ihn danach kurz zu begründen.

Art. 66 Abstimmungsverfahren
¹ Der Antrag des Landrates ist genehmigt, wenn hierzu kein abweichender Antrag gestellt wird.
² Wird aber ein solcher Antrag gestellt, so hat die Landsgemeinde zu mindern oder zu mehren.
³ Werden an einer Vorlage zwei oder mehr Abänderungen vorgenommen, so ist eine Schlussabstimmung durchzuführen.
⁴ Bei Wahlen wird in jedem Fall abgestimmt.

Art. 67 Ermittlung der Mehrheit
¹ Der Landammann ermittelt die Mehrheit durch Abschätzen. In zweifelhaften Fällen kann er vier Mitglieder des Regierungsrates beratend beiziehen.
² Sein Entscheid ist unanfechtbar.

Art. 68 Wahlbefugnisse
Die Landsgemeinde ist zuständig für:
a. die Wahl des Landammanns und des Landesstatthalters;
b. die Wahl der Gerichtspräsidenten und der weiteren Richter.

Art. 69 Gesetzgebung und Sachbefugnisse
¹ Die Landsgemeinde ist zuständig für die Änderung der Kantonsverfassung. Sie erlässt zudem in der Form des Gesetzes alle grundlegenden und wichtigen Bestimmungen.

² Sie ist im Weiteren zuständig für:
  a. die Zustimmung zu Konkordaten und anderen Verträgen, wenn diese einen Gegenstand der Verfassung oder der Gesetzgebung oder eine Ausgabe nach Buchstabe b betreffen;
  b. Beschlüsse über alle frei bestimmbaren einmaligen Ausgaben für den gleichen Zweck von mehr als 1 Million Franken und über alle frei bestimmbaren wiederkehrenden Ausgaben für den gleichen Zweck von mehr als 200 000 Franken im Jahr;
  c. den freien Erwerb von Grundstücken als Anlage oder zur Vorsorge im Betrag von mehr als 5 000 000 Franken;
  d. weitere durch den Landrat vorgelegte Beschlüsse;
  e. die Festsetzung des Steuerfusses.
³ Die Landsgemeinde kann ihre Befugnisse dem Landrat oder dem Regierungsrat übertragen, sofern die Ermächtigung auf ein bestimmtes Gebiet beschränkt und nach Zweck und Umfang näher umschrieben wird.

Der Kanton St. Gallen legt als einziger Kanton unterschiedliche Fristen für Gesetzes- und Verfassungsinitiativen fest und zwar drei Monate für ersteres und sechs Monate für letzteres Instrument. Obwalden, Glarus, die beiden Appenzell, Schwyz, Zug, Schaffhausen sowie die beiden Basel kennen keine festgelegten Sammelfristen. Auch bei den fakultativen Referenden unterscheiden sich die Sammelfristen und reichen von drei Monaten in Bern, Uri, Freiburg, Solothurn, Schaffhausen, Graubünden, Aargau, Thurgau und Wallis bis zu 30 Tagen in Schwyz, Obwalden, Appenzell Innerrhoden, St. Gallen und Tessin (Lutz und Strohmann 1998, siehe auch Vatter 2002). In Bezug auf die Auslösungsquoren unterscheiden sich die in den Kantonsverfassungen genannten absoluten Mindestunterschriftenzahlen wegen der stark abweichenden Kantonsdemografien deutlich. Auch prozentual gibt es markante Differenzen zwischen den Kantonen, wie die nachfolgende Tabelle 2.11 zeigt.

Während im Kanton Genf beispielsweise mindestens 4,2 Prozent (10 000 Unterschriften), im Kanton Neuenburg 4,1 Prozent (4500 Unterschriften) und im Kanton Jura 4 Prozent (2000 Unterschriften) der stimmberechtigten Bevölkerung eine Verfassungs- oder Gesetzesinitiative unterzeichnen müssen, damit diese zustande kommt, genügen im Kanton Zürich 0,7 Prozent (6000 Unterschriften), im Kanton Aargau 0,75 Prozent (3000 Unterschriften) und in den Kantonen Appenzell Ausserrhoden

Tabelle 2.11: Unterschriftenquorum, Zahl und Erfolgsgrad kantonaler Volksabstimmungen (1970–2013)

Kanton	Mindestanzahl Unterschriften (in % der stimmberechtigten Bevölkerung [Stand 2011] in Klammern)			Zahl der Abstimmungen 1970–2013 und Erfolgsgrad (% angenommener Vorlagen in Klammern)		
	Verfassungs- initiativen	Gesetzes- initiativen	Fakultative Referenden	Initiativen	Fakultative Referenden	Obligator. Referenden
AG	3000 (0,75)	3000 (0,75)	3000 (0,75)	32 (21,9)	5 (20,0)	197 (87,3)
AR	300 (0,8)	300 (0,8)	300 (0,8)	6 (33,3)	7 (71,4)	19 (94,7)
AI*						
BL	1500 (0,8)	1500 (0,8)	1500 (0,8)	64 (29.7)	32 (53,1)	260 (93,1)
BS	3000 (2,6)	3000 (2,6)	2000 (1,75)	78 (29,5)	138 (60,2)	38 (81,6)
BE	15000 (2,1)	15000 (2,1)	10000 (1,4)	46 (30,4)	51 (58,8)	155 (89,7)
FR	6000 (3,2)	6000 (3,2)	6000 (3,2)	12 (41,7)	26 (19,2)	62 (88,7)
GE	10000 (4,2)	10000 (4,2)	7000 (2,9)	57 (47,4)	74 (54,1)	116 (88,8)
GL*						
GR	4000 (3,0)	3000 (2,2)	1500 (1,1)	9 (11,1)	8 (0,5)	266 (90,1)
JU	2000 (4,0)	2000 (4,0)	2000 (4,0)	5 (40,0)	14 (35,7)	49 (89,8)
LU	5000 (1,9)	4000 (1,5)	3000 (1,15)	36 (11,1)	42 (59,2)	64 (85,9)
NE	4500 (4,1)	4500 (4,1)	4500 (4,1)	16 (18,8)	18 (44,4)	105 (92,4)
NW	500 (1,65)	250 (0,8)	250 (0,8)	14 (14,3)	12 (58,3)	12 (83,3)
OW	500 (2,0)	500 (2,0)	100 (0,4)	4 (50,0)	10 (50,0)	16 (87,5)
SG	8000 (3,8)	6000 (2,8)	4000 (1,9)	27 (11,1)	26 (57,7)	106 (91,5)
SH	1000 (2,0)	1000 (2,0)	1000 (2,0)	36 (33,3)	0	271 (82,7)
SZ	2000 (2,0)	2000 (2,0)	1000 (1,0)	17 (41,1)	13 (23,1)	163 (82,8)
SO	3000 (1,7)	3000 (1,7)	1500 (0,9)	30 (20,0)	15 (40,0)	315 (87,0)
TG	4000 (2,5)	4000 (2,5)	2000 (1,3)	16 (12,5)	14 (50,0)	157 (82,2)
TI	7000 (3,3)	7000 (3,3)	7000 (3,3)	22 (31,8)	30 (36,7)	32 (81,3)
UR[57]	600 (2,3)	600 (2,3)	450 (1,7)	24 (16,7)	23 (30,4)	196 (85,2)
VS	6000 (2,9)	4000 (1,9)	3000 (1,5)	5 (0)	9 (55,6)	134 (85,5)
VD	12000 (3,0) (18000 bei Totalrevision)	12000 (3,0)	12000 (3,0)	49 (38,8)	24 (33,3)	43 (81,4)

* Landsgemeindekantone.

---

56 Fakultatives Gesetzesreferendum auf Normstufe Verordnung (Art. 25 KV).

	Mindestanzahl Unterschriften (in % der stimmberechtigten Bevölkerung [Stand 2011] in Klammern)			Zahl der Abstimmungen 1970–2013 und Erfolgsgrad (% angenommener Vorlagen in Klammern)		
Kanton	Verfassungs-initiativen	Gesetzes-initiativen	Fakultative Referenden	Initiativen	Fakultative Referenden	Obligator. Referenden
ZG	2 000 (2,9)	2 000 (2,9)	1 500 (2,1)	30 (23,3)	33 (57,6)	65 (86,2)
ZH	6 000 (0,7)	6 000 (0,7)	3 000 (0,3)	119 (29,4)	43 (67,4)	348 (88,2)
Kantone insgesamt				754 (28,2)	667 (52,3)	3 189 (88,0)
Bund (1848–2013)	100 000 (2,0)		50 000 (1,0)	185 (10,8)	172 (55,8)	191 (74,9)

Quellen: Daten zu Häufigkeit und Erfolgsgrad Volksabstimmungen: www.c2d.ch, Daten zu Wahlberechtigten pro Kanton (Stand 2011): www.bfs.admin.ch, Daten zu Anzahl Unterschriften kantonale Verfassungen: eigene Berechnungen, adaptiert von Linder (2005, 2012).

(300 Unterschriften) und Basel-Landschaft (1500 Unterschriften) je 0,8 Prozent der Stimmberechtigten. Auch für die Auslösung eines fakultativen Referendums sind in Zürich im Kantonsvergleich am wenigsten Unterschriften nötig: Hier genügen 0,3 Prozent der stimmberechtigten Bevölkerung (3000 Unterschriften), während in den Kantonen Jura und Neuenburg mindestens 4 Prozent der Stimmberechtigten ein fakultatives Referendum unterzeichnen müssen.[57]

Ein Vergleich mit den Daten aus Linder (2005) aus den 1990er-Jahren zeigt, dass sich die prozentualen Quoren in den Kantonen zum Teil nach unten verschoben haben. So sank beispielsweise das Quorum zur Auslösung einer Verfassungsinitiative in Genf von 4,8 auf 4,2 Prozent, in Neuenburg von 5,7 auf 4,1 Prozent und in Zürich von 1,3 auf 0,7 Prozent. Dies hat im Fall von Zürich mit einer Änderung der Kantonsverfassung zu tun, die 2006 die nötigen Unterschriftenhürden für Initiativen und

---

57 Zum Vergleich: In Deutschland variieren die Auslösungsquoren auf Länderebene zwischen 4 Prozent (Brandenburg) und 20 Prozent (Saarland), in den US-Bundesstaaten betragen die Quoren durchschnittlich etwa 3–4 Prozent (vgl. Eder 2010, Händel 2012 und Meerkamp 2011).

Referenden von 10 000 auf 6000 bzw. 5000 auf 3000 senkte. Diese Reduzierung der Zugangshürden kann auch auf die sich verändernden Kantonsdemografien zurückgeführt werden, die dank der Bevölkerungszunahme in den Kantonen zu einer prozentualen Verringerung der Quoren führen, auch wenn die Unterschriftenanforderungen in absoluten Zahlen gleich bleiben.[58]

Dies koinzidiert mit einer generellen Zunahme der direktdemokratischen Auseinandersetzungen auf Kantonsebene (Trechsel 2000, Vatter 2007a). Nicht nur die Auslösequoten unterscheiden sich zwischen den Kantonen stark, auch die Anzahl zustande gekommener Initiativen und fakultativer Referenden schwankt von Kanton zu Kanton. Wurde z. B. in Zürich zwischen 1970 und 2013 über 119 Initiativen und 43 fakultative Referenden abgestimmt, waren es in Bern 46 Initiativen und 51 fakultative Referenden und im Kanton Jura (seit 1979) 5 Initiativen und 14 fakultative Referenden. Auf den ersten Blick lässt sich vermuten, dass diese Differenzen in der unterschiedlichen Höhe der Unterschriftenhürden begründet liegen. Ein Indiz dafür ist beispielsweise, dass die durchschnittliche Anzahl zustande gekommener Initiativen im Kanton Zürich seit der Verfassungsänderung und der damit verbundenen Senkung des Unterschriftenquorums von 4,3 auf 6,5 Initiativen pro Jahr und die durchschnittliche Zahl der Referenden von 1,0 auf 2,6 gestiegen ist. Empirische Analysen fanden jedoch heraus, dass institutionelle Hürden die Nutzung der Volksrechte in den Kantonen kaum beeinflussen (Trechsel 2000, Trechsel und Serdült 1999, Vatter 2002). Neben soziostrukturellen Merkmalen spielen hier vor allem politische Faktoren eine Rolle: So werden Volksinitiativen und fakultative Referenden in den Kantonen umso weni-

---

58 Vgl. Daten zur ständigen Wohnbevölkerung in den Kantonen, Bundesamt für Statistik, http://www.bfs.admin.ch/bfs/portal/de/index/themen/01/02/blank/key/raeumliche_verteilung/kantone__gemeinden.html (Zugriff 29.7.2013). Siehe dazu auch Stutzer (1999). Dies hat auch mit der Einführung des Frauenstimmrechtes zu tun, das 1991 zuletzt im Kanton Appenzell Innerrhoden (per Entscheid des Bundesgerichts) eingeführt wurde, mit der Herabsetzung des Stimmrechtsalters (Kanton Glarus 2007 auf das Stimmrechtsalter 16) sowie der Einführung des Ausländerstimmrechtes (Kanton Jura 1979, Kanton Neuenburg 2001 auf Kantonsebene, mehrere Kantone auf Gemeindeebene).

ger genutzt, je geringer der Anteil des Dienstleistungssektors, die Urbanisierung und die Bevölkerungsgrösse eines Kantons sind, aber auch je umfassender die Regierungskoalition ist. Sie werden dagegen umso stärker genutzt, je höher die Anzahl der effektiven Parteien, die Polarisierung des Parteiensystems, vor allem aber die Stärke der grünen Parteien ist. Es erstaunt daher wenig, dass nicht in den kleinräumigen ländlichen Kantonen die Volksrechte überdurchschnittlich stark genutzt werden, sondern eher in den grossen, urbanisierten Kantonen mit einem politisch bereits organisierten Konfliktpotenzial (Linder 2005).

Wie Tabelle 2.11 weiter aufzeigt, unterscheiden sich auch die Erfolgsquoten der direktdemokratischen Instrumente zwischen den Kantonen und zwischen Bund und Kantonen insgesamt. Sind beispielsweise in den Kantonen Luzern und St. Gallen nur 11,1 Prozent aller Volksinitiativen erfolgreich, so sind es im Kanton Waadt 38,8 Prozent und in Genf 47,4 Prozent. Über alle Kantone werden 28,2 Prozent aller kantonalen Volksinitiativen an der Urne angenommen, während dies nur bei 10,1 Prozent aller eidgenössischen Volksinitiativen der Fall ist. Ein Grund hierfür ist, dass es sich beim Bund ausschliesslich um Verfassungsinitiativen handelt, während in den Kantonen auch Gesetzesinitiativen inbegriffen sind, die zwei Drittel aller Fälle ausmachen (Trechsel 2000). Auch beim fakultativen und obligatorischen Referendum zeigen sich Unterschiede zwischen den Kantonen und zwischen Bund und Kantonen. Während auf Bundesebene 74,4 Prozent aller obligatorischen und 55,8 Prozent aller fakultativen Referenden angenommen werden (sprich im Sinne der Behörden ausgehen), ist dies bei den Kantonen in 88 respektive 52,3 Prozent der Fall. Somit ist vor allem die Annahmerate bei obligatorischen Referenden in den Kantonen deutlich höher, was Linder (2005) darauf zurückführt, dass bei etwa der Hälfte der Kantone auch viele eher wenig konfliktbehaftete Gesetzesvorlagen unter dieses Vetorecht fallen.

Auf Kantonsebene sind vor allem drei Politikfelder zentral, mit denen sich die kantonalen Volksinitiativen und fakultativen Referenden beschäftigen. Das Politikfeld *Staatsordnung und Demokratie* beinhaltet das quantitativ wichtigste Themenfeld kantonaler Abstimmungen: die Reform der demokratischen Mitwirkungsrechte. Wie Vatter (2007a: 79) festhält, wird die direkte Demokratie in den Kantonen «gerade zur Reform und zum Ausbau ihrer selbst eingesetzt» und übt damit einen wesentlichen Einfluss auf die grundlegende Ausgestaltung der demokratischen Strukturen in den Kantonen aus.[59] Die anderen beiden Politikfelder, die in den kantonalen Abstimmungen im Vordergrund stehen, sind die Finanz- und Steuerpolitik sowie das Sozial- und Gesundheitswesen. Sie widerspiegeln die Themenschwerpunkte übergeordneter gesellschaftspolitischer Paradigmen und Konfliktlinien und sind damit Austragungsort des generellen gesellschaftlichen Wandels.

Die Schweiz verfügt folglich auf Kantonsebene über eine Reihe von unterschiedlich ausgestalteten direktdemokratischen Instrumenten, die in der Typologie zwischen Mehrheits- und Machtteilungscharakter einzuordnen sind. Obligatorische Gesetzes- und Verfassungsreferenden ohne Zustimmungs- oder Beteiligungsquorum sind zwischen Mehrheits- und Konkordanzdemokratie anzusiedeln. Die fakultativen Referenden und Volksinitiativen, bei denen ebenfalls keine Zustimmungs- oder Beteiligungsquoren gelten, stehen hingegen stärker auf der Seite der Konkordanzdemokratie.

2.4 Institutionen und Praxis direkter Demokratie auf der Gemeindeebene

Entsprechend der dreistufigen föderalen Struktur des Schweizer Staatsgebildes, die den Gemeinden eine grosse politische Autonomie gewährt, die seit der Verfassungsrevision von 1999 auch verfassungsmässig abgesichert ist (Art. 50 BV), verfügen auch die Schweizer Gemeinden über direktdemokratische Mitspracherechte, die je nach Gemeinde und kantonalem Verfassungsrahmen unterschiedlich ausgestaltet sind (Linder 2005). Aufgrund der relativ grossen Gemeindeautonomie, die sich nicht nur auf die Selbstorganisation, sondern auch auf die den Gemeinden überlassenen Kompetenzen sowie die Finanzgewalt bezieht – so erheben die Gemeinden etwa ein Drittel aller öffentlichen Abgaben (Heussner und

---

59 Unter diese Reformen fallen: die Konsolidierung der direktdemokratischen Instrumente im 19. Jahrhundert; die Änderungen des Wahlverfahrens von Parlament, Regierung und weiteren Behörden; die Wahlkreisreformen zu Beginn des 20. Jahrhunderts; Initiativen zur Einführung des Frauen- und später Ausländerstimmrechts; der Ausbau der Finanz- und Verwaltungsreferenden in der zweiten Hälfte des 20. Jahrhunderts; die erweiterte Mitwirkung bei Infrastrukturprojekten.

2.4 Institutionen und Praxis direkter Demokratie auf der Gemeindeebene | 85

Jung 2009, Ladner 2002) –, ist die Bedeutung der kommunalen direktdemokratischen Mitsprache nicht zu unterschätzen.[60]

Wie Linder (2005) und Ladner (2002) hervorheben, unterscheidet sich die Ausgestaltung der direkten Demokratie auf kommunaler Ebene vor allem in Abhängigkeit der Einwohnerzahl einer Gemeinde und der Sprachregion bzw. der regionalen politischen Kultur, der sie zugehörig ist.[61] Dabei hat sich besonders in kleinen Gemeinden das Entscheidungsverfahren in Gemeindeversammlungen erhalten, das heute noch in etwa 85 Prozent aller Gemeinden praktiziert wird. Eine solche Versammlung wird in der Regel jährlich mindestens einmal einberufen und befindet obligatorisch über die Rechnung des vergangenen und den Haushalt des laufenden Jahres sowie über andere Sachfragen der Kommune. Je nach kantonalem Recht unterliegen Kredite ab einer bestimmten Höhe dabei der Urnenabstimmung (Moeckli 2004). Entscheide während der Versammlung werden meist per Handzeichen gefällt (Ladner 2002). Nachdem in der zweiten Hälfte des 19. Jahrhunderts vor allem in grösseren Städten Gemeindeversammlungen zunehmend durch Parlamente ersetzt wurden, fand die halbdirekte Demokratie mit Referendum und oft auch Initiative zusätzlich auf Gemeindestufe Eingang, so zuerst in den Städten Bern (1887) und Zürich (1891) und dann in allen Gemeinden der Kantone Neuenburg (1888) und Genf (1895) sowie in den grösseren Gemeinden des Tessins (1897).

Die Schweizer Gemeinden kennen also zwei verschiedene Formen der direkten Demokratie: jene der halbdirekten Demokratie in Gemeinden mit parlamentarischer Legislative, in denen die direktdemokratischen Instrumente Ergänzungsstatus (Schiller 2002) haben. Und jene mit einer direktdemokratischen Legislative in Form der Gemeindeversammlung, in

---

60 Für detaillierte Angaben zur direkten Demokratie auf Gemeindeebene sowie einen Vergleich Deutschland-Schweiz siehe Bützer (2007), Karr (2003) und Moeckli (2004).

61 Die Schweiz kann auch in Bezug auf die Anzahl und Grösse ihrer Gemeinden als «Sonderfall» betrachtet werden. So bestehen heute noch etwa 2800 Gemeinden, von denen die Hälfte weniger als 1000 Einwohner haben und die sich den Fusionen und Reorganisationen verwehrten, welche die Zahl Kommunen in anderen europäischen Ländern stark verringerten. Etwa 50 Prozent der Schweizer Einwohner leben in Kommunen mit mehr als 10 000 Einwohnern, diese machen jedoch nur 4 Prozent aller Gemeinden aus (vgl. Lader 2002).

denen zusätzliche direktdemokratische Instrumente Ergänzungsstatus haben (vgl. Ladner 2002). Wie Tabelle 2.12 zeigt, gibt es in etwas weniger als 20 Prozent aller Schweizer Gemeinden ein Gemeindeparlament. Besonders häufig findet man sie in der französischsprachigen Schweiz. Hier besitzt fast die Hälfte aller Gemeinden mit über 500 Einwohnern ein solches Legislativgremium. In den Kantonen Genf und Neuenburg ist den Gemeinden ein Parlament von der Kantonsverfassung vorgegeben. In der deutschsprachigen Schweiz haben vor allem Gemeinden mit mehr als 8000 Einwohnern ein Gemeindeparlament. Nichtsdestoweniger besitzt die Hälfte der Gemeinden mit mehr als 10 000 Einwohnern trotz ihrer Grösse lediglich eine Gemeindeversammlung.

In Gemeinden mit Gemeindeparlament existieren in der Regel ähnliche direktdemokratische Instrumente wie auf Kantonsebene, sprich obligatorisches Referendum, fakultatives Referendum, Volksinitiative und Finanzreferendum. Das obligatorische Referendum wird den Gemeinden in den meisten Kantonen durch die Kantonsverfassung für Änderungen der Gemeindesatzung sowie einzelne andere Angelegenheiten – darunter auch finanzielle Geschäfte – vorgeschrieben. Andere Geschäfte können durch die jeweilige Gemeindesatzung dem obligatorischen Referendum unterstellt werden.[62] Das fakultative Referendum betrifft in der Regel Beschlüsse des Gemeindeparlaments, zum Teil auch der Gemeindeexekutive. Zur Lancierung eines fakultativen Referendums muss analog zum fakultativen Referendum auf Ebene des Bundes und der Kantone eine gewisse Anzahl gültiger Unterschriften stimmberechtigter Gemeindebürger eingereicht werden. Die Höhe dieser Hürde schwankt zwischen den Gemeinden stark und liegt zwischen 5 Prozent, wie z. B. im Kanton Bern, und 30 Prozent, wie im Kanton Genf (hier nur bei Gemeinden mit bis zu 500 Einwohnern). Ebenfalls analog zur Ebene des Bundes und des Kantons gelten auch hier unterschiedliche Referendumsfristen, die je nach Gemeinde respektive Kanton zwischen 20 und 60 Tagen liegen. In einigen Gemeinden kann auch das Gemeindeparlament selbst ein fakultatives Referendum lancieren. Ein Geschäft wird dabei entweder durch einen Mehrheitsbeschluss des Gemeindeparlaments dem fakultativen Referendum unterstellt oder es kann durch eine in einer Gemeindeparlamentsabstimmung unterlegene Minderheit gefordert werden, wobei je nach

---

62 Die Kantone Basel-Stadt, Freiburg, Genf, Tessin und Waadt kennen das obligatorische Referendum auf Gemeindestufe nicht (Karr 2003).

Tabelle 2.12: Anteil Gemeinden mit Parlament nach Einwohnerzahl und Sprachregion (in %)

Gemeindegrösse	Alle Kommunen	Deutschsprachige Kommunen	Französischsprachige Kommunen
1–499	6,0	0,0	11,3
500–999	17,7	0,7	43,7
1000–1999	19,0	1,6	60,3
2000–4999	18,2	2,1	73,7
5000–9999	29,7	16,1	83,9
10 000–19 999	58,0	49,2	93,8
20 000–49 999	100	100	100
50 000–99 999	100	100	
≥10 0000	100	100	100
Alle Kommunen	17,4	5,7	37,3
Anzahl Parlamente	405	83	322

Quelle: Ladner (2002).

Gemeinde andere Quoren gelten.[63] Das fakultative Referendum existiert in allen Kantonen auf Gemeindeebene. Es lassen sich hier jedoch, wie Karr (2003) darstellt, drei Gruppen von Kantonen hinsichtlich ihrer Ausprägung des fakultativen Referendums auf Gemeindeebene unterscheiden: Kantone, in denen grundsätzlich alle Beschlüsse des Gemeindeparlaments dem fakultativen Referendum unterstellt sind (so in den Kantonen Aargau, Basel-Landschaft, Basel-Stadt, Genf, Jura, Solothurn, Thurgau, Wallis, Waadt, Zürich);[64] Kantone, in denen der Geltungsbereich des fakultativen Referendums durch die Gemeindesatzung festgelegt werden kann (ganz frei in den Kantonen Appenzell Ausserhoden, Bern, Schaffhausen und Schwyz; frei abgesehen von einigen Geschäften, die laut Kan-

---

[63] Ersteres ist in den Kantonen Aargau, Solothurn, Waadt und Zürich möglich, Letzeres in den Kantonen Basel-Landschaft, St. Gallen, Zug, Zürich und Wallis. Im Kanton Basel-Landschaft kann z. B. ein Drittel der anwesenden Mitglieder des Gemeindeparlaments eine Volksabstimmung beschliessen; in den Kantonen St. Gallen und Zug, Zürich ein Drittel aller Mitglieder; im Kanton Wallis zwei Fünftel aller Mitglieder.

[64] Bestimmte Geschäfte werden in einigen dieser Kantone wiederum ausdrücklich vom Referendum ausgenommen (so in den Kantonen Basel-Landschaft, Basel-Stadt, Genf, Solothurn, Waadt und Zürich).

tonsverfassung zwingend dem fakultativen Gemeindereferendum zu unterstellen sind, in den Kantonen Graubünden, Luzern und St. Gallen); sowie Kantone, in denen die einzelnen, dem fakultativen Referendum zu unterstellenden Geschäfte abschliessend aufgezählt und damit vorgeschrieben sind (so in den Kantonen Freiburg, Neuenburg, Nidwalden, Tessin und Zug).

Auch die Volksinitiative gibt es in allen Kantonen auf Gemeindeebene, wobei sich die Initiativkompetenz der Stimmberechtigten in den meisten Kantonen mit deren Referendumskompetenz deckt, sie also zu denjenigen Angelegenheiten Initiativen einreichen können, bezüglich derer sie auch in Referenden an die Urne gerufen werden können. In den Kantonen Bern und Neuenburg ist es den Stimmberechtigten darüber hinaus möglich, Initiativen, die über den Bereich des Referendums hinausgehen, einzureichen, was bedeutet, dass die Bürgerschaft in diesem Fall auch über Geschäfte abstimmen kann, die sonst dem Gemeindeparlament zur alleinigen Beschlussfassung zugewiesen sind (Karr 2003). Analog zur Initiative auf der Ebene des Bundes und des Kantons gelten auch hier je nach Gemeinde respektive Kanton unterschiedliche Hürden und Fristen. Unterschriftenhürden für Gemeindeinitiativen schwanken zwischen 10 Prozent der Stimmberechtigten in den Kantonen Aargau oder Bern und 30 Prozent im Kanton Genf (hier jedoch wiederum nur in Gemeinden bis zu 500 Einwohnern). Wurde die nötige Anzahl Unterschriften innerhalb der geltenden Frist durch das Initiativkomitee eingereicht, prüfen Gemeindeexekutive oder Gemeindeparlament (respektive im Kanton Jura beide gemeinsam) die Rechtmässigkeit der Initiative im Sinne von Einheit von Form und Materie. Auch auf der Gemeindeebene kann dabei eine Initiative in Form einer allgemeinen Anregung oder als ausgearbeiteter Entwurf eingereicht werden und wird dementsprechend durch das jeweilige Gemeindeparlament behandelt.[65]

Als Beispiel sei die Stadt Zürich mit rund 360 000 Einwohnern genannt, deren Legislative ein 125-köpfiges Parlament (Gemeinderat) ist. Dort gibt es das obligatorische Referendum, das bei allen Änderungen der Gemeindeordnung sowie Ausgaben in bestimmter Höhe (mehr als eine Million Franken einmalig, mehr als 500 000 Franken wiederkehrend) zum Tragen kommt, sowie das fakultative Referendum, das durch eine Parlamentsmehrheit, -minderheit oder die Stimmbürgerschaft (4000 Un-

---

[65] Für weitere Ausführungen hierzu siehe Bützer (2007) und Karr (2003).

terschriften) lanciert werden darf. Ferner kennt Zürich die Volksinitiative (4000 Unterschriften) und die Einzelinitiative, die von jeder stimmberechtigten Person lanciert werden kann und der Unterstützung von 42 der 125 Mitglieder des Gemeinderates bedarf.

In Kommunen mit Gemeindeversammlung werden Sachentscheide obligatorisch an der Versammlung gefällt, es können auch neue Vorlagen an der Versammlung vorgebracht werden, was einer Initiative entspricht. Da nur die an der Versammlung Anwesenden abstimmen können, ist es in der Hälfte der Gemeinden möglich, gegen Entscheide der Versammlung das Referendum zu ergreifen, wozu je nach Kommune zwischen 5 und 40 Prozent der Stimmberechtigten ihre Unterschrift leisten müssen. Es kann auch in der Versammlung beschlossen werden, eine Sachabstimmung an der Urne durchzuführen, um die Beteiligung und somit die Legitimität des Entscheids zu erhöhen.[66] Eine zusätzliche Gemeindeversammlung zum Zweck einer Sachabstimmung kann in einigen Gemeinden durch die Stimmberechtigten einberufen werden. Der benötigte Anteil an Stimmberechtigten, die diese Zusatzversammlung fordern müssen, liegt zwischen 5 und 30 Prozent (vgl. Ladner 2002).

Daten zur Nutzung der direkten Demokratie auf Kommunalebene sowie zur Beteiligung an Gemeindeabstimmungen sind nur schwer erhältlich, da diese nur in einigen Kommunen wie z. B. Zürich erhoben werden. Laut der Gemeindeschreiberbefragungen, die Ladner (2002) 1994 durchführte, nahm die Anzahl der Referenden und Initiativen sowohl in Gemeinden mit Parlament als auch in Gemeinden mit Versammlung, jedoch vor allem in grösseren Kommunen zu. Auch zur Beteiligung an Gemeindeversammlungen gibt es wenige Daten, Ladner (2002) nennt diese für die Jahre 1988 und 1998: Die durchschnittliche Beteiligung an Gemeindeversammlungen über alle Gemeindegrössen hinweg sank von 17,5 Prozent im Jahr 1988 auf 16,5 Prozent im Jahr 1998. Es gibt hier einen beinahe linearen Zusammenhang zwischen Gemeindegrösse und Beteiligung: Während die durchschnittliche Beteiligung in Gemeinden mit weniger als 250 Einwohnern bei über 30 Prozent lag, so blieb sie bei Gemeinden mit über 10 000 Einwohnern bei unter 5 Prozent. Dies kann unter anderem auf Effekte der sozialen Kontrolle zurückgeführt werden,

---

66 Dies ist jedoch selten der Fall, wie die Daten von Ladner zeigen: In nur 10 Prozent der Gemeinden, in denen diese Möglichkeit besteht, wird diese auch mindestens einmal im Jahr genutzt (Ladner 2002: 822).

auf die stärkere Identifikation mit der Kommune in kleineren Gemeinden sowie auf das grössere Gewicht, das ein einzelner Stimmberechtigter in kleineren Versammlungen hat. Die Beteiligung an Gemeindeversammlungen ist wie die Stimmbeteiligung auf Kantons- und Bundesebene auch

Tabelle 2.13: Typen direktdemokratischer Instrumente auf der Bundes-, Kantons- und Gemeindeebene

Typen direktdemokratischer Instrumente	Bund	Kantone	Gemeinden
Passives fakultatives Referendum, einfach		Fakultatives Gesetzesreferendum (durch Mehrheitsbeschluss Kantonsparlament)	Fakultatives Referendum über Gemeindeentscheide (durch Mehrheitsbeschluss Gemeinderat)
Passives fakultatives Referendum, qualifiziert			
Obligatorisches Referendum, einfach		Obligatorisches Verfassungsreferendum, obligatorisches Gesetzesreferendum, obligatorisches Finanzreferendum	Obligatorisches Gemeindeordnungsreferendum, obligatorisches Finanzreferendum
Obligatorisches Referendum, qualifiziert	Obligatorisches Verfassungsreferendum		
Aktives fakultatives Referendum, einfach	Fakultatives Gesetzesreferendum	Fakultatives Gesetzesreferendum, fakultatives Finanzreferendum	Fakultatives Referendum über Gemeindeentscheide
Initiative, einfach		Gesetzesinitiative, Verfassungsinitiative	Initiative zu Gemeindeentscheiden
Aktives fakultatives Referendum, qualifiziert			
Initiative, qualifiziert	Verfassungsinitiative		
Versammlung (direktdemokratische Legislative)		Landsgemeinde	Gemeindeversammlung

Quelle: eigene Darstellung.

von der Prädisponiertheit der Themen abhängig. Während die durchschnittliche Beteiligung an Versammlungen mit tiefer Teilnahme bei 11,3 Prozent liegt, ist sie bei Versammlungen mit hoher Teilnahme mit 26,2 Prozent deutlich höher (Lader 2002: 823).

Auch auf kommunaler Ebene verfügt die Schweiz also über eine Reihe von direktdemokratischen Instrumenten, die je nach Gemeindegrösse, aber auch nach Sprachregion und kantonaler politischer Kultur unterschiedlich ausgeprägt sind. Wie auf kantonaler und eidgenössischer Ebene liegen die zur Verfügung stehenden Volksrechte dabei zwischen den Extremen von Mehrheits- und Konsensusdemokratie und lassen sich entsprechend klassifizieren, wie Tabelle 2.13 zusammenfassend darstellt.

Die Wirkungen, welche die direkte Demokratie in ihren unterschiedlich zu typologisierenden Ausprägungen auf Gemeinde-, Kantons- und Bundesebene ausübt, sollen im folgenden Kapitel aufgezeigt werden.

3 Wirkungen der direkten Demokratie in der Schweiz

In keinem anderen Land wird das Prinzip der unmittelbaren Volkssouveränität so konsequent umgesetzt wie in der Schweiz.[67] Entsprechend bietet die Schweizerische Eidgenossenschaft als das Land mit den am stärksten ausgebauten und am häufigsten genutzten Volksrechten einen reichen Fundus an empirischen Befunden zur Funktions- und Wirkungsweise der direkten Demokratie und unterscheidet sich damit deutlich von den bestehenden repräsentativen Wahldemokratien, die sich an den Prinzipien der Parlaments- und Verfassungssouveränität orientieren. Im vorliegenden Kapitel werden fünf Wirkungsebenen der direkten Demokratie in der Schweiz erläutert und dabei wie folgt unterschieden: die empirischen Auswirkungen der Volksrechte erstens auf das politische Verhalten der Bürger und auf die Gesellschaft, zweitens auf die politische Elite und auf weitere politische Akteure, drittens auf die Staatstätigkeit (Policies), viertens auf die Wirtschaft und fünftens auf das gesamte politische System der Schweiz.

3.1 Die Wirkungen auf die Bürger und die Gesellschaft

Generell zieht die empirische Forschung einen positiven, wenn auch differenzierten Schluss, was die Auswirkungen der direkten Demokratie in der Schweiz auf die Bürgerschaft und die Gesellschaft betrifft. Anhand subnational vergleichender Analysen der Schweizer Kantone weist etwa

---

67 Die folgenden Ausführungen basieren auf den Publikationen von Vatter (2007b) und Vatter (2014).

Freitag (2006) darauf hin, dass der Kontext einer ausgebauten Direktdemokratie ein erhöhtes zivilgesellschaftliches Engagement begünstigt. Er zeigt auf, dass mit einem einfacheren Zugang zu direktdemokratischen Institutionen intensivere zivilgesellschaftliche Aktivitäten und dichtere soziale Netzwerke einhergehen. Freitag (2006) kommt zum Schluss, dass direktdemokratische Strukturen insgesamt einen stark positiven Einfluss auf das soziale Kapital einer Gesellschaft ausüben (vgl. auch Freitag und Schniewind 2007, Stadelmann-Steffen und Freitag 2011). Differenziert sind auch die Befunde zum Zusammenhang zwischen unmittelbaren Bürgermitwirkungsformen und politischem Vertrauen. Die bisher einzige Studie anhand von Schweizer Daten macht deutlich, dass zwar ein positiver Effekt zwischen dem Grad an direktdemokratischen Institutionen (formale Rechte) und politischem Vertrauen in den Kantonen besteht, gleichzeitig aber ein negativer Zusammenhang zwischen ihrer effektiven Nutzung (d.h. Häufigkeit von Initiativen und fakultativen Referenden) und dem Vertrauen der Bürger in das politische System existiert (Bauer und Fatke 2014). Im Weiteren übt die direkte Demokratie eine Katalysatorfunktion auf das Protestverhalten der Bürger aus, indem sie ihnen eine institutionalisierte Möglichkeit bietet, sich an politischen Entscheidungen zu beteiligen (Fatke und Freitag 2013). Die Bereitstellung von Volksrechten fördert aber auch die stark informellen Formen des sozialen Zusammenlebens, indem sie die Deliberation und Kommunikation zwischen den partizipierenden Bürgern begünstigen (Feld und Kirchgässner 2000). Eine der ersten deliberativen Feldstudien der Schweiz (Bächtiger et al. 2011) ist der Frage nachgegangen, ob die Deliberation einen transformativen Effekt auf die Präferenzen der Bürgerschaft bei einer sehr umstrittenen Abstimmung hat. Dazu wurden im Vorfeld der Volksabstimmung über die «Ausschaffungsinitiative» der SVP von 2010 und den dazugehörigen Gegenvorschlag von Regierung und Parlament Stimmbürger online befragt und anschliessend zu einer Online-Diskussion eingeladen. Die an der Diskussion teilnehmenden Befragten wurden in drei Gruppen aufgeteilt: Eine Gruppe erhielt ausgewogenes Informationsmaterial und diskutierte in Kleingruppen, eine weitere Gruppe bekam nur das ausgewogene Informationsmaterial und die letzte Gruppe erhielt kein Informationsmaterial. Alle Gruppen wurden vor und nach der Volksabstimmung zu ihren Abstimmungsabsichten bzw. ihrem Abstimmungsverhalten befragt. Das Feldexperiment zeigte, dass der gezielte Einbau von Deliberation in direktdemokratische Kampagnen konkrete Wirkungen auf die Positionen und das Wissen der Stimmbürgerschaft ausüben kann (siehe auch Bächtiger und Wyss 2013):

- Transformation von Präferenzen: Bei der Online-Diskussionsgruppe nahm die Zustimmung zum Gegenvorschlag zwischen den Befragungen zu (von 49 auf 72 %), während sie bei der Kontrollgruppe ohne Information abnahm (von 64 auf 48 %). Die Deliberation hat also die Präferenzen der Stimmenden in Richtung des moderateren Gegenvorschlags verändert. Allerdings fand der Meinungsumschwung im Vorfeld der Diskussion statt und die Deliberation hat diesen vor allem gefestigt.
- Wissensgewinn: Sowohl die Online-Diskussionsgruppe als auch die Gruppe mit ausgewogenem Informationsmaterial erzielten, nachdem sie die Informationen erhalten hatten, mehr korrekte Antworten auf eine schwierige Wissensfrage betreffend die Initiative als die Kontrollgruppe ohne Information. Jedoch blieb der Anteil richtiger Antworten nach der Abstimmung nur bei der Online-Diskussionsgruppe hoch. Die Diskussion scheint also den ursprünglichen Wissenszuwachs konsolidiert zu haben.

Bestehende Studien bekräftigen generell die positive Wirkung direkter Volksmitsprache auf die politische Informiertheit und sogar auf die allgemeine Lebenszufriedenheit der Bürger. So stellen Frey und Stutzer (2000) sowie Stutzer und Frey (2000) in Umfragen über das subjektive Wohlbefinden fest, dass die Bevölkerungsteile in den Kantonen und den Gemeinden mit stärker ausgeprägten Volksrechten zufriedener mit ihrer allgemeinen Lebenssituation sind als diejenigen in stärker repräsentativen Politiksystemen (siehe auch Dorn et al. 2008). Insbesondere die Möglichkeit, mittels Verfassungs- und Gesetzesinitiativen neue Ideen in den politischen Prozess einzubringen, würde gemäss Frey und Stutzer (2000) die Lebenszufriedenheit signifikant erhöhen. Allerdings finden Stadelmann-Steffen und Vatter (2012) in ihrem Kantonsvergleich keine Evidenz für einen robusten oder sogar kausalen Zusammenhang zwischen der Stärke der direkten Demokratie und dem individuellen Wohlbefinden (*happiness*) der Leute. Vielmehr weisen sie einen Zusammenhang zwischen der Nutzungshäufigkeit der direktdemokratischen Instrumente und der Zufriedenheit mit dem Funktionieren der Demokratie nach. In eine ähnliche Richtung weist auch die Studie von Pommerehne und Weck-Hannemann (1996): In Kantonen, in denen die Bürger umfassender über das

Budget mitentscheiden können, ist die Steuermoral signifikant höher als in Kantonen mit stärker repräsentativen Entscheidungsverfahren und dementsprechend werden in ersteren Kantonen die Steuern in weit geringerem Ausmass hinterzogen (Kirchgässner 2007).

Wie steht es nun mit dem Wissen über Politik und speziell der Informiertheit der Stimmbürger über diejenigen Sachfragen, über die sie entscheiden? Gruner und Hertig (1983) haben die Informiertheit des Schweizer Stimmvolks als Erste auf der Basis von Individualdaten untersucht und kamen zum eher ernüchternden Schluss, dass etwa ein Drittel der Teilnehmenden ungenügend oder überhaupt nicht über den Entscheidungsinhalt informiert sei. Hingegen weisen aktuelle Studien etwas positivere Befunde auf. Insbesondere die Untersuchungen von Kriesi (2005) und Sciarini und Tresch (2009) kommen auf einen deutlich höheren Anteil kompetenter Stimmender. Auch wenn die Bewertung der Sachkompetenz der Schweizer Stimmbürger hauptsächlich von der Messung der Informiertheit abhängt, kann davon ausgegangen werden, dass die Kompetenz der Stimmenden eher etwas höher liegt als bei Wahlberechtigten in rein repräsentativen Demokratien.[68]

Während damit verschiedene Studien die positiven Wirkungen direktdemokratischer Beteiligung für unterschiedliche Aspekte des gesellschaftlichen Lebens herausstreichen, bestehen unterschiedliche Auffassungen hinsichtlich der klassischen Frage, in welchem Masse fundamentale Bürger- und Menschenrechte ausgewählter Minderheiten in einem direktdemokratischen System verletzt werden, in denen das Demokratieprinzip höher gewichtet wird als das Rechtsstaatsprinzip (Bolliger 2007b, Kirchgässner 2010, Reich 2008). Stellt die Volksbeteiligung eine potenzielle Tyrannei der Minderheit durch die Mehrheit dar, vor der bereits James Madison und Alexis de Tocqueville in ihren Schriften gewarnt haben oder werden Minderheiten durch die Volksrechte besonders geschützt?[69] Einerseits kann auf die hohe Integrationswirkung der direkten Demokratie für politische Minderheiten hingewiesen werden, was sich in den breit abgestützten und proportional zusammengesetzten Konkordanzregierungen auf den verschiedenen Ebenen ausdrückt. Andererseits weisen die mehr-

---

68 Vgl. hierzu ausführlich das Kapitel 6.1 zur Kompetenz der Stimmbürgerschaft.

69 Vgl. hierzu ausführlich das Kapitel 6.7 zu Minderheiten und direkter Demokratie.

fach verschobene Einführung des Frauenwahlrechts sowie die verspätete Ausländerintegration auf offensichtliche Verzögerungseffekte durch die Volksrechte in der Schweiz hin, was den Schutz der Grundrechte einzelner gesellschaftlicher Gruppen betrifft. Aktuelle und vertiefte Studien zum Minderheitenschutz auf der Basis von Schweizer Abstimmungsdaten von Vatter und Danaci (2010) kommen zum Schluss, dass die älteren minderheitenfreundlichen Ergebnisse von Frey und Goette (1998) nicht zutreffen, wenn eine längere Zeitperiode unter Berücksichtigung aller eidgenössischen und kantonalen Volksabstimmungen und unter Einbezug international gängiger Minderheitendefinitionen betrachtet wird. Der Vergleich zwischen minderheitenrelevanten Entscheiden der repräsentativen und der direktdemokratischen Arena zeigt, dass in 82,6 Prozent die Parlamentsentscheide von den Volksentscheiden nicht verändert wurden und in 17,4 Prozent die Volksentscheide die Parlamentsentscheide jedoch zum Nachteil der betroffenen Minderheit anpassten. Gleichzeitig gab es keine Veränderungen durch die direkte Demokratie zugunsten von Minderheiten auf der Bundesebene. Eine Auswertung aller kantonalen Abstimmungen zwischen 1960 und 2007 zeigt im Weiteren, dass 75,5 Prozent der parlamentarischen Entscheide nicht verändert wurden, während 22,5 Prozent zum Nachteil und 2 Prozent zum Vorteil der betroffenen Minderheit abgeändert wurden. Ein Blick auf alle von den Volksentscheiden veränderten Parlamentsentscheide auf der Bundes- und der Kantonsebene macht deutlich, dass 93,2 Prozent negative Auswirkungen auf die Minderheiten hatten, während nur 6,8 Prozent eine positive Wirkung für Minderheiten erzielten. Diese negative direkte Wirkung der direkten Demokratie tritt insbesondere bei Vorlagen auf, die den Ausbau von Minderheitenrechten vorsehen, was im Widerspruch zu den positiven Befunden von Frey und Goette (1998) steht. Bei der Analyse des individuellen Abstimmungsverhaltens bei eidgenössischen Vorlagen über Minderheitenrechte von 1981 bis 2007 stellt sich heraus, dass neben soziodemografischen Faktoren vor allem die kulturelle Wertehaltung und die politische Grundeinstellung von Bedeutung sind. Personen mit einer kulturpluralistischen Wertehaltung und Sympathien für die politische Linke sind deutlich minderheitenfreundlicher als politisch rechts stehende Personen mit einer kulturprotektionistischen Wertehaltung (Krömler und Vatter 2011).

3.2 Die Wirkungen auf die politische Elite und auf weitere politische Akteure

Im Gegensatz zu anderen Verhandlungsdemokratien europäischer Kleinstaaten wie diejenige Belgiens oder der Niederlande, basiert das halbdirektdemokratische Konkordanzsystem in der Schweiz nicht nur auf freiwilligen Vereinbarungen der politischen Eliten, sondern bildete sich im Verlauf der letzten 100 Jahre auf der Grundlage vielfältiger institutioneller Zwänge heraus (Kriesi 1998, Linder 2012, Neidhart 1970, Vatter 2014). Insbesondere die Einführung des fakultativen Gesetzesreferendums, d. h., die Möglichkeit, durch die Sammlung von 50 000 Unterschriften ein vom Parlament verabschiedetes Gesetz der Volksabstimmung zu unterbreiten, übte eine zentrale strukturbildende Funktion auf die Herausbildung des geltenden Prinzips der proportionalen Machtteilung aus. Die Einführung eines breiten Arsenals an direktdemokratischen Instrumenten und ihre entsprechend intensive Nutzung durch die nicht in der Regierung vertretenen Gruppierungen schaffte aufgrund der ausgebauten Veto- und Blockierungspotenziale und der damit verbundenen Unvorhersehbarkeit für die freisinnige Mehrheit in der Regierung und im Parlament institutionelle Konkordanzzwänge. Dies führte zur fortlaufenden Integration referendumsfähiger Oppositionskräfte und damit schliesslich zur Etablierung ausdifferenzierter Konkordanzstrukturen. Für die Schweiz hat Neidhart (1970) diese strukturbildende Funktion des fakultativen Referendums aufgezeigt und bis heute wird diese fundamentale Erkenntnis übereinstimmend als die wichtigste, wenn auch nicht einzige Begründung für die Entstehung konkordanter Entscheidungsstrukturen auf den verschiedenen Staatsebenen der Schweiz betrachtet (Germann 1975, Kobach 1993, Kriesi 1998, Linder 2012, Papadopoulos 2001). Die Verfassungsinitiative, der ausgebaute Föderalismus mit weitgehenden Kompetenzen für die Kantone, ein starker Ständerat sowie das Proporzwahlrecht erwiesen sich als weitere Faktoren, welche die anteilsmässige Verteilung politischer Machtpositionen unter der politischen Elite in der Schweiz begünstigt haben. Die Unvorhersehbarkeit der Abstimmungsergebnisse wird durch verschiedene Untersuchungen bekräftigt und damit die strukturelle Notwendigkeit breit abgestützter Vielparteienregierungen deutlich. So geht zwar mit steigendem parlamentarischem Elitenkonsens die Wahrscheinlichkeit einer Referendumsauslösung zurück. Kommt hingegen ein Referendum einmal zustande, steht das Abstimmungsergebnis

3.2 Die Wirkungen auf die politische Elite und auf weitere politische Akteure | 99

in keinem Zusammenhang mit dem Zustimmungsgrad der politischen Elite in der Legislative, was auch die begrenzte Handlungsfähigkeit von Regierung und Parlament im direktdemokratischen System verdeutlicht (Trechsel und Sciarini 1998).

Während repräsentative Konkurrenzsysteme den Einfluss der Bürger auf den Wahlmechanismus beschränken, rücken halbdirekte Demokratien den Mechanismus der Volksabstimmung in den Mittelpunkt der demokratischen Einflussmöglichkeiten. In Konkordanzsystemen mit direkter Demokratie wird gemäss der These von Linder (2012) der Einfluss durch eine Abstimmung maximiert, gleichzeitig sinkt aber die Bedeutung von Wahlen aufgrund der fehlenden Möglichkeiten des Machtwechsels auf ein Minimum. Neue Studien über den Einfluss der direkten Demokratie auf die Wahlbeteiligung in den Schweizer Kantonen bestätigen diese These: Je häufiger Gebrauch von direktdemokratischen Instrumenten gemacht wird, desto geringer ist die individuelle Neigung, sich an Wahlen zu beteiligen (Freitag und Stadelmann-Steffen 2010, Stadelmann-Steffen und Freitag 2009). Die geringe Relevanz der Parlamentswahlen in den halbdirekten Konkordanzdemokratien der Kantone erklärt auch, weshalb die Proportionalitätseffekte des Wahlsystems – ein in repräsentativen Demokratien zentrales Konkordanzelement – keinen Einfluss auf die Nutzung fakultativer Referenden und Volksinitiativen ausübt (Vatter 1997, 2000). In repräsentativen Konkordanzsystemen bilden die Grösse der Regierungskoalition, der Grad an lokaler Autonomie, die Proportionalität des Wahlsystems für die Parlamentswahlen und ein (parlamentarisches) Minderheitenveto die vier zentralen Machtteilungsinstrumente (Lijphart 1977). Hingegen übernehmen in halbdirekten Konkordanzdemokratien fakultative Referenden und Volksinitiativen die Funktion eines Minderheitenvetos und aufgrund der vergleichsweise schwachen Stellung des Parlamentes spielen Merkmale des Wahlverfahrens keine Rolle.

Verschiedene Studien sehen in der direkten Demokratie weder ein Allheilmittel zur verbesserten politischen Partizipation breiter Bevölkerungsschichten noch zur Lösung wirtschaftlicher und gesellschaftlicher Probleme. Neidhart (1970) wies insbesondere auf den überproportionalen Einfluss der Wirtschaftsverbände hin, die das fakultative Referendum als Instrument zur Durchsetzung ihrer Interessen zu nutzen wüssten, und Germann (1975) schlug aufgrund der innovationshemmenden Wirkungen der direkten Demokratie die Einführung eines bipolaren Konkurrenzsystems und den Abbau der Volksrechte vor. Während die heutige Generation schweizerischer Politikwissenschaftler fast ausnahmslos die Funktions- und Wirkungsweise der direkten Demokratie differenziert, aber doch insgesamt positiv einschätzt, sind es vor allem Ökonomen, die in jüngerer Zeit besonders starke Kritik an der direkten Demokratie in der Schweiz üben (Borner, Brunetti und Straubhaar 1990, 1994, Borner und Bodmer 2004, Borner und Rentsch 1997, Brunetti und Straubhaar 1996, Wittmann 2001). Ihre Kritik konzentriert sich vor allem auf zwei Punkte: Erstens führe die direkte Demokratie zur ständigen Bevormundung wenig privilegierter Interessen durch zahlungskräftige Interessengruppen und zweitens schade die breite Mitsprache des Volkes der Wirtschaft, da die Mühlen der direkten Demokratie in einer sich rasch wandelnden Zeit zu langsam mahlten und dringende Veränderungen behinderten. Da die ökonomischen Wirkungen der Volksrechte später behandelt werden, wird kurz auf den erstgenannten Kritikpunkt eingegangen. Das zentrale Argument lautet, dass die Ausgestaltung und Praxis der direkten Demokratie nicht die Bürger, sondern die Interessengruppen begünstigt. Tatsächlich zeigen empirische Untersuchungen, dass die Abstimmungsparolen der Interessenverbände einen deutlich stärkeren Einfluss auf den Ausgang von Volksabstimmungen haben als die Parolen der Parteien, bzw. dass die Empfehlungen der Parteien einen geringeren Einfluss auf das Abstimmungsverhalten ausüben (Hug 1994, Schneider 1985). Diese Einschätzung wird – allerdings in abgeschwächter Form – auch von Linder (2006, 2012) gestützt. So bestätigt auch er für die neueste Zeit die These von Neidhart (1970), dass sich das fakultative Referendum mindestens teilweise vom Volksrecht zum Verbandsrecht gewandelt hat und heute vor allem als Pfand zum Ausgleich der Interessen am Verhandlungstisch eingebracht wird. «Dies begünstigt zwar die Berücksichtigung vieler Gruppeninteressen, löst aber jenes Problem der Ungleichbehandlung nicht, das die theoretische Pluralismuskritik seit je behauptet hat: die Organisations- und Konfliktfähigkeit gesellschaftlicher Interessen sind ungleich» (Linder 2006: 13). In der Stossrichtung ähnlich wie Borner, Brunetti und Straubhaar (1994: 128) folgert Linder (2012) daraus, dass das Referendum eine offensichtliche Bremswirkung ausübt und Änderungen von politischen Entscheidungen erschwert. Linder (2012) sowie Wagschal und Obinger (2000) kommen denn auch anhand der empirischen Analyse erfolgreicher Referenden der letzten Jahre zum Schluss, dass das Referendum weder die politische Rechte noch die politische Linke begünstigt, sondern generell die Verteidiger des Status quo und die Gegner von Reformen. Christmann (2009) hält dem entgegen, dass die direkte Demokratie insgesamt rechtskonservativ wirkt, da Referenden (Instrumente der rechtskonservativen Gruppen) eine höhere Erfolgschance haben als Initiativen (Instrumente der Linken).

Die bisherigen Befunde eines bremsenden Effekts der direkten Demokratie gelten allerdings nur für das fakultative Referendum, hingegen nicht für die Volksinitiative. Während das Referendum gerne als Bremspedal im schweizerischen System bezeichnet wird, gilt die Volksinitiative als das eigentliche Gaspedal, das eine Öffnung des politischen Systems begünstigt (Linder 2012: 265). Auch wenn es in Einzelfällen sogenannte Bremsinitiativen gibt, ist die Volksinitiative in der Regel auf Neuerungen angelegt und zwar auf solche, die das Konkordanzsystem nicht selbst hervorgebracht hat. Entsprechend wird die Volksinitiative weit häufiger von kleineren Aussenseitergruppen und sozialen Bewegungen als von grossen Parteien und Verbänden genutzt. Linder (2012: 287 ff.) unterscheidet in diesem Zusammenhang vier Funktionen der Volksinitiative:
- die Ventilfunktion zur direkten Durchsetzung von Forderungen unzufriedener Oppositionskräfte gegenüber den Behörden;
- die Schwungradfunktion (Verhandlungspfand), um Regierung und Parlament zu einem Gegenvorschlag zu veranlassen, damit ein Teil der Forderungen der Initianten erfüllt wird;
- die Katalysatorfunktion zur langfristigen Sensibilisierung und Mobilisierung neuer politischer Tendenzen und Themen;
- die Mobilisierungsfunktion zur kurzfristigen Selbstinszenierung von Parteien vor Wahlen, um den eigenen Bekanntheitsgrad zu erhöhen und die eigene Wählerschaft zu mobilisieren.

Die beiden letztgenannten Funktionen machen die Volksinitiative als Wahlhelferin für Parteien zur Ausschöpfung eines zusätzlichen Wählerpotenzials besonders attraktiv. Obwohl die direkte Demokratie auf der einen Seite zur Schwächung der Parteien führt, da die Parteien ihre führende Rolle im repräsentativ-demokratischen Entscheidungsprozess verlieren und die Wahl- und Abstimmungskampagnen überdurchschnittlich viele Ressourcen binden, trägt sie auf der anderen Seite auch zur Stärkung der politischen Parteien bei. So weisen empirische Untersuchungen darauf hin, dass die Parteien die direkte Demokratie erfolgreich zur Mobilisierung ihrer eigenen Anliegen nutzen können und durch die Volksrechte eher gestärkt als geschwächt werden. Dies gilt insbesondere für kleine Parteien (Christmann 2012, Ladner und Brändle 1999, Papadopoulos 1991). Ebenfalls ambivalent sind die Folgen der direkten Demokratie für neue soziale Bewegungen zu bewerten. Einerseits bieten die Volksrechte die Chancen zusätzlicher Agenda-Setting-Macht, Präsenz in der Öffentlichkeit und erweiterter Mobilisierung eigener Anhänger (Giugni 1991, Höglinger 2008). Andererseits sinkt in einem System mit direktdemokratischen Partizipationsmöglichkeiten die Legitimation ausserinstitutioneller, insbesondere radikaler sozialer Bewegungen, womit deren Handlungsrepertoire eingeschränkt wird und sie zu einem moderaten Auftreten und zu taktischen Konzessionen gezwungen werden (Epple 1988, Kriesi 1991, Kriesi und Wisler 1996).

3.3 Die Wirkungen auf die Staatstätigkeit (Policies)

Zwei Stossrichtungen stehen sich in der Frage über die Wirkungen direktdemokratischer Beteiligung auf den Grad der staatlichen Intervention gegenüber. Während der gängige Standpunkt von einem hemmenden Effekt der Direktdemokratie auf die Staatstätigkeit ausgeht, erkennt die zweite Sichtweise in der plebiszitären Mitwirkung deren inhärenten expansiven Charakter und attestiert den Volksrechten die Funktion des Gaspedals (Linder 2012, Moser und Obinger 2007, Wagschal 1997, Wagschal und Obinger 2000).

Die Vertreter der prominenteren Bremseffekt-Hypothese lassen sich in der Tradition des Vetospielertheorems verorten (Hug und Tsebelis 2002, Tsebelis 2002). Grundgedanke dieses Ansatzes ist, dass in einer gemässigten und gezügelten Demokratie verfassungsmässig garantierte Vetospieler in Form autonomer Institutionen, wie die direkte Demokratie, der uneingeschränkten Mehrheitsherrschaft der zentralstaatlichen Regierung entgegenstehen. Entsprechend wird argumentiert, dass gegenmajoritäre Institutionen (Vetospieler), wie die direkte Demokratie, das Niveau der Staatstätigkeit dämpfen und den Handlungsspielraum von Regierungen einschränken können (Wagschal 1997). Diesen Argumenten steht die Darlegung von Downs (1968) entgegen, wonach alle demokratischen Regierungen dazu neigen würden, das Einkommen der Reichen auf die Armen umzuverteilen. Diese sogenannte Robin-Hood-Tendenz von Demokratien, d.h. die redistributiven Präferenzen aufseiten der Regierung und der Stimmbürgerschaft, lassen den Schluss steigender Steuer- und Abgabensätze bei zunehmender direkter Bürgerbeteiligung zu (Wagschal 1997: 224). Dabei lässt sich der expansive Charakter der Direktdemokratie theoretisch vor allem dem Instrument der Volksinitiative zuschreiben. Im Unterschied zum obligatorischen oder fakultativen Referendum, bei dem es grundsätzlich um die Verhinderung einer Parlamentsvorlage geht, will die Volksinitiative gerade das Gegenteil des Status quo, nämlich die Veränderung. Die intensive Nutzung der Volksinitiative durch die politische Linke verstärke diesen Effekt zusätzlich. In der Tat wurde die Initiative lange Zeit zu grossen Teilen von linken Parteien zur Durchsetzung ihrer staatsinterventionistischen und sozialpolitischen Forderungen eingesetzt (Vatter 2002: 280). Empirische Untersuchungen zu den Schweizer Kantonen erhärten allerdings ausschliesslich die in der Forschung vorherrschende Sichtweise eines bremsenden Effekts der direkten Demokratie auf den Umfang der Staatsausgaben, wobei sich vor allem das Finanzreferendum als wirksame Barriere herausgestellt hat (Freitag, Vatter und Müller 2003, Freitag und Vatter 2006). Dabei gilt es zu beachten, dass insbesondere die Kombination von direkten und indirekten Referendumsdrohungen den dämpfenden Fiskaleffekt erzeugt: Einseitige und stark ausgabenlastige Massnahmen für einzelne soziale Gruppen werden der Stimmbürgerschaft entweder in antizipierender Voraussicht gar nicht vorgelegt oder scheitern oft an den fiskalisch konservativen Präferenzen der Bevölkerungsmehrheit. So entfaltet allein schon das latente Drohpotenzial eines ausgebauten Finanzreferendumsrechts eine restriktive Wirkung. Dies selbst dann, wenn es gar nicht ergriffen wird.

Auch zahlreiche politökonomische Studien zu den fiskalpolitischen Wirkungen der direkten Demokratie untermauern den Bremseffekt. Sie zeigen anhand von Vergleichen subnationaler Einheiten der Schweiz, dass in Gemeinwesen mit grösserer Beteiligungsmöglichkeit des Volkes die staatlichen Einnahmen und Ausgaben sowie die Haushaltsdefizite weniger schnell wachsen, die Verschuldung pro Kopf wie auch die Steuerbelastung niedriger sind, die öffentlichen Leistungen effizienter hergestellt werden, die Transparenz der Verwaltung höher ist und die Entscheide sich stärker an den Präferenzen des Medianwählers orientieren (Caluori et al. 2004, Feld, Fischer und Kirchgässner 2006, Feld und Kirchgässner 1999, 2001, Feld, Kirchgässner und Schaltegger 2011, Feld und Matsusaka 2003, Frey 1992, 1994, 1997, Funk und Gathmann 2011, Kirchgässner, Feld und Savioz 1999, Pommerehne 1978, 1990, Pommerehne und Schneider 1982). Diese Ergebnisse werden durch weitere subnational vergleichende politikwissenschaftliche Untersuchungen zur Steuer- und Ausgabenwirksamkeit direktdemokratischer Institutionen in der Schweiz bestätigt (Blume, Müller und Voigt 2009, Feld und Kirchgässner 2007, Freitag und Vatter 2006, Freitag, Vatter und Müller 2003, Wagschal 1997, Wagschal und Obinger 2000). Gleichzeitig belegen empirische Studien zu den Schweizer Kantonen den sogenannten Robin-Hood-Effekt nicht. Der Gebrauch der Volksinitiative steht in den Schweizer Kantonen in keiner systematischen Beziehung zum Umfang der staatlichen Einnahmen und Ausgaben. Ein Blick auf die Initianten und konkreten Anliegen kantonaler Volksbegehren bei Finanz- und Steuerfragen liefert eine mögliche Erklärung dazu: Während nämlich von linker Seite neben vereinzelten Steuersenkungsinitiativen für mittlere und untere Einkommensschichten vor allem Volksbegehren zur Erhöhung von Steuern für obere Einkommen lanciert werden, reichen bürgerliche Kreise insbesondere Volksinitiativen zur Senkung von einzelnen Steuerobjektarten ein (Vatter 2002). Damit kristallisieren sich bei den Steuerbegehren zwei unterschiedliche Stossrichtungen heraus, die sich in ihren Wirkungen insgesamt neutralisieren und die politischen Ideologien der Parteien widerspiegeln: Linke Parteien versuchen durch die zusätzliche fiskalische Belastung höherer Einkommensschichten ihre sozialpolitischen Vorstellungen mittels Steuererhöhungsinitiativen durchzusetzen. Bürgerlichen Gruppierungen dienen Steuersenkungsinitiativen der Verfolgung ihrer ordnungspolitischen Ziele, indem durch geringe Steuersätze die öffentlichen Ausgaben und damit auch der Einfluss des Staates beschränkt werden sollen.

Weitere Untersuchungen zu den Schweizer Kantonen untermauern die zügelnden Effekte der direktdemokratischen Institutionen auf die Ausgabentätigkeit der öffentlichen Hand. So spielen sie auch bei der Erklärung der Differenzen der allgemeinen Staats-, Sozial- und der Verwaltungsausgaben in den Kantonen eine bedeutende Rolle (Vatter und Freitag 2002, 2006). Je schwieriger sich die Ergreifung eines Finanzreferendums gestaltet und je seltener es auch effektiv genutzt wird, umso höher fallen die öffentlichen Ausgaben aus. Umgekehrt gilt: Je einfacher der Zugang zu den direktdemokratischen Institutionen für die Stimmbürgerschaft ist und je häufiger die Stimmbürger zu Finanzgeschäften an die Urne gerufen werden, umso geringer sind die Staatsinterventionen. Auch qualitative politikwissenschaftliche Untersuchungen bestätigen den Bremseffekt plebiszitärer Institutionen in Bezug auf die sozialpolitische

Umverteilungspolitik in der Schweiz, wobei zusätzlich noch Zeitverzögerungs- und liberale Struktureffekte in der Staatstätigkeit identifiziert werden (Wagschal 1997, Wagschal und Obinger 2000). Feld, Fischer und Kirchgässner (2010) stellen in ihrer Analyse der Schweizer Kantone zudem fest, dass, obwohl in stark direktdemokratischen Systemen die Umverteilung geringer ist, die Ungleichheit nicht weniger reduziert wird als in eher repräsentativen Demokratien.

Im Gegensatz zu ihrer bremsenden Wirkung auf die allgemeine Staats- und Verwaltungstätigkeit spielen direktdemokratische Institutionen bei der Erklärung kantonaler Unterschiede in Politikfeldern wie der Bildungs- und Gesundheitspolitik eine geringere Rolle (Freitag und Bühlmann 2003, Vatter und Rüefli 2003). So bleiben die Ausgestaltung wie auch die Nutzung direktdemokratischer Verfahren ohne Einfluss auf die Höhe der öffentlichen Bildungs- und Gesundheitsfinanzierung in den Kantonen. In beiden Politikfeldern erfahren vielmehr ausgewählte Modernisierungsgrössen, soziodemografische Merkmale und politikfeldspezifische Faktoren eine grosse Bedeutung. Zumindest weist die Untersuchung von Schaltegger und Feld (2001) darauf hin, dass die Ausgaben für Bildung, Umwelt und Raumordnung in Kantonen mit ausgebautem Finanzreferendum signifikant weniger zentralisiert sind.

3.4 Die Wirkungen auf die Wirtschaft

Die Bedeutung direktdemokratischer Elemente auf die ökonomische Leistungskraft wird in der Schweiz kontrovers eingeschätzt. Allerdings verläuft die Trennlinie zwischen den Anhängern und Skeptikern über die positiven ökonomischen Wirkungen der Volksrechte nicht etwa zwischen Politikwissenschaftlern und Ökonomen, sondern vielmehr innerhalb der Wirtschaftswissenschaften. Auf der einen Seite betonen Ökonomen wie Borner, Brunetti und Straubhaar (1990, 1994) sowie Wittmann (1998, 2001) den Immobilismus, den Status-quo-Bias, die Innovationsschwäche und den grossen Einfluss der Interessengruppen bei Volksabstimmungen mit den entsprechend negativen ökonomischen Konsequenzen. In ihrem Buch *Schweiz AG – Vom Sonderfall zum Sanierungsfall?* zeigen sich Borner, Brunetti und Straubhaar (1990) davon überzeugt, dass zur Sicherung des erreichten ökonomischen Wohlstands in der Schweiz eine grundlegende Reform der Institutionen der direkten Demokratie ins Auge gefasst werden müsse. Denn diese Institutionen verhinderten die notwendigen marktwirtschaftlichen Reformen und schränkten damit die internationale Wettbewerbsfähigkeit der schweizerischen Wirtschaft ein. In ihrem Folgewerk doppeln Borner, Brunetti und Straubhaar (1994) nach und zeichnen die direkte Demokratie, insbesondere das fakultative Referendum, verantwortlich für die wirtschaftliche Rezession der Schweiz in den 1990er-Jahren, die als Vetomechanismus das aus ihrer Sicht dringend notwendige Revitalisierungsprogramm blockiert habe (vgl. auch Borner und Bodmer 2004). Entsprechend fordern sie eine strikte Begrenzung der direkten Demokratie, da der Schweiz sonst der wirtschaftliche Niedergang drohe und unterbreiten eigene Vorschläge zur Reform der Volksrechte. Auch Wittmann (1998, 2001) macht die direktdemokratischen Institutionen verantwortlich für die Verhinderung marktwirtschaftlicher Reformen und Schwächung des wirtschaftlichen Wohlstands in den letzten Jahren. Als Beleg führt er auf, dass die Schweiz zwischen 1848 und 1914 die grösste wirtschaftliche Dynamik gerade in jener Zeit entfaltet hätte, als die direkte Demokratie auf Bundesebene noch kaum existierte. Umgekehrt würde die Schweiz seit 1973 das schwächste Wirtschaftswachstum aller Industrienationen aufweisen, was mit der höchsten Anzahl von eingereichten Initiativen und Referenden zusammenfalle. Im Weiteren macht Wittmann (2001: 101) geltend, dass sich die Volksrechte insbesondere in der Nachkriegszeit erfolgreich gegen Privatisierungen und Deregulierungen gewendet und damit die Schaffung marktwirtschaftlicher Rahmenbedingungen verhindert hätten. Allerdings wendet sich seine Kritik nicht nur gegen das Referendum, sondern auch gegen den Robin-Hood-Effekt der Volksinitiative:

«Da die Mehrheit der Wähler aus den breiten – unteren – Einkommensschichten stammt, kann die Volksinitiative umso eher erfolgreich sein, je mehr sie die Bedürfnisse dieser Einkommensschichten abdeckt. Im Trend produziert sie daher mehr, nicht weniger (Wohlfahrts-)Staat. Auf Dauer erweist sich dieser allerdings als Wachstumsbremse und beeinträchtigt den ‹Wohlstand für alle›. Wenn man die Grenzen des Wohlfahrtsstaates dauerhaft überschreitet, so sind Stagnation, Abstieg und Niedergang von Nationen so sicher wie das Amen in der Kirche» (Wittmann 2001: 115).

Entsprechend kommt der Autor zum Schluss, dass es «geradezu absurd» sei, wenn jemand behaupte, die Volksrechte würden sich nicht negativ, sondern positiv auf den Wohlstand eines Landes auswirken (Wittmann 2001: 125).

Im Gegensatz dazu weisen zahlreiche Ökonomen auf die wirtschaftlichen Vorteile einer ausgebauten direkten Demokratie hin. Sie kommen zum Schluss, dass Gemeinwesen mit grösserer Beteiligungsmöglichkeit des Volkes ökonomisch erfolgreicher sind als solche mit nur schwach ausgebauten Volksrechten (Feld und Kirchgässner 1999, 2007, Feld und Savioz 1997, Frey 1994, 1997, Kirchgässner, Feld und Savioz 1999). Theoretisch stützen sie sich auf das Medianwählermodell: Dies geht davon aus, dass die Politiker in der repräsentativen Demokratie zwischen den Wahlzeitpunkten über einen geringen politischen Wettbewerb und einen grossen Spielraum zur Verfolgung eigener Interessen verfügen, während sie sich in einer direkten Demokratie unter dem fortlaufenden Druck von Referenden und Initiativen zwangsläufig stärker an den Präferenzen des Medianwählers orientieren müssen (Pommerehne 1978, 1990). Damit sehen diese Ökonomen in den direktdemokratischen Institutionen ein wirkungsvolles Instrument zur Disziplinierung von nach *rent-seeking* strebenden staatlichen Entscheidungsträgern und zur Lösung des Prinzipal-Agent-Problems (Eichenberger 1999, Frey 1994). Regierungen in modernen Demokratien wird in dieser Sichtweise unterstellt, eher ihre eigenen Ziele und nicht die der Mehrheit der Wähler zu verfolgen. Die Handlungen des Agenten (der Regierung) müssen somit nicht mit den Interessen des auftraggebenden Prinzipals (der Mehrheit der Regierten) übereinstimmen. Zur Lösung dieses Prinzipal-Agent-Problems bieten repräsentative Demokratien das Kontrollinstrument periodisch wiederkehrender Wahlen an, um somit die Gefahr einer längerfristigen Interessendivergenz zwischen Prinzipal und Agent zu minimieren. Mit den zusätzlichen Kontrollinstrumenten der Referenden und Volksinitiativen verfügt der Prinzipal über noch mehr Sanktionsmöglichkeiten als in einem rein repräsentativ ausgestalteten Politiksystem. Abstimmungen verkleinern damit den diskretionären Spielraum der Politiker zwischen den Wahlen und helfen, eigeninteressenorientierte Politikerkartelle zu verhindern (Frey 1992, 1994).

Den Kritikern der direkten Demokratie wirft Kirchgässner (2000: 170) «anekdotische Evidenz» vor und verweist auf die nach wie vor sehr hohe wirtschaftliche Leistungskraft, das hohe Einkommensniveau, die sehr niedrige Arbeitslosen- und Inflationsrate und die ausgezeichnete internationale Wettbewerbsfähigkeit der Schweiz. Anstelle von Fallstudien ziehen Kirchgässner, Feld und Savioz (1999) komparativ-statistische Analysen vor. Anhand von ökonometrischen Modellschätzungen mit Daten der

26 Kantone für die Jahre 1982 bis 1993 zeigen Feld und Savioz (1997) auf, dass Kantone mit Fiskalreferenden eine höhere Wirtschaftsleistung pro Kopf erbringen als stärker repräsentativ klassifizierte Kantone. Sie kommen zum Befund, dass die 17 Kantone, die stärker den Institutionen der direkten Demokratie vertrauen, zwischen 1982 und 1993 eine um rund 5 Prozent höhere Wirtschaftsleistung pro Kopf erbracht haben als die neun stärker repräsentativen Kantone.

Die Ergebnisse von Feld und Savioz (1997) lösten heftigen Widerspruch aus, diesmal allerdings auch von politikwissenschaftlicher Seite. So hat Germann (1999: 405) die Befunde der Studie von Feld und Savioz (1997) grundsätzlich in Abrede gestellt. Seine Kritik bewegt sich auf zwei Ebenen: In methodischer Hinsicht zweifelt er die Validität der Indikatoren und die damit zusammenhängenden Ergebnisse an. So führt er die Unterschiede der kantonalen Wirtschaftskraft eher auf die effektive Nutzung der direkten Demokratie, statt auf die blosse Existenz institutionalisierter Mitwirkungsmöglichkeiten zurück. Zugleich äussert er aufgrund eines kursorischen Vergleichs der französischsprachigen Kantone die Vermutung, dass der zurückhaltende Gebrauch von Initiativen und Referenden überdurchschnittliche Wirtschaftsleistungen fördere, während viele Volksabstimmungen den ökonomischen Niedergang beschleunigten. Auf der inhaltlichen Ebene weist Germann (1999) darauf hin, dass relevante kantonale Unterschiede direktdemokratischer Verfahren hauptsächlich in der Existenz eines fakultativen oder obligatorischen Finanzreferendums und in der Festlegung der Schwelle notwendiger Unterschriftenquoren bestünden statt in der rigiden Unterscheidung zwischen direktdemokratischen und stärker repräsentativen Entscheidungsverfahren. Ausgehend von den Überlegungen Germanns (1999) führten Freitag und Vatter (2000, 2004) eine Panelanalyse für den Zeitraum 1983 bis 1997 in den Schweizer Kantonen zur ökonomischen Wirkung formal-rechtlich definierter direktdemokratischer Institutionen auf der einen Seite und der wirtschaftlichen Relevanz direktdemokratischer Praxis auf der anderen Seite durch. Zusammenfassend zeigt sich, dass die statistischen Analysen von Freitag und Vatter (2000, 2004) die Einschätzung von Germann (1999) zum negativen Einfluss eines übermässigen Gebrauchs direktdemokratischer Verfahren auf die ökonomischen Leistungsprofile der Kantone nicht bestätigen können. Vielmehr korrespondieren ihre Befunde mit den Ergebnissen von Feld und Savioz (1997) sowie Kirchgässner, Feld und Savioz (1999), wonach direktdemokratische Entscheidungsverfahren eine positive Wirkung auf die ökonomische Performanz ausüben. Im Gegensatz zu deren Analyse beruhen die Resultate von Freitag und Vatter (2000, 2004) allerdings auf der Basis mehrerer Messgrössen der Volksrechte. Statt des Verweises auf eine dichotome Hilfsvariable zur formal-rechtlichen Definition direktdemokratischer Mitwirkungsrechte, stützen sich ihre Ergebnisse auf die effektiv durchgeführten Finanzreferenden. So war das kantonale Bruttoinlandsprodukt pro Kopf in den Kantonen mit häufigerer Nutzung des Finanzreferendums signifikant höher als in den Kantonen mit geringerer Nutzung dieses Instruments. Offenbar stellt nicht das alleinige Vorhandensein direktdemokratischer Institutionen, sondern vor allem die effektive Nutzung dieser Einrichtungen bei fiskalpolitischen Entscheidungen ein wirkungsvolles Instrument dar, das die Weichen für wirtschaftliche Prosperität stellt. In der Grundaussage stützen aber die Ergebnisse von Freitag und Vatter (2000, 2004) die Befunde von Feld und Savioz (1997) sowie Kirchgässner, Feld und Savioz (1999) und widersprechen der These von Borner, Brunetti und Straubhaar (1990, 1994), Brunetti und Straubhaar (1996) sowie Wittmann (1998, 2001). Die empirischen Resultate von Freitag und Vatter (2000, 2004) zu den Wirkungen auf das jährliche Wirtschaftswachstum und von Steffen (2005) auf die Senkung der Arbeitslosenrate in den Kantonen untermauern den insgesamt positiven statistischen Zusammenhang zwischen der direkten Demokratie und ihrer makroökonomischen Performanz.

3.5 Die Gesamtwirkungen der direkten Demokratie auf das politische System der Schweiz

Die zusammenführende Betrachtung versucht eine empirisch gestützte Antwort auf die Frage zu liefern, welche Auswirkungen besonders ausgebaute und stark genutzte Bürgerpartizipationsverfahren auf das politische System im Vergleich zu repräsentativen Demokratien ausüben. Gemäss Abbildung 3.1 lassen sich fünf Prozessstufen unterscheiden, deren wichtigste Merkmale sich wie folgt kurz beschreiben lassen:
  – Inputs: Auf der Input-Seite werden im schweizerischen System mit einer stark ausgebauten Direktdemokratie die Forderungen an das Politiksystem nicht nur durch die Parteien artikuliert, kanalisiert und repräsentiert, sondern durch eine Vielzahl von Akteuren eingebracht. Die direkte Demokratie legt das Agenda-Setting in die Hand verschiedenster Akteure

(Interessengruppen, Parteien, soziale Bewegungen, Bürgerkomitees usw.) und bricht das Monopol der Parteien. Insbesondere der Volksinitiative kann ein bedeutsamer Agenda-Setting-Effekt zugesprochen werden, die vernachlässigte Forderungen als Input in das politische System einbringt, welche die politische Elite zu einer öffentlichen Auseinandersetzung mit ihnen zwingt. Zwar hat die direkte Demokratie in der Schweiz nicht zu einer eigentlichen Volksgesetzgebung geführt, was darin zum Ausdruck kommt, dass über 93 Prozent der parlamentarischen Entscheidungen ohne Referendumsabstimmung in Kraft treten.[70] Während aber das Referendum vor allem eine Stärkung organisierter Verbandsinteressen begünstigt hat, erweist sich die Volksinitiative als «eigentlicher Kristallisationspunkt für die Organisierung neuer Probleme und Interessen», die schwach organisierten und lokalen Gruppen dazu dient, ihre Forderungen zu formulieren und teilweise durchzusetzen (Linder 2012: 363).

– Throughputs (Withinputs): Die Folgen der direkten Demokratie auf das politische System der Schweiz sind spätestens seit Neidharts (1970) Analyse hinlänglich bekannt: Die im Laufe der Zeit erlernten Kooptationsstrategien der politischen Elite zur Minimierung der Risiken der direkten Demokratie hat die Referendumsdemokratie im Verlauf des 20. Jahrhunderts zur Verhandlungs- und Konkordanzdemokratie transformiert. Breit abgestützte und proportional zusammengesetzte Mehrparteienregierungen sind sowohl beim Bund wie auch in den Kantonen die sichtbaren Konsequenzen der ausgebauten Volksrechte. Darüber hinaus ist unbestritten, dass die ausgebauten Mitwirkungsmöglichkeiten zu einer hohen Akzeptanz politischer Entscheidungen und Stabilität des Systems geführt haben.

Die Wirkungen auf der Akteursebene fallen unterschiedlich aus: Während die Schwächung von Regierung, Verwaltung und Parlament aufgrund der direktdemokratischen Nachkontrolle und der Unwägbarkeiten im politischen Prozess offensichtlich ist, sind die Folgen für die Parteien und sozialen Bewegungen ambivalent zu beurteilen. Einerseits bieten die Volksrechte die Chancen des zusätzlichen Agenda-Settings und der erweiterten Mobilisierung, andererseits binden die permanenten Abstimmungskampagnen zahlreiche Ressourcen und erhöhen die politische Konkurrenzsituation. Vielfach belegt ist schliesslich die Tatsache, dass

---

70 Siehe hierzu auch das Kapitel 2.2.2 zum fakultativen Referendum.

3.5 Die Gesamtwirkungen der direkten Demokratie auf das politische System | 111

Abbildung 3.1: Eine Wirkungsanalyse für das halbdirektdemokratische System der Schweiz im Vergleich zu einer rein repräsentativen Demokratie auf der Basis empirischer Befunde

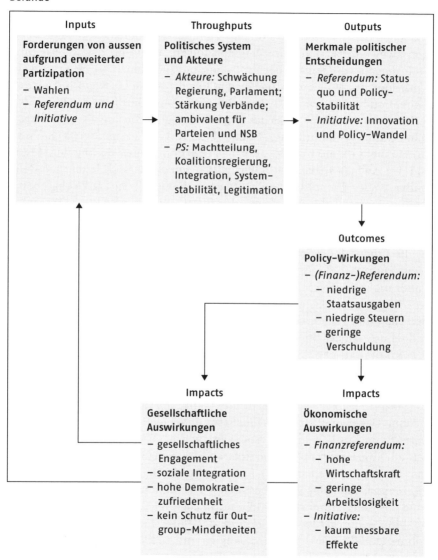

Anmerkung: NSB = Neue soziale Bewegungen. PS = Politisches System.
Quellen: Vatter (2007b: 102) und Vatter (2014: 375) mit leichten Anpassungen.

insbesondere das Referendum als Verhandlungspfand im vorparlamentarischen Verfahren zu einer Stärkung der Verbandseliten geführt hat.

– Outputs: Grundsätzlich gilt es, bei den Wirkungen auf die politischen Outputs zwischen den Eigenschaften des Referendums einerseits und jenen der Initiative andererseits zu unterscheiden, da die beiden Formen zwei unterschiedlichen Logiken folgen: Während das Referendum Änderungen von politischen Entscheidungen offensichtlich erschwert, begünstigt die Volksinitiative in der Regel politische Neuerungen und Innovationen. Neuere Analysen widersprechen allerdings der lange Zeit verbreiteten Annahme, dass das Referendum eher die konservativ-bürgerlichen Kräfte stützt und zum Nachteil der linken Parteien wirkt. Sie weisen vielmehr darauf hin, dass die als Folge der Liberalisierung der Märkte und des Abbaus sozialstaatlicher Leistungen erfolgreich lancierten Referenden weder die politische Rechte noch die politische Linke begünstigt, sondern generell die Verteidiger des Status quo (Linder 2012, Wagschal und Obinger 2000, vgl. auch Christmann 2009). Insgesamt werden heute die Bremswirkungen des Referendums als offensichtlich stärker bewertet als die Innovationswirkungen der Volksinitiative, weshalb sich der politische Output in der Schweiz in der Regel nur durch inkrementalistische Änderungen auszeichnet.

– Outcomes: Die empirischen Analysen über die Zusammenhänge zwischen den verschiedenen Formen direktdemokratischer Partizipation und dem Ausmass der Staatstätigkeit in den Schweizer Kantonen liefern eine Klärung des kontrovers diskutierten Einflusses der Volksrechte und deren Wirkungsrichtung auf staatliche Interventionen. Sie kommen insgesamt zum Schluss, dass direktdemokratische Entscheidungsverfahren die Staatsausgaben, -einnahmen und -schulden begrenzen und dezentralisieren. Dabei zeigt sich, dass insbesondere das Finanzreferendum einen restriktiven Einfluss auf die Staatstätigkeit ausübt. Je niedriger die Hürden zur Ergreifung des Finanzreferendums ausfallen, umso geringer ist das Ausmass der staatlichen Intervention in den Schweizer Kantonen. Die empirischen Resultate bestätigen zusammenfassend die Bremswirkung des Referendumsrechts in eindrucksvoller Weise und belegen darüber hinaus den fehlenden Einfluss der Volksinitiative. Die sogenannte Robin-Hood-These, d.h. der expansive und redistributive Charakter der Volksinitiative im Sinne steigender Steuer- und Abgabensätze bei zunehmender direkter Bürgerbeteiligung, lässt sich in keiner der zahlreichen quantitativen Untersuchungen empirisch bestätigen.

3.5 Die Gesamtwirkungen der direkten Demokratie auf das politische System | 113

– Impacts: Trotz einer kontrovers geführten Debatte über die ökonomischen Auswirkungen der Volksrechte weisen die vorliegenden empirischen Studien allesamt in dieselbe Richtung. Die statistischen Analysen von Feld und Savioz (1997), Freitag und Vatter (2000, 2004) sowie Kirchgässner, Feld und Savioz (1999) widerlegen die kursorischen Einschätzungen von Borner, Brunetti und Straubhaar (1990, 1994), Germann (1999) und Wittmann (2001) zum negativen Einfluss eines übermässigen Gebrauchs direktdemokratischer Verfahren auf die ökonomische Leistungskraft. Vielmehr belegen alle empirischen Untersuchungen, dass insbesondere das Finanzreferendum eine positive Wirkung auf die ökonomische Performanz in den Schweizer Kantonen ausübt, wobei umstritten bleibt, ob die formale Bereitstellung oder der reale Gebrauch dieses Instruments dafür verantwortlich ist.

Auch die makrosoziologischen Wirkungen der direkten Demokratie fallen auf der Basis der bestehenden empirischen Analysen mehrheitlich positiv aus. Untersuchungen zeigen anhand von Vergleichen auf subnationaler Ebene in der Schweiz, dass in Gemeinwesen mit grösserer Beteiligungsmöglichkeit des Volkes das zivilgesellschaftliche Engagement höher ist, die sozialen Netzwerke dichter sind, die Leute besser informiert sind und die Demokratiezufriedenheit der Bürger höher ist. Hingegen fällt die Einschätzung, in welchem Mass die Grundrechte ausgewählter Minderheiten durch die Direktdemokratie verletzt werden, insgesamt eher kritisch aus (Töller und Voller 2013). So weisen neue Befunde auf der Basis einer langen Untersuchungsperiode und unter Berücksichtigung aller Kantone darauf hin, dass Volksentscheide insgesamt eher minderheitenfeindlich ausfallen, wobei in mehr als 75 Prozent der Fälle die Stimmbürgerschaft den parlamentarischen Entscheid bestätigt (Vatter 2011: 281).

4 Daten und Methoden in der Abstimmungsforschung

4.1 Daten in der empirischen Abstimmungsforschung

Abstimmungsforschung als Teilgebiet der empirischen Sozialforschung ist eine Erfahrungswissenschaft (Kromrey 1995). Als solche verfolgt sie das Ziel, auf der Basis von Beobachtungen gesicherte, nicht subjektivistische Erkenntnisse über die «Wirklichkeit» zu gewinnen, setzt also die Existenz einer realen, tatsächlichen Welt, die – begrenzt – objektiv wahrgenommen werden kann, voraus.[71] Sie ist eine empiri-

---

71 An dieser Stelle ist anzumerken, dass es auch in den Sozialwissenschaften unterschiedliche ontologische sowie epistemologische, sprich erkenntnistheoretische Positionen gibt, d.h. Antworten auf die Fragen, ob eine subjektunabhängige Realität ausserhalb des Individuums existiert und ob man diese erkennen kann. Diese Positionen reichen ontologisch vom radikalen Idealismus und der generellen Negierung der Existenz einer subjektunabhängigen Wirklichkeit bis zum naiven Realismus und der Annahme einer objektiv wahrnehmbaren, subjektinvarianten Realität und epistemologisch vom naiven bis zum indirekten Realismus (d.h. von der Annahme der Möglichkeit des direkten, «nackten» Erkennens aller [ontologisch als existierend angenommener] Objekte bis zur Annahme, dass kein Objekt direkt und ohne Mediation des Subjekts erkannt werden kann). Da im Rahmen dieses Werks kein Raum für eine ausführliche erkenntnistheoretische Diskussion ist, soll es genügen anzumerken, dass sich die Abstimmungsforschung epistemologisch in der Regel im Raum des Popper'schen kritischen Realismus bewegt, der zwar eine subjektunabhängige Realität annimmt, eine «reine», direkte Wahrnehmung jedoch

sche[72] Wissenschaft, will also ihre theoretischen Annahmen über soziale Sachverhalte – hier konkret das Stimmverhalten und dessen Erklärungen – an der Wirklichkeit überprüfen. In Karl Poppers Worten: «Alle Aussagen einer empirischen Wissenschaft müssen prinzipiell an der Erfahrung scheitern können» (Popper 1971: 15). Die Abstimmungsforschung als empirische Sozialwissenschaft versucht also, aus der Theorie gewonnene Annahmen – Hypothesen – durch kontrollierte Beobachtung realer Grössen zu falsifizieren, d. h., die Annahmen zu verwerfen und somit die Theorie besser an die Realität anzupassen. Sie nimmt somit eine deduktiv-nomologische Position ein, da sie auch im Sozialen von stabilen Strukturen und Gesetzmässigkeiten ausgeht, an deren theoretische Abbildung sie sich dank empirischer Falsifikation annähern kann.

Diese Vorgehensweise – sprich die Konfrontation theoriegeleiteter Hypothesen mit der «Erfahrung» – setzt nun aber Beobachtungen voraus, die im weitesten Sinne zu verstehen sind als «kontrollierte direkte oder indirekte Wahrnehmungen mithilfe der menschlichen Wahrnehmungssinne und unterstützt durch zu diesem Zweck konstruierte Beobachtungs- oder Messinstrumente» (Kromrey 1995: 27). Dies sind die Daten, derer die empirische Abstimmungsforschung bedarf, um ihre Theorien bzw. die daraus abgeleiteten Hypothesen zu überprüfen.

Zunächst einmal betrifft dies natürlich das Stimmverhalten selbst, das als zu erklärende Grösse ebenso erhoben werden muss wie die das Stimmverhalten – theoretisch – erklärenden Faktoren. Abhängig vom theoretischen Ansatz müssen hier nun unterschiedliche Grössen bestimmt bzw. unterschiedliche Daten gesammelt werden. Während zur Überprüfung

---

ausschliesst (vgl. Schumann 2005: 64). Dies bedingt einen methodischen Rationalismus, da jede Annährung an die Realität auch falsch sein kann und daher kritisch zu überprüfen – zu falsifizieren, nicht zu verifizieren – ist. Auch in der Abstimmungsforschung spielen verschiedene wissenschaftstheoretische Positionen eine Rolle, die hier vorgestellten Theorien bewegen sich jedoch hauptsächlich im benannten Rahmen des kritischen Rationalismus, der für «den Ansatz einer standardisiert-quantitativ vorgehenden empirischen Sozialforschung […] als die vorherrschende Leitmethode gelten» kann (Kromrey 1995: 32). Für eine ausführlichere wissenschaftstheoretische Diskussion siehe Gabriel (1993), Dancy (1985), Chalmers (2001) oder Opp (2002).

72 Von griech. *empeiría*, d. h. Erfahrung. Vgl. Patzelt (1993: 49).

von sozialstrukturellen Hypothesen demografische und sozioökonomische Daten zu Personen oder Personengruppen herangezogen werden müssen, verlangen sozialpsychologische Ansätze nach Daten zu politischen Einstellungen von Individuen. Wahlgeografische Hypothesen können dagegen nur mit regionalen Daten zu Geologie und Siedlungsstruktur überprüft werden, während der Einfluss der unterschiedlichen Ausgestaltung von Instrumenten der direkten Demokratie nur mit entsprechenden Daten zu den Formen von Initiativen und Referenden untersucht werden kann. Hypothesen zum Einfluss von Eliten, Parteien und von der Regierung, Einflüsse von Massenmedien oder Umfragen zur Heuristikverwendung und zu Meinungsbildungsprozessen, all diese können nur auf der Basis einer kontrollierten Erhebung unterschiedlichster Daten überprüft werden, die sich nicht nur in Bezug auf ihren konkreten Inhalt, sprich dem, *was* gemessen wird, unterscheiden, sondern auch bezüglich ihrer Erhebungsart, ihrer Messweise (sprich *wie* gemessen wird) und nicht zuletzt ihres Aggregationsniveaus.

Glücklicherweise ist die Schweiz für die weltweite Abstimmungsforschung ein regelrechtes Eldorado, ein Versuchslabor sondergleichen. Nicht nur werden hier so viele (nationale) Abstimmungen abgehalten wie nirgendwo sonst, inzwischen hat sich auch eine beeindruckende Menge an Abstimmungsdaten angehäuft. Gewisse Daten sind «Nebenprodukte» sozialer Prozesse und amtlicher Statistiken, andere kommerziell erhobene Individualdaten. Beide bilden zusammen das zentrale Auswertungsmaterial der Schweizer Abstimmungsforschung. Das folgende Kapitel dient dazu, den Leser mit den wichtigsten und gebräuchlichsten Schweizer Abstimmungsdaten vertraut zu machen. Zunächst aber sollen die generellen Merkmale in der Abstimmungsforschung verwendeter sozialwissenschaftlicher Daten mithilfe einer Datentypologie kurz erklärt und anschliessend die Vor- und Nachteile der am häufigsten verwendeten Datentypen aufgezeigt werden.

4.1.1 Datentypen

Wie bereits erwähnt lassen sich Daten in der empirischen Sozialforschung generell danach unterscheiden, auf welchem Weg sie generiert werden (vgl. Schoen 2005b: 90). Prozessgenerierte Daten sind gewissermassen «Nebenprodukte» sozialer Prozesse, sprich Daten, die als Folge menschlichen Verhaltens und ohne Blick auf sozialwissenschaftliche Forschung entstehen. Solche Daten werden auch als nicht reaktive Daten bezeichnet, da hier nicht – wie bei anderen Datentypen – von einem Einfluss des Messvorganges auf die Reaktion der jeweiligen Untersuchungseinheiten ausgegangen werden muss (vgl. Diekmann 2004, Ludwig-Meyerhofer 2006, Häder 2006). Zu prozessgenerierten Daten können beispielsweise Mitgliederstatistiken von Parteien und Gewerkschaften oder auch Börsenkurse gerechnet werden, die zu Forschungszwecken sekundär ausgewertet werden können. Hierzu zählen – für die Abstimmungsforschung natürlich besonders relevant – aber auch amtliche Statistiken wie z. B. amtliche Stimmergebnisse auf nationaler, kantonaler und kommunaler Ebene sowie beispielsweise Arbeitslosen- und Wirtschaftsstatistiken und andere amtliche Erhebungen.

Auf der anderen Seite der Datengenese stehen Daten, die direkt für den Forschungsprozess generiert werden. Diese lassen sich generell danach unterscheiden, ob sie quantitativer oder qualitativer Natur sind. Während zur Erhebung quantitativer Daten standardisierte und quantifizierende Erhebungsinstrumente verwendet werden, sprich die zahlenmässige Ausprägung bestimmter Merkmale gemessen wird, werden qualitative Daten mit «weicheren», nicht standardisierten und nicht quantifizierenden Instrumenten wie z. B. Tiefeninterviews erhoben. Sie bilden so offenere und stärker explorative Informationen ab, die nicht zahlenmässig dargestellt werden können (Schmidt 1995: 785 f.).[73] Zu Forschungszwecken erhobene quantitative wie qualitative Daten sind dabei zum grossen Teil reaktiv, sprich es muss von einem Einfluss des Erhebungsvorgangs auf die Daten ausgegangen werden (Ludwig-Meyerhofer 2006, Diekmann 2004, siehe auch weiter unten). Die in der Abstimmungsforschung am häufigsten verwendeten Daten sind quantitative Individualdaten (siehe unten), die in «repräsentativen» Umfragen zu Forschungs- (oder kommerziellen) Zwecken erhoben werden (zum Begriff der Repräsentativität siehe Kapitel 4.2.3). Aber auch quantitative Messungen zur Erscheinungsfrequenz und Grösse von Anzeigen im Abstimmungskampf, zu Partei- oder Interessengruppenparolen, Informationen zur Ausgestaltung von Instrumenten der direkten Demokratie oder inhaltsanalytische Untersuchungen von

---

73 Für eine Übersicht über die Methodenlehre in den Sozialwissenschaften sowie zu qualitativen und quantitativen Erhebungen siehe u. a. Bortz und Döring (2006), Häder (2006), Diekmann (2004), Miles, Huberman und Saldana (2013), Lamnek (1995), Denzin und Lincoln (1994).

Dokumenten- oder Medieninhalten beispielsweise können im Forschungsprozess als Daten generiert und ausgewertet werden. Die Erhebung von Daten aus Beobachtungen, wie etwa in Diskussionsbeobachtungen, oder Experimente können hier ebenfalls eine Rolle spielen (vgl. Kromrey 1995: 431 ff., Patzelt 1993: 195 ff., Häder 2006 ff.). Generell sind die so generierten Daten dabei theoriegeleitet: «Daten erzeugt man, indem man die – angeleitet von der forschungsleitend benutzten Theorie – getätigten Beobachtungen aufzeichnet» (Patzelt 1993: 195).[74]

Der zweite wichtige Unterschied zwischen verschiedenen Datentypen ist jener zwischen Aggregat- und Individualdaten (vgl. Seitz 1997). Aggregatdaten sind Daten über Merkmale einer Vielzahl von Untersuchungseinheiten bzw. Kollektive, die meist bestimmten Gebietskörperschaften – Gemeinden, Kantonen, oder Staaten – zuzuordnen sind. Dabei lassen sich der Klassifizierung von Lazarsfeld und Menzel (1969) folgend drei verschiedene Arten von Aggregatdaten unterscheiden: Analytische Aggregatdaten können – mathematisch – von den Merkmalen der einzelnen Untersuchungseinheiten hergeleitet werden. Ein simples Beispiel für ein analytisches Aggregatmerkmal ist der Wähleranteil einer Partei in einer Gemeinde. Wähler einer Partei zu sein, ist zwar grundsätzlich ein individuelles Merkmal, aber in einem Aggregatdatensatz erscheint dieses individuelle Merkmal als hochaggregiertes Merkmal einer Gebietskörperschaft, in diesem Fall der Gemeinde. Der Wähleranteil einer Partei lässt sich dabei aus den individuellen Merkmalen der Wahlberechtigten der Gemeinde errechnen. Ein anderes Beispiel wäre das durchschnittliche Pro-Kopf-Einkommen einer territorialen Einheit, das sich ebenfalls aus dem Einkommen als individuellem Merkmal errechnen lässt. Globale

---

74 Wie Patzelt (1993: 197) auch festhält: «Die konkrete Auswahl der jeweils anzuwendenden Methoden der Datenerhebung darf nicht von persönlichen Vorlieben oder Fertigkeiten des Forschers, sondern muss allein von seiner Forschungsfrage abhängen. Diese führt nämlich zuerst zur Auswahl der untersuchungsleitenden Theorien; die wiederum legen fest, Informationen welcher Art beschafft werden müssen, um die Forschungsfrage beantworten zu können; und aus der Natur der Forschungsgegenstände, denen diese Informationen abgewonnen werden sollen, ergibt sich sodann, welche Methoden der Datenerhebung anzuwenden sind. Fragestellung, Theorie und Methodenwahl bilden dergestalt eine Einheit, die man nur zum Schaden eines schlüssigen und erkenntnisträchtigen Forschungsprozesses auflösen kann.»

Aggregatdaten dagegen sind Daten, die sich nicht aus individuellen Merkmalen herleiten lassen, sondern die sich ausschliesslich auf die höhere Aggregatebene beziehen. Beispiele hierfür sind die Geologie eines Landstrichs, Daten zur Ausgestaltung und Nutzung der direkten Demokratie in einem Kanton oder der Fragmentierungsgrad des Parteiensystems in einem Staat. Als dritte Form von Aggregatdaten sind strukturelle Daten zu nennen, welche die Beziehungen zwischen den individuellen Einheiten einer Gebietskörperschaft abbilden. Wie die analytischen Aggregatdaten stehen auch die strukturellen Aggregatdaten in Zusammenhang mit den originären Merkmalen von Individuen respektive deren Beziehungen auf der Individualebene. Als Beispiele liessen sich hier die soziale Kohäsion einer Gruppe (Schoen 2005b: 90, siehe auch Udehn 2001: 184) oder, konkreter, die durchschnittliche Kontakthäufigkeit zwischen bestimmten Gruppen einer Gebietskörperschaft anführen (Soukup 2008).

Individualdaten sind im Unterschied zu Aggregatdaten solche zu Merkmalen der einzelnen Einheiten eines Kollektivs bzw. zu Individuen. Auch Individual- oder Mikrodaten lassen sich nach Lazarsfeld und Menzel (1969) in verschiedene Arten unterteilen: absolute Individualdaten, relationale Individualdaten, komparative Individualdaten sowie kontextuelle Individualdaten. Absolute Individualdaten sind die Basis der analytischen Daten auf Aggregatebene. Sie beschreiben die originären Merkmale eines Individuums wie z. B. die individuelle Parteiwahl, das Einkommen oder den Erwerbsstatus. Relationale Individualdaten dagegen bilden die Eigenschaften der Beziehungen der Individuen untereinander ab und stellen somit die Basis der strukturellen Daten auf der Aggregatebene dar. Im Unterschied zu absoluten Individualdaten setzen relationale Daten Informationen zu anderen Einheiten eines Kollektivs voraus. Kontextuelle Individualdaten stellen im eigentlichen Sinn keine Eigenschaften des einzelnen Individuums dar, sondern weisen Eigenschaften des Kollektivs dem Individuum zu. Für kontextuelle Daten bilden also die globalen Aggregatdaten das Fundament. Als Beispiel liesse sich hier das Merkmal «Einwohner einer Gebietskörperschaft mit Staatsform x» anführen. Die Staatsform kann zwar keine Eigenschaft eines Individuums sein, Individuen können sich jedoch danach unterscheiden, in welcher Art von Staatsform sie leben (vgl. dazu den mikrosoziologischen Columbia-Ansatz in Kapitel 5.2). Eine Art Sonderfall sind komparative Individualdaten, die als Individualmerkmal einen Vergleich von absoluten und relationalen Individual- sowie analytischen Aggregatdaten abbil-

Tabelle 4.1: Datentypen und ihre Beziehungen nach Aggregierungsniveau

Aggregierungsniveau			
Daten	Individualebene (Ebene n)	*Prozess*	Aggregatebene (Ebene n +1)
	Absolute Daten	*Aggregiert* →	Analytische Daten
	Relationale Daten	*Aggregiert* →	Strukturelle Daten
	Kontextuelle Daten	← *Zugewiesen*	**Globale Daten**
	Komparative Daten		

Quelle: eigene Darstellung in Anlehnung an Lazarsfeld und Menzel (1969) sowie Soukup (2008).

den und so statistisch absolute oder relationale Individualdaten in eine andere Skala transformieren (z. B. als Rangfolge). Beispiele hierfür wären die Klassifizierung des Einkommens einer Person als über-, unter- oder durchschnittlich (vgl. Engel 1998, Udehn 2001), aber auch die Geburtsrangfolge von Kindern in einer Familie.[75]

Die Tabelle 4.1 bietet einen Überblick über die Datentypen auf der Aggregat- und Individualebene nach Lazarsfeld und Menzel (1969). Die hervorgehobenen Zellen stellen dabei diejenigen Daten dar, die sowohl auf Individual- als auch auf Aggregatebene absolut bzw. originär, d. h. der jeweiligen Aussageeinheit inhärent sind. Dies sind auf der Individualebene die absoluten und auf der Aggregatebene die globalen Daten. Aus der Tabelle ersichtlich ist ebenfalls, welche Daten auf der Aggregatebene aus den jeweiligen Individualdaten aggregiert werden und welche Individualdaten dank Zuweisung aus globalen Aggregatdaten hervorgehen.

So lässt sich nun anhand der zwei oben benannten Datenkriterien, Datengenese und Aggregierungsniveau, sowie der Lazarfeld'schen und Menzel'schen Klassifizierung eine allgemeine Typologie von Daten darstellen, die in der Abstimmungsforschung verwendet werden. Die Tabelle 4.2 bietet hierzu einen Überblick mit empirischen Beispielen.

Tatsächlich für die Abstimmungsforschung verwendet werden in der Schweiz meist prozessgenerierte Aggregatdaten sowie zu Forschungszwecken (in der Regel durch repräsentative Umfragen) erhobene Individualdaten. Welche Daten zur Beantwortung einer bestimmten Forschungsfrage

---

75 Da so komparative Individualdaten auf absoluten bzw. relationalen Daten beruhen, wird von einigen Autoren infrage gestellt, ob diese Variablenart überhaupt einen Eigenwert hat (vgl. Soukup 2008).

Tabelle 4.2: Datentypologie nach Genese und Aggregierungsniveau mit empirischen Beispielen

		Aggregierungsniveau			
			Aggregatdaten		Individualdaten
Datengenese	Prozessgenerierte Daten	analytisch	Amtl. Abstimmungsstatistik, basierend auf der effektiven Stimmabgabe	absolut	Stimmbeteiligung laut Wählerverzeichnis
		strukturell	Anzahl Freunde auf Facebook, aggregiert	relational	Anzahl Freunde auf Facebook
		global	Amtliche Einwohnerstatistik	kontextuell	Siedlungsart nach Wohnort, im Census erhoben
	Zu Forschungszwecken erhobene Daten	analytisch	Anteil Parteiwähler pro Gebietskörperschaft, in repräsentativen Umfragen erhoben	absolut	Stimmentscheid, in repräsentativer Umfrage erhoben
		strukturell	Gruppenkohäsion, in repräsentativen Umfragen erhoben	relational	Anzahl Anrufe bei Familie pro Zeitraum, in repräsentativer Umfrage erhoben
		global	Ausgestaltung der direkten Demokratie pro Kanton	kontextuell	Siedlungsart nach Wohnort, in repräsentativer Umfrage erhoben

Quelle: eigene Darstellung in Anlehnung an Schoen (2005b: 91).

herangezogen werden, hängt dabei einerseits von der Verfügbarkeit ab. Allein schon wegen des Wahl- und Stimmgeheimnisses stehen der Forschung individuelle prozessgenerierte Daten zum Wahl- oder Stimmentscheid nur in Ausnahmefällen[76] zur Verfügung (vgl. Seitz 1997: 365). Der Entscheid, welche Daten verwendet respektive erhoben werden, hängt

---

76 Stimmregisterdaten, die auf Anfrage zugänglich sind, existieren gegenwärtig etwa im Kanton Genf und (seit 2010) in der Stadt St. Gallen (Serdült 2013, Dermont 2014).

andererseits auch vom theoretischen Ansatz sowie von den konkreten Hypothesen ab, die überprüft werden sollen (vgl. Patzelt 1993). Der Entscheid für einen bestimmten Datensatz hat dabei verschiedene Vor- und Nachteile, die im Folgenden näher beleuchtet werden sollen.

4.1.2 Vor- und Nachteile prozessgenerierter Aggregatdaten

In der Anfangszeit der schweizerischen Abstimmungsforschung waren prozessgenerierte Aggregatdaten wie etwa amtliche Statistiken für die Analyse von Abstimmungsergebnissen in Ermangelung umfragebasierter Individualdaten das Mittel der Wahl respektive Mittel zum Zweck. Die Datenauswahl war somit bedingt theoriegeleitet, widerspiegelte sich aber in den theoretischen Ansätzen besonders der frühen ökologischen Schulen, der soziologischen Zürcher Schule, der historisch-politologischen Berner Schule und der politökonomischen Schule (Epple-Gass 1989). Kennzeichnend für diese Schulen ist, dass sie zur Erklärung des Abstimmungsverhaltens generell davon ausgehen, dass das Verhalten des Einzelnen stark durch Aggregatmerkmale, also durch seine Umwelt, geprägt wird (vgl. Seitz 1997). Die Nutzung von Aggregatdaten zur Überprüfung der Hypothesen dieser ökologischen Ansätze ist daher vom theoretischen Ansatz her sinnvoll, solange die erklärenden Faktoren auf der Systemebene (d.h. auf der Aggregatebene) und nicht auf der Individualebene vermutet werden (hierzu unten mehr).

Ein grosser Vorteil prozessgenerierter Aggregatdaten, besonders in der Wahl- und Abstimmungsforschung, ist, dass sie – in der Regel – kostengünstig (respektive kostenlos) erhältlich sind und einen grossen Zeitraum abdecken, da amtliche Statistiken in den meisten Staaten insbesondere Kontinentaleuropas (vgl. Schoen 2005b: 95, siehe auch Scheuch 1977: 10) seit geraumer Zeit erhoben werden – Bick und Müller (1977: 42) nennen dies die «administrative Buchführung der Verwaltung als sozialwissenschaftliche Datenbasis» – und in Datenarchiven zugänglich sind. Dies ist auch in der Schweiz der Fall. Ein damit verbundener Nachteil ist jedoch, dass diese Daten nicht immer aktuell sind, weil bestimmte amtliche Erhebungen in der Regel periodisch, sprich z.B. in Zehn-Jahres-Rhythmen stattfinden (Seitz 1997: 298).[77] Auch decken sich die Inte-

---

[77] Die Schweizer Volkszählung beispielsweise wird seit 2010 in neuer Form, sprich einwohnerregistergestützt und mit Stichprobenerhebungen ergänzt,

ressen der Verwaltung, die diese Daten erhebt, nicht immer mit dem Forschungsinteresse der auswertenden Wissenschaftler, die diese Daten sekundär auswerten. Problematisch ist daran, dass viele Grössen, die in bestimmten theoretischen Ansätzen Einflussfaktoren auf das Stimmverhalten darstellen, in amtlichen Statistiken oft nicht erhoben werden, da diese andere Interessen verfolgen. Diese Grössen müssen dann vom Forscher auf häufig problematische Weise so operationalisiert werden, dass sie sich mit den vorhandenen Daten abbilden lassen.[78] Ferner ist es möglich, dass die Verwaltung aus eigenem Interesse ihre Definition respektive Operationalisierung bestimmter Grössen verändert – als Beispiel seien hier Arbeitslosen- oder Wirtschaftsstatistiken genannt –, was die Vergleichbarkeit von Daten erschwert (vgl. Seitz 1997: 298, siehe auch Bick und Müller 1977, 1984). Dennoch weisen amtliche prozessgenerierte Aggregatdaten in der Regel eine hohe Validität aus, sprich sie messen, was sie zu messen vorgeben (vgl. de Vaus 2003: 55 ff., siehe auch Diekmann 2004: 223 ff.). Dies ist natürlich besonders bei Abstimmungsstatistiken der Fall, da ja die tatsächliche Stimmabgabe in die Daten einfliesst und nicht eine A-posteriori-Aussage eines Stimmberechtigten in einer Befragung dazu (vgl. Seitz 1997: 297). Solche Daten sind in diesem Sinne nicht reaktiv, da der Messvorgang selbst keinen Einfluss auf die Daten hat – diese sind ja quasi Nebenprodukte eines Verhaltens, das sich unabhängig von einer etwaigen Sekundäranalyse vollzieht (vgl. Diekmann 2004, siehe auch Häder 2006). Zu dieser Problematik soll in der methodischen Diskussion von Individualdatenerhebungen noch mehr gesagt werden. Vorteilhaft ist natürlich auch, dass amtliche Statistiken in vielen Fällen Vollerhebungen darstellen, sprich Daten zu allen Einheiten eines Universums enthalten, und nicht nur eine Stichprobe daraus. Amtliche Abstimmungsstatistiken etwa basieren auf dem Stimmverhalten sämtlicher Stimmberechtigter (die Nichtteilnahme einbezogen), und Analysen derselben enthalten somit keine Stichprobenfehler. Auch minimale Veränderungen lassen sich so interpretieren (vgl. Schoen 2005b: 95 f.,

---

jährlich durchgeführt. Bundesamt für Statistik, http://www.bfs.admin.ch/bfs/portal/de/index/news/02.html (Zugriff 6.12.2013).

78 Zum Problem der Operationalisierung respektive Messung von Variablen siehe u. a. Diekmann (2004: 182–190) und Häder (2006: 51–55).

Ambühl 2003: 8).[79] Wie jedoch Seitz (1997: 366) festhält, ist hier das Problem, dass der Stimmkörper nicht homogen ist, sondern je nach Stimmbeteiligung schwankt, und die soziale Zusammensetzung des Stimmkörpers im Gegensatz zu derjenigen der Gesamtbevölkerung unbekannt ist, nicht ausser Acht zu lassen: Da Stamm- und Gelegenheitswähler unterschiedliche soziale Merkmale aufweisen, müsse man das «postulierte Repräsentationsprinzip der Aggregatdatenanalyse» hinterfragen, könne also nicht unkritisch das Verhalten eines Teils der Wohnbevölkerung – der Stimmenden – mit den Strukturen der gesamten Wohnbevölkerung erklären.[80]

Es stellen sich bei der Auswertung prozessgenerierter Aggregatdaten in der Abstimmungsforschung dazu auch wichtige analytische Probleme. Das vornehmliche Hindernis ist, dass mit Aggregatdaten die Frage nach den Einflussfaktoren auf den *individuellen* Stimmentscheid nur bedingt und nicht ohne Gefahr beantwortet werden kann, besonders dann, wenn theoretische Ansätze einen Wirkungszusammenhang auf der Individualebene postulieren. Dies ist z. B. bei handlungstheoretischen oder sozialpsychologischen Ansätzen der Fall, für deren Überprüfung sich Aggregatdaten nur höchst beschränkt eignen.[81] Das Problem besteht darin, dass man individuelles Verhalten erklären möchte, ohne über Daten zu verfü-

---

79 Zensusdaten beispielsweise haben zusätzlich den Vorteil, dass die Fallzahlen extrem gross sind und so die Analyse von Abweichungen leichter möglich ist (vgl. Schoen 2005b: 95 f.).

80 Zum «postulierten Repräsentationsprinzip der Aggregatdatenanalyse» schreibt Seitz (1997: 365 f.): «Die Annahme des prägenden Einflusses des gesellschaftlichen Kontextes auf das politische Verhalten erlaubt es der ökologischen Abstimmungsanalyse, die Abstimmungsergebnisse, welche nur die Meinungsbekundungen eines eher kleinen Teils der Wohnbevölkerung beinhalten, mit den sozioökonomischen und soziokulturellen Strukturen der gesamten Wohnbevölkerung zu erklären. Unter der Annahme, dass es in der Wohnbevölkerung ein politisches Klima gibt und dass die Stimmenden dieses politische Klima ‹repräsentieren›, können die nicht Stimmenden vernachlässigt werden.»

81 Da argumentiert werden kann, dass Erklärungsansätze auf der Aggregatebene, die sich z. B. auf den Einfluss sozialer Milieus beziehen, in den letzten Jahrzehnten teilweise an Erklärungskraft eingebüsst haben, kommt der Individualdatenanalyse in ihrer Analyse individueller, nicht struktureller Determi-

gen, in denen das einzelne Individuum die Untersuchungseinheit darstellt. «Eine Feststellung gilt [jedoch, Anm. der Autoren] nur für jene Ebene als gesichert, auf der sie gemacht wurde» (Seitz 1997: 297). Aggregatdatenanalysen, die Hypothesen auf der Individualebene überprüfen, tragen somit in sich das Problem des ökologischen Fehlschlusses. Was darunter zu verstehen ist, lässt sich anhand eines einfachen Beispiels veranschaulichen. Angenommen, wir möchten untersuchen, ob die (individuelle) Arbeitslosigkeit einen Einfluss auf den Stimmentscheid zu einer Revision des Arbeitslosengesetzes hatte oder nicht. Wenn wir Aggregatdaten verwenden, so können wir streng genommen nur die folgende Aussage machen: Regionen oder Gemeinden mit hoher Arbeitslosigkeit haben (in unserem fiktiven Beispiel) das neue Arbeitslosenversicherungsgesetz deutlich abgelehnt, während solche mit tiefer Arbeitslosenrate es deutlich angenommen haben. Die Forschungsfrage wurde aber auf der Individualebene formuliert. Sie lautete: Haben Arbeitslose das neue Arbeitslosengesetz stärker verworfen als Erwerbstätige? Diese Frage kann anhand von Aggregatdaten nicht schlüssig beantworten werden. Es mag zwar ein Zusammenhang zwischen Arbeitslosigkeit und Ja-Stimmen-Anteil auf der Aggregatebene vorliegen, aber wir können nicht mit Gewissheit sagen, ob dieser Zusammenhang auch auf der Individualebene gilt. Es wäre grundsätzlich auch möglich, dass erwerbstätige Personen, die in Regionen mit hoher Arbeitslosigkeit leben und demnach mit den vielfältigen Auswirkungen von Arbeitslosigkeit tagtäglich konfrontiert werden, die genannte Vorlage besonders stark abgelehnt haben und nicht etwa die Arbeitslosen selbst – die sind unter Umständen der Urne ferngeblieben.[82]

Für eine Reihe von theoretischen Ansätzen sind somit Individualdaten unerlässlich, um ihre Hypothesen adäquat zu überprüfen. Auch Individualdaten sind jedoch nicht unproblematisch, wie im Folgenden dargestellt werden soll.

---

nanten eine noch grössere Bedeutung zu, da diese auf Aggregatebene nicht untersucht werden können (vgl. Seitz 1997: 299).

82 Der Begriff «ökologischer Fehlschluss» geht auf Robinson (1950) zurück. Für eine ausführlichere Diskussion des ökologischen Fehlschlusses siehe Schoen (2005b: 97 f.). Siehe auch Diekmann (2004: 116 ff.) sowie Seitz (1997: 297 f.).

4.1.3 Vor- und Nachteile umfragebasierter Individualdaten

Seit der von Robinson (1950) formulierten Kritik an der Aggregatdatenanalyse, die auf einer empirischen Analyse des ökologischen Fehlschlusses fusste, haben sich Individualdatenanalysen auf der Basis der Umfrageforschung zum «Königsweg» (König 1957: 27) der Sozialforschung entwickelt und werden im Vergleich zur Analyse von prozessproduzierten Daten, Beobachtungen und Inhaltsanalysen am häufigsten genutzt (Diekmann 2004: 372).[83]

Individualdaten haben – wie aufgezeigt – den Vorteil, dass sie es erlauben, auf der Individualebene formulierte Hypothesen zu überprüfen, ohne die Gefahr eines ökologischen Fehlschlusses in Kauf nehmen zu müssen. Für sozialpsychologische Ansätze (Campbell et al. 1960 u. a.) ist es besonders wichtig, dass sich mithilfe repräsentativer Umfragen auch Daten zu Einstellungen und Wahrnehmungen der befragten Individuen erheben lassen, was mit Daten auf der Aggregatebene nicht möglich ist. Dies spielt dann eine besondere Rolle, wenn beispielsweise nicht die tatsächliche Kompetenz eines politischen Akteurs in einer Hypothese die erklärende Variable ist, sondern die Wahrnehmung derselben durch die befragten Stimmbürger (vgl. Schoen 2005b: 92). Auch von Bedeutung ist hier, dass, wie in der Datentypologie aufgezeigt, absolute und relationale Individualdaten jederzeit auf das Aggregatniveau hochaggregiert werden können, während es andersherum nicht möglich ist, Aggregatdaten auf Individualniveau zu desaggregieren, sie also nur als Kontextvariablen den Untersuchungseinheiten zugewiesen werden können.[84]

Ein weiterer Vorzug von in Umfragen erhobenen Individualdaten ist, dass sie vergleichsweise zeitnah am politischen Geschehen erhoben werden können. So beginnen beispielsweise die Umfragen für die «Vox» genannten Nachabstimmungsanalysen eidgenössischer Abstimmungen, die weiter unten noch genauer vorgestellt werden sollen, bereits am Montag nach der Abstimmung, was dank der Zeitnähe bestimmte Antwortverzerrungen (notabene die Vergesslichkeit der Befragten) verringert. Auch

---

83 Für eine frühe kritische Auseinandersetzung mit dem Primat der Umfrageforschung und Individualdatenanalyse siehe Scheuch (1977).

84 Ein absolutes Individualmerkmal im Aggregat zu erheben statt als Eigenschaft eines Individuums – so z.B. das Einkommen nur über das durchschnittliche Einkommen des Wohnortes –, bedeutet demnach einen Informationsverlust und macht daher wenig Sinn.

erlauben Trenderhebungen, sprich Umfragereihen, für die die Befragten jedes Mal neu ausgewählt und zu den gleichen Grössen befragt werden, und Panelumfragen, bei denen die gleichen Personen wiederholt befragt werden, Trendanalysen beispielsweise der Meinungsbildung, die bei Panelumfragen für die einzelnen Individuen respektive bei Trenddesigns für das Aggregat abgebildet werden können (vgl. Schoen 2005b: 92, siehe auch Diekmann 2004: 268).[85]

Schliesslich erlauben umfragebasierte Individualdaten im Gegensatz zu prozessgenerierten Daten wie z. B. amtlichen Abstimmungsstatistiken dem Forscher in der Regel, das Erhebungsinstrument – konkret den Fragebogen respektive die genauen Fragestellungen sowie Antwortmöglichkeiten – mitzugestalten bzw. nach seinen theoretischen Anforderungen und den zu testenden Hypothesen zu designen.[86] Hierzu soll im Methodenkapitel noch einiges gesagt werden.

Ein Nachteil im Vergleich zu prozessgenerierten Aggregatdaten und insbesondere amtlichen Statistiken ist, dass Individualdaten in der Regel erst seit relativ kurzer Zeit zur Verfügung stehen. Dies ist, wie noch zu beschreiben ist, auch in der Schweizer Abstimmungsforschung der Fall, wo Umfrageforschung erst vergleichsweise spät eine Rolle spielte und lange mit Misstrauen betrachtet wurde (Longchamp 1998). Historische Analysen können sich somit der Individualdaten nur bedingt bedienen. Ein weiterer Nachteil ist, dass Umfrageforschung eine relativ kostenintensive Datenerhebungsmethode (Groves 1989, Linder 2003) ist und somit die kommerzielle Abstimmungsforschung von privaten Umfrageinstituten oft einen Vorteil gegenüber der rein wissenschaftlichen Forschung hat, die kommerzielle Umfragen genauso wenig mitdesignen kann wie amtliche Erhebungen und die oft weniger Zugriff darauf hat als auf amtliche Statistiken. Umfragedaten sind zudem im Generellen nur bedingt geeignet, um kausale Prozesse offenzulegen, da die Daten in der Regel gleichzeitig erhoben werden (siehe dazu den «Total Survey Error Approach» etwa bei Weisberg 2005). Abgesehen von den Problemen der

---

85 Zur Einführung in Erhebungsdesigns siehe Diekmann (2004: 266–324). Siehe auch Häder (2006: 116–123), de Vaus (2002: 37 f.) sowie Noelle-Neumann und Petersen (2005: 476).

86 Für eine generelle Übersicht zum Fragebogendesign siehe z. B. Diekmann (2004), de Vaus (2002) oder Noelle-Neumann und Petersen (2005).

Stichprobenziehung, die gesondert behandelt werden, sind Umfragen ausserdem notwendigerweise individuell orientiert. Gerade von politischen Meinungen und Haltungen wissen wir aber, dass sie sich im Austausch mit anderen Individuen bilden.

Der Abstimmungsforschung auf der Basis von in Umfragen erhobenen Individualdaten sind jedoch auch analytisch klare Grenzen gesetzt. Dies ist bereits dann der Fall, wenn – theoriegeleitet – der Einfluss von Faktoren auf der Makroebene auf Individualmerkmale (z.B. das Stimmverhalten) untersucht werden soll. Hier besteht dann die Gefahr eines zum ökologischen Fehlschluss analogen Fehlschlusses auf der Individualebene, da das globale Aggregatmerkmal unabhängig von den (in Umfragen abfragbaren) individuellen Einstellungen dazu existiert und ein eigenständiger Einflussfaktor sein kann (vgl. Schoen 2005b: 94, Seitz 1997: 304, siehe auch Schmidt 1995: 298f.). Hier kommen dann kontextuelle Individualdaten oder statistische Verfahren wie die Mehrebenenanalyse zum Zuge, welche die Aggregat- mit der Individualebene verknüpfen.[87] Generell sollten, wie Seitz (1997: 304f.) feststellt, «die Aggregatdatenanalyse und die Individualdatenanalyse nicht gegeneinander ausgespielt werden, da beide ihre spezifischen Stärken und Schwächen haben. Die Stärke der Aggregatdatenanalyse liegt in der vollständigen Erfassung der Abstimmungs- und Wahlergebnisse (besonders in Bezug auf ihre regionale Verteilung), die Stärke der Individualdatenanalyse wiederum besteht in der möglichen Verknüpfung der verschiedenen sozialstrukturellen, soziokulturellen und individuellen Merkmale und Motive. Eine optimale Analyse dürfte sich aus der ergänzenden Verbindung von Aggregatdatenanalyse und Individualdatenanalyse ergeben.»

Auf die weiteren analytischen und vor allem methodenbedingten Nachteile der umfragebasierten Individualdatenanalyse soll an anderer Stelle, namentlich im Kapitel zu Methoden und Methodenproblemen der Abstimmungsforschung, vertieft eingegangen werden. Zunächst einmal sollen jedoch die Daten, auf die sich die Abstimmungsforschung in der Schweiz stützt, konkret vorgestellt werden.

---

87 Zur Multi-Level-Analysis siehe stellvertretend etwa Snijders und Bosker 2012.

4.1.4 Daten zur Abstimmungsforschung in der Schweiz

In der Anfangszeit der schweizerischen Abstimmungsforschung waren Aggregatdaten wie bereits betont für die Analyse von Abstimmungsergebnissen das Mittel zum Zweck. Dies lag vor allem daran, dass Individualdaten auf der Basis der Umfrageforschung zunächst nicht zur Verfügung standen. Generell nahm die Abstimmungsforschung in der Schweiz trotz der insgesamt vorteilhaften Datenlage ohnehin einen eher langsamen Anfang. Zunächst standen bloss Aggregatdaten zur Verfügung, danach auch Individualdaten (siehe dazu Kapitel 1.1). Beide Datentypen sollen nun für die Schweiz überblicksartig dargestellt werden.

4.1.4.1 Aggregatdaten zu eidgenössischen Urnengängen

Wie bereits im Kapitel zur generellen Datentypologie erwähnt, sind Aggregatdaten, die in der Schweiz zur Abstimmungsanalyse herangezogen werden, in der Regel prozessproduzierte Daten. Vornehmlich ist hier natürlich die politische Statistik des Bundesamtes für Statistik, und darunter die Statistik der Wahlen und Abstimmungen, zu nennen, die auf den Abstimmungsprotokollen der Gemeinden und Kantone basiert. Die Statistik der Wahlen und Abstimmungen ist eine Vollerhebung der Gesamtheit der Stimmberechtigten respektive Stimmenden. Sie ist für Volksabstimmungen seit 1866 auf Kantonsebene und seit 1981 auch auf Gemeinde- und Bezirksebene erhältlich.[88] Die entsprechenden Daten

---

[88] Der schweizerische Bundesstaat gliedert sich in 26 gleichberechtigte Kantone (davon sechs Kantone mit halber Standesstimme; die Bundesverfassung spricht von 23 Kantonen und subsumiert darin diese sechs Kantone mit halber Standesstimme, Basel-Stadt und Basel-Landschaft; Ob- und Nidwalden; Appenzell A. Rh. und I. Rh.). Die nächsttiefere administrative Einheit nach dem Kanton ist der Bezirk. Aktuell umfasst die Schweiz insgesamt 148 Bezirke (Stand 1. Januar 2013). Die Kantone ohne Bezirksunterteilung (UR, OW, NW, GL, ZG, BS, AI und GE) werden je als ein Bezirk dargestellt. Der Begriff Bezirk wird in den meisten Deutschschweizer Kantonen verwendet. Ausnahmen sind Bern (Amtsbezirk), Luzern (Amt) und Appenzell I. Rh. (Landesteil). In der Romandie lautet die Bezeichnung für Bezirk *district* und im Tessin bzw. in Graubünden *distretto*. Die Bezirke sind keine politischen Körperschaften, sondern reine Verwaltungseinheiten. In verschiedenen Kantonen entsprechen die Bezirke den Wahlkreisen. Der Bezirk, als Zwischenebene zwi-

können vom Bundesamt für Statistik bezogen bzw. auf dessen Webseite heruntergeladen werden.[89] Gesetzliche Grundlagen für die Statistik der Wahlen und Abstimmungen sind die Verordnung über die Durchführung von Statistischen Erhebungen des Bundes vom 30. Juni 1993 sowie das Bundesgesetz über die politischen Rechte vom 17. Dezember 1976, Art. 87. Zur Qualität der statistischen Informationen schreibt das Bundesamt für Statistik: «Zwischen den offiziellen Ergebnissen der eidgenössischen Wahlen und Abstimmungen der Bundeskanzlei und den vom Bundesamt für Statistik veröffentlichten Ergebnissen können sich in Ausnahmefällen auf kantonaler und eidgenössischer Ebene kleinere Differenzen ergeben. Diese resultieren aus der nachträglichen Plausibilisierung und Bereinigung sämtlicher Gemeindeergebnisse durch das BfS. Die Wahl- bzw. Stimmbeteiligung berechnet sich als Anteil der eingelangten Wahl- bzw. Stimmzettel am Total der Wahl- bzw. Stimmberechtigten. Mit der starken

---

schen Kanton und Gemeinde, spielt in der Statistik weiterhin eine wichtige Rolle. Ab 2000 (184 Bezirke) haben mehrere Kantone, insbesondere Graubünden, Waadt und St. Gallen, ihre Bezirksstruktur revidiert oder diese sogar abgeschafft. Im Kanton St. Gallen sind die bisherigen Bezirke ab 2003 weggefallen. Gemäss Regierungsbeschluss des Kantons St. Gallen vom 20. Mai 2003 verwendet das Bundesamt für Statistik anstelle der Bezirke die Wahlkreise. Die Gemeinde ist die kleinste, mit zahlreichen politischen Kompetenzen ausgestattete Verwaltungseinheit der Schweiz. Verschiedene Fusionen, Trennungen und territoriale Änderungen bestimmen den Gemeindestand. 1990 zählte man 3021 Gemeinden, am 1.1.2013 noch 2408 Gemeinden. Die politischen Gemeinden stellen in zahlreichen Erhebungen das niedrigste Erfassungsniveau dar. Wegen ihrer stark schwankenden Grösse bezüglich der Einwohnerzahl (weniger als 20 Einwohner in Corippo, TI bis mehr als 370 000 Einwohner in der Stadt Zürich, mittlere Wohnbevölkerung 2007) und bezüglich der Fläche (ungefähr 30 ha in Rivaz, VD bis mehr als 28 000 ha in Bagnes, VS), ihrer aufgrund von Gemeindereformen, Fusionen und Trennungen jährlich ändernden Zahl eignen sie sich indessen nur begrenzt für räumliche und zeitliche Analysen. Bundesamt für Statistik, Institutionelle Gliederung der Schweiz, http://www.bfs.admin.ch/bfs/portal/de/index/regionen/11/geo/institutionelle_gliederungen/00.html (Zugriff 9.12.2013).
89 Bundesamt für Statistik, http://www.bfs.admin.ch/bfs/portal/de/index/themen/17/03.html (Zugriff 9.12.2013).

Zunahme der brieflichen Wahl ab den 1990er-Jahren stieg auch die Zahl der ungültigen Stimmabgaben (z. B. fehlende Unterschrift auf dem Stimmrechtsausweis, fehlender Kontrollstempel). Die Ungültigkeitserklärung wird in den Kantonen aufgrund kantonaler Verfahrensbestimmungen nicht identisch gehandhabt. Dies hat zur Folge, dass die Wahlbeteiligung nicht für alle Kantone auf derselben Grundlage basiert.»[90]

Eine weitere wichtige amtliche Erhebung, die als Datenquelle für Aggregatdaten dienen kann, ist die Eidgenössische Volkszählung, eine Vollerhebung sämtlicher Einwohnerinnen und Einwohner, die von 1850 bis 2010 alle zehn Jahre stattfand und seit 2010 auf anderer Basis (siehe unten) jährlich erhoben wird.[91] Die Grundgesamtheit der Volkszählung sind Personen, Haushalte und Erwerbspersonen der Wohnbevölkerung. Die Teilnahme ist obligatorisch. Die Volkszählung erfasst demografische und andere Grunddaten, und die in ihr erhobenen Statistiken – zur Altersstruktur, zum Anteil der Ausländer in der Schweiz, zum Arbeitsmarkt, zum Pendlerverhalten und zu weiteren Themen – bilden eine Informationsgrundlage, die als Referenz für andere Statistiken dient. Geografische Einheiten der Volkszählung sind Kantone und Gemeinden.

Seit 2010 wird die Volkszählung statt im Zehn- im Ein-Jahres-Rhythmus, jedoch in neuer Form durchgeführt. Anstelle einer Vollerhebung werden nur noch Stichproben der Bevölkerung schriftlich oder elektronisch befragt. Diese Stichprobenbefragungen werden mit einer Registererhebung von Informationen aus den kantonalen und kommunalen Einwohnerregistern, den Bundespersonenregistern sowie dem eidgenössischen Gebäude- und Wohnungsregister ergänzt.[92] So müssen nur noch die notwendigen Informationen, die nicht in einem der Register geführt werden, mit ergänzenden Stichprobenerhebungen erhoben werden. Dies ist ein dreiteiliges Verfahren anhand einer jährlichen Strukturerhebung bei 200 000 Personen, thematischer Erhebungen bei 10 000 bzw. 40 000

---

90 Bundesamt für Statistik, http://www.bfs.admin.ch/bfs/portal/de/index/info thek/erhebungen__quellen/blank/blank/polsta/01.html (Zugriff 9.12.2013).
91 Daten aus der Volkszählung dienen auch als Basis für Gewichtungen von Umfragedaten (siehe Methodenkapitel 4.2).
92 Die rechtlichen Grundlagen dazu wurden mit dem Registerharmonisierungsgesetz (RHG, Art. 16) geschaffen.

Personen (fünf Themen, abwechselnd eines pro Jahr) sowie einer Omnibus-Erhebung zu aktuellen Themen bei 3000 Personen.[93]

Vorteil dieser neuen Art der Volkszählung sind einerseits eine Kostenreduzierung sowie eine Entlastung der Bevölkerung, andererseits können die erhobenen Merkmale kontinuierlich abgebildet werden, was dem heutigen beschleunigten gesellschaftlichen und ökonomischen Wandel besser entspricht. Die verschiedenen Teile der Volkszählung werden dabei mit den folgenden, bereits vorhandenen Erhebungen des Bundesamtes für Statistik zu einem Gesamtsystem verbunden:

- Die Schweizerische Arbeitskräfteerhebung (SAKE) erhebt Daten zum Arbeitsmarkt und zum Erwerbsleben und stellt diese vierteljährlich bereit.
- Die Haushaltsbudgeterhebung (HABE) stellt regelmässige Informationen über die Konsumgewohnheiten und die Einkommenssituation der Schweizer Privathaushalte zur Verfügung.
- Die Erhebung der Einkommen und Lebensbedingungen (SILC: Statistics on Income and Living Conditions) erhebt Daten zu Lebensbedingungen, zur Verteilung der Einkommen, zur Armut und sozialen Ausgrenzung anhand europäisch vergleichbarer Indikatoren.[94]

---

93 Dies ist laut Bundesamt für Statistik gegenüber der Vollerhebung nicht ganz unproblematisch: «Bei der Strukturerhebung handelt es sich um eine Stichprobenerhebung. Um statistische Ergebnisse für die gesamte Bevölkerung zu erhalten, werden die erfassten Informationen hochgerechnet. Bei den Resultaten solcher Hochrechnungen handelt es sich um Schätzungen, die mit einer gewissen Ungenauigkeit verbunden sind. Zudem wirken sich weitere Faktoren auf die Genauigkeit dieser Schätzungen und damit die Ergebnisse aus: die Einheitlichkeit der erfassten Merkmale, die Grösse und Struktur der Stichprobe sowie die Bereitschaft der befragten Personen, die gestellten Fragen zu beantworten (Rücklaufquote). Der Auswertung von Stichproben sind somit Grenzen gesetzt, und eine detaillierte Erläuterung der Ergebnisse kann nur mit gewissen Einschränkungen erfolgen.» http://www.bfs.admin.ch/bfs/portal/de/index/news/02/08/01.html (Zugriff 9.12.2013).

94 Bundesamt für Statistik, Die neue Volkszählung als Teil eines Gesamtsystems, http://www.bfs.admin.ch/bfs/portal/de/index/news/02/04.html (Zugriff 9.12.2013).

Das Bundesamt für Statistik bietet somit für die Schweiz eine Reihe von Daten auf Aggregat- sowie Mikroebene, die zu Forschungszwecken sekundär ausgewertet werden können. Vorteile von BfS-Daten sind dabei, dass die Daten einerseits auf der Basis von repräsentativen Stichproben respektive als Vollerhebung erhoben werden, andererseits, dass sie in der Regel für die akademische Forschung zu geringen Kosten verfügbar sind. Zur Bereitstellung der Daten arbeitet das Bundesamt für Statistik dabei mit der Stiftung FORS (Swiss Foundation for Research in Social Sciences), insbesondere mit deren COMPASS Portal (Communication Portal for Accessing Social Statistics) zusammen. Die verfügbaren Datensätze und die dazugehörige Dokumentation sind in einem Katalog erfasst und können über das COMPASS Portal beim BfS bestellt werden.[95] Neben Daten des Bundesamtes für Statistik stehen der Forschung auch prozessgenerierte Daten der Eidgenössischen Finanzverwaltung oder des Staatssekretariats für Wirtschaft (SECO) zur Verfügung, die zu Sekundäranalysen herangezogen werden können.[96]

Abgesehen von amtlichen Statistiken kann sich die Sozialwissenschaft noch anderer prozessgenerierter Daten bedienen. Hier zu nennen ist beispielsweise die Datensammlung des an der Universität Bern angesiedelten Année Politique Suisse, ein Jahrbuch-Projekt, das seit 1965 die politischen Entwicklungen auf Kantons- und Bundesebene beobachtet und konzise darstellt. Das Année Politique Suisse bietet so z. B. Daten zu den kantonalen Regierungs- und Parlamentswahlen seit den 1960er- und den Volksabstimmungen seit den 1980er-Jahren. Seit 1966 unterhält es ein umfassendes Archiv, in dem nach Sachbereichen geordnete Artikel zu Themen der eidgenössischen und kantonalen Politik aus den wichtigsten Schweizer Tages- und Wochenzeitungen gesammelt werden. Dieses Archiv ist öffentlich zugänglich und die Benutzung kostenlos. Die Jahrgänge 1966 bis 1991 befinden sich als Sammlung «Dokumentation zur schweizerischen Politik» im Bundesarchiv in Bern und können dort im Lesesaal verwendet werden, die Jahre ab 1992 befinden sich im Institut für Politikwissenschaft der Universität Bern.[97]

---

95 http://compass.unil.ch/FORS_COMPASS/spip.php?rubrique116&lang=de (Zugriff 9.12.2013).
96 Vgl. Vatter (2002: 37 f.).
97 http://www.anneepolitique.ch/de/index.php (Zugriff 9.12.2013).

Das Institut für Politikwissenschaft der Universität Bern (IPW) ist auch der Ursprungsort von Swissvotes. Swissvotes ist ein Nachfolgeprojekt von zwei am IPW durchgeführten Forschungsarbeiten und umfasst zwei Kernelemente: einerseits eine Datenbank zu allen eidgenössischen Vorlagen seit 1848 und andererseits ein Handbuch (Linder et al. 2010). Die Datenbank ist auf der gleichnamigen Internetseite frei erhältlich und enthält eine Fülle von Kontextvariablen zu den eidgenössischen Abstimmungen, etwa die Parolen der Parteien, die Anzahl gesammelter Unterschriften usw. Das Handbuch wiederum ist eine Sammlung von Kurzporträts aller abgestimmten Vorlagen.

Daten zur Ausgestaltung und Nutzung der direkten Demokratie auf Kantonsebene wurden z.T. auf Basis der Daten von Année Politique Suisse ebenfalls gesammelt und aufgearbeitet. Basierend auf der Arbeit von Trechsel und Sedült (1999) erstellte beispielsweise Stutzer (1999) einen sechsstufigen additiven Index der formellen Hürden für kantonale Abstimmungen für den Zeitraum von 1970 bis 1996, den Vatter (2007a) in seiner Analyse der kantonalen Demokratien verwendete. Datenbanken zu den politischen, sozialen und ökonomischen Daten in den Schweizer Kantonen werden dabei in der Regel direkt für die unterschiedlichen Forschungsprojekte aufgebaut, z.B. ein von Adrian Vatter und Markus Freitag zusammengestellter Datensatz, den Vatter (2002) in seinem Vergleich kantonaler Demokratien verwendet. Einige dieser Datensätze können bei den Autoren eingesehen werden.

Schliesslich sind als Quellen von Aggregatdaten noch die kantonalen Statistikämter sowie Dokumente der kantonalen Staatsarchive und Staatskanzleien zu nennen. Der Kanton Genf und die Stadt St. Gallen stellen ausserdem anonymisierte Stimmregisterdaten auf Anfrage zur Verfügung, die zur Erforschung der Beteiligung(-sgründe), nicht aber des Stimmverhaltens genutzt werden können (Serdült 2013).

4.1.4.2 Umfragebasierte Individualdaten zu eidgenössischen Urnengängen

Das zweifellos wichtigste Datenmaterial für die Schweizer Abstimmungsforschung auf der Individualebene sind die Vox-Befragungsdaten. Daher wollen wir diese nachfolgend etwas detaillierter vorstellen. Die Vox-Daten sind insofern weltweit einzigartig, als sie seit den späten 1970er-Jahren regelmässig im Nachgang zu eidgenössischen Urnengängen erhoben werden. Nirgendwo sonst wird das Entscheidungsverhalten zu

Sachabstimmungen regelmässig und in solcher Zahl abgefragt. Es handelt sich gewissermassen um eine «institutionalisierte» Befragung, da sie inzwischen im Rahmen des Informationsauftrags des Bundes von der Bundeskanzlei finanziert wird. Die Befragung erfolgt dabei in den ersten zwei Wochen nach dem Abstimmungssonntag. Die Samplegrösse betrug bis 2010 etwa 1000 Personen. 2010 wurde der Stichprobenumfang erhöht. Seither werden etwa 800 Personen in der deutsch-, 400 in der französisch- und 300 in der italienischsprachigen Schweiz befragt. Die Stichprobenziehung erfolgt nach dem Zufallsprinzip, wobei das Telefonnummernverzeichnis der Swisscom die Auswahlgesamtheit darstellt. Die Stichprobe ist seit 2010 disproportional geschichtet. Dies vor allem deswegen, um statistisch verlässliche Aussagen über das Stimmverhalten der kleinsten Sprachregion[98], der italienischsprachigen Schweiz, zu ermöglichen.

Der Vox-Survey enthält allerlei Fragen zur Meinungsbildung, zum Entscheid und zu den politischen Prädispositionen. Als Basismodule enthalten die Vox-Fragebögen vergleichbare, aber vorlagenspezifisch ausformulierte Fragen zur Teilnahme/Nichtteilnahme an Sachabstimmungen, zum Sachentscheid des Befragten, zur Art der Stimmabgabe sowie zur Begründung des individuellen Sachentscheids. Dies wird ergänzt durch Fragen zu erinnerten Aspekten und Inhalten der Vorlagen, zu Haltungen gegenüber ausgewählten Kampagnenbotschaften, zur Wahrnehmung der Wichtigkeit der Vorlagen für sich und die Schweiz sowie zur Mediennutzung, zum Entscheidzeitpunkt und zur Entscheidschwierigkeit.[99] Daneben wird auch eine Vielzahl von soziodemografischen Variablen wie Alter, Wohnort usw. erhoben. Die Befragungen zeichnen sich dabei durch eine hohe Kontinuität aus. Eine Vielzahl der Fragen wird seit den späten 1970er-Jahren in (fast) unveränderter Form gestellt, was weit zurückreichende Längsschnittanalysen erlaubt. Die Daten können über die bereits erwähnte Stiftung FORS bezogen werden.[100] Deren Voxit- und Nesstar-Webseiten bieten neben dem Zugang zu Daten der individuellen

---

98 Auf Rätoromanisch werden keine Interviews geführt.
99 Vgl. technischer Bericht der Vox-Analysen, siehe beispielsartig http://www2.unil.ch/daris/IMG/pdf/Tech_Vox82.pdf (Zugriff 9.12.2013).
100 Siehe den FORS Nesstar Server für den Download individueller Datensätze eidgenössischer Abstimmungen, http://fors-nesstar.unil.ch/menu-d.jsp sowie die Voxit-Seite zu den standardisierten Nachabstimmungsdatensätzen, http://

4.1 Daten in der empirischen Abstimmungsforschung | 137

Vox-Datensätze auch Informationen zu den erhobenen Variablen und der jeweiligen im Wortlaut verwendeten Fragestellungen sowie Zugang und Informationen zu den standardisierten Datensätzen, die Vergleiche zwischen den vorhandenen Umfragen erleichtern und zusätzliche vorlagenspezifische Variablen enthalten.[101] Während für die frühen Vox-Umfragen die Dokumentation in der Regel eher beschränkt ist, stehen ab der Vox 71 für die jeweiligen Umfragen technische Berichte zur Verfügung, die Informationen zu Fragebogenkonzept, Stichprobe, Datenerhebung, Befragungsablauf sowie Repräsentativität der abhängigen und unabhängigen Variablen enthalten.[102]

Neben den Vox-Umfragen gibt es noch verschiedene kommerzielle Meinungsumfragen, die Individualdaten zu den eidgenössischen Volksabstimmungen generieren. Zu diesen zählen vornehmlich die Abstimmungsvoranalysen, die als Trendumfragen im Vorfeld der Abstimmungen durch das private Forschungsinstitut gfs.bern, das auch die Umfragen für die Vox-Surveys durchführt, im Auftrag des Schweizer Radio und Fernsehens (SRG SSR idée suisse) erhoben und analysiert werden. Zu diesen hat

---

forsdata.unil.ch/projects/voxit/index.asp?lang=d (Zugriff 9.12.2013). Es ist hier anzumerken, dass die bei FORS zur Verfügung stehenden Vox-Umfragen mit der Vox 15 zur Volksabstimmung vom 14. Juni 1981 beginnen, da die Daten der ersten 14 Umfragen durch aktuelle Software nicht mehr lesbar sind. Ab Juni 1981 sind jedoch praktisch alle Abstimmungen verfügbar. Eine Liste der zur Verfügung stehenden Vox-Umfragen findet sich unter http://forsdata.unil.ch/projects/voxit/sonda_details.asp?lang=d (Zugriff 9.12.2013).

101 Die standardisierten Vox-Daten enthalten Informationen aus verschiedenen Quellen in einer einzigen Datei. Sie integrieren und harmonisieren die wichtigsten Variablen der Vox-Umfragen und fügen diesem Typ von Variablen gewisse Charakteristika der Abstimmungen und der Vorlagen hinzu (z. B. den Abstimmungstermin, die Resultate jeder Vorlage, die Wahlbeteiligung, die Parolen des Bundesrats und der wichtigsten Parteien). Zusätzlich beinhalten sie ausschliesslich mit dem Ziel der Synthese/des Vergleichs konstruierter Variablen, http://forsdata.unil.ch/projects/voxit/voxit_pages/presentation.asp?lang=d (Zugriff 9.12.2013).

102 Als Beispiel kann hier der technische Bericht der Vox 82 eingesehen werden, http://www2.unil.ch/daris/IMG/pdf/Tech_Vox82.pdf (Zugriff 11.12.2013).

jedoch die akademische Forschung in der Regel keinen Zugang,[103] weshalb wir diese Daten hier nicht weiter vorstellen.

Im folgenden Kapitel sollen nun einige ausgewählte Aspekte zu den Methoden und Methodenproblemen der Datenerhebung und -auswertung vorgestellt werden.

4.2 Methoden und Methodenprobleme

Wie die empirische Sozialforschung der Daten bedarf, um ihre aus der Theorie abgeleiteten Hypothesen an der «Realität» zu überprüfen, so bedarf sie auch wissenschaftlicher Methoden, um diese Daten durch Befragung, Beobachtung und Messung zu gewinnen und auszuwerten, sprich die Hypothesen auf der Basis dieser Daten zu testen. Sowohl der Datentyp und die zur Erhebung verwendeten Methoden als auch die zur Datenanalyse verwendeten Methoden hängen dabei von der Theorie respektive den konkret zu überprüfenden Hypothesen sowie voneinander ab.

Dieses Kapitel beschäftigt sich mit einigen ausgewählten Aspekten der empirischen Abstimmungsforschung. Dazu gehören insbesondere die Probleme und Herausforderungen der Umfrageforschung. Dies deshalb, weil die Daten, die dem Abstimmungsforscher zur Verfügung stehen, in der Regel Befragungsdaten sind. Selbstredend stehen auch prozessgenerierte Aggregatdaten zur Verfügung, aber wenn es darum geht, Hypothesen auf der Individualebene zu überprüfen, dann sind Individualdaten unverzichtbar. Was René König (1957: 27) vor über einem halben Jahrhundert prophezeit hatte, nämlich, dass «das Interview in seinen verschiedenen Formen doch immer der Königsweg in der praktischen Sozialforschung bleiben» werde, gilt somit immer noch. Deshalb ist der Hauptteil dieses Beitrags der Erhebung von Befragungsdaten und den Problemen bei der Analyse der Daten gewidmet.

Die Gliederung dieses Kapitels sieht wie folgt aus: Zunächst sollen kurz einige Aspekte der Operationalisierung und Messung von Merkmalen sowie der Fragebogenkonstruktion beleuchtet werden. Sodann wollen wir die Fragen beantworten, wie Individualdaten erhoben werden und worauf bei der Erhebung zu achten ist. Anschliessend thematisieren

---

103 Die Vorumfragedaten stehen den universitären Vox-Partnern unter gewissen Nutzungsbedingungen zur Verfügung.

wir Probleme bei der Auswertung dieser Daten.[104] Dazu gehören in erster Linie Frageeffekte. In der Folge widmen wir uns einem ganz spezifischen, aber in der Umfrageforschung zentralen Problem: den *non-attitudes*, also jenem Teil der Befragten, die keine Meinung zu einem abgefragten politischen Einstellungsgegenstand haben. Mit grundlegenden, wissenschaftstheoretischen Fragen setzt sich auch dieses Kapitel nicht auseinander – mit einer Ausnahme: Am Ende des Beitrags folgt ein Abschnitt, in welchem der Frage nachgegangen wird, ob die Bürger stabile politische Haltungen und Einstellungen besitzen oder ob sie bei Meinungsumfragen (und möglicherweise auch bei Sachabstimmungen) bloss ad hoc konstruierte Bewertungen mit kurzer Halbwertszeit angeben.

4.2.1 Operationalisierung und Messung

Jegliche Messung eines theoretischen Konstrukts setzt zunächst einmal voraus, dass generell verstanden wird, was damit gemeint ist. Da dies in der Regel nicht unbedingt vorausgesetzt werden kann, bedarf ein aus einer Theorie in eine Hypothese übersetzter Begriff einer Definition, die in den Sozialwissenschaften als Nominaldefiniton, sprich reine sprachliche Konvention bezeichnet wird. Die in einer Hypothese verwendeten Begriffe werden so mit anderen Begriffen definiert, deren Bedeutung als bekannt vorausgesetzt wird (vgl. Kromrey 1995: 98). Merkmale, die mit diesen Begriffen beschrieben werden, nennt man in den Sozialwissenschaften Variablen, wenn sie für die verschiedenen Untersuchungseinheiten unterschiedliche Ausprägungen annehmen können (ansonsten spricht man von Konstanten). Hier ist zu unterscheiden zwischen latenten und manifesten Variablen: Während manifeste Variablen direkt beobachtet respektive gemessen werden können, müssen für latente Variablen

---

[104] Abgesehen von einigen wichtigen inferenzstatistischen Punkten, die in diesem Kapitel angesprochen werden sollen, sehen wir hier davon ab, weitere Aspekte und individuelle Methoden der statistischen Datenauswertung darzustellen. Dies wird an anderer Stelle weitaus ausführlicher behandelt, als wir es hier tun können. Somit verweisen wir für die statistischen Auswertungsmethoden der Abstimmungsforschung auf methodische Standardwerke. Siehe etwa Bortz (1999), Kühnel und Krebs (2001), Agresti und Finlay (1997). Für eine kurze Übersicht zu statistischen Methoden in der Wahlforschung siehe Schumann (2005).

sogenannte Indikatoren, sprich empirisch messbare Grössen festgelegt werden, anhand derer diese Merkmale erfasst werden können. Indikatoren sind also nichts anderes als manifeste Variablen, die zur Erfassung latenter Variablen herangezogen werden (vgl. Atteslander 2000: 53). Beispiele für manifeste Variablen sind etwa die Körpergrösse oder das Gewicht einer Person, aber auch deren Erwerbsstatus oder Kirchgangshäufigkeit. Beispiele für latente Variablen sind z. B. die Religiosität einer Person, die nicht direkt, sondern beispielsweise nur über die (messbaren) Indikatoren Kirchgangshäufigkeit und/oder Gebetshäufigkeit und/oder andere manifeste Variablen erfasst werden kann, sowie Einstellungssyndrome wie Autoritarismus oder Regierungsvertrauen. Ein Konstrukt kann respektive muss dabei allenfalls auch mit mehreren verschiedenen Indikatoren gleichzeitig abgebildet werden, besonders dann, wenn das Konstrukt selbst mehrdimensional ist, sprich verschiedene Bedeutungsaspekte beinhaltet (vgl. Diekmann 2004: 181).[105]

Zur konkreten Erfassung der Ausprägungen eines Indikators respektive einer manifesten Variable für bestimmte Untersuchungseinheiten, z. B. Individuen, ist sodann eine explizite Messanweisung nötig, wie und mit welchem Instrument – z. B. einer konkreten Frage in einem Fragebogen – die Merkmalsausprägungen erfasst werden sollen. Dieses Vorgehen wird in den Sozialwissenschaften Operationalisierung genannt: «Unter Operationalisierung versteht man die Schritte der Zuordnung von empirisch erfassbaren, zu beobachtenden oder zu erfragenden Indikatoren zu einem theoretischen Begriff. Durch Operationalisierung werden Messungen der durch einen Begriff bezeichneten empirischen Erscheinungen möglich» (Atteslander 2000: 50).

Unter «Messung» versteht man in den Sozialwissenschaften generell «die strukturtreue Abbildung eines empirischen Relativs in ein numerisches Relativ» (Schumann 2005: 69), mit anderen Worten die «Zuordnung von Zahlen zu Objekten nach bestimmten Regeln» (Stevens 1951: 1, zitiert nach Diekmann 2004: 247). Phänomene der sozialen Realität sollen also in

---

[105] Diekmann (2004: 182) gibt hier als Beispiel das Konzept «Umweltbewusstsein», das sich in eine evaluative Bewertungsdimension (Stellenwert des Ziels «Schutz für die Umwelt»), eine kognitive Wissensdimension (Grösse des Wissens über Umweltprobleme) sowie eine intentionale Handlungsdimension (Handlungsbereitschaft, selbst Massnahmen zum Umweltschutz zu ergreifen) unterteilen lässt.

einem System von Symbolen – in der Regel Zahlen – strukturgetreu abgebildet werden, wobei das Messergebnis die symbolische Abbildung der empirischen Merkmalsausprägung darstellt, und zwar so, dass die Relationen unter den Zahlenwerten den Relationen unter den Objekten entsprechen (Kromrey 2005: 152, 168). Soll beispielsweise die Parteisympathie der Befragten zu einer bestimmten Partei strukturgetreu abgebildet werden, so sollte sich eine doppelt so starke Parteiverbundenheit bei der Messung auch in einem numerisch doppelt so hohen Wert niederschlagen.

In den Sozialwissenschaften im Generellen und der Abstimmungsforschung im Speziellen werden dabei als Messinstrumente häufig Skalen verwendet, mit denen die relative Grösse respektive Position eines Merkmals numerisch auf einem Kontinuum dargestellt werden kann (vgl. Atteslander 2000: 254). «Die Tatsache, dass Ziffern nach unterschiedlichen Regeln zugeordnet werden können, führt [dabei, Anm. der Autoren] zu verschiedenen Arten von Skalen und verschiedenen Messungsarten», wie bereits Stevens anführte (1951: 1, zitiert nach Kromrey 1995: 152). Das resultierende Skalenniveau – nominal, ordinal, intervallskaliert oder ratioskaliert – hat wiederum einen Einfluss auf die statistischen Auswertungsmethoden, die auf die Daten angewendet werden können.[106] Im Rahmen von Umfragen werden Messungen häufig anhand von einzelnen Fragen vorgenommen (vgl. Schumann 2005: 69). Da besonders bei in der Abstimmungsforschung relevanten Einstellungsmessungen die Messung auf der Basis einer Einzelfrage jedoch nur beschränkt sinnvoll ist, bedient sie sich häufig der Möglichkeit der sogenannten «multiple indicators» (Curtis und Jackson 1962), sprich Fragebatterien. Dies sind verschiedene Items respektive Fragen zum gleichen Konstrukt, die mit der gleichen Antwortstruktur (siehe unten) in eine Umfrage eingebaut werden und die dann, als Abbildung des Konstrukts, zu Indizes umgerechnet werden können (vgl. Diekmann 2004: 404).[107] Hierzu bestehen in der Forschungsliteratur in bestimmten Forschungsbereichen und zu bestimmten Konstrukten ausführliche Diskussionen und bereits auf ihre Validität und Reliabilität («Misst das Instrument konsistent das, was es messen will?», vgl. unten) getestete Messinstrumente, sprich Fragekataloge. Ein Beispiel

---

[106] Zum Skalenniveau siehe etwa Kromrey (1995: 153–157), Atteslander (2000: 254 ff.).

[107] Zu mehr Informationen über die *multiple item analysis* siehe Curtis und Jackson (1962) sowie Bollen (1984).

hierfür ist das externe politische Effektivitätsgefühl eines Individuums, sprich die individuelle Wahrnehmung der Offenheit des politischen Systems für eigene Anliegen, das in einem Fragebogen mit einer Reihe von vorgegebenen Fragen gemessen wird (Craig und Maggiotto 1982). Am häufigsten werden hier Instrumente nach dem Likert-Verfahren verwendet, die auf einer 5-Punkte-Skala beruhen.[108] Das Likert-Verfahren wird auch als «Technik der summierten Einschätzungen» bezeichnet, da hier die Messwerte der einzelnen in der Fragebatterie verwendeten Items aufsummiert werden (vgl. Diekmann 2004: 209, Schumann 2005: 69, siehe hierzu auch weiter unten). Alternative Verfahren wie die Rasch-, Magnitude- oder Guttmann-Skalierungen sind im Vergleich zum gebräuchlichen Likert-Verfahren nur mit höherem Aufwand verwendbar oder messen auf einem anderem Skalenniveau, was Konsequenzen für die statistische Auswertung hat.[109]

Ein wichtiger Aspekt jeglicher Messmethode sind die Gütekriterien der Messung, namentlich deren Objektivität, Reliabilität und Validität. Der Grad der Objektivität gibt an, inwiefern die Messung Ergebnisse unabhängig vom Messenden, sprich der Person, die das Messinstrument anwendet – beispielsweise der Interviewer –, liefert. Der Objektivitätsgrad liesse sich anhand des Korrelationskoeffizienten zwischen den Ergebnissen von durch verschiedene Interviewer durchgeführten Messungen errechnen. Die Reliabilität eines Instruments dagegen gibt an, wie konsistent es eine bestimmte Grösse misst, sprich ob es bei jeder Messung zum gleichen Ergebnis kommt, wenn sich die Grösse in der Realität nicht verändert hat, z.B. ob ein Thermometer bei gleichbleibender Temperatur eines Mediums auch bei jeder Messung konsistent die gleiche Temperatur misst. Auch die Reliabilität kann durch einen Korrelationskoeffizienten ausgedrückt werden. Hier sind jedoch drei Methoden zu unterscheiden: die Paralleltest-Methode, bei der vergleichbare Messinstrumente miteinander verglichen werden, die Test-Retest-Methode, bei der das Messinstrument mehrere Male verwendet wird und die Ergebnisse miteinander

---

[108] Befragte sollen hier zu einem Item den Grad ihrer Zustimmung auf einer 5-Punkte-Skala zum Ausdruck bringen. Zum Beispiel kann gefragt werden: «Sind Sie voll einverstanden, eher einverstanden, unentschieden, eher nicht einverstanden, oder überhaupt nicht einverstanden mit der Aussage, dass …». Vgl. Diekmann (2004: 209).

[109] Vgl. Schumann (2005: 69).

verglichen werden sowie die Split-Half-Methode, bei der ein Messinstrument mit verschiedenen Indikatoren in zwei Hälften geteilt und die jeweiligen Ergebnisse verglichen werden (vgl. Diekmann 2004: 216 ff.). Schliesslich gibt die Validität eines Instruments Aufschluss darüber, wie gut es das Konstrukt misst, das es messen will. In gewisser Hinsicht ist die Validität somit das wichtigste Gütekriterium eines Messinstruments, denn wenn es zwar objektive und reliable Ergebnisse liefert, aber nicht die Grösse misst, die zur Überprüfung einer Hypothese erhoben werden soll, nützt es wenig. Die Validität hängt dabei natürlich zusammen mit der gewählten (Nominal-)Definition eines Konstrukts, das ja die Basis für die Indikatorenauswahl bzw. Operationalisierung darstellt. Validität lässt sich unterteilen in Inhaltsvalidität, Kriteriumsvalidität und Konstruktvalidität. Inhaltsvalidität beschreibt, wie repräsentativ die Auswahl derjenigen Indikatoren ist, die zur Messung eines Konstrukts herangezogen werden. Es hätten ja auch eine Reihe anderer Indikatoren aus dem Universum aller manifesten Variablen ausgewählt werden können, die das Konstrukt in einer Art und Weise beschreiben. Kriteriumsvalidität dagegen beschreibt, inwiefern die Ergebnisse eines Messinstruments mit anderen relevanten Merkmalen respektive Kriterien empirisch korrelieren. Als Kriterium kann dabei z. B. eine Variable herangezogen werden, die als Aussenwert unabhängig vom Messinstrument, das auf seine Validität hin geprüft werden soll, erhoben wird und die in direkter oder indirekter Weise das zu messende Konstrukt repräsentiert. Ein Beispiel hierfür sind Schulnoten als Kriterium zur Validitätsüberprüfung eines Intelligenztests. Konstruktvalidität schliesslich bildet die Validität eines Messinstruments in Bezug auf das gesamte theoretische Konstrukt ab. Messdaten von Instrumenten, die ein anderes Konstrukt abbilden, dürfen dabei nicht mit dem zu testenden Instrument korrelieren, während Messdaten von Instrumenten, die dasselbe Konstrukt abbilden, hoch miteinander korrelieren müssen.[110] Absolute Levels für den Entscheid, ob ein Messinstrument die nötigen Gütekriterien erfüllt, gibt es dabei jedoch nicht, sondern dies ist etwas, das von Fall zu Fall entschieden wird.

---

110 Zu den Gütekriterien von Messungen siehe Diekmann (2004: 216 ff.), Moosbrugger und Kelava (2012: 7 ff.), Kromrey (1995: 183 ff.), Falter (1977), Holm (1976). Zur Testtheorie allgemein siehe Diekmann (2004: 228 ff.), Moosbrugger und Kelava (2012: 103 ff.), Rost (1996).

4.2.2 Die Fragebogenkonstruktion

«Am Beginn einer Erhebung steht nicht die Formulierung des Fragebogens. Am Beginn steht die Aufzeichnung von Untersuchungsaufgaben, der Untersuchungsziele [...]» (Noelle-Neumann und Petersen 2005: 93). Wie die zur Erhebung der Daten verwendete Erhebungs- oder die gewählte Auswertungsmethode, so sind auch die Fragebogenkonstruktion und Frageformulierung von der untersuchungsleitenden Theorie, den konkreten Hypothesen, die es zu testen gilt, sowie der Operationalisierung der in der Hypothese verwendeten Konstrukte abhängig. Wie Diekmann (2004: 414) es ausdrückt: «Erst wenn man genau weiss, was man wissen möchte, sollte man mit der Fragebogenkonstruktion beginnen.»

Generell sind bei der Fragebogenkonstruktion einige wichtige Grundregeln zu beachten. Da bei Interviews die Aufmerksamkeit der Befragen in der Regel zunächst ansteigt und dann mit zunehmender Dauer wieder absinkt, werden die Fragen, häufig zu Themenblöcken geordnet, in einer bestimmten, festgelegten Reihenfolge gestellt. Nach sogenannten «Eisbrecher-» oder Eröffnungsfragen, die häufig allgemeiner Natur sind und auf das eigentliche Thema hinarbeiten, werden in der Regel zur Mitte des Fragebogens hin die wichtigen, auswertungsrelevanten Fragen gestellt, während sozialstatistische Fragen am Ende des Fragebogens folgen. Zur Vermeidung von unnötigen Fragen und zur Verkürzung des Fragebogens wird mit sogenannten Filtern gearbeitet. Beispielsweise wird ein Befragter, der nicht an einer Abstimmung teilgenommen hat, auch nicht nach seinem Stimmentscheid gefragt. Generell werden Fragebögen vor Befragungsbeginn sogenannten Pretests unterzogen, bei denen es auch möglich ist, die Reihenfolge von Fragen zu variieren, um eventuelle Kontexteffekte zu eliminieren.[111]

Auch bezüglich der Fragen selbst gibt es einige Grundregeln, die es einzuhalten gilt. Fragen sollten generell kurz, präzise und verständlich formuliert sein, d.h. Fremdwörter oder Fachbegriffe, die nicht allgemein verständlich sind, sollten vermieden werden, ebenso doppelte Verneinungen.[112] Auch sollten sie keine unnötig hohe Komplexität aufweisen:

---

[111] Für eine generelle Übersicht zum Fragebogendesign siehe z.B. Diekmann (2004), de Vaus (2002) oder Noelle-Neumann und Petersen (2005).
[112] Folgendes ist ein reales Beispiel für eine doppelte Verneinung, die ausserdem auch noch Suggestivcharakter hatte. An einer Volksbefragung im Jahr 1997 in Graz (Österreich) wurde die Frage gestellt: «Treten Sie dafür ein, dass die von

Statt zu fragen, wie viel Prozent des Monatsgehalts eine befragte Person für die Miete ausgibt, wäre es einfacher, zwei Fragen, eine nach dem Einkommen und eine nach der Monatsmiete, zu stellen. Sie sollten ausserdem eindeutig formuliert sein, d. h., sie sollten nicht mehrere Dimensionen enthalten. Fragt man eine Person beispielsweise nach ihrem Einverständnis mit der Aussage: «Die Personenfreizügigkeit bringt der Schweiz zwar wirtschaftliche Vorteile, die damit verbundene Einwanderung bringt aber Integrationsprobleme», lässt eine Bejahung oder Verneinung aufgrund der Mehrdimensionalität mehrere Interpretationen zu. Auch hier wäre es also angebrachter, stattdessen zwei Fragen zu stellen. Ebenso zu vermeiden sind Suggestivfragen sowie die Verwendung von stark wertbesetzten Begriffen, da die Erwähnung eines stark negativ oder positiv besetzten Begriffs das Anwortverhalten beeinflussen kann.[113]

Je nach Art der Frageformulierung respektive Antwortgestaltung lassen sich dabei Daten auf unterschiedlichen Skalenniveaus generieren, die sich wiederum statistisch unterschiedlich auswerten lassen. In den meisten Fällen werden Fragen in Surveys als sogenannte geschlossene Fragen gestellt, d. h. solche, bei denen die verschiedenen Antwortkategorien vorgegeben sind. Hierbei ist darauf zu achten, dass die Anwortkategorien präzise, erschöpfend sowie nicht überlappend sind. Fragen mit dichotomen Antworten, beispielsweise «Sind Sie erwerbstätig? Ja/Nein», generieren dabei nominalskalierte Daten, während Fragen wie beispielsweise die nach dem Alter («Nennen Sie mir bitte Ihr Alter in Jahren») intervallskaliert sind. Häufig werden Fragen mit auf Basis bestimmter Skalen vorformulierten Antworten gestellt. Eines der bekanntesten Beispiele für solche Skalen ist die 5-Punkte-Likert-Skala. Eine Person wird hier beispielsweise bezüglich einer Aussage gefragt: «Sind sie voll damit einverstanden, eher damit einverstanden, unentschieden, eher nicht damit einverstanden, oder überhaupt nicht damit einverstanden, dass ...» Es gibt jedoch auch 4- oder 7-Punkte-Skalen, Thermometerskalen von 0 bis 100, Schulnotenskalen oder andere Ratingtechniken. Welche Art von Skala bzw. welche Antwortkategorien sinnvoll sind, kann dabei nur auf der Basis von Validitäts- und Reliabilitätstests entschieden werden. In der

---

der Stadt Graz geplante Verlängerung der Linie 6, die in dieser Form *nicht* zur Lösung der bestehenden Verkehrsprobleme beiträgt, *nicht* zur Ausführung gelangt?»

113 Vgl. Schoen (2005b), Diekmann (2004).

Regel gibt es als Antwortmöglichkeit die Kategorien «weiss nicht/keine Antwort», um das Erzwingen einer Antwort zu vermeiden. Dies kann jedoch z. T. auch erwünscht sein, wie beispielsweise bei der Fragetechnik der Alternativfrage, bei der der Befragte gezwungen wird, sich für eine Aussage zu entscheiden (vgl. Converse und Presser 1986). Wie bereits beschrieben, ist es auch möglich, zur Messung von Einstellungsdimensionen verschiedene sogenannte «multiple indicators» (Curtis und Jackson 1962), sprich Fragebatterien in eine Umfrage einzubauen, die der Forscher dann zu Indizes umrechnen kann (vgl. Diekmann 2004: 404).[114] Dies ist besonders dann nötig, wenn der Forscher ein Konstrukt messen will, das sich nicht direkt abfragen lässt.[115]

Schliesslich kann eine Frage in einer Umfrage auch als offene Frage, sprich ohne vorgegebene Antwortkategorien formuliert sein. Offene Fragen erlauben somit ein breiteres Spektrum an Antwortmöglichkeiten. Dies ist dann sinnvoll, wenn es schwer fällt, Antwortkategorien disjunkt und erschöpfend zu formulieren, da der Antwortraum erst noch erschlossen werden muss. Offene Fragen lassen sich somit auch in Pretests nutzen, um dann auf Basis der gegebenen Antworten geschlossene Fragen zu formulieren. Wie zur Auswertung von offenen Fragen müssen hierzu zunächst die gegebenen Antworten kategorisiert und codiert werden, was einen deutlichen Mehraufwand bedeutet, aber auch ein Mehr an Informationen liefern kann. Beispielsweise wird in der Vox-Umfrage die Motivfrage für den Stimmentscheid als offene Frage gestellt: «Was waren die Gründe, warum Sie Vorlage X abgelehnt haben?» Dies kann Auswertungen wie z. B. zur Heuristikverwendung bei Abstimmungen erlauben, die sich mit anderen Fragen sonst eventuell nicht abbilden liessen.

4.2.3 Die Stichprobenziehung

Das Ziel von wissenschaftlichen Umfragen im Generellen ebenso wie der umfragebasierten Schweizer Abstimmungsforschung im Speziellen besteht darin, statistsch verlässliche Aussagen über eine vorab definierte

---

114 Zu mehr Informationen über *multiple item analysis* siehe Curtis und Jackson (1962) sowie Bollen (1984).

115 Für mehr Informationen zur Indexbildung sowie zu Frageformulierungen und Fragebogenkonstruktion siehe Diekmann (2004: 404 ff., 209 ff.) sowie Häder (2006: 88 ff.).

Grundgesamtheit zu machen, ohne jedoch eine äusserst kostspielige oder in der Praxis gar nicht umsetzbare *Vollerhebung* durchführen zu müssen. Wie muss nun diese Teilmenge zusammengesetzt sein, damit wir statistisch verlässliche Aussagen über das Schweizer Stimmverhalten machen können?

Es liegt auf der Hand, dass verlässliche Aussagen über das Stimmverhalten nur dann möglich sind, wenn «repräsentative» Umfragedaten zugrunde liegen. Nicht repräsentative Stichproben würden mit grösster Wahrscheinlichkeit verzerrte Resultate hervorbringen. Das wohl bekannteste Beispiel für eine nicht repräsentative Befragung ist die Umfrage der amerikanischen Zeitschrift *Literary Digest*, die anlässlich der Präsidentschaftswahl von 1936 durchgeführt wurde (Squire 1988). Die Zeitschrift hatte ihre Leser aufgefordert, an der von ihr simulierten Präsidentschaftswahl teilzunehmen, wobei dieser Forderung letztlich 2,3 Millionen Wähler nachkamen. Man könnte meinen, dass eine solch umfangreiche Befragung – 2,3 Millionen Umfrageteilnehmer entsprechen etwas weniger als der Hälfte aller Schweizer Stimmberechtigten – unmöglich falsche Resultate hervorbringen kann. Doch genau dies trat ein. Aus der simulierten Wahl des *Literary Digest* ging der Republikaner Landon als klarer Sieger hervor, tatsächlich gewählt wurde indes der demokratische Kandidat Roosevelt – und dies zu allem Unglück für die *Literary Digest* noch mit einem komfortablen Vorsprung. Wie konnte sich die Prognose derart irren? Ganz einfach deshalb, weil ihre Stichprobe nicht repräsentativ für die US-amerikanische Bevölkerung war. Das Sample setzte sich mehrheitlich aus eher vermögenden Wählern zusammen[116] und diese wählten (und wählen heute noch) mehrheitlich republikanisch (Gelman 2008). Das Gallup-Institut, das im Gegensatz zum *Literary Digest* heute noch existiert, prognostizierte im Vorfeld der Wahl anhand einer Quotenstichprobe von lediglich 1500 Befragten korrekterweise einen Sieg Roosevelts.[117]

---

116 Die Stichprobe des *Literary Digest* wurde aus Listen von Zeitschriftenabonnenten, Automobilbesitzern und Telefonverzeichnissen gezogen. Alle drei Merkmale korrelierten zu jener Zeit stark mit dem Einkommensniveau. Hinzu kam, dass von den zehn Millionen angeschriebenen Personen nur etwa 25 Prozent den Fragebogen retournierten (Freedman 2007). Eine Verweigerungsquote von 75 Prozent ist heutzutage allerdings (wieder) der Normalfall.
117 Allerdings wich auch die Gallup-Prognose 6 Prozent vom effektiven Resultat ab.

Daraus wird ersichtlich, dass es nicht primär die Grösse des Samples ist, die statistisch verlässliche (Vor-)Aussagen ermöglicht, sondern seine Repräsentativität. Was aber zeichnet eine repräsentative Stichprobe aus oder anders ausgedrückt: Was ist mit Repräsentativität gemeint?[118] Und wie zieht man – technisch gesprochen – eine solche «repräsentative» Stichprobe? Repräsentativ ist nach wissenschaftlich-statistischen Konventionen (vgl. Kruskal und Mostellers 1979a, b, c) eine Stichprobe, die auf einer Zufallsauswahl beruht. In diesem Sinne ist selbst die besagte Quotenstichprobe des Gallup-Instituts streng genommen keine repräsentative Stichprobe.[119] Denn für eine einfache Zufallsstichprobe gilt: Alle

---

118 Zunächst gilt es darauf hinzuweisen, dass es einen eigentlichen Fachbegriff «Repräsentativität» nicht gibt (vgl. Kruskal und Mosteller 1979a, b, c). In der angelsächsischen und deutschsprachigen Fachliteratur sucht man vergeblich nach einer allgemeingültigen Definition von Repräsentativität (siehe z. B. Ramsey und Hewitt 2005, von der Lippe und Kladroba 2002). Die nach wie vor einflussreichste englischsprachige Abhandlung zum Thema Repräsentativität von Umfragen ist diejenige von Kruskal und Mosteller (1979a, b, c). Sie unterscheiden in ihren drei Artikeln insgesamt neun verschiedene Bedeutungen oder Auffassungen von Repräsentativität und zwar in drei verschiedenen Bereichen: in der Allgemeinsprache (*non-scientific literature*), der Wissenschaftsliteratur (*scientific literature excluding statistics*) und der Statistik (*statistical literature*). Folgende Bedeutungen werden unterschieden: 1) Ein (nicht weiter begründetes) angebliches Qualitätsmerkmal von Umfragen («here the investigator gives the data a pat on the back by using a seemingly scientific term to rise its stature»). 2) Die Absenz von verzerrenden Effekten («absence of selective forces»). 3) Eine Miniatur der Gesamtbevölkerung («the sample has the same distribution as the population»). 4) Ein (ideal-)typischer Fall. 5) Abdeckung aller relevanten Merkmalsgruppen. 6) Ein vager, nicht weiter ausgeführter Begriff. 7) Ein spezifisches Stichprobenziehungsverfahren (das Zufallsverfahren). 8) Ein Sample, das erlaubt, die Forschungsfrage korrekt zu beantworten («permitting good estimation»). 9) Ein Sample, das gut genug für einen bestimmten Zweck ist.

119 Die Qualität von Stichproben – dies schliesst beispielsweise auch die Zuverlässigkeit der erhaltenen Ergebnisse mit ein – kann aufgrund inferenzmathematischer Gesetzmässigkeiten beurteilt werden. Die Methoden der Inferenzstatistik sind allerdings nur dann zulässig, wenn es sich bei der Stichprobe um eine Zufallsauswahl handelt. Der Begriff (wie auch das Prädikat) der

Elemente der Grundgesamtheit haben grundsätzlich die gleiche Chance, Element der Stichprobe zu werden, wobei diese Chance höher als Null betragen muss. Die Grundgesamtheit wiederum ist diejenige Population, über die man Aussagen machen möchte. In der Schweizer Stimmverhaltensforschung sind das die stimmberechtigten Schweizer.

Nun muss die Stichprobe aus einer Liste, in der sämtliche Elemente der Grundgesamtheit enthalten sind, gezogen werden. Eine solche vollständige Liste aller Schweizer Stimmberechtigten, die ausserdem fortlaufend aktualisiert wird, existiert(e)[120] jedoch nicht bzw. steht der kommerziellen Umfrageforschung nicht zur Verfügung. Deshalb – und dies ist beispielsweise bei der Vox-Befragung der Fall – greift man auf Telefonlisten («Auswahlgesamtheit») zurück. Dies ist keineswegs unproblematisch, denn in einer einfachen Zufallsstichprobe sollten alle Elemente der Grundgesamtheit dieselben Chancen haben, in die Stichprobe zu gelangen. Das ist bei einer Telefonliste offenkundig nicht der Fall, da Personen ohne gemeldeten Telefonanschluss von vornherein aus der Auswahlgesamtheit ausgeschlossen sind. Streng genommen dürften dann auch die inferenzstatistischen Formeln zur Berechnung solcher Parameter wie dem Vertrauensintervall oder dem Stichprobenfehler, die Auskunft darüber geben, wie verlässlich eine Aussage ist, die auf der Basis einer Stichprobe gemacht wurde, nicht angewendet werden. Glücklicherweise haben nun die meisten Haushalte in der Schweiz einen Telefonanschluss, wenngleich nicht immer einen gemeldeten. Hinzu kommt die starke (und

---

Repräsentativität ist im statistischen Sinne demnach bloss Zufallsstichproben vorbehalten. Diese wiederum zeichnen sich dadurch aus, dass jedes Element der Grundgesamtheit prinzipiell dieselbe Chance hat, in die Stichprobe zu gelangen. Zufallsgenerierende Verfahren garantieren diese Regel.

120 Das Bundesamt für Statistik bietet SNF-unterstützten Umfrageprojekten seit Kurzem einen neuen Auswahlrahmen (*sampling frame*) an. Es handelt sich dabei um eine Liste, die sich aus den Einwohnerregistern aller Gemeinden zusammensetzt (vgl. Lutz 2012). Sie enthält in der Tat alle stimm- und wahlberechtigten Schweizer und ist demnach nicht bloss eine *fast*, sondern eine *ganz und gar* vollständige Liste der Grundgesamtheit aller Wahlberechtigten. Aber das grundlegende Problem von Telefonumfragen wird auch durch die Verwendung dieses Einwohnerregisters nicht gelöst: Längst nicht allen Wahlberechtigten kann (bzw. darf) auch eine Telefonnummer zugewiesen werden (Stähli 2012).

immer stärkere) Verbreitung von nicht meldepflichtigen Handynummern. Das öffentliche Telefonverzeichnis deckt noch schätzungsweise 70 Prozent aller Schweizer Haushalte ab (vgl. Stähli 2012: 29), wobei vor allem die tieferen Einkommensschichten unterrepräsentiert bleiben (Stähli 2012). Aus diesem Grund sind die meisten Umfrageinstitute dazu übergegangen, neben dem offiziellen Nummernregister der Swisscom zusätzlich eigene Datenbanken zu verwenden, deren Informationen sich aus verschiedenen Datenquellen (z. B. Adressenmanagementunternehmen usw.) speisen. Diese Verzeichnisse (z. T. handelt es sich um eine Kombination von Festnetz- und Mobilfunknummern *(dual frame samples)* weisen einen höheren Deckungsgrad auf als das öffentliche Telefonverzeichnis (etwa 3,2 Millionen Haushalte und 5,8 Millionen Individuen). Daneben wurde auch schon die Machbarkeit von Random Digit Dialing (RDD) in der Schweiz erwogen (Gabler und Häder 2007), einem Verfahren, das zumindest das Problem der in der Zwischenzeit aufgehobenen Registrierungspflicht erheblich entschärfen könnte. Aufgrund des enormen Aufwands, der in der Schweiz mit RDD verbunden ist, wendete indes bis vor Kurzem keines der Umfrageinstitute ein reines Random-Digit-Verfahren an (Gabler und Häder 2007: 18).

Ein weiteres Problem für die Repräsentativität einer Stichprobe stellen Interviewverweigerer (Unit-Verweigerung oder *unit non-response*) dar. Dieses Problem betrifft nicht die Zufallsstichprobenziehung als Auswahlverfahren, denn diese Personen sind als Fälle vorgesehen. Indes, sie verweigern das Interview – womit sich zwar nicht mit der gezogenen («Bruttostichprobe»), wohl aber mit der realisierten Stichprobe ein Problem ergibt. Dieses wäre immer noch vernachlässigbar, wenn wir davon ausgehen dürften, dass hinter den Verweigerungen keine Systematik steht, die Verweigerung somit nicht mit einer der zentralen Analysevariablen korreliert.[121] Mit anderen Worten: Würden die Verweigerer propor-

---

121 Ausfälle, bei denen kein systematischer Fehler vorliegt, sind in der Regel unproblematisch. Beispielsweise kann es sein, dass man zur Ferienzeit eine ganze Reihe von Personen nicht befragen kann, da sie im Urlaub sind. Da dieser Ausfallgrund aber kaum mit der interessierenden Variable (z. B. Abstimmungsentscheid) zusammenhängt – Letzteres würde ja bedeuten, dass beispielsweise nur diejenigen, die Nein gestimmt haben, im Urlaub sind –, gefährden sie den Zufallscharakter der Stichprobe nicht. Solche Ausfälle werden deshalb auch als «stichprobenneutrale» Ausfälle bezeichnet.

tional gleichmässig aus allen Schichten und Bevölkerungsgruppen stammen, müssten wir uns nicht um dieses Problem kümmern. Dem ist jedoch nicht so: Die inzwischen sehr umfangreiche Literatur zur Befragungstechnik und zur Stichprobenziehung (siehe z.B. Groves und Couper 1998, Weisberg 2005) hat gezeigt, dass die fehlende Kooperation bei Telefonumfragen mit gewissen sozialen Merkmalen zusammenhängt. Wer beispielsweise weder im Berufs- noch im politischen Leben stark integriert ist, der neigt eher dazu, Interviews zu verweigern als andere (Brehm 1993, Groves und Couper 1998).[122] Damit liegt jedoch streng genommen keine Zufallsauswahl aus *allen* Stimmberechtigten vor, sondern nur eine Zufallsauswahl aller *antwortwilligen* Stimmberechtigten.

Wie hoch ist nun der Anteil derer, die sich weigern, an Telefonumfragen teilzunehmen? Darüber gibt die Ausschöpfungsquote[123] (der inverse Wert ist die Verweigerungsquote) Auskunft. Sie gibt in der Regel das Verhältnis zwischen verwendbaren[124] und erreichten[125] Nummern an.[126] In den späten 1990er-Jahren wurden noch durchschnittliche Ausschöpfungsquoten von 70 Prozent berichtet (Porst 1999). Diese Anteile werden jedoch kaum mehr erreicht. Die Pew Research Group weist für ihre

---

122 Diese Gruppe ist derjenigen nicht unähnlich, die sich selten an Abstimmungen beteiligt. Die Befragungen verschaffen demnach denjenigen, die keine Stimme haben (weil sie an Wahlen nicht teilnehmen), nur bedingt Gehör.

123 Es gibt Bemühungen zur Standardisierung von Ausschöpfungsquoten. Die AAPOR (American Association for Public Opinion Research) hat sich nach langem Ringen auf solche einheitliche Standards geeinigt. In der Schweiz gibt es allerdings keine verbindliche Regelung. Der Verband der Schweizer Umfrageinstitute (VSMS) verzichtet zudem auch auf Empfehlungen (Stähli 2012: 33).

124 Demnach: die um die stichprobenneutralen Ausfälle bereinigte Bruttostichprobe.

125 Nicht eingeschlossen werden dabei diejenigen, die telefonisch zwar erreichbar sind, aber entweder kein Teil der Grundgesamtheit sind (beispielsweise nicht stimmberechtigte Personen) oder aufgrund von Problemen der Überrepräsentation nicht als Interviewpartner infrage kommen.

126 Dies ist die «klassische» Sichtweise. Ein linearer Zusammenhang zwischen Ausschöpfungsquote und Repräsentativität wird jedoch immer stärker angezweifelt (Koch 1998, Petermann 2005).

Umfragen mittlerweile eine durchschnittliche Kooperationsrate[127] von unter 20 Prozent aus. Ähnlich tiefe Ausschöpfungsquoten werden auch andernorts als normal bzw. akzeptabel betrachtet (O'Muircheartaigh 2008, Häder und Häder 2009). Die Ausschöpfungsquoten der Vox-Befragungen bewegen sich in einem ähnlichen Rahmen (vgl. Abbildung 4.1).

Wie gravierend ist nun eine hohe Verweigerungsrate? Zweifellos kann eine hohe Verweigerungsquote zu Verzerrungen bei der Parameterschätzung führen. In der Praxis aber – dies belegen Experimente, die in diesem Bereich durchgeführt wurden (Krosnick et al. 2005, Berinsky 2008) – sind die Differenzen, die daraus entstehen, gering – in der Regel gar geringer als der entsprechende Stichprobenfehler.[128] Das bedeutet nicht, dass man sich nicht weiter um das Problem von Interviewverweigerungen kümmern soll. Allerdings gibt es nicht allzu viele Möglichkeiten, diesem Problem zu begegnen[129], ausser man verfügt über detaillierte Informationen zu den Ausfallgründen (siehe hierzu v. a. die Studie von Brehm 1993). Üblicherweise ist das jedoch nicht der Fall, weshalb eigentlich nur noch Gewichtungsverfahren infrage kommen (Lohr 1999, Kalton und Flores-Cervantes 2003, Gelman 2005).

Bei einer Gewichtung werden bestimmte soziodemografische Merkmale, deren Verteilung in der Grundgesamtheit bekannt ist (z. B. das Geschlecht), mit einem Faktor multipliziert, sodass das im Sample ermittelte Verhältnis dieser Merkmale zueinander mit demjenigen in der Grundgesamtheit übereinstimmt. Dies ist nicht bloss ein «kosmetischer»

---

127 COOP3; vergleichbar mit der Ausschöpfungsrate, die bei den Vox-Umfragen ausgewiesen wird. Mehr dazu in den AAPOR *standard definitions*.

128 Zwischen der Höhe der Ausschöpfung und der Systematik von Ausfällen besteht zunächst einmal kein notwendiger Zusammenhang. Schnell (1997: 13) schreibt: «Aus diesem Grund ist das gelegentlich zu findende Argument, dass das vermeintlich hohe Ausmass an Nonresponse in Zufallsstichproben so grosse Unsicherheiten bedinge, dass keine statistisch begründeten Aussagen mit solchen Stichproben mehr möglich seien, unzutreffend.» Nur wenn eine plausible Erklärung dafür vorliegt, dass es sich um systematische (und nicht zufällig bedingte) Ausfälle handelt, mag die Ausschöpfungsrate zur Bewertung der Datenqualität («Repräsentativität») herangezogen werden.

129 Die lapidare Antwort Adam J. Berinskys (2008: 316) auf die Frage, wie man mit dem Problem der Interviewverweigerung umgehen soll, lautet: «The simplest way is to ignore the problem.»

Abbildung 4.1: Ausschöpfungsquote Vox-Umfragen (1999–2013, in %)

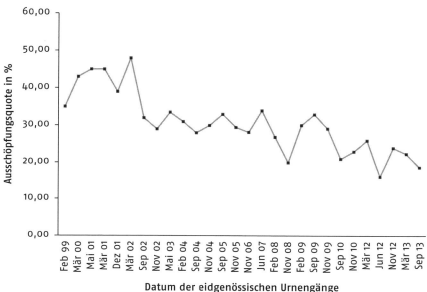

Quelle: Technische Berichte Vox.

Eingriff, sondern eine (preisgünstige) Methode, den aus Interviewverweigerungen resultierenden Bias zumindest abzuschwächen (siehe hierzu Lohr 1999, Gelman 2005). Allerdings kann eine Gewichtung nur für Merkmale durchgeführt werden, deren Verteilung in der Grundgesamtheit bekannt ist (beispielsweise aufgrund von Volkszählungsdaten). Das ist bei politischen Variablen aber nicht immer der Fall. Die Teilnahmequote bei Abstimmungen und auch das Abstimmungsergebnis sind beispielsweise bekannt. Die Anteile der Parteiidentifizierer oder auch das Bildungsniveau der Teilnehmenden sind es hingegen nicht. Das Gewichtungsverfahren löst demnach nicht alle Probleme, die sich aus der Verweigerung von Interviews ergeben.

Die Ziehung einer Zufallsstichprobe aus einer Telefonliste stellt in aller Regel den ersten Schritt eines mehrstufigen Auswahlverfahrens dar. Das Vox-Sample ist beispielsweise eine disproportional geschichtete, mehrstufige Zufallsauswahl. Dabei werden die Elemente der Grundgesamtheit zuerst in Gruppen (Schichten) eingeteilt – im vorliegenden Fall in die drei Sprachregionen –, sodass jedes Element der Grundgesamtheit einer Schicht (im vorliegenden Beispiel die Sprachregion) zugehört, und anschliessend wird eine einfache Zufallsstichprobe gezogen. Die Umfänge der verschiedenen Stichproben sind bei der Vox-Befragung allerdings nicht so gewählt, dass sie dem Anteil der Schichten in der Grundgesamtheit entsprechen, sondern, wie gesagt, disproportional. Übervertreten sind die italienischsprachigen und französischsprachigen Stimmbürger. Bei der Auswahl der Telefonnummern aus den jeweiligen Sprachregionen kommt ein Verfahren zum Zuge, das zufällig Nummern aus dem Swisscom-Telefonverzeichnis auswählt.[130] Damit ist allerdings häufig noch nicht abschliessend bestimmt, mit wem das Interview durchgeführt werden soll, denn die Telefonnummern können häufig nicht Einzelpersonen, sondern nur Haushalten zugewiesen werden. Um innerhalb eines Haushalts eine Person zufällig zu ermitteln, werden unterschiedliche Verfahren angewendet. Am häufigsten kommt der Schwedenschlüssel zum Zuge. Dabei werden die Personen innerhalb eines Haushalts nach einem bestimmten, vorgegebenen Kriterium (häufig: das Geburtsdatum) in eine Reihenfolge gebracht, um anschliessend eine Person nach einem weiteren, vorgegebenen Kriterium (beispielsweise wer zuerst im Jahr Geburtstag hat) auszuwählen.

Gewisse Umfragen basieren allerdings nicht auf reinen Zufallsstichproben, sondern wenden eine Mischung zwischen Random- und Quotenverfahren an. Das Prinzip des Quotenverfahrens baut – ähnlich wie das zuvor vorgestellte Gewichtungsverfahren – darauf auf, dass die Verteilung gewisser Merkmale in der Gesamtbevölkerung bekannt ist. So weiss man beispielsweise aus Volkszählungs- oder Mikrozensusdaten, wie hoch die exakten Anteile von Männern und Frauen in der Bevölkerung

---

[130] Immer häufiger zur Anwendung kommt das Random-Digit-Dialing. Voraussetzung dafür ist jedoch, dass sich die Telefonnummern in systematischer Weise aus einem Regionalcode und einer Teilnehmernummer zusammensetzen. Sind diese Voraussetzungen gegeben, kann zunächst eine Zuweisung der Regionalcodes erfolgen und danach die zufällige Generierung einer Teilnehmernummer, die aber – und dies ist der Nachteil dieser Methode – vielleicht gar nicht existiert. Einen Vorteil hat das RDD-Verfahren gegenüber Telefonlisten. Da im erstgenannten Verfahren Nummernkombinationen zufällig generiert werden, erhalten auch diejenigen Teilnehmer eine Chance, in die Auswahlgesamtheit zu gelangen, die keine *gemeldete* Nummer besitzen.

sind. Nun kann man eine Auswahl so gestalten, dass die Anteile in der Stichprobe exakt oder zumindest annäherungsweise denjenigen in der Grundgesamtheit entsprechen. In der Praxis wird dies dadurch erreicht, dass man gegen Ende einer Befragung die entsprechenden Quoten durch eine bestimmte Selektion der Interviewteilnehmer «auffüllt». Das kann zu einer Verbesserung der Stichprobenqualität beitragen. Es muss jedoch stets berücksichtigt werden, dass bei Quotierungen die Formeln der Inferenzstatistik nicht mehr angewendet werden dürften. Allerdings ist dies aus anderen Gründen (keine vollständige Liste der Grundgesamtheit, Verweigerung von Interviews) streng genommen schon nicht mehr möglich.

4.2.4 Die Auswertung der Daten

Die Auswertung der Daten ist ein Prozess, bei dem mannigfaltige Verfahren zum Zuge kommen können und eine ebenso grosse Zahl von Problemen auftreten kann. An dieser Stelle wollen wir nur auf ein einziges, allerdings zentrales Problem der Auswertung von Umfragedaten eingehen: die Verlässlichkeit, mit der Aussagen über ein Sample auch für die Grundgesamtheit zutreffen.

Das Ziel einer seriösen Befragung zu Schweizer Sachabstimmungen ist bekanntlich, Aussagen über das Stimmverhalten der Schweizer zu machen, ohne alle Schweizer Stimmberechtigten befragen zu müssen. Nun können beim Schluss von der Stichprobe auf die Grundgesamtheit Fehler entstehen. Solche Schätzfehler (Standardfehler, *standard error*) sind selbst bei einer sehr sorgfältig gezogenen Zufallsstichprobe unvermeidlich. Jedoch ist die Fehlermarge je nach Stichprobengrösse unterschiedlich gross und lässt sich auf der Basis inferenzstatistischer Regeln berechnen.

Wir möchten dies an einem Beispiel verdeutlichen: Man stelle sich vor, wir würden aus der Grundgesamtheit aller stimmberechtigten Schweizer unzählige Samples von je 1000 Personen ziehen. Es ist klar, dass irgendein beliebiger aus den Samples errechneter Parameterwert – nehmen wir als Beispiel das durchschnittliche Alter – zwischen diesen Abertausenden von gezogenen Samples variieren würde. Einmal hätten wir im Schnitt ältere, ein anderes Mal eher jüngere Personen in unserer Zufallsstichprobe. Wenn wir diesen Vorgang unzählige Male wiederholen und aus diesen gezogenen Samples wiederum einen Mittelwert (aller Mittelwerte) berechnen würden, so wäre dieser sehr nahe beim effektiven, «wahren» Durchschnittswert. Wenn wir nun die Streuung der einzelnen

Durchschnittswerte visualisieren würden (Stichprobenverteilung, *sampling distribution*), dann würde sie eine Normalverteilung beschreiben.[131] Jede Normalverteilung kann in eine Standardnormalverteilung überführt werden. Diese wiederum weist gewisse mathematische Eigenschaften (Mittelwert 0, Varianz von 1) auf, die uns ermöglichen, den Stichprobenfehler eines Parameters zu berechnen.

Wir wissen, dass der Stichprobenfehler (*sampling error*) einerseits von der Varianz der Grundgesamtheit und andererseits von der Stichprobengrösse abhängig ist. Je kleiner nun ein Sample (oder vielfach auch ein Subsample) ist, das wir analysieren, desto stärker wächst der Stichprobenfehler an und mit ihm auch der Unsicherheitsbereich, der auch als Konfidenzintervall oder Vertrauensintervall[132] bezeichnet wird.

Ein Beispiel möge wiederum als Veranschaulichung dienen: Wir möchten wissen, ob die Mehrheit der CVP-Sympathisanten einer bestimmten Vorlage mehrheitlich zugestimmt hat. Unser Beispielsample enthält 100 CVP-Sympathisanten, von denen exakt die Hälfte am Urnengang teilgenommen hat. Eine einfache Kreuztabellierung zeigt uns, dass 60 Prozent der 50 teilnehmenden CVP-Sympathisanten die Vorlage angenommen haben. Eine Mehrheit der CVP-Sympathisanten in unserem Sample hat demnach ein Ja zur Vorlage eingelegt. Doch können wir auch sicher sein, dass eine Mehrheit *aller* CVP-Sympathisanten schweizweit für die betreffende Vorlage gestimmt hat? Mit anderen Worten: Wie sicher können wir sein, dass der im Sample ermittelte Wert (in diesem Fall: die Mehrheitsverhältnisse) der «wahre», in der Grundgesamtheit enthaltene Wert ist, sprich dass wir von der realisierten Stichprobe auf die Grundgesamtheit verallgemeinern können?

Zunächst ein Wort zur Sicherheitswahrscheinlichkeit, mit der von einem Stichprobenwert auf den gesuchten Wert in der Grundgesamtheit

---

131 Dies lässt sich aus dem zentralen Grenzwertsatz der Statistik ableiten, der besagt, dass sich die Verteilung von Stichprobenmittelwerten einer Normalverteilung annähert, je grösser der Stichprobenumfang ist.

132 Der Stichprobenfehler gibt die Streuung um den wahren Wert an (z. B: +/– 2 %). Das Konfidenzintervall gibt den Wertebereich (zumeist in %), in dem der wahre Wert mit einer vorgegebenen Wahrscheinlichkeit zu liegen kommt (z. B. zwischen 50 +/– 2 sprich 48 und 52 %).

geschlossen werden kann. Diese ist, wie der Name schon sagt, ein *graduelles* Konzept. Gemäss wissenschaftlicher Konvention gilt eine Aussage als statistisch verlässlich oder signifikant, wenn sie in 95 Prozent aller Fälle zutrifft bzw. zutreffen würde («95-Prozent-Konfidenzintervall»). Dies ist gewissermassen der «Goldstandard». Anders gesagt: Ein errechneter Samplewert gilt als statistisch gesichert, wenn er mit einer 95-prozentigen Wahrscheinlichkeit zutrifft. Doch wie kann man wissen, mit welcher Wahrscheinlichkeit ein Umfragewert auch auf die Grundgesamtheit zutrifft, wenn doch der «wahre» Wert unbekannt ist?

Hier kommen nochmals die Standardnormalverteilung und ihre bekannten mathematischen Eigenschaften ins Spiel. Wir wissen beispielsweise, dass sich 95 Prozent der Fläche unterhalb einer Standardnormalkurve innerhalb von 1.96 Standardeinheiten vom Mittelwert befinden. Daraus lässt sich nun das Konfidenzintervall berechnen. Dieses gibt an, in welchem Bereich (Bandbreite mit Ober- und Untergrenze) der wahre Wert, den wir ja nicht kennen, mit einer 95-prozentigen Wahrscheinlichkeit[133] zu liegen kommt. Das entsprechende Konfidenzintervall berechnet sich (für Mehrheitsverhältnisse) gemäss folgender Formel $\pm 1.96\sqrt{p \cdot (100 - p) \div n}$. In unserem Beispiel beträgt dieser Stichprobenfehler +/− 13,6 Prozent. Das bedeutet, dass der wahre Ja-Stimmen-Anteil der CVP-Sympathisanten mit 95-prozentiger Wahrscheinlichkeit zwischen 46 Prozent und 74 Prozent liegt. Die Aussage, wonach die CVP-Wähler mehrheitlich Ja gestimmt haben, ist somit statistisch nicht gesichert. Das liegt hauptsächlich an der geringen Fallzahl. Hätten wir beispielsweise 1000 teilnehmende CVP-Sympathisanten befragt, dann wüssten wir mit 95-prozentiger Sicherheit, dass eine Mehrheit der Vorlage zugestimmt hat. Der Stichprobenfehler betrüge in diesem Fall nämlich nur noch 3 Prozent, das Konfidenzintervall würde demnach zwischen 57 und 63 Prozent zu liegen kommen. Das Beispiel zeigt, dass der Schätzfehler (und ergo auch der Stichprobenfehler, der mithilfe des Schätzfehlers gebildet wird) auch vom Stichprobenumfang abhängig ist. Er verändert sich umgekehrt proportional zur Quadratwurzel, d. h., um den Schätzfehler zu halbieren, muss man ein viermal grösseres Sample wählen.

---

133 Der inverse Wert ist die Irrtumswahrscheinlichkeit, die in diesem Fall 5 Prozent beträgt.

4.2.5 Frageeffekte und *non-attitudes*

Wer mit Befragungsdaten arbeitet, muss sich zwangsläufig mit Frageeffekten auseinandersetzen. Denn das Auswertungsmaterial bei einer Befragung sind Reaktionen auf Fragen, die den Interviewteilnehmern gestellt werden. Wie bereits erwähnt gehören umfragegenerierte Daten somit zu den reaktiven Daten: Da die Befragung, wie jede andere Interaktion zwischen Individuen, eine soziale Situation ist, muss davon ausgegangen werden, dass das Antwortverhalten auf die eine oder andere Art und Weise Bezug nimmt auf den Interaktions- bzw. Interviewpartner. Die Abstimmungsforschung ist vor allem am politischen Verhalten interessiert und demnach stark auf Verhaltensfragen angewiesen. Eine der grössten Gefahren bei der Formulierung von Verhaltensfragen besteht nun darin, dass man anstelle der erwünschten, «ehrlichen» Antworten solche zu sozial erwünschtem Verhalten provoziert.

Soziale Erwünschtheit ist vor allem ein Problem bei der Frage nach der Stimmbeteiligung. Viele erachten die Stimmabgabe als eine Bürgerpflicht, die es zu erfüllen gilt, und geben daher an, teilgenommen zu haben, auch wenn dies nicht immer zutrifft. Dies ist daran erkennbar, dass die im Sample ermittelte Stimmbeteiligung meist 10 bis 20 Prozentpunkte über der effektiven Partizipationsrate liegt. Das liegt gewiss auch an der hohen Verweigerungsquote der Nichtteilnehmenden, aber es ist zum Teil auch darauf zurückzuführen, dass man nicht gerne zugibt, am Abstimmungssonntag ausgeschlafen zu haben, anstatt seine Pflicht als Bürger wahrzunehmen (Holbrook und Krosnick 2010, Traugott und Katosh 1979). Dieser Effekt ergibt sich selbst bei einer Frageformulierung, welche die Stimmabstinenz gezielt zu enttabuisieren versucht. Die Frageeinleitung bei der Vox lautet nämlich: «Bei solchen Abstimmungen geht normalerweise mehr als die Hälfte der Stimmberechtigten nicht an die Urne, es gibt schliesslich noch anderes als Politik.» Hier wird bewusst versucht, Stimmabstinenz als normal darzustellen, um den Befragten die Möglichkeit zu geben, mit «gutem Gewissen» die Wahrheit über die eigene Teilnahmebereitschaft zu sagen. Eine weitere Möglichkeit, der Tendenz zu sozial erwünschtem Antwortverhalten entgegenzuwirken, besteht darin, die erfragte Haltung als ein graduelles Konzept zu konzipieren, also die Intensität der Verhaltensdisposition abzufragen. Zum Beispiel dadurch, dass man fragt, wie häufig man bei den letzten zehn Abstimmungen teilgenommen hat. Stimmabstinente sagen dann möglicherweise, sie würden an einer oder zwei von zehn Abstimmungen teilnehmen, was zwar möglicherweise immer noch nicht der Wahrheit entspricht, aber zumindest ermöglicht, Gruppen von fleissigen, gelegentlichen und sehr unregelmässigen Urnengängern zu unterscheiden.

Ein weiteres Problem bei Befragungen sind *non-attitudes*.[134] Damit bezeichnet man diejenigen, die keine substanzielle Haltung zu einer Frage haben. Dass Bürger zu allen politischen Themen eine Meinung haben, kann nicht vorausgesetzt werden. Wenn deshalb in einem Fragebogen Antwortvorgaben wie «weiss nicht» oder «keine Meinung» nicht vorgesehen sind, werden die Befragten gezwungen, sich zu einem Thema zu äussern, zu dem sie möglicherweise keine Meinung besitzen (Bishop 2005). Solche forcierten Äusserungen sind von zweifelhaftem Wert und deshalb auch zu vermeiden (vgl. das berühmte Experiment von Bishop et al. 1980).

In den Vox-Befragungen sind «Weiss nicht»-Antwortkategorien stets vorgesehen. Das Problem, *non-attitudes* unter den materiellen Meinungsäusserungen vermuten zu müssen, ist bei der Vox-Befragung also eher gering.[135] Sie können aber durch andere Frageeffekte Eingang in die Daten finden. Einer dieser Effekte ist beispielsweise der normalisierende Effekt der Mitte-Kategorie[136]: Die Mitte-Kategorie ist die exakte, mittlere Position innerhalb einer bestimmten Anzahl von Antwortkategorien zu einem Item, von dem wir annehmen, dass es ein graduelles Konzept ab-

---

134 Wir beschränken uns in diesem Überblickskapitel auf die *non-attitudes*. Antwortverweigerungen (*item non-response* im Gegensatz zu *unit non-response*) sind ein weiteres Problem von Telefonumfragen. Beispielsweise wollen bei amerikanischen Umfragen durchschnittlich etwa 25 Prozent der Befragten keine Angaben zu ihrem Einkommen machen (Berinsky 2008: 313). Mit anderen Worten: Sie verweigern nicht das Interview (*unit non-response*), aber Antworten zu bestimmten Fragen (*item non-response*). Wir gehen darauf nicht näher ein, sondern verweisen für einen Überblick zu partiellen Antwortausfällen und wie man damit umgehen soll, auf Krosnick (2002) und Berinsky (2004).
135 Es sei darauf hingewiesen, dass eine «Weiss nicht»-Antwort wiederum nicht zwingend bedeuten muss, dass der Befragte keine substanzielle Haltung zum abgefragten Thema hat (Berinsky 2004, Slovic 1995, Zaller und Feldman 1992).
136 Die Mitte-Tendenz stellt nur eine der unterschiedlichen potenziellen Antwortverzerrungen dar. Für eine Übersicht zu Antwortverzerrungen bei Telefonumfragen siehe Groves et al. (2004).

bildet. Als Beispiel diene uns die Links-rechts-Selbsteinschätzung. Die Befragten haben die Möglichkeit, ihre ideologische Position auf einer Skala von 0 (ganz links) bis 10 (ganz rechts) zu lokalisieren. Der Wert 5 bildet in dieser Skala die mittlere, wahrscheinlich von einigen Befragten auch als «neutrale» Position missverstandene Kategorie.

Von dieser Mitte-Kategorie geht nun ein stark normalisierender Effekt aus. Normalisierend meint die Neigung, sein eigenes Verhalten bzw. seine eigene Haltung als «normal», demnach als nicht deviant, nicht von der Norm abweichend, anzusehen. Dieses Normalitätsbedürfnis drückt sich in der Bevorzugung mittlerer Positionen aus. Besonders anfällig hierfür sind diejenigen, die keine Meinung zu dieser Frage haben, in diesem Beispiel also sich über ihre ideologische Positionierung noch nie Gedanken gemacht haben und vielleicht auch nicht wissen, was mit den politischen Termini «links» und «rechts» genau gemeint ist. Nun kommt noch hinzu, dass diese Mitte-Tendenz dadurch verstärkt wird, dass gewisse Befragte ihre unpolitische Haltung (keine Parteipräferenzen und auch keine Präferenzen zu politischen Issues) fälschlicherweise als eine gemässigte Mittelposition zwischen zwei Extremen – links und rechts – interpretierten (vgl. Inglehart und Klingemann 1976, Kroh 2007, Milic 2008b, Schumann und Presser 1981).

In der Folge schätzen sie sich genau in der Mitte ein, demnach dort, wo sie aller Voraussicht nach die Mehrheit erwarten. Das Problem der *non-attitudes*, das wir durch die Verwendung der «Weiss nicht»-Kategorie gebannt zu haben glaubten, schleicht sich dann gewissermassen durch den Hintereingang – über die Mitte-Kategorie – in die Umfrageergebnisse ein. Ein Beispiel hierfür ist die Abbildung 4.2, in welcher der Anteil «Weiss nicht»-Antworten, der Mitte-Positionierungen und anderer Werte bei der Frage nach der Links-rechts-Selbsteinschätzung angegeben sind. Unter den parteigebundenen Befragten mit hohem Interesse an Politik gab es nur ganz wenige (1,8%), die sich auf der abgefragten Links-rechts-Skala nicht einzustufen vermochten. Auch fanden sich nur knapp 18 Prozent, die sich exakt in der Mitte einstuften, während sich mehr als 80 Prozent entweder links oder rechts von der Mitte-Kategorie verorteten. Anders sieht es bei den parteiungebundenen Befragten mit geringem politischem Interesse aus: Bei diesen ist der Anteil, der mit den Begriffen «links» und «rechts» nichts anzufangen wusste, mehr als zehnmal so hoch (18,5%) wie bei der zuvor genannten Gruppe (1,8%). Zudem lokalisierte sich beinahe die Hälfte (45,3%) aller politisch desinteressierten

Parteiungebundenen genau in der Mitte. Wir dürfen davon ausgehen, dass dies nicht deswegen geschah, weil sie sich aus inhaltlichen Gründen der politischen Mitte zugehörig fühlen, sondern aus Unwissenheit. Die Links-rechts-Positionierung dieser Gruppe ist wohl zu einem grossen Teil ein reines Datenartefakt – «a concealed form of non-response» (Deutsch, Lindon und Weill 1966).

Das hat verschiedentlich dazu geführt, dass in Umfragen auf die Mittekategorie verzichtet wurde, um die Befragten zu einer substanziellen Äusserung zu forcieren. Aber am Beispiel der ideologischen Selbstidentifikation wird deutlich, dass dies nicht immer sinnvoll ist. Denn der Begriff der Mitte hat ja nicht nur eine skalentechnische, sondern auch eine politische Bedeutung. Damit verbunden sind auch gewisse sachpolitische Einstellungen. Wir können die Mitte-Kategorie demnach nicht einfach weglassen, könnten aber beispielsweise diejenigen aus unserer Analyse ausschliessen, die sich in der politischen Mitte einordnen, aber von sich selbst sagen, sie hätten keinerlei Interesse an Politik und auch keine bevorzugte Partei.

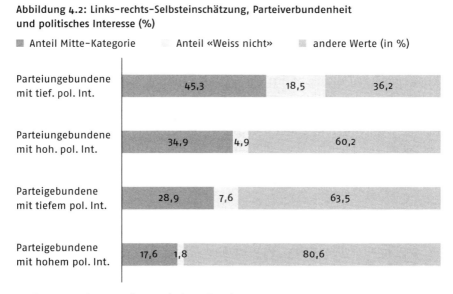

Abbildung 4.2: Links-rechts-Selbsteinschätzung, Parteiverbundenheit und politisches Interesse (%)

Quelle: Daten: Selects 1999 (n = 2243), eigene Berechnungen.

4.2.6 Wie stabil sind die politischen Einstellungen der Bürger?

Die politische Meinungsforschung basiert auf gewissen, kaum je überprüften Grundannahmen, etwa dass politische Einstellungen dauerhaft verinnerlichte Orientierungstendenzen sind. Trifft diese Annahme zu, dann darf man auch davon ausgehen, dass die Befragten unabhängig von Zeitpunkt und Modalität einer Umfrage stets dieselben Antworten auf dieselben Einstellungsfragen geben. Diese Prämisse ist einer der Grundpfeiler der umfragebasierten Meinungsforschung und liegt des Weiteren auch den Responsivitätstheorien zugrunde. Sollte diese Annahme nicht zutreffen, sollte die grosse Masse des Elektorats demnach keine stabilen politischen Haltungen aufweisen, dann hätte dies nicht nur erhebliche Konsequenzen für die Analyse und Messung von politischen Einstellungen, sondern auch für die Demokratietheorie.[137] Auch für die Abstimmungsforschung ergäben sich Konsequenzen – vorwiegend normativer Art. Wenn die Stimmbürgerschaft keine stabilen Haltungen besitzt, müssten Abstimmungsresultate als ein höchst zufälliges oder – gar noch schlimmer – allenfalls manipuliertes Ergebnis betrachtet werden. Weil die Frage nach der Stabilität der Einstellungen also von enormer Bedeutung für die Umfrage- und auch Abstimmungsforschung ist, wollen wir sie in einem gesonderten Abschnitt kurz betrachten.

Wie gesagt, geht die Umfrageforschung davon aus, dass Einstellungen eine persönliche Disposition sind, dieselben Einstellungsgegenstände anhand derselben Bewertungskriterien zu beurteilen. Das sollte etwa im fiktiven Beispiel einer Sachabstimmung, die im Abstand von einem Monat zweimal durchgeführt würde, dazu führen, dass sich die Stimmbürger in beiden Fällen prinzipiell gleich entscheiden sollten – immer vorausgesetzt, die Ausgangslage ist in etwa dieselbe. Diese Grundannahme wird von John Zaller und Stanley Feldman (1992) bezweifelt. Sie vertreten die Ansicht, dass der überwiegende Teil des Elektorats keine fest strukturierten politischen Haltungen (*true attitudes*) aufweise, die er in Meinungsumfragen angeben könnte. Vielmehr sei es so, dass deren

---

137 Um nur ein Beispiel zu nennen: Wenn in der Bevölkerung keine konsistenten Haltungen zu einer politischen Sachfrage existieren, warum sollten sich die gewählten Volksvertreter dann genötigt fühlen, eine Politik im Sinne der Wählerpräferenzen zu machen? Oder anders gesagt: Wenn es sowieso keine stabilen Wählerpräferenzen gibt, dann können sich die Politiker bei der Gestaltung von Policies logischerweise auch nicht an diesen ausrichten.

Meinungen in der Regel ad hoc konstruiert werden oder, wie Zaller sich im englischen Original ausdrückt, «as we go along». Politische Einstellungen werden in dieser Sichtweise aufgrund der aktuell verfügbaren Informationen gebildet und sind somit davon abhängig, welche mentalen Repräsentationen gerade aktiviert sind. Folglich können Meinungsangaben auch eine unterschiedliche Färbung erhalten, je nachdem, welche mentalen Inhalte gerade aktuell und somit abrufbar sind. Ein gutes Beispiel dafür sind etwa die Abstimmungen über die Einführung der Allgemeinen Volksinitiative (2003) und ihre Abschaffung (2009). 2003 stimmten etwa zwei Drittel aller Stimmberechtigten (70,3 %) der Einführung dieses neuen direktdemokratischen Instruments zu, um es 2009 mit einer vergleichbaren Mehrheit (67,9 %) wieder abzuschaffen.

Zaller und Feldman (1992) waren keineswegs die Ersten, die sich mit der Stabilität von politischen Haltungen auseinandersetzten. Die Debatte um die Strukturiertheit der politischen Ideensysteme dauert seit Jahrzehnten an. Philip Converse hatte diese Debatte mit seinem epochemachenden Beitrag von 1964 (Converse 1964) angekurbelt. Darin kam er zum Schluss, dass die grosse Mehrheit des US-Elektorats zu den meisten Sachfragen überhaupt keine substanzielle Haltung besitzt. Dies äusserte sich in einem erschreckend inkonsistenten Antwortverhalten bei Panelbefragungen. In der ersten Umfragewelle befürworteten die Befragten beispielsweise eine harte Vorgehensweise gegen die Sowjetunion, um bei der nächsten Umfragewelle auf dieselbe Frage eine komplett gegensätzliche Haltung zu vertreten. Diese Beobachtung widerspricht den Stabilitätserwartungen, die sich vom klassischen Einstellungskonzept ableiten lassen. Converse schloss daraus, dass die meisten Bürger «innocent of ideology» seien. Zwar gäben sie schon irgendwelche Antworten auf die Fragen der Meinungsforscher, doch seien diese in aller Regel bedeutungslose Zufallsprodukte ohne eine substanzielle gedankliche Grundlage. Es erübrigt sich zu sagen, dass solche in Umfragen angegebenen Positionen ohne Aussagekraft sind und aller Voraussicht nach auch keine Verhaltensrelevanz für den Einstellungsträger besitzen.

Diese schockierende Erkenntnis wurde in der Folge etwas relativiert. Christopher Achen (1975) erklärte die hohe Variabilität im Antwortverhalten mit Messfehlern. Mit anderen Worten: Nicht die Meinungen der Bürger sind vage, sondern die Frageformulierungen. Die Instabilität werde von einer vagen Frageformulierung hervorgerufen. Dieser Ansatz baut auf der Annahme auf, wonach menschliches Verhalten stochastisch sei, d. h, Menschen entscheiden in ein und derselben Entscheidsituation nicht zwingend identisch. Und deshalb sei es angemessener, sich *attitudes* konzeptionell nicht als einen singulären Punkt auf einer Dimension vorzustellen, sondern vielmehr als eine begrenzte Bandbreite von Punkten. Das Antwortverhalten von Befragten variiere sodann innerhalb dieser Bandbreite, und zwar abhängig von unterschiedlichen Faktoren, beispielsweise der Frageformulierung. Wenn man nun die Messfehler der von Converse verwendeten Items schätzt, so Achen, würde sich eine sehr viel geringere *attitude*-Instabilität ergeben.[138]

Die Position von Zaller und Feldman (1992) liegt in der Mitte zwischen den beiden zuvor genannten Extrempositionen. Zaller und Feldman gehen ebenso wie Converse davon aus, dass die meisten Bürger keine kohärenten und fest eingefügten Einstellungspositionen besitzen. Das klassische Schubladenmodell (*file-drawer model*), gemäss dem stabile, kaum veränderliche Haltungen bei Bedarf geöffnet und in identischer Weise abgerufen werden können (vgl. Wilson und Hodges 1992), halten Zaller und Feldman (1992) ebenso für unrealistisch. Allerdings gehen sie nicht so weit wie Converse, der von einem eigentlichen ideologischen Vakuum in den Köpfen der meisten Bürger ausgeht. Sie vertreten vielmehr die Ansicht, dass die politische Gedankenwelt der meisten Bürger von Erwägungen (*considerations*) bevölkert sei.

Erwägungen werden von Zaller und Feldman (1992: 585) als mentale Inhalte jeglicher Art definiert, die das Individuum dazu bewegen könnten, einen politischen Einstellungsgegenstand entweder positiv oder negativ zu bewerten.[139] Dies ist eine sehr generelle Definition von Erwägungen, die keine Inhalte nennt. Das hat auch seinen Grund. Denn die Erwägungen sind nicht inhaltlich, sondern situativ definiert: Es ist letztlich das ganze mentale Material, das bei der Verbalisierung von *attitudes* abgerufen wird (Tourangeau et al. 2000).

Wichtig für das Verständnis von Zallers und Feldmans Modell des Antwortverhaltens bei Meinungsumfragen ist zudem, dass diese Erwägungen in ihrer Gesamtheit keineswegs ein in sich geschlossenes System

---

138 Allerdings antworten politische Elitenakteure konsistent auf dieselben Items. Dies ist wiederum eher ein Indiz dafür, dass nicht die Items, sondern die Befragten für die Variabilität im Antwortverhalten verantwortlich sind.

139 Zaller und Feldman (1992: 585): «[...] where a consideration is defined as a reason for favoring one side of an issue rather than the other.»

von systematisch integrierten Orientierungen bilden müssen, sondern dass sie sich durchaus widersprechen können. Die meisten Bürger sind gemäss dieser Ansicht ambivalent, d. h., sie besitzen gleichzeitig positive wie auch negative Erwägungen. Als Veranschaulichung möge folgendes Beispiel dienen: Wird ein Stimmbürger zur Verschärfung eines Hundehaltergesetzes befragt, so schwirren gemäss dem vorgestellten Modell die unterschiedlichsten Dinge durch seinen Kopf. Einerseits hat er möglicherweise gerade erst kürzlich von einem Pitbull-Angriff gehört, eine Assoziation, die bei den meisten Menschen wohl eine eher negative Ladung aufweist, andererseits kommt ihm möglicherweise der liebenswürdige Nachbarshund in den Sinn. Zudem sind bei ihm sowohl der Gedanke des Schutzes der Kinder präsent wie auch die Forderung nach einer artgerechten Haltung von Tieren. Kurz, er erwägt sowohl zustimmende wie auch ablehnende Argumente zum abgefragten Einstellungsgegenstand.

Was geschieht nun, wenn eine Person im Rahmen einer telefonischen Umfrage einen bestimmten Einstellungsgegenstand zu bewerten hat? Zaller und Feldman (1992) argumentieren nun, dass die Bewertung aufgrund der gerade aktuellen, ins Arbeitsgedächtnis übertragenen Erwägungen vorgenommen wird. Die Zahl dieser Erwägungen ist zum einen limitiert. Dies deshalb, weil die Meinungsbildung im Arbeitsgedächtnis vorgenommen wird – ein Speicher, der nur eine begrenzte Zahl an Informationen aufnehmen kann (Lodge und Stroh 1993). Die Individuen rufen demnach nicht alle verfügbaren, sondern nur die aktuell präsenten Inhalte ab. Die Inhalte dieser Erwägungen sind zum anderen nicht fix, sondern davon abhängig, welche mit dem Einstellungsgegenstand verknüpften Repräsentationen gerade erst kürzlich aktiviert wurden. Die Salienz der Erwägungen kann durch Kampagnen, Medienberichterstattung, aber beispielsweise auch durch die Art und Weise, wie gefragt wird, beeinflusst werden. Wenn z. B. wochenlang über die Finanzkrise in den Medien berichtet wird, dann ist es ziemlich wahrscheinlich, dass der Umstand, wie die Regierungspartei damit umgegangen ist, auch in ihre Bewertung bei der nächsten Wahl einfliesst. Andere Bewertungskriterien treten gleichzeitig aber in den Hintergrund, weil sie in der Medienberichterstattung keine Rolle spielten.

Ausschlaggebend für die Bewertung ist das Mischverhältnis der Erwägungen, so fahren Zaller und Feldman (1992) fort. Denn letztlich saldiere der Bürger seine positiven und negativen Erwägungen und entscheide sich entsprechend der daraus resultierenden Nettobilanz. Wenn beispielsweise die Mehrheit der Erwägungen zu einer Vorlage eine positive

Ausprägung hat, wird sie vom betreffenden Stimmbürger angenommen, ist die Mehrheit der Erwägungen hingegen negativ, wird sie abgelehnt (siehe auch Kapitel 6.6).

Obwohl dieses Modell auch gewisse Schwächen aufweist[140], vermag es auf elegante Art und Weise sowohl die Stabilität wie auch die Instabilität von politischen Haltungen zu erklären – und damit die beiden gegensätzlichen Positionen, die zu Beginn dieses Abschnitts dargestellt wurden, (einigermassen) zu versöhnen. Stabil sind die politischen Meinungsäusserungen eines gewissen Teils der Bevölkerung deshalb, weil die Grundgesamtheit aller relevanten Beurteilungsaspekte häufig eine gewisse Tendenz aufweist. Das ermöglicht uns beispielsweise, Wähler und Stimmbürger als eher links oder eher rechts zu klassifizieren. Nun betonen Zaller und Feldman (1992) wiederholt, dass bei einer konkreten Meinungsäusserung nicht alle Erwägungen abgerufen werden, sondern bloss eine Stichprobe[141] davon – eben jene Erwägungen, die dank Priming, Frageeffekten oder anderen Faktoren den Weg vom Langzeitgedächtnis in den Arbeitsspeicher gefunden haben. Weil aber in der Grundgesamtheit aller Erwägungen bereits eine Tendenz enthalten ist, ergibt sich auch bei einer Meinungsäusserung, die nur auf einem Sample davon beruht, häufig dieselbe Tendenz. Es verhält sich im Grunde ähnlich wie bei einer Stichprobenziehung zum Zweck einer Befragung. Weist die Grundgesamtheit (beispielsweise die Schweizer Stimmberechtigten) eine

---

140 Das Modell geht implizit davon aus, dass alle Erwägungen mit demselben Gewicht in das Entscheidkalkül einfliessen. Prinzipiell kann also jede beliebige positive durch eine entsprechend negative Erwägung neutralisiert werden. Das ist indes zu simpel und modellhaft. Weiter setzt das Modell voraus, dass die politische Gedankenwelt eines Individuums eine Art «Eimer» ist, der mit Erwägungen aller Art aufgefüllt werden kann. Diese Erwägungen stehen in loser bzw. gar keiner Verbindung zueinander. Das widerspricht etwa der Schema-Theorie (siehe dazu das Kapitel 5.4), die davon ausgeht, dass der Mensch zumindest zu den wichtigsten Einstellungsgegenständen eine kognitive Struktur (Schema) besitzt, in die alle neuen Informationen so integriert werden, dass sie ein sinnhaftes und kongruentes Ganzes ergeben. Glaubt man dem Schema-Modell, so ist es wenig wahrscheinlich, anzunehmen, dass Erwägungen widersprüchlicher Art gleichzeitig existieren können.

141 Dafür steht im Übrigen das «S» ins John Zallers RAS-Modell.

gewisse Tendenz auf (sie wohnen häufiger zur Miete als in einem Eigenheim), so wird sich dieselbe Tendenz auch mit grosser Wahrscheinlichkeit in einer (sorgfältig gewählten) Stichprobe von 1000 Schweizer Stimmberechtigten ergeben. Es ist zwar möglich, dass in der einen oder anderen Stichprobe die Eigenheimbesitzer die Mehrheit bilden, aber würden wir eine genügend hohe Zahl von Stichproben ziehen, so würde sich mit an Sicherheit grenzender Wahrscheinlichkeit in der Mehrzahl der Fälle das in der Grundgesamtheit vorliegende Mehrheitsverhältnis ergeben. Analog werden Stimmbürger mit einer ideologischen Grundtendenz häufig konsistente politische Haltungen äussern. Aber gleichzeitig bietet das Modell auch eine Erklärung dafür, warum die Meinungsangaben ein und derselben Personen zuweilen so unterschiedlich sein können. Weil sie auf der Basis unterschiedlicher Erwägungen gemacht wurden.

5 Theoretische Ansätze der Abstimmungsforschung

In der Abstimmungsforschung lassen sich drei Schulen oder Denkrichtungen unterscheiden, die von unterschiedlichen Menschenbildern ausgehen und zudem auch unterschiedliche Perspektiven einnehmen.[142] Es sind dies der soziologische, der sozialpsychologische und der ökonomische Ansatz. Die ersten beiden Deutungstraditionen gehen vom *homo sociologicus* aus, d. h. von einem Individuum, das entweder von Strukturen (soziologischer Ansatz) oder Normen und Einstellungen (sozialpsychologischer Ansatz) massgeblich geprägt wird. Der ökonomische Ansatz hingegen beruft sich auf das Menschenmodell der neoklassischen Ökonomie – der am Eigennutz orientierte *homo oeconomicus*. Diese drei Deutungstraditionen dominieren die Abstimmungsforschung und haben zur Konzeption einer Vielzahl von Modellen der Erklärung des Stimmverhaltens inspiriert. Sie wurden allerdings – und dies ist eine erste generelle Einschränkung – nicht am Entscheidverhalten bei Sachabstimmungen, sondern vornehmlich zur Erklärung des Wahlverhaltens entwickelt. Dafür gibt es einen ganz simplen Grund: Wahlen finden in den allermeisten Staaten häufiger statt als Sachabstimmungen. Deshalb wurden die aus den genannten Theorien abgeleiteten Modelle vornehmlich auf das Wahlverhalten zugeschnitten und zumeist auch an Wahlen empirisch überprüft. Die Axiome und Prämissen dieser Denkschulen sind jedoch von genereller Natur, sodass sie sich im Prinzip auch auf das Entscheidverhalten bei Sachabstimmungen übertragen lassen. Am ehesten wird dies am universellen

---

142 Kapitel 5 basiert auf Milic (2008a).

Anspruch des Rational-Choice-Ansatzes deutlich: Dieser nimmt für sich ja nicht nur in Anspruch, das *politische* Verhalten (wozu Wahl- und Sachentscheide, aber auch die Beteiligung an unkonventionellen Partizipationsformen gehören), sondern *jegliches* Verhalten (etwa das Konsumverhalten) erklären zu können. Deshalb sind die grundlegenden Annahmen der drei Denkschulen auch auf Sachabstimmungen zu übertragen.

Wir werden nachfolgend eine Einführung zu allen drei Denkschulen präsentieren. Dabei werden wir uns vor allem mit den Problemen der Anwendung in der Abstimmungsforschung auseinandersetzen. Weiter werden wir auch bei der Darstellung der Theorien auf diejenigen Aspekte das Schwergewicht legen, die für das Verständnis des Stimmverhaltens bei Sachabstimmungen wichtig sind. Das bedeutet, dass wir solche Dimensionen, die zwar relevant für die Wahlen, jedoch kaum von Bedeutung für Sachabstimmungen sind – z. B. die Rolle der Kandidatenorientierung innerhalb des Michigan-Modells oder das Rational-Choice-Konzept des *retrospective voting* – gänzlich unbehandelt lassen oder nur am Rande streifen. Wie gesagt, diese Aspekte sind für die Stimmverhaltensforschung kaum von Belang und gehören deshalb nicht in dieses Überblickswerk.

Neben diesen drei Ansätzen hat sich noch eine weitere Denkschule etabliert, die sich weniger über ein gemeinsames Menschenbild definiert, sondern eher über ein gemeinsames Forschungsinteresse: dem Interesse daran, wie politische Informationen aufgenommen und zu einer Entscheidung verarbeitet werden. Diese von der Kognitionspsychologie angeregte Denkschule nimmt sich theoretische Anleihen von allen drei zuvor genannten Ansätzen, ist aber auf keines der axiomatischen Menschenbilder fixiert. Wir haben die Ansätze, die aus diesem weiten konzeptionellen Rahmenwerk der politischen Kognitionsforschung abgeleitet werden können, deshalb in einem Unterkapitel (5.4) gesondert behandelt.

5.1 Strukturtheoretische Ansätze

«Die Menschen machen ihre eigene Geschichte, aber sie machen sie nicht aus freien Stücken, nicht unter selbstgewählten, sondern unter unmittelbar vorgefundenen, gegebenen und überlieferten Umständen. Die Tradition aller toten Geschlechter lastet wie ein Alp auf dem Gehirne der Lebenden.»

Dieses Zitat von Marx (1976 [1852]: 115) verdeutlicht, welche Rolle strukturtheoretische Ansätze dem individuellen Handeln zumessen: eine höchst unbedeutende. Soziales Handeln oder, genereller gesprochen, Geschichte im Allgemeinen wird in der Sichtweise strukturtheoretischer Ansätze nicht von Individuen gemacht, sondern von Strukturen bestimmt. Natürlich würde keiner der Strukturalisten so weit gehen und die Existenz des einzelnen Individuums leugnen, aber dessen Intentionen und Absichten sind aus ihrer Sicht für die Deutung sozialer Phänomene unerheblich, weil sie die Wirkungen der «allmächtigen» Struktur nicht wesentlich zu ändern vermögen.

Ein anschauliches Beispiel für einen strukturtheoretischen Ansatz aus den Geschichtswissenschaften ist Theda Skocpols (1979) Modell zur Erklärung sozialer Revolutionen. Skocpol hat sich mit der Frage auseinandergesetzt, unter welchen Bedingungen sich grosse soziale Revolutionen ereignen. Dabei erklärt sie soziale Revolutionen ausschliesslich mit strukturellen Variablen – darunter Kollektivphänomene wie etwa die Struktur der bäuerlichen Gesellschaft, die Ausprägung des Herrschaftssystems und die Dichte der internationalen Vernetzung. Hingegen verzichtet sie vollumfänglich auf die Analyse individueller Motive, die als Bestimmungsgründe prinzipiell auch infrage kämen. Damit bleiben Mikrophänomene wie etwa die *individuelle* Unzufriedenheit der einzelnen Mitglieder der Arbeiterschaft oder die Intentionen der *einzelnen* Revolutionsführer unberücksichtigt. Mit anderen Worten: Die Umsetzung der gesellschaftlichen Strukturen in individuelles Handeln wie auch die Aggregation dieser Einzelhandlungen zum Makrophänomen der sozialen Revolution werden von Skocpol ignoriert. Dies geschieht nicht ohne Grund. Aus der theoretischen Perspektive des Strukturalismus vermag individuelles Handeln die Beziehung zwischen Struktur und dem zu erklärenden Makrophänomen nicht grundlegend zu verändern. Für das Beispiel der sozialen Revolutionen bedeutet dies: Revolutionen werden nicht von einzelnen Individuen gemacht, sondern sie «kommen» zwangsläufig, sie sind eine unvermeidliche Begleiterscheinung spezifischer struktureller Bedingungen.

Dieser soziale Determinismus – also der zwangsläufige Charakter, den die Strukturalisten dem Ablauf der Geschichte zusprechen – trat in exemplarischer Form in den Diskussionen der frühen Marxisten hervor, die darüber debattierten, ob eine Nation oder eine Gesellschaft *reif sei* für die proletarische Revolution. Damit meinten sie die Frage, ob die strukturellen Bedingungen erfüllt gewesen seien (d.h. die Produktivkräfte die notwendige Stufe erreicht hätten), um die bestehenden Verhältnisse aufzuheben, und nicht etwa, ob die Unzufriedenheit unter der Arbeiterschaft derart angewachsen sei, dass eine Revolution unvermeidlich geworden sei. Letzteres war für sie die notwendige Folge des Erstgenannten. Diesen sozialen Determinismus bringt Dietmar Braun beispielhaft in folgenden Worten zum Ausdruck: «Individuelle Akteure stehen den unpersönlichen, historischen Kräften machtlos gegenüber, sie sind gewissermassen willenlose Produkte gesellschaftlicher Kräfte» (Braun 1999: 27).

5.1.1 Strukturtheoretische Ansätze in der Wahl- und Abstimmungsforschung

Strukturtheoretische Ansätze haben auch Eingang gefunden in die Wahl- und Stimmverhaltensforschung. Dabei lassen sich zwei verschiedene Modelltypen strukturalistischer Erklärungen unterscheiden: makrosoziologische und mikrosoziologische Erklärungsmodelle.

Makrosoziologische Erklärungsmodelle des Wahl- oder Stimmverhaltens verharren wie der zuvor vorgestellte Ansatz von Skocpol vollständig auf der Ebene der Makrophänomene. Sie erklären demnach nicht das *individuelle* politische Verhalten – zumindest nicht direkt –, sondern lediglich das Aggregat, d.h., sie erklären nicht etwa den *einzelnen* Wahlakt, sondern das Wahlergebnis als Ganzes bzw. das Parteiensystem eines Staates. Mikrosoziologische Modelle hingegen bieten keine Erklärung auf der Ebene gesamtgesellschaftlicher Prozesse, sondern sind (methodologisch) individuell orientiert. Bloss: die strukturelle «Logik der Situation» (Esser 1993) ist in diesen Modellen derart dominant, dass sie – trotz ihrer Individualbezogenheit – zu den Strukturtheorien gezählt werden. Beide Modelltypen sollen an je einem Beispiel diskutiert werden.

5.1.1.1 Makrosoziologische Ansätze: Lipsets und Rokkans Cleavage-Theorie

Die Cleavage-Theorie von Seymour Lipset und Stein Rokkan (1967) ist mit Gewissheit das bekannteste Beispiel für ein makrosoziologisches Modell. Denn darin kommt der bereits besprochene soziale Determinismus in paradigmatischer Weise zum Ausdruck. Das zentrale Element innerhalb des analytischen Rahmenwerks von Lipset und Rokkan sind die *cleavages*, historisch gewachsene gesellschaftliche Konfliktlinien, die in Anlehnung an die Erdbebenforschung häufig auch soziale Verwerfungslinien genannt werden.[143] Diese Verwerfungslinien sind aus dem Modernisierungsprozess (nationale und industrielle Revolution) hervorgegangen, der die Geschichte aller europäischen Industriestaaten massgeblich geprägt hat. Zwei kulturelle und zwei strukturelle Spannungslinien lassen sich, kurz zusammengefasst, unterscheiden:

1) Der Konflikt zwischen den peripheren Regionen und den im Zuge der Nationalstaatenbildung sich entwickelnden, neuen zentral-nationalen Entscheidinstanzen. Dieser *cleavage* trennt kulturelle (meist sprachliche) Minderheiten von den neuen nationalen Eliten, die in der Regel aus der kulturellen Mehrheit stammen.
2) Die konfessionell-laizistische Konfliktlinie, also der «Kulturkampf» zwischen den Verfechtern eines laizistischen/säkularen und jenen eines kirchlichen Staatsverständnisses. In der Vergangenheit trennte diese Spaltungslinie die romtreuen Katholiken (in der Schweiz als «Ultramontane» bezeichnet) von den Säkularisierern.
3) Der (strukturelle) Stadt-Land-Gegensatz. Er ist vor allem in Modernisierungskonflikten virulent geblieben und verläuft hauptsächlich zwischen dem primären und dem sekundären bzw. tertiären Wirtschaftssektor.
4) Der sozioökonomische Gegensatz zwischen Lohnarbeit und Kapital, der «Klassenkampf». Er hat sich im Zuge der Industrialisierung herausgebildet und entwickelte seine höchste Vitalität während des «goldenen Zeitalters» des Verteilungsparadigmas.

Entlang dieser sozialen Konfliktlinien verlaufen auch die politischen Auseinandersetzungen. Die Sozialstruktur wird gewissermassen «politisch aufgeladen». D. h., Parteien entstehen entlang dieser Spannungslinien und nehmen sich der Anliegen der durch diese Verwerfungslinien definierten sozialen Gruppen an. Es bilden sich so mit der Zeit stabile Koalitionen zwischen bestimmten Parteien und bestimmten sozialen Gruppen. Die Sozialdemokratie beispielsweise ist aus dem sozioökono-

---

143 Aufgrund von bestimmten Mustern im Wahl- oder Stimmverhalten lässt sich nicht ohne Weiteres auf *cleavages* bzw. die Existenz von Wahlallianzen zwischen sozialen Gruppen und Parteien schliessen. Bartolini und Mair (1990) argumentieren, dass ein *cleavage* nur dann vorliegt, wenn der Konflikt erstens eine soziale Basis habe, zweitens gegensätzliche Wertevorstellungen damit verknüpft seien und, drittens, dieser auch politisch-organisationell erfasst werde.

mischen Konflikt hervorgegangen, hat sich dabei der Anliegen der Arbeiterschaft angenommen, versteht sich bis heute als Anwalt oder «Agent» der Arbeiterinteressen (Ausdruck davon ist etwa der traditionelle, enge Schulterschluss zwischen der Sozialdemokratie und den Gewerkschaften vor den Wahlen) und wurde von diesen in der Vergangenheit auch mehrheitlich gewählt. Das heutige europäische Parteiensystem ist das Resultat dieser Politisierung der Sozialstruktur (Lipset und Rokkan 1967). Weil in den klassischen «Verparteilichungsachsen» die historischen Konflikte, von denen einige zwar mittlerweile deutlich an Salienz eingebüsst haben, gewissermassen eingefroren sind, sprechen Lipset und Rokkan (1967) auch von *frozen party systems*.

Wenn das analytische Rahmenwerk von Lipsets und Rokkans Modell auf das Mikro-Makro-Schema von Coleman (1991) übertragen wird, dann fallen die typisch strukturtheoretischen Elemente dieses Ansatzes umgehend auf: Lipset und Rokkan erklären das eine Makrophänomen – *die Wahlergebnisse bzw. die Struktur des Parteiensystems* – praktisch[144] ausschliesslich mit einem anderen Makrophänomen, nämlich *den gesellschaftlichen Konfliktlinien*. Wie sich die Strukturen jedoch auf die psychologische Disposition des einzelnen Individuums niederschlagen, wird in diesem strukturtheoretischen Erklärungsmodell ausgeblendet. Damit bleibt die zentrale Frage offen, wie diese soziale Bestimmung des individuellen politischen Verhaltens konkret zustande kommt. Mit anderen Worten: Wieso hielten sich beispielsweise die einzelnen Arbeiter (zumindest in der Vergangenheit)[145] so diszipliniert an die Wahlnorm ihrer sozialen Bezugsgruppe und wählten «stramm» die Sozialdemokratische Partei? Auf diese Frage wird bei Lipset und Rokkan nicht detailliert eingegangen. Angenommen wird, dass die Wähler gemäss ihrer Position in der Sozialstruktur wählen, ohne zu erklären, was den einzelnen Arbeiter

---

144 Lipset und Rokkan (1967: 26 ff.) argumentieren nicht derart deterministisch, wie das hier aus «didaktischen» Gründen erfolgt. Sie weisen etwa darauf hin, dass trotz identischer sozialer Grosskonflikte in zwei Ländern unterschiedliche Parteiensysteme resultieren können, weil die politischen Eliten zwischen unterschiedlichen Strategien entscheiden können.

145 Dass dieser Zusammenhang nicht selbstverständlich, sondern durchaus voraussetzungsvoll ist, zeigt sich etwa daran, dass die Arbeiterschaft in der Schweiz zwischenzeitlich gar nicht mehr grossmehrheitlich sozialdemokratisch wählt (Oesch und Rennwald 2010).

zu ebendieser Stimmabgabe motiviert. Wahlen sind in dieser Sichtweise ein «Zählappell der sozialen Grossgruppen» (Schoen 2005a: 147). Kurz, Lipsets und Rokkans makrosoziologisches Modell zeigt nicht auf, wie die Struktur und das politische Verhalten auf der Individualebene miteinander verbunden sind, es stellt also nicht dar, wie der Transmissionsriemen zwischen Makro- und Mikroebene aussieht.[146]

5.1.1.2 Mikrosoziologische Ansätze: das Columbia-Modell

Das Columbia-Modell wird zuweilen auch schlicht das mikrosoziologische oder verhaltenstheoretische Modell genannt, weil es das Beispiel schlechthin für strukturtheoretische Wahlverhaltensmodelle ist. Das Columbia-Modell ist eng mit der Person Paul Lazarsfelds verbunden, der in den 1930er-Jahren aus Österreich in die USA emigrierte und an der Columbia University Wahlforschung betrieb. Während der ganzen Präsidentschaftskampagne von 1940 untersuchten er und sein Team eine Stichprobe von Wahlberechtigten aus dem amerikanischen Erie County (Ohio) hinsichtlich ihres Wahlentscheids. Mithilfe dieser Panelanalyse konnten sie den individuellen Entscheidfindungsprozess analysieren, wobei ihr Fokus und Interesse primär der Frage galten, wie ein Entscheid zustande kommt und ob sich die Wahlabsicht über den Zeitraum einer Kampagne hinweg ändert.[147] Lazarsfeld und sein Team stellten dabei einen enorm starken Zusammenhang zwischen dem sozialen Umfeld einer Person und ihrem individuellen politischen Entscheid fest. Diese

---

146 Allerdings sei hier der Vollständigkeit halber gesagt, dass es durchaus makrosoziologische Ansätze gibt, die diese beiden Ebenen miteinander zu verknüpfen versuchen: Mario Rainer Lepsius (1973) beispielsweise führte auf einer Mesoebene das Konzept der «sozialmoralischen Milieus» ein, um erklären zu können, wie Strukturen und gesamtgesellschaftliche Prozesse das Handeln der Einzelnen bestimmen.

147 Die Ergebnisse dieser Untersuchung wurden 1944 im Werk *The People's Choice. How the Voter Makes up His Mind in a Presidential Campaign* veröffentlicht. 1954 erschien das Anschlusswerk *Voting* (Berelson et al. 1954), das auf einer Panelanalyse von Wahlberechtigten der Kleinstadt Elmira (NY) während der Präsidentschaftswahlen 1948 beruhte. Für eine detaillierte Darstellung der Begleitumstände beider Studien siehe Rossi (1959).

soziale Determinierung der politischen Präferenzen umschrieb Lazarsfeld mit den sehr einprägsamen Worten:

> «A person thinks, politically, as he is, socially. Social characteristics determine political preference» (Lazarsfeld et al. 1944: 27).

Lazarsfeld nannte drei soziale Charakteristika, die in Kombination das Stimmverhalten massgeblich beeinflussten: der sozioökonomische Status, die Konfession und der Urbanisierungsgrad. Für die theoretische Verortung dieses Ansatzes ist es unerlässlich darauf hinzuweisen, dass es sich bei diesen drei Bestimmungsgründen des Wahlverhaltens um strukturelle bzw. kontextuelle Faktoren handelt. Zwar können kontextuelle Faktoren durchaus am einzelnen Individuum festgemacht werden. So ist jeder von uns beispielsweise entweder ein Stadt- oder Landbewohner. Man kann demnach die Urbanität auch am einzelnen Individuum messen. Lazarsfeld ging genauso vor. Sein Ansatz ist insofern methodologisch individuell orientiert. Das soll aber nicht darüber hinwegtäuschen, dass die Urbanität nicht eine individuelle Eigenschaft ist, sondern den Kontext des einzelnen Individuums, d.h. seine soziale Nahumgebung, beschreibt. Dieser Kontext prägt selbstredend die Perzeption des einzelnen Individuums und ist auch das Umfeld, in dem es seine Erfahrungen macht. All dies schlägt sich in der Folge auf die individuelle Wahldisposition nieder. So prägt der Kontext, also beispielsweise das Stadtleben und alles, was dazugehört – Anonymität u. a. –, das Verhalten des Individuums.

Aus den drei Kriterien erstellte Lazarsfeld in der Folge einen Index der politischen Prädispositionen (IPP-Index), mit dem er das Wahlverhalten der Bürger von Erie County mit einer beinahe schon erschreckend genauen Vorhersagewahrscheinlichkeit zu prognostizieren vermochte. Um die Prognosefähigkeit des IPP-Index noch etwas deutlicher zu machen, sei auf folgendes Resultat hingewiesen: Lazarsfeld und sein Team hielten in ihrer Studie fest, dass der IPP-Index stärker mit dem Wahlentscheid korreliere als die von den Befragten zu Beginn der Kampagne *selbst* angegebene Wahlabsicht.[148]

---

[148] «Social forces determined the voting action in such an exhaustive manner that the latter could have been better explained by social affiliation than by the voting intentions (particularly those that were not backed by the voter's primary group) itself» (Lazarsfeld et al. 1948: 137 f.).

Ein besonderes Problem für Strukturtheorien stellt die Volatilität im Wahlverhalten dar, also Verschiebungen in den Wählerpräferenzen zwischen Wahlen. Diese müssten in einem strukturalistischen Modell streng genommen auf Änderungen in der Sozialstruktur zurückgeführt werden. Strukturen ändern sich allerdings niemals so rasch, wie manche Parteien Stimmen gewinnen bzw. verlieren. Noch stärker akzentuiert sich dieses Problem in der Figur des «Wechselwählers». Vordergründig betrachtet, ist ein solches Phänomen mit einem strukturalistischen Ansatz kaum zu erklären. Lazarsfelds Forschungsteam gelang es jedoch, eine durchaus plausible, strukturbezogene Kausalerklärung zu geben (Lazarsfeld et al. 1944: 56): Volatilität resultiere daraus, dass ein Individuum mehreren entgegengerichteten sozialen Kreisen angehöre, die sich nicht ergänzen, sondern widersprechen[149] – Lazarsfeld nannte dieses Phänomen *cross pressures*. Ein Beispiel hierfür waren die städtischen Protestanten in den USA: Das urbane Element förderte gesellschaftspolitisch moderne Ansichten (Städter wähl(t)en in den USA vornehmlich Demokraten), während die protestantische Konfession eher die Wahl der Republikaner nahelegt. Lazarsfeld argumentierte nun, dass solche *cross pressures* ein inkonsistentes Stimmverhalten hervorrufen würden, d.h. das Individuum würde seine Meinung öfter zwischen Wertekonservatismus und Werteprogressivismus wechseln, um sein Stimmverhalten mal dem einen, mal dem anderen sozialen Kreis anzupassen.

Wie aber schlägt sich der strukturelle Kontext im Verhalten des Einzelnen nieder? Oder anders gefragt: Wie kommt es, dass Individuen aus demselben sozialen Umfeld auch gleich wählen? Welcher Mechanismus, welche Prozesse fördern eine solche Homogenität im politischen Verhalten? Um diese Frage zu beantworten, muss zuerst auf die Wirkung von Wahlkampagnen[150] hingewiesen werden: Lazarsfeld und sein Team stellten fest, dass massenmediale Information über zwei Stufen fliesst: Da sind zum einen die Meinungsführer – Lazarsfeld nennt sie *opinion leaders*. Diese nehmen die Medienbotschaften direkt auf und vermitteln sie sodann ihrem nächsten sozialen Umfeld weiter. Die Medien wirken somit nicht direkt auf die Mehrheit der Rezipienten, sondern indirekt, über die Meinungsführer. Diese wiederum sind in aller Regel keine formalen Füh-

---
149 Lazarsfeld greift dabei auf die Theorie der sich kreuzenden sozialen Kreise von Georg Simmel zurück.
150 Siehe hierzu auch das entsprechende Unterkapitel 6.3.

rer oder besonders angesehene Personen, sondern sie informieren sich bloss stärker über Medien und sind naturgemäss auch etwas kommunikativer als die breite Masse der Wähler (Lazarsfeld et al. 1944: 49 ff., 151 f.).

Die Feststellung, dass die Massenkommunikation durch die interpersonale Kommunikation gefiltert wird, war damals eine bahnbrechende neue Erkenntnis, die in scharfem Kontrast stand zu den bisherigen Annahmen, wonach der Wähler ein «atomistisches», von den allmächtigen Medien beliebig manipulierbares Wesen sei. Dieses düstere Bild einer von den Medien beherrschten Gesellschaft der 1940er-Jahre wurde beispielsweise stark von den Panikreaktionen auf das Hörspiel *Invasion from Mars* von Orson Welles geprägt, aber natürlich auch von der Propagandamacht im Dritten Reich. Lazarsfeld und sein Forschungsteam stellten diese Medien- und Propagandaallmacht infrage und vertraten vielmehr die später unter der Bezeichnung *minimal effect thesis* bekannt gewordene Position.[151]

Zurück zur anfangs gestellten Frage: Wie kommt es zu dieser erstaunlichen Homogenität im politischen Verhalten von sozialen Gruppen? Die politischen Präferenzen – und dies ist nun das zentrale strukturdeterministische Merkmal dieses verhaltenstheoretischen Ansatzes – werden durch die Zugehörigkeit zu einer Gruppe homogenisiert (Lazarsfeld et al. 1944: 148, vgl. auch Beck et al. 2002, Huckfeldt und Sprague 1991). Wie geschieht das?

Zum einen durch Internalisierung von Werten und Normen der Bezugsgruppe. Politische Ansichten, Wertevorstellungen und Normen der sozialen Bezugsgruppe, der man sich zugehörig fühlt, werden vom Individuum in einem langfristigen Prozess erlernt, internalisiert und sodann sukzessive intensiviert (Lazarsfeld et al. 1944: 137 ff., Lindenberg 1985). Stimmverhalten ist in diesem Sinne eine Gruppenerfahrung. Normenkonformes Wahlverhalten wird mit Integration belohnt, normenwidriges mit Isolation bestraft (Lazarsfeld et al. 1944: 154 f.). Als Beispiel wird häufig die typische Biografie eines sozialdemokratischen Arbeiters der

---

151 Jedoch schliesst das mikrosoziologische Modell Wahlkampfeffekte nicht aus. Wirkungsvoll ist dabei aber eigentlich nur eine Wahlkampfmethode: das in den USA verbreitete *canvassing*, d.h. die persönliche Überzeugungsarbeit durch (enthusiastische) Parteimitarbeiter. Dies steht keineswegs im Widerspruch zum Columbia-Modell, das ja eine Übertragung der Parteipräferenz durch interpersonelle Kommunikation postuliert (Lazarsfeld et al. 1944: 158).

1930er-Jahre angeführt. Dieser wurde in sozialdemokratischen Kinderheimen eingeschult, er spielte in Arbeitervereinen Fussball, er politisierte in linken Zirkeln und leihte sich Bücher aus der parteieigenen Bibliothek aus. Kurz, während dieses lange andauernden Prozesses verinnerlichte er wie selbstverständlich auch die linken Wertevorstellungen. Grundvoraussetzung dafür ist, dass die Gruppenmitglieder im Idealfall ein Leben lang praktisch nur untereinander Kontakt haben. Diese Voraussetzung scheint heute nicht mehr gegeben zu sein (siehe aber auch: Oedegaard 2000), aber sie war noch vor 100 Jahren der Normalfall (vgl. Lepsius 1966, Pappi 1985). Neben den Sozialisationselementen ist es aber auch der zuvor erwähnte ständige Kontakt zu den Meinungsführern und den restlichen Gruppenmitgliedern, der gruppenkonformes Wahlverhalten begünstigt. Dabei verstärken die Meinungsführer die vorherrschenden Prädispositionen, indem sie vor allem Informationen weitervermitteln, welche jene Ansichten bestätigen. Dadurch wird ein homogenes Meinungsklima in sozialen Gruppen gefördert,[152] was sich letztlich in einem sehr ähnlichen Wahl- und Stimmverhalten niederschlägt.

Kommen wir nun zur Frage der theoretischen Verortung. Warum wurde das mikrosoziologische Modell, das unzweifelhaft auf der Individualebene ansetzt, gleichwohl als ein strukturtheoretisches Modell zur Erklärung des Wahl- und Stimmverhaltens bezeichnet? Es stimmt zwar, dass dieses Modell zur Messung der systemischen Bestimmungsmerkmale wie Konfession oder Urbanität auf die Individualebene herabsteigt. Aber faktisch verbleibt der soziologische Ansatz auf der Makroebene, denn die Logik der Situation – also der strukturelle Kontext – ist derart einengend, dass das Individuum praktisch keinen Handlungsspielraum hat. Mit anderen Worten: Der Handlungsspielraum, der dem Individuum aufgrund dieses engen strukturellen «Korsetts» verbleibt, lässt eigentlich nur noch eine einzige Handlungsoption zu. Deshalb verhält sich und wählt das Individuum im Endeffekt genauso, wie es seine soziostrukturelle Verortung nahelegt. Die Möglichkeit, innerhalb des vorgegebenen Kontexts strategisch zu handeln, das Verhalten anderer zu antizipieren

---

152 Logischerweise steigt die Wahrscheinlichkeit, die eigenen politischen Präferenzen den Gruppennormen anzupassen, mit wachsendem Grad der Homogenität in dieser Gruppe. Je mehr Mitglieder einer Gruppe dieselben politischen Ansichten teilen, desto höher die Wahrscheinlichkeit, ausschliesslich mit jenen politischen Positionen in Kontakt zu kommen.

usw., ist in diesem Ansatz – im Gegensatz zu handlungstheoretischen Ansätzen – nicht vorgesehen, denn der Einbezug individueller Motive besitzt aus strukturalistischer Sicht keinen analytischen Mehrwert. Dieser dominante Einfluss der Struktur auf das Verhalten kommt in folgender Bemerkung aus der deutschen Übersetzung von *The People's Choice* (Lazarsfeld et al. 1969: 110) beispielhaft zum Ausdruck:

> «Obwohl die Menschen zögern und überlegen und sich vorstellen, dass sie sich frei und der Vernunft gehorchend für einen bestimmten Weg entscheiden, ist es oft bereits am Anfang möglich, vorauszusagen, wozu sie sich am Ende entschliessen. Wenn wir einige persönliche Merkmale unserer Befragten erkennen, so können wir mit ziemlicher Sicherheit voraussagen, wie sie schliesslich wählen werden: Sie schliessen sich der Herde an, zu der sie gehören. Der Wahlkampf aktiviert nur ihre politischen Prädispositionen.»

Weil aber Lazarsfelds Modell, wie gesagt, auf der Ebene der sozialen Primärbeziehungen (auf das direkte soziale Umfeld und auf die direkten Agenten des sozialen Kontextes) bezogen bleibt, wird es zu den mikrosoziologischen Ansätzen gezählt.

5.1.1.3 Kritik an den strukturtheoretischen Ansätzen

Die zentrale Kritik an den strukturalistischen Ansätzen betrifft primär den sozialen Determinismus. Dieser lässt kaum Raum für kurz- oder auch mittelfristigen Wandel. Zwar boten Lazarsfeld und sein Forschungsteam bereits in *The People's Choice* eine strukturalistische Erklärung für das Phänomen der Volatilität an, die *cross pressures* (Lazarsfeld et al. 1944). Indes, diese Erklärung reicht nicht aus, um den z. T. rasanten Wandel in den politischen Präferenzen der Bürger begründen zu können. Man denke beispielsweise an den kometenhaften Aufstieg der SVP in der Schweiz in den späten 1990er-Jahren. Strukturen können sich nicht derart schnell gewandelt haben, wie die SVP zu jener Zeit an Stimmen zulegte. Ein Beispiel für die Zählebigkeit gesellschaftlicher Spannungslinien ist weiter der konfessionelle Gegensatz in der Schweiz. Einst, bei der Bundesstaatsgründung 1848, war dies die Konfliktlinie mit der explosivsten Sprengkraft, was auch darin zum Ausdruck kommt, dass er nur ein Jahr zuvor (1847) zu einem (wenn auch weitestgehend unblutigen) Bürgerkrieg in der Schweiz führte. Die Virulenz dieser Konfliktlinie hat zwar seither erheblich nachgelassen, doch dieser Prozess der Pazifizierung des Kulturkampfs dauerte Jahrzehnte. Zusammengefasst, kurzfristiger Wandel lässt sich mit dem deterministischen und damit sehr statischen soziologischen Modell nur schlecht erklären.

Eine weitere, häufig vorgebrachte Kritik speiste sich aus Bedenken, wonach sich der soziale Kontext mittlerweile stark verändert habe. Die sozialen Milieus der Vorkriegsjahre haben sich aufgelöst, die Mobilität hat stark zugenommen (vgl. beispielsweise Putnam 2000). Individuen wohnen und arbeiten nicht mehr am selben Ort. Es kommt daher nur noch selten vor, dass sich ein Stimmbürger zeitlebens im selben sozialen Kreis bewegt, demnach nur mit «Gleichgestellten» (und Gleichgesinnten) interagiert.[153] Ausserdem hat sich die Medienlandschaft seit Lazarsfelds Untersuchung erheblich verändert: Nicht die Zeitung, sondern das Fernsehen ist nun das primäre Massenmedium. Eine reine Binnenkommunikation innerhalb sozial abgeriegelter Gruppen dürfte heutzutage eine Rarität sein. Die Voraussetzungen für eine «soziologische» Erklärung politischen Verhaltens seien deshalb, so die Kritiker, nicht mehr gegeben.

Die Folge dieser verheerenden, aber selten empirisch überprüften Kritik war, dass der *homo oeconomicus* den *homo sociologicus* als wissenschaftliches Paradigma ablöste. In der Folge blieb der soziale Kontext als Entscheidungsfaktor an der Stimmurne in der Politikwissenschaft fast gänzlich unberücksichtigt. Neuere Studien (etwa Beck et al. 2002, Huckfeldt und Sprague 1995) haben aber nachweisen können, dass Kommuni-

---

153 Jüngere empirische Analysen interpersoneller Diskussionsnetzwerke aus den USA (Beck et al. 2002) haben jedoch ergeben, dass eine satte Mehrheit der amerikanischen Wähler nach wie vor relativ homogenen Netzwerken angehört. Diese Netzwerke setzen sich ausserdem aus Personen mit einem ähnlichen sozialen Hintergrund zusammen. Natürlich sind diese Netzwerke nicht mehr vergleichbar mit den schichtspezifisch homogenen Milieus der Vorkriegsjahre. Die Diskussionsnetzwerke von heute sind klassen- und schichtübergreifender, wie ja auch die Sozialstruktur als Ganzes komplexer und vielschichtiger ist als die Gesellschaft des Industriezeitalters. Aber es scheint, als strukturiere die Soziallage das persönliche Umfeld nach wie vor massgeblich. Siehe hierzu auch andere Untersuchungen, die auf der Basis des Interaktionsansatzes beruhen: Huckfeldt und Sprague 1991, 1995, Zuckerman, Valentino und Zuckerman 1994.

kationsnetzwerke nach wie vor einen erheblichen Einfluss auf das politische Verhalten ausüben und weiterhin als Filter der Massenkommunikation dienen. Eine andere, jüngere Strömung innerhalb der soziologischen Schule (vor allem Kitschelt 1994) richtet den Fokus stärker auf das einzelne Individuum und seine Erfahrungen, die ausschlaggebend für sein politisches Verhalten sind. Während die vorgestellten Theorieansätze gruppenkonformes Wahl- und Stimmverhalten als bewussten Entscheid zugunsten der eigenen Bezugsgruppe deuten, argumentiert Kitschelt anders. Individuen mit einem ähnlichen sozialen Hintergrund machen ähnliche Erfahrungen und entwickeln – ohne irgendein Kollektiv als solches im Sinn zu haben – ganz ähnliche politische Präferenzmuster. Im Endeffekt resultiert daraus jedoch dasselbe: ein gruppenkonformes politisches Verhalten. Der Unterschied zu Lipset und Rokkan besteht jedoch darin, dass Kitschelt «individualistisch» argumentiert, in dem Sinne, dass die einzelnen Individuen unabhängig von anderen dieselben politischen Haltungen entwickeln.

5.1.2 Strukturtheoretische Abstimmungsforschung in der Schweiz

Die frühen Untersuchungen zum Schweizer Stimmverhalten waren, wie Seitz (1997: 308) bemerkt, «eher juristisch und staatspolitisch inspirierte Abhandlungen», die einen geringen empirisch-analytischen Gehalt hatten. Der beliebteste Untersuchungsgegenstand war dementsprechend auch die beängstigende Stimmfaulheit der Schweizer Bürger (etwa Imboden 1963), die weniger vor dem Hintergrund der Frage nach dem Warum als vielmehr rein normativ diskutiert wurde.

Die ersten ökologischen Abstimmungsanalysen wurden in den 1970er- und 1980er-Jahre erstellt. Dabei handelte es sich vornehmlich um Untersuchungen der soziologischen Zürcher Schule[154] um Rolf Nef, Hans-Peter Meier-Dallach und Rolf Ritschard. Diese drei Soziologen dominierten die Abstimmungsforschung an der Universität Zürich in jenen Jahren und verfassten zahlreiche Beiträge – sowohl zu einzelnen Abstimmungen (Meier-Dallach und Nef 1992, Nef 1989) wie auch zu Abstimmungspaketen (Meier-Dallach et al. 1982, Meier-Dallach und Nef 1985, 1987, Nef 1980, Ritschard und Nef 1985). Die wohl paradigmatischste Untersuchung dieser Zürcher Schule ist eine Aggregatdatenanalyse Nefs, die unter dem

---

154 Eine Bezeichnung, die auf Epple-Gass (1989) und Seitz (1997) zurückgeht.

Titel «Struktur, Kultur und Abstimmungsverhalten» (Nef 1980) in der *Schweizerischen Zeitschrift für Soziologie* publiziert wurde. Wegen seiner hohen Bedeutung für die Schweizer Abstimmungsforschung und des Umstands, dass sie exemplarisch für strukturtheoretische Analysen steht, möchten wir diesen Beitrag nachfolgend etwas ausführlicher vorstellen.

5.1.2.1 Ein Beispiel für einen makrosoziologischen Ansatz: Rolf Nefs Modell der sozioökologischen Räume

Die zentralen Analyseeinheiten dieser Studie sind sozioökologische Räume. Rolf Nef versteht darunter geografische Räume oder Umwelten, die sich durch eine bestimmte Struktur und Kultur auszeichnen. Diese strukturellen und kulturellen Raummerkmale stimulieren nun die politischen Erfahrungen und Präferenzen der Menschen, mithin also die politische Kultur, auf unterschiedliche Art und Weise, sodass sich entsprechende regionsspezifische «Artikulations- und Präferenzmuster» bilden. Damit sind – etwas einfacher ausgedrückt – gewisse gesellschaftspolitische Präferenzen gemeint, die sich im (aggregierten) Stimmverhalten der Bevölkerung dieser Regionen niederschlagen. Ein Beispiel: In der französischsprachigen Schweiz ist die Zustimmung zu aussenpolitischen Öffnungsmassnahmen signifikant stärker ausgeprägt als in der Deutschschweiz. Dies manifestiert sich bei europapolitischen Abstimmungen stets aufs Neue. Die Präferenzmuster bei europapolitischen Abstimmungen unterscheiden sich demnach erheblich zwischen den beiden grossen Sprachregionen in der Schweiz, auch wenn sie sich in jüngster Zeit etwas angeglichen haben.

Welche strukturellen und kulturellen Charakteristika sind nun zentral für die Herausbildung dieser unterschiedlichen gesellschaftspolitischen Wertevorstellungen? Nef (1980: 171 ff.) nennt insgesamt vier Kriterien, die – mit einer gewissen interpretativen Freiheit – den vier von Lipset und Rokkan (1967) tradierten Konfliktlinien zugewiesen werden können: zwei kulturelle Faktoren, die Sprachzugehörigkeit («Zentrum-Peripherie-Gegensatz») und Konfession («konfessioneller Gegensatz»), und zwei strukturelle Faktoren, Industriegrad («sozioökonomischer Konflikt») und beschäftigungsstrukturelle Komplexität («Stadt-Land-Gegensatz»). Diese vier Faktoren treten nun in unterschiedlicher Kombination auf. Insgesamt identifiziert Nef (1980: 184) vier verschiedene sozioökologische Räume in der Schweiz (vgl. auch Abbildung 5.1):

1) Die «prospektiv-aussenorientierte» Region der lateinischen Schweiz (Kantone GE, NE, VD, TI, VS, FR), die sich von den anderen Regionen hauptsächlich hinsichtlich der Sprache unterscheidet.[155]
2) Eine hoch entwickelte Zentralregion (Kantone ZH, BE, SO, BS, BL, SH, AG), die protestantisch und «alemannisch» (vulgo: deutschsprachig) geprägt ist und einen hohen Tertiarisierungsgrad aufweist («strukturell modern»).
3) Eine tief entwickelte Zentralregion (Kantone GL, AR, SG, GR, TG), die sich von der zuvor genannten vor allem darin unterscheidet, dass sie strukturell peripher ist, d.h. schweizweit überdurchschnittlich hohe Beschäftigungszahlen im Industriesektor aufweist.
4) Zuletzt zeichnet sich auch die katholische Innerschweiz durch ein eigentümliches Stimmverhalten aus. Dieser Raum (Kantone LU, UR, SZ, OW, NW, ZG, AI) wird von Nef mit dem Adjektiv «retrospektiv-binnenorientiert» umschrieben.[156]

Diesen Regionen spricht Nef nun in der Folge bestimmte politische Präferenzen zu. Nef (1980: 185) argumentiert beispielsweise, dass strukturmoderne Gebiete (Regionen mit hohem Tertiarisierungsgrad) und die lateinische Schweiz «egalisierende Umverteilungsmassnahmen» (d.h. einen Ausbau des Wohlfahrtsstaates oder einkommensnivellierende Redistributionsvorlagen) stärker bevorzugen als andere Regionen. In der Tat sind solche regionsspezifischen Präferenzmuster auch heute noch zu erkennen. Als Beispiel diene die Abstimmungskarte (Abbildung 5.2) zur Abstimmung über die Revision des Arbeitslosengesetzes.

Wenn wir uns die Abstimmungskarte anschauen, dann sollten die von Nef genannten soziökologischen Räume zumindest in den Grundzügen erkennbar sein: Die lateinische Schweiz lehnte die Vorlage deutlich ab,

---

[155] Zur prospektiv-aussenorientierten Region zählte Nef 1980 auch den Kanton Tessin, der damals in der Tat ähnliche gesellschaftspolitische Präferenzen aufwies wie die restliche lateinische Schweiz. Aufgrund der Tessiner Stimmergebnisse in den letzten beiden Jahrzehnten lässt sich diese Typisierung jedoch kaum noch rechtfertigen.

[156] Meier-Dallach et al. (1982: 277 ff.) nehmen eine ähnliche Unterscheidung vor, jedoch beinhaltet deren Kategorisierung elf verschiedenen Strukturtypen. Die Varietät eines soziökologischen Raumes wird auch bei ihnen anhand der Religions- und Sprachzugehörigkeit definiert.

Abbildung 5.1: Die vier soziökologischen Räume nach Nef (1980)

1.) Prospektiv-aussenorientierte Region
2.) Hoch entwickelte Zentralregion
3.) Tief entwickelte Zentralregion

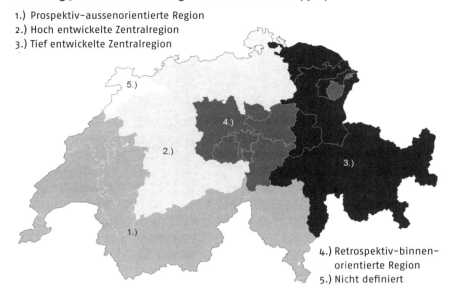

4.) Retrospektiv-binnenorientierte Region
5.) Nicht definiert

während die hoch entwickelte, strukturmoderne Zentralregion (etwa die Städte Zürich, Bern und Basel) knappe Ja-Stimmen-Anteile aufwies. Die beiden anderen Regionen, die tief entwickelte Zentralregion und die Zentralschweiz, stimmten der Revision hingegen klar zu.[157] Die Revision des Arbeitslosengesetzes ist lediglich ein Beispiel für die regionalen Unterschiede im Abstimmungsverhalten. Es liesse sich noch eine Vielzahl weiterer Beispiele aus den unterschiedlichsten Themenbereichen anführen. Das kommt wenig überraschend, denn Nefs Klassifizierung gründet ja auf einer Faktorenanalyse der Aggregatdaten zu eidgenössischen Urnengängen. Die Typologie wurde induktiv gewonnen. Deshalb ist die Frage, wie diese strukturellen und kulturellen Eigenheiten einer Region ein bestimmtes Stimmverhalten hervorrufen (und nicht, ob sie es tun), analytisch

---

157 Zu beachten ist dabei, dass die Vorlage eine Sanierung der Arbeitslosenversicherung anstrebte, u. a. durch eine Ausgabenreduktion, welche die Befürworter «egalisierender Umverteilungsmassnahmen» ablehnten (und folglich ein Nein in die Stimmurnen einlegten).

Abbildung 5.2: Die Abstimmung über das Bundesgesetz über die obligatorische Arbeitslosenversicherung und die Insolvenzentschädigung (26.9.2010, Ja-Stimmen-Anteile in % nach Bezirken)

Ja-Stimmen-Anteil = 53,4 %
Stimmbeteiligung = 35,5 %

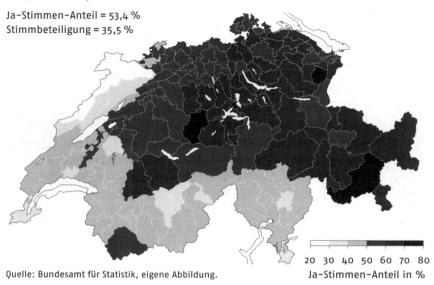

20 30 40 50 60 70 80
Ja-Stimmen-Anteil in %

Quelle: Bundesamt für Statistik, eigene Abbildung.

wertvoller. Dadurch, dass Nef in der Folge die Verhaltensrelevanz dieser strukturellen Faktoren offenlegt, macht er deutlich, wie die Makro- und Mikroebenen miteinander verknüpft sind.

Auch hier wollen wir uns lediglich mit je einem Beispiel begnügen: Nef (1980: 181) stellt etwa fest, dass die hoch entwickelte Zentralregion zentralisierende Massnahmen deutlich stärker befürwortet als die lateinische Schweiz. Er begründet dies damit, dass die kulturellen Randbedingungen ein historisches Regionalgedächtnis geformt hätten, das sich in bestimmten, vorgefassten politischen Meinungen niederschlage. In Bezug auf Fragen der Kompetenzregelung zwischen Bund und Kantonen sei es beispielsweise so, dass in den lateinischen Kantonen die historische Erfahrung des «Imperialismus» durch die alten Stände[158] noch nicht vergessen sei. Der heutige Zentralstaat, so Nefs Argument, werde nach wie

---

158 Die «Alten Orte» in der Eidgenossenschaft vor 1798 hatten Untertanengebiete (zu diesen gehörte etwa das Waadtland), die sie beherrschten und wirtschaftlich z. T. auch ausbeuteten.

vor mit diesen unschönen und belastenden Erfahrungen aus der Zeit vor 1798 verknüpft – gewissermassen wurden diese Erfahrungen regional weitervererbt – und deshalb optierten die ehemaligen Untertanengebiete in der Regel eher für föderalistische als für zentralistische Lösungen. Dergestalt nehme also die Kultur Einfluss auf das Stimmverhalten.

Die sozioökonomischen Strukturen (Nef 1980: 175 ff.) wiederum formen die regionalen Umwelten zu Räumen mit unterschiedlichen sozialen Problemen und Interessen. Daraus bilden sich auch unterschiedliche Präferenzen bezüglich diverser Staatsaufgaben. In den urbanen Zentren dominieren die Probleme einer hoch industrialisierten, modernen Gesellschaft, also Probleme wie Umweltverschmutzung oder strukturelle Arbeitslosigkeit. Deshalb besteht auch ein hoher Bedarf an bestimmten Formen von Staatsinterventionismus, um diese regionsspezifischen Probleme zu bewältigen. Dieselben politischen Massnahmen finden in den peripheren Regionen nur geringe Unterstützung. Denn mit den Begleiterscheinungen einer modernen Dienstleistungsgesellschaft werden sie aus strukturellen Gründen in geringerem Mass konfrontiert. Es ist zwar nicht so, dass in den strukturschwachen Gebieten kein Bedarf an Staatsinterventionismus besteht. Dieser konzentriert sich aber auf andere Bereiche, etwa die Landwirtschaft. Auf diese Weise übt der (beschäftigungs-)strukturelle Kontext Einfluss auf das Stimmverhalten aus.

Eine idealtypische strukturtheoretische Untersuchung ist Nefs Studie deshalb, weil sie ausschliesslich auf der Makroebene verbleibt. Das zeigt sich alleine schon daran, dass Aggregat- und nicht Individualdaten verwendet werden. Zudem sind sowohl die erklärenden wie auch die zu erklärenden Variablen Kollektivphänomene: Gesamtgesellschaftliche Prozesse wie etwa der Zentrum-Peripherie-Gegensatz erklären regionale Präferenzmuster. Hingegen ist für die Motive der einzelnen Stimmbürger kein Platz, sie gehen gewissermassen in der Anonymität der «regionalen» Massen auf.

Wie das Beispiel der Revision des Arbeitslosengesetzes zeigt, hat Nefs analytisches Rahmenwerk seine Zeit überdauert. Nach wie vor wird das Stimmverhalten in der Schweiz von kulturellen und strukturellen Faktoren beeinflusst: Der «Röstigraben», der vor allem bei europapolitischen Vorlagen aufbricht, aber auch der Stadt-Land-Gegensatz, der insbesondere bei asyl- und ausländerpolitischen Themen auseinanderklafft, sind Belege dafür, dass der soziologische Ansatz an Erklärungskraft nur wenig eingebüsst hat (vgl. auch Linder et al. 2008). Die fortdauernde Prägekraft struktureller und kultureller Faktoren zeigt sich zudem an der Popularität der mentalen Topografien der beiden Sozialgeografen Michael Hermann und Heiri Leuthold (2001), deren Vorgehensweise der Nef'schen Methode ähnlich ist. Nebst diesem Lob gibt es allerdings auch Kritik an den strukturtheoretischen Untersuchungen der Zürcher Schule (vgl. Seitz 1997 und Epple-Gass 1989). Wir wollen kurz darauf eingehen, weil diese Kritik stellvertretend für die generelle Kritik an strukturtheoretische Ansätze steht. Die Zürcher Schule geht davon aus, dass die Abstimmungspräferenzen und die gesellschaftspolitischen Wertepräferenzen innerhalb einer Region identisch sind. Es wird angenommen, dass der Stimmbürger versucht, seine politischen Präferenzen an der Urne umzusetzen und in der Folge auch korrekt umzusetzen vermag. Beides ist keineswegs selbstverständlich, sondern ausgesprochen voraussetzungsvoll. Wir müssen davon ausgehen, dass sich im Stimmentscheid einer Person noch ganz andere Dinge widerspiegeln als bloss ihre Sachfragenorientierung (die ohne Zweifel durch ihre soziale Position mitbestimmt wird). Der Stimmentscheid wird von zahlreichen anderen Elementen beeinflusst: beispielsweise von Empfehlungen, Parteiparolen, aber auch Nützlichkeitserwägungen. Das aber erschwert es, von Abstimmungsergebnissen auf politische Präferenzmuster zu schliessen. Weiter geht die Zürcher Schule davon aus, dass eine Abstimmungsvorlage schweizweit (und zudem auch individuell unabhängig) gleich interpretiert bzw. mit denselben Konfliktdimensionen verknüpft wird. Auch dies ist eine sehr starke Annahme (vgl. Seitz 1997). Untersuchungen zum Framing bei Abstimmungskampagnen haben gezeigt, dass Vorlageninhalte mit (regional) unterschiedlichen Konfliktfeldern verbunden werden können und somit unterschiedliche Ergebnisse bei gleichlautenden Prädispositionen möglich sind.

5.1.2.2 Weitere Schweizer Studien

Die strukturtheoretische Abstimmungsanalyse erlebte ihre schweizerische Blütezeit in den 1970er- und 1980er-Jahren, als die oben genannte Zürcher Schule eine Reihe von Abstimmungsanalysen hervorbrachte. Danach nahm das Interesse an strukturtheoretischen Kausalerklärungen des Stimmverhaltens merklich ab. Egozentrierte Netzwerkanalysen wie sie Beck et al. (2002) anlässlich der US-Präsidentschaftswahlen 1992 durchgeführt haben und die den strukturtheoretischen Ansatz in den USA neu belebten, sucht man in der Schweiz vergeblich. Es fehlen schlicht die Daten für eine solche Untersuchung. Hingegen gab es einige Versuche, den Erklärungsgehalt der drei dominanten Ansätze in der Wahl- und Abstimmungsforschung statistisch zu vergleichen. Bei diesen Vergleichen schnitt der (verschiedentlich schon tot gesagte) soziologische Ansatz nun regelmässig gut ab. Sowohl Buri und Schneider (1993) als auch Vatter, Linder und Farago (1997) und Linder, Riedwyl und Steiner (2000) hielten fest, dass der soziologische Ansatz (z.T. «entgegen der Erwartungen»[159]) einen nach wie vor hohen Erklärungsgehalt habe.

In der jüngsten Zeit erlebte der soziostrukturelle Ansatz jedoch eine Art Renaissance, die vor allem auf Untersuchungen zurückzuführen ist, die im Rahmen eines vom Nationalfonds unterstützten Forschungsprojekts entstanden sind (Bolliger 2007a, Linder et al. 2008, Zürcher 2006), aus dem wiederum später die Datenbank Swissvotes (siehe Kapitel 4.1 zu Daten in der Abstimmungsforschung) hervorging.[160] Diese Studien belegen eindrucksvoll, dass die Prägekraft der klassischen gesellschaftlichen Spaltungen trotz hoher sozialer Mobilität und tief greifendem Strukturwandel nicht derart stark nachgelassen hat, wie dies von denjenigen,

---

[159] Vatter et al. (1997) bemerken in ihrer Untersuchung zum Stimmverhalten der Schwyzer, dass sich alleine anhand der Gemeindestrukturdaten ein beträchtlicher Teil der Unterschiede im Abstimmungsverhalten erklären lasse. Ihr Fazit lautet deshalb, dass «entgegen der Erwartungen (…) der soziostrukturelle Ansatz gegenüber den heute favorisierten Theorien des sozialpsychologischen oder des Rational-Choice-Verhaltens über eine bleibende Erklärungskraft» (Vatter et al. 1997) verfüge.

[160] Zum strukturtheoretischen Ansatz dürfen zudem sicherlich auch die Analysen der Politgeografen Hermann und Leuthold (2001, 2003) gezählt werden. Sie haben wesentlich zu einer eigentlichen «Popularisierung» dieses Ansatzes beigetragen. Dabei unterscheiden sie drei Konfliktdimensionen: den «alten» soziökonomischen (Distributions-)Konflikt, die Teilungsachse zwischen liberalen und konservativen Werten (der Stadt-Land-Gegensatz) sowie einen neuen Wertekonflikt zwischen ökologischen und technokratischen Positionen (Hermann und Leuthold 2001). Ähnlich wie Nef argumentieren die Autoren, dass die Beschäftigungsstruktur, aber auch die Sprache und Kultur ganz spezifische, regional unterschiedliche plebiszitäre Artikulationsmuster hervorbringen. Ihr *Atlas der politischen Landschaften* (2003) hebt diese regionalen Präferenzen auf illustrative Art und Weise hervor.

die das Ende der politisierten Sozialstruktur verfechten, vermutet wurde (vgl. etwa Dalton 1984 oder Brettschneider, van Deth und Roller 2002). Weiter spielt das soziale Umfeld nach wie vor eine bedeutsame Rolle beim Stimmentscheid, was sich folgerichtig in der Persistenz regionaler Abstimmungsmuster äussert. Ein Beleg dafür ist der Umstand, dass Stimmbürger mit gleichem Berufs- oder Bildungsstatus heute noch auf dem Land anders abstimmen als in der Stadt (Hermann und Leuthold 2003, Leimgruber 2007). Gewiss, einige der traditionellen Konflikte sind inzwischen stark abgekühlt. Dies trifft insbesondere auf den Kulturkampf zu. Andere wie etwa der sozioökonomische Konflikt haben trotz des Wandels der Erwerbsstruktur und des Schrumpfens der entsprechenden sozialen Trägergruppen wenig an Schärfe verloren bzw. andere Formen angenommen (Linder et al. 2008). In jüngster Zeit ist es vor allem der Stadt-Land-Gegensatz, der die Abstimmungsnation spaltet (vgl. hierzu auch Christin, Hug und Sciarini 2002b). Was die Bedeutung der einzelnen Konfliktlinien anbelangt, so gibt es Differenzen zwischen all den genannten Untersuchungen. Indes, sie sind sich in dem einen Punkt einig, dass strukturelle Faktoren im Generellen keine vernachlässigwerten Grössen sind, wie dies von manchen etwas verfrüht postuliert wurde, sondern das Stimmverhalten nach wie vor stark beeinflussen.

Die regionalen Policypräferenzen unterliegen jedoch einem Wandel. Linder et al. (2008: 29) weisen etwa darauf hin, dass es zwischen der Romandie und der Deutschschweiz seit der Verfassungsrevision 1874 zu einem regelrechten Positionstausch im Hinblick auf wirtschafts- und sozialpolitische Haltungen – und zwar in der Form, wie sie sich bei entsprechenden Sachabstimmungen niederschlagen – gekommen ist. Vertraten die Romands noch bis weit in die Hälfte des 20. Jahrhunderts mehrheitlich eine rechte Wirtschaftsideologie und die Deutschschweizer die dazugehörige linke Gegenposition, so hat sich dies in der Zwischenzeit ins Gegenteil verkehrt. Mittlerweile stimmt die Deutschschweiz bei sozial- und wirtschaftspolitischen Abstimmungen mehrheitlich zugunsten rechter Positionen, während auf der anderen Seite des «Röstigrabens» linke Lösungen bevorzugt werden.

Die Stabilität und Dauerhaftigkeit regionaler Abstimmungsmuster trotz moderner Mobilität lassen sich gemäss den Studien dieser Berner Schule damit erklären, dass die Antagonismen neuer Konflikte häufig mit den «alten» Spaltungen (Lipset und Rokkan 1967) verbunden werden. Die Autoren (Linder et al. 2008) sprechen von einer Revitalisierung der Konflikte. Der Umstand, dass die alten Konflikte trotz des gesellschaftlichen Wandels nicht von der politischen Landkarte verschwunden sind, wird auch damit begründet, dass das einzelne Individuum zwar nicht mehr räumlich gebunden ist, seine Freiheit aber häufig dazu nutzt, sich in dem Milieu niederzulassen, das seinen Lebensgewohnheiten am ehesten entspricht (Hermann und Leuthold 2003). Man wird somit nicht mehr in ein sozialmoralisches Milieu hineingeboren, sondern wählt sich dieses aus.

Allerdings – und dies darf bei all der Euphorie über die wenig nachlassende Erklärungskraft des soziologischen Ansatzes nicht unerwähnt bleiben – nehmen die Unterschiede im räumlichen Abstimmungsverhalten gesamthaft gesehen ab. Wie gesagt, nicht derart dramatisch, wie dies die Kritiker des soziologischen Ansatzes zuweilen behaupten. Aber die Kantone bzw. Regionen bilden nicht mehr diese fast schon hermetisch abgeriegelten sozialen Umwelten («soziale Abschliessung»), die beinahe konträre Abstimmungsmuster in den jeweiligen Regionen generierten wie etwa bei der Abstimmung über die Vereinheitlichung des Zivilrechts im Jahre 1898.

5.1.2.3 Der «Röstigraben» – eine strukturtheoretische Erklärung für das unterschiedliche Stimmverhalten der beiden grossen Sprachregionen bei aussenpolitischen Abstimmungen

Eine Konfliktlinie wurde in der jüngeren Vergangenheit im Zusammenhang mit Abstimmungsergebnissen besonders lebhaft diskutiert, weshalb ihr auch ein besonderer Platz in unserer Darstellung gebührt: der Gegensatz zwischen der lateinischen und deutschsprachigen Schweiz, der seiner (vornehmlich publizistischen) Bedeutung wegen auch eine eigene, redensartliche Metapher erhalten hat: der «Röstigraben». Er klaffte in der Vergangenheit vor allem bei europa- und ausländerpolitischen, aber auch bei gewissen sozialpolitischen Themen weit auseinander (Linder et al. 2008). Schon Nef hielt 1980 fest, dass sich der Sprachengegensatz vor allem im Bereich der Aussenpolitik äussert. Das Grabenbild wurde aber vor allem im Nachgang zur Jahrhundertabstimmung über den EWR (1992) inflationär benutzt, um die augenfälligen Unterschiede im Stimmverhalten beider Landesteile zu beschreiben.

Diese Unterschiede haben sich in den letzten beiden Jahrzehnten zwar verringert, sie sind bei aussenpolitischen Themen aber weiterhin vorhanden.[161] Auffällig ist dabei, dass man mit der Beschäftigungsstruktur[162] zwar die Stimmverhaltensunterschiede *innerhalb* einer Sprachregion plausibel zu erklären vermag, aber nicht die Unterschiede *zwischen* den Sprachregionen. So finden sich in den ländlich geprägten Regionen der Romandie zwar weniger Integrationsbefürworter als in den urbanen Regionen der frankophonen Schweiz, aber immer noch mehr als in den strukturmodernen Regionen der Deutschschweiz (vgl. Vatter 1994b). Kurz, es existiert eine sich vornehmlich in aussenpolitischen Haltungen manifestierende kulturelle Kluft zwischen den beiden grossen Sprachgebieten.

Doch warum ist nun die Deutschschweiz europaskeptischer eingestellt als die Romandie? Prinzipiell geht es bei dieser Frage darum, darzulegen, wie sich der kulturelle bzw. strukturelle Kontext auf die Verhaltensdisposition des Einzelnen niederschlägt, d. h., der Forderung Colemans (1991) nachzukommen und die Verbindung zwischen Makro- und Mikroebene aufzuzeigen. Tobias Theiler (2004) hat genau dies getan. Er hat dabei zunächst einmal populäre, generelle Ad-hoc-Erklärungen für die Europaskepsis überprüft, diese anschliessend aber verworfen, weil sie die aufgeworfene Frage nicht zufriedenstellend zu beantworten vermögen. Zu diesen Erklärungsansätzen gehört jener, wonach die Europaskepsis ökonomisch begründet werden kann. Dem widerspricht jedoch in der Schweiz die Tatsache, dass beide Sprachgebiete im europäischen Vergleich über eine ähnliche Wirtschaftsstruktur und auch über einen vergleichbaren Wohlstand verfügen, aber trotzdem ganz unterschiedlich über die Europafrage denken. Ist die weitverbreitete Europaskepsis in der Deutschschweiz deshalb vor allem ein Resultat der starken Mobilisierung durch europaskeptische Eliten, die vor allem in der Deutschschweiz präsent waren? Auch diese Erklärung lehnt Theiler ab mit dem Hinweis, dass selbst in der Deutschschweiz so gut wie alle Medien und auch die

---

161 Linder et al. (2008) halten fest, dass – entgegen der landläufigen Ansichten – die Polarisierung zwischen der Romandie und der Deutschschweiz im Langzeitvergleich erheblich abgenommen hat. Die Blütezeit des Sprachenkonflikts sei längst vorbei, argumentieren die Autoren.

162 Dahinter steht die durchaus plausible Annahme, dass Beschäftigte in exportabhängigen Industrien gegenüber einer europäischen Integration positiver eingestellt sind als solche, die in einem binnenmarktorientierten Sektor tätig sind.

allermeisten Parteien zugunsten eines EWR-Beitritts gewesen seien (indes mit der nicht ganz unbedeutenden Ausnahme der SVP).[163] Die populärste Erklärung für den Europaskeptizismus lautet, dass sich die Schweiz als Willensnation, die sich vor allem über Institutionen wie Neutralität, direkte Demokratie und Föderalismus definiert (und nicht etwa über eine gemeinsame Sprache oder Kultur), davor fürchtet, der EU beizutreten, da sie diese Stützen ihrer nationalen, kollektiven Identität dann aufgeben müsste. Theiler hält auch diese Erklärung für unbefriedigend, denn paradoxerweise hege ausgerechnet die frankophone Minderheit diese Angst vor einem Verlust der kollektiven Identität nicht, obwohl sie dem Staatsbürgerpatriotismus doch eigentlich noch stärker anhängen müsste als die Deutschschweizer Mehrheit.

Die Gründe für diese tiefe Kluft zwischen dem Stimmverhalten der beiden Landesteile müssen woanders liegen. Theiler setzt beim Staatsverständnis und dem kulturellen Selbstverständnis der Deutschschweizer an. Er stellt die These auf, dass die Schweiz in gewisser Hinsicht «a state without a culture» und die Deutschschweiz «a culture without a state» sei (Theiler 2004: 646). Zum besseren Verständnis sei an dieser Stelle nachgereicht, dass die Schweiz in der Tat keine gemeinsame Sprache oder Kultur hat. Sie ist demnach keine Sprach- oder Kulturnation wie beispielsweise die Nachbarn im Norden (Deutschland) oder im Süden (Italien). Vielmehr ist die Schweiz eine Willensnation, aufbauend auf republikanischen und staatsbürgerlichen Elementen. Diese besondere Loyalität gegenüber den politischen Institutionen wird auch als Staatsbürger- oder Verfassungspatriotismus bezeichnet. Im Falle einer Integration in einen supranationalen Verband würde die Schweiz dieser politischen Institutionen wahrscheinlich (zumindest teilweise) verlustig gehen. Nationen mit einer starken Kultur (*thick culture*), so argumentiert Theiler, könnten diesen Verlust an Staatlichkeit und Souveränität dadurch kompensieren, dass sie die kulturellen Grenzen hervorhebten. Deutschland beispielsweise verlor durch die Integration in die EU nach und nach einige staatliche Souveränitätssymbole wie etwa die D-Mark. Aber zur Unterscheidung von anderen Nationen bleiben der Bundesrepublik die deutsche Sprache und Kultur.

---

163 Ob die elitenzentrierte Erklärung so einfach abgetan werden kann, darf angezweifelt werden. Die SVP war etwa zum Zeitpunkt der EWR-Abstimmung (1992) in der Deutschschweiz eine etablierte politische Kraft, während sie in der Romandie nur ganz schwach vertreten war.

Diese Kompensationsmöglichkeit habe die Schweiz nicht, so Theiler. Es gäbe, so fährt Theiler fort, keine eigenständige und überlebensfähige schweizerische Kultur oder Sprache, die beim Wegfallen der Staatsgrenzen noch als klar definierte kulturelle Grenze übrig bliebe.

Dies erklärt aber nach wie vor nicht die Unterschiede zwischen der Deutschschweiz und der Romandie. Hier bringt Theiler nun eine Unterscheidung Sigmund Freuds ins Spiel. Freud sagt, dass das Vorliegen einer grossen kulturellen Differenz ebenso wie der Umstand, dass so gut wie keine kulturelle Differenz vorliegt, ein Gefühl der kulturellen Sicherheit vermittelt (zit. nach Theiler 2004: 648). Problematisch seien jedoch kleine kulturelle Differenzen, d.h. solche, die irgendwo zwischen den beiden zuvor genannten Polen zu liegen kommen. Kleinere kulturelle Differenzen lösten Unsicherheit aus. Die kulturellen Grenzen erscheinen fragil und provozierten eine kontinuierliche Selbst-Ausgrenzung. In genau solch einer Situation befänden sich nun die Deutschschweizer, führt Theiler aus. Aufgrund des doch sehr eigentümlichen Deutschschweizer Idioms sei die Deutschschweiz zwar Teil des deutschen Kulturraums, aber diesem doch nicht ganz angehörig. Die Deutschschweizer Kultur habe auch keine sie sichernden politischen Institutionen. Die nächsten politischen Einheiten nach unten sind die Kantone, die aber zu fragmentiert seien, um einen kollektiven politischen Block der Deutschschweiz zu bilden. Der Bundesstaat selbst sei zwar kein Repräsentant der Deutschschweizer Kultur, weil er in Bezug auf Sprachfragen neutral bleiben müsse. Er sei aber von Deutschschweizern strukturell dominiert. Deshalb halte die Deutschschweiz so stark an diesem institutionellen «Protektor» der Deutschschweizer Kultur fest, viel verbissener als die Romandie, die gegenüber Frankreich so gut wie keine kulturellen Grenzen zu verteidigen habe.

Kurz, das unterschiedliche Abstimmungsverhalten ist gemäss Theiler die Folge eines unterschiedlichen Staats- und Kulturverständnisses in den beiden Sprachregionen der Schweiz. Theilers Artikel ist ein ausgezeichnetes Beispiel für eine (makro-)soziologisch motivierte Studie, die nicht bloss soziodemografische Variablen auf ihren Einfluss auf den Stimmentscheid testet, sondern auch die *Verhaltensrelevanz* dieser soziodemografischen Faktoren erklärt und somit die Verbindung beider Ebenen, Makro- und Mikroebene, aufzeigt.

5.2 Der sozialpsychologische Ansatz zur Erklärung des politischen Verhaltens

Schon bald nach dem Erscheinen von *The People's Choice* (Lazarsfeld et al. 1944) kam Kritik am mikrosoziologischen Modell auf. Es sei zu statisch, zu deterministisch und könne empirische Phänomene wie das Wechselwählen kaum oder nur unbefriedigend erklären, bemängelten diese Kritiker (für einen Überblick siehe Schloeth 1998: 9ff.).[164] Eine Forschergruppe der University of Michigan in Ann Arbor entwickelte sodann in Auseinandersetzung mit dem soziologischen Modell ein eigenes, dynamischeres Modell, in dem auch kurzfristig wirkende Meinungsbildungsaspekte integriert wurden. Dieses Modell wurde erstmals 1954 im Werk *The Voter Decides* (Campbell et al. 1954) vorgestellt. Zum eigentlichen Standardmodell in der Wahlforschung wuchs der sozialpsychologische Ansatz aber erst an, nachdem er 1960 in revidierter Form im Werk *The American Voter* (Campbell et al. 1960) veröffentlicht wurde. Das dort vorgestellte und nach der Universität, an der das Autorenteam wirkte, benannte Michigan-Modell stiess auf eine überwältigende Resonanz und dominierte lange Zeit sowohl die Grundlagenforschung zum Wahlverhalten als auch die praxisorientierte Wahlforschung. So gross war die Prädominanz des Michigan-Modells, dass mit der Zeit nur noch vom «Standardmodell» die Rede war.

5.2.1 Das Michigan-Modell zur Erklärung des politischen Verhaltens
5.2.1.1 Prämissen und Konzepte des Modells

Dieses Standardmodell der Wahlforschung soll in der Folge kurz vorgestellt werden. Dabei möchten wir gleich zu Beginn klarstellen, dass die Väter des sozialpsychologischen Ansatzes, Angus Campbell, Philip Converse, Warren Miller und Donald Stokes, ihr Modell nicht als Gegenstück, sondern als eine Weiterentwicklung des soziostrukturellen Columbia-Ansatzes ansahen. Sie bestritten keineswegs die Hauptaussage des sozio-

---

[164] Lazarsfeld und seine Mitautoren haben dies selbst schon früh erkannt und modifizierten ihr Modell später (Berelson et al. 1954) erheblich, indem sie die subjektive Wahrnehmung des Einzelnen ebenso wie dessen kognitives Potenzial für die Interpretation des Wahlaktes mitberücksichtigten (Rossi 1959: 28). Indes, der Vorwurf eines übermässigen Strukturdeterminismus blieb bestehen.

logischen Ansatzes, wonach das politische Verhalten auf Strukturen zurückgeführt werden kann. Sie waren aber der Ansicht, dass die Strukturen keinen direkten Einfluss auf das politische Entscheidungsverhalten ausüben, sondern bloss eine mittelbare Wirkung darauf haben, vermittelt durch einen ihnen nachgelagerten, psychologischen Variablenkomplex. Dieser psychologische Variablenkomplex ist denn auch das eigentlich genuine Element des Michigan-Modells.

Eine herausragende Stellung innerhalb dieses Variablenkomplexes nimmt die Parteiidentifikation ein – ein Konzept, das von den Autoren des *American Voter* erstmals in die wissenschaftliche Diskussion eingeführt wurde, seither aber eine steile Karriere durchgemacht hat (für die internationale Diskussion siehe Clarke et al. 2004: 175 ff., für die Schweiz Schloeth 1998: 170 ff.). Die Parteiidentifikation im Sinne des Michigan-Modells bezeichnet eine psychologische, emotionale und sehr stabile Bindung an eine Partei. Sie wird im politischen Sozialisationsprozess erworben. Eine zentrale Rolle spielt dabei das Elternhaus (Campbell et al. 1960: 134 ff.). Die Parteisympathie wird häufig «weitervererbt», geht somit von den Eltern auf die Kinder über – man nennt dies auch die intergenerationelle Reproduktion der Parteiidentifikation (Achen 2002, Jennings und Niemi 1968, Lutz 2008: 18 f., McDevitt 2006). Eine auf diese Weise erworbene emotionale Bindung – vergleichbar vielleicht mit dem Zugehörigkeitsgefühl zu einem Fussballverein, das ja auch oft vom Vater auf den Sohn übergeht – ist selbstredend sehr stabil und erlischt nur selten. Zwar, so räumen Campbell und seine Mitautoren ein, kann es immer wieder vorkommen, dass ein Parteisympathisant eine andere als seine bevorzugte Partei wählt, etwa aus Protest gegen die Personalpolitik seiner Partei. Aber zumeist kehrt er nach einer Weile wieder zurück zu «seiner ersten Liebe», d. h. zu seiner favorisierten Partei (*homing tendency*). Auch ein fundamentaler Richtungswechsel ist nicht ausgeschlossen. Wenn etwa die eigenen politischen Orientierungen über eine längere Zeit hinweg stark von der Linie der Identifikationspartei abweichen, so ist ein Wechsel der Parteibindung durchaus möglich. Aber im Normalfall weist die Parteiidentifikation eine hohe Festigkeit und Stabilität auf (Campbell et al. 1960: Kapitel 7) und prägt im Sinne einer *standing decision* das Wahlverhalten auch massgeblich (Miller und Shanks 1996), sodass in der englischsprachigen Literatur zuweilen vom *unmoved mover* die Rede ist.

Neben der Parteisympathie führte die Michigan-Schule noch zwei weitere Einflussgrössen in ihr Wahlverhaltensmodell ein: Issue-Orientie-

5.2 Der sozialpsychologische Ansatz zur Erklärung des politischen Verhaltens | 197

rungen, d. h. Einstellungen zu politischen Sachfragen,[165] und Kandidatenorientierungen. Diese drei Variablen bilden das Kernstück des Michigan-Ansatzes. In dem Werk *The Voter Decides* von 1954 waren sie gar die einzigen Determinanten des Modells. Die Sozialstruktur betrachteten die Autoren damals als modellexogen und liessen sie deshalb noch gänzlich unberücksichtigt. Nun lässt sich aber kaum von der Hand weisen, dass Einstellungen, Affinitäten und psychologische Bindungen eine soziale Verankerung haben müssen. Sie hängen bildlich gesprochen ja nicht im luftleeren Raum, sondern entstehen aus bestimmten Lebensumständen bzw. entwickeln sich in einem bestimmten sozialen Umfeld. Der Umstand, dass das Forschungsteam der Michigan University in ihrem Erstlingswerk die soziale Verankerung der Parteisympathie und der Issue-Orientierungen ausblendete, wurde diesem auch kritisch vorgehalten. Als Reaktion auf diese Kritik an ihrem 1954er-Werk entwickelten die Michigan-Forscher in der Folge dasjenige sozialpsychologische Modell, das hier nachfolgend vorgestellt wird.

---

[165] An dieser Stelle scheint es uns wichtig, auf die zentrale Unterscheidung zwischen abstrakten Wertvorstellungen und den konkreteren Issue-Orientierungen hinzuweisen: Unter gesellschaftlichen oder gesellschaftspolitischen Werteorientierungen verstehen wir hoch generalisierte gesellschaftspolitische Wunschvorstellungen, also beispielsweise den Wunsch nach einer möglichst egalitären oder einer stark hierarchischen Gesellschaftsform. Issue-Einstellungen hingegen beziehen sich auf spezifische und konkrete Issues (oder sachpolitische Themen), weisen also einen geringeren Abstraktionsgrad auf. Ein Beispiel dafür ist die Einstellung zu einer progressiven Einkommenssteuer, die – sofern das Individuum eine kohärente Weltanschauung besitzt – aus seinen abstrakten Wertevorstellungen, also seinem Wunsch nach einer egalitären Gesellschaft abgeleitet werden kann. Diese Unterscheidung macht deutlich, dass die politischen Grundüberzeugungen eines Individuums weitaus stabiler sind als die (auf konkretere Sachfragen bezogenen) Issue-Orientierungen. Politische Grundüberzeugungen haben nämlich beinahe schon den Charakter eines religiösen Glaubensbekenntnisses, sie werden nicht kampflos aufgegeben. Issue-Orientierungen hingegen sind wandelbarer, denn sie geben bis zu einem gewissen Grad ja lediglich an, wie – also mit welchen Mitteln/ Instrumenten – die *core beliefs* (diese stellen die politischen Ziele dar) erreicht werden sollen (vgl. auch die Unterscheidung zwischen instrumentellen und terminalen Werten).

Die revidierte Fassung des sozialpsychologischen Ansatzes sah nun auch eine soziale Verankerung der politischen Einstellungen vor, wobei die Autoren allerdings hinzufügten, dass eine Analyse der strukturellen Bestimmungsgründe zu Prognosezwecken (d. h., wenn es darum geht, Wahlresultate zu prognostizieren) keinen echten Mehrwert schaffe. Denn stellvertretend für den ganzen politischen Sozialisationsprozess stehe letztlich die Parteiidentifikation. In ihr würde sich der gesamte vorangegangene Sozialisierungsprozess verdichten und reflektieren; sie sei gewissermassen das Verbindungsstück zwischen den gesellschaftlichen Kontextbedingungen und den politischen Präferenzen (Dennis 1991: 60). Am besten kommt der von der Michigan-Schule postulierte Wirkungsmechanismus in der schematischen Darstellung des Kausaltrichters (*funnel of causality*) zum Ausdruck (vgl. Abbildung 5.3).

In der weiten Öffnung des Trichters situierten Campbell und sein Forscherteam die Sozialstruktur, den kulturellen Kontext und die historisch bedingten gesellschaftlichen Verwerfungslinien. Sie liegen zeitlich und auch psychologisch am weitesten entfernt vom Verhaltensakt. Den Strukturvariablen nachgelagert ist der zuvor genannte intermediäre, psychologische Variablenkomplex. Dazu gehören die Parteiidentifikation, abstrakte Wertevorstellungen, aber auch das Zugehörigkeitsgefühl zu sozialen

Abbildung 5.3: Der Kausaltrichter der Michigan-Schule

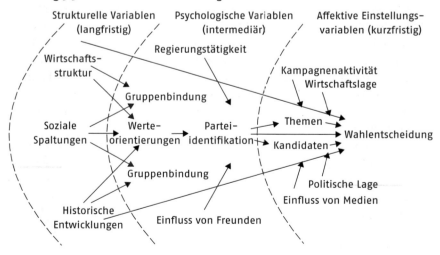

Quelle: eigene Abbildung, basierend auf Schloeth (1998).

5.2 Der sozialpsychologische Ansatz zur Erklärung des politischen Verhaltens

Grossgruppen. Dem Verhaltensakt am nächsten sind dann zum einen kurzfristig wirkende Faktoren wie Medieneinflüsse oder Kampagnenwirkungen, zum anderen aber auch Haltungen zu sehr konkreten politischen Einstellungsgegenständen, also Sachfragenorientierungen und bei Wahlen Kandidatenimages. Die letztgenannten Variablen korrelieren stark mit dem Entscheid. Teilweise besteht gar ein derart enger empirischer Zusammenhang zwischen diesen Variablen und dem Verhaltensakt, dass wir sie sowohl analytisch wie auch psychologisch kaum mehr auseinanderhalten können. Diese Variablen sind es, die dem Verhaltensakt, wie erwähnt, am nächsten sind, und folgerichtig auch den stärksten Einfluss auf ihn ausüben. Das heisst allerdings nicht, dass die von der engen Öffnung des Trichters weiter entfernt liegenden Faktoren ohne Wirkung sind, aber ihr Einfluss auf das politische Verhalten wird – wenn wir uns das Bild des Kausaltrichters nochmals vor Augen führen – von den nachfolgenden Variablen aufgenommen und nur in mittelbarer Form weitergegeben.

Fassen wir nochmals kurz zusammen: Unmittelbar entscheidend für das politische Verhalten sind die ihm direkt vorgelagerten Erklärgrössen. Bei diesen handelt es sich um Variablen auf der Einstellungsebene: Einstellungen zu Sachfragen und Kandidaten, politische Grundüberzeugungen und die Parteiidentifikation. Diese werden aber wiederum von weiter in der Vergangenheit zurückliegenden, strukturellen Bestimmungsgründen geprägt. Grundsätzlich wäre es möglich, das politische Verhalten auf diese Art und Weise beliebig weit in die Vergangenheit zurückzuverfolgen (Campbell et al. 1960: 36). Indes, dies würde wohl an der Komplexität des Vorhabens scheitern – es müsste nämlich eine riesige Zahl von potenziellen Einflüssen in Betracht gezogen werden. Die sozialpsychologische Schule erachtet eine solche Rückführung eines Wahl- oder Abstimmungsentscheids auf die gesellschaftlichen Rahmenbedingungen, die in den formativen Jugendjahren vorlagen (vgl. dazu Inglehart 1977), auch nicht für nötig – zumindest dann nicht, wenn es darum geht, ein bestimmtes politisches Verhalten (etwa einen Wahlentscheid) zu prognostizieren. Dazu reiche die Parteiidentifikation aus, denn in ihr seien alle Sozialisationserfahrungen, d.h., die gesamte Erwerbsbiografie gewissermassen «abgespeichert» (Campbell et al. 1960: 117 ff.).[166]

---

[166] Schoen und Weins (2005: 195) verwenden hierfür den treffenden Begriff «Destillat». Sie schreiben, dass die Parteiidentifikation «gleichsam als Destil-

Der grosse Vorteil des Michigan-Modells im Vergleich zum Vorgängermodell ist die Fähigkeit, sowohl Stabilität wie auch Wandel im Wahlverhalten erklären zu können. Dabei sind zwei Erklärgrössen der Determinantentrias, die Sachfragen- und Kandidatenorientierung, für die *volatile* Erklärungsleistung verantwortlich, während die Parteiidentifikation die Stabilität des Modells gewährleistet (Campbell et al. 1960: 65). Im Zentrum eines individuellen politischen Überzeugungssystems steht aber stets die Parteisympathie. Sie ist das zentrale Steuerelement und vermag gar politische Grundüberzeugungen in ihrem Sinne zu färben. Dieser «Kolorierungseffekt» der Parteiidentifikation (Schoen und Weins 2005: 196) hat zur Folge, dass Parteiidentifizierer die eigenen Kandidaten für kompetenter halten, aber beispielsweise auch Argumenten eher Glauben schenken, die vom eigenen Parteilager vorgebracht werden (und die den eigenen Überzeugungen teilweise diametral entgegengesetzt sein können), als denjenigen des ideologischen Gegners (vgl. Milic 2010).

Worin aber unterscheidet sich das um die Sozialstruktur erweiterte, revidierte Michigan-Modell von seinem Vorgänger, dem Columbia-Modell? Die Frage ist deshalb berechtigt, weil Letzteres die Homogenisierung der politischen Präferenzen ähnlich begründet wie die Michigan-Gruppe, d.h. mit primären Sozialisationserfahrungen. Es kommt hinzu, dass die Parteiidentifikation im Michigan-Modell eine ähnlich statische Wirkung hat wie die Strukturen im Columbia-Modell: Sie ist hochgradig stabil (*unmoved mover*). Der Vorwurf des sozialen Determinismus liesse sich somit auch gegen das Michigan-Modell erheben. Worin also liegen die massgeblichen Unterschiede zwischen beiden Modellen? Ein wesentlicher Unterschied besteht zunächst einmal darin, dass die Michigan-Schule einen intervenierenden psychologischen Variablenkomplex in ihr Modell integriert. Das Team um Lazarsfeld ging von einem direkten Einfluss des sozialen Umfelds auf die politischen Präferenzen aus. Des Weiteren ist für diese Schule die *psychologische* Mitgliedschaft zu einer Gruppe wichtiger als die tatsächliche bzw. formale Schicht- oder Klassenzugehörigkeit, die für das Columbia-Modell entscheidend ist (Falter et al. 1990: 9). Im Grunde genommen ist es das Konzept der Parteiidentifikation, das den Unterschied ausmacht. Dieses Konzept hatte im analytischen Rah-

---

lat aller Ereignisse im Leben einer Person, die ihr Verhältnis zu einer politischen Partei beeinflusst haben» gelten darf.

5.2 Der sozialpsychologische Ansatz zur Erklärung des politischen Verhaltens

menwerk des Columbia-Ansatzes noch keinen Platz. Im Erklärungsmodell der Michigan-Schule nimmt es hingegen eine zentrale Position ein. Dabei reflektiert die Parteiidentifikation nicht nur die soziale Basis, sondern sie übt mit der Zeit einen Einfluss auf seine Träger aus, der unabhängig von den Umständen des Erwerbs ist. Bei Dennis (1991: 60) heisst es diesbezüglich treffend, dass die Parteisympathie in der Regel zwar auf eine *group-process basis* zurückgeführt werden könne, dass die Parteisympathie, wenn sie einmal erworben wurde, aber rasch eine eigenständige Wirkung zu entfalten beginne. Mit anderen Worten: Selbst wenn sich die sozialen Umstände ändern oder ein Individuum die materiellen Lebensumstände seiner Eltern gar nie selbst erfahren hat, so bleibt es seiner bevorzugten Partei häufig treu. Eigenständig meint in diesem Zusammenhang, dass die Parteiidentifikation als Wahrnehmungsfilter wirkt, was zu einer selektiven Rezeption von Informationen seitens des Parteisympathisanten führt (Campbell et al. 1960: 128 ff.). Die Thematisierung der eigenständigen Wirkung der Parteiidentifikation gibt uns die Möglichkeit, die Bedeutung, welche die Autoren des *American Voter* der Parteiidentifikation für Einstellungssysteme attestieren, nochmals hervorzuheben. Die Bindung an die Partei ist für die Michigan-Gruppe das *zentrale* Steuerungselement innerhalb eines Einstellungssystems. Es immunisiert den Sympathisanten nicht nur gegen potenziell inkonsistente Propagandabotschaften, sondern kann Issue-Orientierungen und gar gesellschaftspolitische Wertevorstellungen auf die Parteilinie bringen (vgl. Miller 1976: 27).

Wenn wir schon dabei sind, die Unterschiede zwischen den theoretischen Ansätzen zu klären, dann möchten wir an dieser Stelle den primären Unterschied zwischen dem sozialpsychologischen und dem Rational-Choice-Modell (das erst im nachfolgenden Kapitel 5.3 behandelt wird) vorwegnehmen: Gemäss dem sozialpsychologischen Ansatz ist die Parteiwahl eine Loyalitätsbekundung eines Individuums und nicht das Ergebnis eines nüchternen Kosten-Nutzen-Kalküls. Das Individuum müsse sich, so schreibt Daniel Schloeth (1998: 28) treffend, am Wahltag nicht zwischen zwei Parteien entscheiden, sondern es demonstriere seine Loyalität zur bevorzugten Partei. Der Wähler verhält sich in der Sichtweise des sozialpsychologischen Ansatzes somit ähnlich wie ein Fussballfan, der sich ja auch nicht erst am Spieltag für eine der beiden antretenden Mannschaften entscheidet, sondern ins Stadion geht, um seine (meist bedingungslose) Unterstützung für das von ihm favorisierte Team zu zeigen.

5.2.1.2 Rezeption und Kritik des Michigan-Modells

Das Michigan-Modell trat einen regelrechten Siegeszug durch die Welt der Wahl- und insbesondere der Umfrageforschung an. Es erlangte vor allem deshalb eine derart grosse Beliebtheit, weil seine Prognosefähigkeit hoch ist. Diese starke statistische Erklärungsleistung verdankt es dem psychologischen Variablenkomplex. Dieser ist dem Entscheid direkt vorgelagert. Wer die Ausprägung dieser Variablen kennt bzw. sie in Befragungen ermitteln kann, der ist auch imstande, das Wahl- oder Abstimmungsverhalten dieses Wählers oder Stimmbürgers ziemlich genau zu prognostizieren.

Bloss – und damit wären wir bei der Kritik an diesem Ansatz angelangt – mit der Verbindung von politischem Verhalten mit den direkt vorgelagerten politischen Einstellungen haben wir wenig erklärt. Wir können zwar mit den individuellen politischen Einstellungen eines Wählers seinen Wahlentscheid ziemlich gut vorhersagen, doch eine theoretische (und nicht bloss statistische) Erklärung für diesen Entscheid haben wir dadurch noch nicht gegeben. Genau hierfür, d.h. für einen analytisch wenig wertvollen Psychologismus, wurde der Michigan-Ansatz heftig kritisiert. Der Vorwurf des psychologischen Reduktionismus meint hier den Umstand, dass die psychologische Distanz zwischen den Einstellungsvariablen und dem Verhaltensakt so gering ist, dass zuletzt eine (beinahe) tautologische Erklärung vorliegt (van Deth 1986: 189). Ein solches Modell produziere dann nur noch inhaltliche Trivialitäten, warfen die Kritiker den Autoren des *American Voter* vor. Ein Beispiel aus der Stimmverhaltensforschung soll das veranschaulichen: Wenn man den Stimmentscheid zur Armeeabschaffungsinitiative der GSoA (1989) mit der generellen Haltung zur Armee zu erklären versucht, dann ist man nahe an einer Tautologie. Zwar sind die Haltung zur Armee im Generellen und der Stimmentscheid zur Armeeabschaffungsinitiative sowohl konzeptuell als auch empirisch keine identischen Konstrukte. Man hätte damals beispielsweise ein grundsätzlicher Befürworter der Armee sein, aber der Abschaffungsinitiative aus strategischen Gründen oder Kostenüberlegungen dennoch zugestimmt haben können. Trotzdem leuchtet es sofort ein, dass die beiden Variablen inhaltlich eng miteinander verbunden sind, sodass die Haltung zur Armee mehr oder weniger die Spiegelung des Stimmverhaltens auf der Ebene der Einstellungen bildet. Der Gehalt einer solchen Erklärung ist selbstredend gering.

Damit eng verknüpft ist die Kritik, wonach die Parteiidentifikation als Konzept nur in den USA mit ihrem eigentümlichen politischen System[167] und den zwei konkurrierenden Parteien, den Republikanern und den Demokraten,[168] funktioniere. In Europa, mit den viel stärker ideologisierten Parteien und der politisch viel stärker aufgeladenen Sozialstruktur, die zu sehr stabilen Koalitionen zwischen Parteien und sozialen Grossgruppen geführt habe, sei es wenig hilfreich, die Parteiidentifikation als eigenständige Einflussgrösse einzuführen (vgl. z. B. Pappi 1973). Deshalb stehe die Parteiidentifikation im europäischen Kontext nur für die aktuelle, vorläufige Wahlabsicht und habe demnach auch keinen analytischen Wert (Budge et al. 1976, Fleury und Lewis-Beck 1993). Dieser Vorwurf konnte inzwischen teilweise entkräftet werden, da sich auch im europäischen Kontext gezeigt hat, dass die Parteiidentifikation meist stabiler ist als die bei Umfragen geäusserten Wahlabsichten (vgl. etwa Arzheimer und Schoen 2005, Green, Palmquist und Schickler 2002).

In den 1980er-Jahren geriet der sozialpsychologische Ansatz wegen empirischen Befunden zur Parteiidentifikation in die Kritik. Diese liessen eine Erosion der Parteibindungen erkennen. Ein solch (mitunter) schnelles Abschmelzen der Parteibindungen widerspricht den Annahmen des Michigan-Modells. Dieses betonte die hohe Stabilität der Parteiidentifikation. Indes, die Bindungskräfte an eine Partei liessen in jener Zeit offenbar nach (Holmberg 1994, Schmitt und Holmberg 1995, Dalton und Wattenberg 2000). Dieser Dealignment-Trend hat sich jedoch nicht überall linear fortgesetzt. Aktuellere Untersuchungen haben nachweisen können, dass es in den USA, aber auch anderswo zu einem (z. T. bloss geringfügigen, aber manchmal auch signifikanten) Realignment gekommen ist (Clarke und Stewart 1998). Anderenorts sind die Parteibindungen nicht

---

167 Als Beispiel sei hier nur genannt, dass in den USA viel mehr Wahlen für verschiedenste Ämter stattfinden als in anderen Ländern und man für die meisten Präsidentschafts-Vorwahlen zudem ein registriertes Mitglied einer der beiden Parteien sein muss.

168 Das Zweiparteiensystem ermöglicht eine eindimensional-bipolare Abbildung der Parteiidentifikation, was für europäische Mehrparteiensysteme weniger infrage kommt. Die Annahme, wonach das Konzept der Parteibindung eindimensional sei, wird selbst für die USA angezweifelt. Empirische Untersuchungen belegen, dass es Wähler gibt, die Sympathien für beide Parteien hegen bzw. von beiden Parteien gleichermassen abgestossen werden (vgl. hierzu Weisberg 1980). Indes, ob es sich dabei um ein Massenphänomen oder bloss um eine marginale Erscheinung handelt, ist umstritten.

generell am schmelzen, vielmehr ist der Anteil derer mit starker Bindung an die Identifikationspartei zurückgegangen. Die Schweizer Vox-Analysen deuten gar auf einen anhaltenden Realignmentprozess hin: Die Anzahl jener, die eine Parteisympathie angeben, hat seit den späten 1990er-Jahren kontinuierlich zugenommen (vgl. Abbildung 5.4).

Kommen wir zur theoretischen Verortung dieses Ansatzes. Wenn wir die zentralen Aussagen des sozialpsychologischen Ansatzes auf das Coleman'sche Grundschema der erklärenden Soziologie übertragen, stellen wir fest, dass das Michigan-Modell im Wesentlichen auf der Mikroebene verbleibt. Es stimmt zwar, dass bei Campbell et al. (1964) eine strukturelle Verankerung der Einstellungsdispositionen angenommen wird, aber um diese kümmern sich die Autoren in der Folge nicht allzu sehr. Die Sozia-

Abbildung 5.4: Parteibindungen in der Schweiz. Anteil Parteiungebundener und solcher, die auf die Frage nach der Parteigebundenheit keine materielle Antwort zu geben vermögen (2000–2012, in % der Stimmberechtigten)

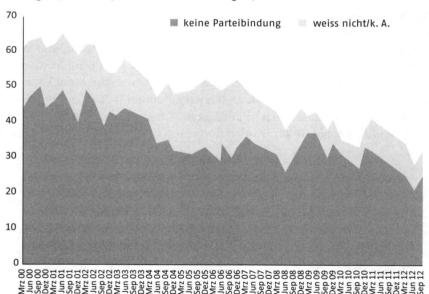

Anmerkung: Die entsprechende Frage lautet: «Welche heute im National- oder Ständerat vertretene Partei entspricht in den Zielen und Forderungen am ehesten Ihren eigenen Ansichten und Wünschen?»

Quellen: Vox-Trend, gfs.bern.

lisationsbedingungen sind nicht der Hauptgegenstand ihrer Untersuchung. Im Endeffekt wird individuelles Verhalten mit individuellen Einstellungen erklärt, wobei aber im Gegensatz zu handlungstheoretischen Ansätzen die Intentionen und Motive des Handelnden keine Rolle spielen. Der Handelnde wird auch in diesem Modell als ein willenloses Produkt, zwar nicht von Strukturen, aber von Normen und Einstellungen gesehen (Braun 1999: 27).

5.2.2 Sozialpsychologische Abstimmungsstudien in der Schweiz

Abhängig davon, wie streng man die Kriterien festlegt, die darüber bestimmen, welche Studien dem sozialpsychologischen Ansatz hinzuzurechnen sind und welche nicht, ergibt sich ein unterschiedliches Bild der Beliebtheit dieses *approaches* in der Schweiz: Zählt man all diejenigen Stimmverhaltensstudien zur Familie der sozialpsychologischen Ansätze, die im weitesten Sinne auf psychologische Variablen – Einstellungen, Parteiidentität und Prädispositionen wie etwa die Links-rechts-Selbsteinschätzung – und auf deren Entstehung (Meinungsbildungsprozess) fokussieren, dann ist dieser Ansatz derzeit gewiss der dominierende in der Schweizer Abstimmungsforschung.[169] Häufige Anwendung findet insbesondere John Zallers Ansatz (Zaller 1992, siehe Kapitel 5.4.2.2).[170] Neben

---

[169] Vatter, Linder und Farago (1997: 40) messen gar allen Vox-Analysen einen – wenn auch impliziten – sozialpsychologischen Zugang bei, wohl aufgrund der «Wertefragebatterie», die jedoch den soziodemografischen Variablen an Anzahl unterlegen ist.

[170] Den Kern von dessen RAS-Modell bilden vier Annahmen, welche eine Abhängigkeit der politischen Meinungsbildung von der *politischen Sachkompetenz* einerseits und von den *politischen Prädispositionen* andererseits postulieren. Politische Involvierung und Prädisposition moderieren, so Zaller, den Einfluss des massenmedial vermittelten Elitendiskurses auf die individuelle Meinungsbildung. Indes, das Zusammenspiel dieser beiden Grössen führt zu nicht additiven Resultaten: Je höher die politische Involvierung einer Person ist, desto *wahrscheinlicher* ist es, dass sie politische Informationen aufnimmt (und umso grösser ist das Persuasionspotenzial massenmedialer Informationen). Allerdings vermag eine hoch politisierte Person die erhaltenen Informationen *besser* anhand ihrer bestehenden Meinungen (Prädispositionen) zu beurteilen als eine gering politisierte Person (was aber gleichbedeutend mit

Hanspeter Kriesi (Kriesi 2005) haben vor allem Pascal Sciarini und Lionel Marquis diesen Ansatz in der Schweiz populär gemacht. Sciarini und Marquis haben Zallers Thesen zur öffentlichen Meinungsbildung vor allem in einem Themenbereich, in der Aussenpolitik, getestet (Bützer und Marquis 2002, Marquis und Sciarini 1999, Sciarini 2000, Sciarini und Marquis 2000).

In diesen Studien wird dem psychologischen Variablenkomplex des Michigan-Kausaltrichters jedoch vergleichsweise wenig Beachtung geschenkt. Hauptsächlich wird der Frage nachgegangen, welchen Einfluss die Medien auf das Stimmverhalten haben und wie dieser Medieneinfluss mit der psychologischen Grunddisposition des Bürgers interagiert. Die politischen Prädispositionen werden demnach primär unter diesem (Medieneinfluss-)Blickwinkel betrachtet: als eine intervenierende, den Kampagneneffekt moderierende Variable. Woher sie kommen, von welcher Art der psychologische Mechanismus zwischen Prädispositionen und Verhalten ist und ob sie eine vom Medieneinfluss unabhängige und direkte Wirkung auf das politische Verhalten haben könnten, ist nicht Gegenstand der Untersuchungen.

Dies stellt zum einen die Zuordnung des RAS-Modells zu den sozialpsychologischen *approaches* infrage.[171] Zum anderen stellt sich die Frage, welche Rolle die politischen Prädispositionen in der politischen Meinungsbildung spielen – diese Frage ist wahrscheinlich auch wichtiger als jene nach der theoretischen Verortung. Sind sie tatsächlich nur eine Art Relaisstation zwischen Medienbotschaften (bzw. Elitendiskurs) und Stimmentscheid? Es gibt Gründe anzunehmen, dass das Bild eines Top-down-Informations(ein-)flusses nicht immer zutreffend ist. Hertig

---

einer Verringerung des Wirkungspotenzials von Medienbotschaften ist). Kurz, «durch eine stärkere politische Involvierung steht also einer höheren Wahrscheinlichkeit der Rezeption eine geringere Wahrscheinlichkeit der Akzeptanz gegenüber» (Dams 2003: 128). Diese individuellen Medieneffekte haben ausserdem, abhängig von der Konfliktsituation, unterschiedliche Auswirkungen auf die öffentliche Meinung: Bei Elitenkonsens wird in der Stimmbürgerschaft ein *mainstream effect,* bei Elitendissens ein *polarization effect* erzeugt.

171 Sozialisation, die Internalisierung von Werten, die Herausbildung einer affektiven Bindung an eine Partei – dies alles sind zentrale Elemente sozialpsychologischer Ansätze, die in Zallers Ansatz ausgeblendet werden.

hat beispielsweise schon 1982 darauf hingewiesen, dass Stimmempfehlungen von den jeweiligen Anhängerschaften häufig schon verinnerlicht sind, bevor sie zur offiziellen Parteiparole werden, und dass die Präferenzen der Basis gezwungenermassen in die Parolenfassung der Parteielite einfliessen – der Elitendiskurs demnach nicht völlig losgelöst von der Basis geführt werden kann (Hertig 1982: 50).[172] Kurz, die politischen Grundhaltungen der Stimmbürger dienen nicht nur zur Bewertung der *Medienbotschaften*, sondern auch zur Bewertung des *Entscheidstoffs* selbst und zudem sind die Medienbotschaften (Parteiparolen usw.) zum Teil wiederum ein Ausfluss der Stimmbürgerpräferenzen. Wir haben also Grund zur Annahme, dass die politischen Prädispositionen, anders als von Zaller modelliert, auch einen direkten Effekt auf das Entscheidungsverhalten haben.

In ähnlicher Weise wie Zaller argumentiert Longchamp. Sein Dispositionsansatz (Longchamp 2005) unterscheidet drei Phasen des individuellen Meinungsbildungsprozesses. Eine erste Phase, in der das Problembewusstsein entscheidend ist, wird von den individuellen Prädispositionen der Stimmbürger dominiert. Zu diesen zählt Longchamp unter anderem auch die ideologischen Grundhaltungen der Bürger. Die Prädispositionen sind in gewisser Weise auch die sozialpsychologische Komponente seines Modells.[173] Und sie sind von hoher Bedeutung für das Entscheidverhalten. Das zeigt sich etwa darin, dass Kampagnen bei Sachfragen, zu denen die Bürger stark verankerte Grundhaltungen haben, nur wenig bewirken können (Longchamp 2005: 213). Aber die Prädispositionen würden den Entscheid selten in der deterministischen Form beeinflussen, wie sie von der Michigan-Schule propagiert wurde. Vielmehr, so fährt Longchamp fort, setze mit dem Kampagnenbeginn häufig auch eine Informationsverarbeitung beim einzelnen Bürger ein (Phase 2). Argu-

---

172 Vatter (1994a: 251) bezweifelt ebenfalls die Top-down-Annahme: «Wie weit das Verhalten der Parteien auch tatsächlich das Handeln der Stimmbürger beeinflusst oder ob die politische Elite nur die bestehenden Präferenzen ihrer Basis aggregiert und antizipiert (im Sinne einer Stimmenmaximierung), muss hingegen offen bleiben.»

173 Longchamp selbst sieht sich nicht in der Michigan-Tradition und schreibt (2005: 198), dass «die klassischen Modelle der Wahlforschung, wie sie die politische Ökonomie oder die Sozialpsychologie anbieten, […], nicht ausreichend sind».

mente und Parolen werden berücksichtigt, das Gewicht verlagert sich von der (eher abstrakten) Problemdefinition zur (konkreteren) Lösungsbeurteilung und diese, unter dem Eindruck der Kampagnen sich entwickelnde Stimmabsicht – Longchamp bezeichnet sie als «Disposition» – kann nun unter Umständen der Prädisposition (generelle Problemwahrnehmung) zuwiderlaufen. In dieser zweiten Phase des Meinungsbildungsprozesses kommen dann die Medien ins Spiel. Die dritte Phase ist schliesslich die Realisierung dieser Stimmabsicht, d. h. der Entscheid als solcher. Mit diesem Modell vermag Longchamp zu erklären, weshalb etwa bei Initiativen die Zustimmung im Lauf der Kampagne zum Teil dramatisch einbricht. Denn in einer ersten Phase wird bloss das Problem, das in einer Initiative aufgegriffen wird, anhand der grundlegenden politischen Überzeugungen bewertet – und in der Regel greifen Initianten ein Problem auf, das von einer beträchtlichen Zahl der Stimmbürger auch als solches wahrgenommen wird. Sodann wird aber – mit dem Einsetzen der Kampagnen und dem gleichzeitigen Ansteigen der Informiertheit – der konkrete Lösungsvorschlag der Initianten genauer unter die Lupe genommen. Dabei erodiert die anfängliche Zustimmungstendenz häufig, weil die Stimmbürger zwar die Problemwahrnehmung der Initianten teilen, aber nicht deren Lösungsvorschlag zur Behebung dieses Problems. Die Stärke des Dispositionsansatzes liegt vor allem darin, die Interaktion zwischen Prädispositionen und Medieneinflüssen aufzuzeigen. Weil die Prädispositionen eine bedeutsame Rolle spielen im Dispositionsansatz, darf er – mit etwas interpretativer Freiheit – als eine Weiterentwicklung des Michigan-Ansatzes betrachtet werden.

Neben Zallers Modell wurde vor allem Ingleharts Wertewandelthese (Inglehart 1977) im Zusammenhang mit dem Stimmverhalten bei Schweizer Sachabstimmungen überprüft. Die Zuordnung der Wertewandeltheorie zur Familie der sozialpsychologischen Ansätze ist zunächst einmal ebenso gewagt wie diejenige des RAS-Modells von Zaller. Immerhin bilden Wertevorstellungen («Materialismus versus Postmaterialismus»), die sich unter den materiellen Bedingungen der formativen Sozialisationsjahre bilden, das Kernstück dieser Theorie. Das rechtfertigt es zumindest, von einer Nähe zu sozialpsychologischen Ansätzen zu sprechen, die ja ebenfalls mit Einstellungen und Wertehaltungen operieren, die sich unter ähnlichen Bedingungen wie bei Inglehart beschrieben, entwickeln. In diesem Sinne unternahm Rolf Nef, ein «überzeugter Strukturalist» (vgl. Kapitel 5.1.2.1), Ende der 1980er-Jahre Versuche, überraschende Abstim-

5.2 Der sozialpsychologische Ansatz zur Erklärung des politischen Verhaltens | 209

mungsergebnisse[174] mit Ingleharts Ansatz zu erklären (Nef 1988, 1989). Buri und Schneider (1993) überprüften in einem Querschnittvergleich einer Vielzahl von Abstimmungen die Erklärungskraft des Postmaterialismus-Materialismus-Gegensatzes für das Entscheidverhalten an der Urne. Ruedi Epple-Gass (1997) schliesslich untersuchte Raschkes These (Raschke 1980) des politischen Paradigmenwechsels – die eng verknüpft ist mit der Wertewandelthese – anhand des Abstimmungsverhaltens im Kanton Basel-Landschaft. Er sah die Annahme Raschkes bestätigt, dass die politische Geschichte von den drei Themen der «Herrschaft», der «Verteilung» und dem «Paradigma der Lebensweise» geprägt wurde. Vatter hat diesbezüglich in seiner Habilitationsschrift (2002: 286 ff.) Unterschiede zwischen den Kantonen festgestellt. Das Herrschaftsparadigma steht vor allem in den kleinen, ländlichen Kantonen der Innerschweiz und in den Kantonen der Ost- und Westschweiz im Mittelpunkt, während das Verteilungsparadigma die Abstimmungsagenda in den mittelgrossen, deutschsprachigen Kantonen und dann vor allem in der lateinischen Schweiz beherrscht. Das Ökologieparadigma schliesslich ist vor allem in den urbanen und industrialisierten Kantonen der Nordwestschweiz ein beliebtes Thema.

Weiter wurde das sozialpsychologische Erklärungsmodell auch in theorientestenden Studien mit unterschiedlichem Erfolg überprüft (Buri und Schneider 1993, Vatter 1994b, Vatter et al. 1997). Buri und Schneider messen im Resümee den Wertehaltungen den höchsten Erklärungsgehalt zu, wobei sie anmerken, dass nicht etwa der postmoderne Materialismus-Postmaterialismus-Konflikt, sondern der klassische Links-rechts-Gegensatz am erklärungskräftigsten ist (Buri und Schneider 1993: 411). Worauf die Links-rechts-Selbsteinschätzung letztlich beruht, was sie als sozialpsychologische Variable auszeichnet, bleibt unklar – mal abgesehen davon, dass es sich im weitesten Sinne um eine psychologische Variable handelt. Dieser Erfolg des sozialpsychologischen Ansatzes auf dem empirischen Prüfstand muss demnach relativiert werden.[175] Vatter (1994b)

---

174 Die Rothenturm-Initiative (1988) und die Armeeabschaffungsinitiative (1989).
175 Eine weitere Relativierung erhält die Erklärungskraft der Links-rechts-Variable (jedoch nicht der sozialpsychologische Ansatz) dadurch, dass Buri und Schneider in ihrer theorienvergleichenden Studie nicht den Entscheid *für*

analysierte die Aussagekraft dreier Erklärungsansätze bei der Interpretation des EWR-Abstimmungsergebnisses und bescheinigte dem Materialismus-Postmaterialismus-Gegensatz nur einen geringen Erklärungsgehalt bei jener Abstimmung. Ambivalent fielen die Resultate einer theorientestenden Untersuchung aus, die Vatter und zwei Mitautoren zwei Jahre später präsentierten (1997): Es sei vor allem der strukturtheoretische Ansatz, der sich durch eine hohe Erklärungskraft auszeichne (Vatter et al. 1997: 58). Indes, bei der Interpretation der Analyseergebnisse bemerkten Vatter et al. (1997: 54), dass Werte wie «Selbstbestimmung, Traditionalismus und Konservatismus [...] den *grössten* [Hervorhebung durch die Autoren] Einfluss auf das Schwyzer Stimmverhalten ausüben» – eine Hypothese, die sie aus dem sozialpsychologischen Ansatz ableiteten (Vatter et al. 1997: 40).

5.3 Modelle der rationalen Wahl

Der Rational-Choice-Ansatz wird gemeinhin als die dritte der drei grossen Deutungstraditionen des politischen Verhaltens bezeichnet. Dieser «dritte Platz» folgt nicht etwa aus der Verbreitung dieses Ansatzes – im Gegenteil, der Rational Choice ist inzwischen das dominierende Paradigma innerhalb der Politikwissenschaft –, sondern hat vielmehr mit der Rezeptionsgeschichte zu tun. Die moderne Geburtsstunde der ökonomischen Theorie der Politik fällt ins Jahr 1957, demnach drei Jahre nach dem Erscheinen von *The Voter Decides* von Campbell, Gurin und Miller.

---

oder wider eine Vorlage erklären, sondern das Oppositionsverhalten zu Behördenvorschlägen. Opposition gegen eine Mehrheit der Bundesratsparteien ergriff aber am häufigsten die Linke (Hug 1994: 75). Gut möglich, dass die Links-rechts-Selbsteinschätzung demnach deshalb so erklärungsstark ist, weil die von den Autoren rekodierte abhängige Variable – das Oppositionsverhalten – von einer bestimmten Konfliktkonstellation, nämlich jene Links gegen Rechts, dominiert wird. Anders argumentiert: Würde man den Stimmentscheid als Zustimmung oder Ablehnung gegen eine postmaterialistische Forderung uminterpretieren, dann würde möglicherweise der Postmaterialismus-Index als erklärungskräftigste Variable des Modells resultieren.

In jenem Jahr wurde Anthony Downs' Buch *An Economic Theory of Democracy* erstmalig veröffentlicht. Downs übersetzte darin die in den Wirtschaftswissenschaften schon bestehenden Annahmen über das grundsätzliche Wesen des Menschen ins Politische und begründete hiermit die moderne Schule der politischen Ökonomie.

Nun ist es natürlich keineswegs so, dass der *homo oeconomicus* bei Downs zum ersten Mal aus dem Dunkel der Geschichte tritt. Niccolò Machiavelli und vor allem Thomas Hobbes haben schon im 16. bzw. 17. Jahrhundert den Grundstein für eine neue Sichtweise auf den Menschen gelegt. Dieses Menschenbild war wenig optimistisch, aber «modern»: Der Mensch wurde als ein nutzenmaximierendes, an seiner Selbsterhaltung interessiertes und grundsätzlich asoziales Geschöpf betrachtet, das von der Idee des aristotelischen *telos,* des guten Lebens in der Politik, Abschied genommen hat und dem es einzig um die Erfüllung seiner eigenen, höchst «diesseitigen» Bedürfnisse geht. Mit seiner Konzeption einer Konfliktanthropologie, die den Staat nicht als Naturzweck, sondern vielmehr als notwendiges, aus der Zweckrationalität geborenes und der instrumentellen Vernunft des Individuums wegen existierendes Gebilde sieht, lieferte Hobbes den kategorialen Rahmen für eine moderne politische Philosophie, die das *zoon politikon* endgültig zugunsten des *homo oeconomicus* aufgegeben hat. Obwohl in den Grundaussagen des klassischen Utilitarismus bei John Stuart Mill schon versucht wurde, dem Nutzendenken eine normative Aussage abzugewinnen, konnte es zu einer Theorie des politischen Nutzenmaximierers erst mit dem Aufkommen der Massendemokratien kommen. Joseph Schumpeter (1942), auf den sich die Einblicke Downs in die Mechanik des politischen Verhaltens stützen (Downs 1957a: 136), sprach der Demokratie jeglichen normativen Selbstzweck ab und betrachtete sie vielmehr als eine geeignete Regierungsprozedur, die aufgrund ihres wechselseitigen Verhältnisses zwischen Regierenden und Regierten letztlich die gesamtgesellschaftlich besten Ergebnisse erziele. Ausgehend von diesem «realistischen» Menschenbild entwickelte Downs eine ökonomische Theorie der Demokratie, die er in *An Economic Theory of Democracy* vorstellte.

Was nun den Beitrag von Downs so besonders macht, ist der Umstand, dass beinahe alle Weiterentwicklungen und Modifikationen der Rational-Choice-Theorie in seinem Modell bereits angelegt sind und häufig – wenn auch zum Teil nur beiläufig und kursorisch – von ihm selbst angesprochen werden. Das liegt natürlich auch daran, dass Downs, anders als die zuvor vorgestellten Forschungsteams von der Columbia-Universität und der Michigan-Universität, auf eine empirische Überprüfung seines Ansatzes verzichtete. Er entwickelte eine überschaubare Zahl von Axiomen, die er den Wirtschaftswissenschaften entlieh und leitete daraus eine Reihe von Hypothesen zum Wahlverhalten ab. Die Konkretisierung dieser Modelle, ihre Anwendung und empirische Überprüfung auf Wahlen überliess er anderen.

In der Tat folgten bald einmal die ersten Umsetzungen der ökonomischen Theorie der Politik in der Wahlforschung. Zwar gelang ihr kein solch fulminanter Start wie dem Michigan-Modell, das schon kurz nach der Veröffentlichung des *American Voter* eine rasend schnelle Verbreitung gefunden hatte. Aber mit der Zeit löste sie den sozialpsychologischen Ansatz als dominierendes Paradigma in der Wahlforschung ab, wie ein Vergleich der Zitationshäufigkeit belegt (Schloeth 1998: 77).[176] Die Verbreitung dieses Ansatzes zu messen ist nicht einfach, denn der Rational Choice ist streng genommen keine Theorie, sondern ein konzeptionelles Rahmenwerk, aus dem sich Hypothesen und Modelle ableiten lassen. Dieses Rahmenwerk ist wiederum eingebettet in jenem der Handlungstheorien, die sich durch eine Reihe von Grundannahmen auszeichnen. Diese werden nachfolgend kurz vorgestellt.

5.3.1 Die Prämissen der Handlungstheorie und des Rational Choice

Wir möchten zunächst einmal damit beginnen, die Annahmen der Handlungstheorie vorzustellen:
1. Methodologischer Individualismus: Alle sozialen Phänomene resultieren aus Einzelhandlungen. Aggregierte Akteurseinheiten, Kollektive, sind in diesem theoretischen Rahmenwerk als Analyseeinheiten grundsätzlich nicht vorgesehen, ausser sie verfügen über eine hohe Strategiefähigkeit (Braun 1999: 44 ff.). In letzter Konsequenz sind somit die Gründe sozialen Handelns stets in den Absichten und Motiven des Einzelnen zu suchen. Dies wiederum setzt ein freies und ungebundenes (zweckrationales) Individuum voraus – den *homo oeconomicus* eben. Die Gegenfolie hierzu ist der *homo sociologicus*,

---

[176] Grofman (1993) hält Downs' Pionierstudie (1957b) gar für das am häufigsten zitierte Werk der Politikwissenschaft.

dasjenige Menschenbild, auf das sich der soziologische und sozialpsychologische Ansatz stützen: der von seiner sozialen Umwelt determinierte Mensch (siehe z. B. Dahrendorf 1964).[177]
2. Eine weitere Annahme ist, dass man jede Handlung verstehen kann, vorausgesetzt man hat alle relevanten Informationen.
3. Handlungen können rational begründet werden. Das bedeutet nicht, dass jedes Handeln zwangsläufig einen instrumentellen Charakter haben muss, d. h. im Weber'schen Sinne als zweckrational zu bezeichnen ist.[178] Die Annahme wertrationalen Handelns, d. h., die Annahme, dass Handlungen einen unbedingten Eigenwert für den Handelnden haben und nicht bloss Mittel zu einem eigennützigen Zweck sind,

---

177 Es wird in der Wissenschaftsgemeinde seit Langem heftig debattiert, welches der beiden Menschenbilder realistisch(er) ist. Kritiker des ökonomischen Paradigmas werfen diesem vor, eine «monadenhafte Isolation» des Individuums vorauszusetzen, die der Realität nicht entspreche. Am Bild des *homo sociologicus* wird hingegen bemängelt, dass es die gesellschaftlichen Zwänge und Bindungen überzeichne. Für einen ausführlicheren Überblick wird auf Braun (1999) verwiesen. Es gibt eine lange währende Diskussion zum Realitätsgehalt des ökonomischen Menschenmodells, in der zwei gegensätzliche Positionen vertreten werden. Die einen sehen im *homo oeconomicus* eine «fruchtbare Fiktion» (Zintl 2001), die zur Generierung empirisch prüfbarer Hypothesen dienen soll. Die anderen erkennen darin ein unrealistisches Modell, das zwingend durch realitätsnähere Prämissen ergänzt werden muss, um auch empirisch standhalten zu können (siehe hierzu Arzheimer und Schmitt 2005: 245 ff.).

178 Die Unterscheidung zwischen «wertrationalem» und «zweckrationalem» Handeln geht auf Max Weber zurück, der in seiner Typologie noch weitere Motive sozialen Handelns aufzählt. Wertrationales Handeln ist ebenfalls rational, nämlich insofern, als es «in seinen Mitteln zweckrational» sei (Weber 1988). Im Gegensatz zur zweckrationalen besitzt die wertrationale Handlung für den Handelnden jedoch einen unbedingten Eigenwert, hat demnach nicht nur einen rein instrumentellen Charakter. Der Rationalitätsbegriff des Rational Choice wiederum setzt zwingend ein ergebnisorientiertes Handeln voraus, entspricht demnach der Weber'schen Zweckrationalität und schliesst an absoluten Werten ausgerichtete (Wert-)Rationalität prinzipiell aus.

lässt sich mit der Handlungstheorie grundsätzlich vereinbaren, nicht aber mit dem Rational Choice.

Diese kurze Übersicht zeigt bereits, worin der fundamentale Unterschied zwischen handlungstheoretischen Ansätzen wie dem Rational Choice und den zuvor vorgestellten theoretischen Ansätzen besteht. In handlungstheoretischen Ansätzen steht das einzelne Individuum im Mittelpunkt, nicht etwa Strukturen oder Systeme. Das Individuum wird dabei durch den Kontext, in dem es handelt, zwar eingeschränkt, aber es ist nicht ein willenloses Produkt von Strukturen oder Normen. Es nutzt vielmehr den vorgegebenen Handlungsspielraum aus, indem es seine Präferenzen nötigenfalls auch strategisch verfolgt.

Der Rational-Choice-Ansatz gründet auf den oben genannten Annahmen, ist aber voraussetzungsreicher als die meisten anderen handlungstheoretischen Ansätze. Zusätzlich setzt er folgende Prämissen voraus (vgl. Green und Shapiro 1999):

1. Maximierungs- bzw. Optimierungsannahme: Vorausgesetzt wird, dass das Individuum Kosten und Nutzen von Handlungsalternativen beurteilen kann und sich jeweils für diejenige Alternative entscheidet, die ihm den grössten Nutzen einbringt. Diese auf einen Vergleich der Nutzen beruhende Rangordnung von Handlungsalternativen nennt man die Präferenzordnung. Die Präferenzordnung wie auch die Präferenzen selbst sind exogen gegeben; über sie weiss man eigentlich nichts. Sie werden in der Regel aus dem Verhalten rekonstruiert, was den tautologischen Kern (Arzheimer und Falter 2003) des Ansatzes offenbart. Die sehr restriktive, aber wenig realistische Bedingung der Maximierungsannahme – um ihren Nutzen maximieren zu können, muss man entweder über unendliche Zeitressourcen verfügen oder vollständig informiert sein – wurde von Herbert Simon (1955) aufgelockert. Das Individuum, so argumentierte Simon, strebe unter realistischen Bedingungen selten die beste Wahl an, sondern begnüge sich häufig mit einem zufriedenstellenden Resultat (*bounded rationality* oder «begrenzte Rationalität»). Als passende Apostrophierung für den nach Optimierung strebenden Menschen führte er den nordenglisch-schottischen Begriff des *satisficer* ein, der ein möglichst optimales Gleichgewicht zwischen dem Aufwand und dem Ertrag anstrebt.

2. Der zweite Eckpfeiler der ökonomischen Theorie der Politik ist das Eigennutzaxiom, das jegliches menschliche Handeln mit der Verfol-

gung des Eigennutzens gleichsetzt. Andere, uneigennützige Verhaltensweisen wie etwa Altruismus und Solidarität[179] werden ausgeschlossen – zumindest in der *thick version* des Rational Choice (vgl. Elster 1983, Green und Shapiro 1999). In der *thin version* wird hingegen die Eigennutzannahme (wie auch andere Annahmen über die Art der Ziele) fallengelassen. Es werden keinerlei substanzielle Annahmen über die Art der Ziele gemacht.[180] Im Grunde genommen zeichnet sich die optimale Handlungsalternative in diesen Ansätzen einzig dadurch aus, dass sie zuoberst auf der Präferenzordnung steht. Ein solcher, nicht nur auf ichbezogene, egoistische Motive eingeengter Nutzenbegriff lässt sich empirisch jedoch kaum mehr überprüfen. Vatter (1994a: 25) fasst die Kritik an der *thin version* des Rational Choice wie folgt zusammen: «Bei der Verwendung dieses allumfassenden Nutzenbegriffs stellt sich jedoch das grundsätzliche Problem, dass jegliches Handeln per Definition nutzenmaximierend erscheint und damit die logische Möglichkeit ausgeschlossen wird, dass keine Übereinstimmung zwischen dem besteht, was Menschen tun, und dem, was ihnen am meisten nützt.» Um eine empirische Überprüfung des Rational Choice zu ermöglichen (d. h. die Möglichkeit schaffen, dass die Theorie an der Empirie auch scheitern könnte), bedarf es also einer inhaltlichen Konkretisierung des in der Theorie bloss formal definierten Nutzenbegriffs. Der Vater der ökonomischen Theorie der Politik, Downs, tat dies beispielsweise, indem er nicht nur egoistische, sondern nur monetäre und politische Motive zur Bestimmung des indivi-

---

179 Altruistisches Verhalten (bzw. ein auf den ersten Blick altruistisch erscheinendes Verhalten) kann selbstverständlich immer auch mit Eigennutzmotiven erklärt werden. So kann eine Geldspende für karitative Organisationen mit egoistischen Motiven (Möglichkeit, Steuern zu sparen, soziale Wertschätzung, seelische Gratifikationen) erklärt werden. In solchen Fällen liegt dann aber kein Altruismus im eigentlichen Wortsinne vor.
180 Uneigennützige Verhaltensweisen sind mit diesen Annahmen grundsätzlich vereinbar, vorausgesetzt, sie gründen auf einem souveränen Entscheid des Individuums, und nicht etwa auf gesellschaftlichen Normen, die unhinterfragt akzeptiert werden. Träfe Letzteres zu, d. h., verhält man sich altruistisch, weil es gesellschaftliche Normen verlangen, dann würde das die soziologische Theorie bestätigen.

duellen Nutzens eines Wahlaktes zuliess (Downs 1957b: 276).[181] Die Festlegung auf einen wirtschaftlichen Nutzen ist die gängigste, aber nicht die einzige Form, den Nutzenbegriff inhaltlich auszufüllen. Bei der etwas ausführlicheren Vorstellung ökonomischer Stimmverhaltensstudien aus der Schweiz wird nochmals und detailliert auf die Nutzenkonkretisierung eingegangen.
3. Zuletzt wird vorausgesetzt, dass sich das Individuum (zweck-)rational verhält, d. h., es versucht seine Ziele durch strategische Interessensverfolgung in möglichst hohem Masse zu befriedigen, wobei strategische Interessensverfolgung hier den optimalen Einsatz der verfügbaren (endlichen) Mittel meint. Der Rational Choice schliesst also wertrationales Handeln aus.

5.3.2 Anwendungsprobleme der ökonomischen Theorie: das *paradox of voting*

Der Geltungsanspruch der ökonomischen Theorie ist ein universeller. Nicht nur das politische Verhalten der Bürger, sei es an der Urne oder anderswo, sondern auch dasjenige von Politikern, Behördenvertretern usw. sei mit diesem Ansatz erklärbar, postulieren deren Vertreter. Unser Interesse gilt jedoch vornehmlich dem Entscheidverhalten an der Urne. Dieses wird nun durch spezifische Rahmenbedingungen beeinflusst, die gemeinhin mit dem Begriff «Niedrigkostensituation» (*low cost situation*) umschrieben werden. Definiert werden Niedrig- bzw. Hochkostensituationen durch die relativen Kosten, die entstehen, wenn sich ein Individuum anders entscheidet, den sogenannten Opportunitätskosten. Niedrigkostensituationen sind Situationstypen, in denen keine Opportunitätskosten vorliegen, weil die erwarteten Nutzen aller in Erwägung gezogenen Handlungsalternativen gleich hoch sind. Bei Hochkostensituationen hingegen sind die Kosten einer falschen oder auch nur suboptimalen Entscheidung (enorm) hoch (Latsis 1972 und Zintl 1989). Diese Differenzierung zwischen

---

181 Downs (1968: 7) argumentierte beispielsweise, dass die Vermeidung eines Ehestreits kein rationales Wahlmotiv sei. Aus der Sichtweise der dünnen Version der Rationalität könnte man nun aber argumentieren, dass der Nutzen, die Partei x zu wählen, als geringer veranschlagt wird als ein drohender Unfriede mit dem Ehepartner. Legt man den Nutzenbegriff jedoch so offen aus wie in dem genannten Beispiel, wird eine Überprüfung ökonomischer Theorien des Wahlverhaltens unmöglich.

Hoch- und Niedrigkostensituationen ist nun von eminenter Bedeutung für die Erklärungsleistung von Rational-Choice-Modellen: Bei Hochkostensituationen wie auch bei solchen, die im Kontinuum zwischen Hoch- und Niedrigkostensituationen liegen, vermögen diese Modelle zumindest eingeschränkte Erklärungen zu bieten (Mensch 2000). Bei Niedrigkostensituationen hingegen versagen die ökonomischen Erklärungsansätze oft.

Veranschaulicht soll dies werden am Beispiel des Wahl- bzw. Abstimmungsverhaltens. Ein besonders beliebtes Fallbeispiel für eine Niedrigkostensituation (Kliemt 1986: 333 und Mensch 2000: 251) ist folgendes: In einem mehrere Millionen zählenden Elektorat ist es für den einzelnen Wähler völlig gleichgültig, wie er sich entscheidet; die Wahrscheinlichkeit, dass seine Stimme den Ausschlag zugunsten der von ihm gewählten Partei oder Option gibt, ist verschwindend klein. Ein nüchtern kalkulierender Stimmbürger könnte sich demnach, ohne negative Nutzen befürchten zu müssen, für ein Ja an der Urne entscheiden, obwohl er grundsätzlich gegen die Vorlage ist – ganz einfach deshalb, weil es auf *seine* Stimme nicht ankommt. Zugegeben, eine solche Verhaltensweise erscheint wenig wahrscheinlich. Eher würde sich eine solche Person, die Nutzen und Kosten pedantisch genau berechnet hat, gar nicht erst beteiligen. Aber völlig abwegig ist das angeführte Beispiel auch nicht: Es gibt Hinweise darauf, dass der Stimmbürger seine Stimme bei Abstimmungen, deren Ausgang entweder im Voraus bekannt ist oder die an der gängigen Praxis nichts oder kaum etwas ändern,[182] zur Signalisierung verwendet, er also Ja zu einer Initiative stimmt, die er eigentlich ablehnt, aber mit deren Unterstützung er sich Gehör zu verschaffen glaubt im Kampf gegen gewisse Mängel in der politischen Praxis. Ein prominentes Beispiel dafür ist die Armeeabschaffungsinitiative der GSoA, über die 1989 abgestimmt wurde. Die Vox-Analyse zeigte, dass es Personen gab, die dieser Vorlage zustimmten, um gegen die Dispenspraxis im Militär (o. Ä.) zu protestieren. Keinesfalls wollten sie die Armee tatsächlich abschaffen. Aber eine Annahme der Initiative liess sich aufgrund ihrer geringen Erfolgschancen praktisch ausschliessen. Weil also die eigene Stimme angesichts des be-

---

182 Dafür lassen sich mehrere Beispiele anführen: etwa die Abstimmung über den Sonntagsverkauf in Bahnhofsläden (27.11.2005), bei der im Vorfeld (von den Gegnern) behauptet wurde, dass sich – unabhängig vom Ausgang – an der Praxis sowieso nichts ändern würde (Hirter und Linder 2005).

reits feststehenden Ergebnisses bedeutungslos war[183] (allerdings war nicht abzuschätzen, wie deutlich die Initiative verworfen würde!),[184] konnte sie zur Signalisierung verwendet werden (vgl. Longchamp 1989, Nef 1989).

Das Beispiel verdeutlicht die Erklärungsnöte von Rational-Choice-Modellen bei Niedrigkostensituationen: Weil der Stimmbürger – unabhängig davon, wie er sich entscheidet – keine Opportunitätskosten zu tragen hat, können anhand der Rational-Choice-Annahmen keine Vorhersagen über sein Verhalten an der Urne gemacht werden. Es kommt gar noch schlimmer für die ökonomische Theorie: Eigentlich besteht für einen rationalen Nutzenmaximierer kein Grund, sich an einer Abstimmung überhaupt zu beteiligen (*paradox of voting*). Denn die Kosten einer Teilnahme (Informationsbeschaffung, Inanspruchnahme der Zeit, *shoe leather*[185]) übersteigen stets ihren zu erwartenden Nutzen. Der Entscheid, teilzunehmen oder nicht, ist folglich noch nicht einmal eine idealtypische Niedrigkostensituation.[186]

---

183 Kliemt spricht davon, dass sich der Entscheidträger in einem solchen Fall hinter einem «Schleier der Bedeutungslosigkeit» (*veil of insignificance*) befindet (Kliemt 1986).

184 Berechtigt ist in diesem Zusammenhang die Frage, ob sich dieser Fall wirklich als Beispiel für das Entscheidverhalten in einer Niedrigkostensituation eignet. Denn für den beschriebenen «Denkzettel-Stimmer» war es nicht völlig irrelevant, wie er entschied. Von seiner Stimme erhoffte er sich nämlich einen indirekten Nutzen: Ein möglichst hoher Anteil an Ja-Stimmen würde die Armeeführung voraussichtlich dazu zwingen, Reformen durchzuführen.

185 Schloeth (1998: 90) zitiert Harrop und Miller, die eine ökonomische Veranschaulichung für dieses Problem anführen: «Nehmen wir an, dass jemand einen Vorteil von 2000 Dollar hätte, wenn die Roten statt der Blauen an der Regierung wären. Die Chance steht 1 zu 30000, dass die eigene Stimme den Ausschlag im eigenen Wahlkreis geben würde und 1 zu 300, dass dies der entscheidende Wahlkreis ist. Der finanzielle Vorteil einer Wahlbeteiligung wäre dann 2000 Dollar geteilt durch 30000 und nochmals geteilt durch 300, also der Fünfzigstel eines Cents! ‹Better to stay at home and save on shoe leather›.»

186 Dies, weil der Nettonutzen aller Handlungsalternativen nicht identisch ist (die Teilnahme bringt gewisse Kosten mit sich, der resultierende Nutzen ist jedoch gleich null); es macht also einen Unterschied, wie man sich entscheidet. Dies lässt sich ausserdem auch in der formalisierten Sprache der Rational-Choice-

5.3 Modelle der rationalen Wahl | 219

Es liessen sich nun die Modellannahmen des Rational Choice retten,[187] indem man zwischen zwei Präferenzarten (oder Nutzenarten) unterscheidet: instrumentellen und expressiven (Brennan und Lomasky 1993: 24). Ein an expressiven Präferenzen ausgerichtetes Handeln entspricht der

---

Modelle ausdrücken. Bei Abstimmungen haben wir – strukturell ähnlich wie bei Wahlen in Zweiparteiensystemen – zwei Alternativen, zwischen denen man auswählen kann. Die Differenz zwischen einem Ja und einem Nein zu einer Vorlage lässt sich in der Terminologie des Rational Choice prinzipiell als Differenz zwischen den Nutzenwerten darstellen, die ein Stimmbürger im Fall einer Annahme bzw. Ablehnung der Vorlage erwartet. In der Wahlforschung wird diese Differenz als «Parteiendifferenzial» bezeichnet, also der (finanzielle) Unterschied, wenn ich Partei x statt Partei y wähle. Wie gesagt, wenn ein Bürger mit seiner Stimme die Abstimmung entscheiden könnte und ihm keine Kosten entstünden, dann entspräche sein Nutzen exakt diesem Differenzial. Er würde sich nur dann der Stimme enthalten, wenn dieses Differenzial null wäre (was z. B. dann der Fall wäre, wenn sich die Vorlagen in der Praxis gar nicht voneinander unterscheiden). Das Problem ist nun, dass dieses Parteiendifferenzial mit einem Betrag p diskontiert werden muss. P gibt an, wie gross die Wahrscheinlichkeit ist, dass die eigene Stimme den Ausschlag gibt. Diese Wahrscheinlichkeit ist äusserst gering. Kurz, ein rationaler Wähler würde sich niemals an einer Wahl beteiligen.

187 Downs selbst erachtete den Wahlakt als kostenlos (Downs 1957b: 261) bzw. mit sehr geringen Kosten verbunden. Niemi führt als Beispiel für eine ähnliche Niedrigkostensituation den Entscheid, mit Kollegen ein Bier zu trinken, an. Die Kosten seien vernachlässigbar gering (Niemi 1976: 115). Daraus schliesst Niemi, dass solche Handlungen mit keinen bzw. sehr geringen Kosten verbunden werden. Es liesse sich daraus aber auch genauso gut schliessen, dass sowohl beim Wahlakt wie auch beim Biertrinken der Rational-Choice-Ansatz als Erklärungsansatz wenig taugt. Andere Versuche, das *paradox of voting* aufzulösen, wurden unternommen: Beispielsweise wurde argumentiert, dass Wahlabstinenz mit sozialen (und damit indirekt auch ökonomischen) Sanktionen bestraft werde (Bufacchi 2001 und Overbye 1995). Nicht teilzunehmen koste demnach mehr als teilzunehmen. Nur: Bei einer anonymen Wahl kann Wahlabstinenz problemlos geleugnet werden. Downs führte als weiteren Anreiz teilzunehmen, das (sehr langfristige) Ziel, die Demokratie zu retten, an (Downs 1957b: 269). Indes, eine solche Absicht kann mit nutzenorientierten, egoistischen Motiven kaum begründet werden (Blais

Weber'schen Wertrationalität, während instrumentelles Handeln das umschreibt, was Weber zweckrational nennt. In Niedrigkostensituationen, so liesse sich weiter argumentieren, würden nun hauptsächlich expressive Nutzenkalkulationen eine Rolle spielen, (denn der instrumentelle Nutzen ist bei einem solchen Situationstyp ja stets gleich null), während in Hochkostensituationen rein ökonomisch-instrumentelle Motive das Verhalten steuern. In beiden Fällen, so die Argumentation der Rational-Choice-Verfechter, würden aber Nutzen und Kosten abgewogen. Man könnte demnach weiterhin an den Prämissen des ökonomischen Ansatzes festhalten, indem man den Nutzenbegriff nicht nur rein ökonomisch definiert, sondern auch auf nicht egoistische und nicht ökonomische Motive ausdehnt. Indes, was gewinnt man dadurch, dass man neben instrumentellen auch expressive Nutzen zulässt? Man verliert vor allem an empirischer Überprüfbarkeit, denn ein solch umfassender Nutzenbegriff macht Rational-Choice-Hypothesen empirisch unwiderlegbar: Jede Handlung kann so a posteriori als diejenige mit dem höchsten Nutzengewinn – wenn nicht ökonomisch, dann eben moralisch – interpretiert werden. Geht man hingegen den anderen Weg und schränkt den Geltungsanspruch von Rational-Choice-Erklärungen auf Hochkostensituationen ein, dann büsst der Rational-Choice-Ansatz an Parsimonität ein.

2000: 3, vgl. auch das strukturell ähnlich gelagerte «Trittbrettfahrerproblem»). Weiter wurde versucht, den Nutzenbegriff auszuweiten: Der Wahlakt werde als eine Bürgerpflicht angesehen, die, wenn man sie nicht erfüllt, (psychologische, seelische) Gratifikationen entgehen lässt (Riker und Ordeshook 1968). Wie gesagt, ein solch allumfassender Nutzenbegriff ist empirisch nicht überprüfbar. Weiter stellt sich bei einer solchen, psychologischen Konzeptionalisierung von Nutzen (Gefühl der «inneren Befriedigung», seelische Genugtuung, «Drang» nach Pflichterfüllung usw.) die Frage, ob der Rational Choice mit seinen Rationalitätsannahmen noch der passende Erklärungsansatz ist oder ob nicht ein psychologischer Ansatz adäquater ist. Zuletzt argumentierte man damit, dass der Wähler seinen Einfluss auf den Wahlausgang systematisch überschätze und deshalb der Ansicht sei, die Kosten seien geringer als der Nutzen einer Teilnahme (Schwartz 1987). Auch diese Argumentation überzeugt nicht: Wenn sich der Wähler hinsichtlich seines Einflusses so sehr täuschen kann, dann ist es offensichtlich um seine Kalkulationskapazität schlecht bestellt («rationaler Narr»). Dann sind aber keine, auch nur einigermassen rational-nutzenmaximierende Erwägungen von ihm zu erwarten.

Eine weitere Möglichkeit, das *paradox of voting* aufzulösen, ist die Annahme, dass der Wähler die Wahrscheinlichkeit, dass seine Stimme den Ausschlag gibt, schlicht ausser Acht lasse, weil sie ihm unbekannt ist. Hingegen erwäge er die Möglichkeit, dass seine Partei nur wegen einer Stimme verlieren könnte (oder im Falle einer Abstimmung, nur wegen einer Stimme die Vorlage abgelehnt oder angenommen werde). Das Risiko, dass dies eintritt, sei zwar sehr gering, aber mit furchtbaren Konsequenzen[188] behaftet und treibe nun den Wähler bzw. den Stimmbürger an die Urne (Ferejohn und Fiorina 1974). Auch diese Lösung des *paradox of voting* überzeugt nicht restlos.[189] Jedoch gehen die meisten der in der Folge vorzustellenden Rational-Choice-Studien über das Stimmverhalten implizit davon (oder von einer anderen, nicht genannten Annahme) aus. Obwohl also der Rational Choice noch keine umfassend befriedigende Lösung für das diskutierte Paradox anbieten kann, wird in den allermeisten ökonomischen Stimmverhaltensstudien (häufig stillschweigend) davon ausgegangen, dass der Wähler (aus welchen Gründen auch immer) seinen Nutzen an der Urne trotzdem zu maximieren sucht, obwohl ein konsequent durchrationalisiertes Geschöpf wie der *homo oeconomicus* doch eigentlich den Gang zur Urne aus Kostengründen stets scheuen müsste.

5.3.3 Stärken des Rational Choice bei der Erklärung des politischen Verhaltens

Es ist bis heute nicht gelungen zu erklären, weshalb sich ein rationaler Nutzenmaximierer in einer Niedrigkostensituation, wie es nationale Wahlen oder Abstimmungen sind, beteiligen sollte. Aber es gibt zwischen Niedrigkosten- und Hochkostensituationen ein breites Mittelfeld mit

---

188 Das Bedauern über einen so entgangenen Sieg wäre immens, so nahmen Ferejohn und Fiorina (1974) an und nannten ihren Erklärungsansatz deshalb «the minimax regret theory». Würde sich der Bürger aber konsequent am maximalen Bedauern orientieren, so lautet eine Kritik, die in der Regel eine gewisse Erheiterung auslöst, so würde er gar nicht erst abstimmen gehen. Denn das Schlimmste, das ihm widerfahren könnte, bestünde darin, auf dem Weg zum Wahllokal von einem Bus überfahren zu werden.

189 Offenbar können Wähler ein solches Szenario – die Wahlen werden wegen lediglich einer Stimme gewonnen oder verloren – ziemlich realistisch einschätzen (Aldrich 1993), d. h., sie rechnen kaum damit.

einer Vielzahl von Situationsarten, für die an der ökonomischen Theorie der Politik angelehnte Prognosen über kollektive Verhaltensmuster gut geeignet sind. Insbesondere ist dies dann der Fall, wenn sich die Kosten und Nutzen einer Handlungsoption ändern. Dies wird an einem einfachen Beispiel deutlich. Bei Abstimmungen und Wahlen weist der Kanton Schaffhausen in aller Regel die schweizweit höchste Stimmbeteiligung auf: Sie liegt fast 20 Prozentpunkte über dem gesamtschweizerischen Durchschnitt.[190] Dies liegt an der im Kanton Schaffhausen herrschenden Stimmpflicht. Die verhängten Sanktionen sind bei Nichtbefolgung zwar nicht allzu drastisch (bis vor Kurzem wurde eine Geldbusse von 3 Franken (ab Frühling 2014: 6 Franken) pro verpasstem Urnengang verhängt), aber dies reicht offensichtlich bereits aus, um das Verhalten eines Teils des Elektorats zu beeinflussen. Die Annahme nutzenmaximierenden Verhaltens macht in diesem Fall durchaus Sinn (vgl. Schwegler 2009). Allerdings werden am selben Beispiel auch die Defizite des Rational-Choice-Ansatzes deutlich. Mit Nutzenerwägungen alleine lässt sich nicht erklären, weshalb in denjenigen Kantonen gestimmt wird, in denen *kein* Stimmzwang herrscht.

Kommen wir nun auf das zentrale Problem bei der Anwendung ökonomischer Ansätze zu sprechen: Die Konzeptspezifikation und Operationalisierung des Nutzenbegriffs. Die ökonomische Theorie der Politik spricht in der Regel nur in abstrakter Form von Nutzen, ohne inhaltliche Nutzenargumente anzugeben. Wir haben bereits ausgeführt, dass bei einer inhaltlich nicht spezifizierten Definition oder einer sehr breiten Definition von Nutzen die Gefahr besteht, letztlich jegliches sinnvolle Handeln als rationale Nutzenmaximierung zu interpretieren. Damit erklärt man aber wenig und es ist auch nicht möglich, empirisch überprüfbare Hypothesen abzuleiten. Genau dies ist aber die Aufgabe der empirischen Sozialforschung. Am einfachsten ist es, wenn man sich auf einen klar definierten, ökonomischen Nutzen beschränkt, der ausserdem für unterschiedliche gesellschaftliche Gruppierungen unterschiedlich ausfällt. Letzteres ermöglicht es uns, Nettozahler von Nettoempfängern irgendeiner beliebigen politischen Massnahme zu unterscheiden. Des Weiteren soll der ökonomische Nutzen für

---

190 Die durchschnittliche Stimmbeteiligung im Kanton Schaffhausen betrug zwischen 2001 und 2010 63,5 Prozent, während der entsprechende Schweizer Durchschnitt bei 45,2 Prozent liegt.

die Stimmbürger einfach nachvollziehbar sein. Sobald pekuniäre Erwägungen komplexe Mechanismen beinhalten (z.B. Progressionsstufen) oder widersprüchliche Angaben über den zu erwartenden Nutzen, weicht der überforderte *homo oeconomicus* auf Vertrauensheuristiken aus.

Wendet man die oben genannten Definitionskriterien an, dann kann der ökonomische Ansatz vor allem an einer bestimmten Vorlagengruppe untersucht werden, nämlich bei Abstimmungen über finanzielle Umverteilungen. Dort ist der ökonomische Nutzen für betroffene Gruppen zwar nicht immer, aber doch häufig klar definiert und kann auch quantifiziert werden. Ein vortreffliches Beispiel dafür ist die Abstimmung über den Neuen Finanzausgleich (NFA) (28.11.2004), bei dem im Vorfeld klar war, welche Kantone zu den Nettozahlern und welche zu den Nettoempfängern gehören würden. Das Stimmverhalten über die Kantone hinweg ist in Abbildung 5.5 dargestellt.

Abbildung 5.5: «Rationales», am finanziellen Eigeninteresse orientiertes Stimmverhalten bei der Abstimmung über den Neuen Finanzausgleich (28.11.2004, Nein-Stimmen-Anteile der Kantone in % [schwarze Linie] in der Reihenfolge der wirtschaftlichen Leistungskraft der Kantone [Säulen])

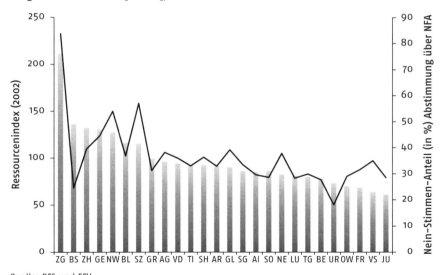

Quelle: BFS und EFV.
Der Ressourcenindex (siehe Primärachse: http://www.efv.admin.ch/d/downloads/finanzpolitik_-grundlagen/finanzausgleich/faktenblaetter/05-NFA_Faktenblatt_5_Ressourcenindex.pdf) diente als Grundlage für die Berechnung der Höhe der kantonalen Beiträge zugunsten des Finanzausgleichs.

Zu den Geberkantonen zählten vor allem der Kanton Zug, aber auch die Kantone Nidwalden, Schwyz, Basel-Landschaft und Zürich (Hirter und Linder 2004). In der Tat lehnte der Kanton Zug die Vorlage wuchtig ab (84 % Nein-Stimmen). In den Kantonen Schwyz und Nidwalden fanden sich ebenfalls ablehnende Mehrheiten, während der NFA in der restlichen Schweiz angenommen wurde, beispielsweise auch im Kanton Uri (mit 82 % Ja-Stimmen), der ansonsten ein sehr ähnliches Stimmverhaltensmuster aufweist wie die oben genannten drei Innerschweizer Kantone. Indes, der Kanton Uri profitierte vom neuen Finanzausgleich ungleich stärker (vgl. Abbildung 5.5) als die Nachbarkantone und befürwortete die Umverteilungsmassnahme deshalb auch fast schon einstimmig. Das Beispiel des Neuen Finanzausgleichs zeigt, dass ökonomisch motivierte Stimmgründe bei einer klaren Kosten-Nutzen-Bilanz von hoher Erklärungskraft sein können. Das Beispiel der Abstimmung über die Initiative «Für eine soziale Einheitskasse» (11.3.2007) zeigt aber auch, dass bei komplexeren ökonomischen Zusammenhängen rein pekuniäre Beweggründe in den Hintergrund treten und der Bürger auf Vertrauensheuristiken zurückgreift. Bei jener Abstimmung ging es nämlich um die Einführung einer Einheitskrankenkasse, wobei sowohl Gegner wie auch Befürworter mit den Gesundheitskosten argumentierten und Prämienverbilligungen (bzw. -erhöhungen) in Aussicht stellten (bzw. androhten). Im Prinzip durfte erwartet werden, dass diese Sachfrage vom Stimmbürger auf der Basis von Nutzenerwartungen bewertet würde. Zu diesem Zweck hatten beide Lager auch einen Prämienrechner ins Netz gestellt, mit dem die einzelnen Versicherten (und Stimmbürger) ausrechnen konnten, ob sie von der Einheitskrankenkasse profitieren würden oder nicht. Da die Prämienrechner jedoch auf ganz unterschiedlichen und für den einzelnen Stimmbürger selbst kaum nachvollziehbaren Modellrechnungen beruhten, ermittelten sie für ein und dieselbe Person teilweise diametral entgegengesetzte Ergebnisse. Vielen Stimmbürgern blieb in einer solchen Situation nichts anderes übrig, als sich auf Parolen ihrer Identifikationspartei zu verlassen, d.h., bildlich gesprochen das Kostüm des *homo oeconomicus* abzustreifen und jenes des *homo sociologicus* anzuziehen (vgl. Nai und Lloren 2007).

5.3.4 Ökonomische Stimmverhaltensstudien in der Schweiz

Zwei Studien sind aufgrund ihres Umfanges und ihrer Schwerpunktsetzung auf die politisch-ökonomische Abstimmungsforschung der Schweiz besonders zu erwähnen. Einerseits Friedrich Schneiders (1985) sehr umfassende, makroquantitative Analyse, der Linder (1996: 83) unter allen Abstimmungsverhaltensstudien als beinahe einziger einen theoretischen Hintergrund beimisst und andererseits Adrian Vatters (1994b) Studie *Eigennutz als Grundmaxime in der Politik*.

Friedrich Schneider (1985) führt die Untersuchungen fort, die Pommerehne, Schneider und Frey (1981) bereits für die frühe Nachkriegszeit (1951–1976) getätigt haben. Dabei überprüft er anhand von 54 wirtschaftspolitischen Vorlagen zwischen 1960 und 1978 die Reziprozität von Wirtschaftslage – Indikatoren hierfür sind Reallohn, Staatsverschuldung und Inflationsrate – und generellem Ja-Stimmen-Anteil. Die Stimmempfehlungen der Parteien und Spitzenverbände werden ebenfalls in die Regression miteinbezogen, um zusätzliche Indikatoren für ökonomisches Stimmverhalten zu testen.[191] In Zeiten wirtschaftlicher Hochkonjunktur ist der *homo oeconomicus* – so die zentrale Hypothese Schneiders – der bundesrätlichen Politik wohl gesonnen: Je besser die Wirtschaftslage, desto höher die Zufriedenheit mit der Politik der Bundesregierung und desto eher folgt das Schweizer Stimmvolk bei wirtschaftspolitischen Vorlagen den Stimmempfehlungen der Regierung. Tatsächlich sieht Schneider seine Annahmen empirisch bestätigt: Steigt die Inflation, nimmt auch der Ja-Anteil bei ökonomischen Abstimmungen zu. Hingegen wird bei geringem Reallohnzuwachs oder mit Zunahme der Bundesverschuldung häufiger Nein gestimmt (1985: 36). Gar noch grösseren Einfluss auf das Stimmergebnis haben die Parolen des Gewerkschaftsbunds und des Bauernverbands (1985: 44): Geben diese beiden Verbände eine Ja-Parole heraus, steigt der Anteil Ja-Stimmen um etwa 4 bzw. 3 Prozent.

---

191 Was auf den ersten Blick wie eine sozial-psychologische Variable (Parteiidentität) aussieht, wird vom Autor als Indikator für ökonomisches Verhalten an der Urne benutzt. Es wird davon ausgegangen, dass die (wirtschaftlichen) Spitzenverbände und zu einem geringeren Ausmass auch die Parteien die Branchenzugehörigkeit und damit das Nutzenkalkül des Stimmbürgers repräsentieren.

Die Ergebnisse Schneiders wurden von verschiedener Seite her angezweifelt. Buri und Schneider (1993: 394) etwa kritisieren die Validität des Indikators für die Zufriedenheit mit der bundesrätlichen Politik[192] und verwenden in ihrer vergleichenden Studie als Indikator für die Unzufriedenheit mit der momentanen Regierungspolitik die Opposition zur bundesrätlichen Stimmempfehlung. Zudem monieren sie, dass diese Studie zum Stimmverhalten nicht über eine analoge Rezeption von Wahlverhaltensstudien hinausgeht. Tatsächlich kann eine Untersuchung der Wechselwirkung zwischen Wirtschaftslage und Zufriedenheit mit der Regierungspolitik den Anforderungen einer Abstimmungsstudie nicht genügen, weil ein Abstimmungsentscheid doch nicht nur auf ein Plebiszit über die Regierungspolitik reduziert werden kann. Eine solche Beurteilung der Regierungspolitik mag bei Wahlen durchaus eine Rolle spielen, sie wird hingegen der inhaltlichen Komplexität des Sachentscheids nicht gerecht. Von einem nutzenmaximierenden Individuum darf man erwarten, dass es in seinem Stimmentscheid nicht nur ein Misstrauensvotum gegen den Bundesrat oder eine Akklamation der Regierungspolitik sieht, sondern auch die Möglichkeit, seinen eigenen (wirtschaftlichen) Nutzen zu maximieren.

Epple-Gass (1989: 56 ff.) zweifelt zudem an der Annahme Schneiders, dass die Bundesverschuldung oder die Parteiparolen dem Stimmbürger eine wesentliche Erleichterung bei der Entscheidfindung sind. Denn um dies zu sein, müssten Parolen und Wirtschaftsindikatoren einer grossen Mehrheit wenigstens bekannt sein. Die Parolen ihrer bevorzugten Partei kennen jedoch, wie Kriesi (1994) gezeigt hat, nur etwa die Hälfte der parteigebundenen Stimmbürger (mehr dazu in Kapitel 6.4.1). Doch selbst bei Kenntnis der Parolen und Wirtschaftsdaten kann nicht ohne Weiteres davon ausgegangen werden, dass es den Stimmbürgern leicht fällt, diese Faktoren in einen Stimmentscheid umzusetzen. Denn sie können «nicht mehr ohne intellektuellen Aufwand in ein Nutzenmaximierungskalkül eingehen» (Epple-Gass 1989: 56). Daraus schliesst Epple-Gass: «Dass an die Stelle der inhaltlichen Auseinandersetzungen [mit der Vorlage, Anm. der Autoren] aber eine Auseinandersetzung mit Wirtschaftsdaten treten soll, entbehrt der Plausibilität» (Epple-Gass 1989: 57).

Zuletzt ist der Umstand, dass Parolen – anders ausgedrückt, die Konfliktkonstellation im Vorfeld einer Abstimmung – einen starken Einfluss

---

192 Ein Nein zu einer wirtschaftspolitischen Vorlage muss keineswegs zwingend gleichbedeutend mit behördenoppositionellem Stimmverhalten sein.

auf das Stimmergebnis haben, noch lange kein Beweis für nutzenmaximierendes Verhalten. Zunächst einmal lässt sich dagegen (nochmals) ins Feld führen, dass nur eine Minderheit überhaupt die Parolen kennt und von diesen nur ein Teil angibt, jene seien der wichtigste Bezugspunkt bei ihrer Entscheidfindung gewesen (Kriesi 1994). Der einflussstärkste Faktor in Schneiders Studie kann demnach für eine grosse Mehrheit der Stimmbürger kaum verhaltensrelevant gewesen sein.[193] Doch selbst wenn die Parolen bewusst befolgt würden, so müsste dies nicht zwingend aus ökonomischen Gründen erfolgt sein.[194]

In der zweiten, theorientestenden Studie, die etwas detaillierter vorgestellt werden soll, nämlich jene von Adrian Vatter (1994b), wird anhand von 20 kantonalen Kreditvorlagen die Erklärungskraft ökonomischer Variablen für die Deutung des Stimmverhaltens überprüft. Die Fallauswahl wurde von Vatter bewusst auf einfache Kreditvorlagen eingeschränkt, bei denen das vom ganzen Kanton finanzierte Gut nur einer örtlichen Minderheit zufällt, um Nettoempfänger und -zahler einer Massnahme auf einfache Art und Weise identifizieren zu können. Als Nutzenindikatoren in die Untersuchung eingeführt wurden die örtliche Entfernung zum Abstimmungsgegenstand (je weiter entfernt vom Abstimmungsgegenstand, desto geringer der erwartete Nutzen), die Steuerfusshöhe (je höher die zu erwartende Steuermehrbelastung, desto stärker die Ablehnung der Vorlage), die Berufsgruppenzugehörigkeit (je stärker eine Berufsgruppe von den Baukrediten profitiert, desto eher stimmt sie ihnen zu) und die Betroffenheit. Dabei zeigte sich, dass die Distanzvariable und – mit Abstrichen – auch die Steuerfusshöhe einen beträchtlichen Erklärungsgehalt für das Stimmverhalten besitzen. Dies, so fährt Vatter weiter fort, vor allem bei Vorlagen,

---

[193] Diese hohe Korrelation von Partei- und Verbandsparolen und dem Stimmverhalten scheint demnach nur zu einem geringen Teil auf bewusste Befolgung dieser Parolen zu beruhen. Der Umstand, dass man sich der eigenen Entscheidgründe bewusst ist, ist aber zwingend notwendig, damit wir von einem rationalen Entscheid sprechen können.

[194] Eine Vielzahl von Gründen ist hier denkbar: weil die Partei oder der Verband die eigenen ökonomischen Interessen vertritt (dies die Annahme Schneiders). Aber auch, weil man sich einer Gruppe zugehörig fühlt, weil man eine affektive Bindung an die bevorzugte Partei hat oder weil man der Ansicht ist, die Partei teile die eigenen Wertevorstellungen.

die eine Betroffenheit individueller Art auslösen (als Beispiele führt Vatter Sportbau- und Spitalprojekte an). Bei solchen Vorlagen, insbesondere wenn sie zusätzlich «von geringer Komplexität, mit einfachem Inhalt und klar definierten Nutzenerwartungen für die Beteiligten» (Vatter 1994b: 349) sind, dominieren Eigennutzüberlegungen klar. Hingegen sind bei Vorlagen, die eine Betroffenheit kollektiver Art auslösen (z. B. Lawinen- und Hochwasserschutzprojekte) häufig solidarische Motive ausschlaggebend für den Entscheid (vgl. auch Vatter und Nabholz 1995).

Während also die Distanz zum Abstimmungsgegenstand und teilweise auch die erwartete Steuermehrbelastung bei der Entscheidfindung von Belang sind, hat die Branchenzugehörigkeit kaum eine Bedeutung für den Stimmentscheid. Zum gleichen Ergebnis gelangte Vatter in seiner Untersuchung zu den Bestimmungsgründen für den EWR-Entscheid (Vatter 1994b): Auch dort spielte die Branchenzugehörigkeit lediglich eine untergeordnete Rolle.[195]

Dieser Befund steht im Gegensatz zu den Resultaten anderer Studien, etwa jener von Blöchliger und Spillmann (1992). Sie überprüften die ökonomische Theorie in einem Politikbereich, in dem Rational-Choice-Modelle traditionellerweise einen schweren Stand haben: in der Umweltpolitik.[196] Die Studie fokussierte demnach – der zu untersuchende Politikbereich lässt anderes kaum zu – einseitig auf die Kosten, während die Frage nach dem Nutzen einer sauberen Umwelt für den einzelnen Stimmbürger ausgeblendet wurde. In ihrer Aggregatdatenanalyse kommen Blöchliger und Spillmann (1992: 536) zum Schluss, dass «die Branchenzugehörigkeit der Gemeindebewohner entscheidend» für ihr Stimmverhalten war: Je stärker eine Branche auf den Privatverkehr ange-

---

[195] Vatter testete in einer multivariaten Individualdatenanalyse die Annahme, dass Personen, die in exportabhängigen Branchen tätig sind, dem EWR-Beitritt eher zustimmen als solche, die in stark binnenmarktabhängigen Branchen arbeiten. Indes, die Furcht vor Lohneinbussen aufgrund von erschwertem Marktzugang war offenbar ein seltenes Motiv; andere nicht ökonomische Motive spielten eine weitaus wichtigere Rolle.

[196] Aus dem Blickwinkel eines rationalen Eigennutzmaximierers ist es kaum rational, sich für ein öffentliches Gut, von dem niemand ausgeschlossen werden kann – und eine saubere Umwelt ist ein solches Gut –, einzusetzen (siehe Olson 1965).

wiesen war, desto mehr lehnten die darin Tätigen mobilitätseinschränkende Massnahmen ab.

Dieser Befund widerspricht demjenigen von Vatter. Grund dafür ist möglicherweise, dass die beiden Studien in verschiedenen Politikbereichen, in denen auch Güter unterschiedlicher Art auf dem Spiel stehen, durchgeführt wurden. Das Stimmverhalten ist aber gewiss auch von der Beschaffenheit des Gutes abhängig (Kriesi 1994: 241). Ausserdem ist nicht auszuschliessen, dass die Aggregatdatenanalyse, deren sich Blöchliger und Spillmann bedienten, Zusammenhänge verschleierte, die mit einer Individualdatenanalyse sichtbar geworden wären.

Die vorgestellten Untersuchungen sind bei Weitem nicht die einzigen politökonomischen Stimmverhaltensstudien. Es gibt eine ganze Reihe von Studien, die politökonomische Modelle an einzelnen Vorlagen oder themenspezifischen Vorlagengruppen testen, etwa die von Epple-Gass (1989) heftig kritisierte Untersuchung von Pommerehne und Schneider zu zwei Sozialversicherungsabstimmungen (Pommerehne und Schneider 1985). Sie untersuchen, ob sich die Stimmbürger bei ihrem Entscheid von den zu erwartenden Auswirkungen einer politischen Massnahme auf die Kaufkraft leiten lassen. Diese Hypothese wird an zwei Sozialversicherungsabstimmungen überprüft: an der 9. AHV-Revision (26.2.1978) und der PdA-Initiative für eine «wirkliche Volkspension» (3.12.1972). Bei beiden Abstimmungen gab es jeweils Gruppen, die von den vorgeschlagenen Massnahmen stark profitiert hätten und solche, die benachteiligt worden wären – und zwar abhängig vom Alter und vom Einkommen. Die Konzeptualisierung des Nutzenbegriffs erfolgt also über die Definition eines eher kurzfristigen, ökonomischen Nutzens – des Konzepts der Kaufkraftinzidenz. Die Überprüfung der Hypothesen mittels eines Regressionsmodells bestätigt zumindest für die 9. AHV-Revision die vermuteten Zusammenhänge. Dasselbe Modell wird sodann an der thematisch zwar sehr ähnlich gelagerten, aber politisch viel umstritteneren Abstimmung über die «wirkliche Volkspension» getestet – eine Initiative der Linksaussen-Partei der PdA, die grundsätzlich allen Einkommens- und Altersklassen positive Kaufkraftrenditen gebracht hätte. Hier aber versagt das Modell völlig. Es prognostizierte eine über 90-prozentige Zustimmung, weil die Volkspension so gut wie allen einen kurzfristigen finanziellen Nutzen gebracht hätte. Die Initiative wurde jedoch von fast 90 Prozent abgelehnt. Pommerehne und Schneider vermuten, dass bei grösseren Modifikationen nicht nur kurzfristige, sondern vor allem langfristige ökonomische

Nutzenüberlegungen in Erwägung gezogen werden und präsentieren darauf folgend ein modifiziertes Modell, das dem tatsächlichen Stimmergebnis ziemlich nahe kommt.

Epple-Gass (1989) bezweifelt aber, dass der Stimmbürger seinen Entscheid aus dem äusserst komplexen Konstrukt der «Kaufkraftinzidenz» ableite, wie Pommerehne und Schneider annehmen. Denn das Wissen, wie sich die Kaufkraftinzidenz berechnet und welche Auswirkungen eine sozialpolitische Massnahme auf ebendiese hat, sei in den allerwenigsten Fällen beim Stimmbürger vorauszusetzen. Ausserdem bemerkt Epple-Gass, dass das Modell von Pommerehne und Schneider nur zur Erklärung einer der beiden untersuchten AHV-Abstimmungen taugt. Es versage hingegen völlig bei der Erklärung der anderen Abstimmung. Zur Rettung des ökonomischen Erklärungsansatzes werde das Modell in der Folge zwar «ad hoc um einige Einflussfaktoren erweitert», diese hätten allerdings – so die Kritik von Epple-Gass – «wenig mit den Grundannahmen des [ökonomischen, Anm. der Autoren] Ansatzes zu tun [...]» (1989: 58). Diese hauptsächlich nicht ökonomischen Faktoren wie etwa der Stimmenanteil der PdA hätten vielmehr in «mathematisch verkappter und verknappter Form» mit der «politischen Ebene zu tun» (1989: 55).

Eine Weiterführung der ökonomischen Distanztheorie ist die Untersuchung von Vatter und Heidelberger (2013) zum «NIMBY»-Phänomen («not in my backyard»). Das Phänomen tritt insbesondere bei grossen Infrastrukturvorhaben in Erscheinung. Es äussert sich darin, dass Bürger solche Vorhaben zwar im Prinzip gutheissen, aber den Bau vor der eigenen Haustüre vermeiden möchten. Mit anderen Worten: Man begrüsst all die segensreichen Folgen solcher Infrastrukturvorhaben (beispielsweise höhere Mobilität durch den Bau einer Autobahn oder billigerer Strom durch den Bau eines Atomkraftwerks), möchte aber mit den negativen Folgen (Baulärm, gesundheitsgefährdende Strahlung usw.) nicht konfrontiert werden. Mit zunehmender geografischer Distanz sollte deshalb die Zustimmung zu solchen Projekten ansteigen. Vatter und Heidelberger (2013, 2014) zeigen aufgrund einer Analyse von Schweizer Sachabstimmungen und der Abstimmung über «Stuttgart 21», dass solche Phänomene in der Tat auftreten und Nutzenkalküle demnach eine wesentliche Rolle spielen. Aber der Zusammenhang ist zuweilen gegenläufig. Die Richtung des Zusammenhangs wird dabei von der Art des Infrastrukturprojekts bestimmt. Bahnprojekte entfachen in den unmittelbar angrenzenden Gemeinden eher Widerstand als in den weiter weg gelegenen

Kommunen. Bei Autobahnprojekten ist das Gegenteil der Fall. Bei Abstimmungen über Fragen der Nuklearenergie schliesslich ist es entscheidend, ob ein Kernkraftwerk in der betreffenden Gemeinde bereits gebaut ist oder in Planung steht. Im erstgenannten Fall ist die Zustimmung umso höher, je näher die Standortgemeinde liegt (Furcht vor Arbeitsplatzverlusten). Im letztgenannten Fall ist das gegenteilige Stimmverhaltensmuster zu beobachten.

Gegenstand einiger Einzelfallanalysen (Kriesi et al. 1992 Meier-Dallach und Nef 1992, Vatter 1994b), darunter auch einer ökonomischen Fallstudie (Brunetti et al. 1998), war die Jahrhundertabstimmung über den Beitritt der Schweiz zum EWR (6.12.1992). Brunetti, Jaggi und Weder (1998) postulierten auf der Basis ihrer Aggregatdatenanalyse einen Zusammenhang zwischen Branchenzugehörigkeit, Informiertheit und Stimmverhalten. Beschäftigte in Sektoren, die im Fall eines EWR-Beitritts aller Voraussicht nach zu den Verlierern zählen würden, stimmten eindeutig dagegen, während sich die Gewinner nicht eindeutig für eine Öffnung einsetzten. Diesen Umstand erklärten die Ökonomen mit der Informationsasymmetrie zwischen Gewinnern und Verlierern. Beschäftigte, die von potenziellen Verlusten bedroht sind, haben generell stärkere Anreize, sich von den zur Abstimmung vorgelegten Massnahmen zu informieren als solche, die möglicherweise profitieren können (Brunetti et al. 1998: 69). Die Studie rief Kritik hervor (Armingeon 2000). Sie sei trivial, methodologisch fragwürdig[197] und ausserdem würden Kosten-Nutzen-Überlegungen bloss eine untergeordnete Rolle spielen. Eine Replikation der Analyse (Armingeon 2000: 210) von Brunetti et al. (1998) mit Individualdaten führte aber nicht zu grundsätzlich anderen Resultaten: Beschäftigte in Verliererbranchen waren signifikant stärker gegen den EWR-Beitritt als solche, die von der Vorlage nicht betroffen waren (vgl. dazu Sciarini und Tresch 2009: 468). Ausserdem berücksichtigt jenes Modell noch wirtschaftspolitische Grundüberzeugungen (Links-rechts-Selbsteinstufung), die von der Branchenzugehörigkeit aber nicht ohne Weiteres zu trennen sind (vgl. Duplik von Brunetti et al. 2000).

---

197 Armingeon (2000: 208) kritisiert vor allem die Verwendung von Kantonsdaten. Die Gefahr eines ökologischen Fehlschlusses sei bei solch grossen Gebietskörperschaften viel zu gross.

Darüber hinaus ist das Erklärungspotenzial ökonomischer Variablen auch in theorietestenden Arbeiten überprüft worden. Meist schnitt der Rational Choice dabei schlecht ab. Buri und Schneider (1993), Vatter (1994b), aber auch Vatter, Linder und Farago (1997) ziehen aus ihren theorientestenden Untersuchungen den Schluss, dass die ökonomische Theorie nur bedingt geeignet ist, das Stimmverhalten der Schweizer zu erklären. Allerdings muss darauf hingewiesen werden, dass für solche Theorientests meist eine Vielzahl von verschiedenen Abstimmungen analysiert wird. Das wiederum erfordert eine Generalisierung des Nutzenkalküls. Mit anderen Worten: Man benötigt einen empirischen Referenten für die Nutzenerwartung, der sich bei allen, im konkreten Einzelfall zum Teil aber sehr verschiedenen Sachfragen verwenden lässt. Diesen gibt es jedoch nicht. Im Grunde genommen müsste der ökonomische Nutzen für jede einzelne Sachfrage neu definiert werden. Das verunmöglicht Theorientests. Aus diesem Grund greift man in der Regel auf das Haushaltseinkommen oder die Branchenzugehörigkeit zurück. Diese Variablen stehen dann für die individuelle Nutzenerwartung, obwohl sie in vielen Fällen keinen konkreten Bezug zur Sachfrage aufweisen.[198] Deshalb kann es auch nicht überraschen, dass der Rational Choice bei breit angelegten Theorientests aufgrund dieses konzeptionellen Nachteils gegenüber den anderen Theorieansätzen auch etwas schlechter abschneidet.

Einen etwas anders gearteten Theorientest unternehmen Sciarini und Tresch (2009). Sie vergleichen die Relevanz kulturell geprägter Motive für den Stimmentscheid zu öffnungspolitischen Sachfragen mit utilitären (d. h. ökonomischen) Beweggründen. In gewisser Weise knüpfen sie dabei an die Debatte zu den Determinanten des EWR-Entscheids an, die wir zuvor kurz skizziert haben. Was, so lautete dort die Frage, ist für den Entscheid solcher Integrationsprojekte wichtiger – rein ökonomische Überlegungen (Kosten-Nutzen-Erwägungen) oder kulturprotektionistische Motive? Sciarini und Tresch kommen zum Schluss, dass Faktoren wie die kulturelle oder nationale Identität von höherer Bedeutung für das Verhalten an der Urne sind als ökonomische Gründe. Diese sind zwar keineswegs unwichtig und sie äussern sich zudem weniger in solch statischen Indikatoren wie Branchenzugehörigkeit oder Haushaltseinkommen (Scia-

---

198 Etwa bei der Abstimmung über den Neuen Finanzausgleich. Nutzenerwartungen spielten dort zwar eine ganz wesentliche Rolle, sie waren aber nicht an das Haushaltseinkommen geknüpft, sondern an die Kantonszugehörigkeit.

rini und Tresch 2009: 470, vgl. auch Christin und Trechsel 2002). Indes, sie werden von kulturellen Motiven in der Regel übertrumpft. Ausserdem sind kulturelle Motive präsenter, denn die Analyse des Zusammenhangs zwischen dem Framing von Abstimmungsinhalten und der Bedeutung der unterschiedlichen Motive macht deutlich, dass utilitäre Überlegungen nur dann eine wesentliche Rolle spielen, wenn die politischen Eliten nachhaltig auf ökonomische Konsequenzen einer aussenpolitischen Öffnung hinweisen. Bei kulturellen Motiven ist das anders. Ihre Bedeutung für den Stimmentscheid ist mehr oder weniger unabhängig vom Framing (Sciarini und Tresch 2009: 474). Sie scheinen als Bewertungskriterien für öffnungspolitische Vorlagen präexistent zu sein.

5.4 Die kognitionspsychologische Perspektive

Die politikwissenschaftliche Forschung hat in den 1950er- und 1960er-Jahren nachweisen können, dass der reale Bürger dem (Wunsch-)Bild des politisch interessierten und über politische Angelegenheiten stets gut informierten Citoyen nicht entspricht (vgl. Kapitel 6.1). Dieser Musterbürger wurde jedoch lange Zeit als unentbehrliche Voraussetzung für das Funktionieren einer Demokratie angesehen. Indes werden die wenigsten Anforderungen, welche die normative Demokratietheorie an den Bürger stellt, von jenem auch tatsächlich erfüllt. So haben beispielsweise die Väter der sozialpsychologischen Schule der Wahlforschung, Angus Campbell und die Mitautoren des *American Voter* (Campbell et al. 1960), belegen können, dass das US-Elektorat über politische Belange nur höchst dürftig informiert und zudem kaum in der Lage ist, politische Positionen in einen grösseren, ideologischen Kontext zu stellen. Philip Converse, einer der Mitautoren des *American Voter*, kam wenig später (1964) zu einem ähnlichen und ebenso ernüchternden Schluss. Er hielt als Fazit seiner epochemachenden Untersuchung fest, dass die grosse Masse der US-Wähler an Politik kaum interessiert sei, zu den meisten politischen Streitfragen keine substanziellen Haltungen besässe und demnach, wie er es einprägsam ausdrückte, «innocent of ideology» (1964: 241) sei. Damit wurde selbstredend auch der Wahlentscheid des Elektorats normativ abgewertet: Er erschien nun nicht mehr als das Resultat einer nüchternen Abwägung von inhaltlichen Parteipositionen – hierzu bräuchte es ja ein gewisses Quantum an politischer Information, das aber nur die wenigsten

US-Bürger besässen –, sondern als soziologisch bzw. von Parteibindungen determiniertes Produkt (oder noch schlimmer als blosser Reflex auf Kampagnenslogans, siehe Kapitel 6.3). Weiter wurde im Zuge der «Entzauberung» des Citoyens die Responsivitätspflicht der Regierenden angezweifelt: Wenn die Bürgerschaft wirklich keine stabilen politischen Haltungen (*true attitudes*) besitzt, sondern bei Meinungsumfragen bloss angibt, was mental gerade präsent ist («on the top of one's head», Zaller 1992), warum sollten sich die politischen Eliten nach diesen höchst flatterhaften, ad hoc konstruierten Präferenzen richten?

Das voraussetzungsreiche, partizipative Demokratiemodell war nicht zu retten, wenn man sich zu diesem Zweck bloss auf die demokratischen Tugenden des Bürgers stützt. Diese Gewissheit führte dazu, dass man sich verstärkt damit auseinanderzusetzen begann, wie der Bürger sich trotz seiner offensichtlichen Kognitionsdefizite in der politischen Welt zurechtfindet. Damit einher gingen Fragen, wie das Individuum politische Informationen verarbeitet, wie es diese mentalen Bits in seinem Gedächnisspeicher organisiert, wie es sie abruft und wie diese vielzähligen Erwägungen zu einer Haltung zusammengefasst und anschliessend in einer Meinungsumfrage als «Meinung» verbalisiert oder an der Wahlurne als Wahl- bzw. Stimmentscheid umgesetzt werden. Diese Fragen zu den Kognitionsprozessen, die hinter einem Wahl- oder Abstimmungsentscheid ablaufen, kennzeichneten eine «kognitive Wende» in den Politikwissenschaften (Sniderman 1993: «the new look»): weg von der Frage nach der Konsistenz politischer Einstellungen und hin zur Frage der Informationsverarbeitung.

Diese kurze Auflistung der essenziellen Fragen der politischen Psychologie macht deutlich, dass dieses Forschungsfeld ein sehr breites, «pluralistisches», wenn nicht gar disparates Feld ist (vgl. McGraw 2000). Das liegt daran, dass die politische Kognitionsforschung – der Name ist gewissermassen Programm – interdisziplinär angelegt ist. Sie ist nicht wie die zuvor vorgestellten theoretischen Ansätze eine von anderen Deutungstraditionen klar abgrenzbare, sich auf ein einheitliches theoretisches Bezugssystem stützende Denkschule, sondern definiert sich eher durch ein gemeinsames Interesse an denselben Fragestellungen (Fiske und Taylor 1991, Sherman et al. 1989). McGraw (2000: 806) nennt drei grundsätzliche Fragen, deren Beantwortung sich die politische Kognitionsforschung zum Ziel gesetzt hat: 1) Wie sind politische Informationen mental organisiert? 2) Wie werden Meinungen oder Haltungen gebildet? 3) Wie kommt es zu Meinungswandel? Damit werden natürlich nicht mehr als die Grundlinien dieses Forschungsbereichs aufgezeigt. Wäre dieses Buch eine Einführung in die politische Psychologie, so würde man die Frage, wie Meinungen und Einstellungen gebildet werden, als zu generellen Fragekomplex betrachten und das Thema der Meinungsbildung beispielsweise in einzelne Stufen der Informationsverarbeitung (McGuire 1969) aufteilen. So weit möchten und können wir in diesem Buch nicht gehen und halten uns deshalb an die vorgeschlagene Dreiteilung von McGraw.

Beginnen werden wir demnach mit der kognitiven Architektur und der Frage, in welcher Form politische Informationen organisiert sind. Sodann wenden wir uns der Frage zu, wie Meinungen gebildet werden und zuletzt beschäftigen wir uns mit Strategien zur Einstellungs- und Verhaltensänderung.[199]

5.4.1 Die Organisation politischer Informationen
5.4.1.1 Die Funktionsweise des «politischen Gehirns»

Bevor wir uns den Forschungsfeldern der politischen Kognitionspsychologie zuwenden, wird zuerst ein kursorischer Überblick der Architektur des menschlichen Kognitionsapparates geboten. Es handelt sich dabei primär um neurowissenschaftliche Erkenntnisse, die mit der Abstimmungsforschung direkt nichts zu tun haben, die aber gleichwohl zentral für das Verständnis darüber sind, wie politische Informationen verarbeitet werden (vgl. dazu Anderson 1983, Hastie 1986, Lodge und Stroh 1993, Lodge und Taber 2005b, Smith 1998, Taber 2003).

Die Struktur des menschlichen Kognitionsapparats wird zuweilen mit demjenigen eines Computers verglichen. Es werden zwei Gedächtnisdimensionen unterschieden: das Langzeitgedächtnis und das Arbeitsgedächtnis (Lodge und Stroh 1993). Im Langzeitgedächtnis sind alle (politischen) Haltungen, Einstellungen und Informationen abgespeichert und zwar in der Form eines assoziativen Netzwerkes. Mit anderen Worten: Die einzelnen mentalen Konstrukte sind in der Regel miteinander verknüpft. Diese Form der Organisation von Gedächtnisinhalten ist eine

---

[199] Es versteht sich von selbst, dass sich nicht alle Modelle, die nachfolgend vorgestellt werden, zweifelsfrei einer dieser drei Fragekomplexe zuordnen lassen. Zallers RAS-Modell (1992) beispielsweise beschreibt die Meinungsbildung wie auch den Meinungswandel.

wichtige Voraussetzung dafür, dass Informationen überhaupt abgespeichert werden können. Wenn wir beispielsweise zum ersten Mal von einem Kandidaten für ein politisches Amt hören, dann wird dieser Name für gewöhnlich mit bereits vorhandenen Informationen assoziiert – in der Regel mit seiner Partei. So bleibt dieser Name im Gedächtnis haften. Lodge und Stroh (1993) sprechen diesbezüglich von *nods*, mentalen Knoten, die fortwährend gebildet werden. Diese Verbindungen können, abhängig von der Aktivierungshäufigkeit, unterschiedlich stark sein und auch schon eine affektive Ladung aufweisen.

Die politische Meinungsbildung findet aber nicht im Langzeitgedächtnis, sondern im Arbeitsspeicher statt. Indes, die Aufnahmekapazität des Arbeitsspeichers ist limitiert – man führe sich zur Veranschaulichung wieder den Computer vor Augen, dessen Harddisk über eine weitaus höhere Speicherkapazität verfügt als der RAM-Speicher (*working memory*). Der «Arbeitsspeicher» des Menschen hat eine Kapazität von etwa sieben Informationsbits (Miller 1956). Das reicht beispielsweise, um sich eine, aber nicht zwei neue Telefonnummern merken zu können (Lau und Redlawsk 2006: 23 ff.). Aus demselben Grund können auch unmöglich alle Inhalte des Langzeitgedächtnisses in das Arbeitsgedächtnis transportiert werden. Vielmehr ist es so, dass mit der Aktivierung eines Konstrukts – etwa dadurch, dass in den Medien der Name eines Kandidaten für ein politisches Amt erwähnt wird – eine begrenzte Zahl weiterer Konstrukte zeitgleich aktiviert werden, die besonders stark mit dem Startkonstrukt verknüpft sind. Was auf diese Weise in den Arbeitsspeicher gelangt, bildet die Grundlage für die Bewertung eines Einstellungsgegenstands. Diese Inhalte sind jedoch nicht fix vorgegeben, sondern variabel. Würden wir beispielsweise zu verschiedenen Zeitpunkten nach unserer Meinung zu einer bestimmten Sachvorlage gefragt werden, kämen uns wohl nicht immer dieselben Inhalte in den Sinn. Häufig aktivierte, besonders stark vertäute Verknüpfungen wie etwa die Partei, welche die Vorlage lancierte, dominieren die Wahrnehmung. Andere mentale Inhalte finden sich jedoch nur sporadisch im Arbeitsgedächtnis wieder. Inhalte, die von den Medien beispielsweise erst kürzlich aktiviert wurden, werden mit grösserer Wahrscheinlichkeit in das Arbeitsgedächtnis transportiert als lange ungenutzte Assoziationen. Generell kann man sagen: Im Arbeitsgedächtnis findet ein permanenter Verdrängungswettkampf statt. Da dort nur eine limitierte Anzahl mentaler Inhalte Platz hat, muss das am schwächsten assoziierte Konstrukt gewissermassen erst weggedrängt werden, damit ein neues Informationsbit an seine Stelle treten kann. Den Kampf um die mentalen Inhalte des Arbeitsspeichers eines Stimmbürgers (und damit um die Evaluationsgrundlage) führen nun die Akteure im Abstimmungskampf, und zwar mit den Mitteln des Framing und Priming.

5.4.1.2 Die Integration neuer politischer Informationen

Eine der fundamentalsten Fragen der Politischen Psychologie ist diejenige, wie neu aufgenomene politische Informationen organisiert werden. Die Frage ist deshalb so wichtig, weil die kognitive Struktur festlegt, welche Informationen wie perzipiert und verarbeitet werden. Das Organisationsprinzip unseres politischen Gedankengebäudes strukturiert massgeblich die Wahrnehmung der politischen Welt. Mit der Organisation von Massenüberzeugungssystemen hat sich Converse bereits in den 1960er-Jahren (Converse 1964) auseinandergesetzt und dabei festgestellt, dass nur ein sehr schmales Segment der Bevölkerung ideologisch denkt. Aus diesem Grund hat man in den 1980er-Jahren begonnen, sich mit der Frage auseinanderzusetzen, wie – wenn nicht in ideologischen Mustern – der Bürger tatsächlich denkt (Conover und Feldman 1984, Hamill et al. 1985, Lodge und Hamill 1986). Just diese Frage kennzeichnete letztlich die «kognitive Revolution» in den Politikwissenschaften (McGraw 2000).

Zur Beantwortung dieser Frage war vor allem ein aus der Kognitionspsychologie entlehntes Konzept hilfreich: das Schema-Konzept.[200] Es geht ursprünglich auf die Gestaltpsychologie zurück. Die wesentliche Aussage der Gestaltpsychologie ist, dass die Wahrnehmung der Umwelt nicht allein von den objektiv vorhandenen Stimuli ausgeht. Vielmehr werden diese Reize zu Mustern gebildet und zwar nach dem Vorbild bereits bekannter Muster. Ins Politische übersetzt würde dies bedeuten, dass politische Informationen und auch Beobachtungen nicht einfach ungefiltert aufgenommen werden, sondern vor dem Hintergrund bereits vorhandener Strukturen interpretiert bzw. ergänzt werden und zwar der-

---

200 Schematheoretische Ansätze waren in den Politikwissenschaften in den 1990er-Jahren so etwas wie der «letzte Schrei». Inzwischen hat die Verwendung des Schema-Begriffs deutlich abgenommen (McGraw 2000: 810 f.), was vor allem daran liegt, dass während der Blütezeit dieses Konzepts so gut wie alles mit schemabasierter Verarbeitung erklärt und beschrieben wurde (vgl. Kuklinski et al. 1991).

gestalt, dass sich letztlich ein sinnvolles und übereinstimmendes «Ganzes» ergibt. Schemata sind in diesem Sinne eine kognitive Struktur von organisiertem Wissen, das die Wahrnehmung und Rezeption neuer Informationen stark beeinflusst (Conover und Feldman 1984: 97).[201] Schemata sind deshalb auch dafür verantwortlich, dass politische Erfahrungen, die das Individuum macht, meist nur die bisherigen Überzeugungen bestätigen (obwohl prinzipiell ja auch das Gegenteil möglich wäre). Man sieht, mit anderen Worten, häufig nur das, worauf die eigene «Weltanschauung» den Einzelnen vorbereitet. Informationen werden in den Kognitionsschemata in der Weise verarbeitet, dass sie die präexistenten kausalen Annahmen stets bestätigen. Für Abstimmungsforscher sind solche Erkenntnisse von Bedeutung, denn sie zeigen die Grenzen politischer Propaganda auf: Kampagnenbotschaften werden nicht zwingend in der Form verarbeitet, in der sie ausgesendet wurden.

5.4.2 Die Meinungsbildung
5.4.2.1 Onlinebasierte versus memorygestützte Informationsverarbeitung
Eine weitere zentrale Frage der politischen Kognitionsforschung ist diejenige, wie sich politische Informationen zu einer Haltung oder Meinung verdichten. Dabei interessiert zunächst einmal, wie politische Gedächt-

---

[201] Die Struktur unseres Wahrnehmungsapparates beeinflusst unsere Wahrnehmung ebenso wie objektiv vorhandene, äussere Objekte. Unser Wahrnehmungsapparat ist in einer bestimmten Art und Weise strukturiert, sodass neue Informationen nicht auf eine Tabula rasa treffen, sondern vor dem Hintergrund bekannter bzw. vertrauter Strukturen interpretiert und integriert, teilweise ergänzt werden, und zwar so, dass sie konsistent sind mit unseren schematischen Erwartungen (vgl. Lippmann 1949, Coren et al. 1994). Daraus ergeben sich dann folgende Funktionen eines Schemas: Nicht primär das Generieren von *attitudes*, sondern die Interpretation mehrdeutiger Informationen bzw. die Ergänzung fehlender Informationen, die Steuerung der Aufmerksamkeit bzw. der Wahrnehmung auf bestimmte Informationen, nämlich auf konsistente, aber allenfalls auch inkonsistente Stimuli zu lenken, Gedächtnislücken heuristisch zu rekonstruieren sowie zukünftige Ereignisse zu prognostizieren (schematische Erwartungen, Stereotypen). Diese Effekte gelten als vorbewusst, sodass die resultierende mentale Repräsentation vom Individuum oft fälschlich als unbeeinflusstes Abbild der tatsächlichen Gegebenheiten akzeptiert wird.

5.4 Die kognitionspsychologische Perspektive

nisinhalte abgerufen werden, etwa dann, wenn ein Individuum gebeten wird, seine Haltung zu einem politischen Einstellungsgegenstand zu äussern. Werden in einem solchen Fall sämtliche, mit dem Einstellungsgegenstand verknüpften Gedächtnisinhalte in Erinnerung gerufen, um darauf aufbauend eine Meinung zu bilden? Oder liegt bereits eine fertige Bewertung (*summary tally*) zum abgefragten Einstellungsgegenstand vor, die in Sekundenschnelle abgerufen werden kann? Letzteres wird als das Online-Modell der Informationsverarbeitung bezeichnet (Hastie und Park 1986, Lodge et al. 1989). Es geht davon aus, dass Individuen ihre Haltung zu einem Einstellungsobjekt zu einem bestimmten Zeitpunkt bilanzieren. Getan wird dies auf der Basis aller, zu jenem ursprünglichen Zeitpunkt verfügbaren Informationen. Diese Bilanz hat in der Folge die Funktion einer vorläufigen Gesamtbewertung (*on-line running tally*): Sie wird – sollten neue, bewertungsrelevante Informationen hinzukommen – gelegentlich aufdatiert.[202] Dies geschieht aber nicht mehr auf der Basis aller relevanten Informationen, die hierzu im Gedächtnisspeicher abgelegt worden sind, sondern nur noch ergänzend. Wird nun nach der Haltung zu einem Thema oder einer Partei gefragt, so wird diese Zwischenbewertung angegeben und nicht etwa, wie das konkurrenzierende Memory-Modell (Zaller und Feldman 1992) annimmt, nach allen relevanten Informationen im Arbeits- und/oder Langzeitgedächtnis gesucht. Dies führt häufig dazu, dass das Individuum seine politischen Einstellungen zwar umgehend kundzutun weiss, sie aber häufig nicht zu begründen vermag. Dies liegt, wie gesagt, daran, dass nicht die einzelnen Bewertungskrite-

---

[202] Eine Kritik am Online-Modell betrifft die Integrationsregeln: Nach welcher Regel werden neue Informationen integriert? Neue Informationen können ja nicht mehr umfassend verarbeitet werden, denn das Individuum weiss bekanntlich nicht mehr, wie das *summary tally* ursprünglich zustande kam. Deshalb dürfte der erste Eindruck derart mächtig sein, dass Revisionen der Zwischenbewertung selbst bei häufig dagegen sprechenden Evidenzen ausbleiben. Zaller (1992: 50) fügt ausserdem kritisch hinzu, dass das Online-Modell impliziere, dass eine neue Information (etwa ein Bericht über Obdachlose) eine Aufdatierung unzähliger Zwischenbewertungen nötig mache (etwa die Haltung zum Wohlfahrtsstaat, zum *government spending*, zum *American way of life* und zum Kapitalismus, um einige wenige zu nennen). Dies sei aber völlig unrealistisch.

rien und die Gründe dafür abgespeichert werden, sondern einzig die darauf aufbauende Zwischenbewertung.

Deshalb, so warnen die Anhänger des Online-Modells, solle man das Unvermögen der Stimmbürger, ihre politischen Präferenzen zu rechtfertigen, nicht voreilig als Beleg für eine hohe politische Ignoranz bewerten. Diese Haltungen und Einstellungen sind möglicherweise auf einer hoch informativen Grundlage zustande gekommen, nur könne sich der Befragte in der Regel nicht mehr an alle Bewertungskriterien erinnern,[203] sondern nur noch an die Bewertung selbst (vgl. Lodge et al. 1989, Lodge, Steenbergen und Brau 1995, McGraw et al. 1990).

So plausibel dies auch klingt, was hat das alles mit der Abstimmungsforschung zu tun? Vieles, denn in den Umfragen zum Stimmverhalten wird häufig nach den Gründen für einen bestimmten Entscheid gefragt. Beispielsweise lautet eine Vox-Frage, weshalb man sich für (bzw. gegen) eine Vorlage entschieden hat. Eine nicht unerhebliche Zahl der Befragten vermag ihren Entscheid dabei nicht inhaltlich zu begründen (vgl. Kapitel 6.1.3). Haben diese Stimmbürger einen kognitionsfreien, allenfalls gar willkürlichen Stimmentscheid gefällt? Waren diese Stimmbürger nicht über den Vorlageninhalt informiert? Es gibt durchaus gute Gründe davon auszugehen. Indes, so würden die Verfechter des Online-Modells argumentieren, diese Schlüsse sind allesamt etwas voreilig. Das Votum dieser Stimmbürger könnte trotz fehlender Rechtfertigung das Resultat eines nüchternen Abwägens von Pro und Kontra gewesen sein, bloss wüssten jene bei einer Nachbefragung nur noch, zu welchem Entscheid sie kamen, nicht aber, wie dieser zustande gekommen sei.[204]

---

203 Wenn beispielsweise nach der Bewertung eines Kandidaten gefragt werde, rufe das Individuum die besagte Zwischenbilanz (*summary tally*) ab. Wenn nun zusätzlich nach einer Begründung für diese Bewertung gefragt werde, so rationalisiere der Befragte häufig nachträglich. Diese Ex-post-Rationalisierungen hätten aber mit der angegebenen Bewertung selten etwas zu tun, argumentieren die Fürsprecher des Online-Modells.

204 Die Plausibilität dieser Aussage ist natürlich auch von der Struktur und dem Zeitpunkt der Nachbefragung, aber auch vom Thema und von der Komplexität der vorgelegten Sachfrage abhängig. Die Vox-Nachbefragung wird innert zwei Wochen nach dem Abstimmungstermin durchgeführt und betrifft Sachfragen, deren Inhalt, anders als die Auswahl der Parteien bei Wahlen, von Urnengang zu Urnengang variiert. Dementsprechend darf davon ausgegangen

Das Online-Modell wie auch das Memory-Modell haben sich beide schon empirisch bewähren können. Dabei scheint die Online-Verarbeitung in solchen Situationen der favorisierte Modus zu sein, in denen das Individuum schon von vornherein die feste Absicht hat, zu einem definitiven Wahl- oder Abstimmungsentscheid zu gelangen. Die Evaluation von Kandidaten, aber auch die Urteilsbildung zu brisanten politischen Sachfragen wird somit wohl vornehmlich online vorgenommen. Hingegen scheint die erinnerungsgestützte Informationsverarbeitung für die Erklärung von Meinungen zu eher abstrakten und kaum geläufigen politischen Themen besser geeignet zu sein als das Online-Modell (McGraw et al. 1990, Zaller 1992). Hoch im Kurs sind derzeit diejenigen Erklärungsansätze, die Elemente aus beiden Modellen integrieren (Lavine 2002, McGraw et al. 2003).

5.4.2.2 John Zallers RAS-Modell

Ein besonders einflussreiches Modell zur Erklärung von Meinungsbildung und -wandel ist das RAS-Modell (Receive-Accept-Sample-Modell) von John Zaller. Es hat gerade in der Schweizer Wahl- und Abstimmungsforschung viele Anhänger gefunden, was sowohl an der Sparsamkeit wie auch an der Eleganz des Modells liegt. Das RAS-Modell stellt die Rezeption (Aufnahme) und Verarbeitung von politischen Informationen seitens des Massenpublikums dar und erklärt die öffentliche Meinungsbildung als Funktion von drei Faktoren – Medieninformationen, individuelles Kognitionsniveau und politische Prädispositionen. Zaller (1992: 6) hat dies in den folgenden, einprägsamen Worten zusammengefasst: «[...] every opinion is a marriage of information and predisposition: information to form a mental picture of the given issue, and predisposition to motivate some conclusion about it.» Vier Axiome bilden den Kern dieses Modells:
- Das Reception Axiom: Dieses besagt, dass die Wähler eine unterschiedliche Aufnahmekapazität und ein unterschiedliches politisches Involvierungsniveau aufweisen. Das liegt auf der Hand. Politisch interessierte Bürger sind Medienbotschaften sicherlich stärker ausgesetzt als solche, die sich nicht für Politik interessieren. Sie nehmen deshalb

---

werden, dass die meisten Befragten sich an die Gründe ihres Entscheids erinnern können.

mehr politische Informationen auf und sind – ceteris paribus – dem Einfluss von Propagandabotschaften auch stärker ausgesetzt.
- Das Resistence Axiom: Die (kritische) Rezeption von politischen Werbebotschaften ist vom politischen Involvierungsniveau abhängig. Hoch politisierte Individuen sind eher imstande, Kampagneninformationen zu widerstehen (*resistance*) als politisch desinteressierte Personen. Diese ausgeprägtere Kritikfähigkeit der hoch politisierten Individuen wiederum liegt darin begründet, dass sie sich ihrer politischen Prädispositionen stärker bewusst sind als die Apolitischen und deshalb die Kampagneninformationen auch eher in Einklang mit ihren Prädispositionen zu bringen imstande sind.[205]
- Das Accessibility Axiom: Die Bürger verfügen selten über ein kohärentes und innerlich stark zusammenhängendes System von politischen Ansichten und Wertevorstellungen, aus dem sie Entscheide ableiten. Vielmehr werden Entscheide vor allem von denjenigen Erwägungen (*considerations*) abhängig gemacht, die gerade verfügbar sind (*on the top of the head* sind), also über die man erst kürzlich nachgedacht oder über die erst kürzlich in den Medien berichtet wurde.
- Das Response Axiom: Bei Meinungsumfragen wird in der Regel der «Mittelwert» aller abrufbaren und aktuellen Erwägungen als Meinung angegeben.

Daraus folgert Zaller, dass politisch hoch kompetente Bürger Kampagnen zwar am stärksten ausgesetzt sind, weil sie politische Informationen auch am fleissigsten sammeln. Indes, sie sind dank ihren hohen kognitiven Kapazitäten auch am ehesten imstande, diese Informationen kritisch zu bewerten. Die politisch Ungebildeten hingegen sind trotz ihrer geringen Medienausgesetztheit stärker für Propaganda anfällig, weil ihnen die Kontextinformationen fehlen, um Werbeinformationen ideologisch einordnen zu können. Es fehlt ihnen schlicht das politische Wissen, das nötig wäre, um den Werbungen der politischen Propaganda widerstehen zu können.

---

205 Damit ist auch klar, wie Zaller Persuasionseffekte misst. Da er davon ausgeht, dass die politischen Prädispositionen den Stimmentscheid motivieren, wird der Kampagneneffekt daran gemessen, wie weit der individuelle Entscheid von jenen abweicht.

Neben diesen individuellen Eigenschaften übt aber gemäss Zaller auch die Kontextvariable «Grad der Elitenkonfliktivität» einen Einfluss auf die Meinungsbildung aus. Dabei ergeben sich unterschiedliche Effekte, abhängig davon, ob sich die Eliten einig sind oder nicht: Sind sich die politischen Eliten über ein bestimmtes Thema einig, dann sind es auch ihre Anhänger, allerdings in Abhängigkeit von ihrem politischen Involvierungsgrad.[206] Mit der logischen Folge, dass die Zustimmung bzw. Ablehnung einer Vorlage mit steigender Informiertheit, aber unabhängig von den politischen Prädispositionen zunimmt bzw. abnimmt. Diese Effekte sind beispielhaft in Abbildung 5.6 dargestellt.

Sind sich die politischen Eliten aber uneins, dann ergibt sich ein Polarisierungseffekt (*polarization effect*): Die Bewertung der Vorlage hängt dann vom politischen Involvierungsniveau, aber auch von den politischen Prädispositionen ab. Als Beispiel diene die Lehrstelleninitiative, über die 2003 abgestimmt wurde. Wie die Abbildung 5.7 deutlich macht, nahm der Anteil Ja-Stimmen bei den informierten Linken stark zu, bei den gut informierten Rechten jedoch stark ab. Dieser Polarisierungseffekt, der sich in der Abbildung in der Form einer «Verhaltensschere» darstellt, ergibt sich deshalb, weil die hoch Informierten beider politischen Lager die Haltungen ihrer Parteien (die sich im Falle der Elitenkonfliktivität ja widersprechen) weitaus besser kennen als die uninformierten Stimmenden.

Nun ist fraglich, inwieweit Letzteres eine aufsehenerregende Erkenntnis ist. Denn der Umstand, wonach die Anhängerschaften entweder den Parolen ihrer Parteien Folge leisten oder aber die Vorlage aufgrund gemeinsamer politischer Überzeugungen gleich bewerten wie ihre bevorzugte Partei, ist auch ohne theoretische Überlegungen, sondern mit blossem *common sense* zu erwarten. Auch erscheint uns die Fixierung Zallers auf die Prädispositionen als den Relaisstellen der Medienwirkung nicht immer angemessen. Natürlich haben sie die Funktion einer Schaltstelle. Aber es wäre unseres Erachtens beispielsweise bei der Umschreibung der Kampagneneffekte bei Elitenkonsens analytisch wertvoller gewesen, auf die Eigenheiten der Konfliktkonstellation hinzuweisen und

---

[206] Dieser Aussage liegt das Bild eines Top-down-Informationsflusses zugrunde. Wenn sich demnach die Eliten einig sind, wird eine mögliche Gegenposition im öffentlichen Raum gar nicht diskutiert. Die Stimmbürgerschaft erfährt somit nichts von einer möglichen oppositionellen Haltung und kann ihr ergo auch nicht folgen.

Abbildung 5.6: (Annähernder)[208] Mainstream-Effekt bei der Abstimmung über den Verzicht der Einführung der allgemeinen Volksinitiative (27.9.2009)

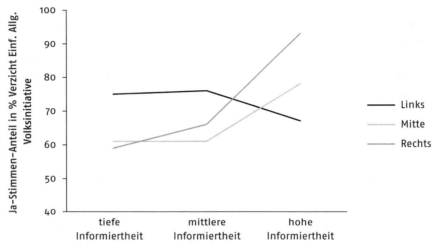

Quelle: Vox-Daten zur eidgenössischen Abstimmung vom 27. September 2009.

nicht auf die Prädispositionen. Denn die Werbebotschaften werden auch bei einem Elitenkonsens anhand der eigenen Prädispositionen beurteilt – insofern ist das Stimmverhalten auch bei solch einer Konfliktkonfiguration keineswegs unabhängig von den Prädispositionen. Aber der Informationsfluss ist in diesem Fall eindimensional und zwar als Folge der Konfliktkonstellation (die Parolen der Parteien lauten alle gleich) und deshalb unterscheidet sich der Entscheid beider politischen Lager nicht. Kurz, die Verhaltensrelevanz der Prädispositionen ist in Konsens- und Konfliktsituationen eigentlich dieselbe, die Konfliktkonstellationen (und ergo die Stimmempfehlungen) unterscheiden sich jedoch und sie sind es, welche die unterschiedlichen Effekte erzeugen.[208]

---

207 Idealtypische Mainstream-Effekte sind bei Schweizer Sachabstimmungen selten. Bei der Abstimmung über den Verzicht der Allgemeinen Volksinitiative ergaben sich bei den Befragten, die sich in der Mitte und im rechten Teil des ideologischen Spektrums einstuften, die erwarteten Mainstream-Effekte. Bei den Befragten, die sich links einstuften, stellten sich diese jedoch nicht ein.
208 Es ist auch fraglich, inwieweit dies ein Beweis für den Einfluss des Elitendiskurses ist. Basis und Eliten sind sich vielleicht deswegen einig, weil sie die-

5.4 Die kognitionspsychologische Perspektive | 245

Abbildung 5.7: Polarisierungseffekt bei der Abstimmung über die Lehrstelleninitiative (18.5.2003)

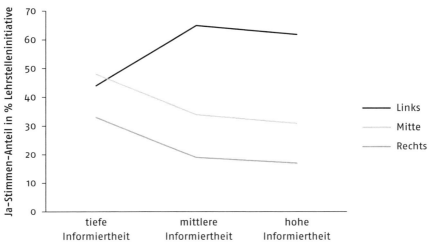

Quelle: Vox-Daten zur eidgenössischen Abstimmung vom 18. Mai 2003.

5.4.2.3 Die Meinungsäusserung

Mit der Meinungsbildung eng verknüpft sind Aspekte der Befragungstechnik. Politische Meinungsbildung erfolgt nämlich häufig bei Umfragen, in denen die Bürger aufgefordert werden, ihre politischen Meinungen kundzutun. Genauer gesagt, geht es nicht um Meinungsbildung als solche (wenngleich auch dies bei einem Telefoninterview möglich ist), sondern um die Meinungsäusserung. Die Verbalisierung der eigenen politischen Haltungen und Einstellungen ist jedoch, sofern man solche überhaupt hat (vgl. Kapitel 4.2.6), ebenfalls ein Prozess (Krosnick 1991). Der Befragte durchläuft mehrere kognitive Stufen, bis er zu einer Antwort gelangt. Mit diesem Thema der *survey response* beschäftigt sich inzwischen eine ganze

---

selben Wertevorstellungen teilen und weil die Präferenzen der Basis ja immer auch in die Empfehlungen der Elite einfliessen. Hertig (1982) kritisiert zurecht, dass dieses Top-down-Bild impliziere, dass die Eliten am Parteivolk vorbeipolitisieren könnten, wenn sie es nur wollten. Das ist jedoch eine unrealistische Annahme.

Forschungsdisziplin. Wir wollen an dieser Stelle nicht näher darauf eingehen, weil wir den Forschungsstand dazu bereits in Kapitel 4.2.5 dargestellt haben.

5.4.3 Der Meinungswandel

5.4.3.1 Der überforderte Bürger, Entscheidhilfen und die Demokratiequalität

Obwohl die Stabilität von Einstellungen an sich ein durchaus bemerkenswertes Phänomen darstellt, ist das Interesse für Einstellungswandel ungleich grösser. Das hat möglicherweise damit zu tun, dass wir diesen vor allem mit Manipulationstechniken assoziieren, denen wiederum das Odium des «Bösen» anhaftet. Meinungen und Einstellungen können sich jedoch auch ändern, ohne dass eine «finstere Macht» mit Manipulationsabsichten dahinter steht. Im Gegenteil, Meinungswandel kann auch die Folge einer systematischen, offenen Auseinandersetzung mit sachlichen Argumenten sein. Davon, aber auch von der heuristischen Informationsverarbeitung handelt nun dieser Abschnitt. Weil der heuristische Entscheid in der Wahl- und Abstimmungsforschung einen besonders prominenten Platz einnimmt – auch was die Quantität der Untersuchungen anbelangt – werden wir die Persuasionsmodelle der Sozialpsychologie etwas eingehender betrachten. Dabei ist darauf hinzuweisen, dass die vorgestellten Modelle nicht nur Einstellungswandel erklären, sondern gezwungenermassen auch die Meinungsbildung. Das eine geht ja mit dem anderen einher und lässt sich nicht derart klar trennen, wie das in psychologischen Lehrbüchern zu Übersichtszwecken getan wird.

Bevor wir uns den Persuasionsmodellen zuwenden, wollen wir jedoch noch kurz etwas zur historischen Entwicklung der betreffenden Fragestellung sagen. Was waren die Anstösse der Heuristikforschung? Lange bevor sich die Politikwissenschaft der Frage der Informationsverarbeitung annahm, wurde in der allgemeinen Kognitionspsychologie diskutiert, wie das Individuum in komplexen Entscheidungssituationen, die seine limitierten kognitiven Kapazitäten wie auch seine zeitlichen Ressourcen (zu) arg strapazieren, zu rationalen Entscheiden gelangen kann (Eagly und Chaiken 1993, Hovland und Weiss 1951, Tversky und Kahnemann 1974, für einen generellen Überblick: Todd und Gigerenzer 2000). Die Antwort auf diese Frage lautete, dass sich das Individuum in solchen Situationen häufig einfacher mentaler Entscheidungsregeln («Heuristiken») bedient. Ein ganz simples und in den sozialpsychologischen Lehrbüchern häufig vorgebrachtes Beispiel (Eagly und Chaiken 1993) für eine Heuristik ist die Regel, wonach man sich auf Experten verlassen kann. Dank dieser mentalen Abkürzung kann ein Individuum bei der Lösung eines komplexen Entscheidungsproblems (z. B. «Wird es morgen regnen?») getrost auf inhaltsrelevantes Nachdenken verzichten (was ihn aller Voraussicht nach überfordern würde) und stattdessen die soeben geschilderte Vertrauensheuristik anwenden, d. h. sich beispielsweise an der Wettervorhersage des diplomierten Meteorologen orientieren. Heuristiken können ein sehr effizientes Surrogat für die systematische, inhaltsbezogene Auseinandersetzung mit den Probleminhalten sein.

Die politische Kognitionspsychologie hat bei der Analyse des Wahl- und Abstimmungsverhaltens vergleichbare empirische Phänomene entdeckt und daraus gefolgert, dass Heuristiken den Bürger von der demokratietheoretisch-normativen Pflicht, über politische Angelegenheiten stets bestens informiert zu sein, entlasten (z. B. Fiske und Neuberg 1990, Fiske und Taylor 1991, Lupia 1994, Popkin 1991). Die Advokaten dieser «low information rationality» (Popkin 1991) teilen zwar die Überzeugung der Demokratiekritiker, dass es den vom partizipativen Staatsbürgermodell geforderten, gut informierten Bürger kaum gibt. Bloss brauche es diesen demokratischen Musterbürger für eine gut funktionierende Demokratie gar nicht. Es brauche ihn deshalb nicht, weil Heuristiken die Auseinandersetzung mit Politikinhalten beinahe vollwertig zu ersetzen vermögen.[209] Die Heuristiken, so lautet das normative Argument, ermöglichen

---

[209] Besonders prägnant kommt dieses Legitimationsargument in einer Aussage von Arthur Lupia (1994) zum Ausdruck. Lupia hat das Stimmverhalten zu einer Reihe von komplexen Versicherungsreform-Abstimmungen in Kalifornien untersucht. Er konnte nachweisen, dass sich Stimmende mit geringer politischer Kompetenz ähnlich entschieden wie solche mit hoher politischer Kompetenz – vorausgesetzt sie besassen eine Entscheidungshilfe. In Lupias Fallstudie bestand diese Heuristik in der Kenntnis der Empfehlung der grossen Versicherungsunternehmen. Wer die Position der grossen Versicherungsunternehmen bei diesen Versicherungsreformabstimmungen kannte, entschied sich trotz ungenügenden Vorlagenwissens häufig so wie diejenigen, die gut informiert waren. Der Entscheid derjenigen, die weder die Haltung der Versicherungsbranche zu den Vorlagen kannten noch um den Inhalt der Vorlage wussten, unterschied sich hingegen deutlich vom Stimmverhaltensmuster der beiden anderen Gruppen. Mithilfe der Heuristiken vermochten viele

eine angemessene Entscheidqualität trotz hoher Unkenntnis der Grundlagen des Entscheidproblems.

Ob Heuristiken tatsächlich an die Stelle der inhaltsrelevanten Deliberation treten und den Bürger wirksam von den hohen demokratietheoretischen Ansprüchen entlasten können, ist eine umstrittene Frage, die kontrovers diskutiert wird.[210] Doch gehen wir der Reihe nach. Was sind Heuristiken und worin liegen die Unterschiede zwischen heuristischer und systematischer Informationsverarbeitung?

5.4.3.2 Was sind Heuristiken?

Heuristiken sind erlernte Wissensstrukturen, die im Gedächtnis des einzelnen Individuums abgespeichert sind. Der Begriff «Wissen» ist möglicherweise etwas irreführend. Bei Heuristiken handelt es sich nämlich nicht um Faktenwissen, sondern vielmehr um das Wissen darüber, wie bei Lern- und Problemlösungsprozessen vorzugehen ist. Anders gesagt, Heuristiken sind das Wissen darüber, welche Entscheidregeln in welchen Problemsituationen anzuwenden sind.

Wie gelangen Heuristiken in den Gedächtnisspeicher des Individuums? Darauf eine generelle Antwort zu geben, ist schwierig, denn es gibt eine Vielzahl von Heuristiken. Was Heuristiken bei Abstimmungsentscheiden betrifft – wie beispielsweise die Parteisympathie oder das Regierungsvertrauen – so können wir sagen, dass sie in der Regel in Sozialisationsprozessen erlernt werden und sich durch unmittelbare Erfahrungen oder Beobachtungen verfestigen. Im Vergleich zu anderen, kognitiv aufwendigeren Wissensstrukturen sind Heuristiken zudem im Gedächtnis präsenter. Sie sind leichter abrufbar, weil sie häufig zur Anwendung kom-

---

der schlecht informierten Stimmbürger den Entscheid der gut Informierten nachzuahmen. Daraus zog Lupia (Lupia 1994: 72) den folgenden demokratietheoretischen Schluss: «If we believe that well-informed voters make the best possible decisions, then the fact that relatively uninformed voters can emulate them suggests that the availability of certain types of information cues allows voters to use their limited resources efficiently while influencing electoral outcomes in ways that they would have if they had taken the time and effort necessary to acquire encyclopedic information.»

210 Zur Diskussion über die demokratierelevante Funktion der Heuristiken siehe Kuklinski und Quirk (2000) sowie Lau und Redlawsk (2001).

men. Ihr Gebrauch ist in der Regel ein habitualisierter, routinisierter Prozess, der auf der Grundlage von bereits vorliegenden mentalen Repräsentationen in Sekundenschnelle abläuft. Heuristiken sind ausserdem effizient. Ihre Anwendung führt in der Regel zu den gewünschten Resultaten. Ist dies nicht der Fall, wird die betreffende Entscheidregel aus naheliegenden Gründen schnell durch eine neuere, effizientere Regel ersetzt (Todd und Gigerenzer 2000). Allerdings gilt dies wohl nicht für alle gesellschaftlichen Bereiche in gleichem Ausmass. In der Politik – einem nicht sehr alltagsnahen Bereich – dürfte es wohl einer Vielzahl von Bürgern schwerfallen zu bewerten, ob die Anwendung einer kognitiven Abkürzung wirklich zum gewünschten Ergebnis geführt hat. Politische Heuristiken sind deshalb wohl deutlich weniger effizient als Entscheidregeln, die man in anderen, lebensweltlicheren Bereichen anwendet (Kuklinski und Hurley 1994, Lau et al. 2008).

5.4.3.3 Heuristische und systematische Informationsverarbeitung

Die Anwendung von simplen Entscheidregeln wird als heuristische (Chaiken 1980, Chaiken 1987, Chaiken et al. 1989, Chen et al. 1999) oder auch periphere (Petty und Cacioppo 1986) Route der Informationsverarbeitung bezeichnet.[211] Im Gegensatz dazu steht die systematische Informationsverarbeitung (oder in der Terminologie von Petty und Cacioppo 1986: «zentrale Route»).[212] Sie steht für die inhaltliche und zeitintensive Auseinandersetzung mit dem Entscheidungsproblem. Dabei werden möglichst viele der verfügbaren Informationen zurate gezogen und an-

---

211 Das «elaboration likelihood model» (ELM) von Petty und Cacioppo (1986) ist der Zwei-Prozess-Theorie der Persuasion («dual process model of persuasion» oder auch «heuristic systematic model») von Alice Eagly und Shelly Chaiken (1993) in vielen Aspekten sehr ähnlich. Petty und Cacioppo unterscheiden zwischen einer zentralen und einer peripheren Route der Informationsverarbeitung, welche mehr oder weniger derjenigen zwischen einer heuristischen und einer systematischen Verarbeitung im HS-Modell von Eagly und Chaiken entspricht.

212 Noch etwas einfacher wird die heuristische von der systematischen Verarbeitung bei Kuklinski und Hurley (1994) unterschieden: Heuristiken seien reine Bewertungen des Kommunikators, während die systematische Auseinandersetzung die Elaboration des Inhalts der Aussage meine.

schliessend mit dem bestehenden Wissen abgeglichen. Es liegt auf der Hand, dass letztgenannter Verarbeitungsmodus – den die normative Demokratietheorie beim aufgeklärten, sorgfältig abwägenden Staatsbürger im Übrigen notwendigerweise voraussetzt – ein viel aufwendiger Prozess ist als die zuvor beschriebene oberflächliche, heuristische Informationsverarbeitung.[213]

Wir möchten diese beiden Modi der Informationsverarbeitung am Beispiel eines Abstimmungsentscheids veranschaulichen. Nehmen wir an, es steht eine Abstimmung über ein komplexes Steuergesetz an. Wir wollen uns beteiligen und möchten auch unsere materiellen Interessen an der Urne verwirklichen. Wie aber lässt sich feststellen, welche der beiden Stimmalternativen unseren ökonomischen Interessen eher entspricht? Um dies herauszufinden, könnten wir alle relevanten Informationen zur Vorlage sammeln, diese miteinander vergleichen, sodann die einzelnen Argumente abwägen und dann einen informierten Entschluss fassen, der aller Voraussicht nach auch unseren Interessen oder Wertepräferenzen entspricht. Dies ist der systematische Verarbeitungsmodus. Es bietet sich jedoch auch ein alternatives, und vor allem weitaus weniger zeitintensives Verfahren an: der heuristische Weg. Dieser besteht darin, die Parole unserer bevorzugten Partei direkt, d. h., ohne sich weitere Gedanken zum Vorlageninhalt zu machen,[214] in einen Stimmentscheid umzusetzen. Wir gehen davon aus, dass unsere Parteisympathie eine brauchbare Annäherung an unsere latent vorhandenen Einstellungen zur betreffenden Sachfrage ist. Diese Annahme ist wichtig für das Verständnis des Konzepts der Entscheidhilfe. Mit anderen Worten: Weil unsere Interessen in der Regel

---

213 In der Praxis ist die Grenze zwischen systematischer und heuristischer Informationsverarbeitung nicht derart absolut, wie oben beschrieben, sondern vielmehr fliessend. Petty und Cacioppo (1986) sprechen deshalb auch von einem Kontinuum der Elaborationswahrscheinlichkeit. Zudem können die beiden Informationsverarbeitungsmodi bei Bedarf durchaus kombiniert werden, entweder additiv oder gewichtet (Chaiken und Maheswaran 1994, Chen et al. 1996).

214 Die direkte Umsetzung von Parteiempfehlungen ist das, was man idealtypischerweise von jemandem erwarten darf, der Heuristiken einsetzt, um Informationskosten zu sparen. Wenn Parolen hingegen in Ergänzung zur systematischen Auseinandersetzung berücksichtigt werden, so entspricht das nicht mehr einer bloss heuristischen Verarbeitung von Informationen.

5.4 Die kognitionspsychologische Perspektive

gut aufgehoben sind bei unserer Identifikationspartei schliessen wir, dass dies auch auf den Spezialfall der genannten Steuerabstimmung zutrifft. Das ist wohl in der Mehrheit der Fälle eine zutreffende Annahme, insofern dürfte die Anwendung der Parteiheuristik häufig zu einer befriedigenden, allenfalls gar optimalen Lösung führen. Eine fatale Fehleinschätzung kann bei der Anwendung solch simpler Entscheidregeln jedoch nie ausgeschlossen werden. Die Irrtumswahrscheinlichkeit, d. h., die Wahrscheinlichkeit, dass man seinen eigentlichen Präferenzen entgegenhandelt, ist selbstredend höher bei der heuristischen als bei der systematischen Verarbeitung.

Das führt uns zur entscheidenden Frage, unter welchen Bedingungen man sich simpler Entscheidregeln bedient und wann man den mühsameren, aber «sicheren» Weg der systematischen Informationsverarbeitung unter die Füsse nimmt. Um diese Frage zu beantworten, sollen zuvor einige zentrale Prämissen des HS-Modells von Eagly und Chaiken vorgestellt werden. In der politischen Psychologie geht man nicht vom *homo oeconomicus* aus, sondern davon, dass der Mensch ein *cognitive miser* (ein kognitiver Geizhals) sei, also ein Individuum, das einen möglichst geringen kognitiven Aufwand betreiben möchte (vgl. hierzu auch Simon 1955, der aus der Sicht des Rational Choice das Konzept des *satisficer* verwendet). Zugleich möchte das Individuum das ideale Gleichgewicht finden zwischen kognitivem Aufwand und der Urteilssicherheit (das *sufficency principle*). Man könnte auch etwas salopper formulieren, dass der kognitive Geizhals nicht mehr denken möchte, als wirklich nötig ist.

Das Konzept der Urteilssicherheit ist für das Verständnis des HS-Modells zentral. Wir haben bereits zuvor die Irrtumswahrscheinlichkeit kurz angesprochen und dabei festgehalten, dass die Verwendung von Heuristiken zwar geringere Informationskosten aufbürdet, aber die Wahrscheinlichkeit, eine falsche Wahl zu treffen, im Vergleich zum systematischen Verarbeitungsmodus erhöht. Eagly und Chaiken (1993) systematisieren nun diese Überlegung auf folgende Art und Weise: Sie legen jeder individuellen Entscheidungssituation ein Kontinuum der Urteilssicherheit zugrunde. Das eine Ende dieser Skala bildet der Punkt, an dem ein Individuum grösstmögliches Vertrauen in den eigenen Entscheid hat, das andere Ende derjenige, an dem die individuelle Urteilssicherheit gleich null ist. Dies sind die beiden Pole dieses Kontinuums. Die kritischen Punkte sind jedoch zwei andere: zum einen die erwünschte Urteilssicherheit und zum anderen die tatsächliche Urteilssicherheit. Weiter wird unterstellt, dass das Ziel aller Entscheidprozesse darin besteht, die Distanz zwischen tatsächlicher und erwünschter Urteilssicherheit soweit als möglich zu verringern. Daraus lässt sich nun eine Hypothese für die Anwendungswahrscheinlichkeit von Heuristiken ableiten. Je geringer der Abstand zwischen diesen beiden Punkten ist, umso wahrscheinlicher wird die Verwendung von Heuristiken. Denn der kognitive Geizhals meidet die systematische Auseinandersetzung mit dem Problemstoff soweit als möglich und ist dankbar für jede ihm gebotene mentale Abkürzung. Den Umweg einer systematischen Auseinandersetzung nimmt er nur dann auf sich, wenn er diesen Abstand zwischen tatsächlicher und erwünschter Urteilssicherheit mit einfachen Entscheidregeln nicht mehr zu schliessen vermag. In letzterem Fall, d.h., wenn die Distanz zwischen den beiden kritischen Punkten des Urteilssicherheits-Kontinuums zu gross ist, wählt auch der geizigste unter den kognitiven Geizhälsen den Umweg über eine systematische Auseinandersetzung mit dem Entscheidstoff.[215] Denn er kann diese Kluft mit Heuristiken nicht überbrücken, da diese die Urteilssicherheit nur sehr begrenzt erhöhen.

Wodurch wird nun die Distanz zwischen den beiden Urteilpunkten definiert? Ganz generell gesprochen, von der Position der beiden Punkte der tatsächlichen und erwünschten Urteilssicherheit. Die tatsächliche Urteilssicherheit steht stellvertretend für die individuellen kognitiven Kapazitäten. Somit ist die Anwendung von Heuristiken also auf der einen Seite von den vorhandenen kognitiven Ressourcen abhängig. Diese variieren individuell und sind eine Funktion des Kompetenzniveaus des Entscheiders. Dies liegt auf der Hand: Je mehr beispielsweise der Stimmbürger Bescheid weiss über das ihm vorgelegte Abstimmungsthema, desto höher ist seine tatsächliche Urteilssicherheit und desto geringer dürfte, ceteris paribus, die Distanz zwischen tatsächlicher und gewünschter Urteilssicherheit sein. Die Distanz wird aber auf der anderen Seite auch dadurch definiert, wie hoch man die erwünschte Urteilssicherheit veranschlagt. Setzt man diese Latte der Urteilssicherheit hoch an, weil bei einer Abstimmung eigene materielle Interessen tangiert werden, dann wird eine systematische Beschäftigung mit dem entsprechenden Thema unumgänglich. Erachtet man hingegen eine hohe Urteilssicherheit für unnötig,

---

[215] Denkbar wäre aber auch, dass man sich in solch einer Situation ganz aus dem Entscheidprozess ausklinkt, d.h., auf einen Entscheid verzichtet und demnach der Urne fernbleibt.

weil die Vorlage keinerlei persönliche Betroffenheit auslöst, dann reichen simple Heuristiken meist aus.

Wir können also zusammengefasst sagen, dass die Verwendung von Heuristiken vor allem von der individuellen Motivationslage, aber auch von gewissen strukturellen Bedingungen abhängig ist. Auf jeden Fall aber ist die Wahrscheinlichkeit der Verwendung von Heuristiken für hoch politisierte Individuen höher als für politisch Desinteressierte. In der Tat haben Lau und Redlawsk (2001) aufzeigen können, dass gut informierte Bürger – also diejenigen, die aufgrund ihres politischen Wissens auf Heuristiken gar nicht so sehr angewiesen wären – diese effizienter und auch korrekter anzuwenden wissen als die politisch dürftig Interessierten. Bei Letzteren verringert sich die Entscheidungsqualität sogar, weil sie oft nicht wissen, wie man Heuristiken korrekt einsetzt. Träfe dies zu, würde das entscheidende, normative Argument der Exponenten der *low information rationality* weitestgehend entkräftet werden. Heuristiken wären dann nicht mehr als Ersatz für eine seriöse Auseinandersetzung mit politischen Problemen zu betrachten, die den Bürger von der Last, politisch stets gut informiert zu sein, befreien würde. Vielmehr würde auch hier das Matthäus-Prinzip gelten: Wer hat, dem wird gegeben. Wer kaum etwas hat, dem wird selbst das Wenige genommen, was er noch hat (Lau und Redlawsk 2001).[216]

Was bleibt, ist die unumstrittene Feststellung, wonach die Bürgerschaft massenweise Heuristiken einsetzt. Lau und Redlawsk (2001: 954)

---

[216] Kritik an den Heuristiken als «Königsweg zu low information rationality» (Schoen 2003a: 92) betrifft nicht nur die Voraussetzungen, die erfüllt werden müssen, um Heuristiken effizient verwenden zu können. Kuklinski und Quirk (2000) haben beispielsweise kritisiert, dass der Umstand, wonach schlecht Informierte den Entscheid der gut Informierten dank simplen Heuristiken zu kopieren imstande sind, nicht zwingend rational-informierte Entscheide produziere. Denn nicht selten ist selbst der Entscheid der politischen Experten nicht als informiert zu bezeichnen. Die Kopie kann jedoch nie besser sein als das Original. Weiter bietet dieses Modell keine Erklärung dafür, wie vorgegangen wird, wenn die Alternative des systematischen Verarbeitungsmodus gar nicht vorliegt. Leute, die keinen Zugang zu den relevanten Informationen besitzen und/oder nicht wissen, wie sie diese Informationen bewerten sollen, sind gar nicht in der Lage, Entscheidprobleme systematisch zu verarbeiten. Wie gehen diese vor? Darauf gibt das vorgestellte Modell keine Antwort.

resümieren diesbezüglich lapidar: «The growing conventional wisdom within political science suggests that cognitive heuristics are used more or less effectively by virtually everyone to help them tame the tide of political information.»

5.4.3.4 Heuristikanwendung bei Sachabstimmungen

Nach diesem generellen Überblick über heuristische Verarbeitungsprozesse wollen wir uns nun mit den Entscheidhilfen beschäftigen, die ein Bürger bei Sachabstimmungen im Speziellen anwenden kann.

Eine ganz naheliegende Entscheidhilfe ist sicherlich die Parteisympathie (Bowler und Donovan 1998, Kriesi 2005, Lau und Redlawsk 2001, Lupia und McCubbins 1998). Sie ist – im Gegensatz zu Wahlen, wo ihre Verknüpfung zum Entscheidverhalten (zu) direkt ist – eine mentale Abkürzung, wie sie im Lehrbuch steht. Wer sich die Mühe sparen möchte, sich mit einem komplexen Entscheidproblem auseinanderzusetzen, kann stattdessen die Parole seiner bevorzugten Partei umsetzen. An der Parolenbefolgung wird jedoch deutlich, dass ein empirisches Phänomen theoretisch unterschiedlich gedeutet werden kann. Die Parolenbefolgung kann einerseits als eine rationale Strategie gedeutet werden, um Informationskosten zu sparen. Es ist jedoch nicht die einzig mögliche Interpretation: Die Parolenbefolgung könnte aus einem starken Zugehörigkeitsgefühl resultieren, ohne dass sich das entsprechende Individuum hiervon einen ökonomischen Nutzen erhoffen oder beabsichtigen würde, hohe Informationskosten zu umgehen. So würden wohl die Verfechter des sozialpsychologischen Ansatzes dieses Phänomen interpretieren, d.h., sie würden das parolenkonforme Stimmverhalten als Loyalitätsbekundung eines überzeugten Parteisympathisanten auslegen.

Weitere Heuristiken stammen aus der Familie der Vertrauensheuristiken (Kriesi 2005, Lupia und McCubbins 1998, Rudolph und Popp 2009): Empfehlungen von Interessengruppen (Gewerkschaftsbund, Kirchen, Umweltschutzorganisationen, Wirtschaftsverbände), solche der Behörden (also beispielsweise des Bundesrats), von anderen Personen, Verwandten oder Bekannten. Bei den Empfehlungen von Verwandten und Bekannten wird nochmals deutlich, wie ein und dasselbe Phänomen theoretisch unterschiedlich gedeutet werden kann: Der soziologische Ansatz hätte dieses Phänomen als Homogenisierung politischer Präferenzen durch die nächste soziale Umwelt bezeichnet und damit strukturalistisch gedeutet, während die politische Kognitionspsychologie dieses Verhalten als Verwendung einer wenig kostenaufwendigen Heuristik sieht.

Bowler und Donovan (1998) nennen zudem die Risikoaversion (Kahnemann und Tversky 1979), eine sehr simple, rationale Heuristik, wenn jemand vor der Wahl zwischen dem Status quo und einer Neuerung steht, die Folgen der Neuerung jedoch nicht abzuschätzen weiss. Dann sei die Ablehnung einer Reform und die Beibehaltung des Status quo eine durchaus rationale Strategie, so das Argument von Bowler und Donovan. Allerdings muss davon ausgegangen werden, dass die Status-quo-Heuristik hauptsächlich von solchen Stimmenden angewendet wird, die keine oder nur sehr wenig Ahnung haben,[217] worum es bei der vorgelegten Sachfrage geht. Ist eine gewisse Vorlagenkenntnis vorhanden, kommt mit grosser Wahrscheinlichkeit eine etwas voraussetzungsreichere, entwickeltere Entscheidhilfe zum Zuge. Hanspeter Kriesi (2005: 138) nennt die

---

217 Diese direkte Beziehung zwischen dem Niveau politischen Sachverständnisses und dem Entscheidungsverhalten (hier: die Tendenz, Nein zu sagen und zwar unabhängig vom eigentlichen Inhalt der Vorlage) wurde auch im Schweizer Kontext untersucht. Christin et al. (2002a) sowie Kriesi (2005) untersuchten die (risikoaverse) Nein-Tendenz der politisch nur höchst mässig Informierten und kamen zum Schluss, dass uninformierte Stimmbürger tatsächlich häufiger Nein sagen als informierte. Am Beispiel dieser Heuristik der Risikoaversion wird jedoch deutlich, dass das *cue-taking* unterschiedliche mikrotheoretische Schlüsse zulässt. Sie könnte eine rationale Strategie sein oder eine anthropologische Konstante. Liest man Bowler und Donovan (1998), so hat man auch den Eindruck, dass es sich bei der Risikoaversion nicht um eine bewusst gewählte Strategie, sondern eher um eine menschliche Wesenseigenschaft handelt, die zu allem hin rational gar nicht erklärbar ist. Zuletzt ist nicht auszuschliessen, dass hinter dem zu beobachtenden Phänomen nicht risikoaverses Handeln steht, sondern eine Wertehaltung – die Traditionsgebundenheit. Bei einer Uminterpretation der Risikoaversion in Traditionsgebundenheit gerät überdies die kausale Richtung ins Wanken. Wer Traditionen hochhält, ihnen also Geltung zuspricht, weil sie schon immer dagewesen sind, braucht sich über Neuerungen gar nicht erst zu informieren. Sie sind immer abzulehnen, weil sie einen Bruch mit der Vergangenheit darstellen. Der tiefe Level von Informiertheit wäre dann die Folge einer Wertehaltung und nicht die Ursache für risikoaverses Handeln.

Status-quo-Heuristik deshalb auch die «Default-Option» derjenigen, die so gut wie nichts über die zu entscheidende Sachfrage wissen.

Man kann Stimmempfehlungen nicht nur in die vorgeschlagene Richtung hin umsetzen, sondern auch im Sinne einer «negativen» Heuristik gebrauchen. Beispielsweise würde man in solch einem Fall stets der Empfehlung einer Partei oder Interessenorganisation zuwiderhandeln, d. h., stets das Gegenteil davon machen, was empfohlen wird. Die darin zugrundeliegende Heuristik wäre dann eine stark empfundene Antipathie gegen eine bestimmte Partei oder Interessenorganisation. Lupia (1994) berichtet beispielsweise davon, dass bei einer Reihe von komplexen Versicherungsreformabstimmungen in Kalifornien die Standpunkte der grossen Versicherungsunternehmen als «negativer» Orientierungswert verwendet wurden: Man habe genau das Gegenteil davon getan, was jene guthiessen – offenbar in der Annahme, dass die Position der Versicherungsunternehmen für eine konsumentenfeindliche Haltung stehe.

Zudem ist es denkbar, dass sich Stimmbürger an der Haltung einer (vermeintlichen oder tatsächlichen) Mehrheit orientieren. Dies mag aus psychologischen Gründen erfolgen, etwa in der Form einer kognitiven Abkürzung («die Mehrheit hat immer recht»). Abgesehen davon vermitteln Vorumfragen dem Bürger auch einen ersten Eindruck davon, ob ein Kandidat oder – im Falle von Sachabstimmungen – eine Vorlage eine realistische Chance hat angenommen zu werden (*viability*, siehe dazu Kuklinski und Quirk 2000, Lau und Redlawsk 2001, Mondak 1993). Amerikanische Wahlstudien haben gezeigt, dass solche Informationen vor allem bei den *primaries* eine wichtige Rolle spielen, wo es darum geht, aus den zahlreichen Kandidaten einen konkurrenzfähigen Herausforderer für die Präsidentschaftswahlen zu nominieren. Dies ist grundsätzlich auch bei Sachabstimmungen denkbar. Dabei müssen die Informationsquellen zur Annahmechance einer Vorlage nicht zwingend Vorumfragen sein. Auch das Stimmenverhältnis im Parlament, das in den offiziellen nationalen wie auch kantonalen Informationsbroschüren häufig ausgewiesen wird, gibt dem Stimmbürger Hinweise darauf, wie umstritten eine Vorlage ist. Wird beispielsweise für ein obligatorisches Verfassungsreferendum ein glasklares Mehrheitsverhältnis bei der entsprechenden Abstimmung im Parlament ausgewiesen, entscheidet sich mancher Stimmbürger möglicherweise dazu, sich nicht weiter mit der Vorlage zu beschäftigen und die Empfehlung von Regierung und Parlament umzusetzen. Diese Stimmbürger gehen – wohl nicht ganz zu Unrecht – davon aus, dass sie sich nicht anders entscheiden würden, hätten sie sich detailliert mit der Vorlage auseinandergesetzt. Prinzipiell ist die Verwendung weiterer Heuristiken möglich. Mit der vorliegenden Auflistung haben wir jedoch die gängigsten unter ihnen abgedeckt.

5.4.4 Kognitionspsychologisch orientierte Untersuchungen in der Schweizer Abstimmungsforschung

Wir haben im vorangehenden Kapitel bereits darauf hingewiesen, dass es nicht einfach ist, einen gemeinsamen Nenner aller kognitionspsychologisch orientierten Untersuchungen zu finden. Umso schwieriger ist es, eine entsprechende Schweizer Schule ausfindig zu machen. Es gibt sie nicht. Vorhanden ist allerdings eine Vielzahl von Schweizer Studien, die sich mit den im Kapitel davor aufgeworfenen Fragen der Informationsverarbeitung auseinandersetzen. Diese Studien zu systematisieren fällt allerdings schwer. Wir möchten in der Folge eine Auslegeordnung präsentieren, die sich an den Fragestellungen dieser Untersuchungen orientiert.

5.4.4.1 Heuristiken bei Schweizer Sachabstimmungen

Die umfassendste Untersuchung zu direktdemokratischen Meinungsbildungsprozessen legte mit Gewissheit Hanspeter Kriesi mit seinem Buch *Direct Democratic Choice* (2005) vor. Darin werden zwar verschiedene Aspekte des Entscheidfindungsprozesses beleuchtet, aber der Hauptteil ist der Frage gewidmet, auf welcher Grundlage der Schweizer Stimmbürger seinen Abstimmungsentscheid fällt: auf heuristischer oder systematischer Grundlage? Kriesi entwickelt sein Modell der direktdemokratischen Meinungsbildung am oben vorgestellten HS-Modell von Eagly und Chaiken (1993). Auch er unterscheidet zwischen einem heuristischen und einem systematischen Pfad, den man bei der Lösung eines Entscheidproblems einschlagen kann. Dabei untersucht er zunächst die Bedeutung von drei spezifischen Heuristiken auf den Stimmentscheid: die Status-quo-Heuristik, das Regierungsvertrauen und die Parteisympathie. Während die beiden Letztgenannten nachweislich einen Effekt auf den Urnenentscheid haben, wird die Status-quo-Heuristik offensichtlich selten genutzt. Kriesi (2005: 145) ist der Ansicht, dass sich maximal 2,4 Prozent der Teilnehmenden aus rationalen, risikoaversen Gründen am Status quo orientieren. Das ist eine etwas überraschende Erkenntnis, ist doch der ewige

Nein-Sager eine in den Schweizer Medien häufig aufgegriffene Figur aus der Abstimmungsfolklore.

Die Empfehlung der Regierung wie auch die Parteistandpunkte werden hingegen häufig beachtet. Ihre Bedeutung für die Entscheidfindung schwindet jedoch erheblich, sobald für die systematische Auseinandersetzung mit dem Entscheidstoff kontrolliert wird. Dieser Befund ist zunächst einmal eine erfreuliche Nachricht für die direkte Demokratie, denn er impliziert nichts Geringeres, als dass sich die Mehrheit der teilnehmenden Stimmbürger inhaltlich mit den Sachfragen auseinandersetzt und ihren Entscheid demnach auch auf einer sachlichen Grundlage fällt. Das leitet Kriesi (2005) aus der Fähigkeit der meisten Bürger ab, ihren Entscheid auch inhaltlich begründen zu können. Damit widerspricht er der häufig geäusserten Kritik, wonach die direkte Demokratie die Bürger überfordere.

Kriesis Buch ist, wie gesagt, die umfassendste Studie zum Schweizer Stimmverhalten. Ob man den Optimismus von Kriesi hinsichtlich der Fähigkeiten der Bürgerschaft, Entscheidprobleme im direktdemokratischen Verfahren zu lösen, teilt, hängt jedoch stark davon ab, ob man dessen Operationalisierung der systematischen Auseinandersetzung für valide erachtet. Er verwendet hierzu die Argumente, die den Teilnehmenden am Ende der Vox-Befragung vorgelegt werden. Bei diesen Statements handelt es sich um die wichtigsten Pro- und Kontra-Argumente, die den Abstimmungskampf auf inhaltlicher Ebene geprägt haben. Diesen Argumenten können die Befragten in der Folge zustimmen oder sie ablehnen. Der Umstand, dass die inhaltliche Position der Befragten häufig in Einklang mit ihrem Entscheid steht, deutet Kriesi nun als Beleg für die Überlegenheit der systematischen Auseinandersetzung bei der Meinungsbildung. In der Tat käme eine solche bemerkenswerte Übereinstimmung nicht zustande, würden die Bürger bloss Heuristiken anwenden, ohne sich um den Inhalt der Vorlagen zu kümmern. Allerdings wurde nicht ganz zu Unrecht kritisiert, dass es sich bei diesen Argumentenhaltungen um eine nachträgliche Rechtfertigung des Stimmentscheids handeln könnte, die mit dem ursprünglichen Votum nichts oder nur wenig zu tun hatte. Milic (2012a) hält dies jedoch für wenig wahrscheinlich, da sich eine nachträgliche Rationalisierung darin äussern würde, alle Argumente, die mit dem Stimmentscheid übereinstimmen, zu befürworten und alle Kontra-Argumente abzulehnen. Ein solches Verhalten kommt indes kaum vor (Milic 2012a: 406).

5.4 Die kognitionspsychologische Perspektive

Vor Kriesi haben sich bereits Thomas Christin, Simon Hug und Pascal Sciarini (2002a) der Frage angenommen, ob uninformierte Stimmbürger stärker am Status quo festhalten als gut informierte. Ihre Untersuchungsanlage ist einfach, möglicherweise eine Spur zu einfach. Sie überprüfen, ob diejenigen mit dürftigen Vorlagenkenntnissen häufiger Nein stimmen als solche, die (eher) wissen, worum es bei der vorgelegten Sachfrage geht (vgl. Lupia 1994). In der Tat wird diese Hypothese in einer beachtlichen Zahl von Abstimmungsfällen bestätigt. Indes, so räumen die Autoren ein, sei dies längst nicht immer der Fall. Bei gewissen Abstimmungen trete gar das Umgekehrte ein, d. h., die Informierten stimmten häufiger Nein als die Uninformierten. Der Grund für diese auf den ersten Blick kontraintuitive Feststellung liegt wohl darin, dass das Nein bei einer Sachabstimmung nicht zwingend für eine Bevorzugung des Status quo stehen muss. Es gibt noch andere möglichen Gründe, mit Nein zu stimmen. Man kann beispielsweise eine Parteiparole befolgen, die Nein lautet. Bei linken Initiativen etwa empfehlen Regierung, Parlament, die bürgerlichen Mitte-Parteien und die wichtigsten Arbeitgeberverbände in aller Regel ein Nein. Diese Parolen bzw. Standpunkte der Parteien und Interessenorganisationen sind nun den gut informierten Parteisympathisanten viel eher bekannt als schlecht informierten Parteianhängern (vgl. Zaller 1992). Deshalb ist es nicht nur möglich, sondern auch wahrscheinlich, dass bei Initiativen aus dem linken Spektrum der Zusammenhang zwischen Informiertheit und Nein-Stimmen-Anteil positiv verläuft und der von der Autorenschaft aufgestellten Hypothese widerspricht. Aber dies ist kein Beweis dafür, dass die Status-quo-Heuristik nicht angewendet wurde. Eine solche Schlussfolgerung wäre nur dann statthaft, wenn man den Effekt aller anderen Entscheidhilfen kontrollierte.[218]

---

218 Dies ist, was Hanspeter Kriesi (2005) mit seiner Untersuchungsanordnung beabsichtigte. Er beschränkte die Überprüfung des Status-quo-Effekts auf Abstimmungen, bei denen sowohl die Regierung wie auch die politischen Eliten alle ein Ja empfahlen. Solche Abstimmungen sind nicht so selten, wie man möglicherweise denken könnte. Bei obligatorischen Referendumsabstimmungen geht es häufig um kaum umstrittene Sachfragen, bei denen ein (beinahe vollständiger) Elitenkonsens vorliegt. Bei solchen Abstimmungen kann ein verzerrender Effekt anderer Heuristiken auf das Stimmverhalten auf simple Art und Weise ausgeschlossen werden.

5.4.4.2 Der Meinungsbildungsprozess bei Schweizer Sachabstimmungen

Das Zusammenspiel von Elitendiskurs und öffentlicher Meinung wurde insbesondere von der Genfer Schule (Kriesi 2005, Marquis 2006, Marquis und Sciarini 1999, Sciarini 2000, Sciarini et al. 2007, Sciarini und Marquis 2000, Sciarini und Tresch 2009, Sciarini und Tresch 2011) unter Verwendung des RAS-Modells von John Zaller untersucht. Zallers (1992) Aussage, wonach jede politische Haltung ein Zusammengehen von Information und Prädisposition sei, wird in diesen Studien auch für Schweizer Sachabstimmungen bestätigt, wobei es allerdings gewisse Unterschiede zwischen den einzelnen Politikfeldern gibt. Bei aussenpolitischen Themen ergeben sich starke Polarisationseffekte. Sie sind aber nicht auf ein policy-spezifisches Stimmverhalten zurückzuführen, sondern sind vielmehr dem Umstand geschuldet, dass aussenpolitische Abstimmungen eine ungewöhnlich hohe Konfliktintensität aufweisen (Marquis 2006, Sciarini und Marquis 1999, 2000). Des Weiteren öffnet sich die «Verhaltensschere» zwischen informierten und kaum informierten Stimmbürgern nicht entlang der klassischen ideologischen Konfliktlinie (links versus rechts), sondern entlang des Gegensatzes zwischen links- und rechtskonservativ. Begründet wird dies damit, dass sich die Parteieliten der gemässigten Rechten (d. h. in erster Linie die Parteispitzen der CVP und FDP) lange Zeit selbst nicht einig darüber waren, welcher europapolitische Kurs eingeschlagen werden soll. Diese innere Zerstrittenheit ging nicht spurlos an der Basis vorüber, die in der Folge ein vergleichbar uneinheitliches Stimmverhalten erkennen liess wie die Spitzen ihrer bevorzugten Partei (Sciarini und Marquis 2000: 466).

Bei umweltpolitischen Vorlagen bietet sich uns ein etwas anderes Bild. Sind sich die politischen Eliten nicht einig, liegt demnach ein Elitenkonflikt vor, und wird der Abstimmungskampf mit durchschnittlichen finanziellen Mitteln geführt, dann ergibt sich der von Zaller postulierte Polarisationseffekt. Dieser Effekt ist unter den Anhängern linker Parteien stärker ausgeprägt als unter den rechten Wählern. Dies liegt im Wesentlichen daran, dass die Rechte in aller Regel über ein deutlich höheres Kampagnenbudget verfügt als die Linke. Bei den von Sciarini, Bornstein und Lanz (2007: 253) untersuchten 17 umweltpolitischen Volksinitiativen betrug das geschätzte Ausgabenverhältnis zwischen Links und Rechts im Schnitt 1:4. Die Kampagnenbotschaften der linken Befürworterschaft umweltschützerischer Massnahmen erreichen demnach eine Vielzahl der politisch kaum interessieren Linkswähler gar nicht erst. Diese nehmen mit grosser Wahrscheinlichkeit nur die gegnerische Kampagne wahr, der sie infolge ihrer geringen politischen Involvierung kaum zu widerstehen vermögen. Die politisch stark interessierten Linkswähler hingegen, die sich für gewöhnlich umfassend über Sachvorlagen informieren, erreichen die Kampagnenmessages beider Seiten, was es ihnen viel eher ermöglicht, das Stimmverhalten der Parteilinie anzupassen. Anders sieht es auf der Gegenseite aus: Da die Rechte Abstimmungskampagnen zu umweltpolitischen Vorlagen für gewöhnlich dominiert, ist es wenig wahrscheinlich, dass ein rechter Wähler mit der gegnerischen Position überhaupt in Kontakt kommt. Das Stimmverhalten der rechten Wählerschaft ist deshalb in sich homogener als jenes der linken Wählerschaft.

6 Zentrale Fragestellungen der Abstimmungsforschung

Wie bereits in der Einleitung zu diesem Werk beschrieben, beschäftigt sich die Abstimmungsforschung schon seit ihren Anfängen mit jenen spezifischen Sonderfragen, die sie – auch als Antwort an Kritiker der direkten Demokratie – über jene hinaus stellen muss, welche die Wahlforschung generell stellt (vgl. Cronin 1989). So muss sie z.B. fragen, ob der moderne Stimmbürger überhaupt dem Ideal eines wohlinformierten Citoyens entspricht, der seine Präferenzen unabhängig und rational an der Urne umzusetzen vermag, ohne im Kollektiv zum Mehrheitstyrannen zu werden. In diesem Kapitel sollen Untersuchungen zum Kompetenz- und Kognitionsniveau der Stimmbürgerschaft, zu Medien- und Propagandawirkungen auf das Abstimmungsverhalten, zur Käuflichkeit von Abstimmungen, zu Parteien- und Behördeneinfluss auf das Abstimmungsergebnis, zum *correct voting* sowie zur Rolle von Meinungsumfragen vorgestellt werden. Ferner soll auch die Frage detaillierter adressiert werden, inwiefern die Schweizer direkte Demokratie einer «Tyrannei der Mehrheit» gleichkommt.

6.1 Kompetenz und Kognitionsniveau des Stimmbürgers

6.1.1 Informiertheit und Demokratiequalität
Die Schweizer sind es gewohnt, im Ausland Lob für ihr direktdemokratisches System zu erhalten. «Ihr könnt wenigstens selbst darüber entscheiden», heisst es nicht selten im Zusammenhang mit der direkten Demokratie, wenn sich Schweizer im Ausland mit Bürgern über eine (wenig

beliebte) politische Massnahme der dortigen Regierung unterhalten. Für gewöhnlich nehmen die Schweizer dieses Lob gerne entgegen.[219] Doch es gibt auch Kritik an der direkten Demokratie. Diese betrifft in erster Linie das in der Naturrechtslehre der Aufklärung entwickelte, voraussetzungsvolle Bild des demokratischen Musterbürgers: Es ist der Rousseau'sche «citoyen», der unabhängig und rational entscheidet, der seine Interessen und Präferenzen an der Urne selbstständig verwirklicht und sich dabei nicht durch Repräsentanten vertreten lässt. Um hierzu in der Lage zu sein, muss dieser «citoyen» allerdings über politische Angelegenheiten gut informiert sein. Er muss nicht bloss vertraut sein mit seinen politischen Rechten und ausserdem ein gehöriges politisches Faktenwissen angesammelt haben, sondern auch imstande sein, Argumente und Positionen ideologisch zu verorten.[220] Dass der Stimmbürger über Politik stets im Bilde ist, darf indes angezweifelt werden. Vonseiten der Vertreter eines elitistischen Demokratieverständnisses wird in der Regel die (nicht ganz von der Hand zu weisende) Kritik vorgebracht, dass die politischen Sachfragen, mit denen sich der Stimmbürger in einer hoch entwickelten Gesellschaft konfrontiert sehe, immer komplizierter werden, das Bildungsniveau und das politische Interesse der Stimmbürgerschaft jedoch nicht in gleichem Masse ansteige wie die Komplexität der Entscheidungsprobleme. Dies führe zwangsläufig zu einer kognitiven Überforderung des Stimmbürgers. Er ist postmodernen Entscheidungsproblemen, die sich von den täglichen Erfahrungen immer stärker abheben – wie etwa die Frage der Biotechnologie – kognitiv schlicht nicht mehr gewachsen (Sartori 1987, Schumpeter 1942, für einen Überblick siehe Budge 1996,

---

[219] Erich Gruner, der «Doyen der Schweizer Politikwissenschaft», beginnt sein Vorwort zum Klassiker *Die Parteien in der Schweiz* (Gruner 1969) ganz ähnlich. Es heisst dort (1969: 5): «Der Schweizer liebt es, mit der Einzigartigkeit seines Landes etwas aufzutrumpfen [...] Als beispiellos wird auch das ehrwürdige Alter der ‹ältesten Demokratie› der Welt empfunden.»

[220] Stellvertretend dafür argumentieren Berelson et al. (1954: 308): «The democratic citizen is expected to be well informed about political affairs. He is supposed to know what the issues are, what their history is, what the relevant facts are, what alternatives are proposed, what the party stands for, what the likely consequences are. By such standards the voters fall short.»

Held 1987).²²¹ Daraus leiteten nicht wenige Verfechter einer reduktionistischen Demokratietheorie ab, das politische Tagesgeschäft den mehr oder weniger sachkundigen Repräsentanten (oder allenfalls gar berufsmässigen Technokraten) zu überlassen (Sartori 1987).

Aus der Perspektive einer normativen Partizipationstheorie (Barber 1984, Habermas 1992, Manin 1987), die eine aktive, chancengleiche Teilnahme der Individuen am direktdemokratischen Meinungsbildungsprozess fordert, ist die Frage nach der politischen Kompetenz des Bürgers ebenfalls zentral. Am möglichst freien, «unvermachteten» Diskurs über Politik soll sich der politisch involvierte und interessierte Bürger beteiligen. Der hohe politische Sachverstand verhilft dabei zu einer kritischeren Rezeption von Information. Diese ist unter Umständen nötig, um den «manipulativen» Techniken der Abstimmungspropaganda nicht zum Opfer zu fallen. In der politischen Kommunikationsforschung hat man nämlich erkannt, dass der Einfluss der Massenmedien gruppenspezifisch wirkt (Bützer und Marquis 2002, Zaller 1992): Zwar sind alle der Massenkommunikation ausgesetzt, aber ein hoher politischer Sachverstand ermöglicht es, die politischen Werbebotschaften mit den eigenen Präferenzen abzugleichen oder, generell gesprochen, in einen politischen Kontext zu stellen. Ein geringes Kognitionsniveau ist hingegen wie eine brüchige, nicht allzu hoch gebaute Mauer. Sie stürzt beim ersten Ansturm der Medienpropaganda unweigerlich ein. Also: Nur ein informierter Bürger kann einer manipulativen Massenkommunikation widerstehen (vgl. nachfolgendes Kapitel 6.2 zum Medieneinfluss). Das wiederum bedeutet, dass ein Volksentscheid, der auf einer uninformierten Grundlage gefällt wurde, wahrscheinlich eher das Produkt ausgefeilter Werbetechniken ist als das Resultat eines kritischen, öffentlichen Diskurses. Damit hätten wir aber ein schwerwiegendes Legitimitätsproblem. Denn eine zentrale normative Vorgabe an die direkte Demokratie ist, dass ihr Output die politischen Präferenzen und Interessen der Bevölkerung und nicht diejenigen des *big business* widerspiegeln soll.

Selbst wenn unser demokratietheoretischer Ausgangspunkt der *monitorial citizen* ist, der sich bloss sporadisch mit politischen Inhalten

---

221 Es liesse sich hier kritisch anmerken, dass darüber hinaus möglicherweise auch die gewählten Volksvertreter (in der Schweiz wird das Parlamentsmandat ausserdem als Milizamt ausgeübt) nicht mehr in der Lage sind, hochkomplexe Abstimmungsdossiers zu durchschauen.

beschäftigt, und zwar nur mit denjenigen, die besonders akut sind (diese Sichtweise wird von namhaften Wissenschaftlern in diesem Bereich vertreten: Graber 2003, Schudson 1998, Zaller 2003), so braucht es im Schweizer Kontext doch mindestens ein gutes vorlagenspezifisches Wissen, um die direkte Demokratie funktionstüchtig zu erhalten. Wie auch immer man es drehen und wenden mag: Der informierte Bürger ist ein normativer Grundpfeiler der direkten Demokratie.[222]

6.1.2 Das Konzept der politischen Expertise

Bevor wir uns der deskriptiven Frage nach der politischen Expertise der Schweizer Stimmbürgerschaft zuwenden, soll geklärt werden, was darunter zu verstehen ist und wie man dieses Konstrukt in der Regel misst. Dabei muss vorausgeschickt werden, dass eine Begriffsklärung keineswegs einfach ist – trotz des Umstands, dass es sich bei der *political sophistication* (wir verwenden synonym die deutschsprachigen Begriffe «Expertise» und «Informiertheit») um das wahrscheinlich am häufigsten verwendete Konzept in der politikwissenschaftlichen Forschung handelt. Schwierig ist eine Definition vor allem deshalb, weil neben den beiden Begriffen der politischen Expertise und der *political sophistication* noch eine ganze Reihe weiterer Begriffe existieren, z. B. politische Involvierung (*political awareness*), politische Informiertheit oder Medienausgesetztheit. Diese werden zuweilen synonym, mitunter aber auch in Abgrenzung zu den zwei zuvor erwähnten Konzepten verwendet. Begriffliche Ord-

---

[222] Es stimmt zwar, dass die normativen Säulen einer auf emanzipatorischen Werten aufbauenden direkten Demokratie nicht gleich einstürzen, sollte sich herausstellen, dass das Schweizer Politikwissen den Schwellenwert für ein gerade noch demokratieverträgliches Kompetenzniveau deutlich unterschreitet. Denn – und wir verweisen hier auf das Kapitel, das den Heuristiken gewidmet ist – der Citoyen und der rational begründbare Entscheid lassen sich auf gewissen Umwegen retten. Und zwar indem man die Verwendung von informationssparsamen Heuristiken seitens jener Bürger, die diesem Idealbild eines gut informierten Citoyens nicht entsprechen, als eine rationale Strategie erklärt, die im Endeffekt zu einem ebenso vernünftigen und rationalen Ergebnis führt wie die Deliberation eines Volkes, das aus lauter gut informierten Musterbürgern besteht.

nung in dieses «epistemische Chaos» (Luskin 1987) zu bringen, soll also in einem ersten Schritt angestrebt werden.

Der in diesem Zusammenhang häufig verwendete englischsprachige Begriff *sophistication* beschreibt kognitive Assoziationen, die im Gedächtnisspeicher des einzelnen Individuums abgelegt sind. Diese sind jenem nicht stets bewusst, aber – und das unterscheidet das Konzept von Indifferenz (*non attitudes*) – sie können bei Bedarf abgerufen werden. Diese einzelnen kognitiven Elemente, z. B. Einstellungen, konkrete Haltungen, aber auch abstrakte Wertvorstellungen, sind zusammengefasst in einem «ideologischen» System – dem «political belief system» (Luskin 1987).[223] In diesem Sinne kann dieses System nur wenige, sehr spezifische Sachbereiche umfassen, aber in Einzelfällen auch einen sehr breiten Sachbereich abdecken. Mit anderen Worten: Man kann ein Spezialist oder ein Allrounder sein. Die einzelnen Elemente dieses Systems können ausserdem eher lose miteinander verbunden sein, zuweilen gar im Widerspruch zueinander stehen oder aber alle logisch und stringent voneinander ableitbar und auf ein organisierendes Prinzip zurückzuführen sein. Um diese Stringenz eines Überzeugungssystems zu beschreiben, verwendete Converse (1964) in seiner bahnbrechenden Studie den Begriff *constraint*. Zusammengefasst können wir sagen, dass *political sophistication* nicht gleichbedeutend mit dem «political belief system» ist, aber dessen Dimensionen beschreibt. Anders ausgedrückt, *political sophistication* umschreibt «die Fähigkeit zur strukturierten Aufnahme und Verarbeitung politischer Informationen» (Greiffenhagen und Greiffenhagen 2002: 364), was wir mit «politischer Expertise» übersetzt haben.

Das politische Interesse – «the degree to which politics arouses a citizen's curiosity» (van Deth 1990: 278) – ist kein Element der politischen Expertise, wie wir sie zuvor definiert haben. Aber es liegt auf der Hand, dass es zur Auseinandersetzung mit politischen Inhalten motiviert und so das politische Wissen automatisch mehrt. Die politische Involvierung wiederum beschreibt ein ähnliches Konzept, das sich nicht trennscharf vom politischen Interesse unterscheiden lässt. Es steht für den Grad der Aufmerksamkeit, die man politischen Angelegenheiten widmet. Diese

---

223 Luskin (1987: 862) rät, nur solche Überzeugungssysteme als ideologisch zu bezeichnen, die einen starken inneren Zusammenhalt (Kohärenz) aufweisen. «Ideology, in the sense of this literature, is the high end of sophistication [...]» (Luskin 1990: 332).

Aufmerksamkeit wiederum wird massgeblich vom politischen Interesse motiviert. Es dürfte in der Praxis kaum vorkommen, dass ein Individuum sich intensiv mit politischen Angelegenheiten befasst, aber nur ein geringes Interesse an Politik vorgibt. Die Involvierung ist im Wesentlichen eine Funktion der in die Beschäftigung mit Politik investierten Zeit, und es leuchtet ein, dass man umso mehr Zeit für politische Inhalte aufbringt, je grösser das Interesse an Politik ist. Die beiden Konzepte sind somit in der Regel synonym verwendbar. Ein weiteres, in der politischen Kognitionsforschung häufig gebrauchtes Konzept ist die *political awareness* (Kriesi 2005, Zaller 1992). Dieses bezeichnet die «bewusste Auseinandersetzung mit Politikinhalten» (Greiffenhagen und Greiffenhagen 2002: 364) und wird deshalb häufig mit dem Begriff «politisches Bewusstsein» übersetzt. Das politische Bewusstsein korreliert stark mit dem Involvierungsniveau. Die Unterschiede im Gebrauch dieses Konzepts im Vergleich zur Involvierung sind geringfügig. Unter politischer Involvierung und politischem Bewusstsein wird also gemeinhin dasselbe verstanden. Die politische Informiertheit (häufig auch politischer Sachverstand genannt) beschreibt einen spezifischen Aspekt der politischen Expertise, das objektive politische Faktenwissen. Politische Expertise und politisches Faktenwissen sind nicht identische Konstrukte. Sie sind aber eng miteinander verknüpft. Wie Luskin (2003) sowie Luskin und Bullock (2004) treffend ausführen, ist es äusserst unwahrscheinlich, dass ein Individuum zwar riesige Mengen an politischen Informationen aufweist, diese aber nicht stringent zu organisieren weiss.[224] Wie gesagt, bildet das politische Faktenwissen lediglich eine Dimension der *political sophistication*. Eine weitere Dimension ist die praktische Kompetenz. Darunter versteht man, gerade im Zusammenhang mit Volksabstimmungen, die Fähigkeit, politische Positionen oder Argumente voneinander unterscheiden zu können bzw., generell gesprochen, Faktenwissen in einem grösseren, politisch-ideologischen Kontext einordnen zu können. Starke *constraints* zwischen den einzelnen Elementen eines *political belief system* bezeugen eine hohe praktische

---

224 So heisst es beispielsweise bei Luskin und Bullock (2004: 1): «Large but disorganized belief systems, since long-term memory works by organization, are almost unimaginable. Large but delusional ones, like those of the remaining followers of Lyndon LaRouche, who believed that the Queen of England heads a vast international drug conspiracy are rare.»

Kompetenz. Nur derjenige, der politische Messages, Informationen und Argumente den politischen Positionen zuzuweisen vermag, kann auch über ein innerlich stark zusammenhängendes *political belief system* verfügen. Nur eine solche Person verfügt auch über ein System höherer Abstraktionsstufe, denn sie ist imstande, Haltungen zu sehr spezifischen, sehr konkreten politischen Sachfragen auf übergeordnete, hochgeneralisierte Wertevorstellungen zurückzuführen.

Weil dies möglicherweise noch zu abstrakt klingt, nachfolgend ein Beispiel: Die Haltung zur Frage der Erhöhung der Mehrwertsteuer zwecks finanzieller Sicherung der Invalidenversicherung ist eine Einstellung zu einem sehr konkreten Einstellungsobjekt (darüber wurde am 27. September 2009 in der Schweiz abgestimmt). Sie mag beispielsweise von einer abstrakteren Wertepräferenz wie der Haltung zum Aus- oder Abbau des Wohlfahrtsstaates abgeleitet worden sein. Diese wiederum ist rückführbar auf ein noch abstrakteres, hoch generalisiertes Prinzip, beispielsweise die Meinung, wonach der Einzelne eine individuelle Verantwortung trägt, die eine staatliche Fürsorge verzichtbar macht. Diese drei Elemente eines *political belief system* reflektieren unterschiedliche Abstraktionsniveaus und bilden bei einer Person mit hoher praktischer Kompetenz ein innerlich stark geschlossenes System. Wer bloss ein politischer Faktensammler ist, aber dieses Wissen nicht zu kombinieren weiss, wird jedoch nur geringe *constraints* zwischen diesen Elementen aufweisen.

Zuletzt noch einige Worte zum Begriff der politischen Kompetenz, der unterschiedlich verwendet wird. Zum einen steht er für die (Selbst-) Zuschreibung von Wirkungsmöglichkeiten in der Politik (subjektive Kompetenz, *efficacy*-Dimension, d. h., das Individuum hält sich selbst für befähigt, in der Politik «mitzureden»). Zum anderen wird aber der Begriff der Kompetenz («citizen competence», vgl. etwa Mondak und Creel Davis 2001) häufig auch mehr oder minder synonym für Expertise verwendet. Politisch kompetent ist in dieser Lesart derjenige, der einerseits Bescheid weiss über Politik und andererseits auch über ein hohes Mass an praktischer Kompetenz verfügt.[225] Wenn im vorliegenden Buch von politischer Kompetenz die Rede ist, dann ist in aller Regel Letzteres gemeint.

---

225 Der Begriff der Kompetenz wird dergestalt auch von Bütschi (1993: 115) verwendet: «Comme la connaissance (ou la compétence sur le contenu) et la capacité à motiver son choix (ou la compétence pratique) sont étroitement liées, nous pensons que pour qu'un individu soit réllement qualifié pour par-

Wie wird nun die individuelle politische Expertise empirisch erhoben? In der Regel geschieht dies einzig anhand von Wissensfragen. Kaum je wird in der Abstimmungsforschung die Breite des Wissens gemessen, was für die Analyse des Urnenentscheids allerdings auch nicht besonders ins Gewicht fällt. Denn in der Abstimmungsforschung interessiert man sich primär für das vorlagenspezifische Wissen (*domain-specific knowledge*) und nur am Rande für das generelle politische Wissen (*general* oder *chronic knowledge*, zur Unterscheidung zwischen *chronic* und *domain-specific information* siehe Alvarez und Brehm 2002). Warum ist dies so? Weil ein informierter Sachfragenentscheid keineswegs ein umfassendes Wissen über Politik voraussetzt, sondern sich durchaus bloss auf vorlagenspezifische Aspekte beschränken kann. Anders formuliert: Es mag ein Stimmbürger zwar wenig Ahnung von der Politik im Allgemeinen haben, aber solange er Bescheid weiss über das ihm vorgelegte Thema, ist er zumindest in diesem Bereich als kompetent zu bezeichnen und sollte demnach auch imstande sein, einen interessengeleiteten und rationalen Entscheid zu fällen. Deshalb wird in der schweizerischen Abstimmungsforschung in aller Regel das vorlagenspezifische Wissen erhoben.

Die dritte Komponente der *political sophistication*, die Kohärenz eines *political belief system*, wird zwecks Erforschung des Abstimmungsverhaltens selten direkt erhoben. Allerdings wird die praktische Kompetenz, die als Proxyvariable für die *constraints* eines *political belief system* verwendet werden kann, mitunter anhand von Motivfragen oder Argumentenhaltungen ermittelt (Bütschi 1993, Passy 1993, vgl. auch Kriesi 2005).

Die gängigen *political sophistication*-Messungen in der schweizerischen Abstimmungsforschung stellen einen Index dar, der primär das vorlagenspezifische Wissen (demnach den Aspekt der Informiertheit) misst, sekundär auch die praktische Kompetenz. Wir kommen bei der Diskussion der Resultate für die Kompetenz der Schweizer Stimmbürgerschaft im Detail auf die Unterschiede zwischen den Informiertheitsmessungen zu sprechen.

---

ticiper au processus démocratique tel qu'il existe en Suisse, il lui faut réunir ces deux aspects de la compétence.»

6.1.3 Wie gut ist der Schweizer Stimmbürger informiert?
6.1.3.1 Exkurs: Wie gut ist das US-Elektorat informiert?

Bevor wir uns der politischen Kompetenz der Schweizer zuwenden wollen, möchten wir uns zunächst die Ergebnisse für die politische Informiertheit in den USA anschauen. Dort hat sich die politische Verhaltensforschung dem Thema der *political sophistication* schon sehr früh angenommen und bis heute eine Vielzahl von sehr aufschlussreichen Publikationen zu diesem Dauerbrenner in der Politikwissenschaft hervorgebracht. Wir können an dieser Stelle allerdings nur einen knappen Überblick über die Meilensteine der *sophistication*-Forschung bieten: Schon die Urväter der empirischen Wahlforschung, Paul Lazarsfeld und die Autoren des *American Voter*, haben sich mit der politischen Informiertheit der amerikanischen Bevölkerung auseinandergesetzt (Berelson et al. 1954, Campbell et al. 1960). Sie fanden heraus, dass ein Grossteil des Elektorats erschreckend wenig über Politik weiss. Converse (1964), der zur *political sophistication* ein epochemachendes Werk verfasste, stellte ausserdem fest, dass die US-Bürger dieses geringe Wissen auch häufig widersprüchlich kombinierten. So fiel ihm beispielsweise auf, dass ausgerechnet diejenigen, die sich einen Ausbau des Wohlfahrtsstaates wünschten, sich gleichzeitig gegen jegliche Steuererhöhungen aussprachen (Converse 1964: 209). Er kam deshalb zum ernüchternden Schluss (Converse 1990: 372): «The two simplest truths I know about the distribution of political information in modern electorates are that the mean is low and the variance is high.» Dieses düstere Bild der politischen Informiertheit eines grossen Teils der US-Bevölkerung erhielt in der Folge zwar einige, geringfügige Retuschen (vor allem Achen 1975, Mondak und Creel Davis 2001), blieb aber im Wesentlichen bis heute in dieser Form bestehen (Delli Carpini und Keeter 1996, Sniderman 1993, Sniderman et al. 1991, Zaller 1992). Kurz, der amerikanische Durchschnittsbürger ist ein politischer Ignorant.[226]

---

226 Bezeichnend dafür steht folgendes Zitat aus Mondak und Creel Davis (2001: 199): «One question on which near universal consensus exists concerns how much Americans know about politics. The answer, of course, is not much at all.»

6.1.3.2 Gruner und Hertig: die (geringe) materielle Problemlösungskompetenz des Schweizer Stimmbürgers

In der Schweiz wurde die Fähigkeit des Stimmbürgers, einen kompetenten Entscheid zu fällen, erstmals 1983 von Erich Gruner und Hans Peter Hertig untersucht und zwar anhand der damals erst seit Kurzem verfügbaren Vox-Individualdaten. Die beiden Autoren setzten sich dabei das Ziel, nicht bloss die vorlagenspezifische Informiertheit des Stimmbürgers zu messen, sondern auch dessen Fähigkeit, seine Präferenzen und Interessen an der Urne optimal umzusetzen. Sie nannten ihren Indikator zur Messung der politischen Kompetenz der Stimmbürgerschaft deshalb auch die «materielle Problemlösungskompetenz». Dieser Index setzt sich aus zwei Vox-Fragen zusammen (Gruner und Hertig 1983: 52 f.). Bei der ersten Frage handelt es sich um die in den Vox-Surveys gestellte «Inhaltsfrage».[227] Gruner und Hertig bewerteten die Antworten auf diese Kenntnisfrage anhand von «subjektiven», vorlagenspezifischen Qualifikationskriterien (Gruner und Hertig 1983: 54 ff.). Mittels dieser Kriterien teilten sie die Befragten dann in drei Gruppen mit guten, mittleren und schlechten Kenntnissen auf. Die zweite von ihnen verwendete Frage ist die Vox-Motivfrage.[228] Bei dieser Frage wird nicht das vorlagenspezifische Faktenwissen getestet, sondern man möchte etwas über die Gründe für den Stimmentscheid erfahren. Als Indikator für die politische Kompetenz ist jene Frage aber gleichwohl geeignet, weil angenommen werden darf, dass nur diejenigen ihren Entscheid inhaltlich begründen können, die wissen, worum es bei der Abstimmung geht. Mehr noch, nur diejenigen, die dieses Wissen auch mit den eigenen Präferenzen abgleichen können (Dimension der praktischen Kompetenz), vermögen ihr Stimmvotum auch inhaltlich zu rechtfertigen. Bei der Bewertung dessen, was alles unter materiell gültige Inhaltsangaben subsumiert werden darf, verwendeten Gruner und Hertig gemäss eigenen Aussagen (Gruner

---

227 «Am ... (Datum) wurde über ... (Titel der Vorlage) abgestimmt. Würden Sie mir kurz beschreiben, was diese Vorlage wollte, was man damit bezweckte, was verlangt wurde?»

228 «Was sind die Hauptgründe, dass Sie die ... (Titel der Vorlage) angenommen (bzw. abgelehnt) haben?»

und Hertig 1983: 54) keine allzu strengen Kriterien. Sie liessen beispielsweise den Differenzierungsgrad der Argumentation gänzlich unberücksichtigt. Sie schlossen aber all diejenigen Antworten aus, die keinen Inhaltsbezug hatten.[229]

Es bedurfte gar nicht so viel, um in der Analyse von Gruner und Hertig (siehe Abbildung 6.1 auf Seite 276) als ein einigermassen kompetenter Stimmbürger zu gelten. Und gleichwohl verfehlte ein beträchtlicher Teil der Stimmbürgerschaft diese Qualifikation, wie die beiden Autoren bekannten (1983: 56): «In Interviews nach dem Urnengang erwies sich im Durchschnitt lediglich ein Sechstel der tatsächlich Stimmenden in der Lage, für ihren Entscheid ein Motiv zu nennen und gleichzeitig das Wesentliche des vorgelegten Entscheidungsstoffs zu umschreiben. Über ein Drittel vermochten auf der anderen Seite weder ihren Entscheid zu begründen, noch den Inhalt der Vorlage zumindest andeutungsweise zu skizzieren.» Sie zogen daraus folgenden pessimistischen Schluss, der sich mit den amerikanischen Befunden zur politischen Kompetenz der Bürgerschaft mehrheitlich deckt (1983: 56 ff.): «Angesichts dieses Befundes ist die Vorstellung vom Stimmbürger, der sich vor jedem Urnengang intensiv mit dem Stimmentscheid auseinandersetzt und die so gewonnen Informationen optimal zur Verwirklichung eigener Interessen und Wertevorstellungen in ein Ja oder Nein umsetzt, zu relativieren.»

---

229 Hierzu gehören beispielsweise «Weiss nicht»-Antworten, falsche oder inhaltsferne Gründe (etwa: «18-Jährige sind für die Volksabstimmung noch nicht reif genug» [Gruner und Hertig 1983: 53] als Nein-Argument bei der Fristenlösungs-Initiative) und generelle Aussagen ohne Bezug zum spezifischen Vorlageninhalt. Häufig handelt es sich bei der letzteren Kategorie um reine Unmutsäusserungen wie etwa «Isch en Seich!» oder um eine sehr abstrakt gehaltene, inhaltsferne Form der Zustimmung («gutes Gesetz»). Solche Äusserungen sind prinzipiell bei jeder Abstimmung möglich und bezeugen nicht, dass der Befragte wirklich wusste, worum es bei der betreffenden Abstimmung ging. Alle diese nicht materiell begründeten Motivangaben sind, so die Messhypothese von Gruner und Hertig, ein starkes Indiz für eine Überforderung des Stimmbürgers.

6.1.3.3 Bütschi: das (relativ hohe) individuelle Kompetenzniveau des Schweizer Stimmbürgers

Zehn Jahre später hat Danielle Bütschi (1993) in einem von Hanspeter Kriesi herausgegebenen Sammelband die Frage nach der Kompetenz neu zu beantworten versucht.[230] Sie kam denn auch zu einem anderen Resultat. Ihre Analyse ergab zwar ebenfalls, dass jeder Dritte als inkompetent zu bezeichnen sei, hingegen verfügten fast 50 Prozent über ein sehr hohes oder zumindest hohes vorlagenspezifisches Wissen (Bütschi 1993: 116, siehe Abbildung 6.1). Hinzu kommt, dass bei Bütschi die Gesamtheit nicht etwa die tatsächlich Stimmenden waren (wie bei Gruner und Hertig), sondern die gesamte Stimmbürgerschaft, also Teilnehmende wie auch Nichtteilnehmende. Von den Nichtteilnehmenden weiss man indes, dass sie schlechter informiert sind als die regelmässigen Urnengänger. Bütschis Resultate sind also unter diesem Blickwinkel gar noch positiver zu interpretieren. Wie aber können diese grossen Unterschiede zwischen den beiden Studien begründet werden? Möglicherweise ist der Anstieg des Anteils gut Informierter zumindest teilweise auf die generelle kognitive Mobilisierung zurückzuführen. Indes, allein damit lassen sich diese enormen Unterschiede nicht erschöpfend erklären. Der hauptsächliche Grund für die erstaunliche Diskrepanz in der Bewertung des politischen Sachverstands der Schweizer liegt wohl in der unterschiedlichen Operationalisierung.[231] Schauen wir uns deshalb diese bei Bütschi etwas genauer an.

Bütschi unterscheidet zwischen einer praktischen Kompetenz und dem Faktenwissen, wobei letztlich beide Konzepte verwendet werden, um das individuelle Kompetenzniveau (*indice de compétence*) zu bestimmen. Zur Erhebung der praktischen Kompetenz verwendet Bütschi ebenso wie Gruner und Hertig die Motivfrage. Aber im Gegensatz zu jenen bewertet sie jeden Entscheid, der auf irgendeiner Inhaltsangabe basiert, als einen begründeten, selbst dann, wenn die Begründung falsch

---

[230] Gruner und Hertig beschränkten ihre Analyse auf die Abstimmungen zwischen 1977 und 1980. Der Untersuchungszeitraum von Bütschis Analyse erstreckt sich von 1981 bis 1991.

[231] Auch in den USA war man Ende der 1970er-Jahre der Ansicht, einen Anstieg der *political sophistication* entdeckt zu haben, um einige Jahre später etwas ernüchtert festzustellen, dass diese Unterschiede allein auf Frageeffekte zurückzuführen waren (Bishop et al. 1978).

oder nicht inhaltsbezogen war. Mit anderen Worten: Die immer wieder mal artikulierten Unmutsäusserungen werden als kompetent klassifiziert.[232] Abzüge bei der Informiertheitsbewertung gab es allerdings dann, wenn man nur einen und nicht zwei Entscheidgründe angeben konnte.[233] Es liegt auf der Hand, dass Bütschis weniger strenge Informiertheitsbewertung dazu führt, mehr Bürger vom Überforderungsverdacht freizusprechen.

6.1.3.4 Kriesi: die (relativ hohe) *political awareness* des Schweizer Stimmbürgers

Hanspeter Kriesi (2005: 90) ist in seiner Studie zu ähnlichen Resultaten gekommen wie Bütschi, ohne jedoch dieselbe Operationalisierung zu verwenden. Kriesi hält fest, dass etwas weniger als ein Drittel der Teilnehmenden ungenügend informiert sind, jedoch etwa 40 Prozent als durchaus sachverständig zu gelten haben. Allerdings misst Kriesi nicht die politische Expertise, sondern die *political awareness*, also die bewusste Auseinandersetzung mit Politikinhalten.[234] Sein Index setzt sich aus der Kenntnis des Titels der Vorlage, der inhaltlichen Kenntnis der Vorlage und der Fähigkeit, Stellung zu bestimmten Argumenten zu beziehen,[235] zusammen.

---

232 Für die Begründung der geschilderten Vorgehensweise siehe Bütschi 1993: 101.

233 Dazu muss man wissen, dass die Vox-Befragten gebeten werden, wenn möglich zwei Gründe für ihren Entscheid anzugeben. Für Bütschi weisen nun jene eine geringere praktische Kompetenz auf, die nur einen Grund angaben. Es stellt sich hier allerdings die kritische Frage, ob diejenigen, die nur einen Grund angaben, wirklich weniger gut informiert waren als diejenigen mit zwei Motivangaben. Denn für einen rationalen und kompetenten Entscheid reicht *ein* Grund unter Umständen aus.

234 Kriesi stützt sich dabei auf Zallers Definition dessen, was *political awareness* umschreibt: «Political awareness denotes intellectual or cognitive engagement with public affairs as against emotional or affective engagement or no engagement at all» (Zaller 1992: 21).

235 Den Befragten werden je drei Pro- und drei Kontra-Argumente vorgelesen, denen sie beipflichten oder widersprechen können. Oder – und dies wertet Kriesi als Indiz für geringe Kompetenz – die Befragten machen keine substan-

Abbildung 6.1: Vorlagenspezifische Informiertheit der Schweizer gemäss unterschiedlichen Studien (Anteile tief, mittel und hoch informiert, in %)

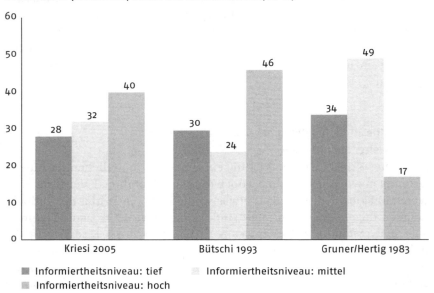

Quelle: Kriesi 2005, Bütschi 1993 Gruner und Hertig 1983.

6.1.3.5 Generelle Kritik an der Operationalisierung der Informiertheit

Die Übersicht der Informiertheitsbewertungen[236] hat vor allem eines deutlich gemacht: Das Urteil darüber, wie kompetent die Schweizer Stimmbürgerschaft ist, hängt im Wesentlichen davon ab, welche Dimensionen der *political sophistication* man misst und vor allem wie man sie misst. Die Kompetenzdiagnose ist somit zu einem nicht unerheblichen

---

zielle Angabe, antworten demnach mit «Weiss nicht» oder verweigern eine Antwort (Kriesi 2005: 90).

236 Diese Übersicht ist freilich nicht vollständig. Christin, Hug und Sciarini (2002a) verwenden beispielsweise drei Fragen (Titelfrage, Inhaltsfrage und Motivfrage) zur Messung der Informiertheit. Dabei erhalten diejenigen Befragten, die bloss ein Stimmmotiv angeben können, einen Abzug bei der Informiertheitsbewertung. Sciarini und Tresch (2009) bilden einen Kompetenzindikator, der sich aus insgesamt vier Fragen bzw. Sets von Fragen zusammensetzt: Titel der Vorlage, Inhalt der Vorlage, Motivfrage und die Vox-

Teil das Produkt der verwendeten Messinstrumente. Aus diesem Grunde möchten wir uns die Vox-Messinstrumente etwas näher anschauen.

Zunächst stellen wir generell fest: Die meisten der hier vorgestellten Kompetenz-Indikatoren sind «Recall-Fragen», d.h., die Befragten geben Auskunft über ein bestimmtes Verhalten (z.B. Stimmentscheid) oder über Ereignisse, die in der Vergangenheit liegen (z.B. «Worüber wurde am letzten Abstimmungssonntag abgestimmt?»). Erinnerte Angaben sind jedoch immer mit einem Messfehler behaftet (vgl. z.B. Niemi et al. 1980 zur Rekonstruktion der Parteiaffinität). Vergangenes Verhalten wird häufig rationalisiert oder in einen Kontext gestellt, der sich erst nach dem eigentlichen Verhaltensakt ergeben hat (McGraw 2000, Wegner 2002). Weiter sind Angaben über zurückliegende Ereignisse lückenhaft bzw. auch vom Erinnerungsvermögen des einzelnen Befragten abhängig. Eine Recall-Frage wie etwa diejenige, worüber am vergangenen Wochenende abgestimmt wurde, testet demnach nicht bloss das Faktenwissen bzw. das Involvierungsniveau des Stimmbürgers, sondern bis zu einem gewissen Grad immer auch dessen Erinnerungskapazität. Dabei wird im erwähnten Beispiel der Aspekt des Erinnerungsvermögens umso dominanter, je höher die Anzahl der abgestimmen Vorlagen ist. Bei einem Urnengang mit beispielsweise neun Vorlagen (wie derjenige vom 18. Mai 2003) dürfte es selbst den politisch am stärksten involvierten Befragten schwer gefallen sein, sämtliche Vorlagen zu nennen.[237] Wir erhalten demnach unterschiedliche Informiertheitswerte für die unterschiedlichen Urnengänge. Jedoch reflektieren diese nicht immer Differenzen beim Involvierungs- oder Kompetenzniveau, sondern zum Teil auch solche betreffend die Erinnerungsfähigkeit.[238]

Argumentenbatterie. Was die Bewertung der einzelnen Angaben anbelangt, so gehen die Autoren nicht allzu detailliert darauf ein (Sciarini und Tresch 2009: 465). Beispielsweise ist unklar, wie mit den sehr vagen Begründungen (etwa in der Form von «schlechtes Gesetz») verfahren wird. Sciarini und Tresch (2014) weisen letztlich einen Anteil von je 25 Prozent hoch kompetenter und inkompetenter Stimmbürger und einen Anteil von 50 Prozent an Stimmenden mit mittlerem Kompetenzniveau aus.

237 Nur 4,2 Prozent der Teilnehmenden konnten bei der Vox-Nachbefragung alle neun Vorlagen aufzählen.

238 Allerdings konnte nachgewiesen werden, dass die Fähigkeit, sich an politische Informationen zu erinnern, wiederum stark von der *political sophistication* abhängig ist (Lodge et al. 1995).

Die zur Messung der politischen Expertise häufig verwendete Inhaltsfrage ist ohne Zweifel eine sehr brauchbare Proxyvariable, hat jedoch einige Tücken, deren sich der Abstimmungsforscher bewusst sein sollte. Dem Befragten werden nämlich vorgängig der Titel bzw. die Titel der Vorlagen angegeben. Es liegt auf der Hand, dass es bei gewissen Vorlagentiteln (etwa: Initiative für «vier autofreie Sonntage pro Jahr») erheblich leichter fällt, auf den konkreten Inhalt zu schliessen als bei anderen (etwa: «Neue Finanzordnung»). Bei einem Vergleich der Wahrnehmungsinhalte von zwei oder mehreren Vorlagen muss also vorgängig darauf geachtet werden, welche inhaltlichen Rückschlüsse allein schon der Titel der Vorlage erlaubt.

Die Motivfrage ist eine offene Frage und gibt den Befragten die Gelegenheit, spontan Entscheidgründe anzuführen. Die Differenziertheit der Antwort ist dabei nicht nur von der vorlagenspezifischen Informiertheit des Befragten, sondern auch von seiner Artikulationsfähigkeit abhängig. Aber die Unterscheidung zwischen jenen, die ein gültiges inhaltliches Motiv angeben und solchen, die hierzu nicht imstande sind, hat eine Trennschärfe, die von Frageeffekten und vom Erinnerungsvermögen wohl nur in geringem Masse verzerrt ist. Dabei sollte aber unserer Ansicht nach restriktiv zwischen inhaltsbezogenen und inhaltsfernen Motivangaben unterschieden werden. Zu den inhaltsfernen Motiven zählen dabei nicht nur die zuvor genannten drei Kategorien – falsche oder widersprüchliche Angaben, «Weiss nicht»-Antworten und allgemeine Aussagen –, sondern auch Angaben, die auf eine simple Heuristikverwendung schliessen lassen (etwa der Entscheidgrund «Ich habe so entschieden, wie der Bundesrat empfohlen hat»). Wer neben diesen Empfehlungen keine weiteren inhaltlichen Gründe anzugeben vermag, war mit grosser Wahrscheinlichkeit schlecht informiert (die Heuristikbenutzung ist eine *low-information*-Strategie, vgl. Popkin 1991). Demnach sollten solche Heuristiknutzer auch als schlecht informiert klassifiziert werden.

Die Übersicht der Operationalisierungsvarianten hat auch gezeigt, dass mit ein und denselben Indikatoren mitunter unterschiedliche theoretische Konstrukte gemessen werden. Das zeigt, wie schwer es fällt, die Konzepte der Kompetenzforschung voneinander abzugrenzen. In der Regel wird zwar auf theoretischer Ebene klar zwischen zwei Konzepten unterschieden, auf empirischer Ebene werden diese Konzepte anschliessend nicht selten analog gemessen. Luskin (2003) hat dies im Übrigen auch für die amerikanische *political sophistication*-Forschung festgestellt: «Speak, in short, though we may of ‹sophistication›, ‹information›, ‹expertise›, or ‹awareness›, we are just about always, these days, measuring knowledge.»

6.1.3.6 Wovon die vorlagenspezifische Sachkompetenz abhängig ist

Wenden wir uns zum Schluss noch den kontextuellen wie auch individuellen Bestimmungsgründen der politischen Sachkompetenz zu. Die politische Expertise ist von unterschiedlichen individuellen Faktoren abhängig (für eine Übersicht siehe Bütschi 1993 und Luskin 1990): von kognitiven Kapazitäten (etwa Intelligenz), von der Motivation (d. h. im Wesentlichen dem politischen Interesse),[239] von der Medienausgesetztheit (*media exposure*)[240] und in geringerem Masse auch von der Schulbildung. Bei diesen Faktoren handelt es sich um die «üblichen Verdächtigen» der individuellen Informiertheit. Diese individuellen Faktoren haben zwar keine statische Qualität[241], sind aber nur schwer veränderbar.

Die Kontextfaktoren der politischen Informiertheit sind hingegen variabler und teilweise auch beeinflussbar. Als Beispiel diene das Konfliktniveau der Abstimmung: Je umstrittener eine Abstimmung ist, desto höher ist das vorlagenspezifische Wissen der Stimmbürgerschaft (Bowler und Donovan 1998, Kriesi 2005, Marquis und Bergmann 2009, Nicholson 2003). Warum ist das so? Ein hitziger Abstimmungskampf zeichnet sich meist durch intensiv geführte Kampagnen und eine breite Medienberichterstattung aus, was wiederum die generelle «Problemlösungskompetenz» des Stimmvolks ansteigen lässt. Das beste Beispiel hierfür ist die «Jahrhundertabstimmung» über den EWR-Beitritt. Keine Kampagne wurde auch nur annähernd so intensiv geführt wie diejenige für bzw. wider den

---

239 Das Niveau des politischen Interesses ist in der Regel gleichbedeutend mit dem Motivationslevel. Luskin (1990: 335) resümiert beispielsweise lapidar: «Internal motivation is interest.» Das politische Interesse hat einen enormen Einfluss auf die politische Expertise. Allerdings ist die Kausalität zwischen diesen beiden Variablen nicht ganz klar. Anzunehmen ist, dass ein reziprokes Verhältnis besteht, d. h., beide Variablen verstärken sich gegenseitig.

240 Die nachgewiesenen Effekte sind jedoch sehr gering (Luskin 1990, Patterson 1980).

241 Politische Kompetenz kann erworben werden, beispielsweise durch die regelmässige Teilnahme an politischen Diskussionen (Barber 1984: 232).

EWR-Beitritt (Kriesi et al. 2003: 28) und für keine andere Abstimmung wurde eine so hohe Informiertheit ausgewiesen (Christin et al. 2002a: 672). Diese Informiertheit wird von den Stimmbürgern allerdings nicht immer bewusst gesucht, sondern fällt gewissermassen als Nebenprodukt der intensiven Kampagne ab. Anders ausgedrückt: Hinter der hohen Informiertheit steht nicht immer eine bewusste, rationale Strategie, eine Art «Informations-Imperativ», der von der hohen Bedeutung dieser Vorlage für die einzelnen Bürger ausgeht. Informationen werden in solch einem Fall nicht bewusst zusammengetragen, weil es die enorme Bedeutung der Abstimmung so verlangt, sondern das vorlagenspezifische Wissen wird ohne grosses Beitun der Stimmbürger durch die Kampagne gemehrt. Daneben signalisiert eine aufwendige Kampagne dem Stimmbürger, dass es sich um ein bedeutendes Thema handeln muss, worauf sich dieser verstärkt mit dem Inhalt auseinanderzusetzen beginnt (Kriesi 2005: 87 ff.).

Ein weiterer Kontextfaktor, der Einfluss auf die Problemlösungskompetenz der Stimmbürgerschaft hat, ist die Komplexität des Entscheidstoffs. Das ist wenig erstaunlich: Es liegt gewissermassen auf der Hand, dass das vorlagenspezifische Wissen der Stimmenden umso geringer ist, je alltagsferner die Thematik oder höher die Materialfülle ist (Gruner und Hertig 1983). Die Materialfülle meint hier nicht nur den materiellen Inhalt einer Vorlage, also die Fülle des reinen Gesetzes- oder Verfassungstexts, sondern auch die Anzahl Vorlagen, über die der Stimmbürger an einem Urnengang zu befinden hat.

Ein weiterer, institutioneller Faktor, der mit ein Grund dafür ist, weshalb die pessimistischen Resultate aus den USA für die Schweiz nicht in dieser Form bestätigt werden konnten, soll speziell hervorgehoben werden: nämlich die Institution der direkten Demokratie selbst. Die Tatsache, dass das Schweizer Stimmvolk mehrfach im Jahr zu einem Sachentscheid aufgerufen wird und dies auf mehreren Ebenen (sprich Bund, Kanton und Gemeinde), erhöhe deren Sachkompetenz – so lautet die These der beiden Autoren Matthias Benz und Alois Stutzer (2004). Denn die Politiker werden gezwungen, inhaltliche Argumente vorzulegen, womit die politischen Debatten zwangsläufig weniger personenbezogen sind als im Vorfeld von Wahlen. Das fördere die Sachkompetenz[242] in Referendumsde-

---

242 Anzumerken ist in diesem Zusammenhang allerdings, dass Benz und Stutzer nicht etwa das vorlagenspezifische Wissen der Stimmbürgerschaft messen,

mokratien stärker als in repräsentativen Demokratien. Hinzu kommt, dass in einer direkten Demokratie nicht nur alle vier oder fünf Jahre abgestimmt wird wie in repräsentativen Demokratien, sondern mehrmals im Jahr. Damit bestehen nicht nur qualitative, sondern auch erhebliche quantitative Unterschiede im politischen Informationsfluss zwischen direkten und repräsentativen Demokratien. Nachfrageseitig besteht in Referendumsdemokratien ebenfalls ein höherer Bedarf an Information, weil Informiertheit in solchen politischen Systemen notwendig ist, um nicht aus den sich zwangsläufig bildenden Diskussionsgruppen ausgeschlossen zu werden (Beck et al. 2002). Um keine sozialen Sanktionen fürchten zu müssen, informiert sich der Bürger in einer Referendumsdemokratie somit stärker als in einer repräsentativen Demokratie.

Benz und Stutzer (2004) untersuchen, ob es einen Zusammenhang gibt zwischen dem Grad der Informiertheit und der Ausprägung der direkten Demokratie. Sie stellen in der Tat eine solide, auch multivariat signifikante Beziehung zwischen diesen beiden Variablen fest.[243] Kriesi

---

sondern bloss deren generelles politisches Wissen. Die hierzu verwendeten Fragen sind Selects-Fragen und testen primär das politische Faktenwissen *(factual knowledge)* (Benz und Stutzer 2004: 37).

243 An zwei Samples wurde diese Hypothese untersucht: zum einen an den EU-Mitgliedstaaten und zum anderen an den Schweizer Kantonen. In beiden Fällen ist es tatsächlich so, dass das Kompetenzniveau des Stimmvolkes steigt, je mehr direktdemokratische Rechte es hat. Nur – und diese Frage kommt eigentlich bei allen Analysen auf, in denen die Kantone die Untersuchungseinheiten sind – sind diese kantonalen Unterschiede tatsächlich auf die institutionellen Variationen zurückzuführen oder auf die kulturellen Disparitäten? Denn es sind vor allem die französischsprachigen Kantone und das Tessin, die eine geringere direktdemokratische Ausprägung aufweisen. Und dort sind sowohl die politische Informiertheit als auch das politische Interesse geringer. Es ist gut möglich, dass das fehlende politische Interesse und auch die geringere politische Kompetenz auf kulturelle Unterschiede hinsichtlich des Rollenverständnisses eines Bürgers zurückzuführen sind. Aber auch andere Gründe sind denkbar: Die Romands und die Tessiner sehen sich von der deutschsprachigen Mehrheit häufig überstimmt und verspüren deshalb keine Motivation, sich zu informieren. Wenn dies zuträfe, dann müsste sich dies auch in einer tieferen Stimmbeteiligung in der Romandie und im

(2005) hingegen kommt zum Schluss, dass vom institutionellen Kontext kein erzieherischer Effekt ausgeht, d. h., dass das Kompetenzniveau des Stimmvolkes nicht steigt, je mehr es sich an Urnengängen beteiligt. Er kann auch den Befund von Wernli nicht bestätigen, der 2001 nachwies, dass die Schaffhauser die am besten informierten Schweizer seien, weil in diesem Kanton die Stimmpflicht den Stimmbürger zwinge, sich mit politischen Sachfragen zu beschäftigen. Ob und wie stark der institutionelle Kontext auf die politische Kompetenz der Bürger wirkt, ist also umstritten.

Zuletzt ist als Kontextfaktor noch die Vertrautheit mit dem Entscheidstoff zu nennen. Wurde über ein bestimmtes Thema schon mehrfach abgestimmt, ist der Stimmbürger somit vertraut mit der Thematik, dann weiss er auch eher Bescheid und kann die gängigen Argumente den unterschiedlichen politischen Lagern auch eher zuordnen, was ihm in der Folge den Entscheid erleichtert (Kriesi 2005).

6.1.3.7 Der Schweizer Stimmbürger: ein informierter Musterbürger oder ein politischer Ignorant?

Ist der Schweizer Stimmbürger nun ein politischer Ignorant oder ein Musterbürger? Wir können diese Frage nicht beantworten, weil uns ein allseits akzeptierter Massstab fehlt, um das Informiertheitsniveau klassifizieren zu können.[244] Aus dem Blickwinkel einer sehr reduktionistischen Sichtweise mag es bereits ausreichend sein, wenn der Stimmbürger seinen Entscheid mit einem inhaltlich kaum ausdifferenzierten Motiv zu begründen weiss. Und sei es bloss, dass dieses Motiv in einem Hinweis darauf bestünde, dass man eine kognitive Abkürzung verwendet habe. Im Lichte einer solchen, elitistisch geprägten Demokratietheorie darf die Schweizer Stimmbürgerschaft bei den meisten Abstimmungen als gross-

---

Tessin niederschlagen, was aber nur teilweise der Fall ist. Wenn man nun in einer multivariaten Analyse für die Sprachzugehörigkeit kontrolliert, dann verringert sich der institutionelle Effekt in der Tat. Benz und Stutzer (2004) konstatieren zwar auch dann noch einen signifikanten Einfluss des institutionellen Kontexts, aber die Einflussstärke ist geringer.

244 Ein solcher Massstab wäre zwangsläufig normativer Natur und somit offen für normative Kritik.

mehrheitlich kompetent bezeichnet werden. Legt man die Messlatte jedoch höher und verlangt vom Stimmbürger, seinen Entscheid inhaltlich differenziert rechtfertigen und ihn mit seinen Präferenzen und Interessen in Einklang bringen zu können, keimt bei gewissen Abstimmungen ein Überforderungsverdacht auf. Dabei scheint das Informiertheitsniveau nicht bloss von der Komplexität des Entscheidmaterials abhängig zu sein – über die zuweilen hochkomplexen Europavorlagen sind die Stimmbürger beispielsweise relativ gut informiert (Marquis 2002, Marquis und Sciarini 1999) –, sondern vor allem von der Intensität der Elitendiskussion (Kriesi 2005). Bemühen sich die politischen Eliten darum, der Stimmbürgerschaft eine Fülle von Informationen leicht zugänglich zu machen, dann ist dieses normalerweise auch relativ gut informiert. Die Informiertheit der Stimmbürgerschaft – und damit einhergehend auch die Legitimität direktdemokratischer Entscheide – ist somit zu einem guten Teil auch von den Anstrengungen und Bemühungen der politischen Eliten abhängig.

6.1.4 Zu viel Demokratie macht müde: das Phänomen der *voter fatigue*

Seit je übt das Phänomen der Stimmmüdigkeit (*voter fatigue*, *voter roll-off*) eine (natürlich nur wissenschaftlich motivierte) Faszination auf die Politikwissenschaftler aus. Stimmmüdigkeit, so wird gemeinhin argumentiert, setze ein, wenn der Stimmbürger über eine ermüdend hohe Anzahl von Vorlagen abstimmen muss. Dies kann unterschiedliche Konsequenzen haben: Die Beteiligung bzw. die substanzielle Beteiligung (materielle Stimmabgabe und keine Leerstimme) nehmen ab, je weiter hinten die Vorlagen auf dem Stimmzettel placiert sind (Bowler et al. 1992, Bowler und Donovan 1998). Die Position der Vorlage habe aber auch einen Einfluss auf den materiellen Stimmentscheid: Je grösser die Stimmmüdigkeit, desto grösser die Wahrscheinlichkeit, die Vorlage abzulehnen – und zwar unabhängig von den Präferenzen und Interessen des Stimmbürgers (Bowler und Donovan 1998).

Dieser Zusammenhang zwischen der Anzahl Vorlagen und dem Entscheidverhalten wurde insbesondere im amerikanischen Kontext untersucht. Dies liegt auch daran, dass in jenen US-Bundesstaaten, in denen über Sachvorlagen direkt an der Urne entschieden wird, die Anzahl Vorlagen pro Urnengang höher ist als in der Schweiz. So wurden im Bundesstaat Kalifornien zwischen 1960 und 2004 pro Urnengang über durchschnittlich 11,7 Vorlagen abgestimmt, in Oregon über 6,6 Vorlagen. Die entsprechende Rekordzahl von Vorlagen pro Urnengang beträgt 31 (Bundesstaat Oregon, Abstimmung vom 3. März 2000). Die Zahlen für die Schweiz liegen da doch erheblich tiefer – zumindest auf nationaler Ebene. Der Höchstwert an Vorlagen pro Urnengang wurde an der Abstimmung vom 18. Mai 2003 erzielt: Dem Schweizer Stimmvolk wurden damals neun eidgenössische Vorlagen zum Entscheid vorgelegt. Im Schnitt wurde zwischen 1960 und 2004 über 3,8 eidgenössische Vorlagen pro Urnengang abgestimmt (Selb 2008). Allerdings – und dies erschwert nun die Erforschung des angesprochenen Phänomens in der Schweiz – finden an eidgenössischen Urnengängen häufig auch kantonale und lokale Sachabstimmungen statt. Die Zahl dieser Vorlagen wurde jedoch schweizweit noch nie systematisch erfasst und variiert zudem auch zwischen den Kantonen bzw. Gemeinden. Dies ist insofern problematisch, als angenommen werden darf, dass sich die Stimmmüdigkeit vor allem auf die kantonalen und lokalen Vorlagen auswirkt, die in aller Regel als weniger wichtig eingestuft werden als die eidgenössischen Vorlagen.

Peter Selb (2008) hat die Wirkung von vorlagenreichen Abstimmungen auf das Entscheidverhalten in der Schweiz untersucht. Die Position des Stimmzettels wurde dabei nicht in Betracht gezogen, weil dies im Fall von Schweizer Abstimmungen kaum möglich ist.[245] Hingegen wurde die Anzahl Vorlagen pro Urnengang ermittelt und überprüft, ob dies den Stimmentscheid zum einen erschwert und zum anderen häufiger darin resultiert, dass Vorlagen abgelehnt werden. Die Resultate von Selb (2008) zeigen, dass es dem Stimmbürger in der Tat tendenziell schwerer fällt, seine Präferenzen in einen Urnenentscheid umzusetzen, je höher die Anzahl an Vorlagen ist. Auch die Status-quo-Hypothese (mehr Vorlagen, mehr Nein-Stimmen) wird prinzipiell bestätigt, wobei die Effekte jedoch sehr gering sind. Kurz, die «Initiativflut» der letzten Jahrzehnte belastet nicht nur die Kapazität der politischen Eliten und der Behörden, sondern treibt zumindest manchen Stimmbürger auch an seine Kapazitätsgrenzen.

---

245 Die Reihenfolge, in welcher die Stimmbürger die Stimmzettel ausfüllen, ist unbekannt. Die Annahme, wonach die Stimmbürger die Reihenfolge, welche im Bundesbüchlein vorgegeben ist, einhalten, ist schlicht nicht überprüfbar.

6.2 Die Rolle der Medien im Abstimmungskampf

Wenn wir davon ausgehen dürfen, dass in einem direktdemokratischen Meinungsbildungsprozess nicht nur präexistente Wertepräferenzen hochaggregiert werden, sondern das Ergebnis eines solchen Prozesses prinzipiell offen ist (Kriesi 1994), kommt dem Informationsangebot und der Informationsvermittlung eine zentrale Rolle zu. Informationen bilden dann die Grundlage, auf der die vorgelegten Sachfragen bewertet werden. Im Idealfall hat jeder Stimmbürger Zugang zu allen relevanten Informationen (Dahl 1985), tauscht sich mit seinen Mitbürgern in einem freien und offenen Diskurs aus (Habermas 1992) und bildet sich auf diese Weise seine Meinung. Weiter sind die Informationen, die der Stimmbürger in solch einer idealen Welt nutzt, «neutral», d. h., sie enthalten keine ideologisch gefärbte Vorinterpretation. Wir alle wissen, dass es eine solche deliberative Demokratie in Reinkultur nicht gibt. Deshalb stellt sich zwangsläufig die Frage, welchen Einfluss die nicht formell institutionalisierten Kommunikationsprozesse – und damit meinen wir primär die Massenmedien – auf das Entscheidverhalten haben.

Die Massenmedien sind indes nicht alleine für die Informationsvermittlung verantwortlich. Im Wesentlichen sind drei Akteure für die Informationsverbreitung bei direktdemokratischen Meinungsbildungsprozessen zuständig. Erstens, die Behörden, d. h. hierzulande der Bundesrat bzw. die Bundesverwaltung. Der Bundesrat hat in der Schweiz gar einen gesetzlich vorgeschriebenen Informationsauftrag (BPR Art. 10). Inwieweit er diesen Auftrag nutzt, um sich die Unterstützung des Stimmvolks für seine Lösungspräferenz zu sichern, ist Thema des Abschnitts 6.5. Das Informationsangebot wird, zweitens, von Parteien und Interessenorganisationen gesteuert. Beide Akteurstypen haben ihre Lösungspräferenzen und beide sind imstande, Mittel zur Unterstützung ihrer Lösungsvariante zu mobilisieren. Diese Mittel sind im Fall der Interessenorganisationen häufig (aber natürlich nicht immer) finanzieller Natur, während die Parteien sich (nicht nur, aber vor allem) der Bindekraft zu ihren Anhängerschaften bedienen, um Stimmen zu mobilisieren. Beides wird in den Kapiteln 6.3 und 6.4 behandelt.

Öffentliche Kommunikation ist heute vor allem Massenkommunikation. Der Stimmbürger bezieht demnach, drittens, seine Informationen aus den Massenmedien. Die Massenmedien erfüllen dabei zwei Funktionen. Einerseits vermitteln sie die Botschaften der anderen, medienfremden Akteure. Sowohl die Behörden als auch Parteien und Interessenorganisationen versuchen ja vor allem über die Medien, Einfluss auf die Meinungsbildung zu nehmen. Sogar die interpersonale Kommunikation ist im Wesentlichen eine Interaktion, die auf der Basis von massenmedialer Information stattfindet. Zum anderen aber transportieren die Medien eigene Botschaften, etwa durch redaktionelle Beiträge,[246] durch die Selektion von Information (Gatekeeping-Funktion), aber zuletzt auch – und in der Schweiz nicht unüblich – durch Stimmempfehlungen. Das vorliegende Kapitel beschäftigt sich nun mit der Rolle der Massenmedien im direktdemokratischen Meinungsbildungsprozess. Dabei wird wie folgt vorgegangen: Zunächst widmen wir uns dem Abstimmungskampf, d. h. der Phase, in der die mediale Auseinandersetzung über die dem Volk vorgelegten Sachfragen hauptsächlich stattfindet. Häufig wird diese Phase auch mit dem Begriff «Kampagne» umschrieben, obwohl damit nicht nur die gezielte Propaganda der Abstimmungskontrahenten gemeint ist, sondern auch die (mehr der weniger ausgewogene) Medienberichterstattung. Die Fragen, die in diesem ersten Abschnitt behandelt werden, sind primär deskriptiver Natur. Wann setzen Kampagnen ein, wie lange dauern sie, wer sind die bedeutendsten Akteure und wie sieht die Medienberichterstattung aus? Sodann bieten wir einen ebenfalls deskriptiven Überblick zur Mediennutzung im Vorfeld von Sachabstimmungen. Dieser Überblick soll in erster Linie zeigen, über welche Kommunikationskanäle die verschiedenen Akteure den Bürger am ehesten erreichen und mit ihm kommunizieren können. Der anschliessende Abschnitt ist einer bestimmten medienrelevanten Fragestellung gewidmet, nämlich jener, ob politische Umfragen einen Effekt auf Abstimmungsergebnisse haben. Publizierte demoskopische Resultate sind ebenfalls als Information zu betrachten, welche die Stimmbürger (und noch viel eher die Kampagnenleiter) nutzen können. Wie stark beeinflussen nun diese Informationen

---

[246] Es versteht sich von selbst, dass redaktionelle Beiträge nicht in einem politischen Vakuum entstehen. Sie können – bis zu einem gewissen Grad – auch das Resultat der PR-Arbeit von politischen Akteuren sein, die beispielsweise Ereignisse inszenieren (Edelman 1964, Sarcinelli 1987), um sich Medienpräsenz zu sichern. Trotzdem besteht ein Unterschied zwischen redaktionellen Beiträgen, die gemeinhin der *free media* zugeordnet werden, und der offenkundigen politischen Werbung (etwa Inserate oder Plakate), die deshalb auch zur *paid media* gezählt wird.

über die Erfolgswahrscheinlichkeit von Sachvorlagen die individuelle Teilnahmebereitschaft, aber auch das Entscheidverhalten? Zuletzt wollen wir uns noch mit der Frage der Käuflichkeit von Abstimmungsergebnissen auseinandersetzen. Die Käuflichkeitsthese ist eine der umstrittensten und meist diskutierten Fragen der Schweizer Abstimmungsforschung, weswegen wir ihr auch ein eigenes Kapitel (6.3) gewidmet haben.

6.2.1 Der Abstimmungskampf: ein Überblick

Die Schweizer Abstimmungsforschung hat sich lange Zeit kaum um den Verlauf von Abstimmungskampagnen gekümmert – mit Ausnahme der Frage, ob Sachabstimmungen in der Schweiz käuflich sind. Erst mit der zunehmenden Professionalisierung der Parteien und den politischen PR stieg auch das Interesse an der Kampagnenführung und -gestaltung. Der vorliegende Abschnitt bietet einen ersten Überblick über die wichtigsten Akteure, den Verlauf und die Intensität von Kampagnen – Aspekte, die nachfolgend noch gesondert und detailliert behandelt werden.

Die wichtigsten Akteure sind der Bundesrat, die Parteien und die Interessenorganisationen. Weil die Voraussetzungen unterschiedlich sind, wenden diese drei Akteure auch unterschiedliche Überzeugungsstrategien an. Der Bundesrat darf keine öffentlichen Gelder zu Propagandazwecken einsetzen und verfügt nicht wie die Parteien über eine treue Gefolgschaft, die mit Parolen mobilisiert werden kann. Er nimmt deshalb vornehmlich über die Informierung Einfluss auf die Meinungsbildung (Kriesi 2009b). Dazu gehören die zu Beginn eines Abstimmungskampfs einberufenen Pressekonferenzen des Bundesrats, das Bundesbüchlein[247], aber auch die Auftritte in Diskussionsrunden (etwa das Politikformat des Deutschschweizer Fernsehens *Arena*), in denen dem Bundesrat dank seinem Prominentenbonus auch mehr Zeit eingeräumt wird, seine Standpunkte darzulegen (vgl. Gerth et al. 2012: 116). Die Parteien ihrerseits

---

247 Das sogenannte Bundesbüchlein ist ein kurzer, sachlicher Text des Bundesrats, der einer Abstimmungsvorlage beigelegt wird und der die Auffassungen wesentlicher Minderheiten, die Stellungnahmen von Parlament und Bundesrat sowie bei Volksinitiativen und fakultativen Referenden die Argumente des Urheberkomitees enthält. Vgl. Schweizerische Bundeskanzlei, http://www.bk.admin.ch/glossar/index.html?lang=de&action=id&id= 99 (Zugriff 24.4.2014).

sind parteiisch, aber häufig klamm (vgl. Gernet 2011, Marquis 2006). Teure Inseratekampagnen und flächendeckende, von Partikularinteressen unabhängige Informierung fallen als Mittel der Einflussnahme deshalb zwar nicht immer, aber doch häufig weg. Aus diesem Grund wird primär die Mobilisierung der eigenen Anhängerschaft angestrebt via Parolen und medialer Verbreitung der eigenen Standpunkte. Die Interessenorganisationen schliesslich haben keine eigenen, loyalen Anhängerschaften im Rücken, verfügen aber über beträchtliche finanzielle Ressourcen. Sie fokussieren deshalb erheblich stärker als die beiden anderen Akteure auf bezahlte politische Werbung (Hermann 2012).

Eine Besonderheit der Schweizer Referendumsdemokratie ist, dass all diese Akteure selten getrennt in den Abstimmungskampf «marschieren», sondern häufig Abstimmungskoalitionen bilden. Dabei handelt es sich nicht um formelle Koalitionen, wie sie etwa aus den klassischen parlamentarischen Demokratien bekannt sind, sondern vielmehr um reine Ad-hoc-Allianzen, die sich nach dem Abstimmungskampf in der Regel auflösen (Ossipow 1994, Kriesi 2005, 2006, Bernhard und Kriesi 2012). Diese Allianzen setzen sich zudem nicht bei jedem Urnengang gleich zusammen, sondern variieren zwischen den Abstimmungen. Je nach Sachfrage kooperieren mal bürgerliche und rechtskonservative Parteien («Mitte-Rechts») miteinander, ein anderes Mal kommt es zu einer Zusammenarbeit zwischen linken und bürgerlichen Parteien («Mitte-Links»). Dies sind die beiden häufigsten Konfliktkonstellationen (vgl. Abbildung 6.2). Aber auch andere parteipolitische Konfigurationen sind möglich – beispielsweise auch eine Konstellation, bei der sich alle Parteien im Prinzip einig sind («Grosse Koalition») und ein öffentlicher Abstimmungskampf im strengen Wortsinne demnach gar nicht stattfindet. Im Regelfall stehen sich letztlich aber zwei Koalitionen gegenüber. Das ist der Grundstruktur direktdemokratischer Entscheidsituationen geschuldet: Als Entscheidungsalternativen stehen die Zustimmung oder die Ablehnung zur Auswahl, was dazu führt, dass sich ein Ja- und ein Nein-Lager formieren, deren einzelne Akteure zwar nicht immer dieselben politischen Grundüberzeugungen teilen, aber ihre Kräfte aus pragmatischen Gründen für den jeweiligen Urnengang bündeln (Bernhard und Kriesi 2012).[248] Das

---

[248] Erstaunlich ist zudem die vergleichsweise geringe Zahl der vollzeitlich angestellten Kampagnenmitarbeiter. Bernhard (2012: 98) berichtet, dass bei den von ihm untersuchten acht Abstimmungen im Schnitt bloss etwa 20 Personen

Abbildung 6.2: Häufigkeit der Konfliktkonstellationen bei Sachabstimmungen (1981–2012, n = 259)

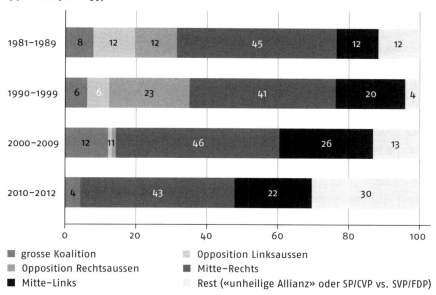

- grosse Koalition
- Opposition Rechtsaussen
- Mitte-Links
- Opposition Linksaussen
- Mitte-Rechts
- Rest («unheilige Allianz» oder SP/CVP vs. SVP/FDP)

Quelle, Daten: Hanspeter Kriesi, ergänzt durch eigene Daten und Auswertungen.

ermöglicht im Übrigen auch, verschiedene Strategien zur Unterstützung bzw. Bekämpfung einer Vorlage ins Feld zu führen.

Die Auseinandersetzungen im Vorfeld einer Abstimmung sind in einer direkten Demokratie naturgemäss stärker sachbezogen als in einer rein repräsentativen Demokratie. Die Akteure versuchen zwar ebenfalls, sich die Gefolgschaft für ihre Lösungsvariante durch den Appell an soziale Bindungen zu sichern. Aber daneben werden immer auch Argumente für

---

vollberuflich als Kampagnenarbeiter tätig waren. Die Zahl der freiwilligen Mitarbeiter ist zwar bedeutend höher (sie betrug gemäss Bernhard beim Asylgesetz etwa je 7000), aber das ändert wenig daran, dass die Zahl derer, die sich in der Schweiz professionell in Kampagnen engagieren, gering ist.

249 Die Konfliktkonstellationen im Vorfeld einer Abstimmung wurden auf der Basis der Empfehlungen der nationalen Delegiertenversammlungen rekonstruiert. Kantonale Abweichungen (siehe Kriesi 2005: 32) wurden für diese Auswertung nicht berücksichtigt.

oder wider die zur Abstimmung anstehenden Massnahmen vorgelegt. Deren Differenzierungsgrad variiert natürlich stark, aber es reicht für gewöhnlich nicht aus, wenn die einzelnen Akteure bloss mit ihrem Namen für eine Sache einstehen. Der Stimmbürger will Argumente für oder gegen die Vorlagen hören und sei es nur, um seinen Entscheid, den er möglicherweise schon längst gefällt hat, innerlich rechtfertigen zu können (Tourangeau et al. 1989, Bartels und Achen 2006). Die Zahl der vorgebrachten Argumente bleibt aber im Allgemeinen überschaubar (Hänggli et al. 2012, Tresch 2012). Die sechs in den Vox-Standardbefragungen üblicherweise abgefragten Argumente decken die inhaltliche Auseinandersetzung während des Abstimmungskampfs weitestgehend ab (vgl. Milic 2012a). Allerdings variiert die Vielfältigkeit des Argumentenangebots zwischen den Sachthemen. Bei aussenpolitischen und sicherheitspolitischen Abstimmungen ist die Palette der Argumente breiter als bei anderen Themen (Nai 2010: 174–175).

Was die argumentative Interaktion zwischen den beiden Lagern betrifft, so wurden von der Abstimmungsforschung widersprüchliche Befunde präsentiert. Hänggli et al. (2012) sind insofern der Ansicht, dass tatsächlich so etwas wie ein Dialog zwischen den beiden Lagern stattfindet, als man auf Argumente des Gegners eingeht und ihnen mit eigenen Argumenten zu kontern versucht. Gilland-Lutz und Marquis (2006) hingegen sahen keine Anzeichen dafür, dass sich die Lager argumentativ aufeinander zubewegen. Vielmehr würden sie unbeeindruckt auf ihre eigenen Kernargumente bezogen bleiben. In beiden Fällen ist die Datenbasis jedoch ziemlich dünn. Jeweils drei Abstimmungen wurden in beiden Studien analysiert. Das lässt uns vermuten, dass möglicherweise Kontextfaktoren für die Unterschiede verantwortlich sind.

Zeitlich gesprochen beginnt die heisse Phase des Abstimmungskampfs vier bis sechs Wochen vor dem Abstimmungssonntag (Bernhard 2012). Zwar setzen die Kampagnen z. T. schon früher ein, aber die Medienberichterstattung wie auch die Kampagnenanstrengungen erreichen ihren Höhepunkt etwa zwei bis sechs Wochen vor dem Stichtag, um dann, nach Bekanntgabe des Abstimmungsresultats, in der Regel abrupt zu enden (Gerth et al. 2012, Höglinger 2008, Marquis et al. 2011, Tresch 2008, Bernhard 2012: 152). Die relativ kurze Dauer des Abstimmungskampfs liegt im Wesentlichen darin begründet, dass das Elektorat das Stimmmaterial etwa drei bis fünf Wochen vor dem Abstimmungstermin erhält (zur Mobilsierungsdynamik siehe das Beispiel in Abbildung 6.3). Der Stimm-

6.2 Die Rolle der Medien im Abstimmungskampf | 291

Abbildung 6.3: Mobilisierung bei Abstimmungen. Anteil eingegangener Stimmzettel im Vorfeld des Urnengangs vom 3.3.2013 im Kanton Genf

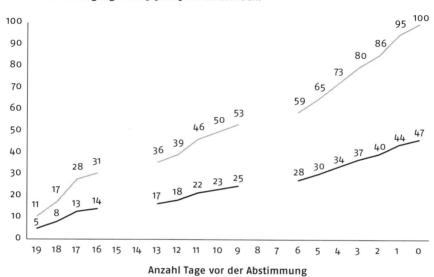

——— in % der Stimmberechtigten   ——— in % der im Endeffekt Teilnehmenden

Quelle: Staatskanzlei des Kantons Genf.

entscheid lässt dann aber nicht mehr lange auf sich warten. Bernhard (2012: 152) schreibt, dass die Stimmzettel mitunter gleich nach dem Erhalt ausgefüllt und mit der Post eingesandt werden.[250]

---

[250] Die Staatskanzlei des Kantons Genf veröffentlicht zu allen eidgenössischen Urnengängen die Anzahl täglich eingegangener Stimmzettel. Das ermöglicht die (nachträgliche) Ermittlung des Zwischenstands eingegangener Stimmzettel und zwar zu (praktisch) jedem beliebigen Zeitpunkt. Nachfolgend ein Beispiel: Beim Urnengang vom 3. März 2013 waren bis zum Montag der letzten Woche 59,1 Prozent aller (bis zum Schluss) eingelegten Stimmzettel eingegangen. Mit anderen Worten: Knapp 60 Prozent aller abgegebenen Stimmzettel trafen spätestens eine Woche vor dem Stichtag ein. Eine Woche zuvor betrug dieser Anteil im Übrigen 35,7 Prozent und etwa drei Wochen vor dem Stichtag hatten 10,5 Prozent aller Teilnehmenden schon abgestimmt. Dabei ist zudem noch zu berücksichtigen, dass der jeweilige Stimmentscheid ein paar Tage frü-

Die Möglichkeit der brieflichen Stimmabgabe und der Umstand, dass diese auch von einer deutlichen Mehrheit des Elektorats in Anspruch genommen wird, gibt somit die wichtigsten Eckpunkte der Kampagnenagenda vor. In der Tat werden die Kampagnenanstrengungen in jener Zeitspanne auch intensiviert. Das zeigt sich etwa in der Inseratewerbung. Aus der Abbildung 6.4 ist ersichtlich, dass die politische Werbung etwa sechs Wochen vor dem Abstimmungstermin einsetzte und zwei bzw. drei Wochen vor dem Stichtag den höchsten Intensitätsgrad erreichte.[251]

Die Geldsummen, die in die Kampagnen gesteckt werden, sind mitunter beträchtlich und häufig ungleichmässig verteilt zwischen Gegnern und Befürwortern. Die Rolle des Geldes bei Abstimmungen wird jedoch im anschliessenden Kapitel gesondert betrachtet, weshalb wir uns in der Folge mit den Mobilisierungsstrategien auseinandersetzen möchten.

Generell gesprochen lassen sich drei unterschiedliche Mobilisierungsstrategien bzw. Kampagneneffekte unterscheiden (für eine ausführliche Übersicht siehe McQuail 2005). Derjenige Kampagneneffekt, der einer Mehrheit der Leser wahrscheinlich als Erstes in den Sinn kommt, ist der Persuasionseffekt. Persuasion ist – im Zusammenhang mit politischer Propaganda – der systematische Versuch, Haltungen und Attitüden mittels Werbebotschaften zu formen (vgl. die Definition von Bonfadelli 2000: 73). Dabei lassen sich generell zwei Zielpublika unterscheiden: Individuen, die bereits eine (wenn auch individuell unterschiedlich stark verwurzelte) Meinung haben und solche, die keine haben (die *non-opinions*). In beiden Fällen wird mittels Überzeugungsbotschaften versucht, das Individuum zu einer bestimmten Stimmabgabe zu bewegen. Allerdings unterscheidet sich die Überzeugungsarbeit zwischen den beiden besagten Typen: Bei jenen, die (mehr oder weniger) feste politische Überzeugungen zu dem jeweiligen Issue haben, trifft die Werbebotschaft auf eben jene Prädispositionen und muss zunächst diesen «Widerstand» überwinden, um einen Werbeerfolg erzielen zu können. Anders bei den *non-opinions*: Diese müssen nicht zu einem Meinungswandel überredet werden, denn sie haben gar keine Haltung zum betreffenden Vorlagenthema. Die Werbebotschaft trifft bei dieser Gruppe gewissermassen auf eine

---

her gefällt wurde, da vom Zeitpunkt, an dem ein Stimmzettel ausgefüllt wurde, bis zum Eingang bei der Staatskanzlei einige Tage verstreichen.

251 Dabei hat die Länge der Kampagnendauer zwischen 1981 und 1999 stetig zugenommen (Marquis und Bergman 2009).

Tabula rasa und es fällt ihr deswegen leichter, das intendierte Stimmverhalten zu erzeugen.

Zuvor war von «überzeugen», «überreden» und der «systematischen Formung von Haltungen» die Rede. Diese Begriffe haben alle eine negative demokratietheoretische Konnotation. Dabei muss allerdings darauf hinge-

Abbildung 6.4: Der Inseratenkampagnenverlauf bei den Urnengängen vom 9.2.14 und 18.5.14, Anzahl aufgegebener Inserate in den letzten acht Wochen vor dem Abstimmungstermin

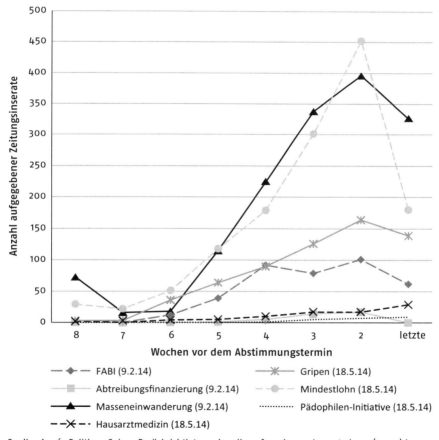

Quelle: *Année Politique Suisse*. Berücksichtigt wurden die aufgegebenen Inserate in 55 (9.2.14) bzw. 56 (18.5.14) Pressetiteln in den letzten acht Wochen vor dem Abstimmungstermin. Zur Fallauswahl siehe http://www.anneepolitique.ch/docu/APS-Inserateanalyse_9_Februar_2014.pdf

wiesen werden, dass der Überzeugungseffekt aus demokratietheoretischer Sicht nicht a priori zu verurteilen ist: Sollte sich ein Teil der Stimmbürgerschaft aufgrund von sachlichen, vernunftgeleiteten Argumenten vom Gegenteil überzeugen lassen, würde dies dem Ideal einer deliberativen Demokratie Habermas'scher Prägung ziemlich nahekommen. Aus normativer Sicht ist es allerdings höchst problematisch, wenn dieser Überzeugungseffekt einzig vom finanziellen Aufwand einer Kampagne bestimmt wird und nicht vom Gehalt, d. h. von der Qualität der vorgebrachten Argumente. Just dieser Vorwurf bildet aber den Kern der Käuflichkeitsthese, die wir im nachfolgenden Kapitel überprüfen möchten.

Persuasion ist jedoch nicht alles, was mit einer Kampagne bezweckt wird. Kampagnen dienen auch und vor allem der Mobilisierung der eigenen Anhängerschaft.[252] Diese Wirkung ist für den Urnenerfolg nicht weniger wichtig als die erfolgreiche Persuasion. Im Gegenteil, sie ist gar entscheidend. Denn wenn sich die eigenen Sympathisanten nicht an die Urnen bemühen, bleibt am Ende selbst die effektivste «Überzeugungsarbeit» ohne Erfolg. Ausserdem fällt es bedeutend leichter, die eigene Anhängerschaft zu mobilisieren, als Teile des gegnerischen Lagers von der eigenen Lösungsvariante zu überzeugen (Cox und McCubbins 1986), was gar kontraproduktive Wirkungen erzielen kann (Cox 1999). Aus diesem Grund beschränken die politischen Akteure in der Schweiz ihre Werbebemühungen hauptsächlich auf das eigene Lager (Bernhard 2012). Allerdings – und dies ist nun ein Punkt, der für die im folgenden Kapitel zu behandelnde Käuflichkeitsthese entscheidend ist – sind Mobilisierungseffekte demokratietheoretisch weniger problematisch als Persuasionseffekte. Eigentlich ist es sogar zu begrüssen, dass eine Kampagne die Stimmbürger mobilisiert. Denn je mehr sich beteiligen, desto repräsentativer und legitimierter ist der Entscheid, wenngleich sich durch asymmetrische Mobilisierungseffekte (d. h. die Mobilisierung von bestimmten Gruppen) natürlich auch unerwünschte Folgen ergeben können. Auf jeden Fall werden aber durch die Mobilisierungsanstrengungen keine

---

252 Kampagnen erzielen selbstverständlich noch weitere Effekte: Sie erhöhen gegebenenfalls die Informiertheit der Stimmenden (Kapitel 6.1), geben dem Stimmenden Hinweise darauf, wer voraussichtlich obsiegen wird (und steuern so das strategische Stimmen) und können die Kriterien festlegen, aufgrund derer eine Vorlage oder ein Kandidierender bewertet wird (*priming effects*, vgl. Iyengar und Kinder 1987).

6.2 Die Rolle der Medien im Abstimmungskampf | 295

Haltungen erkauft, die den individuellen Präferenzen eigentlich widersprechen, sondern es werden lediglich vorhandene Überzeugungen aktiviert und allenfalls verstärkt, mit dem Ziel, dass sie an der Urne in einen entsprechenden Stimmentscheid umgesetzt werden. Kurz, der Mobilisierungseffekt einer Kampagne hat keine derart potenziell negativen Auswirkungen auf die Demokratiequalität eines direktdemokratischen Entscheids wie der Persuasionseffekt.

Sowohl der Persuasions- als auch der Mobilisierungseffekt beziehen sich primär auf eine bestimmte Gruppierung innerhalb der Stimmbürgerschaft – auf jene, die zur vorgelegten Sachfrage fest verwurzelte Haltungen aufweist. Daneben gibt es jedoch auch solche, die keine feste Meinung zum Abstimmungsthema haben. Diese will man natürlich auch mobilisieren, doch muss man sie zunächst einmal vom eigenen Lösungsvorschlag überzeugen. Wir haben auch für diese Gruppe von Stimmbürgern den Begriff der Persuasion bzw. Überzeugung gewählt, obwohl die Ausgangslage nicht dieselbe ist wie beim zuvor beschriebenen Typus des fest von seiner Haltung überzeugten Stimmbürgers. Dieser muss vom Gegenteil, jener aber von den eigenen Standpunkten überzeugt werden. Um die beiden Gruppen voneinander zu unterscheiden, führt beispielsweise Rohrschneider (2002) die Begriffe «persuading», der exklusiv für die fest überzeugten Wähler reserviert ist, und «chasing», der für die indifferenten oder ambivalenten Stimmbürger gilt, ein. «Mobilizing» ist hingegen der Begriff, den Rohrschneider für die Mobilisierung der eigenen Anhängerschaft vorsieht. Die Abstimmungskontrahenten beschränken sich in der Schweiz nun primär auf die Mobilisierung der eigenen Anhängerschaften. Dann und wann wird auch versucht, unentschlossene Stimmbürger zu überzeugen («chasing»), sofern die finanziellen Mittel dazu vorhanden sind. Jene Strategie aber, auf die sich die Diskussion über den demokratieschädlichen Einfluss des Geldes häufig explizit oder implizit bezieht, die Persuasion von Stimmbürgern mit relativ stabilen Haltungen, kommt offenbar kaum je zur Anwendung (siehe hierzu vor allem Bernhard 2012). Zu dornenvoll ist der Weg der Überzeugung von Stimmbürgern, die bereits stabile Stimmabsichten besitzen.

Die Konzentration finanzieller Mittel auf einige wenige, aber entscheidende Kantone (in den USA wären dies die *swing states*) ist eine Strategie, die bislang ebenfalls selten zu beobachten war (Bernhard 2012: 164 ff.). Dies liegt zunächst einmal daran, dass das Ständemehr nur bei Verfassungsrevisionen erforderlich ist. Ein strategisches «Abschöpfen» von Standesstimmen macht aber selbstredend nur dann Sinn, wenn neben dem Volksmehr auch noch die Mehrheit der Kantone für den Abstimmungssieg erforderlich ist. Weiter sind die Gegner einer Reform strukturell im Vorteil. Während nämlich die Befürworter einer Neuerung (d. h. einer Verfassungsrevision, sei es nun eine Initiative oder ein obligatorisches Referendum) ihre Mobilisierungsanstrengungen im Hinblick sowohl auf ein Volksmehr wie auch auf ein Ständemehr justieren müssen, können die Gegner ihre Kampagnenaktivitäten auf ein Ziel – und zwar das leichter zu erreichende – ausrichten. Konfliktive Abstimmungen über eine Verfassungsrevision gingen zumindest in der Vergangenheit häufig von linken Initiativen aus, deren Erfolgschancen an der Urne jedoch eher gering waren. Damit bestand für die Gegner häufig kein Grund, eine auf die Standesstimmen ausgerichtete Kampagne zu fahren. Das Beispiel der Initiative «Für ein flexibles AHV-Alter» (30.11.2008) zeigt aber, dass die Kampagnenleiter unter bestimmten Umständen eine *swing cantons*-Strategie anwenden (Bernhard 2012).

Was die Medienberichterstattung anbelangt, so ist man sich hinsichtlich der Qualität und Ausgewogenheit einig: Die Qualität der Berichterstattung ist (überraschend) hoch und den Pro- und Kontra-Argumenten wird zudem etwa derselbe Platz eingeräumt (Rademacher et al. 2011, Marquis et al. 2011, Tresch 2012). In ihrer Schlussbetrachtung der Funktionsweise der Medien in direktdemokratischen Meinungsbildungsprozessen sind Rademacher, Gerth und Siegert (2012: 106) gar voll des Lobes für die Schweizer Medien: «Direct-democratic campaigns are a routine business for Swiss media organizations, dealt with on a *high-quality level*» (Hervorhebung durch die Autoren). Die Medienberichterstattung über Sachvorlagen ist ebenso wie die Kampagnenaktivitäten in den zwei, drei Wochen vor dem Stichtag am intensivsten (Rademacher et al. 2011, Marquis et al. 2011), wobei sich nur geringfügige Unterschiede zwischen den einzelnen Sachfragen zeigen. Dies gibt Anlass zur Vermutung, dass die zeitliche Agenda der Medienberichterstattung eingespielten Routinen folgt.

6.2.2 Die Mediennutzung

Wie wir gesehen haben, informiert sich eine Mehrheit der Schweizer Stimmbürger im Vorfeld von Abstimmungen über die ihnen vorgelegten Sachfragen. Die Informiertheit des Elektorats variiert dabei von Urnengang zu Urnengang und selbstredend gibt es (teilweise auch drastische)

6.2 Die Rolle der Medien im Abstimmungskampf | 297

individuelle Unterschiede bezüglich der Vorlagenkompetenz. Aber ein grosser Teil der Stimmbürgerschaft weiss zumindest in groben Zügen Bescheid, worum es bei der Abstimmung geht. Woher genau stammen nun die Informationen zu den Vorlageninhalten und -zielen?

Das Medienangebot bei Volksabstimmungen ist breit. Man kann sich über Zeitungen, Fernseh- oder Radiosendungen informieren – allesamt Medien, die entweder zur neutralen und ausgewogenen Berichterstattung verpflichtet sind oder aufgrund der Absatzlogik zumindest danach streben.[253] Der Stimmbürger kann aber auch auf höchst parteiische Informationsquellen zurückgreifen wie etwa Kolumnen, Leserbriefe oder Abstimmungszeitungen. Gewisse Informationsquellen müssen aktiv gesucht werden, während andere wie etwa Strassenplakate oder Inserate sich dem Medienkonsumenten beinahe aufdrängen. Zuletzt besteht auch die Möglichkeit, über unmittelbare Interaktion mit anderen Stimmbürgern Informationen zu erhalten, sei es über Gespräche und Diskussionen am Arbeitsplatz oder sei es bei Standaktionen oder auf politischen Internetforen. Das Medienangebot ist vielfältig, doch die zeitlichen Ressourcen des Stimmbürgers sind begrenzt. Für welche Informationsquellen entscheidet er sich?

Die Vox-Frage der individuellen Mediennutzung[254] hilft uns, darauf eine Antwort zu geben. Die Abbildung 6.5 und Abbildung 6.6 zeigen, welche Informationsquellen bei der Stimmbürgerschaft am beliebtesten sind. Diese Hitparade wird in der Regel von Zeitungsartikeln angeführt. Durchschnittlich mehr als 80 Prozent der Stimmenden geben an, bei der Informationssuche auf Zeitungsartikel zurückgegriffen zu haben. Ebenfalls populär sind Abstimmungssendungen im Fernsehen: Zwischen 60 und 75 Prozent bekennen, solche Sendungen zur Informationsgewinnung

---

253 Das öffentliche Fernsehen und die öffentlichen Radioanstalten werden zu einer möglichst ausgewogenen Berichterstattung angehalten. Darüber wachen ausserdem Aufsichtsbehörden (Ombudsstellen, UBI), bei denen nötigenfalls Beschwerde eingereicht werden kann (siehe auch Kriesi 1994).

254 Der Wortlaut der Frage lautet: «Wie haben Sie sich während des Abstimmungskampfs orientiert? Durch welche Medien haben Sie vom Pro und Kontra vernommen? Sagen Sie mir bitte jeweils, was Sie persönlich zur Information über die verschiedenen Standpunkte benutzt haben oder nicht. Haben Sie Medienquelle x genutzt (Beispiel: Abstimmungssendungen am Fernsehen gesehen)?»

genutzt zu haben. Überraschend ist hier möglicherweise, dass das Fernsehen klar hinter den Printmedien (präziser: dem redaktionellen Teil der Printmedien) rangiert (vgl. auch Kriesi 1994: 247). Zu einem geringen Teil mag dies daran liegen, dass politische Werbung im Radio und Fernsehen verboten ist, jedoch nicht in Zeitungen. Andererseits wird bei der Vox-Frage nach der Mediennutzung zwischen dem redaktionellen Teil der Printmedien und den (Zeitungs-)Inseraten unterschieden, zumal man zusätzlich davon ausgehen darf, dass ein Stimmbürger, der sich über Zeitungen informieren will, dies nicht deshalb tut, weil er dort auf besonders informative Inserate zu stossen hofft. Deshalb darf man getrost festhalten, dass der redaktionelle Teil der Printmedien häufiger konsultiert wird als Fernsehsendungen zu Abstimmungsvorlagen. Danach folgt bereits das Bundesbüchlein, das sich steigender Beliebtheit erfreut. Die Informationsbroschüre der Bundeskanzlei ist wohl des idealtypischen *homo oeconomicus'* liebstes Medium, denn es ist kostenlos, liegt dem Stimmmaterial unmittelbar bei und enthält für die konsequentesten kognitiven Geizkragen unter den Stimmbürgern auch noch aufgelistete Heuristiken (die Stimmempfehlung des Bundesrat und der Bundesversammlung). Häufig genutzt werden mit durchschnittlich etwa 60 Prozent auch Politsendungen am Radio.

Leserbriefe sind naturgemäss weniger ausgewogene und neutrale Informationsquellen als etwa die Printmedien oder amtliche Informationsbroschüren. Sie weisen in aller Regel eine klare Richtungstendenz auf und sind gerade deshalb bei vielen Wählern beliebt (Beck et al. 2002). Von Interesse sind sie vor allem für jene, die wissen wollen, worin die *vox populi* besteht. Zwischen 50 und 60 Prozent möchten erfahren, wie «das Volk» bzw. diejenigen, die sich nicht in organisierter Art und Weise Gehör verschaffen können, über die vorgelegten Sachfragen denken. Selbstverständlich stellen die politischen Marketingabteilungen der Parteien und Interessenorganisationen längst Mustervorlagen für Leserbriefe zur Verfügung oder versuchen auf andere Weise, die Leserbriefspalten der Zeitungen mit ihren Argumenten zu dominieren[255]. Insofern kann nur

---

255 Empörung löste in jüngerer Vergangenheit vor allem eine PR-Aktion der Gegner der Abzocker-Initiative aus, bei der gekaufte Studenten Kommentare in den Leserspalten von grossen Online-Newsportalen placierten – und dies auch noch unter falschem Namen taten (*Tages-Anzeiger* vom 29.12.2012). Aber dies ist beileibe nicht der einzige dokumentierte «Manipulationsver-

6.2 Die Rolle der Medien im Abstimmungskampf

Abbildung 6.5: Übersicht der Mediennutzung *earned media* sowie Bundesbüchlein

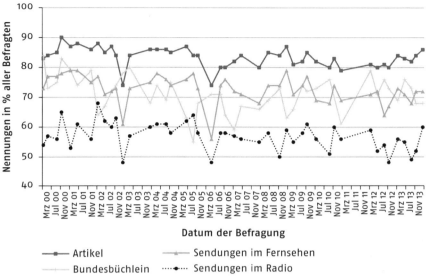

Quellen: Vox-Trend, gfs.bern.

noch in beschränktem Masse von einer authentischen Meinungsäusserung in Leserbriefspalten die Rede sein. Gleichwohl werden die Leserbriefe wohl nach wie vor als genauere Pulsmesser der «Volksstimmung» wahrgenommen als andere Medien.

Unter den *paid media* finden vor allem Abstimmungsplakate und Inserate eine beachtliche Resonanz. Bei den Abstimmungsplakaten schwanken die Nutzungswerte zwar stark, aber bei gewissen, stark umkämpften und umworbenen Abstimmungen kommen mehr als die Hälfte der Teilnehmenden zumindest in flüchtigen Kontakt mit ihnen. Inserate werden gar noch etwas stärker beachtet. Zur Kenntnis genommen wird auch anderes politisches Werbematerial wie Abstimmungszeitungen und Direct Mailing. Demoskopische Informationen finden ebenfalls ein relativ beachtli-

---

such» in diesem Bereich. Nachfolgend nur ein Beispiel von vielen: Die *Aargauer Zeitung* berichtete in ihrer Ausgabe vom 11. Februar 2013, dass sie eine Handvoll ungezeichneter Muster-Leserbriefe erhielt.

ches Echo. Das Internet wird hingegen nach wie vor eher selten verwendet, aber die Nutzungsrate nimmt kontinuierlich zu.

Vergleicht man zudem die aktuellen Nutzungswerte mit denen vergangener Jahrzehnte (Kriesi 1994, Trechsel und Sciarini 1998), erkennt man im Grossen und Ganzen nur wenige Veränderungen. Die Nutzungswerte sind mit Ausnahme des Internets stabil.

Abbildung 6.6: Übersicht der Mediennutzung *paid media*

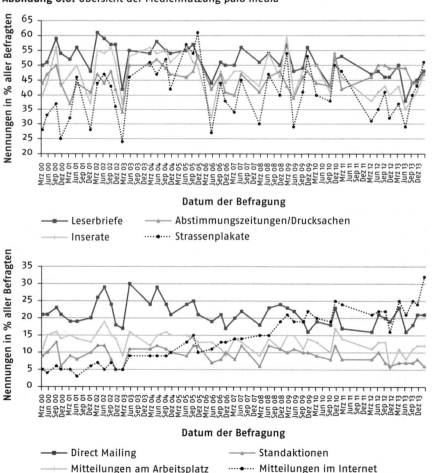

Quellen: Vox-Trend, gfs.bern.

Die Stimmbürger informieren sich ausserdem auf vielfältige Art und Weise. Sie nutzen in der Regel nicht nur eine Informationsquelle, sondern informieren sich über unterschiedliche Medien. Das muss nicht heissen, dass sie damit zwangsläufig mit verschiedenen Sichtweisen, mit Pro und Kontra einer Vorlage in Kontakt kommen. Im Prinzip ist eine einseitige Informationsaufnahme auch dann möglich, wenn man verschiedene Informationskanäle nutzt. Indes, wahrscheinlich ist ein solches Szenario nicht, umso mehr als verschiedene Studien darauf hinweisen, dass die meist genutzte Medienquelle – die Printmedien – bereits sehr ausgewogen berichtet (Rademacher et al. 2011, Marquis et al. 2011, Tresch 2012). Wer somit mehrere Medienkanäle konsultiert, ist mit einer gewissen Wahrscheinlichkeit auch über die Argumente der Gegner informiert. Und die Schweizer Stimmbürger tun genau dies. Die durchschnittlich genutzte Zahl der Medien beträgt für die Zeit zwischen 1990 und 2010 5,4. Knapp 80 Prozent der Teilnehmenden nutzen mehr als drei Informationsquellen. Gewiss, damit ist noch nichts über die Qualität der

Tabelle 6.1: Durchschnittliche Nutzung von Medienquellen (in %)

	1990–2010	1990–2000	2000–2010
Zeitungsartikel	84,6	84,8	84,4
Fernsehsendungen	74,6	75,1	74,1
Bundesbüchlein	70,6	69,3	72,1
Radio	59,1	59,9	58,1
Leserbriefe	49,8	46,9	53,4
Zeitungsinserate	47,1	44,4	50,2
Drucksachen	42,0	38,7	45,9
Meinungsumfragen	37,2	–	37,2
Strassenplakate	34,4	27,3	43,1
Direct Mailing	19,1	16,1	22,4
Mitteilungen am Arbeitsplatz	16,2	18,2	14,2
Mitteilungen Internet	10,2	3,9	12,5
Standaktionen	9,0	8,1	10,1
1–3 Informationsquellen	20,5	20,7	20,4
4–7 Informationsquellen	61,2	59,9	61,7
8–12 Informationsquellen	18,3	19,4	17,9
Durchschnittliche Zahl Nutzung Informationsquellen	5.4		

Quelle: Sciarini und Tresch 2014: 505.

inhaltlichen Auseinandersetzung gesagt. Das Verarbeitungsniveau ist etwa beim flüchtigen Betrachten eines Strassenplakats gering. Aber das Bild eines inhaltlich völlig überforderten Stimmbürgers, der sich einzig über ein, zwei Slogans informiert, die er irgendwo aufgeschnappt hat, ist auf jeden Fall nicht zutreffend – zumindest nicht für eine grosse Mehrheit der Stimmbürger.

6.2.3 Meinungsumfragen und Abstimmungsentscheid

In der Folge wollen wir uns einer bestimmten Informationsquelle zuwenden, deren Einfluss auf die Meinungsbildung vor allem im Zusammenhang mit der vom Stimmvolk angenommenen Minarettverbotsinitiative kontrovers diskutiert wurde: Meinungsumfragen.[256] Im Nachgang zur zuvor genannten Abstimmung wurde eine parlamentarische Initiative eingereicht, die ein Verbot von Meinungsumfragen im Vorfeld von Wahlen und Abstimmungen forderte.[257] Der Initiant, Nationalrat Christoph Mörgeli (SVP, ZH) begründete die Forderung unter anderem mit den folgenden Worten: «Es ist stossend, wenn die SRG-Medien oder die übrigen konzessionierten Medien Umfragen veranlassen beziehungsweise veröffentlichen, die bedeutende, direkte Auswirkungen auf die Entscheidungsfindung der Bürgerinnen und Bürger haben. Denn es ist nach wissenschaftlichen Erkenntnissen belegt, dass solche Umfragen meinungsbeeinflussend und mobilisierend wirken, dass sie leicht zu manipulieren sind und dass sie konkrete Auswirkungen auf den Ausgang von Wahlen und Abstimmungen haben können.» Die Forderung nach einem Verbot bzw. einer Einschränkung der Veröffentlichung von Meinungsumfragen im Vorfeld von Wahlen und Abstimmungen war im Übrigen nicht neu. Bereits 1994 hatte ein Postulat des damaligen Ständerats Rolf Büttiker (FDP, SO)[258] den Bundesrat aufgefordert, die Wirkung von Umfrageergebnissen auf das Stimmverhalten der Urnengänger zu untersuchen.[259] Der Bundesrat kam damals zu einem Schluss, welcher der oben dargestellten Haltung diametral entge-

---

256 Kapitel 6.2.3 basiert auf Milic et al. 2010.
257 Parlamentarische Initiative 09.524 «Verbot von Meinungsumfragen zu Wahlen und Abstimmungen für Radio und Fernsehen».
258 Postulat Büttiker 94.3097.
259 Daneben wurden weitere parlamentarische Vorstösse zum Themenfeld Meinungsumfragen im Vorfeld von Wahlen und Abstimmungen eingereicht. Zum

gengesetzt ist. In der Pressemitteilung zu diesem Bericht teilt der Bundesrat mit: «Ein Eingriff des Gesetzgebers wäre nur zu rechtfertigen, wenn ein Einfluss der Meinungsumfragen auf die Stimmbürger wissenschaftlich nachweisbar wäre. *Dies ist jedoch nicht der Fall, wie mehrere diesbezügliche Untersuchungen im Ausland gezeigt haben; [...]*» (Hervorhebung durch die Autoren).

Offenbar gehen die Meinungen darüber, ob die Veröffentlichung von Umfrageergebnissen einen Einfluss auf die Stimmbeteiligung bzw. das Stimmverhalten hat, auseinander. Mehr noch, selbst der Forschungsstand wird unterschiedlich interpretiert: Die einen sind der Ansicht, es herrsche ein fast schon einmütiger Konsens darüber,[260] dass Meinungsumfragen die Meinungsbildung in eine bestimmte Richtung lenken, während die anderen dies vehement in Abrede stellen. Eines ist in der Tat zutreffend: Geforscht und publiziert wurde zu diesem Thema im Übermass – allerdings kaum in der Schweiz. Weiter ist der Standpunkt, dass Umfrageeffekte ein wissenschaftlich erhärtetes Faktum seien, in dieser Form nicht haltbar. Eine Meta-Analyse von 34 Studien über die Wirkung von publizierten Meinungsumfragen (Hardmeier und Roth 2001) legt den Schluss nahe, dass Effekte auf das Wahlverhalten zwar existieren, aber nur unter gewissen Bedingungen auftreten, offenbar nur schwach ausgeprägt sind und sich häufig gegenseitig neutralisieren (Lavrakas 1991).[261]

Beispiel Motion 04.3280 «Gesetz über Meinungsumfragen», Interpellationen Bonny 89.832, Büttiker 92.3520, Büttiker 07.3805.

260 Beispielsweise Rolf Büttiker: «Ich bin auch der Meinung, dass dies so ist, und auch die wissenschaftlichen Publikationen deuten – jedenfalls in ihrer Mehrheit – darauf hin, dass diese Meinungsumfragen einen Einfluss auf das Abstimmungs- oder Wahlverhalten haben.» (Ständerat, Bulletin officiel, Frühlingssession 2008).

261 Aufschlussreich sind in diesem Zusammenhang auch jene Studien, die den Einfluss von Exit-Polls auf das Wahlverhalten analysieren. Bei den amerikanischen Präsidentschaftswahlen ist es nicht unüblich, dass Wähler der Westküstenstaaten ihre Stimme abgeben, während im Fernsehen bereits die ersten Ergebnisse von Exit-Polls aus den Ostküstenstaaten bekannt gegeben werden. Die Ergebnisse der Wahltagsbefragung (Exit-Polls) sind zwar nicht gleichzusetzen mit Vorbefragungen, aber prinzipiell sind dieselben Effekte zu erwarten. Jedoch konnten auch hier nur äusserst schwache Effekte nachgewiesen

Diese Resultate sind jedoch nicht ohne Weiteres auf den Schweizer Kontext und ebenso wenig auf Sachabstimmungen übertragbar, denn sie wurden in der Regel für US-amerikanische Präsidentschaftswahlen ermittelt. Die bei solchen Wahlen durchaus plausiblen strategischen Kalküle, die sich aus der Berücksichtigung von Umfrageergebnissen beim einzelnen Wähler in einem Majorzsystem einstellen können («taktisches Wählen», vgl. z. B. McAllister und Studlar 1991), sind in einem Proporzwahlsystem nicht im selben Ausmass sinnvoll (siehe aber auch Kirchgässner 1986, Brettschneider 2000). Hinzu kommt, dass Meinungsumfragen in der Schweiz nicht im selben Ausmass wie in den USA publiziert werden (Brady und Orren 1992, Ladd und Benson 1992, Hardmeier 2003) und offenbar bei Weitem nicht so stark beachtet werden wie in den USA (Hardmeier und Roth 2003). Zuletzt muss davon ausgegangen werden, dass Meinungsumfragen in den unterschiedlichen Settings von Wahlen und Sachabstimmungen auch eine unterschiedliche Wirkung haben können. Verschiedentlich wurde argumentiert, dass aufgrund dessen, dass es bei Sachabstimmungen nicht um eine Partei- oder Personenwahl ginge, affektive und stark verhaltenssteuernde Parteibindungen eine geringere Rolle spielten und somit das Feld gewissermassen «frei» sei für Umfrageeffekte (Nadeau et al. 1993, West 1991, Cloutier et al. 1989, Marsh 1985). Allerdings muss hier eingeräumt werden, dass Parteibindungen auch bei Sachabstimmungen von grosser Bedeutung sein können und zumindest bei gewissen Sachfragen enorm stabile Prädispositionen vorhanden sind, die strukturell mit Parteibindungen durchaus vergleichbar sind.

Wie wirken nun Meinungsumfragen auf das Stimmverhalten bei Sachvorlagen? Hierzu gibt es nur wenige internationale Studien (z. B. de Vreese und Semetko 2002) und nur zwei Schweizer Studien (Milic et al. 2010, Hardmeier und Roth 2003). Die Ergebnisse der letztgenannten Studien werden nachfolgend präsentiert. Zuvor jedoch möchten wir kurz die aus der Wahlforschung bekannten Umfrageeffekte vorstellen.

Schon bei den ersten Vorwahlbefragungen zu den US-Präsidentschaftswahlen 1936 wurde befürchtet, dass deren Resultate nicht spurlos am Elektorat vorbeigehen würden. Damals hatte man getreu der Ansicht, wonach das Individuum ein manipulierbares, atomisiertes Wesen sei (siehe Bonfadelli 2000, Schenk 2002), den Verdacht, dass sich der ein-

---

werden (Mendelsohn und Crespi 1978, Jandura und Petersen 2009). Kurz, für Umfrageeffekte fehlt bisher (fast) jede empirische Evidenz.

zelne Bürger der vermeintlichen Mehrheitsmeinung anschliesse. Für dieses Phänomen fand die *New York Times* einen prägenden Begriff – den *bandwagon instinct*, d. h. die allgemein menschliche Tendenz, auf den führenden Wagen in einem Umzug (*bandwagon*) aufzuspringen (Allard 1941). Dieser Instinkt wurde mit dem psychologischen Bedürfnis des «Herdentiers Mensch», sozial nicht ausgeschlossen zu bleiben, begründet.[262] Rasch fand man jedoch heraus, dass gegensätzliche Wirkungen nicht auszuschliessen sind: Die Befragungsresultate können auch dazu führen, dass der voraussichtliche Verlierer unterstützt wird (*underdog effect*). Kurz, es ist mit gegenteiligen Effekten zu rechnen, die sich möglicherweise gar aufheben (für einen detaillierteren Überblick siehe Donsbach 2001 und Gallus 2002).

Sollten Meinungsumfragen jedoch eine demokratieschädliche Wirkung haben, muss zunächst einmal belegt werden, dass die Stimmbürgerschaft damit in Kontakt kommt bzw. diese Informationsquelle auch wirklich nutzt. Das ist aber keineswegs immer der Fall. Bloss eine Minderheit der Stimmenden gibt üblicherweise an, Meinungsumfragen zur Entscheidfindung genutzt zu haben. Weiter haben Hardmeier und Roth (2003) hinsichtlich der Nutzung festgestellt, dass die Konsumenten von Befragungsdaten in der Regel noch auf weitere Informationsquellen zurückgreifen. Zumeist handelt es sich dabei um solche Medien, die auf die eine oder andere Art und Weise des «Volkes unverfälschte Stimme» erkennen zu lassen glauben (Leserbriefe, Standaktionen, Direct Mailings usw.). Der Befragungsdatennutzer, so schlussfolgern Hardmeier und Roth (2003: 185), entspricht somit nicht «dem Bild der naiven oder gar wehrlosen Opfer der von Medien oder Interessengruppen gezielt publizierten Meinungsumfragen […]» Es gilt, was Zaller (1992) für das Persuasionspotenzial von politischen Messages im Allgemeinen festhält: Die gut Informierten – hier diejenigen, die Befragungsdaten konsultieren – sind zwar deren Wirkungen am stärksten ausgesetzt, sie sind aber in der Regel derart gut informiert (bzw. nutzen eine Vielzahl weiterer Informationsquellen), dass sie (allfälligen) Manipulationsmachinationen auch am ehesten widerstehen können. Die hohe Mediendiversifikation der Befragungsda-

---

262 Im Zuge der Heuristikforschung wurde eine alternative Erklärung vorgelegt: Demoskopische Informationen würden als kognitive Abkürzung verwendet im Sinne von «so viele können sich gar nicht irren» (Hardmeier und Roth 2003).

tennutzer weist ausserdem auf ein schwerwiegendes methodologisches Problem bei der Beantwortung der Wirkungsfrage hin: Wir wissen nicht genau, welche Informationen in die Bewertung des vorherrschenden Meinungsklimas eingeflossen sind. Sie mag das Resultat des Konsums von demoskopischen Publikationen sein, sie kann jedoch ebenso gut aus der Lektüre von Leserbriefen oder den Diskussionen am Stammtisch herrühren.[263]

Doch selbst wenn wir diese methodologischen Fallstricke nicht mitberücksichtigen, sind die Umfrageeffekte gering. Hardmeier und Roth (2003) stellen bei Themen mit geringer Prädisponiertheit zwar signifikante, aber schwache *bandwagon*-Effekte fest. Bei vertrauten Stimmthemen lösen sich diese Effekte jedoch gänzlich auf. Zu einem sehr ähnlichen Resultat gelangen auch Milic, Freitag und Vatter (2010), die im Zusammenhang mit der Abstimmung über die Minarettverbotsinitiative eine Studie zu den Effekten demoskopischer Resultate auf das Stimmergebnis durchführten. Die Stimmbürger, die Meinungsumfragen nutzten, stimmten nicht anders ab als solche, die es nicht taten. Ausserdem kommen Nutzer von Umfrageergebnissen als potenzielle «Adressaten» von manipulativen Persuasionsbotschaften ohnehin kaum infrage, da sie sich nachweislich vielfältiger informieren als solche, die den Vorumfrageeregbnissen keine Beachtung schenken. Milic et al. (2010) fanden zudem auch keine Indizien dafür, dass die Publikation der Vorumfragen sich auf die Beteiligungsbereitschaft ausgewirkt hätte. Ein weiteres, aufschlussreiches Ergebnis der Studie von Hardmeier und Roth (2003) eignet sich deshalb hervorragend als Resümee dieses Kapitels: Hardmeier und Roth haben festgestellt, dass eine deutliche Mehrheit der Befragten zwar davon überzeugt ist, dass Meinungsumfragen den Urnenentscheid beeinflussen. Wenn man jedoch fragt, ob dieselben Umfragen einen Einfluss auf den eigenen Entscheid hatten, wird dies von derselben Mehrheit verneint. Beeinflussung wird im Falle des «generalisierten anderen» zwar sofort eingestanden, aber im eigenen Fall zumeist vehement abgestritten.

---

263 Dieses Problem verschärft sich umso mehr, je weniger die Urnengänger den demoskopischen Resultaten vertrauen. Darüber, ob die Stimmbürgerschaft den Resultaten der Meinungsumfragen glaubt oder ob sie wie die oben genannten Parlamentarier diese für höchst unzuverlässig erachtet, wissen wir jedoch nichts.

6.3 Sind Abstimmungen käuflich?

Wir haben im vorangehenden Kapitel festgehalten, dass es einem gewissen Teil der Stimmbürgerschaft an nötigem politischen Sachverstand fehlt, um eine Vorlage inhaltlich bewerten zu können. Wenn diese Bürger aber nicht wissen, worum es bei einer Abstimmung geht, dann kann der Vorlageninhalt selbstredend auch nicht ihre Entscheidgrundlage gebildet haben. Bloss, worauf – wenn nicht auf dem Entscheidstoff – gründet die Stimmabgabe dieser uninformierten Stimmbürger? Ein naheliegender Verdacht, der allzu bald geäussert wurde, war jener, dass es sich beim Stimmentscheid schlicht um «kognitiv unbewältigte Reaktionen auf im Abstimmungskampf […] empfangene Reizwörter» (Hertig 1982) handeln könnte. Mit anderen Worten: Man fürchtete, der Urnenentscheid könnte ein blosses Umsetzen jener Slogans sein, für die im Abstimmungskampf am stärksten geworben wurde. Es ist wohl überflüssig zu bemerken, dass dies aus demokratietheoretischer Sicht höchst bedenklich wäre. Denn sollten Abstimmungen tatsächlich käuflich sein, würde das bedeuten, dass nicht etwa sachliche Argumente obsiegen, sondern einzig der höhere Werbeetat. Dieser Verdacht, wonach die direkte Demokratie – mehr noch als repräsentative Formen der Demokratie – *government by the big business* sei, wurde ausserdem durch amerikanische Studien genährt, die eine bedenklich anmutende Abhängigkeit des Abstimmungsergebnisses vom Kampagnenaufwand postulieren (Lowenstein 1982, Magleby 1994, Gerber 1999, Broder 2000, Ellis 2002, Schrag 1998, Allswang 2000, Smith 1998).

Sind Sachabstimmungen in der Schweiz tatsächlich käuflich? Wenn dem so wäre, dann erstaunt der Umstand, dass es in der Schweiz – im Gegensatz etwa zum amerikanischen Bundesstaat Kalifornien – so gut wie keine Propagandaregulierungen gibt. Weil diese Regulierungsbestimmungen die Rahmenbedingungen für die Propagandatätigkeiten der Abstimmungskontrahenten wie auch für die wissenschaftliche Überprüfung der Käuflichkeitsthese bilden, wollen wir sie im folgenden Kapitel etwas näher betrachten.

6.3.1 Propagandaregulierungen in der Schweiz
Wenngleich das Bundesgericht grundsätzlich festhält, dass ein Anspruch darauf besteht, «dass kein Abstimmungs- oder Wahlergebnis anerkannt wird, das nicht den freien Willen der Stimmbürger zuverlässig und un-

verfälscht zum Ausdruck bringt»,[264] fehlen gesetzliche Bestimmungen zur Propagandaregulierung weitestgehend. So sind beispielsweise weder für Einzelpersonen noch für Firmen Spenden- oder Ausgabenbeschränkungen gesetzlich festgelegt. Auch wird auf der Bundesebene keine Offenlegung der aufgewendeten Finanzmittel verlangt – eine Bestimmung, die allerdings auf kantonaler Ebene in zwei Fällen (Kantone Genf und Tessin) eingeführt wurde (von Arx 2002). Ein Gremium, das unwahrheitsgemässe oder irreführende Propagandaaussagen rügen soll, existiert ebenso wenig. Zwar wurde eine solche «Anrufinstanz» schon verschiedentlich gefordert,[265] geschaffen wurde sie indes nicht. Verboten sind hingegen politische Werbebotschaften im Fernsehen und Radio (Art. 18 Abs. 5 RTVG).

Während der Abstimmungskampf privatrechtlich zusammengeschlossener Organisationen kaum reguliert wird, unterliegen staatliche Interventionen im Abstimmungskampf in stärkerem Ausmass gesetzlichen Bestimmungen. So ist es den Behörden beispielsweise untersagt, mit öffentlichen Geldern Propaganda für eine Vorlage zu betreiben. Auch die Ausübung einer Korrektivfunktion bei unlauter betriebenen Kampagnen ist nur unter gewissen, sehr restriktiv ausgelegten Bedingungen gestattet (von Arx 2002: 150). Hingegen ist es den Parlaments- und Regierungsmitgliedern erlaubt, sich im Abstimmungskampf – etwa in politischen Diskussionen in Funk und Fernsehen – für eine Vorlage inhaltlich zu engagieren. Die Behörden

---

264 BGE 124 I 55, 57.

265 Etwa die parlamentarische Initiative 99.427 «Anrufinstanz bei Abstimmungskampagnen» von Judith Stamm sowie das Postulat 00.3397 «Schutz der Direkten Demokratie» von Marc-Frédéric Suter. In diesem Zusammenhang sei darauf hingewiesen, dass in der Rechtsprechung zwar «von einer unzulässigen Einwirkung» die Rede ist, sollte zu einem derart späten Zeitpunkt der Abstimmungskampagne mit unwahren Behauptungen eingegriffen werden, dass «es dem Bürger nach den Umständen unmöglich ist, sich aus anderen Quellen ein zuverlässiges Bild von den tatsächlichen Verhältnissen zu machen» (ZBI 1996 233, 237). Indes, bislang hat das Bundesgericht aus besagtem Grund noch nie einen Volksentscheid aufgehoben (von Arx 2002: 157). Im Dezember 2011 wurden beispielsweise vom Bundesgericht zwei Beschwerden gegen die Abstimmung über die Unternehmensssteuerreform II abgewiesen. Allerdings wurde der Bundesrat für seine mangelhaften Informationen zu den zu erwartenden Steuerausfällen scharf gerügt (NZZ vom 20.12.2011).

haben bei Abstimmungen ausserdem ihre Informationspflicht wahrzunehmen (Art. 11 Abs. 2 BPR): Sie sollen neutral und sachlich über die vorgelegten Themen informieren, was seit 1978 regelmässig in der Form einer kostenlosen Informationsbroschüre, die allen Stimmbürgern zugesandt wird (das Bundesbüchlein), geschieht. Das Objektivitätsgebot bei der Informierung der Bevölkerung wird dabei nicht derart streng ausgelegt wie etwa in Kalifornien: So darf der Bundesrat beispielsweise auf die seiner Ansicht nach bestehenden Mängel einer Vorlage hinweisen. Auch hat er das Recht, seine Standpunkte zur Vorlage kundzutun und eine Stimmempfehlung abzugeben. Diese Auslegung des bundesrätlichen Informationsauftrags ist nicht unumstritten. So wurde den Behörden verschiedentlich vorgeworfen, sie informierten zu einseitig (vgl. Kapitel 6.5). Diese Sicht teilten beispielsweise die Initianten der 2004 eingereichten Initiative «Volkssouveränität statt Behördenpropaganda» («Maulkorb-Initiative»), die verlangte, die Teilnahme der Behörden an Informations- und Abstimmungsveranstaltungen stark einzuschränken. Das Begehren wurde deutlich abgelehnt.

Was die Propagandaregulierungen und die Rolle der Behörden anbelangt, lohnt sich ein Vergleich mit dem amerikanischen Bundesstaat Kalifornien. Dort wird über eine gar noch höhere Anzahl von Vorlagen abgestimmt als in der Schweiz und es werden auch ungleich höhere Summen[266] für die Abstimmungspropaganda aufgeworfen als hierzulande. Wie wurde dem Problem einer Verfälschung des Meinungsbildungsprozesses durch Propagandadominanz dort begegnet?

In Kalifornien sind zwar ebenso wenig wie in der Schweiz Ausgabenbeschränkungen vorgesehen. Jedoch ist die Veröffentlichung der Identität der Geldgeber gesetzlich vorgeschrieben.[267] Der kalifornische *government code* verlangt ausserdem, dass aus den Identitätsangaben klar hervorgehen muss, wer der Spender der Kampagnengelder ist.[268] Kurz, die Freiheit der

---

266 Die Volksinitiative zum Verbot gleichgeschlechtlicher Ehen in Kalifornien («Proposition 8»), über die 2008 abgestimmte wurde, generierte beispielsweise Kampagnenausgaben von 83 Millionen US-Dollar (Hermann 2012: 10).

267 Dank der finanziellen Offenlegungspflicht ist es in Kalifornien auf vergleichsweise einfache Art und Weise möglich, den Zusammenhang zwischen Abstimmungsbudget und -erfolg zu überprüfen (z. B. Lupia 1994).

268 Von Arx (2002: 118) berichtet in diesem Zusammenhang davon, dass es Philip Morris – dem wichtigsten Finanzierer einer Initiative für eine laxere Tabakge-

Meinungsäusserung bleibt in Kalifornien unangetastet; sie soll nicht durch Ausgabenbegrenzungen eingeschränkt werden. Hingegen wird, im Gegensatz zur Schweiz, stets transparent gemacht, wer hinter den Meinungskundgaben steht. Auch die Rolle der Behörden im Abstimmungskampf wird in Kalifornien anders interpretiert als in der Schweiz: Sie sind zu einer strengeren Neutralität verpflichtet als ihr schweizerisches Pendant. Das äussert sich etwa darin, dass die kalifornischen Informationsbroschüren, die *ballot pamphlets*, keine Angaben darüber enthalten dürfen, wie Regierung oder Parlament zu den Initiativen stehen (von Arx 2002).

Dieser Vergleich zwischen Kalifornien und der Schweiz zeige, so resümiert von Arx (2002), dass das hierzulande häufig vorgebrachte Argument, wonach sich restriktivere Propagandaregulierungen wegen ihrer Undurchführbarkeit nicht einführen liessen, so nicht zutreffe. Vielmehr sei es wohl fehlender politischer Wille, der die durchaus vorhandenen Regulierungsbestrebungen[269] immer wieder scheitern lasse. Ähnlich argumentiert auch Linder (2005: 279): Er mutmasst, dass die Vorstösse für strengere Regulierungsnormen deswegen ohne Erfolg sind, weil die einen von der bestehenden, laxen Regelung profitieren und die anderen der unerschütterlichen Ansicht seien, das Stimmvolk sei mündig und «unbestechlich».

6.3.2 Die finanziellen Ressourcen der Abstimmungskontrahenten

Das Fehlen von restriktiven Propagandaregulierungen stellt nicht nur ein mögliches demokratietheoretisches Problem dar, es erschwert auch die Überprüfung der Käuflichkeitsthese. Weil die Abstimmungskontrahenten nicht verpflichtet sind, die Höhe ihrer Kampagnenaufwendun-

---

nussregelung – gerichtlich untersagt wurde, unter dem Namen *Citizens for a better California* aufzutreten.

269 Zum Beispiel parlamentarische Initiative 99.430 «Abstimmungskampagnen. Offenlegung höherer Beiträge» von Andreas Gross; Parlamentarische Initiative der Sozialdemokratischen Fraktion 07.407 «Finanzierung von politischen Kampagnen mit Prämien aus der sozialen Krankenversicherung»; Motion 04.3280 «Gesetz über Meinungsumfragen»; Parlamentarische Initiative 02.419 «Volksabstimmungen. Behördliche Information statt Propaganda» von Hans Fehr; Parlamentarische Initiative 06.406 Nordmann Roger «Transparenz bei der Finanzierung der politischen Parteien, der Lobbyorganisationen und der Wahl- und Abstimmungskampagnen».

gen offenzulegen, ist der Abstimmungsforscher, der die Abhängigkeit des Urnenerfolgs vom Werbebudget untersuchen möchte, entweder auf Schätzungen angewiesen oder darauf, dass die Kampagnenführer ihre Aufwendungen freiwillig preisgeben. Letzteres ist eine Hoffnung, die zu selten in Erfüllung geht, als dass man seine Analyse darauf aufbauen könnte. Die Regel ist vielmehr, dass darüber, wie viel für eine Kampagne bezahlt wurde, eisern geschwiegen wird.[270] Deshalb ist man auf Schätzungen angewiesen. Diese wiederum sind naturgemäss fehlerhaft und folglich mit grosser Unsicherheit behaftet. Gleichwohl wollen wir uns nachfolgend den geschätzten Kampagnenaufwand für einige ausgewählte Vorlagen anschauen (Tabelle 6.2), denn sie vermitteln uns zumindest einen ersten Eindruck davon, wer die potenziellen «Käufer» einer Abstimmung sind, wie hoch die eingesetzten Summen sind und wie die finanziellen Kräfteverhältnisse zwischen den verschiedenen Abstimmungskontrahenten aussehen.

Die präsentierten, geschätzten Kampagnenausgaben demonstrieren zunächst einmal, dass wirtschaftliche Interessengruppen den Parteien finanziell deutlich überlegen sind (vgl. auch Marquis 2006). Das ist allerdings keine neue Erkenntnis, sondern bestätigt vielmehr frühere Befunde.[271] Die Schätzungen liefern weiter auch einen ersten Hinweis darauf, ob Abstimmungen tatsächlich eine käufliche Grösse sind oder nicht. So stellen wir beispielsweise fest, dass die Befürworterschaft des EMG, allen voran Economiesuisse, offensichtlich ein Vielfaches von dem in den Abstimmungskampf investierte, was die Gegnerschaft aufwerfen konnte. Als Abstimmungssieger gingen allerdings die Gegner hervor. Dies lässt ein kurzes Zwischenfazit zu: Der Abstimmungserfolg kann zumindest nicht immer vom Meistbietenden erkauft werden.

Die Käuflichkeitsthese wird (vordergründig) auch durch den Entscheid zur Initiative «Ja zu Europa» falsifiziert. Auch bei dieser Abstim-

---

270 So antwortete der ehemalige Economiesuisse-Direktor Rudolf Ramsauer in einem Interview mit der WOZ (37/02) auf die Frage hin, wie Abstimmungskampagnen finanziert werden, kategorisch: «Über Abstimmungsfinanzierung reden wir nicht.»

271 Allerdings gilt es darauf hinzuweisen, dass in den Budgets der Parteien die finanziellen Zuwendungen vonseiten vermögender Privatpersonen (oder Firmen) für die jeweiligen Abstimmungskampagnen nicht enthalten sind (betreffend finanzielle Ressourcen der Parteien siehe Ladner und Brändle 2001).

Tabelle 6.2: Geschätzter Kampagnenaufwand für zehn ausgewählte Vorlagen gemäss Medienquellen

Vorlage (Abstimmungsjahr)	Schätzung Kampagnenaufwand in CHF (Finanzierer)	
	Pro-Seite	Kontra-Seite
EWR (1992)	20 Mio.	20 Mio.
Gen-Initiative (1998)	3 Mio.	35 Mio. (Nahrungsmittel- und Chemieindustrie)[272]
Volksinitiative «Ja zu Europa» (2001)	1,4 Mio.	0,5 Mio. (AUNS) und 0,7 Mio. (weiteres Komitee)[273]
EMG (2002)	7,5 Mio.[274]	0,5 Mio.
Schengen/Dublin (2005)	4 Mio. (Economiesuisse) und 0,2 Mio. (SPS)	1,5–2 Mio. für beide Abstimmungen (SVP)
Freizügigkeitsabkommen (2005)	10 Mio. (Economiesuisse)	
Änderung Asylgesetz (2006)[275]	4,9 Mio.	4,05 Mio.
Unternehmenssteuerreformgesetz II (2008)	6,8 Mio.	0,25 Mio.
Minarettverbot (2009)[276]	1,8 Mio.	0,3 Mio.
BVG-Mindestumwandlungssatz (2010)	5,4 Mio.	1,2 Mio.

Quellen: siehe entsprechende Fussnoten.

mung verlor diejenige Seite mit dem höheren Werbebudget. Indes, hierfür gibt es eine Erklärung, die der Käuflichkeitsthese nicht zwingend widerspricht: Kaum jemand rechnete im Vorfeld der Abstimmung mit einem Erfolg des von linken Kreisen lancierten Begehrens. Deshalb wurde vonseiten der Initiativgegnerschaft auch nur wenig Geld für eine so gut wie

---

272 *Facts* vom 24.7.1997 und NZZ 19.9.1998. Die NZZ schreibt ausserdem, die Befürworter hätten etwa 470 000 Franken Schulden gemacht.
273 Von Arx 2002: 210.
274 WOZ 37/02 «Goliaths geheimes Budget – Economiesuisse und die Abstimmungen». Der Autor spricht von einer «mittleren» Kampagne, die gemäss «Insidern» 7,5 Mio. Franken gekostet haben soll.
275 Die Angaben zum Asylgesetz und zur Unternehmenssteuerreform stammen aus Bernhard 2012: 97 (vgl. auch Hermann 2012).
276 Die Angaben zur Minarettverbotsinitiative und zum BVG-Mindestumwandlungssatz stammen aus Hermann 2012: 36.

sicher gewonnene Abstimmung ausgegeben.[277] Idealistische Gruppierungen aber – und wir zählen die Initianten der «Ja zu Europa»-Initiative zu diesen – engagieren sich häufig (finanziell) unabhängig vom voraussichtlichen Resultat für ihre Sache (Kriesi 2005: 68). Dieser Umstand verdeckt nun möglicherweise den wahren Zusammenhang zwischen Geld und Erfolg bei Abstimmungen.

So lückenhaft die Informationen zu den Kampagnenaufwendungen auch sind, sie zeigen immerhin, dass der Zusammenhang zwischen Propagandastruktur und Stimmergebnis offensichtlich komplex ist, von gewissen Kontextvariablen abhängt und demnach einer differenzierteren Betrachtung bedarf. Diese differenziertere Überprüfung der Käuflichkeitsthese ist aber zwingend auf alternative Indikatoren zur Messung der Ausgaben angewiesen. Denn, wie gesagt, weitaus öfter als grobe Schätzungen liegen uns überhaupt keine Zahlen darüber vor, wie viel eine Kampagne gekostet hat. Auf dieser «tönernen» empirischen Basis lassen sich aber unmöglich verlässliche Aussagen zum Zusammenhang zwischen Werbeetat und Abstimmungserfolg machen. Deshalb wurde schon früh nach alternativen Messinstrumenten gesucht. Ein solches ist die Anzahl in bestimmten Tageszeitungen aufgegebener Abstimmungsinserate. Solch eine quantitative Analyse von Zeitungsinseraten wird seit 1981 im Rahmen eines Projekts von Hanspeter Kriesi regelmässig durchgeführt. Dabei werden alle Pro- und Kontra-Inserate zu den jeweiligen Vorlagen in den sechs Tageszeitungen NZZ, *Tages-Anzeiger*, *Blick*, *Tribune de Genève*, *Journal de Genève*[278] und *Le Matin* in den letzten vier Wochen vor dem Abstimmungstermin ausgezählt. Die Inseratekampagnen der Parteien oder Interessenorganisationen sind ein durchaus valider Indikator für den gesamten Werbeaufwand. Dies vor allem deshalb, weil politische Propaganda in Rundfunk und Fernsehen in der Schweiz verboten ist. Die (in Franken quantifizierbaren) Propagandaaktivitäten[279] beschränken sich

---

277 Ueli Forster, der ehemalige Präsident von Economiesuisse, antwortete auf die Frage, wie viel Economiesuisse in Abstimmungskämpfe investiert: «Wir setzen stets so viel Geld ein, wie nötig ist, um die Abstimmung zu gewinnen» (Interview im *Tages-Anzeiger* vom 7.1.2002).

278 Die Zeitung fusionierte 1998 mit dem *Nouveau Quotidien* zur neuen Westschweizer Tageszeitung *Le Temps*.

279 Selbstverständlich wird neben Zeitungen und Strassenplakaten auch über andere Medien für die eigenen Abstimmungsparolen geworben. Die regelmäs-

somit hauptsächlich auf Zeitungsinserate[280] und Strassenplakate[281]. Die Abbildung 6.7 informiert darüber, für welche Vorlagen zwischen 1981 und 2010 am intensivsten mit Inseraten geworben wurde.[282]

Die Rangliste zeigt zunächst einmal, dass die Intensität der Inseratekampagnen die Höhe des gesamten Werbeetats gut misst. Denn auf den vordersten Plätzen liegen jene Vorlagen, von denen wir aufgrund von

---

sig durchgeführte Vox-Mediennutzungsanalyse zeigt aber, dass Werbebotschaften, die über Zeitungsinserate oder Strassenplakate kommuniziert werden, die stärkste Beachtung im Stimmvolk finden. Weil diese Werbequellen also am stärksten wahrgenommen werden, ist es gewiss vertretbar, die Analyse des Werbeeffekts auch auf jene zu beschränken. Richtig ist auch, dass Parteien und Interessenvertreter die Möglichkeit wahrnehmen, in politischen Fernseh- und Radiosendungen ihre Standpunkte zu veröffentlichen – und diese üben einen Einfluss auf die direktdemokratische Willensbildung aus. Bloss, diese Einflussnahme ist zum einen in Geld nicht quantifizierbar und zum anderen sind Fernsehsendungen wie die *Arena* ein (vergleichsweise) «egalitäres» Forum, in dem alle Abstimmungskontrahenten – unabhängig von ihren finanziellen Ressourcen, die ihnen zur Verfügung stehen – gleichermassen zu Wort kommen (sollen). Mit anderen Worten: Die von den Werbeetats abhängige Propagandadominanz einer Seite kann in solchen Sendungen wohl noch am ehesten durchbrochen werden (vgl. hierzu die Analyse der Fernsehberichterstattung zu den Präsidentschaftswahlen von 1992 in den USA bei Beck et al. 2002).

280 Strunk und Gerth (2011: 59) schreiben, dass etwa 60 Prozent aller im Jahr 2008 lancierten politischen Kampagnen in der Schweiz aus Zeitungsinseraten stammen. Die Inseratekampagne scheint demnach nach wie vor den Löwenanteil an den Kampagnenausgaben auszumachen.

281 Eine allein auf Strassenplakate beruhende Analyse des Zusammenhangs zwischen Propaganda und Stimmergebnis legt Arnold (2007) vor. Allerdings hat die Autorin nicht die Gesamtzahl publizierter Strassenplakate erhoben, sondern lediglich die Zahl der Plakatkampagnen.

282 Die untenstehende Abbildung vermittelt den Eindruck, dass die Befürworter des EWR erheblich geringere Mittel in die Kampgane investierten als die Gegner. In der Tat wurden viel mehr gegnerische als befürwortende Inserate geschaltet. Indes, was die Inseratefläche anbelangt, liegen beide Seiten beinahe gleich auf (Daten: Hanspeter Kriesi). Die EWR-Gegner schalteten viele kleine Inserate, während die Befürworter grossflächige (teurere) Inserate bevorzugten.

6.3 Sind Abstimmungen käuflich? | 315

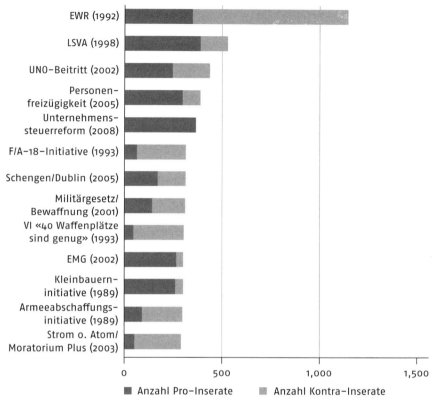

Abbildung 6.7: Die 13 intensivsten Inseratekampagnen (1981–2010)

Daten: Hanspeter Kriesi, eigene Berechnungen.

Medienquellen mit Bestimmtheit wissen, dass sie aussergewöhnlich viel gekostet haben.[283] Weiter hat eine jüngst erschienene Studie (Weber 2012), die mit alternativen Daten zu Kampagnenaufwendungen durchgeführt

---

283 Wir wissen beispielsweise, dass bei keiner Abstimmung so viel Geld ausgegeben wurde wie bei jener über den EWR-Beitritt (vgl. Tabelle 6.2). Weiter ist bekannt, dass sich Economiesuisse den LSVA-Abstimmungskampf viel Geld hat kosten lassen, um die Frage der Schwerverkehrsabgabe ein für alle Mal zu entscheiden (Kriesi 2005). Ebenso hat Economiesuisse-Direktor Ramsauer bestätigt, dass ihre UNO-Kampagne eine «grosse» war (WOZ 37/02).

wurde (vgl. auch Hermann 2012: 2)[284], aufzeigen können, dass Schätzungen, die neben Zeitungsinseraten auch noch Strassenplakate mitberücksichtigen, mit wenigen Ausnahmen zu denselben Resultaten gelangen.

Die Kampagnenausgaben der beiden Lager unterscheiden sich zudem beträchtlich. Selten einmal kämpfen die Kontrahenten mit gleich langen Spiessen. Hermann (2012: 10) schreibt, dass bei fünf von sechs Abstimmungen das eine Lager einen mindestens doppelt so hohen Werbeetat hat als das andere. In drei von vier Abstimmungskämpfen beträgt das Ungleichverhältnis gar eins zu vier. Die Mittel sind demnach nicht gleich verteilt. Die Frage, ob Abstimmungen käuflich sind, ist vor diesem Hintergrund also durchaus berechtigt.

6.3.3 Kann man den Abstimmungserfolg erkaufen?
6.3.3.1 Hertig: «Im Prinzip, ja»

Wenden wir uns nun der Frage zu, ob eidgenössische Abstimmungen käuflich sind. Hans Peter Hertig, der diese Frage 1982 zum ersten Mal für die Schweiz untersucht hat, folgerte aus seiner empirischen Analyse knapp, aber unmissverständlich: «Im Prinzip, ja.» Er fügte allerdings in fast schon prosaischem Ton einschränkend hinzu (Hertig 1982: 56): «Der Preis ist zwar manchmal hoch und die Ware vielleicht schon vergeben, bevor der kaufkräftigste Kunde den Laden betritt. Eine gute Kaufchance ist aber unseres Erachtens im Allgemeinen gegeben.»

Diese damals (wie heute) aufsehenerregende Schlussfolgerung Hertigs beruhte auf einer Auszählung von Werbeinseraten in zwei Tageszeitungen (*Tages-Anzeiger, 24 heures*) und einer Gratiszeitung (*Basler Stab*) in der letzten Woche vor dem Stichtag. Hertig stellte dabei fest, dass abgelehnte Vorlagen einen deutlichen Überhang an gegnerischen Inseraten aufweisen, während bei angenommenen Vorlagen genau das Gegenteil der Fall ist.

---

284 Die Daten von Hermann (2012: 2) und Weber (2012) beruhen auf einer Erhebung von Media Focus. Erfasst wurden politische Printwerbung in etwa 400 Pressezeugnissen sowie die Plakate der APG und Clear Channel Outdoor, die zusammen 99 Prozent des Marktanteils besitzen. Nur teilweise berücksichtigt wurde Wahlwerbung im Web und Direct Mailing (z. B. das «SVP-Extrablatt»).

Tabelle 6.3: Abstimmungsresultat und Propagandastruktur (1977–1981, Hertig 1982: 53)

Resultat	Anzahl Vorlagen	Propaganda-aufwand	Ja-Propaganda	Nein-Propaganda	Propaganda-dominanz
Angenommen	19	44.6	33.8	10.8	+23.0
Abgelehnt	22	102.9	37.3	65.6	−28.3

Quelle: Hertig 1982: 53.

Dieser enge Zusammenhang zwischen der Propagandastruktur und dem Abstimmungsresultat trug bei einer einseitigen Propaganda (d.h., wenn eine der beiden Seiten den Abstimmungskampf klar dominierte) fast schon die Züge eines unumstösslichen Naturgesetzes, insbesondere wenn es sich um eine gegen die Vorlage gerichtete Propaganda handelte. So beträgt die Erfolgsquote einer dominanten Nein-Propaganda in Hertigs Untersuchung exakt 100 Prozent, jene entsprechender Ja-Kampagnen immerhin noch 92 Prozent (Tabelle 6.4). An Hertigs Kaufmetapher anknüpfend, könnte man sagen, dass die Erfolgsgarantie beim «Kauf» einer Abstimmung enorm hoch ist. Die etwas höhere Erfolgsquote von dominanten Nein-Kampagnen wiederum erklärt Hertig damit, dass es einfacher ist, unentschlossene Personen von einem Nein als von einem Ja zu überzeugen. Dies schlage sich dann darin nieder, so fährt Hertig (1982: 55) fort, dass die Nein-Motive stärker als die zustimmenden Entscheidgründe blosse Wiederholungen der gängigsten Propagandaparolen seien. Hertig schildert hier den Mechanismus, den man später mit dem Begriff «Status-Quo-Heuristik» umschrieben hat.

Die hochbrisante Käuflichkeitsthese schlug 1982 hohe Wellen: Einige Politiker gerieten in Rage ob dieser «unschicklichen» Behauptung, andere zeigten sich entsetzt über die Käuflichkeit des Stimmvolks. Auch

Tabelle 6.4: Abstimmungsresultat und Propagandastruktur

Propagandadominanz	Vorlagen (n)	Angenommen	Abgelehnt	Erfolgsquote
Ausgeprägt Pro	13	12	1	92%
Ausgeprägt Kontra	7	0	7	100%
Pro	25	17	8	68%
Kontra	14	1	13	93%

Quelle: Hertig 1982: 54.

die Wissenschaft brachte Hertig Kritik entgegen. Sie betraf in erster Linie die Methodik. Zunächst wurden seine (etwas willkürlich anmutende) Auswahl der Tageszeitungen wie auch der Auswertungszeitraum (eine Woche vor dem Abstimmungstermin) bemängelt. Eine weitere und unseres Erachtens schwerwiegendere Kritik betrifft die Untersuchungsanordnung: Die Käuflichkeitsthese wird lediglich bivariat und nur auf Aggregatebene überprüft. Beides birgt Gefahren in sich: Anhand einer bivariaten Analyse kann nicht ausgeschlossen werden, dass eine im Modell unberücksichtigt gebliebene Drittvariable die Ursache beider (lediglich korrelierenden) Phänomene, Kampagnenaufwand und Abstimmungsergebnis, ist. Darüber hinaus schwebt über Aggregatdatenanalysen stets das Damoklesschwert des ökologischen Fehlschlusses: Wir erfahren letztlich nichts darüber, wie das einzelne Individuum auf Werbebotschaften reagiert. Letzteren Einwand möchten wir zum besseren Verständnis am Beispiel der drei Abstimmungen über die Einführung einer Schwerverkehrsabgabe veranschaulichen (Kriesi 2005: 70f.). Bei der dritten LSVA-Abstimmung 1998 «überbot» – um im kaufmännischen Jargon zu bleiben – Economiesuisse die Gegnerschaft der Vorlage deutlich. Sie ging auch als Abstimmungssiegerin hervor: 57 Prozent der Stimmberechtigten sagten damals Ja zur LSVA. So weit, so gut für die Käuflichkeitsthese. Aber: Über dasselbe Geschäft hatte das Stimmvolk schon 1984 und 1994 zu befinden. Auch in diesen beiden Fällen stimmte eine (im Fall der Ersteren gar ähnlich hohe)[285] Mehrheit einer Schwerverkehrssteuer zu. Es könnte demnach gut sein, dass diese Steuerfrage stets aufgrund derselben Issue-Orientierungen bewertet wird (und deshalb immer wieder aufs Neue ähnliche Mehrheiten im Volk findet) und gänzlich unabhängig vom Kampagnenaufwand ist. Kurz, wir können auf der Basis von Aggregatdaten und bei gleichzeitiger Unkenntnis der im Vorfeld der Kampagnen vorhandenen Stimmabsichten (vgl. Weber 2012) nicht mit Bestimmtheit sagen, ob das Geld den Ausschlag für den Abstimmungserfolg gegeben hat oder ob es diesem lediglich nicht geschadet hat.

---

285 Abstimmung über den Bundesbeschluss über die Erhebung einer Schwerverkehrsabgabe vom 26.2.1984: 58,7 Prozent Ja-Anteil.

6.3.3.2 Wie wirken Werbebotschaften auf das einzelne Individuum?

Der Umstand, dass in Hertigs Aggregatanalyse die Wirkung der Medien auf den einzelnen Rezipienten nicht untersucht wird, war der kritische Ausgangspunkt von Michael Bützers und Lionel Marquis' Studie (2002) «Public opinion formation in Swiss federal referendums».[286] Das Ziel ihrer Studie war, Makro- und Mikroebene miteinander zu verknüpfen, d.h. zu analysieren, welchen Einfluss die Propagandastruktur auf das individuelle Verhalten hat. Die zentrale Fragestellung von Bützer und Marquis lautete deshalb auch nicht, ob Abstimmungen käuflich sind, sondern wie die Stimmbürger Kampagneninformationen verarbeiten. Daraus leiteten sie jedoch Schlüsse zur Käuflichkeitsthese ab.

In einem ersten Schritt haben auch Bützer und Marquis (2000: 5f.) die Beziehung zwischen Propagandaaufwand und Erfolg bivariat überprüft und kamen auf der Grundlage einer unterschiedlichen Fallauswahl (Bützer und Marquis 2000: 7f.) auf ähnliche Resultate wie Hertig 18 Jahre zuvor: Der Inserateaufwand korreliert in der Tat stark mit dem Abstimmungsergebnis. In dem von Bützer und Marquis untersuchten Zeitraum obsiegte die «kaufkräftigere» Seite in 26 von 32 Fällen – ein deutliches Verdikt. Allerdings geht aus dieser Aggregatanalyse, wie gesagt, nicht hervor, ob das Geld oder andere Kriterien für das Ergebnis an der Urne entscheidend waren. Bützer und Marquis analysierten deshalb in einem zweiten Schritt die Kampagnenwirkung auf der Individualebene, wobei sie sich theoretisch hauptsächlich auf das in Kapitel 5.4 vorgestellte RAS-Modell von John Zaller (1992) stützten.

Zallers Modell (vgl. Kapitel 5.4.3) postuliert ein asymmetrisches Einflusspotenzial des politischen Marketings: Hoch involvierte Bürger sind der politischen Propaganda stärker ausgesetzt, aber zugleich auch eher imstande, Werbebotschaften kritisch zu bewerten als politisch Uninteressierte. Diese wiederum sind Medienbotschaften zwar weniger oft ausgesetzt als politisch Hochinvolvierte, aber von ihrer Disposition her anfälli-

---

[286] Wie beziehen uns – insbesondere in Bezug auf die Frage nach der Käuflichkeit von Abstimmungen – auch auf ein Papier (Bützer und Marquis 2000), das die beiden Autoren für einen ECPR Joint Session of Workshops verfassten und der detaillierter auf die Käuflichkeitsfrage eingeht als der oben erwähnte Buchbeitrag.

ger für die Einflussbemühungen der politischen Propaganda. Dies wirft sogleich die Frage auf, ob Abstimmungen demnach von einer unpolitischen und stark manipulierbaren Teilmenge des Elektorats entschieden werden. Dem ist (glücklicherweise) nicht (immer) so. Denn im Aggregat ergeben sich als Folge der propagandistischen Umwerbungen nicht zwangsläufig drastische Verschiebungen in den Präferenzen dieser Gruppe. Dies deshalb, weil die konkurrierenden Propagandainformationen sich im Endeffekt häufig neutralisieren, d.h., durch Persuasion wird zwar möglicherweise eine «fremde» Stimme hinzugewonnen, aber als Folge der gegnerischen Kampagne geht gleichzeitig eine Stimme aus dem «eigenen Lager» an den Abstimmungskontrahenten verloren. Der persuasive Nettoeffekt bleibt so vergleichsweise gering – allerdings immer vorausgesetzt, der Informationsfluss ist zweidimensional oder zumindest nicht einseitig Pro oder Kontra. Wenn aber eine Seite den Abstimmungskampf deutlich dominiert, dann können unter den politisch Desinteressierten beträchtliche Nettoeffekte resultieren. Wie wir gesehen haben, sind die Mittel zwischen den Abstimmungslagern in der Tat häufig ungleich verteilt.

6.3.3.3 Die Themenprädisponiertheit

Wir möchten nun – bevor wir Bützer und Marquis' Resultate präsentieren – noch auf ein Analysekonzept eingehen, das für das Verständnis der Möglichkeiten und Grenzen von Abstimmungskampagnen zentral ist: die Themenprädisponiertheit (für eine Typologie siehe beispielsweise Hertig 1982, Longchamp 2005, Soroka 2002). Wir haben zuvor schon festgehalten, dass die politischen Prädispositionen als Filter der Medienwirkung fungieren und zwar insofern, als politische Werbebotschaften aufgrund der Haltungen zum jeweiligen Vorlagenthema bewertet werden. Nun sind diese politischen Grundhaltungen oder Prädispositionen unterschiedlich stark in der Persönlichkeitsstruktur des einzelnen Individuums verankert. Zu wenig komplexen, hochemotionalen Themen, mit denen der Stimmbürger zudem auch vertraut ist, besitzt er in der Regel feste Überzeugungen, die kaum umzustossen sind. Solche Issues nennt Hertig (1982) «stabil prädisponiert» und Soroka (2002) «prominent issues». Selbstredend sind die Möglichkeiten einer Beeinflussung bei diesen Themen eher gering. Ein Beispiel: Die Haltung zur Integration in die EU ist in den meisten Fällen eine solch fest verwurzelte Grundhaltung (vgl. Nicolet und Sciarini 2006). Die Stimmbürger wurden schon oft zu europapolitischen Entscheiden aufgerufen, das Thema ist in den Medien stets präsent. Propagandainformationen treffen somit bildlich gesprochen nicht auf ein unbeschriebenes Blatt, sondern auf tief verankerte Issue-Orientierungen und können deshalb auch nur wenig ausrichten. Bei hochkomplexen, abstrakten Themen, die nur einen geringen Bezug zum alltäglichen Leben des Stimmbürgers haben, ist das Modifikationspotenzial der politischen Propaganda jedoch ungleich grösser. Denn zu diesen Issues haben sich kaum Prädispositionen gebildet, die den Kampagnenbotschaften Widerstand leisten könnten.

Ein Beispiel für solche «governmental issues» (Soroka 2002) oder «labil prädisponierende» Themen (Hertig 1982) ist gemäss Hertig der Verfassungsartikel zur Brotgetreideverbilligung. Zu dieser alltagsfernen und vergleichsweise komplexen Vorlage hatten die Schweizer Stimmbürger 1980 Stellung zu beziehen. Dabei wurde im Rahmen einer Analyse des Stimmverhaltens eine Paneluntersuchung durchgeführt. D.h., dieselben Personen wurden vier bzw. drei Wochen vor der Abstimmung nach ihrem voraussichtlichen Entscheid zu dieser Vorlage gefragt und später, zwei Wochen nach der Abstimmung, nach ihrem tatsächlichen Entscheid. Dabei zeigte sich zunächst einmal, dass die Befragten Mühe hatten, sich überhaupt eine Meinung zum Getreideartikel zu bilden. Des Weiteren demonstrierte die Panelanalyse ein beachtliches Veränderungspotenzial der politischen Kampagnen. Denn die Meinung kippte zwischen den beiden Untersuchungszeitpunkten von einer mehrheitlichen Ablehnung zu einer mehrheitlichen Zustimmung.[287] Dieser Meinungsumschwung erfolgte gemäss Hertig als Folge der von der Regierung getragenen Ja-Propaganda. Aber nochmals: Die Wirkung der Ja-Propaganda konnte sich bei diesem Thema nur deshalb so stark entfalten, weil sie beim einzelnen Individuum nicht auf den Widerstand langfristig gefestigter Präferenzen stiess. Diese gab es beim Brotgetreideartikel nämlich nicht. Es gab sie hingegen beim Thema des Gurtenobligatoriums, über das gleichzeitig abgestimmt wurde. Das Gurtenobligatorium war eine materiell nur wenig komplexe Vorlage (es ging darum, das Gurtentragen beim Autofahren und das Helmtragen für Motoradfahrer obligatorisch zu erklären). Sie wurde von den Stimmbürgern deshalb auch auf Anhieb verstanden (nur 6 % waren vier Wochen vor der Abstimmung noch unschlüssig). Weiter wurde

---

287 Fast die Hälfte war bei der Vorbefragung dagegen, bei der Abstimmung votierten jedoch 65 Prozent dafür.

die Vorlage aufgrund fest verankerter Prädispositionen beurteilt. Dies zeigt sich daran, dass die Wechselströme zwischen dem Ja und dem Nein, die beim Brotgetreideartikel noch beträchtlich waren, bei diesem Issue nur sehr gering ausfielen. Neun von zehn Stimmenden, so fand Hertig (1982: 45) heraus, bleiben ihrer ursprünglichen Haltung zum Gurtenobligatorium treu. Kurz, die unterschiedliche Themenprädisponiertheit beider vorgestellten Vorlagen hatte einen starken Einfluss auf die Wahrscheinlichkeit der Beeinflussung des Stimmbürgers.

Die Effekte der Themenprädisponiertheit lassen sich im Übrigen auch am Entscheidzeitpunkt ablesen. Im Vox-Survey wird regelmässig gefragt, zu welchem Zeitpunkt man sich entschieden hat. Die Angaben der Befragten sind sicherlich mit gewissen Fehlern behaftet, aber sie liefern uns gleichwohl Hinweise darauf, bei welchen Abstimmungsthemen das Modifikationspotenzial besonders tief bzw. besonders hoch ist. Dabei gilt: Je

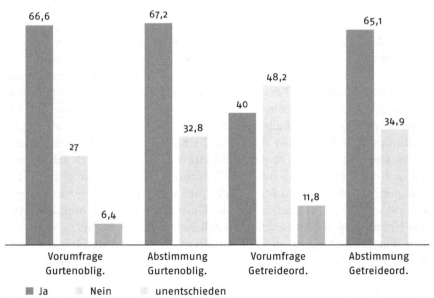

Abbildung 6.8: Stimmabsichten (in %, geäussert bei der Vorbefragung) und Stimmentscheid (in %, geäussert bei der Nachbefragung) bei den Abstimmungen über das Gurtenobligatorium und die Brotgetreideverordnung (eidgenössischer Urnengang vom 30.11.1980)

Quellen: Hertig 1982: 44 f., eigene Darstellung.

höher der Anteil derer, deren Entscheid schon von Beginn weg feststeht, desto geringer das Potenzial der Kampagnenwirkung. Denn bei Stimmenden, die sich festgelegt haben, bevor der eigentliche Abstimmungskampf losgeht, kann eine Kampagne selbstredend keine Wirkung entfalten.

In untenstehender Grafik wird nun der Entscheidzeitpunkt für einige ausgewählte Vorlagen dargestellt. Wir sehen unsere Vermutungen zur Themenprädisponiertheit dabei bestätigt: Bei vertrauten und wenig komplexen Abstimmungsthemen wie etwa der Aussenpolitik (Bilaterale, UNO) oder dem Thema des Schwangerschaftsabbruchs (Fristenregelung) wussten offenbar fast drei Viertel aller Stimmenden schon lange vor dem Beginn des Abstimmungskampfs, wie sie sich entscheiden würden. Anders ist es bei den alltagsfernen Abstimmungsthemen: Hier konstatieren

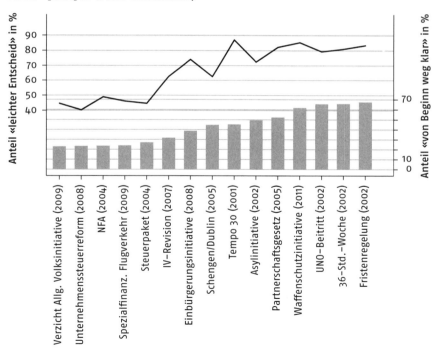

Abbildung 6.9: Entscheidzeitpunkt und Entscheidschwierigkeit bei 13 ausgewählten Vorlagen (Anteil «von Beginn weg klar» [Säulen] in % und Anteil «eher leichter Entscheid» [Linie] in % aller Stimmenden)

Quellen: Voxit, eigene Berechnungen.

wir ein hohes Modifikationspotenzial, denn mehr als die Hälfte aller Befragten entscheiden sich bei diesen Vorlagen erst in den letzten drei Wochen vor dem Stichtag.

6.3.4 Themenprädisponiertheit, Konfliktkonstellation und Käuflichkeit von Abstimmungen

Nach diesen ausführlichen, theoretischen Erläuterungen zur Wirkung der politischen Kommunikation und der Themenprädisponiertheit möchten wir uns nun den Resultaten von Bützer und Marquis zuwenden, welche die Wechselwirkung zwischen den besagten Faktoren auf Individualebene analysiert haben. Sie kamen dabei zu den folgenden Schlüssen:

Der Elitendiskurs übt in der Tat einen beträchtlichen Einfluss auf das Stimmverhalten aus.[288] Weiter sind Nettokampagneneffekte am stärksten in sogenannten Konsenssituationen (*consensus situations*) ausgeprägt, d. h., wenn sich die politischen Eliten weitestgehend einig sind (Bützer und Marquis 2002: 179). Denn bei solchen Konfliktkonstellationen (häufig geht es dabei um komplexe, aber wenig umstrittene Fragen) sind die politischen Prädispositionen irrelevant bzw. überhaupt keine Issue-Orientierungen zu diesen Themen vorhanden. Wo aber fest verwurzelte Haltungen fehlen, ist eine Beeinflussung eher möglich. Hingegen sind Kampagneneffekte bei hochkonfliktiven Themen, bei denen sich zudem die Parteien nicht einig sind, gering. Das gilt noch in verstärktem Masse bei einer Fundamentalopposition von rechts (*far right conflicts*), d. h. einer Konfliktkonstellation, bei der rechtskonservative Parteien gegen den Rest antreten. Bei diesen Abstimmungen ist der Entscheid weitestgehend prädeterminiert. Er hängt von festen Überzeugungen ab, die sich kaum ändern lassen. Kampagnen können bei solchen Abstimmungen die vorhandenen Haltungen zwar verstärken, bestätigen und aktivieren, aber nur in den seltensten Fällen umstossen (Bützer und Marquis 2002: 180).

Zuletzt stellen Bützer und Marquis (2002) allerdings fest, dass selbst jene, die nur rudimentäre Kenntnisse der Vorlage besitzen, Werbebot-

---

288 Vorbehaltlich der Annahme, wonach die Beeinflussung tatsächlich nur in eine Richtung – nämlich ausschliesslich von den Eliten ausgehend – verläuft. Diese Annahme ist jedoch nicht sakrosankt: Der Elitenkonflikt liesse sich auch als spiegelbildliche Reflexion gesellschaftlicher (Basis-)Konflikte spezifizieren.

schaften nicht gänzlich unkritisch[289] und unreflektiert rezipieren (Bützer und Marquis 2002: 172f.). Der Kampagneneffekt ist demnach bei den uninformierten Stimmbürgern nicht so hoch, wie Zaller das annahm, weshalb sich in ihrer Analyse häufig keine idealtypischen Polarisierungs- und Mainstreameffekte zeigten.

6.3.5 Weniger ist manchmal mehr: das Kampagnen-Paradox bei Initiativen

Für die Erforschung der Käuflichkeitsthese hierzulande erwiesen sich einige amerikanische Studien, die kontraintuitive Thesen propagierten, als besonders befruchtend. Zu diesen gehörte beispielsweise Elisabeth Gerbers *Populist Paradox* (1999). In dieser Studie gelang es der Autorin nachzuweisen, dass wirtschaftliche Interessengruppen aufgrund ihrer überlegenen finanziellen Ressourcen zwar imstande sind, Reformen an der Urne zu blockieren, aber kaum in der Lage sind, eigene Anliegen vor dem Volk durchzubringen. Eine weitere Untersuchung, die der Schweizer Stimmverhaltensforschung in mancherlei Hinsicht neue Impulse gab, war Bowler und Donovans (1998) *Demanding Choices: Opinion, Voting, and Direct Democracy*. Darin wurde u. a. das Argument vorgebracht, dass in Abstimmungssituationen, in denen die Öffentlichkeit schlecht informiert ist, eine Intensivierung der Kampagne die Erfolgschancen nicht zwingend erhöhe, sondern häufig verringere. Dies deshalb, weil eine intensive Kampagne nicht nur auf die eigenen Anliegen aufmerksam mache, sondern auch auf jene der Gegner, von denen die Öffentlichkeit ansonsten nichts erfahren hätte (Bowler und Donovan 1998).

Diese Studien liessen vermuten, dass der Zusammenhang zwischen Kampagnenaufwand und Urnenentscheid auch in der Schweiz differenzierter ist als bislang angenommen, und dass die Käuflichkeit von Abstimmungen von bestimmten Kontextbedingungen abhängig ist. Hanspeter Kriesi (2005) konkretisierte diese Vermutungen in der Folge, indem er die Kampagneneffekte in Abhängigkeit zur Kampagnenintensität, zur institutionellen Logik der verschiedenen Rechtsformen einer Vorlage und

---

[289] Allerdings gilt es hier anzumerken, dass eine «kritische» Aufnahme von Informationen in diesem Kontext nicht zwingend meint, dass man sich sorgfältig und eingehend mit einem Thema auseinandergesetzt hat, sondern lediglich dass man fähig ist, die Kampagneninformationen anhand seiner politischen Prädispositionen zu bewerten.

zur Konfliktkonfiguration setzte. Dabei – und darauf gilt es unseres Erachtens mit besonderem Nachdruck hinzuweisen – untersuchte Kriesi nicht wie Hertig den Abstimmungserfolg (d. h. den Umstand, ob die Vorlage angenommen wurde oder nicht), sondern den Anteil der Behördenunterstützung in Prozent (d. h. den Anteil behördenunterstützender Stimmen). Dies ist ein kleiner, aber feiner Unterschied. Denn in dem einen Fall wird die nominelle Käuflichkeit analysiert, d. h., nur diejenigen Abstimmungen werden als erkauft betrachtet, bei denen der Meistbietende auch als Sieger hervorging, während im anderen Fall der Einfluss des Geldes auf das Stimmergebnis generell untersucht wird. Letzteres ist unseres Erachtens die adäquatere Herangehensweise. Denn dadurch lassen sich Kampagnenwirkungen bei Initiativabstimmungen besser messen. Wieso? Initiativen werden bekanntermassen höchst selten angenommen. Das schmälert die Möglichkeit eines (direkten) Propagandaerfolgs bei Initiativen von vornherein ganz erheblich.[290] Würden wir demnach den finalen Entscheid (Ja oder Nein) als Gradmesser für die Käuflichkeit nehmen, dann kämen wir zwangsläufig zum Schluss, dass bei Initiativabstimmungen die Kampagnenaufwendungen (so gut wie) keine Rolle spielen. Denn wie gesagt werden die allermeisten Volksbegehren abgelehnt. Wir glauben jedoch, dass dieser Schluss so nicht zutrifft. Es ist zwar richtig, dass der Kampagnenaufwand die Annahme (bzw. die Ablehnung) einer Initiative kaum beeinflusst, aber Geld spielt gleichwohl eine wichtige Rolle. Beispielsweise wurden bei der Abstimmung über die Kleinbauerninitiative (1989) die Initiativgegner von den -befürwortern ausnahmsweise massiv überboten (die Detailhandelskette Denner unterstützte das Begehren finanziell stark). Und prompt erreichte das Begehren den überdurch-

---

290 Initiativen haben natürlich nicht nur eine direkte legislatorische Wirkung (dann nämlich, wenn sie an der Urne angenommen werden), sondern auch eine indirekte. Ihr indirekter Erfolg hängt indessen auch davon ab, wie hoch der Zuspruch ist, den die (abgelehnte) Initiative im Stimmvolk findet. Ein treffendes Beispiel hierfür ist die Armeeabschaffungsinitiative von 1989. Weil sie die im Vorfeld der Abstimmung von der Gegnerschaft definierte (und immer wieder angehobene) maximale «Schmerzgrenze» des Ja-Stimmen-Anteils deutlich übertraf, setzte daraufhin ein Reformprozess in der Armee ein. Insofern mag in bestimmten Fällen durchaus ein Anreiz dafür bestehen, mit hohen Kampagnenaufwendungen einen Achtungserfolg zu erzielen.

schnittlich hohen Ja-Stimmen-Anteil von 49 Prozent. Das reichte zwar nicht für eine Annahme der Vorlage, aber der Fast-Erfolg ist aller Voraussicht nach auf die hohen Kampagnenaufwendungen der Initiativbefürworter zurückzuführen (Kriesi 2005: 73 f.). Kurz, *Geld hilft* (selbst dann, wenn es den Abstimmungssieg nicht garantieren kann), und seine Wirkung ist am Stimmenanteil verlässlicher zu bemessen als an der Annahme oder Ablehnung der Vorlage.

Mit Kriesis Messmethode ist eine Unterscheidung zwischen Initiativ- und Referendumskampagnen unnötig, wären da nicht die unterschiedlichen Behandlungsfristen beider Vorlagentypen: Fakultative Referenden finden üblicherweise kurz nach ihrem Zustandekommen statt. Die Öffentlichkeit ist demnach bei Kampagnenbeginn ziemlich gut informiert über die Anliegen der Kontrahenten. Anders sieht es bei der Initiative aus: Über sie wird in der Regel erst Jahre nach ihrer offiziellen Einreichung befunden. Die Stimmbürgerschaft ist somit bei Beginn des Abstimmungskampfs über Initiativen normalerweise weniger gut informiert als über Referenden. Und just dieser Umstand hat nun einen kontraproduktiven Effekt des Kampagnenaufwands auf den Propagandaerfolg zur Folge, wie Bowler und Donovan (1998) argumentieren. Denn, so begründen sie ihr Argument, bei einem tiefen Informationsstand profitiere der Status-quo. Je stärker aber die Abstimmungsauseinandersetzung angekurbelt werde – wobei es keine Rolle spielt, von welcher Seite –, desto eher nehme die Öffentlichkeit die Minderheitsposition der Initianten wahr, was deren Chancen auf Erfolg wiederum erhöhe.

Kriesi untersuchte in der Folge diesen Zusammenhang zwischen der Kampagnenintensität und dem Abstimmungserfolg von Initiativen. Und in der Tat ist es so, dass sich die Wahrscheinlichkeit einer Ablehnung der Initiative verringert, je stärker die Gegner (!) den Abstimmungskampf dominieren (vgl. auch Abbildung 6.10). Mit anderen Worten: Der Zusammenhang zwischen Kampagnenaufwand und Abstimmungserfolg ist bei Initiativen negativ (Kriesi 2005: 74 ff. und 2009a: 86).

Hat nun dieses kontraintuitive Resultat wirklich nur mit der *awareness* der Stimmbürgerschaft zu tun? Nein, nicht zwingend, meint Kriesi in einer Untersuchung, die vier Jahre nach der Publikation seines Buchs *Direct Democratic Choice* veröffentlicht wurde (Kriesi 2009a). Dort führt er aus, dass dieser der Käuflichkeitsthese diametral entgegengesetzte Zusammenhang daraus resultiert, dass die Kampagnenleiter die Knappheit des Resultats antizipieren und in der Folge ihre Anstrengungen inten-

Abbildung 6.10: Kampagnenausgaben und Regierungsunterstützung an der Urne (1981–2006)

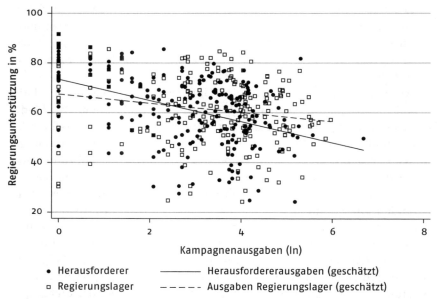

Daten: Hanspeter Kriesi, eigene Berechnungen. Für die Kampagnenausgaben wurde der natürliche Logarithmus (ln) der Anzahl aufgegebener Inserate verwendet (siehe hierzu Kriesi 2005, 2009a).

sivieren. Mit anderen Worten: Je knapper das voraussichtliche Resultat, desto höher fallen die Kampagnenaufwendungen aus. Die Richtung der Kausalität verläuft bei dieser Argumentation im Übrigen exakt in die der Käuflichkeitsthese entgegengesetzten Richtung («Endogenitätsproblem»). Nicht die Kampagnenaufwendungen bestimmen das Stimmergebnis, sondern das (voraussichtliche) Stimmergebnis den Kampagnenaufwand (vgl. Stratmann 2006). Tatsächlich löst sich dieser kontraproduktive Effekt des Kampagnenaufwands auf, wenn für die Knappheit des Resultats kontrolliert wird. Das sonderbare Phänomen des «Käuflichkeitsparadox» ist also darauf zurückzuführen, dass die Kampagnenleiter die Knappheit des Abstimmungsausgangs häufig korrekt antizipieren und als Folge davon ihre Propagandaanstrengungen intensivieren. Dieser Umstand wiederum erweckt bei der Analyse den Eindruck, als würden sich die Chancen einer Annahme verringern, je mehr in die betreffende Vorlage investiert wird. Dies ist jedoch falsch. Vielmehr steht fest, dass bei einem voraussichtlich knappen Ausgang mehr Geld aufgewendet wird als bei einer von vornherein entschiedenen Abstimmung.

Ebenfalls einen stark moderierenden Effekt übt die generelle Kampagnenintensität aus. Je intensiver (von beiden Seiten) für eine Vorlage geworben wird, desto stärker wirkt der Kampagneneffekt. Das hängt damit zusammen, dass bei wenig umstrittenen Vorlagen, deren Annahme (oder Ablehnung) schon im Voraus feststeht, die voraussichtlich siegreiche Seite kaum Geld in eine so gut wie sicher gewonnene Sache investiert. Anders jedoch die häufig idealistisch gesinnten, voraussichtlichen Abstimmungsverlierer: Diese *intense minorities* engagieren sich im Abstimmungskampf unabhängig von ihren Erfolgschancen (Kriesi 2005: 68). Im Endeffekt stellen wir bei solchen Abstimmungen fest, dass der Abstimmungskampf von einer Seite dominiert wurde, diese Seite aber ihren Gegnern in der Folge haushoch unterlag. Dies lässt uns glauben, dass die Kampagnenaufwendungen keine Wirkung auf den Urnenentscheid haben. Dies ist jedoch eine voreilige Schlussfolgerung. Denn bei diesen wenig umstrittenen Abstimmungen hegen beide Seiten keine ernsthaften Kaufabsichten. Unter diesen Bedingungen ist aber eine Überprüfung der Käuflichkeitsthese nicht möglich.

Ein weiterer Kontextfaktor ist zu berücksichtigen: die Konfliktkonfiguration. Hält man die Konfliktkonstellation konstant, verringert sich der Zusammenhangswert zwischen Kampagnenaufwand und Propagandaerfolg beträchtlich (Kriesi 2005: 74f.).

Die aktuellste Untersuchung zur Käuflichkeitsthese stammt von Weber (2012). Sein Beitrag unterscheidet sich von den bisherigen Untersuchungen in erster Linie darin, dass er nicht bloss den Abstimmungsausgang, sondern auch die vorgelagerte Meinungsbildung bei der Analyse des Modifikationspotenzials von Abstimmungskampagnen berücksichtigt. Denn aufgrund des Abstimmungsresultats alleine, so argumentierte bereits Kriesi (2005), lässt sich die Persuasionswirkung einer Kampagne nicht zweifelsfrei nachweisen. Dazu braucht es zwingend Informationen darüber, welche Haltungen die Stimmberechtigten zu den vorgelegten Sachfragen hatten, bevor der Abstimmungskampf einsetzte. Weichen diese zu Beginn einer Kampagne geäusserten Haltungen vom Stimmentscheid ab, so lässt sich zumindest auf aggregierter Ebene festhalten, dass ein substanzieller Meinungswandel stattfand (vgl. Hertigs Analyse des Getreideartikels und des Gurtenobligatoriums von 1982). Ist die «ursprüngliche» Sachfragenhaltung der Stimmbürgerschaft hingegen nicht bekannt,

Abbildung 6.11: Propagandastruktur und Abstimmungserfolg (2005–2011)

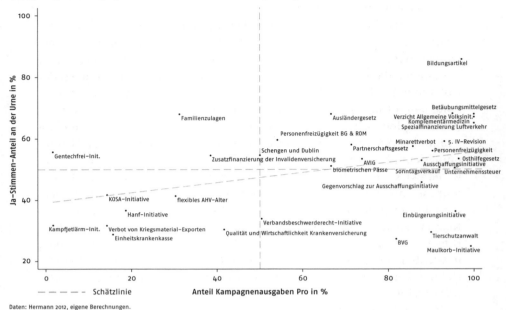

Daten: Hermann 2012, eigene Berechnungen.

so ist es im Prinzip nicht möglich herauszufinden, ob das Abstimmungsergebnis von den Kampagnenanstrengungen beeinflusst wurde oder nicht.

Inwieweit sich die Stimmabsichten während des Abstimmungskampfs änderten, ermittelt Weber mithilfe der SRG-Vorumfragen des gfs.bern. Die erste Vorumfragewelle wird etwa sechs Wochen vor dem Stichtag durchgeführt, d. h. zu einem Zeitpunkt, an dem die Kampagnen in der Regel noch nicht (mit voller Kraft) eingesetzt haben. Die zweite Welle fällt dann mitten in die heisse Phase des Abstimmungskampfs. Kurz, kombiniert man wie Weber die SRG-Vorumfragen mit den Vox-Nachbefragungen, die beide vom gfs.bern mit identischen Frageformulierungen und demselben Auswahlverfahren durchgeführt werden, so stehen einem die Haltungen der Schweizer Stimmbürger zu einer Sachfrage vor, während und nach dem Abstimmungskampf zur Verfügung.

Webers Arbeit enthält jedoch ein weiteres, innovatives Element: Er verwendet neue Kampagnendaten. Diese Daten wurden vom Marktforschungsinstitut MediaFocus erhoben und beruhen nicht nur auf Zeitungsinseraten, sondern zusätzlich auf Strassenplakaten (Hermann verwendet in seiner Untersuchung von 2012 dieselben Daten). Webers Untersuchung zeigt zunächst einmal eindrücklich, dass es innerhalb einer Abstimmungskampagne durchaus zu erheblichem Meinungswandel kommen kann. Dabei gibt es allerdings prägnante Unterschiede zwischen Initiativen und Referenden. Bei Initiativen nimmt die Regierungsunterstützung während des Abstimmungskampfs um durchschnittlich 15 Prozentpunkte zu, während sie bei Referenden um durchschnittlich 9 Prozentpunkte abnimmt (Weber 2012: 33, vgl. auch Longchamp 2005). Diese Durchschnittswerte sind an sich schon bemerkenswert, sie werden in einigen Einzelfällen jedoch deutlich überboten und zwar derart stark, dass von einem regelrechten Meinungsumsturz gesprochen werden kann.

Indes, nicht nur findet Meinungswandel statt, er weist ausserdem einen signifikanten Zusammenhang zu den Kampagnenausgaben auf. Für jede zusätzliche Million, die für die Kampagne ausgegeben wird, erhöht sich der Zustimmungsanteil des finanzkräftigeren Lagers in Webers Modell (2012: 93) um 2 Prozent. Das sieht zunächst einmal nach wenig aus, ist allerdings bei näherer Betrachtung – insbesondere angesichts der Tatsache, dass die Ausgabendifferenzen zwischen den beiden Lagern zuweilen mehrere Millionen betragen und knapp die Hälfte aller Abstimmungen relativ knapp ausgehen – ein bemerkenswerter Effekt. Die Kampagneneffekte sind zudem bei Initiativen generell stärker als bei Referenden (Weber 2012: 88). Allerdings weist Weber (2012: 93) auch darauf hin, dass bei einer nicht unerheblichen Zahl von Abstimmungen die Mehrheitsverhältnisse bereits vor Beginn des Abstimmungskampfs derart deutlich waren, dass – Weber zitiert hier Hertigs (1982) epochemachende Untersuchung – «die Ware bereits vergeben ist, bevor der kaufkräftigste Kunde den Laden betritt».

Welches Fazit lässt sich daraus ziehen? Nicht alle Abstimmungen sind käuflich. Gerade diejenigen, zumeist hochemotionalen und wenig sachbezogenen Abstimmungskampagnen, denen man üblicherweise einen übergrossen Einfluss zuspricht, haben einen vergleichsweise geringen Überzeugungseffekt. Nur wenige lassen sich durch solche Kampagnen umstimmen. Hinzu kommt, dass selbst bei solchen Abstimmungen, bei denen die Kontextfaktoren ideal sind für starke Kampagneneffekte, die «meistbietende» Partei nicht immer siegreich hervorgeht: Die Arbeitslosenversicherungsabstimmung von 1997, die IV-Abstimmung (1999), die Abstimmung über die «Abzocker-Initiative» (2013) wie auch die Abstimmung über das EMG (2002) sind gute Beispiele dafür. Wir resümieren also in Abwandlung von Hertigs Worten: Wer eine Abstimmung kaufen will, der kann dies zwar in der Gewissheit versuchen, dass viel Geld sicherlich nicht schaden und unter bestimmten Bedingungen gar sehr hilfreich sein kann. Allerdings wird er vom «Verkäufer der Ware» (Hertig 1982: 56) bestimmt keine Garantie auf Erfolg erhalten.

6.4 Steuern die Parteien das Volk?

Eine der bedeutsamsten Funktionen intermediärer Institutionen – und zu diesen zählen auch und vor allem die Parteien – für das politische System besteht in der Vermittlung zwischen Politik und Gesellschaft.[291] In diesem Sinne obliegt den intermediären Organisationen die Aufgabe, komplexe politische Entscheidprobleme gewissermassen «von oben nach unten» zu übersetzen. Dies ist insbesondere in einer halbdirekten Demokratie wie der schweizerischen, wo über eine Vielzahl von Sachfragen aus unterschiedlichsten Themenfeldern entschieden wird, erforderlich und demokratietheoretisch im Prinzip begrüssenswert. Denn manche Vorlagen, über die das Stimmvolk zu befinden hat, sind derart komplex, dass sie selbst die Politikexperten unter den Stimmbürgern (und im Übrigen auch manchen der gewählten Volkvertreter)[292] überfordern. Mit anderen Worten: Bei direktdemokratischen Entscheiden sind viele Stimmbürger in irgendwelcher Form auf das Urteil anderer angewiesen.[293]

---

291 Kapitel 6.4 basiert auf Milic 2010.
292 Man sehe sich zu diesem Zweck einmal den Schweizer Dokumentarfilm *Mais im Bundeshuus* (2003) des Regisseurs Jean-Stéphan Bron an.
293 Trechsel und Sciarini (1998) haben diesbezüglich festgestellt, dass bei den Vox-Befragungen nur ein Fünftel der Stimmenden angibt, den Entscheid völlig unabhängig gefällt zu haben. Die überwiegende Mehrheit verwendet hingegen unterschiedliche Formen von Entscheidhilfen. Diese Entscheidhilfen können kognitiv wenig aufwendige Heuristiken wie Parteiparolen sein. Zu ihnen gehören aber auch die medial veröffentlichen Standpunkte der Parteien, also Argumente und Positionspapiere, deren Verarbeitung zu einem Urnenentscheid einen nicht geringen kognitiven Aufwand abverlangt.

Als «Vereinfacher» (im Sinne von Heuristikanbietern) kommen in erster Linie die Parteien infrage. Diese nehmen jene Transmissionsaufgabe bei Abstimmungen in der Schweiz auch wahr: Sie äussern sich im Vorfeld einer Abstimmung zu den Vor- und Nachteilen einer Annahme der Vorlage, sie diskutieren Initiativen und Referenden an ihren Delegiertenversammlungen und fassen in der Regel Abstimmungsparolen, die nachfolgend in den Medien publik gemacht werden und ihren Anhängerschaften als Stimmempfehlungen dienen. Darüber hinaus treten Parteiexponenten auch in der Medienöffentlichkeit auf, wo sie mit (mehr oder minder) sachlichen Argumenten ihre eigenen Anhängerschaften, aber auch die parteiungebundenen Stimmbürger von der Parteilinie zu überzeugen versuchen. Kurz, die Parteien beteiligen sich stark am Meinungsbildungsprozess bei Sachabstimmungen in der Schweiz. Mehr noch: Ausgehend vom Bild des kognitiven Geizkragens ist gar davon auszugehen, dass die Parteien das Volk bei Sachabstimmungen steuern. Sollte das Schweizer Elektorat nämlich tatsächlich eine Ansammlung kognitiver Geizkragen sein, dann drängen sich ihm die Stimmempfehlungen der Parteien, die für einen durchschnittlichen Medienkonsumenten relativ einfach zugänglich sind, geradezu auf. Denn sie vereinfachen den Entscheid ungemein, vorausgesetzt natürlich, man vertraut der eigenen, bevorzugten Partei, Sachfragen in aller Regel gleich zu bewerten wie man selbst (vgl. Kapitel 5.4).

Sind die Parteien demnach die heimlichen Regenten der direkten Demokratie? Steuern sie das Volk bei Abstimmungen, wie es in einem älteren Beitrag zum *Handbuch der Schweizer Politik* (Trechsel 2002) hiess? Überraschenderweise wurde diese Frage bis anhin vorwiegend negativ beantwortet. Aufgrund der grossen Unkenntnis der Parteiparolen unter der Stimmbürgerschaft und des Umstands, dass selbst jene, welche die Parolen kennen, in Umfragen leugnen, sie blind befolgt zu haben, kamen einige Schweizer Abstimmungsforscher zum Schluss, dass die Parteien keinen allzu starken Einfluss auf das Stimmergebnis haben (Kobach 1994, Trechsel 2002, Kriesi 1994, 2005, siehe aber auch Wagschal 2009). Allerdings bemisst sich der Einfluss der Parteien auf den Meinungsbildungsprozess nicht bloss an der Parolenkenntnis und der (vom Phänomen der sozialen Erwünschtheit behafteten) Selbstangabe der Parolenbefolgung, sondern auch daran, wie Parteien auf die inhaltliche Argumentation der Stimmbürger einwirken. Dieser Einfluss wiederum kann unter bestimmten Umständen beträchtlich sein (Milic 2010).

In der Folge soll der Frage nach dem Parteieneinfluss bei Sachabstimmungen in drei Etappen nachgegangen werden: Zunächst einmal interessieren die Kenntnis der Parteiparolen und ihre Befolgung. Sodann werden diese Ergebnisse der aggregierten Parolenkonformität gegenübergestellt. Zuletzt wird die Frage zu beantworten versucht, wie stark Parteien auf die systematische Auseinandersetzung mit dem Entscheidstoff Einfluss nehmen.

6.4.1 Parolenkenntnis

Individuen suchen in komplexen Entscheidsituationen Zuflucht zu simplen Entscheidregeln (vgl. Kapitel 5.4). Die Parteiparolen erfüllen die Funktion einer solchen simplen Entscheidregel in fast schon idealtypischer Art und Weise: Sie ermöglichen es einem Parteisympathisanten, die Informationskosten einzusparen, die anfallen würden, um einen kompetenten und interessengeleiteten Entscheid zu fällen. Denn anstatt sich detailliert mit dem Entscheidmaterial auseinanderzusetzen, wird bloss die Parteiparole befolgt, und zwar in der Annahme, dass der Standpunkt der bevorzugten Partei und die eigenen politischen Ansichten in aller Regel deckungsgleich sind. Die Stimmempfehlungen der Parteien wiederum sind ziemlich einfach in Erfahrung zu bringen: Die Zeitungen etwa veröffentlichen im Vorfeld von Abstimmungen oft die von den Parteien gefassten Parolen oder berichten zumindest kurz über die Ergebnisse der nationalen oder kantonalen Delegiertenversammlungen, bei denen Abstimmungsparolen beschlossen wurden. Im Internetzeitalter sind die Stimmempfehlungen einer Vielzahl von Parteien und Interessenorganisationen zudem per einfachem Mausklick ausfindig zu machen. Parteiempfehlungen stehen jenen Stimmbürgern, die kognitive Anstrengungen nur ungern auf sich nehmen wollen, demnach stets zu Diensten. Ausgehend vom Menschenbild des kognitiven Geizkragens müsste eine überwältigende Mehrheit der parteiaffinen Stimmbürger die Hilfe dieser idealtypischen Heuristik in Anspruch nehmen.

Dem ist jedoch überraschenderweise nicht so. Damit Parolen direkt in einen Entscheid umgesetzt werden können, müssen sie erstens bekannt sein und zweitens die wichtigste Referenz bei der Meinungsbildung darstellen. Indes, Hanspeter Kriesi hat 1994 anhand der Vox-Daten herausgefunden, dass beide Voraussetzungen selten erfüllt werden. Zunächst einmal hält Kriesi fest, dass nur etwa der Hälfte der Parteigebundenen die

Abbildung 6.12: Kenntnis der Parteiparolen (Anteile jeweils in % aller Stimmberechtigten)

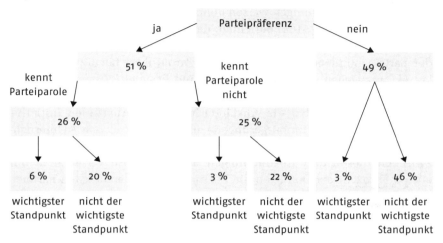

Quelle: Kriesi 1994.

Parole ihrer eigenen Partei bekannt ist. Und nur für ein weiteres Viertel dieser Parteisympathisanten – insgesamt also 6 Prozent der Stimmbevölkerung – bildet die Parole auch den wichtigsten Standpunkt bei der Meinungsbildung. Weitere 3 Prozent der Stimmberechtigten gaben an, die Parolen befolgt zu haben, ohne allerdings imstande gewesen zu sein, die korrekte Parole ihrer Identifikationspartei angeben zu können. Das klingt etwas seltsam, mag jedoch damit begründet werden, dass diese Individuen der vermuteten Parole ihrer Partei gefolgt sind oder der Parole ihrer kantonalen Partei Folge geleistet haben. Zuletzt gab es Personen (ebenfalls 3 % der Stimmbürgerschaft), die zwar keine Parteipräferenz haben, sich aber dennoch an einer Parteiparole orientiert haben. Kriesi erklärt dieses kontraintuitive Phänomen damit, dass Personen, die zwar keine Parteipräferenz haben, sich gleichwohl ideologisch zu verorten vermögen (d.h., sich links oder rechts einstufen) und in der Folge die Parole einer Partei aus dem entsprechenden politischen Lager beachtet haben. Insgesamt kommt Kriesi somit auf einen Anteil von 12 Prozent der Stimmberechtigten, die Parolen (mehr oder weniger) unreflektiert umgesetzt haben. Das deckt sich im Übrigen mit den Ergebnissen von Trechsel und Sciarini (1998), die einen Anteil von 16 Prozent für diejenigen ermittelt haben, die angeben, der Standpunkt der Partei sei bei der Meinungsbildung der wichtigste gewesen.[294]

Neuere Untersuchungen weisen höhere Werte für die Parolenkenntnis aus. Selb et al. (2009: 164) berichten, dass bei der Abstimmung über die Asylgesetzrevision (24.9.2006) am Ende der Kampagne etwa 70 Prozent der parteigebundenen Stimmenden die Parole ihrer bevorzugten Partei korrekt anzugeben wussten. Bonfadelli und Friemel (2012) kommen zu teilweise vergleichbaren Resultaten bei ihrer Analyse dreier Abstimmungen (Bundesgesetz über die Ausländerinnen und Ausländer, Initiative «Für demokratische Einbürgerungen» und das Gesetz zur «Unternehmenssteuerreform II»). Allerdings variierte die Kenntnis der Parolen stark zwischen diesen drei Abstimmungen. Beispielsweise vermochten nur etwa 20 Prozent der Befragten die Position der wählerstärksten Parteien zur «Einbürgerungsinitiative» der SVP zu Beginn der Kampagne korrekt anzugeben, während fast alle die Empfehlungen bei der Unternehmenssteuerreform kannten (Bonfadelli und Friemel 2012: 177). Allerdings sind die Zahlen von Selb et al. (2009) sowie Bonfadelli und Friemel mit jenen von Kriesi (1994) nur schwer zu vergleichen, weil die beiden erstgenannten Studien nur gerade eine bzw. drei Vorlagen berücksichtigen und die Grundgesamtheiten zudem nicht dieselben sind. Es ist demnach kaum klar, ob die Parolenkenntnis tatsächlich zugenommen hat oder ob die etwa bei Selb et al. (2009) ausgewiesenen, höheren Werte für die Parolenkenntnis hauptsächlich mit dem Stimmthema – die Asyl- und Ausländerpolitik, bei der die Parolen wohl einfacher zu erraten sind als bei

---

[294] Hertig (1982) ist auf ähnliche Resultate gekommen. Er stellte fest, dass etwa 60 Prozent der stimmenden Parteianhänger die Parole ihrer Partei korrekt angeben konnten. Er fügte noch hinzu, dass der Anteil derer, welche die Parole ihrer Partei auch wirklich kannten, wahrscheinlich tiefer liegt. Deswegen, weil es zuweilen leicht fällt, die Parole der Partei zu erraten. Beispielsweise wussten (oder ahnten) drei Viertel der SP-Sympathisanten, dass ihre Partei ein Ja zur «Reichtumssteuer» empfohlen hatte. In Anbetracht dessen, dass die SP sich als Interessenvertreter einkommensschwacher Gruppen sieht, war dies sicherlich leicht zu erraten. Bei der ideologisch schwieriger einzuordnenden «Ersatzdienst-Vorlage» betrug derselbe Anteil allerdings nur noch 13 Prozent. Die SP hatte damals Stimmfreigabe beschlossen, was nur eine kleine Minderheit der SP-Sympathisanten wusste.

anderen, weniger vertrauten Stimmthemen – zu tun haben. Doch selbst bei einer optimistischen Auslegung der Ergebnisse von Selb et al. (2009) und Bonfadelli und Friemel (2012) bleibt eine erhebliche Zahl von parteigebundenen Stimmbürgern, welche die offizielle Empfehlung ihrer Identifikationspartei offenbar nicht kennt. Eine Parole zu kennen (oder zu erraten) und sie «pflichtgemäss» umzusetzen, sind aber zwei unterschiedliche Dinge. Deshalb müssen wir davon ausgehen, dass die Zahl derer, welche die Parole ihrer jeweils bevorzugten Partei wie getreue Parteisoldaten umsetzten, nochmals um einiges geringer ist.

Schliesst man von der Kenntnis der Parteiparolen direkt auf ihre Verwendung in Form einer Entscheidhilfe und anschliessend auf den Einfluss der Parteien auf Sachabstimmungen im Generellen, so kommt man nicht umhin, diesen als gering einzustufen. Angesichts der Befunde internationaler Studien zur Heuristikverwendung, die in der Regel eine rege Nutzung der Parteisympathie bei Wahlen belegen konnten (z. B. Lodge und Hamill 1986, Conover und Feldman 1989, Rahn 1993), erstaunt der helvetische Befund. Überall sonst bildet die Parteisympathie einen ganz zentralen Referenzpunkt bei der politischen Meinungsbildung, nur in der Schweiz soll dies anders sein? Entspricht der Schweizer Stimmbürger nicht dem sonst gängigen Bild des kognitiven Geizkragens?[295] In der Tat ist der Schweizer Stimmbürger inhaltlich stärker involviert, als man dies aufgrund der pessimistischen Befunde etwa aus den USA (vgl. Kapitel 6.1) erwarten durfte. Hanspeter Kriesi (2005) hält zudem fest, dass der Schweizer Stimmbürger mehrheitlich argumentbasiert (d. h. systematisch) entscheidet und nur in der Minderzahl der Fälle Heuristiken (darunter auch die Parteisympathie) anwendet. Wenn es aber so ist, dass der

---

295 Es liesse sich dagegen einwenden, dass diese Selbstangaben möglicherweise etwas verzerrt sind. Denn wer gibt schon offen zu, dass er sich eigentlich keinerlei Gedanken zur Abstimmung gemacht hat und die Parole blind in einen Urnenentscheid umgesetzt habe? Deshalb dürfte der Anteil derer, die Parolen «soldatisch» befolgen, wohl etwas höher liegen. Allerdings wird dieser Anteil nicht drastisch höher sein. Kriesi (2005) hat die Antworten zu den Abstimmungsargumenten analysiert und dabei festgestellt, dass in der Mehrheit argumentenbasiert entschieden wird und nur in der Minderheit Heuristiken (und das schliesst Parteiparolen mit ein) verwendet werden. Direkte Parolenbefolgung ist also eher die Ausnahme als die Regel.

Stimmbürger Parteiparolen unbeachtet lässt, d. h. parteiunabhängig entscheidet, dann darf doch daraus gefolgert werden, dass auch die Parolenkonformität der Stimmbürger gering ist? Der folgende Abschnitt wird zeigen, dass dies paradoxerweise nicht der Fall ist.

6.4.2 Parolenkonformität des Stimmverhaltens

Zu Beginn gilt es, den Begriff der Parolenkonformität zu klären. Was ist darunter zu verstehen? Die Parolenkonformität gibt an, inwieweit das Stimmverhalten der Parteianhängerschaften mit den Empfehlungen der Parteien übereinstimmt. Die Parolenkonformität wird auf Aggregatebene ermittelt und ist hoch, wenn die Anhängerschaften so gestimmt haben, wie es ihre Partei empfiehlt, entsprechend tief, wenn sich die Sympathisanten nicht an die Empfehlung gehalten haben. Wie gezeigt, sind die Parteiparolen nur einer Minderheit der Stimmenden bekannt und einer noch geringeren Zahl dienten sie als Referenzpunkt bei der Meinungsbildung. Daraus liesse sich, wie gesagt, schlussfolgern, dass die Parolenkonformität in der Schweiz zwangsläufig tief sein muss. Insbesondere bei Sachfragen, die nicht zu den Kernthemen der bevorzugten Partei gehören, sollte die Parolenkonformität den oben geäusserten Erwartungen gemäss tief sein. Bei Kernthemen hingegen könnte sich trotz geringer Parolenkenntnis eine Übereinstimmung zwischen Parteisympathisanten und Parteiempfehlung ergeben, ganz einfach deshalb, weil beide unabhängig voneinander, aber auf der Basis derselben Wertevorstellungen, die Sympathisanten und ihre Parteiführung bei Kernthemen in der Regel teilen, zum selben Entscheid gelangen. Bei Abstimmungsfragen, die nicht zu den Kernthemen der bevorzugten Partei gehören, ist dies jedoch weitaus weniger wahrscheinlich. Denn wenn die Parteistandpunkte einer grossen Mehrheit unbekannt sind bzw. für diese nicht entscheidrelevant waren, dann kann sich auch nur schwerlich ein hoher Deckungsgrad zwischen den Parteistandpunkten und dem Stimmverhalten ergeben. Diese Annahme, so plausibel sie vordergründig klingen mag, lässt sich, wie wir in der Folge sehen werden, empirisch jedoch nicht belegen.

Doch bevor die Resultate der Parolenkonformitätsanalyse präsentiert werden, gilt es auf ein Messproblem hinzuweisen. Das Problem besteht im notorischen Sektionalismus der Schweizer Parteien. Nicht selten weichen die Empfehlungen kantonaler Parteien von derjenigen der nationalen Delegiertenversammlung ab. Die Tabelle 6.5 zeigt, dass dies keine Ein-

Tabelle 6.5: Abweichung kantonaler Parolen von jener der nationalen Mutterpartei (1981–2011, in %, gerundet)

Partei (n*)	Anzahl abweichender Kantonalparteien in %				
	keine	1	2–4	5–10	über 11
SP (258)	77	9	10	3	1
CVP (258)	55	14	17	10	4
FDP (258)	63	10	14	9	5
SVP (258)	53	13	21	9	3

* Anzahl Vorlagen.
Daten: Hanspeter Kriesi, eigene Auswertungen.

zelfälle sind, wenngleich eine kantonal wie national gleichlautende Stimmempfehlung bei allen vier grossen Bundesratsparteien der Normalfall ist (zwischen 53 und 77 %).

Manchmal scheren aber derart viele kantonale Parteien aus, dass die Stimmempfehlung der nationalen Dachorganisation als statistischer Ausreisser erscheint. In solchen Fällen zeitigt eine streng an den Parolen der nationalen Mutterpartei ausgerichtete Analyse wohl verzerrte Resultate. Mit anderen Worten: Wenn wir die Parolenbefolgung einzig daran messen, ob die Empfehlung der Bundespartei beachtet wurde oder nicht, dann laufen wir Gefahr, die Parolenkonformität tendenziell zu unterschätzen. Denn es könnte sein, dass jemand zwar nicht die Parole der nationalen Delegiertenversammlung, aber diejenige seines Kantons befolgt hat, die allerdings anders lautet als jene der nationalen Mutterpartei. Abbildung 6.13 erhärtet diesen Verdacht: Je höher die Anzahl der kantonalen Abweichungen, desto seltener orientiert sich das Stimmverhalten der Parteianhängerschaften an der Empfehlung der nationalen Mutterpartei.

Trotzdem bleibt eine an den Empfehlungen der nationalen Delegiertenversammlung ausgerichtete Parolenkonformitätsanalyse die verlässlichste Methode (vgl. Wagschal 2009).[296] Die Tabelle 6.6 informiert, um wie viele Prozentpunkte der aggregierte Stimmentscheid der betreffenden Parteianhängerschaften von der Parteiparole abwich. Es wurde sowohl

---

[296] Die Datengrundlage für den Vergleich bilden die Vox-Individualdaten. Die in der Vox-Umfrage ermittelten Ja- bzw. Nein-Stimmen-Anteile der Parteianhängerschaften wurden mit den entsprechenden Parteiparolen abgeglichen.

Abbildung 6.13: Anzahl abweichender kantonaler Parolen und die Abweichung des Stimmverhaltens der jeweiligen Parteianhängerschaften von der Empfehlung der nationalen Mutterpartei (in Prozentpunkten)

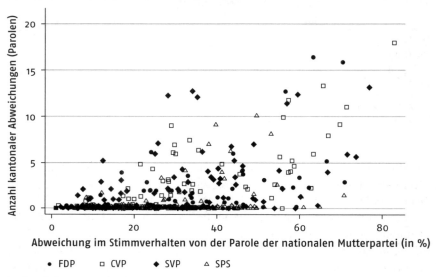

Quellen: Swissvotes, Voxit, eigene Berechnungen.

ein Gesamtdurchschnitt errechnet wie auch Durchschnittswerte für einzelne, ausgewählte Vorlagengruppen und Konfliktkonfigurationen.

Wenn man die Durchschnittswerte der Parteianhängerschaften für alle Vorlagen betrachtet, ohne zwischen den Vorlagengruppen oder den Konfliktkonstellationen zu unterscheiden, werden eher geringfügige Abweichungen von der Parteilinie sichtbar. Gesamthaft gesehen wichen bei den vier grossen Bundesratsparteien im untersuchten Zeitraum rund 30 Prozent von den Parteipositionen ab. Der Wert variiert zwar zwischen den Parteianhängerschaften, aber nicht sonderlich stark. Er war zwischen 2000 und 2011 bei der CVP am höchsten (31%), bei der SVP am tiefsten (27,8%). Dabei handelt es sich aber um Maximalwerte der Parolenabweichung, die in der Realität geringer sein dürften, da, wie gesagt, kantonale Parteien immer wieder anderslautende Parolen formulieren. Betrachtet man deshalb bloss diejenigen Abstimmungen, bei denen die jeweils bevorzugte Partei mit «einer» Stimme sprach, d.h., keine kantonalen Abweichungen verzeichnet wurden, steigt die Parolenkonformität nochmals

Tabelle 6.6: Parolenkonformität: Abweichung des Stimmverhaltens der Parteianhängerschaften von den Parolen ihrer Parteien (106 Vorlagen 2000–2011, in %). Total ausgewählte Konfliktfelder und -konstellationen

Konfliktfeld	Parteianhängerschaften				
	N	SP	CVP	FDP	SVP
Asyl- und Ausländerpolitik	10	22	36	39	11
Aussenpolitik	9	20	34	24	24
Armeeabstimmungen	6	35	16	17	20
Sozialpolitik	25	32	30	27	26
Umweltpolitik	10	33	30	23	23
Institutionen	6	34	24	27	43
Steuern, Finanzen	11	30	32	27	35
Konsens*		26,8 (81)	24,4 (60)	21,5 (67)	20,4 (57)
Total / Durchschnitt	106	29,0	31,0	28,0	27,8

* Konsens meint hier, dass es keine kantonalen Abweichungen gab, d. h., die kantonalen Stimmempfehlungen allesamt gleich lauteten wie diejenige der nationalen Delegiertenversammlung.
Quelle: Hanspeter Kriesi, Voxit, eigene Erhebungen und Berechnungen.

signifikant an. Wenn sich die kantonalen Sektionen der eigenen Partei bei einer Sachfrage einig sind, weicht nur noch rund ein Viertel der Parteianhänger von der nationalen Parole ab (zwischen 20,4 [SVP] und 26,8 % [SPS]). Dies ist doch ein wenig überraschend. Denn es bedeutet, dass wir trotz des Umstands, dass die Haltungen der Parteianhängerschaften und der Parteileitung gewiss nicht bei jeder politischen Sachfrage übereinstimmen, ein themenübergreifendes, (einigermassen) linientreues Stimmverhalten konstatieren.

Tabelle 6.7: Parolenkonformität: Abweichung des Stimmverhaltens der Parteianhängerschaften von den Parolen ihrer Parteien (106 Vorlagen 2000–2011, in %). Total ausgewählte Konfliktkonfigurationen

Konfliktkonfiguration	Parteianhängerschaften				
	N	SP	CVP	FDP	SVP
«Grosse Koalition»	10	21	15	16	28
«Mitte-Rechts»	49	35	29	21	26
«Mitte-Links»	28	21	34	37	23
Total / Durchschnitt	106	29,0	31,0	28,0	27,8

Quellen: Hanspeter Kriesi, Voxit, eigene Erhebungen und Berechnungen.

Wenn nun das Stimmverhalten zusätzlich nach Konfliktkonstellationen unterschieden wird, ergeben sich jedoch teilweise erhebliche Abweichungen von der Parteilinie. Das ist höchst aufschlussreich: Es deutet darauf hin, dass die Parteien (bzw. wie sie sich im Vorfeld einer Abstimmung positionieren) möglicherweise eine wichtigere Rolle spielen als die Vorlagenthemen (und somit die politischen Grundüberzeugungen der Stimmbürger). Doch schauen wir uns das parolenkonforme Stimmverhalten der verschiedenen Anhängerschaften bei variierender Konfliktkonfiguration etwas genauer an. Die Gefolgschaft der SP beispielsweise weicht dann markant von den Abstimmungsparolen ihrer Partei ab (35 Prozentpunkte), wenn sich ihre bevorzugte Partei alleine[297] gegen die anderen Regierungsparteien stellt («Mitte-Rechts»). Sind sich die bürgerlichen Regierungsparteien in einer Frage einig, dann können sie mit einer verhältnismässig hohen Gefolgschaftstreue (Abweichung SVP: 26; FDP: 21; CVP: 29) rechnen und es fallen ihnen noch zahlreiche Stimmen aus dem linken Lager zu. Was sich wie ein einfach klingendes Erfolgsrezept für die bürgerlichen Regierungsparteien liest, scheitert jedoch oft an der Regierungsopposition der SVP: Bei aussenpolitischen sowie ausländer- und asylpolitischen Abstimmungen kam eine bürgerliche Allianz gegen die SP nur selten zustande. Hingegen konstatieren wir bei diesen Abstimmungen häufig einen Alleingang der SVP. Dieser hat offenbar eine disziplinierende Wirkung, im Sinne eines linientreuen Stimmverhaltens, auf die SP-Anhängerschaft. Sobald die SVP alleine gegen die restlichen Bundesratsparteien antritt, verringert sich bei der SP-Gefolgschaft die Abweichung von der Abstimmungsempfehlung deutlich (auf lediglich 21 Prozentpunkte). Natürlich hat dies auch mit dem Thema der Abstimmung zu tun. Die SVP geht vor allem dort in «Opposition», wo das Antimodernisierungspotenzial besonders hoch ist: bei aussen- sowie ausländer- und asylpolitischen Abstimmungen. Die hohe Parolenkonformität der SP-Anhängerschaft bei diesen Abstimmungen hat also möglicherweise wenig mit der Verwendung «negativer» Heuristiken zu tun, sondern vor allem

---

297 Die als «Mitte-Rechts» bezeichnete Konfliktkonstellation beschreibt eine Abstimmung, bei der die SP meist im Verbund mit den Grünen und anderen linken Kleinparteien gegen eine bürgerliche-konservative Allianz bestehend aus CVP, FDP, SVP und weiteren Parteien rechts der Mitte antritt.

mit dem spezifischen Thema. Wie stark nun das Stimmverhalten vom Thema oder von den Parolen abhängt, ist allein aufgrund der vorliegenden Aggregatdatenanalyse kaum abzuschätzen. Das liegt daran, dass das Konzept der Konfliktkonstellation ein komplexes Amalgam ist, bestehend aus verschiedenen Elementen, wovon die Befolgung der Parteiparole nur eines und gewiss nicht das wirkungsmächtigste ist. Indes, mit dem Vorlageninhalt allein sind die Unterschiede in der Parolenkonformität zwischen den Konfliktkonstellationstypen nicht zu erklären. Die bei Europa- und Ausländerabstimmungen häufig angegebenen Motive wie «gegen Blocher, gegen SVP oder gegen politische Rechte» deuten darauf hin, dass die Parteiparolen oder zumindest das, was die Befragten als Haltung einer Partei perzipieren, einen Einfluss haben.

Wenn sich die SVP mit ihrer Stimmempfehlung von den anderen Regierungsparteien distanziert («Mitte-Links»), darf sie auf einen beträchtlichen Teil der Stimmen der FDP-Anhängerschaft (63 %) und der CVP-Anhängerschaft (66 %) hoffen. Bei der SVP selbst dividieren sich die Haltungen der Parteielite und der Anhängerschaft am ehesten bei Abstimmungen auseinander, denen kein nennenswerter Konflikt vorausging («Grosse Koalition», d. h., die grossen Parteien fassten alle dieselbe Parole): Durchschnittlich 28 Prozent der SVP-Sympathisanten hörten bei diesen Vorlagen nicht auf die Empfehlung ihrer Partei. Wenn die Bundesratsparteien sich unisono für oder gegen eine Vorlage aussprechen, dann folgen die Anhängerschaften der CVP und FDP dieser Empfehlung am stärksten (15 bzw. 16 % Abweichung), gefolgt von der SP (21 %).

Zusammengefasst lässt sich sagen, dass der Anteil derer, die parolenkonform stimmen, angesichts dessen, dass über eine Vielzahl von Themen abgestimmt wird, erstaunlich hoch ist. Der Anteil variiert zwischen den Parteien und den Konfliktfeldern nur mässig bis gering. Hingegen hat die Konfliktkonstellation einen gewissen Einfluss auf die «Linientreue» des Stimmverhaltens, was als ein erstes Indiz für einen nicht unbedeutenden Parteieneinfluss auf das Abstimmungsergebnis zu deuten ist. Indes, so sehr diese Ergebnisse für sich alleine genommen Sinn machen, so stehen sie doch in einem augenscheinlichen Widerspruch zu den Resultaten der Analyse der Parolenkenntnis. Diese haben gezeigt, dass Parolen nicht flächendeckend bekannt sind und noch seltener blind befolgt werden. Unbekannte Parolen können aber selbstredend nicht in einen Stimmentscheid umgesetzt werden. Woher rührt dann diese beachtliche Parolenkonformität im Stimmverhalten? Anders gefragt: Wie kommt dieses enge Band zwischen Parteielite und -basis zustande, wenn Parteiheuristiken nicht angewendet werden? Dieses empirische Rätsel wollen wir im nachfolgenden Abschnitt zu lösen versuchen.

6.4.3 Nehmen die Parteien Einfluss auf die inhaltliche Argumentation ihrer Anhängerschaften?

Wie gezeigt werden konnte, lässt sich eine inhaltlich unreflektierte Aneignung der Parteilinie nur selten beobachten (vgl. hierzu auch Milic 2010). Im Gegenteil, eine Mehrheit der Schweizer Stimmbürgerschaft weiss ihren Entscheid inhaltlich zu begründen. Damit ist noch nichts über die Qualität dieser Inhaltsangaben gesagt. Häufig werden in Meinungsumfragen leidglich Propaganda-Slogans wiederholt, die irgendwo aufgeschnappt wurden (Hertig 1982). Aber fest steht, die meisten Stimmenden können ein inhaltliches Motiv – so undifferenziert dieses zuweilen auch sein mag – für ihren Entscheid angeben (vgl. Kriesi 2005). Das wiederum bedeutet, dass in der Regel der systematische und nicht der heuristische Pfad der Informationsverarbeitung eingeschlagen wird. Jedoch müsste die systematische Auseinandersetzung mit dem Entscheidstoff doch eigentlich zu einem Ergebnis führen, das parteiunabhängig ist, jedoch mit den eigenen politischen Grundüberzeugungen stark im Einklang steht.[298] Doch dies ist häufig nicht der Fall: Die parteiaffine Stimmbürgerschaft entscheidet nicht nur parolenkonform, sie argumentiert häufig auch gleich wie ihre bevorzugten Parteien und dies, wohlgemerkt, trotz inhaltlicher Differenzen zum Programm der eigenen Partei (Milic 2008b, 2010).

Kurz, die Stimmbürgerschaft setzt sich zwar systematisch mit Abstimmungsinhalten auseinander, aber ihr Entscheid scheint einen starken heuristischen Bias aufzuweisen. Des Rätsels Lösung könnte die Annahme sein, dass die Stimmbürgerschaft bei Bedarf beide Informationsverarbeitungsstrategien – heuristisch und systematisch – miteinander kombiniert. Dieses Zusammenspiel beider Modi konnte in der psychologischen Kognitionsforschung nachgewiesen werden (u. a. Chaiken et al. 1989, Petty

---

298 Wenn für die Bewertung einer Vorlage weder die Parteilinie noch andere Heuristiken als Evaluationsgrundlage herangezogen werden, dann kommen nur noch die eigenen politischen Grundeinstellungen als Bewertungsbasis infrage.

und Cacioppo 1986). Dabei sind unterschiedliche Formen des Zusammenspiels denkbar: Zum einen der additive Einsatz beider Modi (Chaiken und Maheswaran 1994). Dies setzt allerdings voraus, dass sich der heuristische Hinweisreiz (z. B. die Parteiaffinität) wie auch die eigentliche Message (das Argument drückt beispielsweise eine Wertehaltung aus, die man ebenfalls teilt) nicht widersprechen, sondern ergänzen. In solchen Fällen ist es jedoch kaum möglich, die einzelnen Effekte zu isolieren, mit dem Resultat, dass der Effekt der Heuristik in der Regel unterschätzt wird.

Zum anderen ist aber auch denkbar, dass der eine Modus den anderen beeinflusst (vor allem, wenn die beiden Verarbeitungsstrategien unterschiedliche Schlussfolgerungen evozieren). In aller Regel verläuft dieser Bias in eine Richtung: Heuristiken nehmen Einfluss auf prozedurale Abläufe der systematischen Verarbeitung (*heuristically biased systematic engagement*). Was darunter zu verstehen ist, kann an einem konkreten Beispiel verdeutlicht werden: Chen, Shechter und Chaiken (1996) wiesen nach, dass Individuen mit einer starken Tendenz zu sozialer Konformität Informationen zwar durchaus systematisch verarbeiteten, jedoch derart, dass das Resultat dieses Prozesses stets in Einklang mit den sozialen Erwartungen an die eigene Person stand. Chaiken und Maheswaran (1994) kamen zu einem ähnlichen Schluss: Sie konnten in einem Experiment zeigen, dass bei mehrdeutigen Informationen letztlich die Glaubwürdigkeit der Informationsquelle den Ausschlag gab. Anders gesagt: Die Versuchspersonen verarbeiteten die Argumente systematisch, besassen jedoch eine ambivalente Haltung zu diesen und verliessen sich deshalb im Endeffekt auf eine Form der Vertrauensheuristik. Kurz, die Aufnahme von Argumenten hängt nicht bloss von ihrer inhaltlichen Überzeugungskraft, sondern auch von zusätzlichen Kontextinformationen (d. h. heuristischen Hinweisen) ab.

Auf den Meinungsbildungsprozess bei Abstimmungen bezogen bedeutet dies, dass die Stimmbürger die Argumente kennen und auch eine Meinung dazu besitzen. Diese ist jedoch nicht (partei-)unabhängig, d. h., von den eigenen Wertehaltungen hergeleitet worden,[299] sondern sie hat sich

---

299 Dabei ist klar, dass auch die Herleitung von spezifischen, sachfragenbezogenen Einstellungen aus grundlegenden Prinzipien nicht völlig voraussetzungslos ist: Es bedarf eines gewissen Kontextwissens, um diese Bezüge herstellen

vor allem im Kontakt mit hochgradig parteiischen Informationsquellen herauskristallisiert (vgl. Gelman und King 1993, Finkel und Schrott 1995, Bartels 2002). Die Vorlagenbewertung wird demnach nicht bloss auf der Basis simpler Heuristiken vorgenommen, sondern häufig aufgrund inhaltlicher Kriterien. Die Inhaltsbewertung ist jedoch selten ein eindimensionaler Vorgang, weswegen bei der Verinnerlichung von inhaltlichen Argumenten wieder Heuristiken ins Spiel kommen.

Dafür gibt es zahlreiche empirische Indizien: Parteisympathisanten neigen beispielsweise dazu, den Argumenten, die von der eigenen Partei ins Feld geführt werden, eher zuzustimmen als solchen, die vom ideologischen Gegner vorgebracht werden, und zwar selbst dann, wenn die mit der Sachfrage verknüpften, eigenen politischen Überzeugungen der Linie der bevorzugten Partei zuwiderlaufen (vgl. Dalton 2002, Milic 2008b, 2010, Selb et al. 2009, Sciarini und Tresch 2009, Schläpfer 2011).[300] Dies dürfte umso eher der Fall sein, wenn ein Parteisympathisant eine ambivalente Haltung zu einer spezifischen Sachfrage besitzt. Ambivalenz ist dabei das Resultat von Erwägungen mit unterschiedlicher Valenz (Zaller 1992). Dies ist, wie Zaller (1996) plausibel schildert, ein

---

zu können. Dieses Kontextwissen wiederum wird in der Regel von den politischen Eliten – in der Form bestimmter Deutungsmuster – bereitgestellt. D. h., eine aus abstrakten Wertevorstellungen hergeleitete issuebezogene Position ist kein selbstständig entwickelter politischer Standpunkt. Aber dieser Prozess ist in diesem Sinne als «unabhängig» (oder systematisch) zu bezeichnen, als die einmal etablierten Bezüge zwischen Werten und konkreten Issue-Orientierungen unabhängig von den sich möglicherweise wandelnden Parteibezügen funktionieren.

300 Es leuchtet sofort ein, dass bei identischen Prädispositionen eine Parteikonformität ganz einfach dadurch erzielt wird, dass eine Vorlage bei der Parteielite und -basis auf dieselben zugrunde liegenden Wertehaltungen stösst. In einem solchen Fall braucht es weder die Kenntnis der Parteiparole noch diejenige der Argumente der bevorzugten Partei, um letztlich so zu stimmen und auch so zu argumentieren, wie es die eigene Partei empfiehlt bzw. tut. Die Empirie zeigt jedoch, dass Parteisympathisanten den Argumenten ihrer Partei auch dann eher Glauben schenken als denjenigen des ideologischen Gegners, wenn sie die grundsätzlichen Ansichten ihrer Partei zu einem spezifischen Issue nicht teilen (Milic 2010).

häufiges Phänomen. Politische Sachfragen weisen ja häufig nicht bloss einen, sondern mehrere (mögliche) Wertebezüge auf. Zum Beispiel der Steuerabzug für die Eigenbetreuung von Kindern, worüber am 24.11.2013 abgestimmt wurde, konnte entweder als fiskal- oder als gesellschaftspolitische Frage aufgefasst werden. Deshalb ist die Annahme, dass ein gehöriger Teil der Stimmbürgerschaft bei vielen Abstimmungsfragen sowohl Pro- wie auch Kontra-Argumente unterstützt, alles andere als abwegig (Zaller und Feldman 1992, Lavine 2001, Alvarez und Brehm 2002, Basinger und Lavine 2005). Wie aber entscheiden sich Stimmbürger in einer solchen, von hoher Entscheidambivalenz geprägten Situation? Häufig dürfte wohl die Parteisympathie den Ausschlag geben, d. h., man folgt den Argumenten der eigenen Partei.

Selb et al. (2009) haben diesbezüglich den Meinungsbildungsprozess zur Revision des Asylgesetzes (24.9.2006) untersucht und festgestellt, dass die Kampagne einen Lernprozess bei den Stimmbürgern auslöste. Dieser betraf jedoch weniger das Argumentenangebot im Generellen als vielmehr die Positionen der Parteien, insbesondere jene der eigenen Partei. Weil der Stimmbürger im Verlauf einer Kampagne mehr über die Haltungen und Positionen der Parteien erfuhr, vermochte er auch eher seine Stimmabsicht mit seinen grundlegenden politischen Prädispositionen – und dazu gehört in erster Linie die Parteiidentifikation – in Einklang zu bringen. Der Abstimmungskampf dient also vor allem dazu, die Position der eigenen Partei in Erfahrung zu bringen und nicht etwa, sich ein möglichst umfassendes Bild von der Vorlage zu schaffen.

Sciarini und Tresch (2009) haben das Stimmverhalten bei öffnungspolitischen Abstimmungen untersucht und dabei festgestellt, dass der Einfluss der Parteizugehörigkeit selbst dann noch signifikant war, wenn man für die Argumente kontrollierte. Mit anderen Worten: Sympathisanten linker Parteien stimmten anders ab als solche rechter Parteien, auch wenn sie dieselben grundsätzlichen Haltungen bezüglich einer europapolitischen Vorlage teilten. Milic (2010) konnte schliesslich nachweisen, dass die Anhängerschaften der SP und SVP ihre inhaltlichen Positionen bei zwei thematisch sehr ähnlichen Abstimmungen[301] innerhalb von vier Jahren massgeblich änderten und somit der (wechselnden) Parteiargu-

---

301 Dabei handelte es sich um die Abstimmungen über die SVP-Goldinitiative (2002) und die von der SP lancierte KOSA-Initiative (2006).

mentation anpassten, während die Gefolgschaften derjenigen Parteien, die in beiden Fällen gleichlautende Parolen fassten, bei ihrer usprünglichen Haltung blieben. All dies deutet darauf hin, dass die inhaltlichen Standpunkte der Parteien nach wie vor einen hohen Orientierungswert für parteigebundene Stimmbürger besitzen.

Wir können also bilanzieren: Die Stimmbürger entscheiden zwar häufig argumentenbasiert, aber die Argumente werden ihnen von den Parteien angeboten. Und was noch wichtiger ist: Diese Argumente werden in der Regel nicht aufgrund ihrer inhaltlichen Überzeugungskraft beurteilt (und somit nicht mit den eigenen Wertevorstellungen abgeglichen), sondern aufgrund dessen, *wer* sie vorbringt (vgl. hierzu Kuklinski und Hurley 1994, Sciarini und Tresch 2009). Auf diese Weise nehmen die Parteien Einfluss auf den Meinungsbildungsprozess der Stimmbürgerschaft, d.h. weniger über die offiziellen Parteiparolen, sondern vielmehr durch die argumentativ begleitete Veröffentlichung ihrer Standpunkte.

6.4.4 Steuern die Parteien das Volk bei Sachabstimmungen?

Die Parteien vermögen das Stimmvolk nicht in eine beliebige Richtung zu steuern. Dies liegt auch daran, dass der Schweizer Stimmbürger sich eingehender mit dem Entscheidstoff auseinandersetzt, als nötig wäre, um bloss die einfachsten kognitiven Daumenregeln anwenden zu können. Die offiziellen Parteiparolen, die einem kognitiven Geizkragen in sehr effizienter Art und Weise dienlich wären, um Informationskosten zu sparen, sind keineswegs allen bekannt und werden selten direkt in einen Entscheid umgesetzt.

Aber die Einflussnahme der Parteien bemisst sich nicht bloss am Stellenwert, den die Parolen für den Entscheid haben, sondern auch an ihrem «begleitenden» Einfluss. Begleitend meint in diesem Kontext, dass sich die Parteisympathisanten inhaltlich mit der Vorlage auseinandersetzen, aber unter der (in der Regel unbewussten) Leitung ihrer Partei. Die bevorzugte Partei hat – bildlich gesprochen – eine ähnliche Funktion wie ein akademischer Tutor, der den Lernprozess von Studierenden beobachtet und bei Bedarf helfend eingreift. Im Endeffekt übernehmen die Parteisympathisanten häufig die Argumentation ihrer Partei und sind demnach auch imstande, ihren Entscheid materiell zu begründen. Dieser argumentativ-unterstützende Einfluss der Parteien auf ihre Anhängerschaft reicht selbstredend noch nicht aus, um von einer Parteiendominanz zu sprechen. Dass von einer «Steuerung» nicht die Rede sein kann, beweist allein schon die Aggregatanalyse der Parolenkonformität. Aber ihr Einfluss ist nicht so gering, wie man anhand der geringen Parolenbefolgung glauben könnte.

Es kommt hinzu, dass die Parteiidentifikation neben dem direkten auch noch einen indirekten Einfluss ausübt auf die sachpolitischen Einstellungen bzw. auf den Stimmentscheid. Die Parteiidentifikation ist nämlich eine Art «super attitude» (Dalton 2002: 175), insofern als sie das Einstellungssystem eines Parteisympathisanten strukturiert und es so zu einer umfassenden und kohärenten Ideologie formt. D. h., die Parteisympathie wirkt häufig indirekt, und zwar vermittelt durch die von ihr selbst begründeten fundamentalen Überzeugungen und gesellschaftspolitischen Wertevorstellungen, auf das Stimmverhalten und nicht allein über Parolen oder über die mediale Vermittlung ihrer Standpunkte (siehe Campbell et al. 1960, Bartels 2002, Goren 2005). In diesem Licht besehen muss der Parteiidentifikation ein höherer Stellenwert beigemessen werden, als dies bislang teilweise der Fall war. Alles in allem kann man sagen: Die Parteien steuern nicht das Volk, aber sie «begleiten» es bei der Meinungsbildung.

6.5 Die Behörden im Abstimmungskampf

Die Parteien sind nicht die einzigen Elitenakteure, die auf Volksabstimmungen Einfluss zu nehmen vermögen. Der Bundesrat engagiert sich ebenfalls in Abstimmungskämpfen und hat dabei den Parteivertretern gegenüber einen zum Teil erheblichen (publizistischen) Prominenzvorsprung. Dass den Standpunkten der Regierung vonseiten der Stimmbürgerschaft deshalb auch Beachtung geschenkt wird, ist nicht weiter verwunderlich. Doch wie stark ist der Einfluss der Behörden auf das Abstimmungsverhalten tatsächlich? Bildet der Umstand, dass der Regierung in der Regel ein privilegierter Platz in der Medienberichterstattung eingeräumt wird, ebenso wie die vielfältigen Einflussmöglichkeiten der Behörden im Kampf um Stimmbürgerstimmen einen wettbewerbsverzerrenden Faktor? Diesen Fragen geht das vorliegende Kapitel nach.

6.5.1 Die Einflussmöglichkeiten der Behörden

Zuvor war von den vielfältigen Einflussmöglichkeiten der Regierung die Rede. Was ist damit gemeint? Wie nimmt der Bundesrat Einfluss auf die Meinungsbildung? In erster Linie dadurch, dass Abstimmungsinformationen vermittelt werden. Dies geschieht zunächst einmal dadurch, dass sich die Regierung gewissermassen direkt an die Stimmberechtigten richtet, und zwar indem sie Stimmempfehlungen formuliert. Diese werden in den meisten Medien publiziert und können ausserdem der Informationsbroschüre (dem Bundesbüchlein), die allen Stimmberechtigten zusammen mit Stimmzettel und -ausweis kostenlos zugesandt wird, entnommen werden. Bei Vorlagen, die nur eine geringe mediale Aufmerksamkeit erringen, ist das Bundesbüchlein – und die darin abgedruckten Empfehlungen von Bundesrat und Parlament[302] – häufig eine der wenigen Entscheidgrundlagen bzw. Informationen.

Weiter steht es dem Bundesrat bzw. den einzelnen Mitgliedern des Regierungskollegiums zu, für die «offizielle» Behördenposition zu werben, beispielsweise in Diskussionssendungen wie der *Arena*. Steht eine Behördenvorlage zum Entscheid an, wird vom Vorsteher des federführenden Departements fast schon erwartet, dass er sich öffentlich dafür engagiert. Dies steht in diametralem Gegensatz zu den kalifornischen Behörden, die sich bei Abstimmungen strikt neutral zu verhalten haben (von Arx 2002). Sich bei Abstimmungen bloss auf die «neutrale» Vermittlung von Basisinformationen zu beschränken, wurde auch schon für den Schweizer Bundesrat gefordert.[303]

---

302 Gemäss dem Bundesgesetz für politische Rechte (Art. 10 Abs. 4 BPR) ist es dem Bundesrat (seit 2009) nicht (mehr) erlaubt, eine der Empfehlung des Parlaments widersprechende Haltung zu vertreten. Allerdings ist ein solcher Fall in der Vergangenheit bislang nur einmal eingetreten: bei der Abstimmung über die Revision des Arbeitsgesetzes 1996 (Kriesi 2009b). Unklar ist jedoch, ob der Bundesrat eine Stimmempfehlung formulieren darf, wenn sich beide Ratskammern nicht auf eine Empfehlung einigen konnten (vgl. die Diskussionen um die Stimmempfehlung des Bundesrats zur «Abzocker-Initiative»).

303 Die «Maulkorb-Initiative» der SVP forderte ein faktisches Verbot von öffentlichen Auftritten des Bundesrats und der obersten Kader der Bundesverwaltung in Abstimmungskämpfen. Damit sollte der Bundesrat von seiner Rolle als «politische Partei», wie die Befürworterschaft der Initiative argumentierte,

Neben der Vermittlung von Abstimmungsinformationen stehen den Behörden auch noch andere, indirekte Einflusskanäle offen. So können die Behörden die plebiszitäre Agenda festlegen. Die Bundeskanzlei bestimmt darüber, welche Themen dem Volk wann und in welcher Kombination vorgelegt werden. Die Bundeskanzlei hat diesbezüglich zwar keine absolut freie Hand. Der Handlungsspielraum bei der Ansetzung der Termine und Vorlagen ist begrenzt, etwa durch die maximalen Behandlungsfristen, die bei Initiativen eingehalten werden müssen (ParlG Art. 97, 100, 105, 106). Aber es bleibt ein gewisser Manövrierraum, insbesondere bei Initiativen, der zuweilen auch genutzt wird (vgl. Selb 2008: 327). Dem Bundesrat und dem Parlament steht es des Weiteren zu, einen Gegenvorschlag zu einer Initiative zu formulieren. Vor 1987 war dabei ein Doppel-Ja ungültig, weshalb die Behörden der Initiative oftmals aus taktischen Gründen – um das Lager der Reformwilligen zu spalten und somit die Erfolgschancen der Initiative zu schmälern – einen Gegenvorschlag gegenüberstellten. Diese strategischen Gegenvorschläge sind seit 1987 seltener geworden, da der Stimmbürger seither ein doppeltes Ja einlegen kann. Die Möglichkeit, im Vorfeld der Abstimmung Teile der Initiativforderungen auf Gesetzes- oder Verordnungsstufe vorwegzunehmen («indirekter Gegenvorschlag»), existiert jedoch weiterhin, und es wird auch reger Gebrauch davon gemacht. Auch indirekte Gegenvorschläge schmälern die Erfolgschancen der Initiative, weil die Behörden im Abstimmungskampf darauf hinweisen können, dass weite Teile der Initiativforderungen schon erfüllt seien und die Initiative somit inzwischen «erledigt» sei.

6.5.2 Die Stimmempfehlung des Bundesrats – empirische Ergebnisse

Von all diesen erwähnten Einflussmöglichkeiten bildet die Stimmempfehlung sicherlich die unmittelbarste. Der Bundesrat wendet sich direkt an die Stimmberechtigten und empfiehlt ihnen eine bestimmte Lösungsvariante. Wir haben in den vorangehenden Kapiteln gesehen, dass dieser Stimmvorschlag als Entscheidhilfe dienen kann, als solcher ist er schliesslich auch gedacht. Deshalb wollen wir uns mit der Behördenempfehlung etwas eingehender befassen.

---

weitestgehend entbunden werden. Die Vorlage wurde am 1. Juni 2008 mit 75,2 Prozent Nein-Stimmen abgelehnt.

Die Empfehlungen des Bundesrats dienen in der Tat nicht wenigen Stimmbürgern als «Wetterfeuer» bei der Meinungsbildung, insbesondere wenn die eigene Informationslage so prekär ist wie das Steuern eines Schiffs auf stürmischer See. Trechsel und Sciarini (1998) haben auf der Basis der Vox-Daten ermittelt, dass durchschnittlich 16,5 Prozent aller Stimmenden bei Interviews angeben, dass die Empfehlung der Regierung der wichtigste Referenzpunkt bei der Meinungsbildung gewesen sei.[304] Dieser Anteil ist beachtlich, bedeutet jedoch noch nicht, dass diese Befragten die Bundesratsempfehlung direkt, d. h., ohne sich weiter um den Vorlageninhalt zu kümmern, umgesetzt haben. Es bedeutet lediglich, dass sie der Behördenposition den Vorzug vor allen anderen Standpunkten gaben (vgl. Milic 2012b). Nichtsdestoweniger spricht dies für ein beachtliches Einflusspotenzial der Exekutive. Wertet man die spontanen Motivangaben[305] der Befragten aus (siehe Tabelle 6.8), erhält man zudem weitere, nicht weniger beeindruckende Belege für das Einflusspotenzial des Bundesrats (Milic 2012b).

Im Durchschnitt geben 2,2 Prozent der Stimmenden die Empfehlung des Bundesrats als erstes Stimmmotiv an. Das sieht nach wenig aus, ist es jedoch keineswegs. Erstens handelt es sich um Personen, die in der Regel kein weiteres inhaltliches Stimmmotiv anzugeben wussten und demnach die Empfehlung des Bundesrats mit grosser Wahrscheinlichkeit direkt in einen Urnenentscheid umgesetzt haben. Zweitens variiert dieser Anteil stark. Bei gewissen, konfliktarmen Abstimmungen betrug er mehr als 10 Prozent. Der Maximalwert in der von uns untersuchten Zeitperiode betrug gar 14,1 Prozent und wurde bei der Abstimmung über das wenig umstrittene Pulverregal (1997) erzielt. Könnte eine Kampagnenagentur ein Einflusspotenzial von 14 Prozent aller Stimmenden bei Abstimmungen garantieren, sie würde von «kaufwilligen» Interessenorganisationen oder Parteien wohl sogleich überrannt werden. Drittens gilt zu bedenken,

---

304 Der Untersuchungszeitraum lag zwischen Juni 1981 und Dezember 1992. Die Analyse beinhaltete insgesamt 58 Vorlagen. Bei Kriesi (1994) beträgt der Anteil derer, die angaben, dass der Standpunkt der Regierung das wichtigste Element bei der Meinungsbildung gewesen sei, 15 Prozent.
305 Es handelt sich hierbei um eine offene Vox-Frage nach den wichtigsten Gründen für den Stimmentscheid. Ausgewertet wurde dabei ausschliesslich die Erstangabe.

Tabelle 6.8: Verwendung von Entscheidhilfen bei Abstimmungen (Angaben von Empfehlungen bei der Motivfrage, in % aller Motivangaben)

Art der Entscheidhilfen	n	Mittelwert	Std. Dev.	Min.	Max.
Empfehlungen Total	113	4,7	4,27	0,2	22,5
Empfehlungen Ja	114	4,6	5,40	0	26,4
Empfehlungen Nein	113	3,6	2,92	0	12,7
Parteiparolen	86	1	1,01	0	5
Empfehlungen Bundesrat	94	2,2	2,92	0	14,1

Quellen: Hanspeter Kriesi, Voxit, eigene Erhebungen und Berechnungen.

dass dieser Anteil jeweils im Verhältnis zur Gesamtheit der Stimmenden ermittelt wurde. Errechnet man den Anteil der regierungstreuen Stimmbürger nur im Verhältnis zum Lager jener, die der Regierungsempfehlung getreu gestimmt haben, steigt dieser Wert nochmals stark an: Bei der Abstimmung über die Abschaffung der allgemeinen Volksinitiative gab beispielsweise fast jeder vierte Befürworter an, die Empfehlung des Bundesrats befolgt zu haben (Kuster et al. 2009). Es ist wohl nicht zu weit hergeholt zu sagen, dass der Bundesrat das Ergebnis solcher Abstimmungen entscheidend zu beeinflussen vermag.

Wir haben bereits darauf hingewiesen, dass die Umsetzung der Behördenempfehlung von Urnengang zu Urnengang variiert. Bei welchen Abstimmungen hat sie nun einen hohen und bei welchen einen tiefen Orientierungswert? Eine multivariate Untersuchung (Milic 2012b) hat ergeben, dass die Verwendung der Regierungsempfehlung im Wesentlichen von zwei Kontextfaktoren abhängig ist: einerseits von der Komplexität der Vorlage (d.h., wie alltagsnah bzw. -fern ist das Thema der vorgelegten Sachfrage) und andererseits vom generellen Niveau des Regierungsvertrauens. Die Alltagsnähe des Stimmthemas spielt dabei die wichtigere Rolle: Je weniger vertraut den Stimmbürgern das Vorlagenthema ist, desto stärker vertrauen sie dem Rat der Regierung. Die *first difference* – der vom Modell geschätzte Effekt, der sich ergibt, wenn man die unabhängige Variable, in diesem Fall die Komplexität einer Vorlage, von ihrem (realen) Minimum auf ihr (reales) Maximum erhöht – beträgt 9,25 Prozent. Dies entspricht bei einer durchschnittlichen Stimmbeteiligung von 45 Prozent und einer Elektoratsgrösse von fünf Millionen Stimmberechtigten (Stand: 2009) fast 200 000 Stimmende. Mit anderen Worten: Der Unterschied in der direkten Befolgung von Regierungsempfehlungen kann zwischen einer hochkomplexen und einer sehr alltagsnahen Vorlage gegen 200 000 Stimmende betragen, und dies bei Konstanthaltung aller anderen relevanten Einflussfaktoren.

Aber auch das Regierungsvertrauen ist von Bedeutung. Die *first difference* beträgt hier knapp 4 Prozent. Dieser Wert zeigt das Einflusspotenzial des Bundesrats noch eindrücklicher: Vertraut das Elektorat dem Bundesrat in hohem Masse, werden seine Empfehlungen auch signifikant stärker umgesetzt. Ist das Vertrauen in Bundesbern jedoch gering, so finden die Stimmempfehlungen im Bundesbüchlein auch geringere Beachtung.

6.5.3 Das Bundesbüchlein – staatliches Propagandamaterial?

Ein häufig geäusserter Vorwurf an die Informationstätigkeit des Bundesrats ist jener, dass die amtliche Informationsbroschüre, das Bundesbüchlein, nicht neutral über die Vorlagen berichte, sondern in der Tendenz darauf ausgelegt sei, eine Mehrheit für die Behördenposition zu gewinnen (vgl. z. B. Gruner und Hertig 1983: 113 f.). So empörte sich beispielsweise einer der Mitinitianten der Minarettverbotsinitiative in den Medien lautstark darüber, dass im Bundesbüchlein Unwahrheiten über die abzustimmende Vorlage zu finden seien. «Das Abstimmungsbüchlein ist tendenziös», resümierte der St. Galler SVP-Nationalrat Lukas Reimann und fügte hinzu: «Es dient nicht der Information der Stimmbürger, sondern ist ein mit Steuergeldern finanziertes Propagandamittel des Bundesrats.»[306] Hat die Lektüre des Bundesbüchleins einen Effekt auf das Stimmverhalten der Stimmbürgerschaft, der systematisch zulasten der Regierungsopposition ausfällt?

Zunächst einmal ist zu vermerken, dass es vom Elektorat stark genutzt wird. Durchschnittlich etwa 70 Prozent der Stimmenden nutzen die Informationsbroschüre des Bundes als Informationsquelle.[307] Damit ist sie hinter Zeitungsartikeln und Fernsehsendungen die drittbeliebteste Informationsressource. Das bedeutet zwar noch nicht, dass sich diese Stimmenden notwendigerweise auch in den Inhalt des Bundesbüchleins

---

306 «Gegner der Minarett-Initiative sind aufgewacht», *Tages-Anzeiger* vom 11.10.2009.
307 Diese Werte liegen deutlich höher als jene, die Gruner und Hertig (1983: 129) in den frühen 1980er-Jahren ausgewiesen.

vertieft haben. Möglicherweise war die Lektüre eine oberflächliche. Aber trotzdem bzw. gerade dann ist es ziemlich wahrscheinlich, dass sie die Lösungspräferenz des Bundesrats kennen. Denn, wie gesagt, ist es die Stimmempfehlung, die bei einem flüchtigen Kontakt mit dem Bundesbüchlein noch am ehesten heraussticht. Die hohe Reichweite des Bundesbüchleins garantiert somit zumindest, dass die Stimmbürger den Informations- (und Persuasions-)Bemühungen der Behörden ausgesetzt sind.

Wie steht es nun um die Ausgewogenheit der Berichterstattung? Die Neutralität und Ausgewogenheit des Bundesbüchleins wurde in einer Lizentiatsarbeit von Andreas Christen (2005) erstmals systematisch überprüft. Der Autor kommt in der Tat zum Schluss, dass die Erläuterungen des Bundesrats prominenter dargestellt und besser vermittelt werden. Das deckt sich mit dem eher impressionistisch gewonnenen Urteil von Gruner und Hertig (1983: 113), die im Bundesbüchlein behördliches Werbematerial sahen (vgl. auch Kriesi 1994: 235).

Hat jedoch dieser richtungspolitische Bias in der Informationsvermittlung auch einen Einfluss auf das effektive Stimmverhalten? Mit anderen Worten: Führt die Lektüre des Bundesbüchleins dazu, im Zweifelsfalle zugunsten der Regierung zu stimmen? Kriesi (1994) sowie Trechsel und

Abbildung 6.14: Anteil Nutzung Bundesbüchlein (2000–2013, in % der Teilnehmenden)

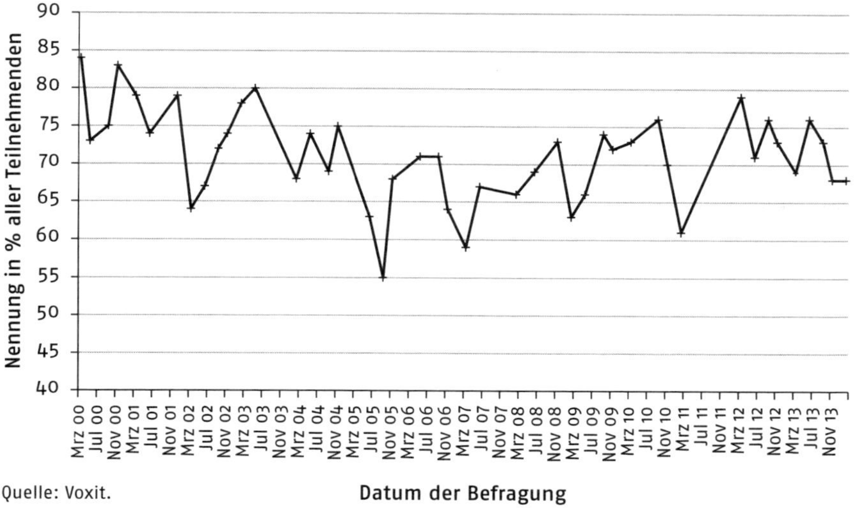

Quelle: Voxit.   Datum der Befragung

Sciarini (1998) konstatieren beide einen signifikanten Zusammenhang zwischen der Nutzung des Bundesbüchleins und der Stimmentscheidung. Allerdings ist dieser Zusammenhang schwach ausgeprägt. Hinzu kommt, dass bereits bei der Informationsaufnahme eine Selektion vorgenommen wird, d.h., Medieninformationen, die aller Voraussicht nach nicht mit den eigenen Wertehaltungen in Einklang zu bringen sind, werden geflissentlich gemieden (*selective exposure* als Folge von Dissonanzvermeidung, siehe dazu Festinger 1957, Zillmann und Bryant 1985). In solch einem Fall würde der wahre Grund für den regierungskonformen Stimmentscheid nicht in der Mediennutzung als solches liegen, sondern in einer politischen Grundhaltung, die man durch den Konsum konsonanter Informationsquellen zu stützen versucht.

In jedem Fall ist der richtungsrelevante Effekt, den das Bundesbüchlein auf das Stimmverhalten ausübt, als eher gering einzustufen. Dies zeigt eine simple Auswertung der Nutzung des Bundesbüchleins und des regierungskonformen Stimmverhaltens (siehe Abbildung unten). Zwar ist

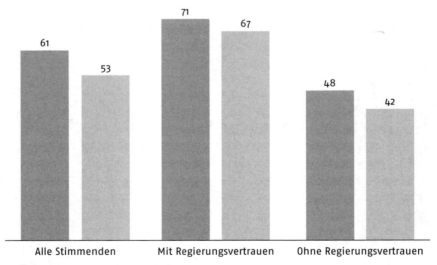

Abbildung 6.15: Regierungskonformes Stimmverhalten (in %) und Nutzung des Bundesbüchleins

Quellen: Voxit (n = 104 535), eigene Berechnungen.

der Anteil derer, die regierungskonform stimmten, bei den Nutzern des Bundesbüchleins stets höher als bei jenen, welche die Informationsbroschüre bei der Meinungsbildung nicht berücksichtigten – und dies sowohl bei denen, die der Regierung prinzipiell nicht vertrauen wie auch bei denen, die ihr Vertrauen entgegenbringen. Jedoch sind diese Unterschiede gering. Das Bundesbüchlein ist somit kein Instrument der Staatspropaganda, zumindest kein besonders wirkungsvolles.

6.5.4 Wie gross ist der Einfluss der Behörden auf das Abstimmungsergebnis?

Es steht ausser Frage: Den Empfehlungen des Bundesrats wird durchaus Beachtung geschenkt. Insbesondere bei wenig vertrauten und wenig umstrittenen Abstimmungsthemen haben die Standpunkte der Regierung ein hohes Gewicht und werden nicht bloss zur Kenntnis genommen, sondern häufig vertrauensvoll umgesetzt. Dies liegt auch daran, dass bei solchen Abstimmungen neben der Regierungsempfehlung kaum ein anderes Elitensignal zu vernehmen ist. Die Stimmbürgerschaft, die bei solchen Abstimmungen nach Entscheidhilfen sucht, wird mit grosser Wahrscheinlichkeit zuerst im Bundesbüchlein fündig, und folgerichtig erhöht sich die Wahrscheinlichkeit, die abgedruckte Regierungsempfehlung umzusetzen, auch um ein Vielfaches. Allerdings wäre es voreilig, darin eine demokratieschädliche Wirkung oder gar eine Manipulation zu sehen. Denn bei solchen Abstimmungen, die sich, wie gesagt, dadurch auszeichnen, dass sie wenig umstritten sind, würde die öffentliche Meinungsbildung in der Regel nicht anders ablaufen, wenn neben der Regierungsempfehlung verstärkt auch noch andere Elitensignale gesendet würden. Die Empfehlungen anderer Akteure würden mit grosser Wahrscheinlichkeit gleich lauten wie jene des Bundesrats.[308] Und es ist davon auszugehen, dass sich der Stimmbürger dessen, wenn auch möglicherweise nur

---

308 Bei den sechs Abstimmungen mit dem höchsten Anteil an der Umsetzung der Regierungsempfehlungen (Verzicht Einführung Allgemeine Volksinitiative [2009], Pulverregal [1997], Justizreform [2000], Neue Finanzordnung [2004], Änderung der Volksrechte [2003]), gab es mit Ausnahme der Einführung der Allgemeinen Volksinitiative keine nennenswerte Opposition zur Behördenempfehlung.

dumpf, bewusst ist. Er ist in diesem Sinne ein *monitorial citizen*, der bei lauen Abstimmungskämpfen von einem Elitenkonsens ausgeht und deshalb keinen Grund sieht, von der Behördenempfehlung, die wie gesagt, häufig das Einzige ist, was er von dieser Vorlage weiss, abzuweichen. Wenn aber ein intensiver Abstimmungskampf ausgefochten wird, schrillen gewissermassen die Alarmglocken. Der *monitorial citizen* vertraut nun nicht uneingeschränkt der Regierungsempfehlung, sondern beginnt, sich eingehender mit der Vorlage auseinanderzusetzen. Das Bundesbüchlein wiederum informiert zwar unausgewogen über die vorgelegten Sachfragen, indem es die «offizielle» Position bevorzugt behandelt, es hat jedoch, wenn überhaupt, nur einen schwachen Einfluss auf das Stimmverhalten der Bürger.

6.6 Kann der Bürger seine Präferenzen an der Urne korrekt umsetzen?

Demokratie ist den famosen Worten Abraham Lincolns gemäss (u. a.) «government by the people». Es ist also der Volkswille, der in einer Demokratie umgesetzt werden soll. Doch worin besteht der Wille des Volkes? In einem direktdemokratischen System wie dem schweizerischen, so wird zuweilen argumentiert, äussert sich der Volkswille bei den entsprechenden Sachabstimmungen. Diese Sichtweise setzt aber voraus, dass der Stimmbürger imstande ist, seine Präferenzen an der Urne korrekt umzusetzen. Sollte dies nicht der Fall sein, leistet die Demokratie nicht das, was man sich von ihr verspricht (vgl. dazu etwa Frank 2004, Kraft und Schmitt-Beck 2013). Sind nun die Schweizer Bürger in der Lage, ihre Interessen und Wertevorstellungen an der Urne adäquat umzusetzen?

6.6.1 Das Konzept des *correct voting*

Bevor wir uns dieser Frage zuwenden, muss zuerst geklärt werden, was unter einem «korrekten» oder «richtigen» Entscheid verstanden wird. Wenn umgangssprachlich über die Richtigkeit eines Entscheids diskutiert wird, wird häufig implizit davon ausgegangen, dass es eine objektive, zumeist materielle Interessenlage gibt, die den Bürger zu einem ganz bestimmten, eben «richtigen» Entscheid motivieren sollte. Bürger mit tiefem Einkommen beispielsweise sollten dieser Vorstellung gemäss jene

6.6 Kann der Bürger seine Präferenzen an der Urne korrekt umsetzen? | 359

Partei wählen, die ihre materiellen Interessen (etwa Steuererleichterungen für tiefere Einkommensklassen) auch am ehesten vertritt oder sie sollten für eine Vorlage stimmen, die sie finanziell gesehen besser stellt als zuvor (vgl. dazu z. B. Frank 2004 und die kritische Diskussion seiner Annahmen in Bartels 2006). Das Problem dabei ist, dass solche Annahmen in aller Regel ideologisch (und somit normativ) gefärbte Vorstellungen davon enthalten, wie der Mensch ist oder wie er sich verhalten soll. Diese Ansichten sind allerdings nicht objektivierbar und somit offen für normative Kritik (Kuklinski und Quirk 2000). Es kommt ferner hinzu, dass es Sachfragen gibt, die keinen (offensichtlichen) Bezug zu materiellen Interessenlagen aufweisen, sondern nicht pekuniäre Wertehaltungen tangieren (z. B. Fragen der Moral). Eine «quasiobjektive» Herleitung eines «richtigen» Entscheids im Sinne einer Maximierung der eigenen materiellen Interessen wird hier durch den Charakter der Sachfrage vollends verunmöglicht.

Aus diesen Gründen haben sich die beiden amerikanischen Politikwissenschaftler Richard Lau und David Redlawsk auch für einen anderen, allein von subjektiven Kriterien bestimmten Zugang zur Qualitätsbestimmung eines politischen Entscheids entschieden. Ihre Definition eines korrekten Entscheids (Lau et al. 2008, Lau und Redlawsk 1997, 2001) bemisst sich einzig an der Informiertheit des Entscheiders. Korrekte Entscheide, so argumentieren sie, zeichnen sich durch eine vollständige Informiertheit aus – unabhängig davon, welche Wertevorstellungen und Interessen den Entscheid letztlich motivieren. Wer demnach vollständig über einen Sachverhalt informiert ist, der entscheidet dieser Definition gemäss auch korrekt. Dieser Entscheid mag im Einzelfall gar den eigenen materiellen Interessen zuwiderlaufen. Etwa dann, wenn ein vermögender Stimmbürger aus Solidarität mit weniger gut Verdienenden zugunsten einer Steuererhöhung für Reiche stimmt. Aber solange dieser Stimmbürger vollständig informiert ist über die Konsequenzen und Begleitumstände der Vorlage, gilt dieser Entscheid als ein souveräner und somit «korrekter» Entscheid.

Nun ist allerdings kaum ein Wähler oder Stimmbürger vollständig über alle Parteien oder über alle Aspekte einer Vorlage informiert. Sind die Entscheide einer breiten Masse des Elektorats damit zwangsläufig falsch? Dies ist keineswegs der Fall: Ein Entscheid ist im Umkehrschluss zur oben genannten Definition von *correct voting* nur dann als inkorrekt zu bezeichnen, wenn sich das Individuum bei vollständiger Informationslage anders[309] entschieden hätte. Auch ein nur dürftig informierter Stimmbürger kann – beispielsweise durch den effizienten Einsatz von Heuristiken – einen korrekten Entscheid fällen, wenn er sich unter den Bedingungen vollständiger Informiertheit nicht anders entschieden hätte (Hobolt-Binzer 2007). Die Vorteile einer solchen Qualitätsbestimmung liegen auf der Hand: Ein Entscheid muss nicht bestimmte «objektive» Vorgaben erfüllen, um als korrekt bezeichnet zu werden. Die Entscheidqualität[310] wird anhand dessen bestimmt, ob der Entscheid bei verbesserter Informationslage immer noch derselbe ist. Es geht also im Wesentlichen darum, wie stabil der Entscheid unter sich verändernden Informationsvoraussetzungen bleibt.

Wie messen Lau und Redlawsk diese Stabilität? Und vor allem: Wie lässt sich ein vollständig informierter Entscheid simulieren, wenn doch eine vollständige Informationslage nur für die allerwenigsten Stimmbürger vorausgesetzt werden kann? *Correct voting* wird auf zweierlei Arten erhoben (siehe z. B. Lau und Redlawsk 2001). In einem Fall handelt es sich um eine experimentelle Untersuchungsanlage, im anderen Fall um einen aus Befragungsdaten gewonnenen Indikator. Die experimentelle Erhebung beginnt mit der Simulation einer Wahl. Die Probanden müssen sich in einer simulierten Wahl zunächst einmal für einen der Kandidaten entschliessen – wobei ihnen eine Handvoll Informationen zugespielt werden. Danach werden die Probanden zu Versuchszwecken umfassender über die Kandidierenden informiert und zuletzt gefragt, ob sie bei ihrem zuvor angegebenen Entscheid bleiben wollen oder nicht. Bleiben sie bei ihrem Entscheid, wird er als korrekt taxiert, ansonsten als inkorrekt. Lau und Mitautoren (2008) berichten, dass zwei Drittel aller Probanden jeweils an ihrem ursprünglichen Entscheid festhielten.

309 So heisst es etwa bei Hobolt-Binzer (2007: 156), dass ein korrekter Stimmentscheid zu definieren sei «*as one that is based on preferences specific to the issue on the ballot and that would be the same if full information were available*».

310 Lau et al. (2014) gewichten die Fähigkeit, korrekt abzustimmen, höher als die Beteiligung, wenn es darum geht, die Entscheidqualität normativ zu bestimmen. Sie argumentieren gar, dass die beiden Konzepte vermutlich in einer Nullsummenbeziehung zueinander stehen, d.h., je höher die Beteiligung, desto eher nehmen auch chronisch uninformierte Stimmbürger teil, was wiederum den Anteil an *correct votes* senkt.

6.6 Kann der Bürger seine Präferenzen an der Urne korrekt umsetzen?

Die normativ-naive Messmethode, wie Lau und Redlawsk (2001) sie nennen, kann mit Surveydaten durchgeführt werden. Dabei werden die Probanden zunächst zu ihrer persönlichen Haltung zu einer Vielzahl von Sachfragen, aber auch zu Parteien und Kandidaten gefragt. Dabei wird nicht bloss die Sachfragenorientierung abgefragt, sondern auch die Parteisympathie, die wahrgenommene Attraktivität der Kandidaten, welchen Bezugsgruppen sich der Proband zugehörig fühlt und vieles mehr. Weiter wird auch eine Gewichtung der Sachfragenbezüge vorgenommen. Wird ein bestimmtes Issue nur im Zusammenhang mit einem Kandidaten genannt, so wird dieses als weniger entscheidrelevant angenommen. Wird es hingegen häufig genannt, wird es stärker gewichtet. Darauf aufbauend wird dann eine Art Wahlwahrscheinlichkeits-Skala erstellt, auf der jedes einzelne Individuum aufgrund seiner von ihm selbst angegebenen Präferenzen verortet werden kann. Der letzte Punkt ist entscheidend: Diese Verortung erfolgt nicht aufgrund äusserer, normativer Kriterien, sondern wird anhand der vom Befragten angegebenen Präferenzen vorgenommen. Ein gewisses von aussen herangetragenes, normatives Element enthält aber auch diese Operationalisierungsmethode: Die Kandidatenposition wird aufgrund von Experteneinschätzungen festgelegt. Prinzipiell denkbar wäre aber auch eine Lokalisierung der Kandidaten aufgrund ihres Abstimmungsverhaltens bei Parlamentsabstimmungen oder ihrer Wahlprogramme (vgl. Swissvotes oder Smartvote). Es wird anschliessend überprüft, wie nahe der vom Probanden gewählte Kandidat der eigenen Position steht (*proximity voting*). Je näher, desto korrekter ist der Entscheid. Die Annahme, die dahinter steht, ist diejenige: Wäre der Proband vollständig informiert gewesen, so hätte er sich für den ihm am nächsten stehenden Kandidaten entschieden. Wurde diese Wahl auch tatsächlich getroffen, galt der Entscheid als korrekt, ansonsten als inkorrekt. Die normativ-naive Messmethode ist die weitaus günstigere und einfacher zu erzielende Messung des *correct voting*. Sie hat aber gegenüber der experimentellen Erhebung den Nachteil, dass zusätzliche Annahmen im Spiel sind, die nicht überprüft werden können.

Bei Abstimmungsentscheiden könnte die Erhebung des «korrekten Entscheids» konzeptionell ähnlich erfolgen, allerdings fehlen die hierzu benötigten Daten. Aus diesem Grund muss auf alternative Messmethoden ausgewichen werden. Nai (2009) schlägt ein Analysekonzept vor, das auf der Unterscheidung zwischen heuristisch und systematisch verarbeitenden Stimmbürgern beruht. Milic (2012a) schlägt ein alternatives Instrument zur Messung des korrekten Entscheids vor. Diese Messmethode beruht auf zwei Annahmen. Die erste Annahme ist jene, wonach eine erhebliche Zahl von Stimmbürgern keine monolithischen, einseitigen Haltungen besitzt, sondern zu den meisten vorgelegten Sachfragen ambivalent eingestellt ist[311] (siehe u. a. Alvarez und Brehm 2002, Basinger und Lavine 2005, Lavine 2001, Zaller und Feldman 1992). Mit anderen Worten: Die Stimmbürgerschaft sieht häufig nicht nur die eine Seite der Medaille, sondern besitzt zugleich negative wie auch positive Erwägungen zu dieser Sachfrage. Zweitens wird vorausgesetzt, dass der Meinungsbildungsprozess, verkürzt dargestellt, im Wesentlichen ein Abwägen dieser positiven und negativen Argumente ist. Pro und Kontra werden somit miteinander verglichen und man entscheidet sich letztlich für jene Alternative, für welche die Mehrzahl der Erwägungen spricht. Zaller und Feldman (1992: 586) beschreiben dies ganz ähnlich: Sie sagen, dass bei Meinungsumfragen ein Mittelwert aller vorhandenen und abrufbaren Erwägungen gebildet und angegeben wird («by averaging across the considerations that happen to be salient at the moment of response»). Diese Haltung kann als Argumentenposition oder auch als inhaltliche Stimmtendenz bezeichnet werden, denn sie fasst die Sachfragenorientierung und damit die Präferenzen des Stimmbürgers in einer simplen Skala zusammen. Die Sachfragenorientierung wird wiederum aus der Argumentenbatterie der Vox hergeleitet. Zum Ende des Vox-Interviews werden den Befragten die zentralen Argumente, die während des Abstimmungskampfs vorgebracht wurden, vorgelegt. Zu jenem Zeitpunkt hat der Befragte seinen Stimmentscheid bereits offengelegt. Auch die Motive für diesen Entscheid wurden vorgängig genannt. Es liegt somit eine Art quasiexperimentelle Situation vor, die jener in Lau und Redlawsks (2001) Experiment nicht unähnlich ist. Schlecht informierte Bürger hören am Schluss des Interviews noch einige Argumente für oder wider die Vorlage, die sie zuvor mit grosser Wahrscheinlichkeit noch nie gehört haben und die somit auch nicht in ihre Entscheidfindung mit eingeflossen sind. Nun wird bei der Vox-Befragung anschliessend nicht gefragt, ob man – nachdem man nun einige Argumente für oder wider die Vorlage gehört

---

[311] Beispielsweise heisst es bei Zaller und Feldman (1992: 585): «The ambivalence axiom: Most people possess opposing considerations on most issues, that is, considerations that might lead them to decide the issue either way.»

habe – immer noch bei seinem Entscheid bleiben möchte oder nicht. Aber das ist auch nicht nötig, denn wir können den (annäherungsweise) vollständig informierten Entscheid des Stimmbürgers von seiner Argumentenhaltung herleiten (für eine detaillierte Beschreibung des Messverfahrens siehe Milic 2012a).

6.6.2 Stimmen die Schweizer korrekt?

Nimmt man die Argumentenhaltung der Befragten zum Massstab, so zeigt sich, dass die Schweizer Stimmbürger im Allgemeinen in der Lage sind, sich ihren Präferenzen entsprechend zu entscheiden. Der durchschnittliche Anteil korrekt Stimmender zwischen 1993 und 2013 (157 Vorlagen) beträgt dieser Berechnungsweise gemäss rund 70 Prozent (vgl. nachfolgende Tabelle).[312]

Erwartungsgemäss ergeben sich zum Teil eklatante Unterschiede zwischen Vorlagen. Die im Parlament völlig unumstrittene Aufhebung des Branntweinartikels (10.3.1996) beispielsweise ist die Abstimmung mit der tiefsten Quote an korrekten Stimmen. Dies ist dem Umstand geschuldet, dass sie keinerlei Kontroversen auslöste, in der Folge auch kaum diskutiert wurde und ihr im Prinzip kein nennenswerter Abstimmungskampf vorausging. Die Vorlage wurde sodann von einer wuchtigen Mehrheit (80,8 %) angenommen, weil sich die Stimmenden mit grosser Wahrscheinlichkeit an die Empfehlungen der politischen Eliten hielten. Wie der Argumententest zeigt, hatte eine beträchtliche Zahl von ihnen aber eine Neigung dazu, der Argumentation der wenigen Gegner beizupflichten.[313] Indes, von diesen Argumenten hatten sie wahrscheinlich bis zum Zeitpunkt der Vox-Nachbefragung nichts gehört. Ein Gegenbeispiel dazu ist die Abstimmung über die Initiative «Für eine Schweiz ohne neue Kampfflugzeuge» (6.6.1993, auch «F/A-18-Initiative»). Kaum eine sicherheitspolitische Vorlage polarisierte derart stark wie die «F/A-18-Initiative» (APA

---

312 Vgl. dazu die ähnlich hohen Werte aus den USA: Lau und Redlawsk 1997, 2008, 2012 oder aus Deutschland: Kraft 2012).
313 In diesem Fall wurden nur gerade zwei Argumente abgefragt. Der Grund dafür war die relativ hohe Zahl von Vorlagen (fünf), über die an jenem Urnengang zu entscheiden war. Die ausserordentlich tiefe Quote an korrekten Stimmen ist gewiss auch auf die geringe Zahl der Argumente zurückzuführen.

Tabelle 6.9: *Correct voting* bei Sachabstimmungen in der Schweiz (jeweils die drei Höchst- und Tiefstwerte, in %)

Vorlage	Untere Grenze *correct voting* (in %)	Obere Grenze *correct voting* (in %)
Aufhebung Spielbankenverbot (1993)	91,5	95,9
Volksinitiative «Schweiz ohne Kampfflugzeuge» (1993)	89,7	94
Ausdehnung der Personenfreizügigkeit (2009)	89,5	95,8
IV-Revision (1999)	46,2	76,3
Volksinitiative «für preisgünstige Nahrungsmittel und ökologische Bauernhöfe» (1998)	45,1	73,9
Branntweinartikel (1996)	36,2	62,7
Durchschnitt 1993–2013	70,5	84,8

Bemerkung: Nicht immer lässt sich zweifelsfrei eruieren, ob korrekt entschieden wurde oder nicht, etwa dann nicht, wenn sich der Befragte nicht mehr daran erinnert, was er eingelegt hat. Die «untere Grenze» bildet diesbezüglich eine «pessimistische» Interpretation der Ergebnisse, während die obere Grenze die optimistischste Interpretation darstellt. Der «wahre» Wert dürfte irgendwo dazwischen liegen (für weitere Details siehe Milic 2012a).

1993). Der Abstimmungskampf war hochemotional und intensiv, die Stimmbürger wussten über die Materie und die vorgelegten Argumente bestens Bescheid, was sich folgerichtig auch in einem sehr hohen Anteil korrekter Stimmen manifestierte.

Insgesamt widersprechen die Befunde zum *correct voting* bei Schweizer Sachabstimmungen (Milic 2012a, 2013) der zuweilen vertretenen, pessimistischen Ansicht, wonach die direkte Demokratie die Bürger überfordere. Zwar trifft Letzteres zweifellos auf einzelne, in der Regel konfliktarme und unumstrittene Vorlagen zu; aber in der Mehrheit der Fälle findet sich der Stimmbürger ziemlich gut im Entscheidungsstoff zurecht. Der Anteil derer, die ihre, manchmal vor ihnen selbst verborgene, Haltungen nicht in ein entsprechendes Votum übertragen können, ist auf jeden Fall nicht höher als jener der «korrekt» Stimmenden. Der Umstand, dass sich die «Falschstimmer» nicht gleichmässig auf die beiden Lager verteilen (Milic 2013), ist jedoch ein Hinweis darauf, dass die Ursache für die fehlerhafte Umsetzung der eigenen Präferenzen systematischen Ursprungs sein muss. Das wiederum würde aber auf ein demokratietheoretisch relevantes Problem hindeuten.

6.7 Diskriminieren die Stimmbürger gesellschaftliche Minderheiten?

Stellt die Volksbeteiligung eine potenzielle Tyrannei der Minderheit durch die Mehrheit dar, vor der bereits James Madison und Alexis de Tocqueville in ihren Schriften gewarnt haben oder werden Minderheiten durch die Volksrechte besonders geschützt?[314] Die politikwissenschaftliche Literatur behandelt das Thema des Minderheitenschutzes in der direkten Demokratie kontrovers, wobei die empirische Basis für die Schweiz bis vor Kurzem relativ schwach war. Einerseits kann im schweizerischen Kontext auf die hohe Integrationswirkung der direkten Demokratie für politische Minderheiten hingewiesen werden, was sich in den breit abgestützten und proportional zusammengesetzten Konkordanzregierungen auf den verschiedenen Ebenen ausdrückt. Andererseits weisen die mehrfach verschobene Einführung des Frauenwahlrechts sowie die verspätete Ausländerintegration auf offensichtliche Verzögerungseffekte durch die Volksrechte hin, was den Schutz der Grundrechte einzelner gesellschaftlicher Gruppen anbelangt.

Verschiedene Untersuchungen beschäftigen sich mit den Wirkungen von Volksentscheiden auf die Rechte von Minderheiten,[315] wobei sich die meisten Studien vor allem auf die aggregierten Abstimmungsergebnisse ganzer Wahlkreise beziehen. Der Schwerpunkt des vorliegenden Kapitels liegt hingegen auf dem individuellen Stimmbürgerverhalten bei minderheitenrelevanten Volksabstimmungen, worüber bis heute kaum Analysen existieren. In diesem Zusammenhang stellen sich folgende Fragen: Wer (d.h. welche gesellschaftliche Gruppe) stimmt besonders für, wer gegen Minderheiten bei Volksabstimmungen? Sind bestimmte Konfliktmuster und übergeordnete gesellschaftliche Spaltungslinien bei Minderheitenabstimmungen zu beobachten und worauf sind diese zurückzuführen? Zunächst erörtert das vorliegende Kapitel die relevanten Einflussfakto-

---

314 Die folgenden Ausführungen basieren auf Vatter (2011) und den dort publizierten Beiträgen, insbesondere Krömler und Vatter (2011).

315 Der Begriff «Minderheit» umfasst im Folgenden in Anlehnung an die Begrifflichkeit der Bundesverfassung (Art. 8 BV) jene Gruppe von Menschen, die aufgrund eines unveräusserlichen oder nur schwer zu verändernden Merkmals (z.B. Rasse, Hautfarbe, Geschlecht, Sprache, nationale Herkunft und Geburt) Gefahr laufen, diskriminiert zu werden.

ren auf die individuelle Stimmentscheidung bei Volksabstimmungen zu Minderheitenrechten. Der zweite Abschnitt geht der Frage nach, ob die direkte Demokratie vor dem Hintergrund der Schweizer Erfahrungen zu einer Tyrannei der Mehrheit geführt hat und welche Minderheiten in diesem Fall besonders negativ betroffen sind. Schliesslich wird aufgezeigt, wie das Zusammenspiel zwischen Vorlageneigenschaften und persönlichen Merkmalen den individuellen Stimmentscheid bei minderheitenrelevanten Vorlagen beeinflussen kann. Basierend auf den erläuterten Befunden schliesst das Kapitel mit einem vorläufigen Fazit zur zentralen Frage, ob die Stimmbürgerschaft gesellschaftliche Minderheiten diskriminiert.

6.7.1 Die Einflussfaktoren auf den individuellen Stimmentscheid bei Minderheitenvorlagen

Die umfassendste Studie, die anhand Schweizer Daten der Frage nachgegangen ist, welche Gruppe von Stimmbürgern besonders für oder gegen Minderheitenanliegen stimmt, ist diejenige von Krömler und Vatter (2011). Die beiden Autoren untersuchten das Stimmverhalten von über 13 000 befragten Stimmbürgern im Rahmen der Vox-Analysen bei insgesamt 23 minderheitenrelevanten Vorlagen im Zeitraum zwischen 1981 und 2007. Nachfolgend werden die von Krömler und Vatter (2011) vorgelegten Ergebnisse über das Abstimmungsverhalten nach individuellen Merkmalen bei minderheitenrelevanten Volksabstimmungen erläutert, wobei auch die Befunde ihrer multivariaten logistischen Mehrebenenmodelle einfliessen.

6.7.1.1 Die Bedeutung kultureller Wertehaltungen

Die empirischen Befunde machen zunächst deutlich, dass kulturelle Werteeinstellungen für den Abstimmungsentscheid bei Minderheitenvorlagen eine wichtige Erklärungsgrösse darstellen. Insbesondere ist die Unterscheidung zwischen einer universalistischen und einer kulturprotektionistischen Position ein wichtiger Faktor bei diesen Abstimmungen, während sich der Gegensatz zwischen materialistischen und postmaterialistischen Wertehaltungen im Sinne von Inglehart (1977) in den multivariaten Analysen als wenig bedeutsam erweist. Im Zentrum des kulturellen Wertekonflikts steht die Frage, welche Gruppen Bürgerrechte erhalten sollen. Die Universalisten folgen einer pluralistischen und gesellschaftsliberalen Gesellschaftskonzeption; die Kulturprotektionisten vertreten hingegen verstärkt traditionelle und exklusive Vorstellungen der Gesellschaft. Ihnen ist Konformität, Unterordnung unter Autoritäten und Selbstdisziplin wichtig, weshalb sie zurückhaltender in der Verteilung von politischen Rechten sind. Insbesondere die Frage zur Chancengleichheit für Ausländer spaltet die Stimmbürgerschaft in zwei annähernd gleich grosse Gruppen, die sich in ihren Minderheiteneinstellungen stark differenzieren. Auch entlang der Einstellungen zum Grad der aussenpolitischen Öffnung der Schweizer Politik (Öffnung versus Bewahrung ihrer Traditionen) unterscheidet sich das Stimmverhalten erheblich. Stimmbürger, die für die Aufrechterhaltung von eidgenössischen Traditionen eintreten, lehnen Minderheitenvorlagen fast doppelt so häufig ab wie jene, die sich für eine gegenüber dem Ausland offene Schweiz aussprechen. Diese Spaltungslinie ist damit sogar noch stärker als die unterschiedlichen Einstellungen zur Chancengleichheit aller. Und sie erreicht dieselben grossen Unterschiede wie die Frage nach der Chancengleichheit von Ausländern, die inhaltlich der rechtlichen Gleichstellung von Minderheiten eindeutig nähersteht.[316] Insgesamt erweisen sich die beiden Wertehaltungen zur Chancengleichheit für Ausländer und zur aussenpolitischen Öffnung der Schweiz als die beiden erklärungskräftigsten Einstellungsgrössen für das Stimmverhalten bei Minderheitenvorlagen. Wer für eine Öffnung der

---

316 Interessanterweise korreliert die Antwort auf die Frage nach der Chancengleichheit aller weniger stark als erwartet mit dem Stimmverhalten zu Minderheiten. Dies hängt wohl wesentlich mit dem unterschiedlichen Verständnis der Befragten mit dem Begriff «alle» zusammen: So befürworten 92 Prozent die Chancengleichheit aller, die Chancengleichheit für Ausländer unterstützen jedoch lediglich 52 Prozent. Wenn nach «allen» gefragt wird, sind damit offenbar nicht immer alle gemeint. Entscheidend ist in diesem Zusammenhang, wie exklusiv das subjektive Verständnis von Gesellschaft ist. Denn wer als der Gesellschaft zugehörig eingestuft wird, dem wird auch Chancengleichheit gewährt – darum sind fast alle Stimmbürger für die Chancengleichheit aller. Die Chancengleichheit für Ausländer scheint deshalb ein validerer Indikator für den Grad des jeweiligen Exklusivitätsverständnisses einer Gesellschaft zu sein und steht auch in einem starken Zusammenhang mit dem Abstimmungsverhalten bei Minderheitenvorlagen. Die Chancengleichheit aller erfasst die entscheidende Differenzierung des Gesellschaftsverständnisses hingegen nicht.

Schweiz eintritt und ein inklusives Gesellschaftsverständnis aufweist, unterstützt Minderheitenanliegen stark überdurchschnittlich, während Traditionalisten und Vertreter von exklusiven Gesellschaftsvorstellungen Minderheitenanliegen deutlich ablehnen. Autoritäre Haltungen (z. B. die Einstellungen zur Armee sowie zu Ruhe und Ordnung) sind dagegen nur einseitig relevant, d. h., Stimmbürger mit antiautoritären Haltungen unterstützen Minderheitenanliegen signifikant stärker, während diese Wertekategorie für den Stimmentscheid von Personen mit autoritären Einstellungen unbedeutend ist.

6.7.1.2 Die Relevanz der Sozialstrukturen

Tabelle 6.10 zeigt, abgesehen vom Merkmal «Religion», für alle soziostrukturellen Merkmale überraschend starke Differenzen im Abstimmungsverhalten auf. Die heute zentrale Stadt-Land-Konfliktlinie lässt sich auch im Stimmverhalten bei minderheitenrelevanten Vorlagen deutlich erkennen: Stimmbürger aus urbanen Gebieten lehnen Minderheitenvorlagen deutlich weniger häufig ab als ländliche Stimmbürger. Zur Erklärung dieser Differenz im Stimmverhalten von städtischen und ländlichen Stimmenden bieten sich zwei Erklärungsansätze an. Zunächst postuliert die Kontakthypothese, dass aufgrund der sozialen Distanz eine traditionellere Wertehaltung besteht (Allport 1954). Des Weiteren ist auch aufgrund der homogenen Gesellschaftsstrukturen in ländlichen Gebieten eine traditionellere Einstellung wahrscheinlich. Diese zu bewahren, stellt eine Wertehaltung dar, aufgrund derer eine kulturprotektionistisch motivierte Ablehnung von Minderheitenanliegen zu erwarten ist. Die zweite soziostrukturelle Spaltung ist jene zwischen der Romandie und der Deutschschweiz: Französischsprachige Schweizer stimmen Minderheitenvorlagen häufiger zu als Deutschschweizer oder Tessiner. Dies stimmt mit den Befunden von Linder et al. (2008) überein, dass die Zustimmung zur politischen Öffnung des Landes und zu sozialpolitischen Vorlagen in der Romandie generell höher ausfällt als in der Deutschschweiz oder im Tessin.

Darüber hinaus bestehen markante Unterschiede im Abstimmungsverhalten zwischen den Alterskohorten. Besonders junge Stimmbürger bis 30 Jahre sprechen sich stark für Minderheitenanliegen aus. Die Zustimmung sinkt dann mit zunehmendem Alter stetig, wobei die über 60-Jährigen als einzige Altersgruppe Minderheitenanliegen überdurch-

6.7 Diskriminieren die Stimmbürger gesellschaftliche Minderheiten?

Tabelle 6.10: Stimmverhalten bei Minderheitenvorlagen

	Gegen Minderheiten, in %	n
Sozialstruktur		
Urbanität		
Stadt	36,5	8 687
Land	46,4	4 608
Sprachregion		
Französisch	33,5	3 145
Deutsch	41,7	9 522
Italienisch	44,6	627
Religion		
Praktizierende Katholiken	44,9	2 976
Nicht praktizierende Katholiken	38,6	2 469
Praktizierende Protestanten	40,8	1 945
Nicht praktizierende Protestanten	38,1	3 671
Andere	36,6	1 927
Alter in Jahren		
18–29	30,7	1 717
30–39	35,1	2 567
40–49	38,4	2 514
50–59	40,0	2 240
60+	47,4	4 241
Geschlecht		
Männer	43,4	6 807
Frauen	36,2	6 488
Bildungsniveau		
Obligatorische Schulzeit	48,8	1 541
Berufslehre	45,3	5 878
Matur/Lehrerseminar	28,0	1 085
Höhere Fachschule	37,2	1 566
Fachhochschule	35,8	909
Universität	27,9	2 199
Beruf		
Bauern	55,9	311
Selbstständige	45,4	1 360
Arbeiter	38,9	238
Privatwirtschaft	36,9	3 406
Öffentlicher Sektor	30,6	2 330
Andere	45,0	112
Nicht erwerbstätig	43,4	5 421

	Gegen Minderheiten, in %	n
Politische Kompetenz		
Vorlagenkenntnis		
Keine	50,1	466
Kennt Vorlage ohne Inhalt	40,1	3 525
Kennt Vorlage + Inhalt	39,3	9 304
Interesse an Politik		
Sehr tief	55,5	356
Tief	44,2	2 136
Hoch	38,7	6 772
Sehr hoch	38,1	3 970
Materielle Werte		
Einkommensunterschiede		
Eher dafür	43,7	5 590
Eher dagegen	35,9	7 089
Vollbeschäftigung		
Sehr wichtig	42,2	6 519
Unwichtig bis wichtig	37,5	6 673
Wirtschaft vs. Umwelt		
Wirtschaft	44,9	7 376
Umwelt	33,1	5 795
Kulturelle Werte		
Ruhe und Ordnung		
Eher wichtig	44,8	9 598
Eher unwichtig	26,8	3 427
Armee		
Eher starke Armee	47,3	7 967
Eher keine Armee	27,9	4 930
Öffnung-Tradition		
Öffnung	31,9	8 986
Tradition	57,6	3 957
Chancengleichheit		
Stark dafür	37,8	10 853
Weniger stark dafür	48,5	2 316
Chancengleichheit Ausländer		
Eher dafür	28,6	6 891
Eher dagegen	53,0	5 906

6.7 Diskriminieren die Stimmbürger gesellschaftliche Minderheiten?

	Gegen Minderheiten, in %	n
Politische Grundhaltung		
Parteisympathie		
Linksaussen	10,0	59
GP	12,7	462
SP	17,2	2 414
FDP	41,9	1 623
CVP + christliche Parteien	43,4	1 079
SVP	62,6	1 523
Rechtsaussen	74,4	242
Andere/keine	43,6	5 736
Ganze Stichprobe	39,9	13 295

Quellen und Daten: VOXIT v6, 1981–2007, Darstellung nach Krömler und Vatter (2011: 254).
Anmerkungen: «Keine Partei», «andere Parteien», «mehrere Parteien», «weiss nicht» und die LdU sind der Restkategorie «Andere/keine» zugeordnet. In Tabelle 6.10 wurde mit der Anzahl an Vorlagen pro Minderheitengruppe gewichtet, damit die unterschiedlichen Minderheiten einheitlich stark vertreten sind.

schnittlich stark ablehnen. Zudem stimmen Frauen minderheitenfreundlicher ab als Männer. Die soziodemografischen Unterschiede in Bezug auf Alter und Geschlecht sind dabei unter anderem auf unterschiedliche (post-)materialistische Werthaltungen zurückzuführen. Während für jüngere Personen und Frauen postmaterialistische Werte (z. B. Ökologie und Gleichberechtigung) überdurchschnittlich wichtig sind, trifft dies für ältere Männer gerade nicht zu. Darüber hinaus manifestiert sich eine sozioökonomische Spaltungslinie im Abstimmungsverhalten zu minderheitenrelevanten Vorlagen. Dabei wurden nicht die beiden in diesem traditionellen Konflikt gegenüberstehenden Gruppen der Arbeitgeber und -nehmer untersucht, sondern die von Oesch (2006) definierten Berufsgruppen mit spezifischen Verhaltensweisen analysiert, um den veränderten gesellschaftspolitischen Verhältnissen Rechnung zu tragen. Entsprechend differenziert fallen die Ergebnisse aus. Während Bauern und Selbstständigerwerbende tendenziell ablehnend gegenüber Minderheitenvorlagen eingestellt sind, werden diese von Angestellten des öffentlichen Dienstes und der Privatwirtschaft eher unterstützt. Damit befürworten Angehörige von sozialen Schichten, die eher linke Parteien wählen, Minderheitenanliegen stärker als solche von eher konservativ wählenden Berufsgruppen.

Schliesslich erweisen sich persönliche Ressourcen in Form des Bildungsniveaus als wesentlicher Erklärungsfaktor für das Stimmverhalten. Hier lassen sich drei Gruppen unterscheiden: Eine erste Gruppe bilden Personen mit eher geringer formaler Schulbildung, die Minderheitenvorlagen überdurchschnittlich stark ablehnen. Bei den gut Gebildeten weicht das Stimmverhalten der fachspezifisch Gebildeten zudem von jenen mit hoher Allgemeinbildung ab. So stimmen Personen mit Mittelschulreife (Matur) stärker im Sinne von Minderheitenanliegen als jene mit einem Fachhochschulabschluss. Bonjour (1997) erklärt diesen Unterschied mit der Anzahl der Bildungsjahre. Darüber hinaus lässt sich argumentieren, dass eine breitere Schulbildung, wie dies bei einer Matur im Vergleich zur höheren Fachausbildung der Fall ist, pluralistischere Einstellungen fördert.

6.7.1.3 Der Einfluss des politischen Kompetenzniveaus

Wie wirkt sich das Wissen um politische Zusammenhänge auf die Einstellung gegenüber Minderheiten aus? Zwar machen Personen mit keinerlei Vorlagenkenntnissen oder sehr geringem politischem Interesse nur einen sehr geringen Anteil der an Abstimmungen teilnehmenden Stimmbürger aus. Ihr Stimmverhalten unterscheidet sich aber erheblich von jenem der übrigen Stimmenden. Während es für den Stimmentscheid zugunsten von Minderheitenvorlagen keine Rolle spielt, ob das Interesse und die Kompetenz nur durchschnittlich oder sehr gut sind, stimmt die kleine Gruppe von Stimmbürgern mit sehr niedriger politischer Kompetenz oder sehr geringem politischem Interesse deutlich stärker gegen Minderheiten. Der Grund für dieses Verhaltensmuster könnte darin liegen, dass sich Bürger mit geringem politischem Kompetenzniveau an weniger abstrakten und eingängigen Argumenten orientieren, wie etwa wirtschafts- und kulturprotektionistische Argumente. Insbesondere die Entwicklung hin zu einer stärker pluralisierten und weniger übersichtlichen Gesellschaft ruft bei weniger informierten Stimmbürgern ein Gefühl der Verunsicherung hervor. So zeigt Kitschelt (2001: 427), dass Personen mit höherem Bildungsniveau libertärer eingestellt sind, da ihnen sowohl die ökonomischen als auch die kulturellen Chancen, die eine offenere Gesellschaft bietet, leichter zugänglich sind. Sind dabei ökonomische Werte gegenüber kulturellen prioritär, ist eine Ablehnung von Minderheitenanliegen aus wirtschaftsprotektionistischen Gründen zu erwarten. Sind hingegen ökonomische

Erwägungen nicht prioritär, ist davon auszugehen, dass kulturprotektionistische Argumente zum Tragen kommen, denn pluralistische Positionen sind abstrakter und anspruchsvoller als protektionistische.

6.7.1.4 Die Effekte politischer Grundhaltungen

Ausserordentlich starke Unterschiede finden sich schliesslich auch entlang der Parteisympathien. Während Stimmbürger, die Parteien am linken Rand nahestehen, nur zu 10 Prozent gegen Minderheitenvorlagen stimmen, sind es am anderen Ende des politischen Spektrums, bei den Anhängern von Rechtsaussenparteien, 74 Prozent der Stimmenden. Über das gesamte Parteienspektrum hinweg sind dabei drei verschiedene Verhaltensmuster festzustellen:

- Ein linker Block stimmt den Minderheitenvorlagen fast durchwegs zu. Dieser steht für klar pluralistische Werte und eine offene Gesellschaft, während die Wirtschaft im Dienst der Gesellschaft stehen soll und dieser untergeordnet ist.
- Eine gemässigt bürgerliche Gruppe mit FDP- und CVP-Sympathisanten verhält sich entsprechend der Durchschnittsbevölkerung und lehnt Minderheitenvorlagen zu gut 40 Prozent ab. Die Sympathisanten der gemässigt bürgerlichen Parteien stehen dabei in einem Zielkonflikt: Kulturell vertreten sie einerseits eine liberale und offene Gesellschaftskonzeption, andererseits plädieren sie für individuelle Verantwortung sowie wirtschaftsfreundliche Lösungen und sind deshalb zurückhaltender bei der Unterstützung staatlicher Massnahmen zur Milderung gesellschaftlicher Problemlagen, die Minderheiten betreffen.
- Ein dritter Block mit Anhängern der SVP und Rechtsaussenparteien verwirft Minderheitenanliegen zu zwei Dritteln. Sie politisieren somit eindeutig kulturprotektionistisch und wirtschaftsfreundlich.

6.7.2 Führt die direkte Demokratie zu einer Tyrannei der Mehrheit?

Der vorliegende Abschnitt geht der Frage nach, ob die direkte Demokratie generell zu diskriminierenden Entscheidungen gegenüber Minderheiten führt und welche Minderheitengruppen allenfalls von solchen Entscheiden besonders betroffen sind. Damit steht eine klassische Kontroverse im Mittelpunkt, nämlich ob die unmittelbare Gesetzgebung durch das Volk zu einer Tyrannei der Mehrheit führt oder ob Minderheiten durch die

Volksrechte besonders geschützt werden. Während wissenschaftliche Befunde in den USA zum Thema des Minderheitenschutzes in der direkten Demokratie kontrovers ausfallen,[317] ist die empirische Grundlage für die Schweiz bis heute bruchstückhaft geblieben. Einerseits belegen diverse Studien (Bolliger 2004, Helbling 2008, Helbling und Kriesi 2004), dass die Chancen auf Einbürgerung in Gemeinden, in denen an der Urne darüber entschieden wird, deutlich geringer ausfallen als in Gemeinden, in denen die Behörden darüber entscheiden. Andererseits kann Bolliger (2007b) keine Diskriminierung der Sprachminderheiten durch Volksabstimmungen feststellen. Auch die Studie von Frey und Goette (1998) zeigt keinen negativen Effekt von Volksabstimmungen auf Minderheitenrechte auf. In der bisher umfangreichsten Studie kommen Vatter und Danaci (2010, 2011) unter Einbezug von 193 minderheitenrelevanten Volksabstimmungen auf nationaler und kantonaler Ebene zwischen 1960 und 2007 zu folgenden Ergebnissen: Auf nationaler Ebene entscheidet die Mehrheit bei rund jeder fünften Volksabstimmung (17,4 %) im Vergleich zum parlamentarischen Entscheid zuungunsten der betroffenen Minderheit, während dies in den Kantonen bei 22,5 Prozent aller Vorlagen der Fall ist. Dem stehen lediglich insgesamt drei Volksabstimmungen (1,6 %) gegenüber, die eine im Vergleich zu parlamentarischen Prozessen schützende Wirkung haben. Damit bestätigt sich die Annahme, wonach die direkten Effekte der Volksrechte tendenziell minderheitenkritisch sind. Allerdings zeigt sich, dass nur dann negative direkte Effekte der direkten Demokratie feststellbar sind, wenn die Vorlagen einen Ausbau der Minderheitenrechte vorsehen. Bei einem Abbau schützt die direktdemokratische Arena die Minderheiten etwa im selben Masse wie die repräsentativdemokratische. Schliesslich gilt es, weiter nach einzelnen Minderheitengruppen zu differenzieren. So führen direktdemokratische Entscheide in der Schweiz im Vergleich zu repräsentativdemokratischen

---

317 Zahlreiche US-Studien finden einen negativen Einfluss von direkter Demokratie auf Minderheitenrechte (Butler und Ranney 1978, 1994, Cronin 1989, Gamble 1997, Haider-Markel und Meier 1996, Magleby 1994, Tolbert und Hero 1996, 2001). Demgegenüber können Donovan und Bowler (1998) und Hajnal et al. (2002) nicht grundsätzlich einen diskriminierenden Effekt von Minderheiten durch Volksabstimmungen belegen.

6.7 Diskriminieren die Stimmbürger gesellschaftliche Minderheiten? | 375

Prozessen einerseits zu keiner Schlechterstellung von gut integrierten Minderheiten wie Homosexuellen, Behinderten sowie sprachlichen, christlichen und jüdischen Minderheiten (sogenannte *ingroups*). Andererseits zeigen sich offensichtlich diskriminierende Effekte, wenn es um die rechtliche Besserstellung von wenig integrierten Minderheiten geht, die andere kulturelle Werteeinstellungen haben als die Mehrheit. Das betrifft beispielsweise Ausländer oder Muslime (sogenannte *outgroups*). Die bereits in den *Federalist Papers* (Madison [1788] 1961) geäusserten Befürchtungen, dass in kleinen Gebietskörperschaften mit einer homogenen Mehrheit die Gefahr besteht, dass Minderheiten permanent überstimmt werden, treffen für die Schweiz nicht zu. Vatter und Danaci (2010, 2011) finden keinen Einfluss der Bevölkerungsgrösse, Einwohnerdichte oder sozialen Heterogenität auf den direktdemokratischen Minderheitenschutz. Ebenso lässt sich kein Effekt der wirtschaftlichen Rahmenbedingungen auf die Annahme oder Ablehnung von Minderheitenvorlagen feststellen. Diese Erkenntnisse decken sich grösstenteils mit denjenigen zu den individuellen Stimmentscheiden bei Minderheitenvorlagen.

Neben diesen direkten Effekten von Volksabstimmungen auf Minderheitenrechte, sind auch die indirekten Effekte zu beachten. Von indirekten Effekten ist dann die Rede, wenn ein Parlament anders entscheidet, als es entscheiden würde, wenn keine direktdemokratischen Instrumente bestünden. Verschiedene US-amerikanische Studien machen dabei deutlich, dass die indirekten Effekte der direkten Demokratie die politischen Entscheide generell näher an die Präferenzen des Medianwählers heranführen. Dies hat aus der Minderheitenperspektive ambivalente Folgen, je nachdem, ob eine liberale oder konservative Grundstimmung vorherrscht (siehe z. B. Gerber 1996, Gerber und Hug 2001, Hug 2004). In ihrer Analyse von Parlamentsdebatten in den Schweizer Kantonen kommt Christmann (2011) zum Schluss, dass die kantonalen Legislativen aus Furcht vor negativen Volksentscheiden sehr zurückhaltend bei der Ausarbeitung von liberalen Anerkennungsregeln für religiöse Minderheiten sind. Auch in diesem Zusammenhang erweist sich der negative indirekte Effekt von direkter Demokratie als besonders ausgeprägt, wenn es um den Ausbau von Rechten wenig integrierter Religionsgemeinschaften geht.

6.7.3 Das Zusammenspiel von individuellen Faktoren und Vorlageneigenschaften: der Einfluss der Bildung bei unterschiedlichen Minderheitenvorlagen

Schliesslich ist denkbar, dass individuelle Eigenschaften, die einen Einfluss auf die Stimmentscheidung bei Minderheitenvorlagen ausüben, je nach Art und Inhalt der Vorlage anders wirken. So untersuchen Danaci et al. (2013) den von Krömler und Vatter (2011) festgestellten minderheitenfreundlichen Effekt eines höheren Bildungsniveaus. Erstens erwarten Danaci et al. (2013) einen schwächeren Effekt des Bildungsniveaus auf den Abstimmungsentscheid, wenn die davon betroffene Minderheit zahlreiche Gemeinsamkeiten mit der vorherrschenden Mehrheit aufweist. Vorlagen, welche die Rechte von gut integrierten Minderheiten wie der eigenen Sprachgruppe, von Behinderten oder Frauen betreffen, ändern kaum etwas am Grad der gesellschaftlichen Heterogenität und sind daher relativ einfach zu bewerten. Demgegenüber sind Vorlagen, die kaum integrierte Minderheiten wie Asylbewerber betreffen, schwieriger zu beurteilen, weil sie häufig die gesellschaftliche Komplexität und Dynamik erhöhen. Zweitens wird davon ausgegangen, dass die Beibehaltung von bereits bestehenden Minderheitenrechten relativ einfach zu beurteilen ist, während die Einschätzung der Konsequenzen eines Ausbaus von Minderheitenrechten eine deutlich höhere kognitive Leistung erfordert. Die Analyse von 31 minderheitenrelevanten, eidgenössischen Volksabstimmungen von 1981 bis 2009 zeigt denn auch entsprechend, dass der Effekt des Bildungsniveaus auf die individuelle Stimmentscheidung dann am stärksten ist, wenn die Abstimmungsvorlagen den Ausbau der Rechte von weniger integrierten Minderheiten wie Muslimen, Ausländern oder Asylbewerbern betreffen. Demgegenüber spielt die Bildung praktisch keine Rolle für den Stimmentscheid, wenn die Rechte von gut integrierten Minderheiten abgebaut werden sollen.

6.7.4 Diskriminieren die Stimmbürger Minderheiten durch Volksentscheide?

Ausgangspunkt des vorliegenden Kapitels war die Frage, wer sich bei Volksabstimmungen, die Minderheiten betreffen, besonders für deren Anliegen ausspricht und wer besonders dagegen stimmt. Im Mittelpunkt standen somit das individuelle Stimmbürgerverhalten und die Konfliktmuster bei minderheitenrelevanten Vorlagen. Aufgrund der oben erläuterten Befunde zeigt sich zusammenfassend eine Polarisierung bei minderheitenrelevanten Abstimmungen entlang eines mehrfachen Kultur-, Struktur- und Wertekonflikts (vgl. Vatter 2011). Auf einer übergeordneten Ebene bilden die Zugehörigkeit zu einer anderen Sprachgruppe und die jeweilige Identifizierung mit übergeordneten Einstellungen eines Kulturraums eine erste augenfällige Konfliktlinie. Während die französischsprachigen Schweizer sehr oft zugunsten von Minderheitenanliegen stimmen, ist interessanterweise die kleine Minderheit der italienischsprachigen Schweizer besonders kritisch gegenüber (anderen) Minoritäten eingestellt, während sich die Deutschschweizer Mehrheit in der Mitte zwischen den beiden lateinischen Sprachgruppen befindet. Im engeren Umfeld legt die Zugehörigkeit zu einem bestimmten soziostrukturellen Milieu eine zweite Konfliktachse fest. So sind ältere, männliche Personen aus ländlichen Regionen mit niedriger formaler Schulbildung und einem agrarischen Beruf äusserst kritisch gegenüber den emanzipatorischen Forderungen von Minderheiten eingestellt. Demgegenüber gehören jüngere weibliche Personen aus einem urbanen Umfeld mit Universitätsabschluss und einer Anstellung im öffentlichen Dienst zu den grössten Befürwortern von Minderheitenanliegen.

Im Weiteren weisen die Befunde eindrücklich auf die Bedeutung von Wertekonflikten bei minderheitenrelevanten Abstimmungen hin. Dabei spielen kulturelle Wertehaltungen für den Stimmentscheid offenbar eine wichtigere Rolle als materiell-ökonomische Haltungen. Minderheitenanliegen werden von Stimmbürgern mit ausgeprägten kulturpluralistischen Wertehaltungen weit stärker befürwortet als von solchen mit kulturprotektionistischen Wertevorstellungen. Besonders deutlich kommen diese Differenzen in den unterschiedlichen Einstellungen gegenüber der aussenpolitischen Öffnung der Schweiz und den Einstellungen gegenüber Ausländern zum Ausdruck. Die ausserordentlich hohe Bedeutung der politischen Grundhaltungen für den Stimmentscheid, die in ihrer Gesamtheit auch als ein Spiegelbild des strukturellen Milieus und der Werteeinstellungen einer Person betrachtet werden können, untermauert diesen Befund. So finden sich über alle Erklärungsfaktoren hinweg die grössten Unterschiede in der Zustimmung zu Minderheitenvorlagen bei den parteipolitischen Grundpositionen. Während Personen mit eindeutig linken Parteipräferenzen nur selten den Minderheitenanliegen ablehnend gegenüberstehen, lehnen Personen mit klar rechten Parteisympathien in der Mehrheit der Fälle die Minderheitenvorlagen ab. Diese grossen Zustimmungsdifferenzen bringen zum Ausdruck, dass es bei minderheitenrelevanten Abstimmungen im Kern um politische Grundfragen einer Gesellschaft geht, bei denen die politische Linke und Rechte grundsätzlich unterschiedliche Positionen vertreten (Vatter 2011).

Schliesslich wurde auch versucht, eine Antwort auf die klassische Frage nach der Tyrannei der Mehrheit durch Volksentscheide zu geben. Dabei zeigte sich erstens, dass negative direkte Effekte von Volksabstimmungen hauptsächlich dann auftreten, wenn die Vorlagen einen Ausbau der Minderheitenrechte vorsehen (Vatter und Danaci 2010, 2011). Bei Abbauvorlagen sind Minderheiten in der direkten Demokratie hingegen etwa gleich geschützt wie in einem rein repräsentativen System. Zweitens sind nicht alle Minderheitengruppen gleich stark von diskriminierenden Volksentscheiden betroffen. Während Homosexuelle, Behinderte sowie gut integrierte sprachliche und konfessionelle Minderheiten kaum durch Volksentscheide diskriminiert werden, sind die Rechte von Ausländern und Muslimen häufig von der ablehnenden Haltung der Volksmehrheit betroffen. Insgesamt kann trotz der zahlreichen Volksentscheide mit negativem Ausgang für einzelne Minderheiten nicht der generelle Schluss gezogen werden, dass die direkte Demokratie per se ein mehrheitsdemokratisches Schwert mit scharfer Klinge darstellt. Vielmehr hängt ihre Wirkung stark von den sich über die Zeit wandelnden Einstellungen der Bürger, vom gesellschaftlichen Integrationsgrad der betroffenen Minderheit und ihrer Wahrnehmung als Fremdgruppe sowie der Ausbauintensität ihrer Rechte ab (Vatter 2011).

7 Partizipation bei Schweizer Sachabstimmungen

Eine hohe politische Involvierung – und diese schlägt sich unter anderem in einer regelmässigen politischen Beteiligung nieder – ist für die Verfechter der partizipativen Demokratietheorie ein unabdingbares Erfordernis für eine lebendige Demokratie. Der Umstand, dass sich in der Schweiz durchschnittlich bloss etwa 44 Prozent an Sachabstimmungen beteiligen, verlangt aus dieser Sicht eine intensive Beschäftigung mit den Ursachen dieser tiefen Beteiligungsraten. Denn das Selbstverständnis einer partizipativen Demokratietheorie bedeutet, dass möglichst viele Bürger am politischen Willensbildungsprozess teilnehmen. Gewiss, es wurde und wird verschiedentlich argumentiert, dass hohe Partizipationsraten für die Legitimation von Volksentscheiden nicht zwingend notwendig, ja gar schädlich für das Funktionieren einer Demokratie seien. Letzteres war die elitäre Ansicht Joseph Schumpeters (1942: 282), die in der famosen Aussage, dass «electorate mass is incapable of action other than a stampede» ihren prägendsten Ausdruck fand. Doch selbst wenn man dem Elektorat mehr zutraut als der durch die Erfahrung mit den totalitären Massendiktaturen der Zwischenkriegszeit skeptisch eingestellte Schumpeter, so heisst dies nicht notwendigerweise, dass man von ihm verlangt, es solle sich zu allen politischen Fragen mit gleicher Begeisterung äussern. Der *monitorial citizen*, der sich bloss bei vom politischen Alltagstrott abweichenden Ereignissen mit Politik befasst, ansonsten aber im «Standby-Modus» schlummert, wird mancherorts als ausreichende Bedingung für eine funktionstüchtige Demokratie angesehen (vgl. Graber 2003, Schudson 1998, Zaller 2003). Doch unabhängig davon, welcher Demokratiesicht man anhängt, die Frage, welche Bürger sich beteiligen, bleibt zentral. Just dieser Frage soll nun im weiteren Verlauf nachgegangen werden. Zunächst jedoch folgen einige Eckdaten zur Beteiligung bei Schweizer Sachabstimmungen.

7.1 Eckdaten zur Stimmbeteiligung bei Schweizer Sachabstimmungen

Eine vitale Demokratie zeichnet sich dadurch aus, dass sich die Bürger an den politischen Entscheiden rege beteiligen. Die Beteiligungsraten bei Schweizer Sachabstimmungen vermitteln auf den ersten Blick jedoch nicht den Eindruck einer besonders lebendigen direkten Demokratie, denn sie sind chronisch tief. Die durchschnittliche Stimmbeteiligung zwischen 1991 und 2009 beträgt 44 Prozent. Durchschnittlich weniger als die Hälfte aller Schweizer Stimmberechtigten beteiligen sich demnach an eidgenössischen Urnengängen. Doch damit nicht genug: Die Beteiligungsrate sank kontinuierlich und hat sich erst in den 1990er-Jahren etwas erholt – allerdings auf dem besagten, tiefen Niveau. Dabei, so warnten bereits Gruner und Hertig (1983: 21), verberge der Umstand, dass Vorlagen häufig zusammengelegt werden, weit Schlimmeres: Werden nämlich unumstrittene und alltagsferne Vorlagen *einzeln* vorgelegt, kann die Beteiligungsquote gar unter 30 Prozent fallen.

In der Tat variiert die Beteiligungsrate von Urnengang zu Urnengang, und dies zuweilen gar erheblich: Die «Jahrhundertabstimmung» über den EWR-Beitritt (1992) trieb fast 80 Prozent der stimmberechtigten Schweizer an die Urne, während etwa die Vorlagen zum Bildungsartikel (2006) oder zum Tierseuchengesetz (2012) gerade mal 28 bzw. 27 Prozent zur Abstimmung lockten. Diese starken Beteiligungsschwankungen deuten bereits darauf hin, dass es Gruppen mit unterschiedlichen Partizipationsmustern geben muss. Eine Gruppe umfasst die «Modellbürger»: Sie lassen keinen Urnengang aus, weil sie der Meinung sind, dass die Stimmbeteiligung die erste Bürgerpflicht sei. Ihr Anteil beträgt gemäss einer jüngst veröffentlichten Arbeit auf der Basis der St. Galler Stimmregisterdaten (Dermont 2014) rund 25 Prozent[318] (vgl. dazu die Zahlen von Heer 2010, aber auch

---

318 Die Auswertung von Dermont (2014) umfasst alle 15 Abstimmungs- und Wahltermine in der Stadt St. Gallen zwischen 2010 und 2013. Dermont zählt

Abbildung 7.1: Beteiligung bei eidgenössischen Urnengängen (1951–2012, Jahresdurchschnitte und gleitender Fünfjahresdurchschnitt, in %)

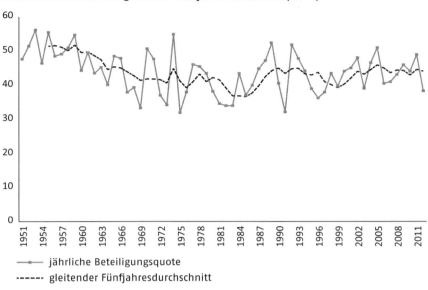

—■— jährliche Beteiligungsquote
------ gleitender Fünfjahresdurchschnitt

Quelle: BfS.

Umfragedaten in Marques de Bastos 1993 oder Linder et al. 1991). Dies bedeutet, dass beispielsweise bei der Abstimmung über das wenig umstrittene und von den Alltagsproblemen der meisten Stimmenden weit entfernte Tierseuchengesetz (2012, Beteiligungsrate: 27%) eigentlich nur noch jene teilnahmen, die sich – weniger aus Interesse, sondern vielmehr aus Prinzip – sowieso immer beteiligen (siehe Abbildung 7.2).

Die chronisch Abstinenten wiederum, die Urnengängen aus Prinzip fernbleiben, machen gemäss derselben Studie etwa 27 Prozent[319] aller

---

all diejenigen, die sich bei mindestens 14 dieser 15 Urnengänge beteiligt haben, zu den regelmässigen Urnengängern. Diese Operationalisierung erfolgt deshalb, weil selbst ein Modellbürger, der sich grundsätzlich immer beteiligt, wegen Krankheit oder Ferienabwesenheit (o. Ä.) den einen oder anderen Urnengang auslassen muss.

319 Der Anteil derer, die sich bei keiner der 15 St. Galler Abstimmungen beteiligten, beträgt 19,5 Prozent (Dermont 2014). Für die Ermittlung der Gruppe der

Abbildung 7.2: Beteiligungsmuster bei Abstimmungen und Wahlen in der Stadt St. Gallen (2010–2013)

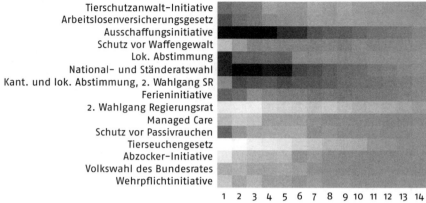

Quelle: Dermont 2014. Die Abbildung zeigt, an welchen der 15 Urnengänge sich die verschiedenen Gruppen von Teilnehmenden beteiligten. Dabei gilt: Je dunkler die Schattierung, desto höher die Teilnahme. Ein Lesebeispiel: Jene, die bloss einmal teilnahmen, beteiligten sich primär an der Abstimmung über die Ausschaffungsinitiative (starke Schattierung). Hingegen nahmen bei der Abstimmung über das Tierseuchengesetz praktisch nur noch die fleissigen Urnengänger (Teilnahme an mindestens 11 der 15 Vorlagen) teil.

Stimmberechtigten aus. Übrig bleiben damit rund 48 Prozent, die selektiv partizipieren. Diese Gruppe, welche die relative Mehrheit aller Stimmberechtigten bildet, nimmt dann teil, wenn das Interesse oder die Betroffenheit durch die Vorlage gross ist. Ist dies jedoch nicht der Fall, bleibt sie den Stimmurnen fern. Diese unterschiedlichen Beteiligungsmuster wirken sich mit Gewissheit auf die Zusammensetzung des Stimmkörpers aus und mit grosser Wahrscheinlichkeit auch auf den Entscheid bzw. die Entscheidqualität (anekdotische Belege liefern Gruner und Hertig 1983: 164 f.). Beispielsweise ist es zwingend so, dass sich der Stimmkörper mit steigender Stimmbeteiligung umso stärker aus unregelmässig Partizipierenden

---

Abstinenten wurde auch noch der Anteil derer, die nur einmal teilnahmen (7,4 %) addiert, um Urnengänge mit aussergewöhnlich hoher Beteiligung nicht zu stark zu gewichten.

7.1 Eckdaten zur Stimmbeteiligung bei Schweizer Sachabstimmungen | 383

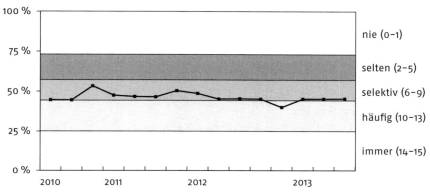

Abbildung 7.3: Typen von Urnengängern und ihre Anteile am Total aller Stimmberechtigten bei Sachabstimmungen in der Stadt St. Gallen (2010–2013, in %)

Quelle: Dermont 2014. Angegeben sind die effektive Stimmbeteiligung (Linie) und die Anteile der jeweiligen Gruppen von Urnengängern

zusammensetzt – mit den entsprechenden Folgen etwa für den Informiertheitsgrad der Stimmenden. So zeigt die Auswertung aller St. Galler Urnengänge zwischen 2010 und 2013 (Dermont 2014), dass sich bei der Abstimmung über die SVP-Ausschaffungsinitiative (2010) mit einer ungewöhnlich hohen Stimmbeteiligung von 53 Prozent eine beträchtliche Zahl von Gelegenheitsstimmenden beteiligten und zudem auch noch viele, die sich bei keiner anderen Abstimmung mobilisieren liessen. Welche Folgen ein solch ungewöhnlicher «Massenansturm» auf die Urnen hat, blieb bis anhin jedoch unerforscht.

Die St. Galler Stimmregisterdaten zeigen jedoch auch, dass das vielfach beklagte Malaise der chronisch tiefen Stimmbeteiligung in der Schweiz aus einem anderen Blickwinkel betrachtet werden muss. In den meisten anderen Staaten haben die Bürger auf nationaler Ebene meist nur ein- oder zweimal innerhalb von vier oder fünf Jahren die Möglichkeit, ihren politischen Willen zu äussern – in der Regel nur bei den Parlaments- und allenfalls zusätzlich noch bei den Präsidentschaftswahlen. Berechnet man nun, wie häufig sich Schweizer Stimmbürger innerhalb von vier Jahren an Abstimmungen beteiligen, so erhält man eine Quote, die sich mit der Wahlbeteiligungsrate in anderen Staaten durchaus vergleichen lässt. Dermont (2014: 28) weist für die Stadt St. Gallen einen

Anteil von knapp 81 Prozent (bzw. 73 %)[320] der Stimmberechtigten aus, die zwischen 2010 und 2013 wenigstens einmal an Abstimmungen oder Wahlen teilnahmen (siehe Abbildung 7.3). Das entspricht, wie Serdült (2013: 48) treffend schreibt, «nun ganz und gar nicht mehr dem Bild einer nicht an Politik und Abstimmungen interessierten, stillen, schweigenden Mehrheit in der schweizerischen Abstimmungsdemokratie». Aus der Perspektive der «kumulativen Partizipation» scheint der Schweizer Stimmbürger keineswegs politisch inaktiver zu sein als der Bürger repräsentativ verfasster Demokratien.

Diese in der Einleitung präsentierten Zahlen werfen einige Fragen auf. Die erste nach den Gründen der Partizipationsbereitschaft in der Schweiz wollen wir im Anschluss beantworten.

7.2 Individuelle Determinanten

Die drei dominanten Paradigmen der politischen Verhaltensforschung beherrschen auch die Partizipationsforschung – der soziologische Ansatz, der sozialpsychologische Ansatz und das theoretische Rahmenwerk des Rational Choice. Generell, so vermerkt Hardmeier in ihrem Überblick über die Schweizer Beteiligungsforschung (1995), sei jene Forschung wenig fortgeschritten und insbesondere würden theoretisch vergleichende Studien fehlen (für einen Überblick siehe auch Bühlmann 2006). Dies ist umso verwunderlicher als die Schweiz mit ihren mehrmals jährlich stattfindenden Abstimmungen genügend Anschauungsmaterial und auch Rohdaten zur Erforschung der Teilnahmebereitschaft liefert.

7.2.1 Strukturelle Faktoren

Die meisten Untersuchungen zur Stimm- und Wahlbeteiligung gehen zumindest implizit von den Annahmen des soziostrukturellen Ansatzes aus. Das bedeutet nicht, dass diese Untersuchungen die hinter den sozia-

---

320 Um einzelne Urnengänge mit ungewöhnlich hoher Stimmbeteiligung nicht zu stark zu gewichten, fasst Dermont (2014) jene, die sich nie bzw. nur einmal beteiligt haben, in einer Kategorie der (üblicherweise) Abstinenten zusammen. Folgt man dieser Zählweise, haben sich 73 Prozent aller St. Galler Stimmberechtigten zumindest einmal beteiligt.

len Determinanten ablaufenden kausalen Prozesse notwendigerweise offenlegen; zuweilen handelt es sich um theoretisch wenig durchdrungene Auflistungen der Beteiligungsraten verschiedener sozialer Gruppen (Hardmeier 1995: 137). Ausnahmen von diesem *laundry basket approach* bilden vor allem die Studien der Zürcher Schule um Meier-Dallach und Nef (z. B. Nef 1980) und insbesondere die Untersuchung von Mottier (1993).

Dass soziale Strukturen sich gewissermassen ins Politische verdoppeln, wurde schon früh erkannt (zu den strukturellen Determinanten der Nichtwahl im Generellen siehe Citrin et al. 2003, Dalton 2002, Verba et al. 1978). Roig (1975) spricht diesbezüglich von einer «stratification politique» und Gaxie (1978) gar von einem versteckten, impliziten Zensusstimmrecht. Gemeint ist damit die Quasi-Exklusion breiter Wählerschichten vom politischen Entscheidprozess aufgrund ihrer politischen Ignoranz.[321] Diese sei strukturell bedingt, weil das Interesse an politischen Angelegenheiten wie auch die politische Sachkompetenz im Wesentlichen von der Bildung abhängen. Dagegen lässt sich nun einwenden, dass zwar der Zusammenhang zwischen politischer Involvierung und Beteiligungsbereitschaft unbestritten ist, die strukturelle Verankerung der politischen Kompetenz jedoch nicht. In der Tat belegen Studien einen Zusammenhang zwischen der formalen Bildung und dem politischen Kompetenzniveau, doch löst sich dieser häufig auf, wenn Variablen wie das politische Interesse, die Intelligenz oder der Berufsstand als Kontrollvariablen mitberücksichtigt werden (für einen Überblick siehe Luskin 1990).

Hohe Teilnahmebereitschaft geht ausserdem häufig einher mit einer starken Einbindung in das wirtschaftliche und politische Leben (generell Verba et al. 1995, für die Schweiz Heer 2010). Wer sozial stark integriert ist, entwickelt mit grosser Wahrscheinlichkeit ein hohes Interesse an politischen Inhalten und lässt kaum eine Gelegenheit aus, das politische Leben mitzubestimmen. Die Sozialkapitalforschung hat verschiedentlich auf diesen Zusammenhang hingewiesen (vgl. Freitag 1996, 2014b). In diese Richtung weisen auch die Untersuchungen von Vatter (1994), Girod und Ricq (1970) und Ladner (1991), die einen Zusammenhang zwischen

---

321 Denn die Beteiligung am politischen Diskurs (und sei dies lediglich die Abgabe eines Stimmzettels) erfordert ein gewisses Quantum an intellektueller Involvierung, die – so zumindest die Ansicht der oben zitierten Autoren – den ungebildeten Stimmbürgern weitestgehend abgehe.

der Grösse der Gemeinde und ihrer durchschnittlichen Beteiligungsrate feststellten. Eng verknüpft mit der sozialen Ressourcenhypothese ist der Befund, dass mit zunehmendem Alter auch die Beteiligungswahrscheinlichkeit zunimmt (für die Schweiz siehe Bühlmann 2006, Tawfik et al. 2012).[322] Dies hängt in beträchtlichem Masse damit zusammen, dass die soziale Einbindung auch vom Alter abhängig ist. Der Alterseffekt wird natürlich auch durch andere, «generationelle» Faktoren befeuert, die aber nicht strukturell bedingt sind, sondern vielmehr mit Sozialisationsprozessen begründet werden können (Tawfik et al. 2012: 367).

Ein regelmässig wiederkehrender empirischer Befund früherer Vox-Abstimmungsanalysen war die signifikante Differenz in der Beteiligung zwischen den Geschlechtern (Bühlmann et al. 2003, Engeli et al. 2006, Tawfik et al. 2012). Männer partizipieren häufiger als Frauen. Die Unterschiede werden zwar geringer, aber ganz verschwunden sind sie nicht (Dermont 2014, Kriesi 2005).[323] Diese Differenz ist nicht ganz einfach zu erklären. Es liegt auf der Hand, dass die biologischen Unterschiede zwischen Mann und Frau keine zufriedenstellende Erklärung für die unterschiedliche Teilnahmebereitschaft bieten. Diese Unterschiede sind wohl vielmehr das Resultat unterschiedlicher Rollenverständnisse (Norris 1991). In der Schweiz kommt hinzu, dass das Frauenstimmrecht auf nationaler Ebene erst 1971, auf kantonaler Ebene teilweise sogar später eingeführt wurde, was sich negativ auf die Beteiligungsbereitschaft der zu jener Zeit sozialisierten Frauen niederschlägt (Ballmer-Cao und Sgier 1998, Kriesi 2005, Wernli 2001). Berücksichtigt man nun sowohl das Alter wie auch das Bildungsniveau, lösen sich die Unterschiede zwar

---

322 Diese Zunahme erfolgt nicht linear, vielmehr ist die Beziehung zwischen Alter und Beteiligung glockenförmig: Zunächst nehmen die Beteiligungsraten linear zu, nehmen mit der Alterskategorie der über 70-Jährigen wieder leicht ab.

323 In diesem Zusammenhang hat Claude Longchamp (*Tages-Anzeiger* vom 11.1.2011, «Wenn Frauen den Unterschied machen») darauf hingewiesen, dass Frauen in den 266 Abstimmungen zwischen 1977 und 2010 zehnmal den Unterschied ausmachten, d.h., diese Vorlagen wurden wegen der Stimmen der Frauen und gegen den Willen einer Mehrheit der Männer abgelehnt oder angenommen. Dieses Einflusspotenzial wäre demnach wohl noch grösser, würden sich Frauen gleich stark wie Männer beteiligen.

Abbildung 7.4: Stimmbeteiligung, Alter und Geschlecht (in %)

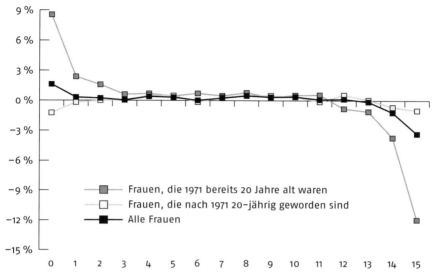

Quelle: Dermont 2014. Die Abbildung zeigt die Abweichung der Beteiligungsanteile für Frauen, die vor bzw. nach 1971 das 20. Altersjahr erreichten, im Vergleich zu Männern (Nulllinie). Die vertikale Achse steht für die Teilnahmehäufigkeit. Ein Lesebeispiel: Der Anteil der regelmässigen Urnengängerinnen (d. h. solche, die sich an allen 15 Urnengängen beteiligten) ist unter den vor 1971 sozialisierten Frauen (graue Linie) etwa 12 Prozentpunkte tiefer als derselbe Anteil für Männer (Nulllinie). Hingegen liegt der Anteil regelmässiger Urnengängerinnen bei den jüngeren Frauen (nach 1971 sozialisiert, hellgraue Linie) nur wenig unter dem entsprechenden Anteil der Männer.

nicht ganz auf, verringern sich jedoch erheblich (Dermont 2014, Mottier 1993, siehe auch Abbildung 7.4).

7.2.2 Psychologische Faktoren

Die sozialpsychologische Schule betont kognitive oder generell psychologische Determinanten der Beteiligungsbereitschaft. Dass die Kompetenz einen Einfluss auf die Beteiligungsbereitschaft hat, wurde schon verschiedentlich nachgewiesen (z.B. Blais et al. 2000, für die Schweiz Gruner und Hertig 1983, Neidhart und Hoby 1977, Riklin und Kley 1981). Je höher die Vorlagenkenntnis, desto höher die Wahrscheinlichkeit der Beteiligung. Dies ist an sich noch keine besonders aufsehenerregende Erkenntnis. Viel spannender ist wohl die Frage, woher diese Vorlagenkenntnis rührt. Ist sie intrinsisch begründet? Ist der Stimmbürger also in besonderer Weise von der Vorlage tangiert und entscheidet sich deshalb, teilzunehmen und als Folge davon, sich auch eingehender zu informieren? Folgt der Informationsimpetus dem Entscheid teilzunehmen oder geht er diesem voraus? Letzteres wäre dann der Fall, wenn ein hohes generelles politisches Involvierungsniveau vorliegt, dieses in der Folge auch das Interesse an politischen Entscheiden ansteigen lässt und daraus wiederum das Selbstvertrauen erwächst, die nötige Kompetenz zum Mitentscheiden zu haben. Zuletzt ist es aber auch möglich, dass Kontextfaktoren das Vorlagenwissen beeinflussen und somit über die Partizipationsrate mitbestimmen. Hohe Kampagnenintensität mehrt beispielsweise das Vorlagenwissen der Stimmbürgerschaft automatisch bzw. spornt sie zu einer inhaltlichen Auseinandersetzung mit dem Vorlagenthema an und treibt so indirekt die Beteiligungsrate nach oben (Kriesi 2005). Eine hohe materielle Komplexität der Vorlage hingegen verringert bei einigen Stimmbürgern das Kompetenzgefühl, hier mitentscheiden zu können und senkt die Beteiligungsquote dementsprechend. Es besteht somit kein Zweifel daran, dass das Vorlagenwissen und damit indirekt auch das politische Interesse stark mit der Beteiligung korrelieren. Allerdings ist nach wie vor unklar, in welche Richtung die Kausalität verläuft und woher die Vorlagenkenntnis genau rührt.

Des Weiteren wird die Stimmbeteiligung von vielen Bürgern nach wie vor als eine Bürgerpflicht angesehen (generell Verba und Nie 1972, für Bürgerpflicht und politische Beteiligung vgl. Blais et al. 2000, Zingg und Benz 2003). Diese Bürger beteiligen sich unabhängig vom Vorlageninhalt oder ihrer Betroffenheit. Sie lassen keinen Urnengang aus, um «traditionellen Verhaltenserwartungen zu genügen» (Gruner und Hertig 183: 139). Der Anteil der sich immer beteiligenden Modellbürger am Total aller Stimmberechtigten beträgt rund 25 Prozent. Damit ist nun keineswegs gesagt, dass dieser Anteil exakt jenen entspricht, die sich an Sachabstimmungen primär deshalb beteiligen, um ihre Bürgerpflicht zu erfüllen. Es mag dafür auch andere Gründe geben. Aber der Umstand, dass sich nur 35 Prozent[324] der regelmässigen Urnengänger sehr interessiert an politischen Angelegenheiten zeigen, macht deutlich, dass diese hohe Beteiligungsdisziplin wohl zu einem erheblichen Teil einer zu erfüllenden Bürgerpflicht entspringt.

---

324 Voxit 1981–2010, eigene Berechnungen.

7.2.3 Die ökonomische Theorie der Stimmbeteiligung

Die höchste theoretische Durchdringung weisen in der Regel Stimmbeteiligungsuntersuchungen auf, die sich auf das konzeptionelle Rahmenwerk des ökonomischen Ansatzes stützen. Über die Erklärungsversuche des Rational Choice zur Wahl- und Stimmbeteiligung war ja schon die Rede (Kapitel 5.3.2) und auch darüber, wie sehr er sich damit schwertut (vgl. z. B. Blais 2006). Wir wollen an dieser Stelle nur auf solche Untersuchungen eingehen, die sich mit der Beteiligung bei Schweizer Sachabstimmungen im Speziellen auseinandergesetzt haben. Dabei ist vor allem die Untersuchung von Gebhard Kirchgässner und Tobias Schulz (2005) zu erwähnen. Im Zentrum ihrer Studie steht die aus ökonomischen Überlegungen resultierende Knappheitshypothese, wonach sich die Stimmbürger umso stärker beteiligen, je knapper die Abstimmung voraussichtlich ausgeht. Die Begründung dafür ist eine nüchterne Kosten-Nutzen-Erwägung: Je knapper der voraussichtliche Stimmausgang, desto bedeutungsvoller die eigene Stimme, weshalb sich die Stimmbeteiligung bei einem knappen Ausgang doch wieder lohnen könnte. Nun liesse sich dagegen einwenden, dass die eigene Stimme wohl selbst bei einer sehr knappen nationalen Abstimmung nicht ausschlaggebend sein dürfte. Doch gibt es empirische Indizien dafür, dass der Bürger die Wirksamkeit seiner Stimmkraft systematisch überschätzt, er also gewissermassen ein «rationaler Narr» in der irrigen Überzeugung ist, dass seine Stimme die ausschlaggebende ist (Braun 1999: 71, vgl. Green und Shapiro 1994). Selbst wenn dies zutreffen sollte, so ergeben sich gleichwohl schwerwiegende Probleme bei der Messung des erwarteten Stimmergebnisses. Die einzelnen Erwartungen lassen sich nämlich kaum erheben, denn woher soll man wissen, mit welchem Stimmergebnis die Stimmbürger rechneten? Kirchgässner und Schulz (2005: 20) weichen aus diesem Grund auf Ex-post-Daten aus und verwenden die tatsächliche Knappheit als Approximitätsmass für die erwartete Knappheit (siehe dazu etwa Matsusaka und Palda 1993).[325]

---

[325] Ein weiteres sich im Prinzip bei allen Beteiligungsuntersuchungen ergebendes Problem besteht darin, dass an einem Urnengang häufig über mehrere Vorlagen gleichzeitig abgestimmt wird. Bei solchen Multipack-Abstimmungen beteiligen sich die Stimmbürger in der Regel an allen Vorlagen und nicht bloss bei jener Abstimmung, die ihr Interesse zuerst geweckt hat (in diesem Zusammenhang spricht man von der «Zugpferd»- oder «Lokomotivvorlage»). Das erschwert die Beteiligungsanalyse natürlich ganz erheblich. In der Regel

Mit der Knappheitshypothese konkurrieren weitere, von Kirchgässner und Schulz (2005) überprüfte Hypothesen. So z. B. die Mobilisierungshypothese. Sie geht davon aus, dass es nicht rational begründete Fehlkalkulationen, sondern die Mobilisierungsanstrengungen der politischen Elitenakteure sind, welche die Beteiligung in die Höhe schrauben.[326] Diese Mobilisierungsanstrengungen sind aber – zumindest bis zu einem gewissen Grad – von dem erwarteten Stimmausgang abhängig. Je knapper das voraussichtliche Resultat, desto grösser sind auch die Kampagnenanstrengungen der Abstimmungskontrahenten (Kriesi 2005, 2009a). Dieser Zusammenhang erscheint durchaus plausibel, denn die erfahrenen Kampagnenleiter, denen auch Vorbefragungsdaten zur Verfügung stehen, können das voraussichtliche Stimmresultat gut einschätzen. Sie geben umso mehr Geld für eine Kampagne aus, je knapper der Ausgang erscheint (Stratmann 2006). Ein starker Zusammenhang zwischen Beteiligungsquote und Stimmwartung kann somit grundsätzlich mit zwei unterschiedlichen Erklärungen begründet werden: erstens, dass sich die Stimmbürgerschaft bei voraussichtlich knappem Stimmausgang aufgrund höherer Nutzenerwartungen auch stärker beteiligt. Zweitens ist dieser Zusammenhang auch indirekt damit vereinbar, dass ein voraussichtlich knappes Stimmresultat zu einer Kampagnenintensivierung führt. Dies signalisiert der Stimmbürgerschaft eine hohe Bedeutung der Vorlage und spornt sie somit an, sich an der Abstimmung zu beteiligen. Um nun herauszufinden, welche der beiden Erklärungen den höheren Plausibilitätsgrad hat, muss die Wirkung beider Einflussfaktoren simultan geschätzt werden.

Kirchgässner und Schulz überprüfen drei weitere Hypothesen: Die Distanzhypothese besagt, dass die Stimmbeteiligung umso höher ist, je grösser

---

werden in solchen Studien deshalb nur die Zugpferd-Vorlagen berücksichtigt (Joye und Papadopoulos 1994, Kriesi 2005).

326 Nicht nur die Kampagnenintensität, auch die Art der Kampagnenführung hat offenbar einen Einfluss auf die Beteiligungsbereitschaft (Nai 2013). Negativkampagnen (*negative campaigning*), d. h., Kampagnen, die umgangssprachlich mit «Schmutzkampagnen» oder «Schlammschlacht» (*mudslinging*) umschrieben werden, wirken sich auf die Beteiligungshöhe aus. Allerdings spielt es eine wesentliche Rolle, welches Lager eine solche Kampagne führt. Ist es dasjenige Lager, das den Status quo verteidigt, so kommt es zu einer graduellen Demobilisierung der Stimmberechtigten. Führen hingegen die Reformbefürworter eine Negativkampagne, hat dies eine Mobilisierung zur Folge (Nai 2013).

die Distanz (im Sinne eines Nutzendifferenzials) zwischen den beiden zur Abstimmung stehenden Alternativen ist. Expressives Wählen,[327] so argumentieren die Autoren, sei bei einem grossen Nutzendifferenzial viel wahrscheinlicher als bei einer Abstimmung, bei der die Vorlage (d. h. der Änderungsvorschlag) kaum vom Status quo abweicht. Ebenso würden die Komplexität (komplexe Vorlagen überfordern die Stimmbürgerschaft und senken somit die Beteiligungsquote) und die Konfliktivität der Vorlage (hohe Konfliktivität löst hohe Betroffenheit und somit eine höhere Beteiligung aus) einen Einfluss auf die Partizipationsbereitschaft haben.

Die Ergebnisse der Untersuchung führen zu einer Verwerfung der ökonomischen Beteiligungshypothese. Die erwartete Knappheit treibe den Stimmbürger nicht an die Urne, so Kirchgässner und Schulz (2005: 41). Vielmehr sei es so, dass die Mobilisierungsanstrengungen der politischen Elitenakteure die Beteiligung beeinflussen. Mit anderen Worten: Je intensiver die Kampagnenanstrengungen sind, desto höher fällt die Stimmbeteiligung aus. Es bleibt allerdings offen, in welcher Form sich die Kampagnenbemühungen auf die individuelle Beteiligungsbereitschaft niederschlagen. Werden durch intensive Kampagnen die staatsbürgerlichen Pflichtgefühle der Bürger stärker angesprochen? Oder motivieren die Kampagnenanstrengungen zu einer stärkeren inhaltlichen Auseinandersetzung, die dann wiederum den Bürgern das Gefühl gibt, mitreden zu können? Die Frage nach den innerpsychologischen Vorgängen, die Kampagnenintensität und Beteiligungsbereitschaft auf der individuellen Ebene verknüpfen, bleibt unbeantwortet. Die Mobilisierungsanstrengungen sind jedoch nicht die einzigen Bestimmungsgründe der Stimmbeteiligung. Auch das Nutzendifferenzial spielt eine nicht zu unterschätzende Rolle. Je mehr auf dem Spiel steht, desto eher entscheidet sich der Bürger teilzunehmen. Und zuletzt

---

327 Unter «expressivem Wählen» versteht man ein nicht instrumentell motiviertes Wählen (Brennan und Lomasky 1993). Mit anderen Worten: Der Wähler verfolgt mit seinem Wahlentscheid nicht die Herbeiführung bestimmter (erwünschter) Politikergebnisse, sondern möchte primär seine Präferenzen ausdrücken. Dieser expressive Wahlnutzen wird durch den Wahlakt selbst realisiert und ist unabhängig davon, ob sich das erwünschte Politikergebnis einstellt oder nicht. Obwohl der expressive Nutzen auf den ersten Blick nur schwerlich mit den Grundannahmen des Rational Choice in Einklang zu bringen ist, hat er in der Form des vom Abstimmungsausgang unabhängigen Konsumnutzens Eingang in ökonomische Stimmverhaltensmodelle gefunden.

hat auch die Komplexität einen Einfluss auf die Höhe der Stimmbeteiligung (Kirchgässner und Schulz 2005: 41 ff.).

7.3 Institutionelle Faktoren

Neben individuellen Faktoren haben auch institutionelle Variablen einen Einfluss auf die Stimmbeteiligung. Im Zusammenhang mit der Studie von Kirchgässner und Schulz (2005) wurden einige dieser Kontextvariablen bereits genannt. Etwa die Komplexität der Vorlage, die Konfliktivität (Gruner und Hertig 1983, Joye und Papadopoulos 1994), die institutionellen Barrieren zur Lancierung einer Initiative (Barankay et al. 2003), die Einführung der brieflichen Stimmabgabe (Luechinger et al. 2007) und auch die Mobilisierungsanstrengungen der politischen Eliten. Ein weiterer, im Zusammenhang mit der Wahlbeteiligung bereits verschiedentlich untersuchter Faktor ist die Sprachzugehörigkeit (Bühlmann und Freitag 2006, Wernli 2001). Empirisch leicht nachzuweisen sind die Differenzen bei der Stimmbeteiligung zwischen der deutschen und lateinischen Schweiz. Sie waren noch bis in die 1990er-Jahre beträchtlich, sind aber in der letzten Dekade spürbar zurückgegangen.[328] Doch woher rühren sie? Generell wird dies mit der geringeren politischen Involvierung, dem geringeren politischen Interesse und einer geringeren politischen Kompetenz in diesen Kantonen begründet (für Wahlen Wernli 2001, für Abstimmungen Kriesi 2005, Wälti 1993). Letzteres wiederum mag damit zusammenhängen, dass die französischsprachigen Schweizer eine strukturelle Minderheit bilden, sich majorisiert fühlen und deswegen keine allzu starke Motivation verspüren, sich über Vorlagen zu informieren (Bühlmann und Freitag 2006: 22).

Im Zusammenhang mit institutionellen Faktoren der Stimmbeteiligung ist der Kanton Schaffhausen speziell zu erwähnen. Die Stimmbeteiligungsquote ist im Kanton Schaffhausen bei den allermeisten Urnengängen signifikant höher als der schweizweite Durchschnitt (vgl. Abbildung 7.5). Das liegt natürlich an der sanktionierten Stimmpflicht, die nur noch in diesem

---

[328] Die jährlichen und Zehnjahresdurchschnitte für die Stimmbeteiligung bei eidgenössischen Abstimmungen nach Kantonen finden sich beim Bundesamt für Statistik, http://www.bfs.admin.ch/bfs/portal/de/index/themen/17/03/blank/key/stimmbeteiligung.html (Zugriff 8.5.2014).

Abbildung 7.5: Stimmbeteiligung in den Kantonen (2001–2010, in %)

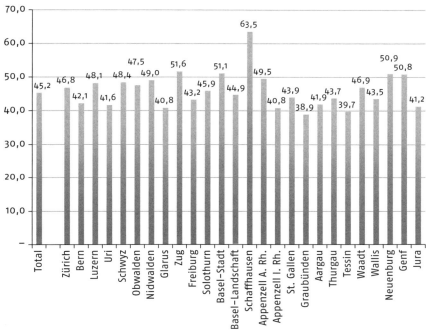

Anmerkung: Kantonale Durchschnittswerte aller Urnengänge zwischen 2001 und 2010.
Quelle: BfS.

Schweizer Kanton gültig ist.[329] Tatsächlich sah das Schaffhauser Wahlgesetz bis im März 2014 eine Busse von 3 Franken[330] pro verpasstem Urnengang vor. Der Einzug der Bussen bzw. generell die Umsetzung der Stimm-

---

329 Die sanktionierte Teilnahmepflicht war in der Vergangenheit etwas stärker verbreitet als heute. Neben dem Kanton Schaffhausen kannten auch die Kantone Zürich (1869–1984), Aargau (1937–1971), Thurgau (1904–1985), St. Gallen (1867–1994) und Waadt (1925–1948) ein sanktioniertes Stimmobligatorium (Schwegler 2009).

330 Das Schaffhauser Kantonsparlament beschloss im März 2014 im Rahmen der Teilrevision des kantonalen Wahlgesetzes eine Verdoppelung der Busse von 3 auf 6 Franken für jene Stimmberechtigten, die einer Abstimmung oder Wahl fernbleiben.

pflicht obliegt den Gemeinden des Kantons Schaffhausen, was zwangsläufig zu einer unterschiedlich gehandhabten Eintreibungsdisziplin führt (Schwegler 2009). Doch in welcher Form wirkt der Stimmzwang? Sind es die (nicht allzu harschen monetären) Sanktionen, welche die Schaffhauser Stimmbürger die Urnen häufiger aufsuchen lassen als andere Kantonsbürger? Oder hat die über Jahrzehnte wirkende Institution des Stimmobligatoriums den Schaffhauser zu einem engagierten Musterbürger geformt, der auch bei einer Abschaffung der Stimmpflicht weiterhin die Stimmlokale diszipliniert aufsuchen würde? Eveline Schwegler (2009) ist just dieser Frage nachgegangen und zum Schluss gekommen, dass es in der Tat die 3 Franken sind, die den Ausschlag zur Beteiligung geben. Sie führt dafür folgende empirische Belege an: Nirgends ist der Anteil Leerstimmen so hoch wie im Kanton Schaffhausen. Die Unterschiede zu den anderen Kantonen sind gar frappant: 7,13 Prozent beträgt der durchschnittliche Anteil Leerstimmen im Kanton Schaffhausen, während er für den Kanton mit dem zweithöchsten Durchschnittswert (TI) weniger als die Hälfte davon (3,21 %) beträgt (siehe Abbildung 7.6). Leer zu stimmen ist im Fall des Kantons Schaffhausen aber diejenige Option, die ein rationaler Nutzenmaximierer wählen würde, wenn er Informationskosten sparen und die Bezahlung von Bussgeldern umgehen möchte.

Des Weiteren besteht im Kanton Schaffhausen wie auch in den ehemaligen Stimmpflichtkantonen ein signifikanter, starker Zusammenhang zwischen der Höhe der Stimmbeteiligung und der Inflationsrate – ein Zusammenhang, der für Kantone ohne Stimmzwangserfahrung weniger stark ausgeprägt ist. Es besteht somit zumindest der Verdacht, dass mit der Geldentwertung (was ja eine gewisse «Strafmilderung» bedeutet, da die Höhe der Busse im Kanton Schaffhausen zwischen 1973 und 2014 konstant geblieben ist) auch das Drohpotenzial der Sanktionen zurückgegangen ist und die nüchtern kalkulierenden Stimmbürger als Folge davon weniger stark partizipierten. Schliesslich zeigt eine Längsschnittanalyse der Stimmbeteiligung in den ehemaligen Stimmzwangskantonen, dass die Beteiligung nach der Aufhebung der Stimmpflicht jeweils zurückgegangen ist und dies teilweise drastisch. Dieser Umstand ist nur schwerlich mit der Bürgerkulturthese in Einklang zu bringen. Vielmehr scheint es tatsächlich so, als ob der Schaffhauser, wie Schwegler (2009: 91) in ihrem Schlusswort resümiert, nicht ein tugendhafter Musterbürger ist, sondern vielmehr ein knausriger *homo oeconomicus*.

Abbildung 7.6: Durchschnittliche kantonale Leerstimmenanteile bei allen eidgenössischen Abstimmungen (1971–2007, in %)

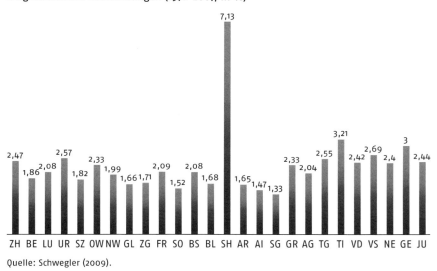

Quelle: Schwegler (2009).

7.4 Wären Abstimmungen anders ausgegangen, wenn sich alle beteiligt hätten?

Diese Frage hat die helvetische Abstimmungsforschung schon immer brennend interessiert. Von grossem Interesse ist die Frage deshalb, weil darin implizit ein demokratietheoretisches Verdachtsmoment enthalten ist: Dadurch, dass sich gewisse Schichten oder Gruppen selbst von der politischen Mitbestimmung ausschliessen, bleiben gewisse (allenfalls mehrheitsfähige) Interessen unberücksichtigt bzw. ungehört. Es kann nicht ausgeschlossen werden, dass eine politisch aktive, aber zahlenmässige Minderheit einer politisch apathischen Mehrheit ihren Willen aufzwingt. Die Politik wäre in solch einem Fall die Interessenpolitik einer geringen Schar von politisch hochinvolvierten Bürgern – eine Interessenpolitik, die jedoch nicht unbedingt mit den Präferenzen der schweigenden Mehrheit übereinstimmen muss.

Würden die Abstinenten tatsächlich anders entscheiden als die Teilnehmenden? Um eines gleich vorwegzunehmen: Das hypothetische Stimmverhalten der Abstinenten zu analysieren, ist mit schwerwiegenden methodologischen Problemen verknüpft. Denn wie kann man in Erfahrung bringen, wie die Abstinenten gestimmt hätten? Gewiss, man kann bei einer Nachbefragung die Nichtteilnehmenden nach ihrem hypothetischen Stimmentscheid fragen und darauf aufbauend ein kontrafaktisches Abstimmungsergebnis errechnen. Campbell und Mitautoren (1960) haben dies beispielsweise für ihre epochemachende Studie über das Wahlverhalten des amerikanischen Elektorats getan. Allerdings birgt diese Vorgehensweise einige methodische Tücken in sich: Bei einer Nachbefragung ist das Resultat der Abstimmung bekannt. Die Antworten auf die Frage, wie man sich im Fall einer Teilnahme entschieden hätte, sind somit nicht bloss spekulativ (dies alleine ist schon ein stark reliabilitätsreduzierender Faktor), sondern aller Voraussicht nach auch noch «kontaminiert» durch konfundierende Einflüsse wie den Bekennereffekt, den *bandwagon effect* und andere Effekte. Die Antworten zur hypothetischen Entscheidfrage sind also mit grosser Vorsicht zu behandeln. Entsprechend stehen auch die Resultate der Abstinentenpräferenzen auf höchst wackligen Füssen.

Als Erster hat sich 1993 Fabio di Giacomo an die Frage herangewagt, wie Abstimmungsergebnisse in der Schweiz ausgegangen wären, hätten sich alle beteiligt. Um die Stimmpräferenzen der Abstinenten zu ermitteln, benutzte er die inzwischen nicht mehr verwendete Vox-Frage nach dem hypothetischen Stimmentscheid. Dabei stellt di Giacomo zunächst einmal fest, dass sich die grundlegenden politischen Orientierungen der Nichtteilnehmenden nicht sonderlich von denjenigen der Teilnehmenden unterschieden. Des «Nichtwählers» politisches Profil gleicht also jenem des regelmässigen Urnengängers stark. Einzig der Behördensupport ist bei den Abstinenten nicht so stark ausgeprägt wie bei den Stimmenden (di Giacomo 1993: 265). Insgesamt ermittelt di Giacomo einen Anteil von 20 Prozent der Abstimmungsfragen, die von den Abstinenten anders entschieden worden wären als von den Teilnehmenden. Wiederum nur die Hälfte davon – d. h. 10 Prozent aller Abstimmungen – wären letztendlich auch anders ausgegangen (d.h., die Vorlagen wären bei einer Stimmbeteiligung von 100 Prozent beispielsweise angenommen statt abgelehnt worden). Von einer tiefen Stimmbeteiligung würden dabei vor allem rechte Anliegen bzw. der Status quo profitieren. Demokratietheoretisch besonders bedenklich ist der Umstand, dass die Stimmbeteiligung in der Romandie deutlich tiefer war als in der Deutschschweiz. Das geschah infolge der weitverbreiteten Überzeugung, wonach es letztlich

7.4 Wären Abstimmungen anders ausgegangen, wenn sich alle beteiligt hätten?

ohnehin die Deutschschweizer Mehrheit sei, die über die Geschicke dieses Landes bestimme. Dies war aber, wie di Giacomo an einigen Beispielen aufzuzeigen vermag, nur deshalb der Fall, weil sich die Romands nicht zahlreich genug beteiligten. Hätten sie es getan, wäre der Entscheid zugunsten einer Mehrheit der Romands ausgefallen – der klassische Fall einer *self-fullfilling prophecy*.

Georg Lutz (2007) ist derselben Frage nachgegangen, versuchte dabei jedoch einen weiteren, zentralen Faktor mitzuberücksichtigen: das Informiertheitslevel. Ausgehend von der Annahme, dass der Entschluss, sich zu beteiligen, einen Informationsimperativ nach sich zieht,[331] simulierte Lutz Abstimmungsergebnisse bei 100-prozentiger Stimmbeteiligung[332] und vollständiger Informiertheit.[333] Die Resultate widersprechen zumin-

---

[331] Diese Annahme ist prinzipiell plausibel, aber nicht bei allen Abstimmungen gleich wahrscheinlich. Häufig wird über Vorlagen abgestimmt, weil gleichzeitig auch noch über eine andere, äusserst wichtige Vorlage («Lokomotivvorlage») befunden wird. In diesem Fall ist die Annahme, dass sich der Stimmbürger zusätzlich informiert, wenig überzeugend. Des Weiteren ist die Manipulation individueller Eigenschaften – wie etwa das Informiertheitsniveau des Stimmbürgers – zwecks Simulation kontrafaktischer Ergebnisse grundsätzlich ein heikles Unterfangen. Denn – um beim Beispiel der Informiertheit zu bleiben – mit dem Ansteigen der Informiertheit ändern sich in der Regel auch andere individuelle Charakteristika, mithin die ganze Bewertungsgrundlage einer Vorlage. Dies erschwert eine Simulation des Stimmverhaltens erheblich.

[332] Nicht alle Abstinenten wurden für die betreffende Simulation berücksichtigt, sondern nur jene, welche die Frage nach dem hypothetischen Entscheid mit «Ja» oder «Nein» beantworteten. Alle anderen, d.h., etwa solche, die mit «Weiss nicht» antworteten, fielen aus der Analyse heraus (Lutz 2007: 625). Streng genommen handelt es sich somit um die Simulation eines Abstimmungsergebnisses mit *annähernd* 100-prozentiger Beteiligung.

[333] Vollständige Informiertheit ist selbstredend eine regulative Idee, die allenfalls annähernd erreicht werden kann, die aber real nie vorliegt. Lutz klassifizierte jene Befragten als vollständig informiert, die den Titel und die Inhalte der Vorlage nennen konnten, die Stimmempfehlung der Regierung kannten und wussten, wie die Abstimmung ausging (zumindest in den Fällen, in denen all diese Fragen auch gestellt wurden). In einigen weiteren Fällen wurde zudem auch die Argumentenbatterie verwendet (siehe Lutz 2007: 625 f.)

dest teilweise denjenigen von di Giacomo: Nicht die Rechte profitiert von einer tiefen Stimmbeteiligung, sondern die Linke. Allerdings würde sich das Abstimmungsergebnis eher zugunsten einer linken Position bewegen, wenn der Informiertheitslevel stiege (Lutz 2007: 628). Insgesamt seien Abstimmungen, deren Resultat sich bei vollständiger Informiertheit und/oder Beteiligung geändert hätte, jedoch eher rar (Lutz 2007: 631). Allerdings fallen darunter einige höchst umstrittene Vorlagen: etwa das Anti-Rassismus-Gesetz, das bei einer Beteiligungsrate von 100 Prozent abgelehnt oder der EWR-Beitritt, der bei höherer Informiertheit[334] angenommen worden wäre.[335]

---

334 Das Informiertheitsniveau war bei dieser Abstimmung allerdings generell sehr hoch.

335 Diese Ergebnisse sind mit einer gewissen Vorsicht zu geniessen. Denn wir wissen nicht, wie hoch der systematische Stichprobenfehler bei den Nichtteilnehmenden ist. Zur Veranschaulichung des Problems diene folgendes Beispiel, das Lutz (2007: 628) ebenfalls – allerdings aus anderen Gründen – anführt: 1993 wurde über die GSoA-Initiative «Eine Schweiz ohne Kampfflugzeuge» abgestimmt. 43 Prozent der Stimmenden legten ein Ja in die Urne. In der Vox-Erhebung wurde allerdings ein Ja-Stimmen-Anteil von 48 Prozent ermittelt. Zählt man nun die Nichtteilnehmenden, die gemäss eigenen Angaben mehrheitlich ein Ja zum Begehren in die Urne gelegt hätten, auch noch dazu, dann betrüge der Ja-Stimmen-Anteil in der Vox-Stichprobe 54 Prozent. Mit anderen Worten: Die GSoA-Initiative wäre im *Vox-Sample* angenommen worden, hätten sich alle Befragten beteiligt. Allerdings sind die Nein-Stimmenden unter den Teilnehmenden unterrepräsentiert (Differenz: 5 Prozentpunkte). Wir haben keinerlei Anhaltspunkte dazu, ob wir bei den Nichtteilnehmenden eine ähnlich hohe Unterrepräsentation der (hypothetisch) Nein-Stimmenden haben wie bei den Teilnehmenden. Auf jeden Fall ist es nicht auszuschliessen, dass auch bei den Nichtteilnehmenden ähnlich gelagerte, systematische Verweigerungsgründe vorlagen und das simulierte Stimmergebnis bei 100-prozentiger Beteiligung nach unten korrigiert werden müsste.

8 Zusammenfassung und Ausblick

Lob und Kritik an der direkten Demokratie:
Widersprüche im «Sonderfall» Schweiz

Am 9. Februar 2014 wurde zur Überraschung von Regierung und Parlament die Volksinitiative «Gegen die Masseneinwanderung» von einer hauchdünnen Mehrheit der Stimmenden in der Schweiz angenommen. Die mit der EU vertraglich vereinbarte Personenfreizügigkeit – das Herzstück der bilateralen Abkommen, welche die Schweizer Regierung notabene in Anerkennung des Volksentscheids gegen den EWR-Beitritt 1992 in langen, zuweilen mühsamen Verhandlungen ausgehandelt hatte – wurde vom Souverän damit in der bisherigen Form faktisch beendet. Bei einigen Initiativgegnern rief dieses Ergebnis blankes Entsetzen hervor, teilweise sogar mehr: Nicht die direkte Demokratie selbst, aber einige ihrer (Schweizer) Grundregeln wurden in der Folge infrage gestellt. Unter anderem wurde eine «Abstimmungswiederholung»[336] gefordert, weil die Stimmbürger nur dürftig über den Inhalt der Vorlage informiert gewesen oder gar bewusst irregeführt worden seien. Auch aus dem Ausland hagelte es Kritik. Kaum eine europäische Zeitung, die nicht ausführlich den direktdemokratischen Sonderfall Schweiz kommentierte und dabei die Chancen und Risiken dieses Systems grundsätzlich debattierte. Dabei sahen sich jene, welche die Fähigkeiten des Stimmvolks, komplexe Sachfragen zu entscheiden, grundsätzlich bezweifeln, durch das Volksverdikt vom 9. Februar 2014 abermals bestätigt. Der prominenteste Kritiker war

---

336 Der Basler SP-Grossrat Rudolf Rechsteiner wollte mit einer Standesinitiative eine Abstimmungswiederholung erzwingen («Hier steht die Schweiz nach dem Abstimmungsschock», *Tages-Anzeiger* vom 15.2.2014).

der deutsche Bundespräsident, der bei seinem Besuch in der Schweiz davon sprach, dass die direkte Demokratie auch Gefahren in sich berge, «wenn die Bürger über hochkomplexe Themen abstimmen».[337] Auf der anderen Seite gab es aber auch überschwängliches Lob für die direkte Demokratie. Wobei dieses im Ausland wiederum schriller ausfiel als in der Schweiz und zudem häufig nicht ganz klar war, ob dieses Lob wirklich der direkten Demokratie oder nicht vielleicht doch eher der Zuwanderungsbegrenzung als solcher galt. Auf jeden Fall wurde wohl zum ersten Mal eine Schweizer Fahne im EU-Parlament geschwenkt[338] – als Zeichen der Solidarität mit einem direktdemokratischen Entscheid, wie aus den Zurufen des Fahnenschwingers zu schliessen war.[339] Einer der Schweizer Abstimmungssieger schliesslich hielt das Ergebnis gar für eine «Sternstunde der direkten Demokratie».[340]

Diese Form von Lob und Tadel für die direkte Demokratie ist nicht neu. Überdies wechseln sich Kritiker und Lobredner der direkten Demokratie in der Schweiz zuweilen ab – je nachdem, wer gerade siegreich aus einer Abstimmung hervorgegangen ist.[341] Auf jeden Fall aber lassen sich die

---

337 «Gauck-Besuch in der Schweiz: Wir sollten keine Mauern aufbauen», *Spiegel Online* vom 1.4.2014.

338 «Tumulte im EU-Parlament. Die Schweiz sorgt für Emotionen», NZZ vom 27.2.2014.

339 Die NZZ vom 27.2.2014 beschrieb die Szene wie folgt: «Zum ersten Eklat kam es während den Ausführungen von Sozialkommissar Lazlo Andor: Der italienische Abgeordnete der Lega Nord, Mario Borghezio, stürmte in die Mitte des Plenarsaals, wo er eine Schweizer Fahne schwenkte und den Kommissar mit Zwischenrufen wie ‹Freie Schweiz› oder ‹Stopp der europäischen Diktatur über seine Völker› unterbrach. Der Sitzungsvorsitzende musste Borghezio aus dem Plenarsaal weisen, wobei sich der Lega-Abgeordnete nur unter Protest von den internen Sicherheitskräften hinausführen liess.»

340 «Roger Köppel stärkt den Siegern den Rücken», *Schaffhauser Nachrichten* vom 14.3.2014.

341 Beispiele aus der neueren Zeit liefern einerseits die Abzocker-Initiative (2013) und das Gripen-Referendum (Kauf von Kampfjets, 2014), deren Volksentscheide enthusiastisch von der politischen Linke im Ausland gefeiert wurden, während andererseits die Zustimmung zur Minarettverbots- (2009) und zur Masseneinwanderungsinitiative (2014) von rechtspopulistischen Gruppierungen bejubelt wurden.

oben angeführten Beispiele in eine lange Reihe direktdemokratiekritischer und -unterstützender Argumente einfügen. So ist beispielsweise das Argument der zunehmenden Überforderung der Stimmbürger angesichts der immer komplexer werdenden Entscheidungsprobleme ein regelrechter Dauerbrenner. Bei Gruner und Hertig (1983: 30) etwa heisst es dazu in beinahe prosaischen Worten: «Man propagiert weiter Volkstheater und wundert sich, dass die Ränge leer bleiben. Dabei werden in Wirklichkeit politische Problemstücke gespielt, die selbst die Aufnahmefähigkeit professioneller Theaterkritiker vor eine harte Probe stellen.» Daraus wurden unterschiedlichste, teils auch abenteuerliche Forderungen abgeleitet: Sie reichen von der Forderung, dem Volk Entscheide über komplexe Abstimmungsfragen zu entziehen, bis zu einem regelrechten «Bildungszensus», der nur noch jenen Bürgern das Stimmrecht gibt, die einen – der Fahrprüfung gleichenden – «Staatskundetest» erfolgreich absolviert haben. Damit eng verknüpft ist der Verdacht, dass es sich beim Stimmentscheid der dürftig informierten Wähler «zu einem guten Teil um kognitiv unbewältigte Reaktionen auf im Abstimmungskampf [...] empfangene Reizwörter» handeln könnte (Hertig 1982: 35). Was aber ist von einem Volksentscheid zu halten, «wenn das Ja oder Nein nur mehr das Geschick des besten Werbestrategen widerspiegelt?» (Gruner und Hertig 1983: 23). Ist es in diesem Zusammenhang noch zeitgemäss und realistisch, davon auszugehen, dass die Stimmbürger «während Jahrzehnten [...] ihren Blick für Abstimmungskampagnen geschärft haben» und «sehr wohl [...] Fakten von verzerrenden Behauptungen zu unterscheiden [...] vermögen»[342] oder müssen vielmehr strikte Propagandaregulierungen her, um die Macht des Geldes bei Volksentscheiden zu bannen?

Kritik wird jedoch nicht bloss an direktdemokratischen Meinungsbildungsprozessen geübt, sondern auch an den Wirkungen der direkten Demokratie auf das politische System, die Bürgerschaft und die wirtschaftliche Leistungskraft. Ökonomen warfen der direkten Demokratie etwa vor, sie sei ein hoffnungslos «überbremstes System» (Borner et al. 1994), das den innovationsfeindlichen Kräften in diesem Land die Möglichkeit gebe, nötige Reformen im Keim zu ersticken. Die Volksinitiative wiederum bereite den politischen Eliten immer mehr Mühe, argumentieren andere.

---

342 Eduard Engelberger, Nationalrat FDP, Kanton Nidwalden zur Parlamentarischen Initiative 99.427 (Judith Stamm) «Anrufinstanz bei Abstimmungskampagnen».

Sie werde immer häufiger («Initiativflut»)³⁴³ und zudem zweckentfremdet als Wahlkampfmittel lanciert, überfordere so das politische System wie auch die Bürger und erschwere es der Schweiz somit, ihre internationalen Verpflichtungen einzuhalten, weil angenommene Initiativen diesen völkerrechtlichen Verträgen immer häufiger widersprechen.

Bei all dieser Kritik fällt es schwer zu glauben, dass das Lob, das die direkte Demokratie erntet, (wohl) noch häufiger ist. Fragt man etwa die Schweizer, auf welche Institutionen sie besonders stolz seien, so werden Initiative und Referendum regelmässig am meisten erwähnt. Im langjährigen Durchschnitt befürworten über 80 Prozent der Schweizer eine starke direkte Volksmitsprache am politischen Entscheidungsprozess (Freitag 2014a).³⁴⁴ Aber auch die Wissenschaftler messen diesen Instrumenten allerlei positive Wirkungen zu: eine geringere Verschuldung, höhere wirtschaftliche Leistungsfähigkeit, tiefere Steuerhinterziehungsquoten und einige sogar eine höhere Lebenszufriedenheit (Stutzer und Frey 2000). Kann man einer Institution grösseres Lob zollen als dieses, wonach sie das Glück der Menschen fördere? Ausserdem wird die These, dass sich der normale Stimmbürger in den vorgelegten komplexen Sachfragen kaum mehr zurechtfinde, fast ebenso häufig bestritten wie unterstützt. Mehr noch, die direkte Demokratie erziehe den Bürger zu einem besser informierten demokratischen «Musterbürger», argumentieren die Befürworter der direkten Demokratie (Benz und Stutzer 2004).

Angesichts dieser Widersprüche ist die Frage, wie der direktdemokratische Sonderfall Schweiz tatsächlich funktioniert, berechtigt. Wie gut sind die Schweizer Stimmbürger tatsächlich informiert? Lassen sie sich durch die Werbeanstrengungen finanzkräftiger Interessenorganisationen beeinflussen? Führt das unmittelbare Volksvotum zu einer Tyrannei der Mehrheit? Ist die wirtschaftliche Prosperität der Schweiz tatsächlich der direkten Demokratie zu verdanken oder ist die Schweizer Referendumsdemokratie ein sklerotisches, zur Stagnation verurteiltes System? Auf

---

343 «Fragwürdige Initiativenflut. Schweizer Demokratie auf dem Prüfstand», NZZ vom 6.12.2013.

344 Die Unterstützungswerte für Föderalismus und Konkordanz sind einiges niedriger (Freitag 2014a: 79). Longchamp und Rousselot (2010) weisen zudem darauf hin, dass knapp 80 Prozent der Schweizer Bevölkerung die direkte Demokratie als wichtiges Korrektiv des Parlaments betrachten.

diese und viele weitere Fragen haben wir im vorliegenden Handbuch vorläufige Antworten zu geben versucht, die in der Folge kurz zusammengefasst werden.

Die Wirkungen der direkten Demokratie auf Bürger, Gesellschaft und Wirtschaft: weniger Staat, mehr Freiheit, mehr Lebensglück?
Wie wirken sich die direkten Mitspracherechte auf die Aktivität des Staates und die politische Stossrichtung aus? Welches sind die generellen Effekte der direkten Demokratie auf Wirtschaft, Staat und Gemeinschaft? Die grosse Mehrheit der empirischen Analysen zieht einen positiven, wenn auch differenzierten Schluss, was die Wirkungen der Volksrechte auf die Bürgerschaft und Gesellschaft betreffen. Bestehende Studien bekräftigen grundsätzlich den vorteilhaften Effekt direkter Volksmitsprache auf das zivilgesellschaftliche Engagement, die politische Informiertheit, das politische Vertrauen und sogar auf die Zufriedenheit der Bürger. Darüber hinaus ist unbestritten, dass die ausgebauten Mitwirkungsmöglichkeiten zu einer hohen Akzeptanz und Legitimität politischer Entscheidungen und zur Stabilität des Schweizer Systems geführt haben. Allerdings ist die direkte Demokratie kein Allheilmittel. So hält etwa die prominente These von Frey und Stutzer (2000), dass die Bevölkerung in Gebietskörperschaften mit stärker ausgeprägten Volksrechten zufriedener mit ihrer allgemeinen Lebenssituation ist als jene in stärker repräsentativen Systemen, neueren empirischen Tests nicht stand. Stadelmann-Steffen und Vatter (2012) finden in ihrer Studie zu den Schweizer Kantonen zumindest keine Belege für einen robusten Zusammenhang zwischen dem Ausbau der direkten Demokratie und dem individuellen Wohlbefinden (*happiness*) der Leute. Immerhin – und wohl auch plausibler – weisen sie eine enge Verknüpfung zwischen der Nutzungshäufigkeit der Volksrechte und der Zufriedenheit der Bürger mit dem Funktionieren der Demokratie nach.

Bestärkt die unmittelbare Bürgerbeteiligung die Robin-Hood-Tendenz im Sinne einer Umverteilung der Einkommen und einer Zunahme staatlicher Interventionen oder fördert sie eine staatskritisch-liberale Politik? Die empirischen Analysen über die Zusammenhänge zwischen den verschiedenen Formen direktdemokratischer Partizipation und dem Ausmass der Staatstätigkeit in der Schweiz liefern eine deutliche Antwort auf die kontrovers diskutierte Frage über die Wirkungsrichtung der Volksrechte auf staatliche Interventionen. Sie kommen insgesamt zum Ergebnis, dass direktdemokratische Verfahren die Staatsausgaben, -einnahmen und -schulden begrenzen und dezentralisieren, die öffentlichen Leistungen effizienter bereitstellen, die Transparenz der Verwaltung erhöhen und zudem die Steuermoral verbessern (Eichenberger 1999, Feld et al. 2011, Feld und Kirchgässner 1999, 2007, Freitag und Vatter 2000, 2004, Funk und Gathmann 2011, Kirchgässner et al. 1999). Dabei zeigt sich insbesondere, dass das Finanzreferendum einen restriktiven Einfluss auf die Staatstätigkeit ausübt: Je niedriger die Hürden zur Ergreifung des Finanzreferendums ausfallen, umso geringer ist das Ausmass der staatlichen Intervention in den Schweizer Kantonen und Gemeinden. In diesem Zusammenhang zeigt sich aber auch, dass heute die Bremswirkungen des Referendums generell stärker bewertet werden als die Innovationswirkungen der Volksinitiative, weshalb sich der politische Output in der Schweiz in der Regel durch inkrementalistische Änderungen und einen beträchtlichen Status-quo-Bias auszeichnet (Linder 2012). Etwas überspitzt behaupten deshalb die Kritiker: Das halbdirektdemokratische System in der Schweiz verfügt mit dem ausgebauten fakultativen Referendum über die Bremse eines Ferraris, aber mit der Verfassungsinitiative nur über das Gaspedal eines «Döschwo» (Vatter 2014). Auch der sogenannte Robin-Hood-Effekt (d. h. der expansive und redistributive Charakter der Volksinitiative im Sinne steigender Steuer- und Abgabensätze) lässt sich bei zunehmender direkter Bürgerbeteiligung in keiner der zahlreichen quantitativen Untersuchungen belegen. Trotz einer ebenfalls kontrovers geführten Debatte über die ökonomischen Effekte der Volksrechte, weisen die vorliegenden empirischen Studien auch hier vor allem auf die positive Wirkung des Finanzreferendums auf die ökonomische Leistungsfähigkeit in den Schweizer Kantonen hin. Wobei umstritten bleibt, ob die formale Bereitstellung oder der reale Gebrauch dieses Instruments dafür verantwortlich ist (Blume et al. 2009, Feld und Savioz 1997, Freitag und Vatter 2006).

Welche politischen Akteure profitieren schliesslich von der direkten Demokratie, welche werden in ihren Handlungsspielräumen eingeschränkt? In einer stark ausgebauten Direktdemokratie werden die Forderungen an das Politiksystem nicht nur durch die Parteien artikuliert, kanalisiert und repräsentiert, sondern durch eine Vielzahl von ganz unterschiedlichen Akteuren eingebracht. Die direkte Demokratie legt die politische Themensetzung in die Hand verschiedenster Gruppierungen

(Verbände, Parteien, soziale Bewegungen, Bürgerkomitees usw.) und bricht damit das Monopol der Parteien. Insbesondere der Volksinitiative kann ein bedeutsamer Agenda-Setting-Effekt zugesprochen werden, wodurch vernachlässigte Forderungen als Input in das politische System eingebracht werden, welche die politische Elite zu einer öffentlichen Auseinandersetzung mit den von aussen eingebrachten Anliegen zwingen. Für die Parteien und sozialen Bewegungen fällt die Existenz der Volksrechte damit ambivalent aus. Einerseits bieten sie die Chancen der erweiterten Mobilisierung der eigenen Anhänger; andererseits binden die fortlaufenden Abstimmungskämpfe zahlreiche Ressourcen und erhöhen die politische Konkurrenzsituation. Vielfach belegt ist schliesslich die Tatsache, dass insbesondere das Referendum als Verhandlungspfand im vorparlamentarischen Verfahren zu einer Stärkung der Verbände geführt und sich rasch als mächtiges Vetoinstrument herausgestellt hat, das Regierungsentscheidungen verhindern und damit den Handlungskontext der Exekutive in signifikanter Weise beeinflussen kann (Neidhart 1970). Zwar hat die direkte Demokratie in der Schweiz nicht zu einer eigentlichen Volksgesetzgebung geführt, was darin zum Ausdruck kommt, dass deutlich mehr als 90 Prozent der parlamentarischen Entscheidungen ohne Referendumsabstimmung in Kraft treten. Bedeutsamer und systemrelevanter sind aber vielmehr die indirekten Wirkungen der Volksrechte: Die im Laufe der Zeit erlernten Kooptationsstrategien der politischen Elite zur Minimierung der Entscheidungsrisiken der direkten Demokratie haben die Referendumsdemokratie im Verlaufe des 20. Jahrhunderts Schritt für Schritt zu einer ausgebauten Verhandlungs- und Konkordanzdemokratie transformiert. Breit abgestützte und proportional zusammengesetzte Mehrparteienregierungen sind sowohl beim Bund wie auch in den Kantonen die sichtbaren Konsequenzen des «Damoklesschwerts» der ausgebauten Volksrechte.

Theorien zur Erklärung des Stimmverhaltens: Ist der Stimmbürger ein *homo sociologicus*, ein *homo oeconomicus*, ein von Normen und Einstellungen determiniertes Wesen oder ein kognitiver Geizkragen?
Eine grundlegende Fragestellung der Abstimmungsforschung ist jene nach den Faktoren, die den Urnenentscheid erklären. Warum legt der eine Stimmbürger ein Ja, der andere ein Nein in die Urne? Darauf kann es selbstredend keine einfache Antwort geben. Jedoch haben die verschiede-

nen Schulen der politischen Verhaltensforschung unterschiedliche Modelle zur Erklärung politischer Präferenzen entwickelt, die sich prinzipiell auch auf Sachentscheide anwenden lassen. Das soziologische «Urmodell» von Paul Lazarsfeld, das dem sozialen Umfeld einen determinierenden Charakter zuschreibt (Lazarsfeld et al. 1944), hat insgesamt nur wenig an Relevanz verloren. Die Prägekraft des sozialen Umfelds ist nach wie vor erstaunlich hoch (Buri und Schneider 1993, Leimgruber 2007, Linder et al. 2000, 2008, Vatter 1994a). Zwar haben sich die gesellschaftlichen Konfliktstrukturen seit Mitte des 20. Jahrhunderts gewandelt. Einige der einstmals historischen Milieus wie etwa das sozialdemokratische und das katholische haben sich im Zuge von Individualisierung und Pluralisierung weitgehend aufgelöst, die Bindkraft zu politischsozialen Teilgesellschaften hat generell abgenommen und damit einhergehend auch die Orientierungskraft traditioneller Überzeugungssysteme. Aber an ihrer Stelle sind neue Merkmale sozialer Differenzierung getreten, die teils quer, teils aber auch parallel zu den traditionellen Konfliktlinien verlaufen und somit die alten historischen Gegensätze mit neuen politischen Inhalten angereichert haben. *Die SVP-Schweiz*, ein umstrittener Titel eines Dokumentarfilms des Schweizer Fernsehens (Autorin Karin Bauer, Erstausstrahlung Oktober 2011), bezeichnet ein solches, konservativ-ländliches Milieu, das durch ähnliche Lebensstile, politische Ansichten, lebensweltliche Bedingungen und Biografien charakterisiert wird. Diese soziale Determinierung politischer Präferenzen zeigt sich zudem in regionalen Präferenzmustern. Kaum ein Abstimmungswochenende, an dem man die «sozioökologischen Räume» der Zürcher Soziologen Nef (1980) und Meier-Dallach et al. (1982) nicht zumindest in den Grundzügen auf den Abstimmungskarten erkennen kann.

Es wäre indes falsch zu glauben, der Schweizer Stimmbürger sei ein einzig von Strukturen oder Normen und Einstellungen – Letzteres entspricht der sozialpsychologischen Weiterentwicklung des Lazarsfeld'schen Modells zur Erklärung des politischen Verhaltens – determiniertes Wesen. Sachfragen werden auch nach dem persönlichen Nutzen, die sie abwerfen, beurteilt. Voraussetzung dafür, dass sich die Stimmbürger am eigenen Nutzen orientieren, ist jedoch, dass sie diesen auch zu erkennen vermögen. Steuervorlagen etwa, die zwar längst nicht immer, aber doch häufig genug eine einigermassen klare Unterscheidung von potenziellen Gewinnern und Verlierern ermöglichen, werden aufgrund ihrer finanziellen Konsequenzen für den Einzelnen entschieden – und zwar selbst dann, wenn im Abstimmungskampf nicht auf den Nutzen, sondern auf Werte rekurriert wird. Ein Beispiel ist etwa die Familieninitiative (24.11.2013), die einen Steuerabzug für die Eigenbetreuung von Kindern in Aussicht stellte. Der Abstimmungskampf wurde vor allem mit dem Verweis auf konkurrierende familienpolitische Modelle ausgefochten, die in der Vox-Umfrage angegebenen Motive bezogen sich ebenfalls oft auf abstrakte Werte. Entschieden wurde aber aufgrund «profaner» Nutzenüberlegungen: Potenzielle Nutzniesser stimmten dem Steuerabzug deutlich zu, die anderen lehnten ihn grossmehrheitlich ab. Ein weiteres anschauliches Beispiel für die hohe Erklärungskraft der ökonomischen Theorie der Politik ist die Schaffhauser Stimmpflicht. Sie auferlegt den Schaffhauser Stimmbürgern bei Nichtteilnahme eine Busse. Die Folge davon ist eine signifikant höhere Stimmbeteiligung als in anderen Kantonen, aber auch ein markant höherer Anteil leerer Stimmen – und Letzteres ist nun die bevorzugte Option des *homo oeconomicus*: Leer einzulegen bürdet keine Informationskosten auf, zählt aber als Teilnahme, womit die Busse hinfällig wird (Schwegler 2009).

Nutzenkalküle spielen somit eine wesentliche Rolle bei Stimmentscheiden. Aber nur, wenn die Sachfrage auch konkrete materielle Interessen tangiert (Vatter 1994b), was häufig der Fall ist, und die finanziellen Auswirkungen der Vorlage ohne grösseren kognitiven Aufwand kalkulierbar bleiben, was nun schon weniger häufig eintritt. Denn nicht selten sind die persönlichen finanziellen Konsequenzen einer Massnahme für den Einzelnen nur schwer zu durchschauen, weil eine Vielzahl von Folgeerscheinungen berücksichtigt werden muss, was zu einem Widerspruch zwischen kurz- und langfristigen Nutzeneffekten führen kann. Eine weitere Voraussetzung dafür, dass nutzenorientiert abgestimmt wird, ist das Vorliegen einer unbestreitbaren, «objektiven» Faktenlage. Bloss, wie oft stellt sich ein solcher Fall ein? Viel häufiger ist es, dass die Konfliktopponenten unterschiedliche, zum Teil gar diametral entgegengesetzte (Nutzen-)Zahlen nennen. Beispielsweise stellten bei der Abstimmung über eine Einheitskrankenkasse im März 2007 beide Lager einen eigenen Prämienrechner ins Internet.[345] Für Nutzenmaximierer war dies allerdings nur bedingt eine Hilfe: Die Resultate der beiden Berechnungsmodelle

---

345 «Erweiterter Prämienrechner», NZZ vom 5.2.2007.

unterschieden sich nämlich teilweise in krasser Weise.³⁴⁶ In solchen Entscheidungssituationen fällt es dem Bürger verständlicherweise schwer, seinen Nutzen zu verfolgen, weil dieser in den gegenläufigen und unübersichtlichen «Fakten» verborgen bleibt. Deshalb ist er im Endeffekt häufig auf Vertrauensheuristiken angewiesen, deren Anwendung zwar auch mit der ökonomischen Theorie der Politik (Kapitel 5.3) in Vereinbarung zu bringen ist,³⁴⁷ aber in noch überzeugenderer Art und Weise von kognitionspsychologischen Ansätzen (Kapitel 5.4) plausibilisiert worden ist.

Letztere gehen von einem bestimmten Menschenbild aus – dem kognitiven Geizkragen. Dieser ist sich seiner Grenzen durchaus bewusst und strebt demnach nicht nach dem Maximum, sondern nach dem Optimum. Auf Abstimmungen bezogen bedeutet dies, dass sich der Stimmbürger selten die Mühe macht, sich über die anstehenden Sachfragen möglichst umfassend zu informieren, was er ja tun müsste, wenn er seine Interessen maximieren wollte. Vielmehr sucht er nach mentalen Abkürzungen, die ihm den Entscheid vereinfachen. Solche *information shortcuts* werden in verschiedensten sozialen Situationen angewandt, selbstverständlich und vor allem auch in Situationen, die mit Politik nichts zu tun haben. Aber im Dickicht der Politik sind sie umso hilfreicher, weil man dort ohne Orientierungshilfe sehr schnell verloren gehen kann. Die empirische Verhaltensforschung hat nun gezeigt, dass solche Entscheidungshilfen in der Tat rege genutzt werden. Für Lau und Redlawsk (2001: 954) steht es gar ausser Frage, dass so gut wie alle Bürger irgendeine Form von Heuristiken nutzen: «The growing conventional wisdom within political science suggests that cognitive heuristics are used more or less effectively by virtually everyone to help them tame the tide of political information.» Der Schweizer Stimmbürger steht da nicht abseits. Die Stimmempfehlungen

des Bundesrats sind beispielsweise eine häufig beachtete Orientierungshilfe bei komplexen und konfliktarmen Vorlagen (Kriesi 2005, Milic 2012b). Ein besonders eindrückliches Beispiel sind die beiden Abstimmungen über die allgemeine Volksinitiative von 2003 und 2009. Auf

---

346 «Einheitskasse: Krasse Unterschiede beim Prämienrechner», *20 Minuten* vom 5.2.2007.

347 In erster Linie dadurch, dass Parteibindungen, die ursprünglich auf Interessenlagen zurückzuführen sind, als verfestigte Entscheidungshilfen angesehen werden, die sich mit der Zeit, durch das Sammeln von Erfahrungswerten, gebildet haben.

Empfehlung des Bundesrats und des Parlaments hatten die Schweizer Stimmbürger im Februar 2003 der Einführung der allgemeinen Volksinitiative mit 70,3 Prozent zugestimmt.[348] Rund sechs Jahre später folgte das Stimmvolk wiederum dem Bundesrat und den Parteien und stimmte im September 2009 nun der entgegengesetzten Vorlage, nämlich dem «Verzicht auf die Einführung der allgemeinen Volksinitiative» mit 67,9 Prozent zu. In beiden Fällen waren offensichtlich die Empfehlungen der Regierung eine wichtige Orientierungshilfe. So gab sowohl bei der Abstimmung über die Einführung (2003) als auch über die Abschaffung (2009) der allgemeinen Volksinitiative jeweils rund jeder vierte Befürworter als Stimmbegründung an, die Empfehlung des Bundesrates befolgt zu haben (Kuster et al. 2009). In Wahrheit dürften es wohl deutlich mehr gewesen sein, die der bundesrätlichen Empfehlung Folge leisteten. Die Parteiparolen wiederum werden zwar selten direkt umgesetzt (Kriesi 1994), wie man das entweder von einem treuen Parteisoldaten oder einem idealtypischen kognitiven Geizkragen erwarten würde, aber bei der Bewertung der Abstimmungsargumente spielt die Parteicouleur des Kommunikators oft eine wichtigere Rolle als die inhaltliche Überzeugungskraft dessen, was er sagt (Milic 2010). Nur selten kommt indes die Status-quo-Heuristik zum Einsatz (Kriesi 2005). Das Festhalten am Bewährten, das so typisch zu sein scheint für die Schweizer Stimmbürgerschaft, ist keine rationale «Default-Option» (Kriesi 2005: 138) des uninformierten Teils des Elektorats, sondern wohl eher Ausdruck eines inhärenten Konservatismus (Vatter et al. 1997).

Schliesslich: Wie verhalten sich die verschiedenen Theorien zueinander und woraus resultiert der Stimmentscheid letztlich? Ist er ein Produkt von sozialen Strukturen, der Ausfluss von Normen und Einstellungen, das Resultat kommunikativer Weiterverarbeitungsprozesse oder das Ergebnis persönlicher Nutzenerwägungen? Unser Urteil ist ein salomonisches: Der individuelle Entscheidungsprozess weist Elemente aller vorgestellten Ansätze auf. Die Erklärungskraft der einzelnen Ansätze variiert dabei von Abstimmung zu Abstimmung. Sie ist von der Abstimmungssituation und dem Vorlagentyp abhängig. Deshalb ist es vermessen zu glauben, es gäbe einen universell gültigen Ansatz, der das Abstimmungsverhalten generell,

---

348 Die Stimmbeteiligung war allerdings mit rund 28 Prozent aussergewöhnlich niedrig. Die Vox-Analyse ergab zudem, dass etwa ein Viertel der Abstimmenden nicht genau wusste, worum es ging.

d.h. losgelöst vom Einzelfall, zu erklären vermag. Der Rational-Choice-Ansatz (Kapitel 5.3), der einen solch universellen Geltungsanspruch erhebt, ist ein gutes Beispiel. Er präsentiert eine plausible Erklärung dafür, weshalb etwa die Schaffhauser viel häufiger leer einlegen und sich stärker beteiligen als andere Kantonsbürger oder weshalb sich die kantonalen Zustimmungsraten zum Neuen Finanz- und Lastenausgleich nahezu punktgenau auf der Regressionsgerade entlang der erwarteten Veränderungen der kantonalen Pro-Kopf-Transferzahlungen finden. Umgekehrt fällt es dem polit-ökonomischen Modell jedoch schwer zu begründen, weshalb sich in jenen Kantonen, die keine gesetzliche Stimmpflicht kennen, überhaupt jemand beteiligt. Denn ein rationales Kalkül müsste zwingend zum Fernbleiben von der Urne führen. Hier hat der individualpsychologisch orientierte Michigan-Ansatz (Kapitel 5.2) seine Stärken, der Normen wie die Bürgertugend ins Spiel bringt. Zu diesen gehört vor allem die Teilnahmenorm. Dies ist ein soziales Verhaltensmuster, das früh erworben, oft kaum hinterfragt eingehalten wird und selbst bei höchst alltagsfernen Vorlagen, denen kein nennenswerter Abstimmungskampf vorausging, für eine gewisse Beteiligungshöhe und deren Erklärung sorgt. Der sozialpsychologische Ansatz versagt jedoch seinerseits bei der Erklärung, weshalb die Stimmbeteiligung bei der Aufhebung der gesetzlichen Stimmpflicht (etwa 1971 im Kanton Aargau) schlagartig abgenommen hat. Soziale Normen haben nämlich eine gewisse Persistenz und lösen sich mit der Beseitigung rechtlicher Normen nicht sofort auf.

Diese beiden Beispiele zeigen, dass das Stimmverhalten als ein Zusammen- und Wechselspiel unterschiedlicher «Gattungen» von Bestimmungsgründen aufgefasst werden muss. Der Stimmbürger folgt seinen Interessenlagen, aber er tut dies längst nicht immer. Der Stimmbürger orientiert sich an seiner Bezugsgruppe, an Normen und Einstellungen, an Parolen und Empfehlungen, aber auch das nicht in immer gleichem Ausmass. Der Theorienmonismus führt in der Schweizer Abstimmungsforschung nicht weit. Dieser Gedanke ist weder neu noch originell. Bereits der von den Urvätern des sozialpsychologischen Ansatzes (Campbell et al. 1960) vorgeschlagene Kausaltrichter war im Prinzip ein integratives Modell zur Erklärung des politischen Verhaltens – es vereinigte strukturelle und individualpsychologische Bestimmungsgründe in einem Modell. Im selben Modell liessen sich grundsätzlich auch rationale Nutzenerwägungen und medienvermittelte, «kognitive» (im Sinne von aus dem Informationsverarbeitungsprozess hervorgehende) Faktoren als kurzfristig wirkende Determinanten integrieren. Zum Teil haben das die Autoren des *American Voter* bereits getan, indem sie etwa die Kampagnenwirkungen schon damals als kurzfristige Einflussvariablen in ihrem berühmten *funnel of causality* mitberücksichtigten. Generell lassen sich die Variablenbündel der unterschiedlichen Schulen am ehesten nach ihrer zeitlichen Wirkung klassifizieren. Strukturelle Faktoren wirken langfristig, sind zählebig und sorgen für die Stabilität des Stimmverhaltens. Einstellungsvariablen sind diesen Strukturvariablen nachgelagert und bilden gewissermassen das Destillat der zeitlich vorangegangenen Sozialisationsprozesse. Zu ihnen gehört etwa die Parteiidentifikation, die für viele Stimmbürger nach wie vor ein Fixstern im weiten und wenig übersichtlichen politischen Universum ist. Die politischen Orientierungen wirken im Vergleich zu den historischen Konfliktlinien und Strukturen mittelfristig. Die rationalen Nutzenkalküle hingegen wirken zumeist insofern kurzfristig, als sich der Stimmbürger je nach Sachfrage und aktueller Lebenssituation unterschiedlich entscheiden kann, je nachdem, welche Massnahme für ihn den grössten persönlichen Nutzen abwirft. Der Nutzen ist zudem auch direkt mit der konkreten Sachfrage verknüpft, was etwa für den Entscheid eines normengeleiteten Parteianhängers, der unabhängig vom eigentlichen Vorlagenthema bloss seine Loyalität zur bevorzugten Partei demonstrieren will, nicht zutrifft. Auch deshalb ist von Nutzenerwägungen eine kurzfristige und variable, weil auf die konkrete Sachfrage bezogene Wirkung zu erwarten. Ökonomische Überlegungen bilden die flexible Komponente eines alle Theorien umfassenden, integrativen Stimmverhaltenmodells. Sie sind vornehmlich für die Volatilität im Stimmverhalten verantwortlich. Welches Gewicht nun die einzelnen Komponenten bei einem gegebenen Vorlagenentscheid haben, ist wiederum von den oben genannten, variierenden Kontextbedingungen abhängig. Als Faustregel lässt sich aber sagen, dass die kurzfristigen und auf die konkrete Sachfrage bezogenen Nutzenkalküle grundsätzlich das Potenzial haben, alle anderen Bestimmungsgründe in den Hintergrund zu drängen. Doch dazu müssen eben gewisse Bedingungen erfüllt sein. Vatter und Nabolz (1995) weisen darauf hin, dass das ökonomische Verhaltensmodell dann bei Volksentscheiden am erklärungskräftigsten ist, wenn die Abstimmung einem monetären Routinetauschgeschäft nahekommt, der Sachgegenstand von geringer Komplexität ist, die Kosten- und Nutzenwirkungen der Abstimmung für die Bürger primär finanziell und zudem klar definiert sind, ein knapper Entscheidungsausgang erwartet wird und die Abstimmung in einem modern strukturierten Entscheidungsraum mit einer grossen Anzahl Teilnehmender stattfindet. Diese Voraussetzungen sind aber längst nicht immer erfüllt, weshalb jede Abstimmung trotz der inzwischen angehäuften Analysen nach wie vor ein spannender Einzelfall bleibt.

Auf die Frage, ob der Stimmbürger ein *homo sociologicus*, ein *homo oeconomicus*, ein von Normen und Einstellungen determiniertes Wesen oder ein kognitiver Geizkragen ist, können wir demnach antworten: Er ist von allem ein bisschen; bei der einen Abstimmung ein bisschen mehr vom einen, bei einer anderen Abstimmung mehr vom anderen.

Ist der Schweizer Stimmbürger von den Entscheidungsproblemen einer modernen Demokratie überfordert?

Über die Informiertheit der Schweizer Bürger bei Sachabstimmungen wissen wir in der Zwischenzeit vieles, doch nur eines mit absoluter Bestimmtheit: Wie hoch sie ist, hängt ganz wesentlich davon ab, wie man sie misst. Deshalb gibt es beinahe so viele Meinungen wie Köpfe. Gruner und Hertig (1983) bilden dabei den pessimistischen Pol dieses «Meinungskontinuums», während Bütschi (1993) den optimistischen übernimmt. Erstere zweifeln an der Problemlösungskompetenz einer deutlichen Mehrheit der Stimmenden, während Bütschi eine Mehrheit der Teilnehmenden vom Überforderungsverdacht freispricht. Die Wahrheit liegt wohl wie so oft irgendwo in der Mitte. Mitte bedeutet in diesem Zusammenhang, dass durchschnittlich etwa ein Viertel der Stimmenden (Kriesi 2005, Sciarini und Tresch 2014) nicht weiss, worum es bei der Abstimmung ging. Das klingt nach einem erschreckend hohen Mass an materieller Überforderung. Es gibt auf den ersten Blick den Verfechtern elitistischer Demokratietheorien Recht, die das Volk für kaum befähigt halten, über solche Sachfragen, die nicht gerade der unmittelbaren, alltäglichen Erfahrungswelt entstammen, kompetent entscheiden zu können. Allerdings gilt es einzuwenden, dass dieser Durchschnittswert deshalb so hoch ausfällt, weil sich die Bürger bei Multipack-Abstimmungen häufig auch zu Vorlagen äussern müssen, die für sich genommen kaum jemanden zur Urne gelockt hätten und von denen für die meisten kein starker Anreiz zur eingehenderen Informierung ausgeht. Denn solche Vorlagen sind zumeist unumstrittene, alltagsferne und dem obligatorischen Referendum unterliegende Sachfragen, bei denen zudem ein breiter Elitenkonsens vorliegt (z. B. die Abstimmung zur Justizreform vom 12.3.2000). Als Folge davon ist die vorlagen-

8 Zusammenfassung und Ausblick | 413

spezifische Kompetenz der Teilnehmenden bei diesen Vorlagen niedrig, gar um einiges niedriger als der oben ausgewiesene Durchschnittswert. Die Forschung zum *correct voting* (Kapitel 6.6) zeigt jedoch, dass die Bürger in solchen Fällen häufig trotzdem richtig entscheiden, auch wenn sie über den Vorlageninhalt nicht ausreichend informiert waren. Denn in aller Regel würde eine höhere Informiertheit zu einer Unterstützung des bestehenden Elitenkonsenses führen, d.h. zu einem im Prinzip gleichen oder zumindest ähnlichen Resultat. In diesem Licht besehen ist die geringe Informiertheit bei wenig umstrittenen Vorlagen nicht als demokratiegefährdend zu betrachten.

Über die bedeutsamen Vorlagen mit hohem Konfliktpotenzial ist das Stimmvolk jedoch markant besser informiert, als es der Durchschnittswert glauben lässt. Der Anteil vom Vorlageninhalt Überforderter reduziert sich bei Abstimmungen, bei denen es gewissermassen «darauf ankommt», auf ein durchaus demokratieverträgliches Niveau. Der Stimmbürger scheint offenbar ein gutes Gespür dafür zu haben, bei welchen Abstimmungen er sich eingehender informieren muss und bei welchen es ausreicht, Mehrheits- oder andere Heuristiken zu verwenden. Das Beispiel der Abstimmung über die Vignettenverteuerung (24.11.2013) zeigt, dass der Stimmbürger zuweilen gar weiter vorauszublicken vermag als die politischen Eliten. Im Abstimmungskampf zur besagten Vorlage wurde auf eine Verknüpfung zwischen Vignettenverteuerung und Netzbeschluss hingewiesen: Ohne Vignettenverteuerung kein Ausbau des Nationalstrassennetzes, warnten die Behörden. Haben die Autofahrer, die im Prinzip nichts gegen einen Ausbau des Autobahnnetzes hatten, die Erhöhung des Vignettenpreises aber ablehnten, dies nicht gewusst und deshalb – also infolge fehlender Informiertheit – ein Nein eingelegt? Der Argumententest der entsprechenden Vox-Analyse machte deutlich, dass viele davon wussten, aber davon ausgingen, dass der Netzbeschluss entgegen den wiederholten Beteuerungen der Behörden auch bei einem Nein zur Vignettenteuerung umgesetzt werde. Diese Bürger könnten unter Umständen Recht behalten.[349]

---

349 Ob der Netzbeschluss umgesetzt wird, steht zum jetzigen Zeitpunkt nicht fest. Die Bau-, Planungs- und Umweltdirektorenkonferenz (BPUK) möchte trotz Nein am Netzbeschluss festhalten, vgl. http://www.bpuk.ch/Libraries/VS_24_01_2014/05_0_Netzbeschluss.sflb.ashx (Zugriff 9.6.14).

Sind Abstimmungen käuflich?

Es gab Zeiten, als der Wirtschaftsdachverband Economiesuisse selbstbewusst verkünden konnte: «Wir setzen stets so viel Geld ein, wie nötig ist, um die Abstimmung zu gewinnen.»[350] Diese Zeiten sind vorbei. Eine Gewissheit, Abstimmungen – nötigenfalls unter Einsatz erheblicher finanzieller Mittel – gewinnen zu können, gibt es für niemanden mehr. Die Abzocker-Initiative, die Masseneinwanderungsinitiative, die Zweitwohnungsinitiative und die Initiative zur Volkswahl des Bundesrats sind bloss die jüngsten Beispiele dafür, dass am Ende längst nicht immer die Seite die Nase vorn hat, die über das höhere Kampagnenbudget verfügt. Eine Garantie auf Abstimmungserfolg wird man von keiner seriösen Kampagnenagentur erhalten. Zu gross ist das Risiko, dass das Volk beim einen oder anderen Urnengang allen Werbeanstrengungen zum Trotz anders entscheidet, als es das finanziell potentere Abstimmungslager propagiert. Aber Geld schadet auch nicht. Im Gegenteil, wie so oft im Leben nützt es auch bei Abstimmungen, kann aber Siege an der Urne nicht erzwingen, wenn das «Produkt» nicht stimmt oder die Ausgangslage dies nicht zulässt.

Eine «günstige» Ausgangslage für Persuasionseffekte bzw. für ein generell hohes Modifikationspotenzial ist dann gegeben, wenn die Prädispositionen, anhand derer Abstimmungsfragen bewertet werden, nur schwach bzw. gar nicht vorhanden sind. Zu solchen Abstimmungsfragen gehören aber ausgerechnet diejenigen emotionsgeladenen Fälle, in denen Propagandaeffekte besonders kontrovers diskutiert wurden wie etwa die Masseneinwanderungs-, Minarettverbots- oder Ausschaffungsinitiative, eben *nicht* dazu. Bei solchen Abstimmungen sind die Meinungen zu einem grossen Teil bereits gemacht, bevor die Kampagnen überhaupt einsetzen. Werbeanstrengungen sind in solchen Fällen nicht überflüssig, aber sie dienen in erster Linie dazu, die eigenen Anhängerschaften zur Urne zu treiben und – was bei einem voraussichtlich knappen Resultat gleichwohl entscheidend sein könnte – die wenigen Unschlüssigen von der eigenen Sichtweise zu überzeugen. Viel höher ist das Modifikationspotenzial der Kampagnen bei Vorlagen, die wegen ihrer hohen Komplexität und geringen Konfliktivität oft rasch in Vergessenheit geraten, wie bereits Hans Peter Hertig (1982) am Beispiel des Gurtenobligatoriums und des Getreideartikels aufzuzeigen vermochte. Weil die Stimmbürger bei solchen Vor-

---

350 Economiesuisse-Präsident Ueli Forster in einem Interview mit dem *Tages-Anzeiger*, zit. in *Die Weltwoche* Ausgabe 23, 2005.

lagen keine fest verankerten Haltungen wie etwa in der Europa- und Ausländerpolitik besitzen, sich zuweilen (vgl. etwa Abstimmungsthemen wie Transplantationsmedizin oder Gentechnologie) überhaupt noch keine Meinung bilden konnten, fällt die politische Propaganda hier auf weitaus fruchtbareren Boden. Meinungsumschwünge sind deshalb bei Abstimmungen über wenig umstrittene Behördenvorlagen viel wahrscheinlicher als bei hochkonfliktiven und emotionalen Sachfragen.

Kampagnengelder werden ausserdem häufig strategisch investiert. Je knapper das voraussichtliche Resultat, umso höher die für politische Werbung ausgegebenen Geldbeträge (Kriesi 2009a). Ist eine Vorlage jedoch von vornherein chancenlos oder weisen die Vorumfragen auf ein eindeutiges Ergebnis hin, so sehen die voraussichtlichen Abstimmungssieger oft keinen Grund, Kampagnengelder in eine so gut wie gewonnene Abstimmung zu investieren. Dazu kontrastiert jedoch das Kampagnenverhalten kleiner, idealistischer Gruppierungen: Ihr Werbebudget setzt sich nicht selten aus freiwilligen Spenden zusammen und ist unabhängig vom direkten Abstimmungserfolg, den diese Gruppierungen zudem häufig gar nicht anstreben (Kriesi 2005: 68). Ergibt sich nun eine Konstellation, in der eine ebensolche ressourcenarme, aber ausgabenfreudige Interessenorganisation einem Abstimmungskontrahenten gegenübersteht, der seinerseits aufgrund der klaren Ausgangslage keinen Anreiz verspürt, hohe Kampagnengelder zu sprechen, wird die wahre Beziehung zwischen Propagandaaufwand und Abstimmungsergebnis verschleiert. Eine Überprüfung der Käuflichkeitsthese macht in solchen Fällen keinen Sinn, weil der potenziell «kaufkräftigste Kunde» den «Laden» gar nicht erst betritt (Hertig 1982).

Geld schadet also nicht, sondern hilft bei Abstimmungen, aber es bewirkt nicht sonderlich viel. Kriesi (2012: 231), der sich systematisch mit der Käuflichkeitsthese auseinandergesetzt hat, umschreibt den Effekt des Geldes auf den Abstimmungserfolg folgendermassen: «The best we can currently say in general terms about the influence of money on the outcome of Swiss direct-democratic campaigns is that money does matter, but that it does not matter a lot.» Trotzdem wäre es falsch, nun all die Forderungen um mehr Transparenz bei der Finanzierung von Abstimmungskämpfen, die «mittlerweile ganze Bundesordner füllen»,[351] zurückzuweisen. Denn es ist zwar zutreffend, dass höhere Werbebudgets noch

---

351 Urs Schwaller, «Ist Politik käuflich? Geld statt Geist», NZZ vom 5.2.2014.

lange keinen Erfolg garantieren, aber der Unterschied in den Kampagnenausgaben zwischen den Abstimmungskontrahenten ist zuweilen derart gross, dass sich selbst kleine Effekte zu einer entscheidenden Grösse kumulieren können (Weber 2012). Das Problem sind demnach weniger die Kampagnen und ihr Einfluss auf die Meinungsbildung, der im Übrigen – in der Form von Lerneffekten – teilweise sogar positiv ausfallen kann, sondern die Tatsache, dass die eine Abstimmungsseite über weitaus grössere finanzielle Mittel verfügt als die andere. Um diese Ungleichgewichte wenigstens auf ein erträgliches Mass zu verringern, bedarf es strikterer Propagandaregulierungen (z. B. klare Offenlegungsbestimmungen bei der Kampagnenfinanzierung), wie sie schon seit Längerem in Kalifornien und anderen US-Bundesstaaten bestehen.

Steuern der Bundesrat und die Parteien das Volk oder driften Basis und Elite bei Volksabstimmungen immer weiter auseinander?
In einer Abstimmungsdemokratie wird das Volk aufgerufen, über verschiedenste Sachfragen zu befinden. Naturgemäss sind darunter auch solche, die eine hohe materielle Komplexität aufweisen. Den Parteien wie auch der Regierung obliegt es in solchen Fällen, den Stimmberechtigten das Entscheidungsproblem möglichst verständlich zu vermitteln. Die Parteien tun dies auch aus eigenem Interesse, weil sie dergestalt Einfluss nehmen können auf die Meinungsbildung, während die Regierung primär einen Informationsauftrag zu erfüllen hat. Wird diese intermediäre Funktion ausgenutzt, um das Abstimmungsverhalten der Bürger zu steuern? Oder verhält es sich genau umgekehrt und es ist das Volk, das sich immer weiter von den politischen Eliten entfernt?

Die Schweizer Abstimmungsforschung hat gezeigt, dass Parolen und Empfehlungen nur selten umgesetzt werden, ohne sich weiter um den Inhalt der aufgeworfenen Sachfrage zu kümmern. In der Tat dringen die Parolen der Parteien und Verbände offenbar eher selten zu ihren Sympathisanten durch (Kriesi 1994). Vielmehr ist es so, dass der Schweizer Stimmbürger sich durchaus mit Vorlageninhalten auseinandersetzt und auch Argumente abwägt (Kriesi 2005, Milic 2010). Das Bild einer Abstimmungsdemokratie, in der Parteigeneräle ihre treuen Parteisoldaten sozusagen zum Zählappell versammeln und die disziplinierte Umsetzung der Parteiparole befehlen, ist in der Regel falsch und im Übrigen auch demokratietheoretisch nicht wünschenswert. Die Parteien vermögen ihre Anhängerschaften kaum zu steuern. Das bedeutet jedoch nicht, dass die inhaltliche Auseinandersetzung der Bürger mit den Abstimmungsvorlagen parteiunabhängig erfolgt. Denn die Abstimmungsargumente werden häufig nicht aufgrund ihrer inhaltlichen Überzeugungskraft bewertet, sondern aufgrund dessen, wer sie vorgebracht hat. Hier aber spielt die Parteiidentifikation eine zentrale Rolle. Argumenten, die von der eigenen, bevorzugten Partei vorgelegt werden, wird in der Regel mehr Glauben geschenkt als jenen anderer Parteien. Dies geschieht selbst dann, wenn die eigenen Wertehaltungen in Bezug auf die vorgelegte Sachfrage nicht mit der Parteilinie übereinstimmen. Die Parteien nehmen demnach zwar Einfluss auf die Meinungsbildung, aber weniger durch den formellen Beschluss von Empfehlungen, sondern vielmehr dadurch, dass sie ihre inhaltlichen Standpunkte vortragen, dabei aber vom Vertrauensvorsprung, den sie bei ihren Anhängern besitzen, profitieren. Das ist wohl auch der Grund dafür, dass sich trotz geringer Parolenkenntnisse (Kriesi 1994) eine erstaunlich hohe Parolenkonformität bei Abstimmungen ergibt (Milic 2010).

Der Bundesrat hat den Parteien gegenüber den Vorteil, als unparteiisch und von Partikularinteressen unabhängig zu gelten. Hinzu kommt, dass es ihm gestattet ist, seine Haltung in der offiziellen Abstimmungsbroschüre (Bundesbüchlein), das dem Stimmmaterial jeweils beigefügt wird, prominent kundzutun. In der Tat dient die Regierungsempfehlung einer beträchtlichen Zahl von Stimmbürgern als Orientierungshilfe und zwar in jüngster Zeit noch stärker als früher (Sciarini und Tresch 2014, Kapitel 6.5). Immer wieder geben Befragte auf die Frage nach dem Stimmmotiv keinen inhaltlichen Beweggrund an, sondern verweisen darauf, der Stimmempfehlung des Bundesrats Folge geleistet zu haben. Ihre Zahl beträgt zuweilen 10 bis 15 Prozent aller Stimmenden, was für ein erhebliches Einflusspotenzial seitens des Bundesrats spricht. Aber auch hier wäre es voreilig, darauf zu schliessen, die Regierung könne die Stimmbürgerschaft bei Bedarf in eine ihr genehme Richtung lenken. Denn die Regierungsempfehlung ist als Referenzpunkt vor allem dann beliebt, wenn es sich um eine kaum umstrittene, konsensuale Vorlage mit technisch-rechtlichem Inhalt handelt. Bei solchen Vorlagen ist es aber ziemlich unwahrscheinlich, dass das Resultat anders herausgekommen wäre, wenn sich die Bürger, statt der Regierungsempfehlung zu folgen, inhaltlich mit der Vorlage auseinandergesetzt hätten (Kapitel 6.6). Hingegen bestehen regelmässige und systematische Differenzen zwischen den

Empfehlungen der politische Elite (Bundesrat, Parlament) und dem Stimmentscheid der Bevölkerung bei stark konfliktuellen und wertebeladenen Politikfragen. Am ausgeprägtesten tritt dieser Elite-Basis-Gegensatz in der Migrations- und Aussenpolitik auf, wo Regierung und Parlament generell liberaler, internationaler und öffnungsorientierter denken als das Volk (Hermann 2011: 206). Insofern bedarf der Vorwurf, wonach die Regierung in «unverhältnismässiger»[352] Weise Einfluss auf die Meinungsbildung nehme, zumindest einer Relativierung. Entsprechend gilt auch hier: Es kommt darauf an, ob es sich eher um Vorlagen zu neuen Problemstellungen mit breitem gesellschaftlichem Konsens oder eher um identitätsstiftende Fragen zur Abgrenzung von Innen und Aussen handelt. In letzterem Fall stehen die Meinungen der Bürger in der Regel schon von vornherein fest.

Chronisch niedrige Beteiligungsquote – eine helvetische Malaise?

Gerne feiern die Schweizer ihre Abstimmungsdemokratie als die älteste unmittelbare Volksherrschaft der Welt. Doch blickt man auf die chronisch niedrigen Beteiligungsquoten, so erhält man den Eindruck, als ob nur wenige der Schweizer Stimmberechtigten auch wirklich an dieser teilhaben wollen. Im Schnitt beteiligen sich bloss 44 Prozent der Stimmberechtigten an den eidgenössischen Urnengängen, bei kantonalen oder lokalen Abstimmungen sind es noch weniger. Der Umstand, dass nicht selten über mehrere Vorlagen gleichzeitig abgestimmt wird, verdeckt eine effektiv noch tiefere Beteiligungsquote. Was also ist los im Land der Abstimmungsweltmeister?

Zunächst ist darauf hinzuweisen, dass die Beteiligungsquoten stark variieren. Hochbrisante Fragen locken weitaus mehr Bürger an die Urnen als konfliktarme Themen mit meist technischem Charakter. Bei der Jahrhundertabstimmung über den Beitritt zum EWR (1992) strömten die Massen des Elektorats buchstäblich an die Urnen. Die dort erzielte Partizipationsquote von knapp 80 Prozent blieb seither unerreicht. Wenn aber eine Vorlage wie das Tierseuchengesetz, das fernab von jeglicher Alltagserfahrung des Durchschnittsbürgers liegt, zur Abstimmung ansteht, nehmen

---

352 Im indirekten Gegenvorschlag zur «Maulkorbinitiative» der SVP hielt das Parlament fest, dass die Kommunikation des Bundesrats im Vorfeld zu Sachabstimmungen «sachlich, transparent und verhältnismässig» zu erfolgen habe.

eigentlich nur noch diejenigen den Gang zur Urne unter die Füsse, die das in Erfüllung einer Bürgerpflicht sowieso immer tun. Alleine darin eine Gefahr für die Legitimität des Entscheids zu sehen, ist unserer Ansicht nach nicht zutreffend. Zwar darf man die Qualität eines direktdemokratischen Entscheids, der hauptsächlich von Bürgern gefällt wurde, die aus Pflichtgefühl teilnahmen, durchaus infrage stellen. Der Beteiligungsverzicht der anderen aber, die in der Vorlage schlicht keine Betroffenheit zu erkennen vermochten, schadet der Legitimität nicht zwingend. Vielmehr ist er Ausdruck eines durch die Stimmbürgerschaft oft praktizierten Selbstselektionsmechanismus: Wer sich gut informiert und ein Mindestmass an Kompetenz im Umgang mit der aufgeworfenen Sachfrage aufweist, geht deutlich häufiger abstimmen. Wer hingegen weniger informiert und kompetent ist, bleibt in der Regel der Urne fern (Kriesi 2005). Beteiligungs- und Zustimmungsquoren, wie sie beispielsweise in Deutschland und Italien existieren, sind deshalb wenig zielführende Massnahmen zur Erhöhung der demokratischen Qualität von Volksentscheiden, sondern bewirken in der plebiszitären Praxis das Gegenteil.

Die erst seit Kurzem angestossene Analyse von Stimmregisterdaten (Dermont 2014, Serdült 2013, Tawfik et al. 2012) zeigt zudem, dass die Schweizer Stimmbürger gar nicht so stimmfaul sind, wie man aufgrund der durchschnittlichen Beteiligungswerte annehmen könnte. Innerhalb von vier Jahren – also der Zeitraum, der in den meisten anderen Staaten einer Wahlperiode entspricht – beteiligten sich beispielsweise rund 80 Prozent aller St. Galler und Genfer Stimmberechtigten mindestens einmal an einer Abstimmung und nur 20 Prozent partizipierten nie. Nimmt man diesen Wert als Gradmesser für die durchschnittliche Partizipation, stehen die Schweizer Stimmberechtigten im internationalen Vergleich weitaus besser da.

Die Stimmbeteiligung ist dabei einerseits von individuellen Merkmalen, andererseits aber auch von Eigenschaften der Vorlage bzw. des Abstimmungskampfs abhängig. Von überragender Bedeutung ist das politische Interesse. Sich für politische Angelegenheiten interessierende Bürger nehmen mit einer viel höheren Wahrscheinlichkeit teil als solche, die dem Politischen im Generellen wenig abgewinnen können. Das ist auch der hauptsächliche Grund, weshalb Beteiligungserleichterungen wie etwa die briefliche Stimmabgabe, von denen man sich eine höhere Partizipation der eher stimmabstinenten Gruppen erhoffte, bislang eher wenig (etwa 4 %; Luechinger et al. 2007) gebracht haben. Ähnliches ist auch von der elektronischen Stimmabgabe zu erwarten – sie wird gewiss helfen, einige wenige Stimmende hinzuzugewinnen, aber ihre Zahl wird höchstwahrscheinlich überschaubar bleiben. Die elektronische und vor allem auch die briefliche Stimmabgabe, die inzwischen rege genutzt werden – im letzteren Fall von annähernd 80 bis 90 Prozent der Teilnehmenden in der Schweiz –, sind somit eher Substitute und weniger eine Ergänzung der Beteiligungsoptionen. Neben dem politischen Interesse spielt aber auch die individuelle Ressourcenausstattung eine Rolle. Wer im Berufsleben integriert ist und am öffentlichen Leben teilnimmt, ist auch politisch viel eher aktiv. Das erklärt auch die zum Teil erheblichen Beteiligungsunterschiede zwischen den Altersgruppen. Hingegen nähern sich die Partizipationsraten von Frauen und Männern langsam, aber sicher an. Bei den jungen Stimmberechtigten sind die Geschlechterdifferenzen mittlerweile so gut wie eingeebnet.

Neben dem politischen Interesse ist es vor allem das Gefühl, eine Bürgertugend erfüllen zu müssen, das zur Teilnahme an Sachabstimmungen motiviert. Es ist anzunehmen, dass diese Beteiligung aus Pflichtgefühl in der älteren Generation stärker verbreitet ist als bei den jüngeren Stimmberechtigten und damit ein Grund für die Beteiligungsdifferenzen zwischen Jung und Alt ist. Gleichzeitig dürfte dies auch der Grund dafür sein, dass ältere Bürger bei Umfragen eher mal eine Teilnahme zu viel angeben als jüngere, die bei der Angabe einer Nichtteilnahme unter ihresgleichen wohl nur in den wenigsten Fällen Formen der sozialen Ächtung wegen Pflichtverletzung befürchten müssen. Sollte man demnach wieder vermehrt versuchen, den Jungen diese Bürgertugend vorzuschreiben? Wir beurteilen das eher skeptisch. Denn mit hohen Beteiligungszahlen alleine ist noch nichts gewonnen. Erwartet werden darf auch eine bestimmte Entscheid- bzw. Demokratiequalität. Die aber stellt sich nur dann ein, wenn sich die Bürger ausreichend informieren oder wenigstens wissen, welche Entscheidungshilfen es gibt und wie man sie effizient zu nutzen vermag. Es ist indes höchst fraglich, ob jene, die aus reinem Pflichtgefühl teilnehmen, sich auch systematisch mit dem Vorlageninhalt auseinandersetzen. Das wäre wohl nur dann der Fall, wenn die Pflicht nicht bloss auf die Teilnahme bezogen bleibt, sondern auch auf die vorgängige Informierung ausgeweitet wird. Auch was den effizienten Einsatz von Heuristiken anbelangt, sind bei den aus Pflichtgefühl Stimmenden gewisse Zweifel angebracht. Wenn aber die Stimmabgabe zu einer routinisierten Pflichterfüllung verkommt, sind ähnliche Effekte zu erwarten wie bei der gesetzlichen Stimmpflicht, die im Kanton Schaffhausen gilt: Ein beträchtlicher Teil derer, die sich alleine deswegen zu den Urnen mühen, weil sie ansonsten gebüsst würden, legt in diesem Kanton leer ein. Das ist zwar – etwas zynisch formuliert – angesichts dessen, dass sich diese Gruppe von Stimmenden wohl kaum eine Sekunde mit dem Vorlageninhalt beschäftigt hat, begrüssenswert, entspricht aber nicht den Absichten, die man sich vom gesetzlichen Stimmzwang erhoffte.

Die hypothetische Frage, wie Abstimmungen ausgegangen wären, hätten sich alle beteiligt, kann nur spekulativ beantwortet werden. Denn es ist nur wenig Gesichertes über die sachpolitischen Präferenzen der Nichtteilnehmenden bekannt. Die Resultate von di Giacomo (1993) und Lutz (2007) weisen jedoch darauf hin, dass sich die Abstinenten häufig nicht anders entschieden hätten als die Teilnehmenden. In einigen Fällen wäre das Abstimmungsresultat möglicherweise anders herausgekommen, aber eine «Tyrannei der teilnehmenden Minderheit» gegenüber den an der Urne Ferngebliebenen ist die Schweizer Abstimmungsdemokratie sicherlich nicht.

Das Stimmvolk – eine Tyrannei der Mehrheit gegenüber Minderheiten?
Daran schliesst sich die Frage an, wie weit die Entscheide der stimmenden Mehrheit ein Diktat gegenüber den gesellschaftlichen und kulturellen Minderheiten darstellen. Bis heute konkurrieren unterschiedliche Auffassungen hinsichtlich der demokratietheoretisch und gesellschaftspolitisch bedeutsamen Frage, in welchem Masse grundlegende Rechte von Minderheiten in einem direktdemokratischen System verletzt oder geschützt werden. Während die Befürworter zunächst darauf hinweisen, dass das Referendum und die Volksinitiative «Minderheiten und Aussenseitergruppen» (Linder 2012: 291) ein Sprachrohr bieten, kritisieren die Skeptiker, dass die direktdemokratische Gesetzgebung aufgrund ihres majoritären *the winner takes it all*-Charakters, bei der eine einfache Mehrheit von 50 Prozent (plus eins) der Stimmenden entscheidet, einer Tyrannei der Mehrheit den Weg ebne (Schmidt 2010: 351). Die Antwort auf die Frage, ob Minderheiten einer Gesellschaft tyrannisiert werden, wenn die Gesetzgebung direkt in den Händen der Mehrheit der Bürger liegt, fällt auf der Grundlage verschiedener neuerer Studien für die Schweiz einmal mehr differenziert aus (Bolliger 2007b, Frey und Goette 1998, Krömler und Vatter 2011, Vatter 2011, 2014, Vatter und Danaci

2010, 2011). Zwar bestätigt sich zunächst die Sichtweise der Skeptiker: Volksentscheide entfalten im Vergleich zu parlamentarischen Prozessen in rund einem Fünftel der Fälle eher eine diskriminierende als schützende Wirkung. Gleichzeitig zeigt sich aber auch, dass nur dann direkte negative Effekte der Volksgesetzgebung auftreten, wenn die Sachvorlagen einen Ausbau der Minderheitenrechte vorsehen. Bei einem Abbau schützt die direktdemokratische Arena die Minderheiten etwa im selben Masse wie die repräsentativdemokratische. Einzelne Ausnahmen wie die Annahme der Minarettverbotsinitiative bestätigen diese Regel. In Bezug auf die Wirkungen der Volksentscheide auf die einzelnen Minderheiten gilt es ebenfalls zu differenzieren: Während direktdemokratische Prozesse im Vergleich zu parlamentarischen Entscheidungen keine Schlechterstellung von Homosexuellen, Behinderten sowie eigenen sprachlichen und konfessionellen (christlichen) Minderheiten bewirken, zeigen sich offensichtlich diskriminierende Effekte, wenn es um die rechtliche Besserstellung von Ausländern, Angehörigen nicht christlicher Konfessionen (z. B. Muslime) und – zumindest in vergangenen Jahrzehnten – Frauen geht. Als besonders erklärungskräftig hat sich dabei das Konzept zur Unterscheidung von *in- und outgroups* herausgestellt. Entscheidend scheint vor allem, ob einzelne Minderheiten durch die Bevölkerungsmehrheit als Eigen- oder Fremdgruppe wahrgenommen werden. Während Volksentscheide über die Rechte von *outgroups* wie Ausländern besonders oft minderheitenfeindlich ausfallen, zeigt sich die Mehrheit der Bevölkerung tolerant, wenn es um die Rechte von kulturell integrierten *ingroups* geht wie die eigenen Sprachminderheiten in der Schweiz (Französisch-, Italienisch- und Romanischsprachige) oder seit Längerem ansässige religiöse Minderheiten christlicher oder jüdischer Glaubensrichtung. Keinen Einfluss üben hingegen die Grösse des Territoriums (Einwohnerzahl), die Heterogenität gesellschaftlicher Interessen und wirtschaftliche Rahmenbedingungen aus. Diese Ergebnisse stehen damit in Widerspruch zur These der Gründungsväter der US-amerikanischen Verfassung (vgl. auch Haider-Markel et al. 2007 für die USA). Insgesamt weisen die bisherigen Befunde darauf hin, «dass direkte Demokratie nicht *per se* ein mehrheitsdemokratisches Schwert mit scharfer Klinge oder umgekehrt ein effektives Schutzschild für Minderheiten darstellt, sondern ihre Wirkung stark von den Einstellungen der Bürgerinnen und Bürger, vom gesellschaftlichen Integrationsgrad der betroffenen Minderheit und ihrer Wahrnehmung als Fremdgruppe sowie der Ausbauintensität ihrer Rechte und der

Existenz einer Schutzregelung auf einer höheren Staatsebene abhängt» (Vatter und Danaci 2011: 237). Mit anderen Worten: Es sind just gerade die schwächsten Mitglieder der Gesellschaft, meist aus anderen Kulturkreisen, die in der Regel selbst keine politischen Mitspracherechte besitzen, deren Rechte durch Volksentscheide besonders gefährdet sind und deshalb einen besonderen Rechtsschutz vor direktdemokratischen Beschlüssen benötigen (Vatter 2011).

Schlussbemerkung
Zusammenfassend lassen sich die empirischen Auswirkungen der direkten Demokratie in der Schweiz wie folgt auf den Punkt bringen (vgl. auch Vatter 2014: 386): Erstens überwiegen insgesamt die positiven Effekte der Volksrechte auf die Bürgerschaft (Informiertheit, Kompetenz, Vertrauen), Gesellschaft (Sozialkapital, Demokratiezufriedenheit, Stabilität, Integration) und Wirtschaft (höhere Wirtschaftskraft, effiziente Bereitstellung öffentlicher Güter). Zweitens hängt die Bewertung einzelner Folgen vom eigenen politischen Standpunkt ab (z. B. Status-quo-Bias, tiefe Staatsquote, schwacher Zentralstaat, zurückhaltende aussenpolitische Integration). Drittens liegen die Schwachstellen vor allem in der paradoxen Stärkung von finanzkräftigen Interessenorganisationen anstelle der unorganisierten Bürgerschaft sowie im nur selektiven Schutz von Minderheiten. Die spezifischen Defizite haben denn auch regelmässig Anlass dazu geboten, Reformen für das bestehende System der Volksrechte in der Schweiz zu fordern. Dazu zählt neben dem Dauerbrenner «Erhöhung der Unterschriftenzahlen» etwa der Vorschlag zur Einführung der Gesetzesinitiative beim Bund von Kölz und Müller (1990), um damit der selektiven Privilegierung gut organisierter Verbandsinteressen sowie der Überbremsung des politischen Systems entgegenzuwirken. In jüngerer Zeit gehört aber auch der Vorstoss des Bundesrats zur inhaltlichen Vorprüfung von zunehmend grundrechtsproblematischen Volksinitiativen auf ihre Vereinbarkeit mit dem internationalen Völkerrecht dazu, um das Initiativ- und Völkerrecht besser in Einklang zu bringen. Obwohl diese und andere Reformvorschläge an den spezifischen Schwachstellen der direkten Demokratie in der Schweiz ansetzen und überzeugend erscheinen mögen, sind grundlegenden Anpassungen der Volksrechte enge Grenzen gesetzt. Es liegt in der Natur der Sache, dass einmal eingeführte Volksrechte nicht durch Experten oder die politische Elite (Regierung, Parla-

ment) modifiziert werden, sondern vielmehr von der Stimmbürgerschaft selbst. Diese entscheidet eben gerade mit den Instrumenten der direkten Demokratie über das Ausmass und das Tempo der Reform der Volksrechte. Die jüngeren Abstimmungsergebnisse auf Bundesebene mit der gleich mehrfachen Ablehnung von Vorlagen zum Ausbau der unmittelbaren Mitspracherechte (Volkswahl der Regierung, Stärkung der Volksrechte in der Aussenpolitik, Einführung des konstruktiven Referendums) machen aber deutlich, dass die Schweizer Stimmbürgerschaft durchaus verantwortungsvoll und umsichtig mit ihren weitgefassten Rechten umzugehen weiss.

Literaturverzeichnis

Achen, Christopher H., 1975: *Mass Political Attitudes and the Survey Response*, in: American Political Science Review, 69:4, 1218–1223.

Achen, Christopher H., 2002: *Parental Socialization and Rational Party Identification*, in: Political Behavior, 24:2, 141–170.

Adler, Benjamin, 2006: *Die Entstehung der direkten Demokratie. Das Beispiel der Landsgemeinde Schwyz 1789–1866*, Zürich: Verlag Neue Zürcher Zeitung.

Agresti, Alan; Finlay, Barbara, 1997: *Statistical Methods for the Social Sciences*, Upper Saddle River: Prentice Hall.

Aldrich, John H., 1993: *Rational Choice and turnout*, in: American Journal of Political Science, 37:1, 246–278.

Allard, Winston, 1941: *A Test of Propaganda Values in Public Opinion Surveys*, in: Social Forces, 20:2, 206–213.

Allport, Gordon W., 1954: *The Nature of Prejudice*, Reading: Addison-Wesley.

Allswang, John M., 2000: *The initiative and referendum in California, 1898–1998*, Stanford: Stanford University Press.

Altman, David, 2010: *Direct Democracy Worldwide*, Cambridge: Cambridge University Press.

Alvarez, R. Michael; Brehm, John, 2002: *Hard Choices, Easy Answers: Values, Information, and American Public Opinion*, Princeton: Princeton University Press.

Ambühl, Mathias, 2003: *Methoden zur Rekonstruktion von Wählerströmen aus Aggregatdaten*, Neuenburg: Bundesamt für Statistik.

Anderson, John R., 1983: *The Architecture of Cognition*, Cambridge: Harvard University Press.

Areni, Charles S.; Ferrell, M. Elizabeth; Wilcox, James B., 2000: *The Persuasive Impact of Reported Group Opinions on Individuals Low vs. High in Need for*

Cognition: Rationalization vs. Biased Elaboration?, in: Psychology and Marketing, 17:10, 855–875.

Armingeon, Klaus, 2000: *Ökonomische Erklärungen des Verhaltens bei aussenpolitischen Abstimmungen. Eine Kritik der Analyse von Aymo Brunetti, Markus Jaggi und Rolf Weder*, in: Schweizerische Zeitschrift für Volkswirtschaft und Statistik, 136:2, 207–214.

Arnold, Judith, 2007: *Das Abstimmungsplakat als Textsorte – Kontext und Merkmale eidgenössischer Abstimmungsplakate*, Zürich, http://www.arsrhetorica. ch/Abstimmungsplakate-02.pdf (Zugriff 14.4.2014).

Arzheimer, Kai; Falter, Jürgen W., 2003: *Wahlen und Wahlforschung*, in: Münkler, Herfried (Hrsg.): *Politikwissenschaft. Ein Grundkurs*, Reinbek bei Hamburg: Rowohlt, 553–586.

Arzheimer, Kai; Schmitt, Annette, 2005: *Der ökonomische Ansatz*, in: Falter, Jürgen, W.; Schoen, Harald (Hrsg.): *Handbuch Wahlforschung*, Wiesbaden: VS Verlag für Sozialwissenschaften, 243–303.

Arzheimer, Kai; Schoen, Harald, 2005: *Erste Schritte auf kaum erschlossenem Terrain. Zur Stabilität der Parteiidentifikation in Deutschland*, in: Politische Vierteljahresschrift, 46:4, 629–654.

Atteslander, Peter, 2000: *Methoden der empirischen Sozialforschung*, Berlin: De Gruyter.

Auer, Andreas (Hrsg.), 1996: *Die Ursprünge der Schweizerischen Direkten Demokratie*, Basel: Helbing & Lichtenhahn.

Auer, Andreas, 1998: *La démocratie directe helvétique dans le contexte européen: origine, conditions, pratique*, in: Epiney, Astrid; Siegwart, Karine (Hrsg.): *Direkte Demokratie und Europäische Union*, Forum Europarecht, Bd. 3, Freiburg: Universitätsverlag, 11–17.

Auer, Andreas, 2008: *Statt Abbau der Volksrechte – Ausbau des Rechtsstaates: Völkerrechtswidrige Volksinitiativen als Anstoss zum Ausbau der Verfassungsgerichtsbarkeit*, Neue Zürcher Zeitung, 211, 10.9.2008, 15.

Bächtiger, André; Steenbergen, Marco; Gautschi, Thomas; Pedrini, Seraina, 2011: *Deliberation in Swiss direct democracy: A field experiment on the expulsion initiative*, in: NCCR Newsletter Nr. 8, 5–7.

Bächtiger, André; Wyss, Dominik, 2013: *Empirische Deliberationsforschung – eine systematische Übersicht*, in: Zeitschrift für Vergleichende Politikwissenschaft, 7:2, 155–181.

Balch, George I., 1974: *Multiple Indicators in Survey Research: The Concept «Sense of Political Efficacy»*, in: Political Methodology, 1:2, 1–43.

Ballmer-Cao, Thanh-Huyen; Sgier, Lea, 1998: *Die Wahlbeteiligung in der Schweiz: Eine geschlechtsspezifische Untersuchung anhand der Nationalratswahlen 1995*, in: Kriesi, Hanspeter (Hrsg.): *Schweizer Wahlen 1995*, Bern: Haupt, 101–129.

Barankay, Iwan; Sciarini, Pascal; Trechsel, Alexander, 2003: *Institutional Openness and the use of Referendums and Popular Initiatives: Evidence from Swiss Cantons*, in: Swiss Political Science Review, Special Issue «Swiss Federalism in Comparative Perspective», 9:1, 169–199.

Barber, Benjamin R., 1983: *The Logic and Limits of Trust*, New Brunswick: Rutgers University Press.

Barber, Benjamin R., 1984: *Strong Democracy. Participatory politics for a new age*, Berkeley: University of California Press.

Bartels, Larry M., 1996: *Uninformed Votes: Information Effects in Presidential Elections*, in: American Journal of Political Science, 40:1, 194–230.

Bartels, Larry M., 2002: *Beyond the Running Tally: Partisan Bias in Political Perceptions*, in: Political Behavior, 24:2, 117–150.

Bartels, Larry M., 2006: *What's the Matter with* What's the Matter with Kansas?, in: Quarterly Journal of Political Science, 1:2, 201–226.

Bartels, Larry M.; Achen, Christopher, 2006: *It feels like we're thinking: The rationalizing voter and electoral democracy*, presented at the Annual Meeting of the American Political Science Association, Philadelphia, August 2006.

Bartolini, Stefano; Mair, Peter, 1990: *Identity, Competition, and Electoral Availability. The Stabilization of the European Electorates 1885–1985,* Cambridge: Cambridge University Press.

Basinger, Scott; Lavine, Howard, 2005: *Ambivalence, information, and electoral choice*, in: American Political Science Review, 99:2, 169–184.

Bassili, John N. (Hrsg.), 1989: *On-line Cognition in Person Perception*, Hillsdale: Erlbaum.

Batteli, Maurice, 1932: *Les institutions de démocratie directe en droit suisse et comparé moderne*, Paris: Sirey.

Bauer, Paul C.; Fatke, Matthias, 2014: *Direct democracy and political trust: Enhancing trust, initiating distrust – or both?*, in: Swiss Political Science Review, 20:1, 49–69.

Beck, Paul Allen; Dalton, Russell J.; Greene, Steven; Huckfeldt, Robert, 2002: *The Social Calculus of Voting: Interpersonal, Media, and Organizational Influences on Presidential Choices*, in: American Political Science Review, 96:1, 57–74.

Bell, Daniel, 1975: *Die nachindustrielle Gesellschaft*, Frankfurt a. M.: Campus.

Bennett, Stephen E., 1988: *Know Nothings Revisited: The Meaning of Political Ignorance Today*, in: Social Science Quarterly, 69:2, 476–490.

Bennett, Stephen E., 2001: *«Reconsidering the Measurement of Political Knowledge» Revisited: A Response to Jeffery Mondak*, in: American Review of Politics, 22:3, 327–348.

Benz, Matthias; Stutzer, Alois, 2004: *Are voters better informed when they have a larger say in politics? Evidence for the European Union and Switzerland*, in: Public Choice, 119:1-2, 31–59.

Berelson, Bernard R.; Lazarsfeld, Paul F.; McPhee, William N., 1954: *Voting. A Study of Opinion Formation in a Presidential campaign*, Chicago: University of Chicago Press.

Berinsky, Adam J., 2004: *Silent Voices. Opinion Polls and Political Participation in America*, Princeton: Princeton University Press.

Berinsky, Adam J., 2008: *Survey Non-Response*, in: Donsbach, Wolfgang; Traugott, Michael W. (Hrsg.): *The SAGE Handbook of Public Opinion Research*, London: Sage, 309–322.

Bernhard, Laurent, 2012: *Message Delivery*, in: Kriesi, Hanspeter (Hrsg.): *Political Communication in Direct Democratic Campaigns. Enlightening or Manipulating?*, Basingstoke: Palgrave Macmillan, 82–92.

Bernhard, Laurent; Kriesi, Hanspeter, 2012: *Coalition Formation*, in: Kriesi, Hanspeter (Hrsg.): *Political Communication in Direct Democratic Campaigns. Enlightening or Manipulating?*, Basingstoke: Palgrave Macmillan, 54–68.

Bick, Wolfgang; Müller, Paul J., 1977: *Die administrative Buchführung der Verwaltung als sozialwissenschaftliche Datenbasis*, in: Müller, Paul J. (Hrsg.): *Die Analyse prozessproduzierter Daten*, Stuttgart: Klett-Cotta, 42–88.

Bick, Wolfgang; Müller, Paul J., 1984: *Sozialwissenschaftliche Datenkunde für prozessproduzierte Daten: Entstehungsbedingungen und Indikatorenqualität*, in: Bick, Wolfgang; Mann, Reinhard; Müller, Paul J. (Hrsg.): *Sozialforschung und Verwaltungsdaten*, Stuttgart: Klett-Cotta, 123–159.

Birch, Anthony H., 1993: *The Concepts and Theories of Modern Democracy*, London: Routledge.

Bishop, George F., 1990: *Issue Involvement and Response Effects in Public Opinion Surveys*, in: Public Opinion Quarterly, 54:2, 209–218.

Bishop, George F., 2005: *The Illusion of Public Opinion. Fact and Artifact in American Public Opinion Polls*, Lanham: Rowman & Littlefield.

Bishop, George F.; Oldendick, Robert W.; Tuchfarber, Alfred J., 1978: *Effects of Question Wording and Format on Political Attitude Consistency*, in: Public Opinion Quarterly, 42:1, 81–92.

Bishop, George F.; Oldendick, Robert W.; Tuchfarber, Alfred J.; Bennett, Stephen E., 1980: *Pseudo-Opinions on Public Affairs*, in: Public Opinion Quarterly, 44:1, 198–209.

Blais, André, 2000: *To Vote or not to Vote. The Merits and Limits of Rational Choice Theory*, Pittsburgh: University of Pittsburgh Press.

Blais, André, 2006: *What Affects Voter Turnout?*, in: Annual Review of Political Science, 9:1, 111–125.

Blais, André; Young, Robert A., 1999: *Why Do People Vote? An Experiment in Rationality*, in: Public Choice, 99:1-2, 39–55.

Blais, André; Young, Robert A.; Lapp, Miriam, 2000: *The Calculus of Voting: an Empirical Test*, in: European Journal of Political Research, 37:2, 181–201.

Blöchliger, Hansjörg; Spillmann, Andreas, 1992: *Wer profitiert vom Umweltschutz? Verteilungswirkungen und Abstimmungsverhalten in Verkehrs- und Umweltvorlagen*, in: Schweizerische Zeitschrift für Volkswirtschaft und Statistik, 128:3, 525–540.

Blume, Lorenz; Müller, Jens; Voigt, Stefan, 2009: *The Economic Effects of Direct Democracy – a First Global Assessment,* in: Public Choice, 140:3-4, 431–461.

Bollen, Kenneth A., 1984: *Multiple Indicators: Internal Consistency or No Necessary Relationship?*, in: Quality and Quantity, 18:4, 377–385.

Bolliger, Christian, 2004: *Spielt es eine Rolle, wer entscheidet? Einbürgerungen in Gemeinden mit Parlaments- und Volksentscheid im Vergleich*, in: Steiner, Pascale; Wicker, Hans-Rudolf (Hrsg.): *Paradoxien im Bürgerrecht. Sozialwissenschaftliche Studien zur Einbürgerungspraxis in Schweizer Gemeinden*, Zürich: Seismo, 43–60.

Bolliger, Christian, 2007a: *Konkordanz und Konfliktlinien in der Schweiz, 1945 bis 2003,* Berner Studien zur Politikwissenschaft 17, Bern: Haupt.

Bolliger, Christian, 2007b: *Minderheiten in der direkten Demokratie: Die Medaille hat auch eine Vorderseite,* in: Freitag, Markus; Wagschal, Uwe (Hrsg.): *Direkte Demokratie: Bestandsaufnahmen und Wirkungen im internationalen Vergleich*, Münster, Hamburg, Berlin, Wien, London: LIT Verlag, 419–446.

Bonfadelli, Heinz, 2000: *Medienwirkungsforschung II: Anwendungen in Politik, Wirtschaft und Kultur*, Konstanz: UVK Medien.

Bonfadelli, Heinz; Friemel, Thomas, 2012: *Learning and Knowledge in Political Campaigns*, in: Kriesi, Hanspeter (Hrsg.): *Political Communication in Direct Democratic Campaigns. Enlightening or Manipulating?*, Basingstoke: Palgrave Macmillan, 168–187.

Bonjour, Dorothe, 1997: *Lohndiskriminierung in der Schweiz. Eine ökonometrische Untersuchung*, Bern: Haupt.

Borner, Silvio; Bodmer, Frank, 2004: *Wohlstand ohne Wachstum: eine Schweizer Illusion*, Zürich: Orell Füssli.
Borner, Silvio; Brunetti, Aymo; Straubhaar, Thomas, 1990: *Schweiz AG: Vom Sonderfall zum Sanierungsfall?*, Zürich: Verlag Neue Zürcher Zeitung.
Borner, Silvio; Brunetti, Aymo; Straubhaar, Thomas, 1994: *Die Schweiz im Alleingang*, Zürich: Verlag Neue Zürcher Zeitung.
Borner, Silvio; Rentsch, Hans (Hrsg.), 1997: *Wie viel direkte Demokratie verträgt die Schweiz?*, Zürich: Rüegger.
Bortz, Jürgen, 1999: *Statistik für Sozialwissenschaftler*, Berlin: Springer.
Bortz, Jürgen; Döring, Nicola, 2006: *Forschungsmethoden und Evaluation*, Berlin: Springer.
Bowler, Shaun; Donovan, Todd, 1998: *Demanding Choices: Opinion, Voting, and Direct Democracy*, Ann Arbor: University of Michigan Press.
Bowler, Shaun; Donovan, Todd; Happ, Trudi, 1992: *Ballot Propositions and Information Costs: Direct Democracy and the Fatigued Voter*, in: The Western Political Quarterly, 45:2, 559–568.
Brady, Henry E.; Sniderman, Paul M., 1985: *Attitude Attribution: A Group Basis for Political Reasoning*, in: American Political Science Review, 79:4, 1061 ff.
Brady, Henry E.; Orren, Gary R., 1992: *Sources of Error in Public Opinion Surveys*, in: Mann, Thomas E.; Orren, Gary R. (Hrsg.): *Media Polls in American Politics*, Washington: Brookings Institution, 55–94.
Brändli, Sebastian, 2006: *Rezension zu: Benjamin Adler: Die Entstehung der direkten Demokratie. Das Beispiel der Landsgemeinde Schwyz 1789–1866*, Zürich: Verlag Neue Zürcher Zeitung. (Zuerst erschienen in: Schweizerische Zeitschrift für Geschichte, 56:2, 2006, 216–218.)
Branton, Regina P., 2003: *Examining Individual-Level Voting Behavior on State Ballot Propositions*, in: Political Research Quarterly, 56:3, 367–377.
Braun, Dietmar, 1999: *Theorien rationalen Handelns in der Politikwissenschaft: Eine kritische Einführung*, Opladen: Leske + Budrich.
Braun, Nadja, 2007: *Gescheiterte allgemeine Volksinitiative – Sind die Volksrechte reformträge?*, in: LeGes, 2007:2, 337–342.
Brehm, John, 1993: *The phantom respondents: Opinion surveys and political representation*, Ann Arbor: University of Michigan Press.
Brennan, Geoffrey; Lomasky, Loren, 1993: *Democracy and Decision. The Pure Theory of Electoral Preference*, Cambridge: Cambridge University Press.
Brettschneider, Frank, 2000: *Demoskopie im Wahlkampf. Leitstern oder Irrlicht?*, in: Klein, Markus; Jagodzinski, Wolfgang; Mochmann, Ekkehard; Ohr, Dieter

(Hrsg.): *50 Jahre empirische Wahlforschung in Deutschland*, Opladen: Westdeutscher Verlag, 477–505.

Brettschneider, Frank; van Deth, Jan; Roller, Edeltraud (Hrsg.), 2002: *Das Ende der politisierten Sozialstruktur?*, Opladen: Leske + Budrich.

Broder, David S., 2000: *Democracy Derailed. Initiative Campaigns and the Power of Money*, New York: Harcourt.

Brunetti, Aymo; Jaggi, Markus; Weder, Rolf, 1998: *Umverteilungswirkungen einer wirtschaftlichen Öffnung und Abstimmungsverhalten: Eine Analyse am Beispiel des Schweizer EWR-Entscheides*, in: Schweizerische Zeitschrift für Volkswirtschaft und Statistik, 134:1, 63–91.

Brunetti, Aymo; Jaggi, Markus; Weder, Rolf, 2000: *Duplik zum Beitrag von Klaus Armingeon: «Ökonomische Erklärungen des Verhaltens bei aussenpolitischen Abstimmungen. Eine Kritik der Analyse von Aymo Brunetti, Markus Jaggi und Rolf Weder»*, in: Schweizerische Zeitschrift für Volkswirtschaft und Statistik, 136:2, 215–222.

Brunetti, Aymo; Straubhaar, Thomas, 1996: *Direkte Demokratie – «bessere» Demokratie? Was lehrt uns das Schweizer Beispiel?*, in: Zeitschrift für Politikwissenschaft, 6:1, 7–26.

Budge, Ian, 1996: *The New Challenge of Direct Democracy*, Cambridge: Polity Press.

Budge, Ian; Crewe, Ivor; Farlie, Dennis, 1976: *Party Identification and Beyond*, London: ECPR Press.

Bühlmann, Marc, 2006: *Politische Partizipation im kommunalen Kontext. Der Einfluss lokaler Kontexteigenschaften auf individuelles politisches Partizipationsverhalten*, Bern, Stuttgart, Wien: Haupt.

Bühlmann, Marc; Freitag, Markus, 2006: *Individual and Contextual Determinants of Electoral Participation*, in: Swiss Political Science Review, 12:4, 13–47.

Bühlmann, Marc; Freitag, Markus; Vatter, Adrian, 2003: *Die schweigende Mehrheit: Eine Typologie der Schweizer Nichtwählerschaft*, in: Sciarini, Pascal; Hardmeier, Sibylle; Vatter, Adrian (Hrsg.): *Schweizer Wahlen 1999*, Swiss Electoral Studies, Bern: Haupt.

Bühlmann, Marc; Sager, Fritz; Vatter, Adrian, 2005: *Sicherheits- und Militärpolitik in der direkten Demokratie. Eine Abstimmungsanalyse der sicherheits- und militärpolitischen Abstimmungsvorlagen in der Schweiz zwischen 1980 und 2003*, Zürich: Rüegger.

Bütschi, Danielle, 1993: *Compétence pratique*, in: Kriesi, Hanspeter (Hrsg.): *Citoyenneté et démocratie directe*, Zürich: Seismo, 99–119.

Bützer, Michael, 2007: *Direkte Demokratie in Schweizer Städten: Ursprung, Ausgestaltung und Gebrauch im Vergleich*, Baden-Baden: Nomos.

Bützer, Michael; Marquis, Lionel, 2002: *Public opinion formation in Swiss federal referendums*, in: Farrell, David M.; Schmitt-Beck, Rüdiger (Hrsg.): *Do Political Campaigns matter? Campaign Effects in Elections and Referendums*, London: Routledge, 163–182.

Bufacchi, Vittorio, 2001: *Voting, Rationality and Reputation*, in: Political Studies, 49:4, 714–729.

Bundesrat, 2011: *Zusatzbericht des Bundesrats zu seinem Bericht vom 5. März 2010 über das Verhältnis von Völkerrecht und Landesrecht.*

Buri, Christof; Schneider, Gerald, 1993: *Gründe und Scheingründe für das Schweizer Abstimmungsverhalten,* in: Schweizerische Zeitschrift für Soziologie, 19:2, 389–417.

Butler, David; Ranney, Austin, 1978: *Referendums: A Comparative Study of Practice and Theory,* Washington: American Enterprise Institute for Public Policy Research.

Butler, David; Ranney, Austin (Hrsg.), 1994: *Referendums Around the World. The Growing Use of Direct Democracy*, London: Macmillan.

Caluori, Ladina; Häfliger, Ursula; Hug, Simon; Schulz, Tobias, 2004: *The Effect of Referendums on Social Policy in Switzerland*, Paper presented at the Annual Meeting of the Swiss Political Science Association, 18./19. November, Balsthal.

Campbell, Angus; Converse, Philip E.; Miller, Warren E.; Stokes, Donald E., 1960: *The American Voter*, New York: John Wiley & Sons.

Campbell, Angus; Converse, Philip E.; Miller, Warren E.; Stokes, Donald E., 1964: *The American Voter. An Abridgement*, New York: John Wiley & Sons.

Campbell, Angus; Gurin, Gerald; Miller, Warren E., 1954: *The Voter Decides*, Evanston: Row, Peterson & Company.

Campell, Donald T.; Fiske, Donald W., 1959: *Convergent and Discriminant Validation by the Multitrait-Multimethod Matrix*, in: Psychological Bulletin, 56:2, 81–105.

Campbell, James E., 2010: *Explaining Politics, Not Polls: Examining Macropartisanship with Recalibrated NES Data*, in: Public Opinion Quarterly, 74:4, 616–642.

Chaiken, Shelly, 1980: *Heuristic Versus Systematic Information Processing and the Use of Source Versus Message Cues in Persuasion*, in: Journal of Personality and Social Psychology, 39:5, 752–766.

Chaiken, Shelly, 1987: *The Heuristic Model of Persuasion*, in: Zanna, Mark P.; Olson, James M.; Herman, C. Peter (Hrsg): *Social Influence: The Ontario Symposium*, Vol. 5, Hillsdale: Erlbaum, 3–39.

Chaiken, Shelly; Liberman, Akiva; Eagly, Alice H., 1989: *Heuristic and Systematic Information Processing Within and Beyond the Persuasion Content*, in: Uleman, James S.; Bargh, John A. (Hrsg.): *Unintended thought*, New York: Guilford Press, 212–252.

Chaiken, Shelly; Maheswaran, Durairaj, 1994: *Heuristic Processing Can Bias Systematic Processing. Effects of Source Credibility, Argument ambiguity, and Task Importance on Attitude Judgement*, in: Journal of Personality and Social Psychology, 66:3, 460–473.

Chaiken, Shelly; Trope, Yaacov (Hrsg.), 1999: *Dual-Process Theories in Social Psychology*, New York: Guilford Press.

Chaiken, Shelly; Wood, Wendy; Eagly, Alice H., 1996: *Principles of Persuasion*, in: Higgins, E. Tory; Kruglanski, Arie W. (Hrsg.): *Social Psychology. Handbook of Basic Principles*, New York: Guilford Press, 707–742.

Chalmers, Alan F., 2001: *Wege der Wissenschaft. Einführung in die Wissenschaftstheorie*, Berlin: Springer.

Chapman, Gretchen B.; Johnson, Eric J., 2002: *Incorporating the Irrelevant: Anchors in Judgments of Belief and Value*, in: Gilovich, Thomas; Griffin, Dale; Kahneman, Daniel (Hrsg.): *Heuristics and Biases. The Psychology of Intuitive Judgment*, Cambridge: Cambridge University Press, 120–138.

Chen, Serena; Duckworth, Kimberly; Chaiken, Shelly, 1999: *Motivated Heuristic and Systematic Processing*, in: Psychological Inquiry, 10:1, 44–49.

Chen, Serena; Shechter, David; Chaiken, Shelly, 1996: *Getting at the Truth or Getting Along: Accuracy- vs. Impression-Motivated Heuristic and Systematic Information Processing*, in: Journal of Personality and Social Psychology, 71:2, 262–275.

Christen, Andreas, 2005: *Qualität und Funktionalität des Bundesbüchleins als Mittel zur freien und unverfälschten Meinungsbildung im Abstimmungskampf. Wird das Bundesbüchlein diesem Anspruch, den es laut der Konferenz der Informationsdienste verfolgt, gerecht?*, Lizentiatsarbeit, Universität Freiburg.

Christin, Thomas; Trechsel, Alexander H., 2002: *Joining the EU? Explaining Public Opinion in Switzerland*, in: European Union Politics, 3:4, 415–443.

Christin, Thomas; Hug, Simon; Sciarini, Pascal, 2002a: *Interests and Information in Referendum Voting: An Analysis of Swiss Voters*, in: European Journal of Political Research, 41:6, 759–776.

Christin, Thomas; Hug, Simon; Sciarini, Pascal, 2002b: *La mobilisation des clivages lors des votations populaires*, in: Hug, Simon; Sciarini, Pascal (Hrsg.): *Changements de valeurs et nouveaux clivages politiques en Suisse*, Paris: L'Harmattan, 237–267.

Christmann, Anna, 2009: *In welche politische Richtung wirkt die Direkte Demokratie: «Linke» Hoffnungen und «rechte» Ängste in Deutschland im Vergleich zur direktdemokratischen Praxis in der Schweiz*, Baden-Baden: Nomos.

Christmann, Anna, 2011: *Direkte Demokratie als Damoklesschwert? Die indirekte Wirkung der Volksrechte auf die Anerkennung von Religionsgemeinschaften*, in: Vatter, Adrian (Hrsg.): *Vom Schächt- zum Minarettverbot. Religiöse Minderheiten in der direkten Demokratie*, Zürich: Verlag Neue Zürcher Zeitung, 121–143.

Christmann, Anna, 2012: *Die Grenzen Direkter Demokratie. Volksentscheide im Spannungsverhältnis von Demokratie und Rechtsstaat*, Baden-Baden: Nomos.

Church, Clive, 2004: *The Politics and Government of Switzerland*, Basingstoke: Macmillan.

Citrin, Jack; Schickler, Eric; Sides, John, 2003: *What If Everyone Voted? Simulating the Impact of Increased Turnout in Senate Elections*, in: American Journal of Political Science, 47:1, 75–90.

Clarke, Harold D.; Stewart, Marianne C., 1998: *The Decline of Parties in the Minds of Citizens*, in: Annual Review of Political Science 1:1, 357–378.

Clarke, Harold D.; Kronberg, Allan; Stewart, Marianne C., 2004: *Referendum Voting as Political Choice: The Case of Quebec*, in: British Journal of Political Science, 34:2, 345–355.

Clarke, Harold D.; Sanders, David; Stewart, Marianne C.; Whiteley, Paul, 2004: *Political Choice in Britain*, Oxford: Oxford University Press.

Cloutier, Edouard; Nadeau, Richard; Guay, Jean H., 1989: *Bandwagoning and Underdoging on North-American Free Trade: A Quasi-Experimental Panel Study of Opinion Movement*, in: International Journal of Public Opinion Research, 1:3, 206–220.

Coleman, James S., 1991: *Grundlagen der Sozialtheorie*, München: Oldenbourg.

Conover, Pamela Johnston; Feldman, Stanley, 1984: *How People Organize the Political World: A Schematic Model*, in: American Journal of Political Science, 28:1, 95–126.

Conover, Pamela Johnston; Feldman, Stanley, 1989: *Candidate Perception in an Ambiguous World: Campaigns, Cues, and Inference Processes*, in: American Journal of Political Science, 33:4, 912–940.

Conover, Pamela Johnston; Gray, Vincent; Coombs, Steven, 1982: *Single-Issue Voting: Elite-Mass Linkages*, in: Political Behavior, 4:4, 309–331.

Converse, Jean M.; Presser, Stanley, 1986: *Survey Questions. Handcrafting the Standardized Questionnaire*, London: Sage.

Converse, Philip E., 1964: *The Nature of Belief Systems in Mass Publics*, in: Apter, David (Hrsg.): *Ideology and Discontent*, New York: Free Press, 206–261.

Converse, Philip E., 1990: *Popular Representation and the Distribution of Information*, in: Ferejohn, John A.; Kuklinski, James H. (Hrsg.): *Information and Democratic Processes*, Urbana: University of Illinois Press, 369–388.

Copeland, Cassandra; Laband, David N., 2002: *Expressiveness and Voting*, in: Public Choice, 110:3-4, 351–363.

Coren, Stanley; Ward, Lawrence M.; Enns, James T., 1994: *Sensation and Perception*, 4. Auflage, Forth Worth: Harcourt Brace College Publishers.

Cox, Gary W., 1999: *Electoral Rules and the Calculus of Mobilization*, in: Legislative Studies Quarterly, 24:3, 387–420.

Cox, Gary W.; McCubbins, Mathew D., 1986: *Electoral Politics as a Redistributive Game*, in: Journal of Politics, 48:2, 370–389.

Craig, Stephen C.; Maggiotto, Michael A., 1982: *Measuring Political Efficacy*, in: Political Methodology, 8:3, 85–109.

Crespi, Irving, 1997: *The Public Opinion Process: How the People Speak*, Mahwah: Erlbaum.

Cronin, Thomas, 1989: *Direct Democracy. The Politics of Initiative, Referendum, and Recall*, Cambridge: Harvard University Press.

Curtis, Richard F.; Jackson, Elton F., 1962: *Multiple Indicators in Survey Research*, in: American Journal of Sociology, 68:2, 195–204.

Dahl, Robert A., 1985: *A Preface to Economic Democracy*, Cambridge: Polity Press.

Dahrendorf, Rolf, 1964: *Homo Sociologicus*, Opladen: Westdeutscher Verlag.

Dalton, Russell J., 1984: *Cognitive Mobilization and Partisan Dealignment in Advanced Industrial Democracies*, in: Journal of Politics, 46:1, 264–284.

Dalton, Russell J., 2002: *Citizen Politics. Public Opinion and Political Parties in Advanced Industrial Democracies*, 3. Auflage, London: Chatham House.

Dalton, Russell J., 2006: *Citizen Politics. Public Opinion and Political Parties in Advanced Industrial Democracies*, 4. Auflage, Washington: CQ Press.

Dalton, Russell J.; Wattenberg, Martin P. (Hrsg.), 2000: *Parties Without Partisans: Political Change in 31 Advanced Industrial Democracies*, Oxford: Oxford University Press.

Dams, Andreas, 2003: *Zweitstimme ist Kanzlerstimme. Die Abhängigkeit der Kanzlerpräferenz von Fernsehnachrichten und Wirtschaftslage. Eine zeitreihenanalytische Untersuchung am Beispiel der Bundestagswahl 1994 auf der Basis täglicher Messungen*, Dissertation zur Erlangung des Doktorgrades der Philosophie am Fachbereich Politik- und Sozialwissenschaften der Freien Universität Berlin.

Danaci, Deniz; Stadelmann-Steffen, Isabelle; Vatter, Adrian, 2013: *Who Supports Minority Rights? A Bayesian Multilevel Analysis of Initiatives and Referendums in Switzerland*, unpublished Paper, Universität Bern.

Dancy, Jonathan, 1985: *An Introduction to Contemporary Epistemology*, Oxford: Basil Blackwell.

Darendorf, Rolf, 1964: *Homo Sociologicus*, Köln, Opladen: Westdeutscher Verlag.

Delli Carpini, Michael; Keeter, Scott, 1996: *What Americans Know About Politics and Why It Matters*, New Haven: Yale University Press.

Dennis, Jack, 1991: *The Study of Electoral Behavior*, in: Crotty, William (Hrsg.): *Political Science: Looking to the Future, Vol. 3: Political Behavior*, Evanston: Northwestern University Press, 51–89.

Denzin, Norman K.; Lincoln, Yvonna S. (Hrsg.), 1994: *Handbook of Qualitative Research*, London: Sage.

Dermont, Clau, 2014: *Partizipation «à la carte». Wer partizipiert wann selektiv?*, Masterarbeit, Universität Bern.

Deutsch, Emeric; Lindon, Denis; Weill, Pierre (1966): *Les Familles Politiques*, Paris: Minuit.

De Vaus, David A., 2002: *Surveys in Social Research*, Sydney, London: Routledge.

De Vreese, Claes H.; Semetko, Holli A., 2002: *Public Perception of Polls and Support for Restrictions on the Publication of Polls: Denmark's 2000 Euro Referendum*, in: International Journal of Public Opinion Research, 14:4, 410–433.

Diekmann, Andreas, 2004: *Empirische Sozialforschung. Grundlagen, Methoden, Anwendungen*, 11. Auflage, Reinbek: Rowohlt.

Di Giacomo, Fabio, 1993: *La décision des abstentionnistes*, in: Kriesi, Hanspeter (Hrsg.): *Citoyenneté et démocratie directe. Compétence, participation et décision des citoyens et citoyennes suisses*, Zürich: Seismo, 261–274.

Donovan, Todd; Bowler, Shaun, 1998: *Direct Democracy and Minority Rights: An Extension*, in: American Journal of Political Science, 42:3, 1020–1024.

Donsbach, Wolfgang, 2001: *Who's afraid of election polls? Normative and empirical arguments for the freedom of pre-election surveys*, Amsterdam: Esomar.

Dorn, David; Fischer, Justina A. V.; Kirchgässner, Gebhard; Sousa-Poza, Alfonso, 2008: *Direct Democracy and Life Satisfaction Revisited: New Evidence for Switzerland*, in: Journal of Happiness Studies, 9:2, 227–255.

Downs, Anthony, 1957a: *An Economic Theory of Political Action in a Democracy*, in: Journal of Political Economy, 65:2, 135–150.

Downs, Anthony, 1957b: *An Economic Theory of Democracy*, New York: Harper & Row.

Downs, Anthony, 1968: *Ökonomische Theorie der Demokratie*, Tübingen: Mohr.

Dubois, Philip; Floyd Feeney, 1998: *Lawmaking by Initiative: Issues, Options, and Comparisons*, New York: Agathon Press.

Eagly, Alice H.; Chaiken, Shelly, 1993: *The Psychology of Attitudes*, Fort Worth: Harcourt Brace Jovanovich College Publishers.

Edelman, Murray Jacob, 1964: *The Symbolic Uses of Politics*, Urbana: University of Illinois Press.

Eder, Christina, 2010: *Direkte Demokratie auf subnationaler Ebene. Eine vergleichende Analyse der unmittelbaren Volksrechte in den deutschen Bundesländern, den Schweizer Kantonen und den US-Bundesstaaten*, Baden-Baden: Nomos.

Eichenberger, Rainer, 1999: *Mit direkter Demokratie zu besserer Wirtschafts- und Finanzpolitik: Theorie und Empirie*, in: von Arnim, Hans Herbert (Hrsg.): *Adäquate Institutionen. Voraussetzungen für «gute» und bürgernahe Politik*, Berlin: Duncker & Humblot, 259–288.

Ellis, Richard J., 2002: *Democratic Delusions: The Initiative Process in America*, Lawrence: The University of Kansas Press.

Elster, Jon, 1983: *Sour Grapes: Studies in the Subversion of Rationality*, Cambridge: Cambridge University Press.

Engel, Uwe, 1998: *Einführung in die Mehrebenenanalyse. Grundlagen, Auswertungsverfahren und praktische Beispiele*, Opladen: Westdeutscher Verlag.

Engeli, Isabelle; Ballmer-Cao, Thanh-Huyen; Giugni, Marco, 2006: *Gender Gap and the Turnout in the 2003 Federal Elections*, in: Swiss Political Science Review, 12:4, 217–242.

Engels, Friedrich, 1875: *Der deutsche Bauernkrieg*, zuerst in: Neue Rheinische Zeitung. Politisch-ökonomische Revue, Fünftes und Sechstes Heft, Mai bis Oktober 1850, von Friedrich Engels zuletzt bearbeitet 1875.

Epple, Ruedi, 1988: *Friedensbewegung und direkte Demokratie in der Schweiz*, Frankfurt a. Main: Haag-Herchen.

Epple-Gass, Rudolf, 1989: *Zur Analyse von Abstimmungsergebnissen: Theoretische und methodische Überlegungen* (unveröffentlichtes Manuskript).

Epple-Gass, Rudolf, 1997: *Der Paradigmenwechsel im Abstimmungsverhalten – Aspekte der politischen Kultur des Kantons Basel-Landschaft*, in: Swiss Political Science Review, 3:2, 31–56.

Esser, Hartmut, 1993: *Soziologie. Grundlagen*, Frankfurt a. M., New York: Campus.

Falter, Jürgen W., 1977: *Zur Validierung theoretischer Konstrukte – Wissenschaftstheoretische Aspekte des Validierungskonzeptes*, in: Zeitschrift für Soziologie, 6:4, 349–369.

Falter, Jürgen W.; Schoen, Harald (Hrsg.), 2005: *Handbuch Wahlforschung*, Wiesbaden: VS Verlag für Sozialwissenschaften.

Falter, Jürgen W.; Schumann, Siegfried; Winkler, Jürgen, 1990: *Erklärungsmodelle von Wahlverhalten*, in: Aus Politik und Zeitgeschichte B37-38, 3–13.

Farago, Peter, 1998: *Wählen Arme anders? Analysen zum Zusammenhang zwischen Einkommenslage und Wahlverhalten*, in: Kriesi, Hanspeter; Linder, Wolf; Klöti, Ulrich (Hrsg.): *Schweizer Wahlen 1995. Ergebnisse der Wahlstudie Selects*, Bern: Haupt, 255–272.

Fatke, Matthias; Freitag, Markus, 2013: *Direct Democracy: Protest Catalyst or Protest Alternative?*, in: Political Behavior, 35:2, 237–260.

Feld, Lars P.; Fischer, Justina A. V.; Kirchgässner, Gebhard, 2006: *The Effect of Direct Democracy on Income Redistribution: Evidence for Switzerland*, CESifo Working Paper No. 1837.

Feld, Lars P.; Fischer, Justina A. V.; Kirchgässner, Gebhard, 2010: *The effect of direct democracy on Income Redistribution: Evidence for Switzerland*, in: Economic Inquiry, 48:4, 817–840.

Feld, Lars P.; Kirchgässner, Gebhard, 1999: *Public Debt and Budgetary Procedures: top down or bottom up? Some Evidence from Swiss Municipalities*, in: Poterba, James M.; von Hagen, Jürgen (Hrsg.): *Fiscal Institutions and Fiscal Performance*, Chicago: Chicago University Press, 151–179.

Feld, Lars P.; Kirchgässner, Gebhard, 2000: *Direct Democracy, Political Culture, and the Outcome of Economic Policy: A Report on the Swiss Experience*, in: European Journal of Political Economy, 16:2, 287–306.

Feld, Lars P.; Kirchgässner, Gebhard, 2001: *The Political Economy of Direct Legislation: Direct Democracy and Local Decision-Making*, in: Economic Policy, 16:33, 329–367.

Feld, Lars P.; Kirchgässner, Gebhard, 2007: *On the economic efficiency of direct democracy*, in: Pállinger, Zoltán T.; Kaufmann, Bruno; Marxer, Wilfried; Schiller, Theo (Hrsg.): *Direct Democracy in Europe: Developments and Prospects*, Wiesbaden: VS Verlag für Sozialwissenschaften, 108–124.

Feld, Lars P.; Kirchgässner, Gebhard; Schaltegger, Christoph A., 2011: *Municipal debt in Switzerland: new empirical results,* in: Public Choice, 149:1-2, 49–64.

Feld, Lars P.; Matsuaka, John G., 2003: *Budget Referendums and Government Spending: Evidence from Swiss Cantons*, in: Journal of Public Economics, 87:12, 2703–2724.

Feld, Lars P.; Savioz, Marcel R., 1997: *Direct Democracy Matters for Economic Performance: An Empirical Investigation*, in: Kyklos, 50:4, 507–538.

Ferejohn, John A.; Fiorina, Morris P., 1974: *The Paradox of Non-Voting: A Decision Theoretic Analysis*, in: American Political Science Review, 68:2, 525–537.

Festinger, Leon, 1957: *A Theory of Cognitive Dissonance*, Stanford: Stanford University Press.

Finkel, Steven E.; Schrott, Peter R., 1995: *Campaign Effects on Voter Choice in the German Election of 1990*, in: British Journal of Political Science, 25:3, 349–377.

Fiorina, Morris P., 1976: *The Voting Decision: Instrumental and Expressive Aspects*, in: Journal of Politics, 38:2, 390–415.

Fiorina, Morris P., 1981: *Retrospective Voting in American National Elections*, New Haven: Yale University Press.

Fiske, Susan T.; Neuberg, Steven L., 1990: *A Continuum of Impression Formation, from Category-Based to Individuating Processes: Influences of Information and Motivation on Attention and Interpretation*, in: Zanna, Mark P. (Hrsg.): *Advances in Experimental Social Psychology 23*, New York: Academic Press, 1–74.

Fiske, Susan T.; Taylor, Shelley E., 1984: *Social Cognition*, New York: McGraw-Hill.

Fiske, Susan T.; Taylor, Shelley E., 1991: *Social Cognition*, 2. Auflage, New York: McGraw-Hill.

Fleury, Christopher J.; Lewis-Beck, Michael S., 1993: *Anchoring the French Voter: Ideology versus Party*, in: Journal of Politics, 55:4, 1100–1109.

Foster, Caroll B., 1984: *The Performance of Rational Voter Models in Recent Presidential Elections*, in: American Political Science Review, 78:3, 678–690.

Frank, Thomas, 2004: *What's the matter with Kansas? How Conservatives Won the Heart of America*, New York: Metropolitan Books.

Freedman, David A., 2007: *Sampling*, in: Clark, David S. (Hrsg.): *Encyclopedia of Law and Society*, Thousand Oaks: Sage, 1339–1340.

Freitag, Markus, 1996: *Wahlbeteiligung in westlichen Demokratien. Eine Analyse zur Erklärung von Niveauunterschieden*, in: Swiss Political Science Review, 2:4, 1–35.

Freitag, Markus, 2006: *Bowling the state back in. Political Institutions and the Creations of Social Capital,* in: European Journal of Political Research, 45:1, 123–152.

Freitag, Markus, 2014a: *Politische Kultur*, in: Knoepfel, Peter; Papadopoulos, Yannis; Sciarini, Pascal; Vatter, Adrian; Häusermann, Silja (Hrsg.): Handbuch der Schweizer Politik. 5. Auflage, Zürich: Verlag Neue Zürcher Zeitung, 71–93.

Freitag, Markus (Hrsg.), 2014b: *Das soziale Kapital der Schweiz*. Zürich: Verlag Neue Zürcher Zeitung.

Freitag, Markus; Bühlmann, Marc, 2003: *Die Bildungsfinanzen der Schweizer Kantone*, in: Swiss Political Science Review, 9:1, 139–168.

Freitag, Markus; Schniewind, Aline, 2007: *Direktdemokratie und Sozialkapital: Der Einfluss der Volksrechte auf das Vereinsengagement*, in: Freitag, Markus; Wagschal, Uwe (Hrsg.): *Direkte Demokratie. Bestandsaufnahmen und Wirkungen im internationalen Vergleich*, Münster, Hamburg, Berlin, Wien, London: LIT Verlag, 251–276.

Freitag, Markus; Stadelmann-Steffen, Isabelle, 2010: *Stumbling block or stepping stone? The influence of direct democracy on individual participation in parliamentary elections*, in: Electoral Studies, 29:3, 472–483.

Freitag, Markus; Vatter, Adrian, 2000: *Direkte Demokratie, Konkordanz und Wirtschaftsleistung: Ein Vergleich der Schweizer Kantone*, in: Schweizerische Zeitschrift für Volkswirtschaft und Statistik, 136:4, 579–606.

Freitag, Markus; Vatter, Adrian, 2004: *Political Institutions and the Wealth of Regions: Swiss Cantons in Comparative Perspective*, in: European Urban and Regional Studies, 11:4, 227–241.

Freitag, Markus; Vatter, Adrian, 2006: *Initiatives, Referendums, and the Tax State*, in: Journal of European Public Policy, 13:1, 89–112.

Freitag, Markus; Vatter, Adrian; Müller, Christoph, 2003: *Bremse oder Gaspedal? Eine empirische Untersuchung zur Wirkung der direkten Demokratie auf den Steuerstaat*, in: Politische Vierteljahresschrift, 44:3, 348–368.

Freitag, Markus; Wagschal, Uwe (Hrsg.), 2007: *Direkte Demokratie. Bestandsaufnahmen und Wirkungen im internationalen Vergleich*, Münster, Hamburg, Berlin, Wien, London: LIT Verlag.

Frey, Bruno S., 1992: *Efficiency and Democratic Political Organisation: The Case for the Referendum*, in: Journal of Public Policy, 12:3, 209–222.

Frey, Bruno S., 1994: *Direct Democracy: Politico-Economic Lessons from Swiss Experience*, in: American Economic Review, 84:2, 338–342.

Frey, Bruno S., 1997: *Neubelebung: Direkte Demokratie und dynamischer Föderalismus*, in: Borner, Silvio; Rentsch, Hans (Hrsg.): *Wieviel direkte Demokratie verträgt die Schweiz?*, Chur, Zürich: Rüegger, 183–203.

Frey, Bruno S.; Goette, Lorenz, 1998: *Does the Popular Vote Destroy Civil Rights?*, in: American Journal of Political Science, 42:4, 1343–1348.

Frey, Bruno S.; Stutzer, Alois, 2000: *Happiness, Economy and Institutions*, in: Economic Journal, 110:466, 918–938.

Funk, Friedrich O., 1925: *Die eidgenössischen Volksabstimmungen von 1874 bis 1914*, Bern: Gustav Grunau.

Funk, Patricia; Gathmann, Christina, 2011: *Does Direct Democracy Reduce the Size of Government? New Evidence from Historical Data, 1890–2000*, in: Economic Journal, 121:557, 1252–1280.

Gabler, Siegfried; Häder, Sabine (2007): *Machbarkeit von Random Digit Dialing in der Schweiz*, Neuenburg: Bundesamt für Statistik.

Gabriel, Gottfried, 1993: *Grundprobleme der Erkenntnistheorie*, Paderborn: Schöningh.

Gallus, Alexander, 2002: *Demoskopie in Zeiten des Wahlkampfs. «Wirkliche Macht» oder «Faktor ohne politische Bedeutung»?*, in: Aus Politik und Zeitgeschichte B15, 29–36.

Gamble, Barbara S., 1997: *Putting Civil Rights to a Popular Vote*, in: American Journal of Political Science, 41:1, 245–269.

Gaxie, Daniel, 1978: *Le cens caché: inégalités culturelles et ségrégation politique*, Paris: Editions du Seuil.

Gebhart, Thomas, 2002: *Direkte Demokratie I. Die Wirkungen direktdemokratischer Verfahren: Was lehren die Erfahrungen in der Schweiz?*, Arbeitspapier der Konrad Adenauer Stiftung Nr. 87, Sankt Augustin.

Gehrt, Matthias A.; Dahinden, Urs; Siegert, Gabriele, 2012: *Coverage of the Campaigns in the Media*, in: Kriesi, Hanspeter (Hrsg.): *Political Communication in Direct Democratic Campaigns. Enlightening or Manipulating?*, Basingstoke: Palgrave Macmillan, 108–124.

Gelman, Andrew, 2005: *Struggles with survey weighting and regression modelling*, New York: Department of Statistics and Department of Political Science, Columbia University.

Gelman, Andrew, 2008: *Red State, Blue State, Rich State, Poor State: Why Americans Vote the Way they Do*, Princeton: Princeton University Press.

Gelman, Andrew; King, Gary, 1993: *Why Are American Presidential Election Campaign Polls so Variable when Votes Are so Predictable?*, in: British Journal of Political Science, 23:1, 409–451.

Gerber, Elisabeth, 1996: *Legislative Response to the Threat of Popular Initiatives*, in: American Journal of Political Science, 40:1, 99–128.

Gerber, Elisabeth, 1999: *The Populist Paradox*, Princeton: Princeton University Press.

Gerber, Elisabeth; Hug, Simon, 2001: *Minority Rights and Direct Legislation: Theory, Methods, and Evidence*, Working Paper, University of California at San Diego: Department of Political Science.

Germann, Raimund E., 1975: *Politische Innovation und Verfassungsreform: Ein Beitrag zur schweizerischen Diskussion über die Totalrevision der Bundesverfassung*, Bern: Haupt.

Germann, Raimund E., 1999: *Die Kantone: Gleichheit und Disparität*, in: Klöti, Ulrich; Knoepfel, Peter; Kriesi, Hanspeter; Linder, Wolf; Papadopoulos, Yannis (Hrsg.): *Handbuch der Schweizer Politik*, Zürich: Verlag Neue Zürcher Zeitung, 387–419.

Gernet, Hilmar, 2011: *(Un-)heimliches Geld. Parteienfinanzierung in der Schweiz*, Zürich: Verlag Neue Zürcher Zeitung.

Gerth, Matthias A.; Dahinden, Urs; Siegert, Gabriele, 2012: *Coverage of the Campaigns in the Media*, in: Kriesi, Hanspeter (Hrsg.): *Political Communication in Direct Democratic Campaigns. Enlightening or Manipulating?*, Basingstoke: Palgrave Macmillan, 108–124.

Gigerenzer, Gerd; Todd, Peter M., 1999: *Fast and Frugal Heuristics: The Adaptive Toolbox*, in: Gigerenzer, Gerd; Todd, Peter M.; the ABC Research Group (Hrsg.): *Simple Heuristics that Make Us Smart*, New York: Oxford University Press, 3–34.

Gilg, Peter, 1987: *Stabilität und Wandel in Eidgenössischen Volksabstimmungen*, in: Schweizerisches Jahrbuch für Politische Wissenschaft 27, 121–158.

Gilg, Peter; Gruner, Erich, 1968: *Die schweizerische Politik als Forschungsgegenstand*, in: Wirtschaftspolitische Mitteilungen, 24:1, 1–13.

Gilg, Peter; Frischknecht, Ernst, 1976: *Regionales Verhalten in Eidgenössischen Volksabstimmungen*, in: Schweizerisches Jahrbuch für Politische Wissenschaft 16, 181–201.

Gilland-Lutz, Karin; Marquis, Lionel, 2006: *Campaigning in a Direct Democracy: Three Case Studies*, in: Swiss Political Science Review, 12:3, 63–81.

Giovanoli, Fritz, 1932: *Die eidgenössischen Volksabstimmungen 1874–1931*, in: Zeitschrift für schweizerische Statistik und Volkswirtschaft 68, 404–429.

Girod, Roger; Ricq, Charles, 1970: *Microsystèmes sociaux et abstentionnisme électoral à Genève*, in: Schweizerisches Jahrbuch für politische Wissenschaft 10, 71–90.

Giugni, Marco, 1991: *Les impacts de la démocratie directe sur les nouveaux mouvements sociaux*, in: Schweizerisches Jahrbuch für Politische Wissenschaft 31, 173–185.

Goren, Paul, 2005: *Party Identification and Core Political Values*, in: American Journal of Political Science, 49:4, 881–896.

Graber, Doris, 2003: *The Rocky Road to New Paradigms: Modernizing News and Citizenship Standards*, in: Political Communication, 20:2, 145–148.

Graf, Martin, 2007: *Die «allgemeine Volksinitiative» – ein Lehrstück missglückter Rechtsetzung*, in: LeGes, 2007:2, 343–354.

Green, Donald P.; Palmquist, Bradley; Schickler, Eric, 2002: *Partisan Hearts and Minds: Political Parties and the Social Identities of Voters*, New Haven: Yale University Press.

Green, Donald P.; Shapiro, Ian, 1994: *Pathologies of Rational Choice Theory: A Critique of Applications in Political Science*, New Haven: Yale University Press.

Green, Donald P.; Shapiro, Ian, 1999: *Rational Choice. Eine Kritik am Beispiel von Anwendungen in der Politischen Wissenschaft*, München: Oldenbourg.

Greiffenhagen, Martin; Greiffenhagen, Sylvia (Hrsg.), 2002: *Handwörterbuch zur politischen Kultur der Bundesrepublik Deutschland*, 2. Auflage, Wiesbaden: Westdeutscher Verlag.

Grofman, Bernard, 1993: *Introduction*, in: Grofman, Bernard (Hrsg.): *Information, Participation, and Choice. An Economic Theory of Democracy in Perspective*, Ann Arbor: University of Michigan Press, 1–13.

Groves, Robert M., 1989: *Survey Errors and Survey Costs*, New York: John Wiley & Sons.

Groves, Robert M.; Couper, Mick P., 1998: *Nonresponse in Household Interview Surveys*, New York: John Wiley & Sons.

Groves, Robert M.; Fowler, Floyd J.; Couper, Mick P.; Lepkowski, James M.; Singer, Eleanor; Tourangeau, Roger, 2004: *Survey Methodology*, Hoboken: John Wiley & Sons.

Gruner, Erich, 1963: *Wahlen und Wählerverhalten als Gegenstand wissenschaftlicher Untersuchungen*, in: Der Schweizer Wähler 1963. Wissenschaftliche Analyse der Nationalratswahlen vom 25./26. und 27. Oktober 1963: Befragung von über 200 Wählern im Aargau, dem schweizerischen Testkanton, Basel: Verlag National-Zeitung, 5–14.

Gruner, Erich, 1969: *Die Parteien in der Schweiz*, Bern: Francke.

Gruner, Erich, 1987: *Die direkte Demokratie in der Bewährungsprobe*, in: Schweizerisches Jahrbuch für Politische Wissenschaft 27, 283–314.

Gruner, Erich; Gilg, Peter; Neidhart, Leonhard; Urio, Paolo, 1975: *Wahlen, Abstimmungen und Volksrechte*, in: Schweizerisches Jahrbuch für Politische Wissenschaft 15, 69–84.

Gruner, Erich; Hertig, Hans Peter, 1983: *Der Stimmbürger und die «neue» Politik*, Bern: Haupt.

Habermas, Jürgen, 1992: *Faktizität und Geltung*, Frankfurt a. M.: Suhrkamp.

Häder, Michael, 2006: *Empirische Sozialforschung. Eine Einführung*, Wiesbaden: VS Verlag für Sozialwissenschaften.

Häder, Michael; Häder, Sabine (Hrsg.), 2009: *Telefonbefragungen über das Mobilfunknetz. Konzept, Design und Umsetzung einer Strategie zur Datenerhebung*, Wiesbaden: VS Verlag für Sozialwissenschaften.

Händel, Sarah, 2012: *Das Quorum in den Verfahren der Direkten Demokratie.* Mehr Demokratie, Stuttgart, http://www.mitentscheiden.de/argumente_zum_quorum.html (Zugriff 30.7.2013).

Hänggli, Regula; Bernhard, Laurent; Kriesi, Hanspeter, 2012: *Construction of the Frames*, in: Kriesi, Hanspeter (Hrsg.): *Political Communication in Direct Democratic Campaigns. Enlightening or Manipulating?*, Basingstoke: Palgrave Macmillan, 69–81.

Haider-Markel, Donald P.; Meier, Kenneth J., 1996: *The Politics of Gay and Lesbian Rights: Expanding the Scope of the Conflict*, in: Journal of Politics, 58:2, 332–349.

Haider-Markel, Donald P.; Querze, Alana; Lindaman, Kara, 2007: *Lose, Win, or Draw? A Reexamination of Direct Democracy and Minority Rights*, in: Political Research Quarterly 60: 2, 304–314.

Hajnal, Zoltan L.; Gerber, Elisabeth R.; Louch, Hugh, 2002: *Minorities and Direct Legislation: Evidence from California Ballot Proposition Elections*, in: Journal of Politics, 64:1, 154–177.

Halbherr, Philippe; Müdespacher, Alfred, 1984: *Organisierte Interessen und Verteilungseffekte in der schweizerischen Agrarpolitik*, Bern: Haupt.

Haller, Walter; Keller, Helen; Häfelin, Ulrich, 2012: *Schweizerisches Bundesstaatsrecht*, Zürich: Schulthess.

Haller, Walter; Kölz, Alfred; Gächter, Thomas, 2008: *Allgemeines Staatsrecht*, Basel: Helbing & Lichtenhahn.

Hamill, Ruth; Lodge, Milton; Blake, Frederick, 1985: *The Breadth, Depth and Utility of Class, Partisan, and Ideological Schemata*, in: American Journal of Political Science, 29:4, 850–870.

Hamon, Francis, 1995: *Le Référendum. Etude comparative*, Paris: Librairie Générale de Droit et de Jurisprudence.

Hangartner, Yvo; Kley, Andreas, 2000: *Die demokratischen Rechte in Bund und Kantonen der Schweizerischen Eidgenossenschaft*, Zürich: Schulthess.

Hardmeier, Sibylle, 1995: *Die schweizerische Partizipationsforschung im Lichte aktueller theoretischer Zugänge und Debatten im Ausland. Ein Literaturbericht*, in: Schweizerische Zeitschrift für Soziologie, 21:1, 131–154.

Hardmeier, Sibylle, 2003: *Amerikanisierung der Wahlkampfkommunikation? Einem Schlagwort auf der Spur*, in: Sciarini, Pascal; Hardmeier, Sibylle; Vatter, Adrian (Hrsg.): *Schweizer Wahlen 1999, Elections fédérales 1999*, Bern: Haupt, 219–255.

Hardmeier, Sibylle; Roth, Hubert, 2001: *Towards a Systematic Assessment of Impact of Polls on Voters: A Meta-Analytical Overview,* Papier präsentiert im Rahmen von WAPOR, 54th Annual Conference 2001, Rom.

Hardmeier, Sibylle; Roth, Hubert, 2003: *Die Erforschung der Wirkung politischer Meinungsumfragen: Lehren vom «Sonderfall» Schweiz*, in: Politische Vierteljahresschrift, 44:2, 174–195.

Harrop, Martin; Miller, William L., 1993: *Elections and Voters. A Comparative Introduction*, Houndsmills: Macmillan.

Hastie, Reid, 1986: *A Primer of Information Processing Theory for the Political Scientist*, in: Lau, Richard; Sears, David O. (Hrsg.): *Political Cognition: The Nineteenth Annual Carnegie Symposium on Cognition*, Hillsdale: Erlbaum, 11–39.

Hastie, Reid; Dawes, Robyn M., 2001: *Rational Choice in an Uncertain World*, Thousand Oaks: Sage.

Hastie, Reid; Park, Bernadette, 1986: *The Relationship Between Memory and Judgment Depends on Whether the Judgment Task is Memory-Based or On-Line*, in: Psychological Review, 93:3, 258–268.

Hastie, Reid; Pennington, Nancy, 1989: *Notes on the Distinction Between Memory-Based Versus On-Line Judgments*, in: Bassili, John N. (Hrsg.): *On-Line Cognition in Person Perception*, Hillsdale: Erlbaum, 1–17.

Heer, Oliver, 2010: *Häufigkeit der Stimm- und Wahlbeteiligung am Beispiel der Gemeinde Bolligen im Kanton Bern*, Lizentiatsarbeit, Universität Zürich.

Heintz, Peter, 1982: *Ungleiche Verteilung, Macht und Legitimität: Möglichkeiten und Grenzen der strukturtheoretischen Analyse*, Diessenhofen: Rüegger.

Helbling, Marc, 2008: *Practising Citizenship and Heterogeneous Nationhood. Naturalisations in Swiss Municipalities*, Amsterdam: Amsterdam University Press.

Helbling, Marc; Kriesi, Hanspeter, 2004: *Staatsbürgerverständnis und politische Mobilisierung: Einbürgerungen in Schweizer Gemeinden*, in: Swiss Political Science Review, 10:4, 33–58.

Held, David, 1987: *Models of Democracy*, Cambridge: Polity Press.

Held, David, 1996: *Models of Democracy*, 2. Auflage, Cambridge: Polity Press.

Hermann, Michael, 2011: *Konkordanz in der Krise. Ideen für Revitalisierung*, Zürich: Verlag Neue Zürcher Zeitung.

Hermann, Michael, 2012: *Das politische Profil des Geldes. Wahl- und Abstimmungswerbung in der Schweiz*, Zürich: Forschungsstelle Sotomo.

Hermann, Michael; Leuthold, Heinrich, 2001: *Weltanschauung und ihre soziale Basis im Spiegel eidgenössischer Volksabstimmungen*, in: Swiss Political Science Review, 7:4, 39–63.

Hermann, Michael; Leuthold, Heiri, 2003: *Atlas der politischen Landschaften: ein weltanschauliches Porträt der Schweiz*, Zürich: vdf Hochschulverlag an der ETH.

Hertig, Hans Peter, 1982: *Sind Abstimmungserfolge käuflich? – Elemente der Meinungsbildung bei eidgenössischen Abstimmungen*, in: Schweizerisches Jahrbuch für Politische Wissenschaft 22, 35–57.

Hetherington, Marc J., 1998: *The Political Relevance of Political Trust*, in: American Political Science Review, 92:4, 791–808.

Heussner, Hermann K.; Jung, Otmar (Hrsg.), 2009: *Mehr direkte Demokratie wagen: Volksentscheid und Bürgerentscheid. Geschichte-Praxis-Vorschläge*, München: Olzog.

Himmelweit, Hilde T.; Humphreys, Patrick; Jaeger, Marianne; Katz, Michael, 1981: *How Voters Decide. A Longitudinal Study of Political Attitudes and Voting over Fifteen Years*, London: Academic Press.

Hirter, Hans; Linder, Wolf, 2004: *Analyse der eidgenössischen Volksabstimmung vom 28. November 2004*, gfs.bern und Institut für Politikwissenschaft, Universität Bern.

Hirter, Hans; Linder, Wolf, 2005: *Analyse der eidgenössischen Volksabstimmung vom 27. November 2005*, gfs.bern und Institut für Politikwissenschaft, Universität Bern.

Hobolt-Binzer, Sara, 2007: *Taking cues on Europe? Voter Competence and Party Endorsements in Referendums on European Integration*, in: European Journal of Political Research, 46:2, 151–182.

Höglinger, Dominic, 2008: *Verschafft die direkte Demokratie den Benachteiligten mehr Gehör? Der Einfluss institutioneller Rahmenbedingungen auf die mediale Präsenz politischer Akteure*, in: Swiss Political Science Review, 14:2, 207–243.

Holbrook, Allyson L.; Krosnick, Jon A., 2010: *Social Desirability Bias in Voter Turnout Reports: Tests Using the Item Count Technique*, in: Public Opinion Quarterly, 74:1, 37–67.

Holm, Kurt, 1976: *Die Gültigkeit sozialwissenschaftlichen Messens*, in: Holm, Kurt (Hrsg.): *Die Befragung*, München: Francke, 123–133.

Holmberg, Sören, 1994: *Party Identification Compared across the Atlantic*, in: Jennings, M. Kent; Mann, Thomas E. (Hrsg.): *Elections at Home and Abroad. Essays in Honor of Warren Miller*, Ann Arbor: University of Michigan Press.

Hovland, Carl I.; Weiss, Walter, 1951: *The Influence of Source Credibility on Communication Effectiveness*, in: Public Opinion Quarterly, 15:4, 635–650.

Huckfeldt, Robert; Sprague, John, 1991: *Discussant Effects on Vote Choice Intimacy, Structure, and Interdependence*, in: Journal of Politics, 53:1, 122–158.

Huckfeldt, Robert; Sprague, John, 1995: *Citizens, Politics and Communication*, New York: Cambridge University Press.

Hümbelin, Peter, 1953: *Eidgenössische Volksabstimmungen im Lichte der Statistik*, Basel: Francke.

Hug, Simon, 1994: *Mobilisation et loyauté au sein de l'électorat*, in: Papadopoulos, Yannis (Hrsg.): *Elites politiques et peuple en Suisse: analyse des votations fédérales 1970–1987*, Lausanne: Réalités Sociales, 161–201.

Hug, Simon, 2004: *Occurrence and Policy Consequences of Referendums*, in: Journal of Theoretical Politics, 16:3, 321–356.

Hug, Simon; Tsebelis, George, 2002: *Veto Players and Referendums around the World*, in: Journal of Theoretical Politics, 14:4, 465–516.

Imboden, Max, 1963: *Die Volksbefragung in der Schweiz*, in: Ritter, Gerhard A.; Ziebura, Gilbert (Hrsg.): *Faktoren der politischen Entscheidung. Festgabe für Ernst Fraenkel zum 65. Geburtstag*, Berlin: De Gruyter, 385–409.

Inglehart, Ronald, 1977: *The Silent Revolution: Changing Values and Political Styles Among Western Publics*, Princeton: Princeton University Press.

Inglehart, Ronald, 1984: *The Changing Structure of Political Cleavages in Western Societies*, in: Dalton, Russell J.; Flanagan, Paul; Beck, Paul Allen (Hrsg.): *Electoral Change in Advanced Industrial Societies*, Princeton: Princeton University Press, 25–69.

Inglehart, Ronald, 1990: *Cultural Shift in Advanced Industrial Society*, Princeton: Princeton University Press.

Inglehart, Ronald; Klingemann, Hans-Dieter, 1976: *Party Identification, Ideological Preference and the Left-Right Dimension among Western Mass Publics*, in: Budge, Ian; Crewe, Ivor; Farlie, Dennis (Hrsg.): *Party Identification and Beyond. Representations of Voting and Party Competition*, London: John Wiley & Sons, 243–273.

Inglehart, Ronald; Sidjanski, Dusan, 1976: *The Left, the Right. The Establishment and the Swiss Electorate*, in: Budge, Ian; Crewe, Ivor; Farlie, Dennis (Hrsg.): *Party Identification and Beyond. Representations of Voting and Party Competition*, London: John Wiley & Sons, 225–242.

IRI (Initiative and Referendum Institute Europe), 2002: *IRI Europe Country Index on Citizenlawmaking 2002 (Initiative & Referendum Institute Europe). A Report on Design and Rating of the I&R Requirements and Practices of 32 European States*, Gross, Andreas; Kaufmann, Bruno (Hrsg.), Amsterdam: IRI Europe.

Iyengar, Shanto, 1990: *Shortcuts to Political Knowledge: The Role of Selective Attention and Accessibility*, in: Ferejohn, John A.; Kuklinski, James (Hrsg.): *Information and Democratic Processes*, Urbana: University of Illinois Press, 160–185.

Iyengar, Shanto; Kinder, Donald R., 1987: *News that Matters. Television and American Opinion*, Chicago: The University of Chicago Press.

Jandura, Olaf; Petersen, Thomas, 2009: *Gibt es eine indirekte Wirkung von Wahlumfragen? Eine Untersuchung über den Zusammenhang zwischen der auf Umfragen gestützten und sonstigen politischen Berichterstattung im Bundestagswahlkampf 2002*, in: Publizistik 4, 485–497.

Jennings, M. Kent; Niemi, Richard G., 1968: *The Transmission of Political Values from Parent to Child*, in: American Political Science Review, 62:1, 169–184.

Jonkisz, Ewa; Moosbrugger, Helfried; Brandt, Holger, 2012: *Planung und Entwicklung von Tests und Fragebogen*, in: Moosbrugger, Helfried; Kelava, Augustin (Hrsg.): *Testtheorie und Fragebogenkonstruktion*, 2. Auflage, Berlin, Heidelberg: Springer, 27–72.

Joye, Dominique, 1987: *Structure politique et structures sociales. Analyses des dimensions écologiques des votations en Suisse 1920–1980*, Saint-Martin d'Hères: BDSP (Banque de données socio-politiques GRECO 42 du CNRS).

Joye, Dominique; Papadopoulos, Yannis, 1994: *Votations moteur: Les logiques du vote blanc et de la participation*, in: Papadopoulos, Yannis (Hrsg.): *Elites politiques et peuple en Suisse. Analyses de votations fédérales: 1970–1987*, Lausanne: Réalités Sociales, 245–275.

Jung, Sabine, 1996: *Lijpharts Demokratietypen und die direkte Demokratie*, in: Zeitschrift für Politikwissenschaft 6:3, 623–645.

Jung, Sabine, 2001: *Die Logik Direkter Demokratie*, Wiesbaden: Westdeutscher Verlag.

Kahneman, Daniel; Tversky, Amos, 1979: *Prospect Theory: An Analysis of Decision under Risk*, in: Econometrica, 47:2, 263–292.

Kalton, Graham; Flores-Cervantes, Ismael, 2003: *Weighting Methods*, in: Journal of Official Statistics 19:2, 81–97.

Karp, Jeffrey A., 1998: *The Influence of Elite Endorsements in Initiative Campaigns*, in: Bowler, Shaun; Donovan, Todd; Tolbert, Catherine (Hrsg.): *Citizens as Legislators: Direct Democracy in the United States*, Columbus: Ohio State University Press, 149–165.

Karr, Phillippe, 2003: *Institutionen direkter Demokratie in den Gemeinden Deutschlands und der Schweiz. Eine rechtsvergleichende Untersuchung*, Baden-Baden: Nomos.

Kelsen, Hans, 1981: *Vom Wesen und Wert der Demokratie (1929)*, Aalen: Scientia.

Kirchgässner, Gebhard, 1986: *Der Einfluss der Meinungsumfragen auf das Wahlergebnis*, in: Kaase, Max; Klingenmann, Hans-Dieter (Hrsg.): *Wahlen und politi-*

scher Prozess. Analysen aus Anlass der Bundestagswahl 1983, Opladen: Westdeutscher Verlag, 232–247.

Kirchgässner, Gebhard, 2000: *Wirtschaftliche Auswirkungen der direkten Demokratie*, in: Perspektiven der Wirtschaftspolitik, 1:2, 161–180.

Kirchgässner, Gebhard, 2007: *Direkte Demokratie, Steuermoral und Steuerhinterziehung: Erfahrungen aus der Schweiz*, in: Perspektiven der Wirtschaftspolitik, 8:1, 38–64.

Kirchgässner, Gebhard, 2008: *Direct Democracy: Obstacle to Reform?*, in: Constitutional Political Economy, 19:2, 81–93.

Kirchgässner, Gebhard, 2010: *Direkte Demokratie und Menschenrechte*, in: Feld, Lars P.; Huber, Peter M.; Jung, Otmar; Velzel, Christian; Wittreck, Fabian: *Jahrbuch für direkte Demokratie 2009*, Baden-Baden: Nomos, 66–89.

Kirchgässner, Gebhard; Feld, Lars P.; Savioz, Marcel R., 1999: *Die direkte Demokratie. Modern, erfolgreich, entwicklungs- und exportfähig*, Basel: Helbing & Lichtenhahn.

Kirchgässner, Gebhard; Schulz, Tobias, 2005: *Was treibt die Stimmbürger an die Urne? Eine empirische Untersuchung der Abstimmungsbeteiligung in der Schweiz, 1981–1999*, in: Swiss Political Science Review, 11:1, 1–56.

Kitschelt, Herbert, 1994: *The Transformation of European Social Democracy*, Cambridge: University Press.

Kitschelt, Herbert, 2001: *Politische Konfliktlinien in westlichen Demokratien: Ethnisch-kulturelle und wirtschaftliche Verteilungskonflikte*, in: Loch, Dietmar; Heitmeyer, Wilhelm (Hrsg.): *Schattenseiten der Globalisierung. Rechtsradikalismus, Rechtspopulismus und separatistischer Regionalismus in westlichen Demokratien*, Frankfurt a. M.: Suhrkamp, 418–442.

Klages, Helmut, 1985: *Wertorientierungen im Wandel: Rückblick, Gegenwartsanalyse, Prognosen*, Frankfurt a. M., New York: Campus.

Kliemt, Hartmut, 1986: *The Veil of Insignificance*, in: European Journal of Political Economy, 2:3, 333–344.

Kluckhohn, Clyde, 1962: *Values and Value-Orientations in the Theory of Action: An Exploration in Definition and Classification*, in: Parsons, Talcott; Shils, Edward A. (Hrsg.): *Toward a General Theory of Action*, New York: Harper & Row, 388–433.

Knüsel, René, 1994: *Plurilinguisme et enjeux politiques. Les minorités ethnolinguistiques autochtones à territoire: l'exemple du cas helvétique*, Lausanne: Payot.

Knutsen, Oddbjørn, 1995a: *Value Orientations, Political Conflicts and Left-Right Identification: A Comparative Study*, in: European Journal and Political Research, 28:1, 63–93.

Knutsen, Oddbjørn, 1995b: *The Impact of Old Politics and New Politics Value: Orientations on Party Choice – A Comparative Study*, in: Journal of Public Policy, 15:1, 1–63.

Kobach, Kris W., 1993: *The Referendum: Direct Democracy in Switzerland*, Dartmouth: Aldershot.

Kobach, Kris W., 1994: *Switzerland*, in: Butler, David; Ranney, Austin (Hrsg.): *Referendums around the World. The Growing Use of Direct Democracy*, London: Macmillan.

Kobi, Silvia, 2000: *Des citoyens suisses contre l'élite politique. Le cas des votations fédérales, 1979–1995*, Paris: L'Harmattan.

Koch, Achim, 1998: *Wenn «mehr» nicht gleichbedeutend mit «besser» ist: Ausschöpfungsquoten und Stichprobenverzerrungen in allgemeinen Bevölkerungsumfragen*, in: ZUMA-Nachrichten, 22:42, 66–90.

Kölz, Alfred, 1992: *Neure schweizerische Verfassungsgeschichte: Ihre Grundlinien vom Ende der Alten Eidgenossenschaft bis 1848*, Bern: Stämpfli.

Kölz, Alfred, 1996: *Die Bedeutung der Französischen Revolution*, in: Auer, Andreas (Hrsg.): *Die Ursprünge der schweizerischen direkten Demokratie*, Basel: Helbing & Lichtenhahn, 105–118.

Kölz, Alfred; Müller, Jörg Paul, 1990: *Entwurf für eine neue Bundesverfassung*, Basel: Helbing & Lichtenhahn.

König, Christian; Stahl, Matthias; Wiegand, Erich (Hrsg.), 2009: *Nicht-reaktive Erhebungsverfahren, 8. Wissenschaftliche Tagung – Non-reactive survey methods: 8th scientific conference*, [conference proceedings], Social Science Open Access Repository, http://nbn-resolving.de/urn:nbn:de:0168-ssoar-261268 (Zugriff 29.7.2013).

König, René, 1957: *Das Interview. Formen, Technik, Auswertung*, Köln: Verlag für Politik und Wirtschaft.

Kraft, Patrick, 2012: *Correct Voting in Deutschland. Eine Analyse der Qualität individueller Wahlentscheide bei der Bundestagswahl 2009*, Working Paper No. 148, Mannheimer Zentrum für Sozialforschung.

Kraft, Patrick; Schmitt-Beck, Rüdiger, 2013: *Helfen politische Gespräche «korrekt» zu wählen? Eine Analyse zur Bundestagswahl 2009*, in: Keil, Silke I.; Thaidigsmann, S. Isabell (Hrsg.): *Zivile Bürgergesellschaft und Demokratie. Aktuelle Ergebnisse der empirischen Politikforschung. Festschrift für Oscar W. Gabriel zum 65. Geburtstag*, Wiesbaden: Springer VS, 117–138.

Kriesi, Hanspeter, 1991: *Direkte Demokratie in der Schweiz*, in: Aus Politik und Zeitgeschichte B23, 44–55.

Kriesi, Hanspeter (Hrsg.), 1993: *Citoyenneté et démocratie directe. Compétence, participation et décision des citoyens et citoyennes suisses*, Zürich: Seismo.

Kriesi, Hanspeter, 1994: *Akteure-Medien-Publikum. Die Herausforderung direkter Demokratie durch die Transformation der Öffentlichkeit*, in: Kölner Zeitschrift für Soziologie und Sozialpsychologie, Sonderheft 34, 234–260.

Kriesi, Hanspeter, 1998: *Le système politique suisse*, Paris: Economica.

Kriesi, Hanspeter, 1999: *Bildung und Wandel der Bevölkerungsmeinung*, in: Gerhards, Jürgen; Hitzler, Roland (Hrsg.): *Eigenwilligkeit und Rationalität sozialer Prozesse*, Opladen: Westdeutscher Verlag, 206–233.

Kriesi, Hanspeter, 2002: *Individual Opinion Formation in a Direct Democratic Campaign*, in: British Journal of Political Science, 32:1, 171–191.

Kriesi, Hanspeter, 2005: *Direct Democratic Choice. The Swiss Experience*, Lanham: Lexington.

Kriesi, Hanspeter, 2006: *Role of the Political Elite in Swiss Direct-Democratic Votes*, in: Party Politics, 12:5, 599–622.

Kriesi, Hanspeter, 2009a: *Sind Abstimmungsergebnisse käuflich?*, in: Vatter, Adrian; Varone, Frédéric; Sager, Fritz (Hrsg.): *Demokratie als Leidenschaft, Festschrift für Wolf Linder zum 65. Geburtstag*, Bern: Haupt, 83–106.

Kriesi, Hanspeter, 2009b: *The Role of the Federal Government in Direct-Democratic Campaigns*, in: Nahrath, Stéphane; Varone, Frédéric (Hrsg.): *Rediscovering Public Law and Public Administration in Comparative Policy Analysis: A Tribute to Peter Knoepfel*, Lausanne: Presses Polytechniques et Universitaires Romandes.

Kriesi, Hanspeter (Hrsg.), 2012: *Political Communication in Direct Democratic Campaigns. Enlightening or Manipulating?*, Basingstoke: Palgrave Macmillan.

Kriesi, Hanspeter; Frey, Timotheos; Rüegg, Erwin; Milic, Thomas, 2003: *Analyse des Meinungsbildungs- und Entscheidungsprozesses zum Elektrizitätsmarktgesetz*, Studie im Auftrag des Bundesamtes für Energie BFE.

Kriesi, Hanspeter; Longchamp, Claude; Passy, Florence; Sciarini, Pascal, 1992: *Analyse der eidgenössischen Abstimmung vom 6. Dezember 1992*, gfs.bern und DSP, Universität Genf.

Kriesi, Hanspeter; Wisler, Dominique, 1996: *Social Movements and Direct Democracy in Switzerland*, in: European Journal of Political Research, 30:1, 19–40.

Krömler, Oliver; Vatter, Adrian, 2011: *Wer diskriminiert wen? Das Stimmverhalten bei minderheitenrelevanten Abstimmungen in der Schweiz*, in: Vatter, Adrian (Hrsg.): *Vom Schächt- zum Minarettverbot. Religiöse Minderheiten in der direkten Demokratie*, Zürich: Verlag Neue Zürcher Zeitung, 238–263.

Kroh, Martin, 2007: *Measuring Left-Right Political Orientation: The Choice of Response Format*, in: Public Opinion Quarterly 71:2, 204–220.

Kromrey, Helmut, 1995: *Empirische Sozialforschung*, Opladen: Leske + Budrich.

Krosnick, Jon A., 1991: *Response Strategies for Coping with the Cognitive Demands of Attitude Measures in Surveys*, in: Applied Cognitive Psychology, 5:3, 213–236.

Krosnick, Jon A., 2002: *The Causes for Non-Opinion Responses to Attitudes Measures in Surveys: They Are Rarely What They Appear to Be*, in: Groves, Robert M.; Dillam, Don A.; Eltinge, John L.; Little, Roderick J. A. (Hrsg.): *Survey Nonresponse*, New York: John Wiley & Sons, 87–100.

Krosnick, Jon A.; Holbrook, Allyson; Pfent, Alison, 2005: *Response Rates in Surveys by the News Media and Government Contractor Research Firms*, Working Paper, Stanford University.

Kruskal, William H., 1984: *Measurement and error: Some fundamentals*, in: Turner, Charles. F.; Martin, Elizabeth (Hrsg.): *Surveying Subjective Phenomena*, Vol. 1, New York: Russell Sage Foundation, 97–106.

Kruskal, William H.; Mosteller, Frederick (1979a): *Representative Sampling, I: Nonscientific Literature*, in: International Statistical Review 47:1, 13–24.

Kruskal, William H.; Mosteller, Frederick (1979b): *Representative Sampling, II: Scientific Literature, Excluding Statistics*, in: International Statistical Review 47:2, 111–127.

Kruskal, William H.; Mosteller, Frederick (1979c): *Representative Sampling, III: The Current Statistical Literature*, in: International Statistical Review 47, 245–265.

Kühnel, Steffen-M.; Krebs, Dagmar, 2001: *Statistik für die Sozialwissenschaften*, Reinbek: Rowohlt.

Kuklinski, James H.; Hurley, Norman L., 1994: *On Hearing and Interpreting Political Messages: A Cautionary Tale of Citizen Cue-Taking*, in: Journal of Politics, 56:3, 729–751.

Kuklinski, James H.; Quirk, Paul J., 2000: *Reconsidering the Rational Public: Cognition, Heuristics, and Mass Opinion*, in: Lupia, Arthur; McCubbins, Mathew; Popkin, Samuel L. (Hrsg.): *Elements of Reason. Cognition, Choice, and the Bounds of Rationality*, Cambridge: Cambridge University Press, 153–182.

Kuklinski, James H.; Quirk, Paul, 2001: *Conceptual Foundations of Citizen Competence*, in: Political Behavior, 23:3, 285–310.

Kuklinski, James H.; Luskin, Robert; Bolland, John, 1991: *Where is the Schema? Going Beyond the «S» Word in Political Psychology*, in: American Political Science Review, 85:4, 1341–1356.

Kuster, Stephan; Milic, Thomas; Widmer, Thomas, 2009: *Analyse der eidgenössischen Abstimmungen vom 27. September 2009*, gfs.bern und IPZ, Zürich.

Ladd, Everett C.; Benson, John, 1992: *The Growth of News Polls in American Politics*, in: Mann, Thomas; Orren, Gary R. (Hrsg.): *Media Polls in American Politics*, Washington: Brookings Institution, 19–31.

Ladner, Andreas, 1991: *Direkte Demokratie auf kommunaler Ebene – die Beteiligung an Gemeindeversammlungen*, in: Schweizerisches Jahrbuch für Politische Wissenschaft 31, 63–86.

Ladner, Andreas, 2002: *Size and Direct Democracy at the Local Level: The Case of Switzerland*, in: Environment and Planning C: Government and Policy, 20:6, 813–828.

Ladner, Andreas, 2008: *Die Schweizer Gemeinden im Wandel: Politische Institutionen und lokale Politik*, Chavannes-près-Renens: Cahier de l'IDHEAP Nr. 237.

Ladner, Andreas; Brändle, Michael, 1999: *Does Direct Democracy Matter for Political Parties?*, in: Party Politics, 5:3, 283–302.

Ladner, Andreas; Brändle, Michael, 2001: *Die politischen Parteien im Wandel. Von Mitgliederparteien zu professionalisierten Wählerorganisationen?*, Zürich: Seismo.

Ladner, Andreas; Bühlmann, Marc, 2007: *Demokratie in den Gemeinden. Der Einfluss der Gemeindegrösse und anderer Faktoren auf die Qualität der Demokratie in den Gemeinden*, Zürich, Chur: Rüegger.

Ladner, Andreas; Steiner, Reto, 2003: *Die Schweizer Gemeinden im Wandel. Konvergenz oder Divergenz?*, in: Swiss Political Science Review, 9:1, 233–259.

Lamnek, Siegfried, 1995: *Qualitative Sozialforschung*, Weinheim: Beltz.

Latsis, Spiro J., 1972: *Situational Determinism in Economics*, in: British Journal for the Philosophy of Science, 23:3, 207–245.

Lau, Richard R., 2012: *Correct Voting in the 2008 U.S. Presidential Nominating Elections*, in: Political Behavior, 35:2, 331–355.

Lau, Richard R.; Andersen, David J.; Redlawsk, David P., 2008: *An Exploration of Correct Voting in Recent U.S. Presidential Elections*, in: American Journal of Political Science, 52:2, 395–411.

Lau, Richard R.; Patel, Parina; Fahmy, Dalia F.; Kaufman, Robert R., 2014: *Correct Voting Across Thirty-Three Democracies: A Preliminary Analysis*, in: British Journal of Political Science, 44:2, 239–259.

Lau, Richard R.; Redlawsk, David P., 1997: *Voting Correctly*, in: American Political Science Review, 91:3, 585–598.

Lau, Richard R.; Redlawsk, David P., 2001: *Advantages and Disadvantages of Cognitive Heuristics in Political Decision Making*, in: American Journal of Political Science, 45:4, 951–971.

Lau, Richard R.; Redlawsk, David P., 2006: *How Voters Decide. Information Processing in Election Campaigns*, Cambridge: Cambridge University Press.

Lavine, Howard, 2001: *The Electoral Consequences of Ambivalence Toward Presidential Candidates*, in: American Journal of Political Science, 45:4, 915–929.

Lavine, Howard, 2002: *On-line versus Memory-Based Process Models of Political Evaluation*, in: Monroe, Kristen R. (Hrsg.): *Political Psychology*, Mahwah: Erlbaum, 225–274.

Lavrakas, Paul J., 1991: *Polling and Presidential Election Coverage*, Los Angeles: Sage.

Lazarsfeld, Paul F.; Menzel, Herbert, 1969: *On the Relationship Between Individual and Collective Properties*, in: Etzoni, Amitai (Hrsg.): *A Sociological Reader on Complex Organizations*, New York: Holt, Rinehart and Winston, 499–516.

Lazarsfeld, Paul F.; Berelson, Bernard; Gaudet, Hazel, 1944: *The People's Choice. How the Voter Makes up his Mind in a Presidential Campaign*, New York: Duell, Sloan & Pearce. (Weitere Auflagen: New York: Columbia University Press, 1948.)

Lazarsfeld, Paul F.; Berelson, Bernard; Gaudet, Hazel, 1969: *Wahlen und Wähler. Soziologie des Wahlverhaltens,* Reihe: Soziologische Texte, Bd. 49, Neuwied, Berlin: Luchterhand.

LeDuc, Lawrence, 2003: *The Politics of Direct Democracy: Referendums in Global Perspective*, Buffalo: Broadview Press.

Leimgruber, Philipp, 2007: *Einsichten in den Stadt-Land-Graben. Drei Einsichten zum gesellschaftspolitischen Stadt-Land-Gegensatz*, Lizentiatsarbeit, Universität Bern.

Lepsius, Rainer M., 1966: *Parteiensystem und Sozialstruktur. Zum Problem der Demokratisierung der deutschen Gesellschaft*, in: Abel, Wilhelm (Hrsg.): *Wirtschaft, Geschichte und Wirtschaftsgeschichte, Festschrift zum 65. Geburtstag von F. Lütge*, Stuttgart: Fischer, 371–393.

Lepsius, Rainer M., 1973: *Parteiensystem und Sozialstruktur*, in: Ritter, Gerhard A. (Hrsg.): *Die deutschen Parteien vor 1918*, Köln: Vandenhoeck & Ruprecht, 56–80.

Levi, Margret, 1997: *A Model, a Method, and a Map: Rational Choice in Comparative Historical Analysis*, in: Lichbach, Mark I.; Zuckermann, Alan (Hrsg.): *Comparative Politics. Rationality, Culture, and Structure*, New York: Cambridge University Press, 19–41.

Levy, René, 1990: *Votes populaires et disparités contextuelles*, in: Revue française de science politique, 40:4, 586–606.

Lijphart, Arend, 1977: *Democracy in Plural Societies*, New Haven, London: Yale University Press.
Lijphart, Arend, 1984: *Democracies. Patterns of Majoritarian and Consensus Government in Twenty-One Countries*, New Haven: Yale University Press.
Lijphart, Arend, 1999: *Patterns of Democracy*, New Haven: Yale University Press.
Lijphart, Arend, 2012: *Patterns of Democracy.* Government forms and performance in thirty-six countries, New Haven: Yale University Press.
Lindenberg, Siegwart, 1985: *An Assessment of the New Political Economy: Its Potential for the Social Sciences and the Sociology in Particular*, in: Sociological Theory, 3:1, 99–114.
Linder, Wolf, 1996: *Schweizerische Politikwissenschaft: Entwicklungen der Disziplin und ihrer Literatur*, in: Swiss Political Science Review, 2:4, 1–29.
Linder, Wolf, 1998: *Swiss Democracy: Possible Solutions to Conflict in Multicultural Societies*, Houndmills: Macmillan.
Linder, Wolf, 1999: *Schweizerische Demokratie. Institutionen, Prozesse, Perspektiven*, Bern: Haupt.
Linder, Wolf, 2002: *Direkte Demokratie*, in: Klöti, Ulrich; Knoepfel, Peter; Kriesi, Hanspeter; Linder, Wolf; Papadopoulos, Yannis (Hrsg.): *Handbuch der Schweizer Politik*, 3. Auflage, Zürich: Verlag Neue Zürcher Zeitung.
Linder, Wolf, 2003: *Back to the Future: Zur Entwicklung der Schweizer Wahl- und Abstimmungsforschung*, in: Serdült, Uwe; Widmer, Thomas (Hrsg.): *Politik im Fokus*, Zürich: Verlag Neue Zürcher Zeitung, 227–244.
Linder, Wolf, 2005: *Schweizerische Demokratie. Institutionen, Prozesse, Perspektiven*, 2. Auflage, Bern: Haupt.
Linder, Wolf, 2006: *Direkte Demokratie*, in: Klöti, Ulrich; Knoepfel, Peter; Kriesi, Hanspeter; Kinder, Wolf; Papadopoulos, Yannis; Sciarini, Pascal (Hrsg.): *Handbuch der Schweizer Politik*, 4. Auflage, Zürich: Verlag Neue Zürcher Zeitung, 109–129.
Linder, Wolf, 2012: *Schweizerische Demokratie. Institutionen, Prozesse, Perspektiven*, 3. Auflage, Bern, Stuttgart: Haupt.
Linder, Wolf; Bolliger, Christian; Rielle, Yvan (Hrsg.), 2010: *Handbuch der eidgenössischen Volksabstimmungen 1848–2007*, Bern, Stuttgart: Haupt.
Linder, Wolf; Longchamp, Claude; Stämpfli, Regula, 1991: *Politische Kultur der Schweiz im Wandel – am Beispiel des selektiven Urnengangs*, Nationales Forschungsprogramm 21: «Kulturelle Vielfalt und nationale Identität», Basel.
Linder, Wolf; Riedwyl, Hans; Steiner, Jürg, 2000: *Konkordanztheorie und Abstimmungsdaten: Eine explorative Aggregatsanalyse auf Bezirksebene*, in: Swiss Political Science Review, 6:2, 27–56.

Linder, Wolf; Zürcher, Regula; Bolliger, Christian, 2008: *Gespaltene Schweiz – geeinte Schweiz. Gesellschaftliche Spaltungen und Konkordanz bei den Volksabstimmungen seit 1874*, Baden: hier und jetzt.

Lippmann, Walter, 1949: *Public Opinion*, New York: Macmillan.

Lipset, Seymour; Rokkan, Stein, 1967: *Party Systems and Voter Alignments*, New York: The Free Press.

Lodge, Milton; Hamill, Ruth, 1986: *A Partisan Schema for Political Information Processing*, in: American Political Science Review, 80:2, 505–519.

Lodge, Milton; McGraw, Kathleen M.; Stroh, Patrick, 1989: *An Impression-Driven Model of Candidate Evaluation*, in: American Political Science Review, 83:2, 399–419.

Lodge, Milton; Stroh, Patrick, 1993: *Inside the Mental Voting Booth: An Impression-Driven Model of Candidate Evaluation*, in: Iyengar, Shanto; McGuire, William J. (Hrsg.): *Explorations in Political Psychology*, Durham: Duke University Press, 225–263.

Lodge, Milton; Steenbergen, Marco R.; Brau, Shawn, 1995: *The Responsive Voter: Campaign Information and the Dynamics of Candidate Evaluation*, in: American Political Science Review, 89:2, 309–326.

Lodge, Milton; Taber, Charles S., 2005a: *Implicit Affect for Political Candidates, Parties, and Issues: An Experimental Test of the Hot Cognition Hypothesis*, in: Political Psychology, 26:6, 455–482.

Lodge, Milton; Taber, Charles S., 2005b: *The Automaticity of Affect for Political Leaders, Groups, and Issues: An Experimental Test of the Hot Cognition Hypothesis*, in: Political Psychology, 26:3, 455–482.

Lohr, Sharon L., 1999: *Sampling: Design and analysis*, Pacific Grove: Duxbury Press.

Longchamp, Claude, 1991: *Politisch-kultureller Wandel in der Schweiz*, in: Plassner, Fritz; Ulram, Peter A. (Hrsg.): *Staatsbürger oder Untertan? Politische Kultur Deutschlands, Österreichs und der Schweiz im Vergleich*, Frankfurt a.M., Bern: Lang, 49–101.

Longchamp, Claude, 1998: *Demoskopie: Seismograph oder Kompass? Ein Überblick über die Ausbreitung und Verwendung der politischen Umfrageforschung in der Schweiz*, Referat vor der Erdöl-Vereinigung 23. März 1998, http://www.gfsbern.ch/gfs/demo.html (Zugriff 4.9.2009).

Longchamp, Claude, 2005: *Prädisposition, Disposition und Entscheidung: Meinungsbildung zu Volksabstimmungen*, in: Donges, Patrick (Hrsg.): *Politische Kommunikation in der Schweiz*, Stuttgart: Haupt, 197–213.

Longchamp, Claude, 2007: *Die Geschichte der Vox-Analysen*, Referat Jubiläumstagung 30 Jahre Vox vom 6. März 2007, http://www.gfsbern.ch/pub/Geschichte_der_VOX-Analysen.pdf (Zugriff 4.9.2009).

Longchamp, Claude; Rousselot, Bianca, 2010: *Bürger und Politik in der Schweiz*, in: Gabriel, Oscar W.; Plasser, Fritz (Hrsg.): *Deutschland, Österreich und die Schweiz im neuen Europa. Bürger und Politik*, Baden-Baden: Nomos, 217–264.

Lowenstein, Daniel H., 1982: *Campaign Spending and Ballot Propositions: Recent Experience, Public Choice theory and the First Amendment*, in: UCLA Law Review 29, 505–609.

Ludwig-Mayerhofer, Wolfgang, 2006: *Vorlesung Soziologie – Empirische Sozialforschung*, http://www.uni-siegen.de/phil/sozialwissenschaften/soziologie/mitarbeiter/ludwig-mayerhofer/methoden/methoden_downloads/ (Zugriff 30.9.2009).

Luechinger, Simon; Rosinger, Myra; Stutzer, Alois, 2007: *The Impact of Postal Voting on Participation. Evidence for Switzerland*, in: Swiss Political Science Review, 13:2, 167–202.

Lupia, Arthur, 1994: *Shortcuts versus Encyclopedias: Information and Voting Behavior in California Insurance Reform Elections*, in: American Political Science Review, 88:1, 63–76.

Lupia, Arthur; McCubbins, Mathew, 1998: *The Democratic Dilemma: Can Citizens Learn What They Need to Know?*, Cambridge: Cambridge University Press.

Luskin, Robert C., 1987: *Measuring Political Sophistication*, in: American Journal of Political Science, 31:4, 856–899.

Luskin, Robert C., 1990: *Explaining Political Sophistication*, in: Political Behavior, 12:4, 331–361.

Luskin, Robert C., 2003: *The Heavenly Public: What Would a Fully Informed Citizenry Be Like?*, in: MacKuen, Michael B.; Rabinowitz, George (Hrsg.): *Electoral Democracy*, Ann Arbor: University of Michigan Press, 238–261.

Luskin, Robert C.; Bullock, John G., 2004: *Re(:) Measuring Political Sophistication*, Annual Meeting of the Midwest Political Science Association, Chicago, Illinois.

Lutz, Georg, 2007: *Low Turnout in Direct Democracy*, in: Electoral Studies, 26:3, 624–632.

Lutz, Georg, 2008: *Eidgenössische Wahlen 2007. Wahlteilnahme und Wahlentscheid*, Lausanne: Selects – FORS.

Lutz, Georg, 2012: Eidgenössische Wahlen 2011. Wahlteilnahme und Wahlentscheid. Selects – FORS, Lausanne 2012.

Lutz, Georg; Strohmann, Dirk, 1998: *Wahl- und Abstimmungsrecht in den Kantonen*, Bern: Haupt.

Mackie, Diane M.; Asuncion, Arlene G., 1990: *On-Line and Memory-Based Modification of Attitudes: Determinants of Message Recall-Attitude Change Correspondence*, in: Journal of Personality and Social Psychology, 59:1, 5–16.

Madison, James [1788], 1961: *The Federalist Papers*, New York: The American New Library of World Literature.

Magleby, David B., 1994: *Direct Legislation in the American States*, in: Butler, David; Ranney, Austin (Hrsg.): *Referendums Around the World. The Growing Use of Direct Democracy*, London: Macmillan, 218–257.

Manin, Bernard, 1987: *On Legitimacy and Political Deliberation*, in: Political Theory, 15:3, 338–368.

Manin, Bernard, 1995: *Principes du gouvernement représentatif*, Paris: Flammarion.

Marques de Bastos, Guilhermina, 1993: *La sélectivité de la participation*, in: Kriesi, Hanspeter (Hrsg.): *Citoyenneté et démocratie directe*, Zürich: Seismo, 167–188.

Marquis, Lionel, 2002: *Emotions et raisons des choix populaires. Politique étrangère et opinion publique suisse*, Thèse de doctorat présentée à la Faculté des sciences économiques et sociales, Université de Genève.

Marquis, Lionel, 2006: *La formation de l'opinion publique en démocratie directe. Les référendums sur la politique extérieure suisse 1981–1995*, Zürich: Seismo.

Marquis, Lionel; Bergman, Manfred Max, 2009: *Development and Consequences of Referendum Campaigns in Switzerland, 1981–1999*, in: Swiss Political Science Review, 15:1, 63–97.

Marquis, Lionel; Sciarini, Pascal, 1999: *Opinion Formation in Foreign Policy: The Swiss Experience*, in: Electoral Studies, 18:4, 453–471.

Marquis, Lionel; Schaub, Hans-Peter; Gerber, Marlène, 2011: *The Fairness of Media Coverage in Question: An Analysis of Referendum Campaigns on Welfare State Issues in Switzerland*, in: Swiss Political Science Review, 17:2, 128–163.

Marsh, Catherine, 1985: *Back on the Bandwagon: The Effect of Opinion Polls on Public Opinion*, in: British Journal of Political Science, 15:1, 51–74.

Marx, Karl, 1976: *Der achtzehnte Brumaire des Louis Bonaparte*, 1852 (1976), MEW 8, Berlin: Dietz.

Marxer, Wilfried; Pállinger, Zoltán Tibor, 2007: *System Contexts and System Effects of Direct Democracy in Liechtenstein and Switzerland Compared*, in: Kaufmann, Bruno; Marxer, Wilfried; Pállinger, Zoltán Tibor; Schiller, Theo (Hrsg.): *Direct Democracy in Modern Europe – Experiences, Developments and Prospects*, Wiesbaden: VS Verlag für Sozialwissenschaften, 12–29.

Matsusaka, John G.; Palda, Filip, 1993: *The Downesian Voter meets the ecological fallacy*, in: Public Choice, 77:4, 855–878.

Matsusaka, John G.; Palda, Filip, 1999: *Voter Turnout: How Much Can We Explain?*, in: Public Choice, 98:3-4, 431–446.

McAllister, Ian; Studlar, Donlay T., 1991: *Bandwagon, Underdog, or Projection? Opinion Polls and Electoral Choice in Britain, 1979–1987*, in: Journal of Politics, 53:3, 720–741.

McDevitt, Michael, 2006: *The Partisan Child: Developmental Provocation as a Model of Political Socialization*, in: International Journal of Public Opinion Research, 18:1, 67–88.

McGraw, Kathleen M., 2000: *Contributions of the Cognitive Approach to Political Psychology*, in: Political Psychology, 21:4, 805–832.

McGraw, Kathleen M.; Hasecke, Edward; Conger, Kimberly, 2003: *Ambivalence, Uncertainty, and Process of Candidate Evaluation*, in: Political Psychology. 24:3, 421–448.

McGraw, Kathleen M.; Lodge, Milton; Stroh, Patrick, 1990: *On-line Processing in Candidate Evaluation: The Effects of Issue Order, Issue Importance, and Sophistication*, in: Political Behavior, 12:1, 41–58.

McGuire, William J., 1969: *The Nature of Attitudes and Attitude Change*, in: Lindzey, Gardner; Aronson, Elliot (Hrsg.): *Handbook of Social Psychology*, Vol. 3, Reading: Addison-Wesley, 136–314.

McQuail, Denis, 2005: *Mass Communication Theory*, Vol. 5, London: Sage.

Meerkamp, Frank, 2011: *Die Quorenfrage im Volksgesetzgebungsverfahren*, Wiesbaden: VS Verlag.

Meier-Dallach, Hans Peter; Nef, Rolf, 1985: *Soziale Strukturen und räumliches Bewusstsein. Von der Analyse zu Postulaten regionaler Politik*, Publikationen des Schweizerischen Nationalfonds aus den nationalen Forschungsprogrammen Bd. 29, Bern: Haupt.

Meier-Dallach, Hans Peter; Nef, Rolf, 1987: *Values and Identities in Switzerland: Regional Disparities and Socio-Economic Cleavages*, in: International Political Science Review, 8:4, 319–332.

Meier-Dallach, Hans Peter; Nef, Rolf, 1992: *Scherbenhaufen, Katharsis oder Chance? Motive und Hintergründe des Ja und Nein zum EWR im Vergleich zwischen den Sprachregionen, Randregionen und Zentren sowie sozialen Schichten*, Pressedokumentation von Ergebnissen der Untersuchung «Die Schweiz und Europa – Die Stimme der Regionen» im Rahmen des Nationalen Forschungsprogramms NFP 28, Die Schweiz in einer sich ändernden Welt, Zürich.

Meier-Dallach, Hans Peter; Hohermuth, Susanne; Nef, Rolf; Anliker, René, 1982: *Zwischen Zentren und Hinterland. Probleme, Interessen und Identitäten im Querschnitt durch die Regionstypen der Schweiz*, Diessenhofen: Rüegger.

Mendelssohn, Harold; Crespi, Irving, 1978: *Polls, Television and the New Politics*, Scrandon: Chandler.

Mensch, Kirsten, 2000: *Niedrigkostensituationen, Hochkostensituationen und andere Situationstypen: Ihre Auswirkungen auf die Möglichkeiten von Rational-Choice-Erklärungen*, in: Kölner Zeitschrift für Soziologie und Sozialpsychologie, 52:2, 246–263

Miles, Matthew; Huberman, A. Michael; Saldana, Johnny, 2013: *Qualitative Data Analysis. A Methods Sourcebook*, London: Sage.

Milic, Thomas, 2008a: *Ideologie und Stimmverhalten*, Zürich: Rüegger.

Milic, Thomas, 2008b: *Links, Mitte, Rechts: Worauf gründet die ideologische Selbstidentifikation der Schweizer und Schweizerinnen?*, in: Swiss Political Science Review, 14:2, 245–285.

Milic, Thomas, 2010: *Steuern die Parteien das Volk? Der Einfluss der Parteien auf die inhaltliche Argumentation ihrer Anhängerschaften bei Schweizer Sachabstimmungen*, in: Zeitschrift für Politikwissenschaft, 20:1, 3–45.

Milic, Thomas, 2012a: *Correct Voting in Direct Legislation*, in: Swiss Political Science Review, 18:4, 399–427.

Milic, Thomas, 2012b: *Kontextfaktoren der Heuristikverwendung bei Sachabstimmungen*, in: Neumann, Peter; Renger, Denise (Hrsg.): *Sachunmittelbare Demokratie im interdisziplinären und internationalen Kontext 2009/2010. Studien zur Sachunmittelbaren Demokratie. Deutschland, Liechtenstein, Österreich, Schweiz und Europa*, Baden-Baden: Nomos, 132–152.

Milic, Thomas, 2013: *Is It Possible to Buy the Outcome of a Vote in Swiss Direct Legislation?*, MPSA Chicago 2013, General Conference Paper.

Milic, Thomas; Rousselot, Bianca, 2011: *Grün, wenn die Parole stimmt: Umweltpolitik in der schweizerischen direkten Demokratie*, Forum Wissenschaft und Umwelt, Demokratie und Umweltkrise: Brauchen wir mehr Mitbestimmung?, München, 168–177.

Milic, Thomas; Freitag, Markus; Vatter, Adrian, 2010: *Der Einfluss von Umfragen auf den direktdemokratischen Meinungsbildungsprozess*, Studienbericht im Auftrag der Chefredaktorenkonferenz der SRG, Bern, Konstanz.

Miller, George A., 1956: *The Magical Number Seven, Plus or Minus Two: Some Limits on Our Capacity for Processing Information*, in: Psychological Review, 63:1, 81–97.

Miller, Warren E., 1976: *The Cross-National Use of Party Identification as a Stimulus to Political Inquiry*, in: Budge, Ian; Crewe, Ivor; Farlie, Dennis (Hrsg.): *Party Identification and Beyond*, London: ECPR Press, 21–32.

Miller, Warren E.; Shanks, J. Merrill, 1996: *The New American Voter*, Cambridge: Harvard University Press.

Moeckli, Daniel, 2001: *Of Minarets and Foreign Criminals: Swiss Direct Democracy and Human Rights*, in: Human Rights Law Review, 11:4, 774–794.

Moeckli, Silvano, 1991: *Direkte Demokratie im Vergleich*, in: Aus Politik und Zeitgeschichte B23, 31–43.

Moeckli, Silvano, 1994: *Direkte Demokratie. Ein Vergleich der Einrichtungen und Verfahren in der Schweiz und Kalifornien, unter Berücksichtigung von Frankreich, Italien, Dänemark, Irland, Österreich, Liechtenstein und Australien*, St. Galler Studien zur Politikwissenschaft, Bd. 16, Bern, Stuttgart, Wien: Haupt.

Moeckli, Silvano, 1998: *Direktdemokratische Einrichtungen und Verfahren in den Mitgliedstaaten des Europarats*, in: Zeitschrift für Parlamentsfragen, 29:1, 80–71.

Moeckli, Silvano, 2004: *Direkte Demokratie auf Gemeindeebene in Deutschland und der Schweiz*, in: Mehr Demokratie (Hrsg.): *Bürgermacht vor Ort – Demokratie in den Kommunen*, Tagungsband, 5–10, http://www.mehr-demokratie.de/fileadmin/pdf/2004-jahrestagung-reader.pdf (Zugriff 20.5.2014).

Mohler, Peter; Koch, Achim; Gabler, Siegfried, 2003: *Alles Zufall oder? Ein Diskussionsbeitrag zur Qualität von face to face-Umfragen in Deutschland*, in: ZUMA-Nachrichten, 27:53, 10–15.

Mondak, Jeffrey J., 1993: *Public Opinion and Heuristic Processing of Source Cues*, in: Political Behavior, 15:2, 167–192.

Mondak, Jeffery J., 1999: *Reconsidering the Measurement of Political Knowledge*, in: Political Analysis, 8:1, 57–82.

Mondak, Jeffery J.; Creel Davis, Belinda, 2001: *Asked and Answered: Knowledge Levels When We Will Not Take «Don't Know» for an Answer*, in: Political Behavior, 23:3, 199–224.

Monnier, Victor, 1996: *Le référendum financier dans les cantons suisses au 19ième siècle*, in: Auer, Andreas (Hrsg.): *Les origines de la démocratie directe en Suisse. Die Ursprünge der schweizerischen Demokratie*, Basel, Frankfurt a. M.: Helbing & Lichtenhahn, 221–265.

Moosbrugger, Helfried, 2012: *Klassische Testtheorie*, in: Moosbrugger, Helfried; Kelava, Augustin (Hrsg.): *Testtheorie und Fragebogenkonstruktion*, 2. Auflage, Berlin, Heidelberg: Springer, 103–117.

Moosbrugger, Helfried; Kelava, Augustin, 2012: *Qualitätsanforderungen an einen psychologischen Test (Testgütekriterien)*, in: Moosbrugger, Helfried; Kelava, Augustin (Hrsg.): *Testtheorie und Fragebogenkonstruktion*, 2. Auflage, Berlin, Heidelberg: Springer, 7–25.

Moser, Julia; Obinger, Herbert, 2007: *Schlaraffenland auf Erden? Auswirkungen von Volksentscheiden auf die Sozialpolitik*, in: Freitag, Markus; Wagschal, Uwe (Hrsg): *Direkte Demokratie. Bestandsaufnahmen und Wirkungen im internationalen Vergleich*, Münster, Hamburg, Berlin, Wien, London: LIT Verlag, 331–361.

Mottier, Véronique, 1993: *La structuration sociale de la participation aux votations fédérales*, in: Kriesi, Hanspeter (Hrsg.): *Citoyenneté et démocratie directe*, Zürich: Seismo, 123–144.

Nadeau, Richard; Cloutier, Edouard; Guay, Jean H., 1993: *New Evidence about the Existence of a Bandwagon Effect in the Opinion Formation Process*, in: International Political Science Review, 14:2, 203–213.

Nadeau, Richard; Martin, Pierre; Blais, André, 1999: *Attitude Towards Risk-Taking and Individual Choice in the Quebec Referendum on Sovereignty*, in: British Journal of Political Science, 29:3, 523–539.

Nai, Alessandro, 2009: *Explaining Correct Voting in Swiss Direct Democracy*, APSA 2009 Toronto Meeting Paper.

Nai, Alessandro, 2010: *Processus cognitifs et formation de l'opinion dans les votations fédérales (1999–2005): une analyse multiniveaux*, Thèse de doctorat, Université de Genève.

Nai, Alessandro, 2013: *What Really Matters Is Which Camp Goes Dirty: Differential Effects of Negative Campaigning on Turnout During Swiss Federal Ballots*, in: European Journal of Political Research, 52:1, 44–70.

Nai, Alessandro; Lloren, Anouk, 2007: *Analyse der eidgenössischen Volksabstimmung vom 11. März 2007*, gfs.bern und Institut für Politikwissenschaft, Universität Genf.

Nef, Rolf, 1980: *Struktur, Kultur und Abstimmungsverhalten. Zur interregionalen Variation von politischen Präferenzen in der Schweiz 1950–1977*, in: Schweizerische Zeitschrift für Soziologie, 6:2, 155–190.

Nef, Rolf, 1988: *Rothenthurm: Das kostenlose grüne «Wunder»?*, in: Schweizerische Zeitschrift für Soziologie, 14:2, 199–224.

Nef, Rolf, 1989: *Armeeabschaffungs-Initiative: Soyons réalistes, demandons l'impossible?*, in: Schweizerische Zeitschrift für Soziologie, 15:3, 545–582.

Nef, Rolf, 1993: *Die Volksabstimmung vom 7. März 1993 über die Erhöhung des Treibstoffzolls. Eine Analyse der Gemeinderesultate*, BFS, Bern.

Nef, Rolf; Ritschard, Rolf, 1983: *Dimensionen und Determinanten politischer Präferenzen bei Bundesabstimmungen im interregionalen und interkommunalen Vergleich*, Arbeitspapier für den Kongress der Schweizerischen Vereinigungen für Politische Wissenschaft in Jogny am 10./11. Juni 1983.

Neidhart, Leonhard, 1970: *Plebiszit und pluralitäre Demokratie: Eine Analyse der Funktion des schweizerischen Gesetzesreferendums*, Bern: Francke.

Neidhart, Leonhard, 1971: *Determinanten des politischen Verhaltens bei Sachentscheidungen*, in: Jahrbuch für politische Wissenschaft 11, 61–79.

Neidhart, Leonhard, 1995: *Stimmbeteiligung – Legenden und Realitäten*, Neue Zürcher Zeitung, 7./ 8. Oktober 1995.

Neidhart, Leonhard; Hoby, Jean-Pierre, 1977: *Ursachen der gegenwärtigen Stimmabstinenz in der Schweiz*, Zürich: Soziologisches Institut.

Neuman, W. Russell, 1986: *The Paradox of Mass Politics. Knowledge and Opinion in the American Electorate*, Cambridge: Harvard University Press.

Nicholson, Stephen P., 2003: *The Political Environment and Ballot Proposition Awareness*, in: American Journal of Political Science, 47:3, 403–410.

Nicolet, Sarah; Sciarini, Pascal, 2006: *When Do Issue Opinions Matter, and to Whom? The Determinants of Long-Term Stability and Change in Party Choice in the 2003 Swiss Elections*, in: Swiss Political Science Review, 12:4, 159–190.

Niemi, Richard G., 1976: *Costs of Voting and Non-Voting*, in: Public Choice, 27:1, 115–119.

Niemi, Richard G.; Katz, Richard S.; Newman, David, 1980: *Reconstructing Past Partisanship: The Failure of the Party Identification Recall Questions*, in: American Journal of Political Science, 24:4, 633–651.

Noelle-Neumann, Elisabeth; Petersen, Thomas, 2005: *Alle, nicht jeder. Einführung in die Methoden der Demoskopie*, Heidelberg: Springer.

Nohlen, Dieter, 2004: *Wahlrecht und Parteiensystem*, Opladen: Leske + Budrich.

Norris, Pippa, 1991: *Gender Differences in Political Participation in Britain: Traditional, Radical and Revisionist Models*, in: Government and Opposition, 26:1, 56–74.

Oedegaard, Ingvill C., 2000: *Lebensstile, soziale Milieus und Wahlverhalten*, in: Klein, Markus; Jagodzinski, Wolfgang; Mochmann, Ekkehard (Hrsg.): *50 Jahre Empirische Wahlforschung in Deutschland. Entwicklung, Befunde, Perspektiven, Daten*, Wiesbaden: Westdeutscher Verlag, 212–234.

Oesch, Daniel, 2006: *Coming to Grips With a Changing Class Structure: An Analysis of Employment Stratification in Britain, Germany, Sweden and Switzerland*, in: International Sociology, 21:2, 263–288.

Oesch, Daniel; Rennwald, Line, 2010: *The class basis of Switzerland's cleavage between the New Left and the Populist Right*, in: Swiss Political Science Review, 16:3, 343–372.

Olson, Mancur, 1965: *The Logic of Collective Action*, Cambridge: Harvard University Press.

O'Muircheartaigh, Colm, 2008: *Sampling*, in: Donsbach, Wolfgang; Traugott, Michael W. (Hrsg.): *The Sage Handbook of Public Opinion Research*, Thousand Oaks: Sage, 294–308.

Opp, Karl-Dieter, 2002: *Methodologie der Sozialwissenschaften. Einführung in ihre Probleme der Theoriebildung und praktische Anwendung*, Wiesbaden: Westdeutscher Verlag.

Ossipow, William, 1994: *Le système politique suisse ou l'art de la compensation*, in: Papadopoulos, Yannis (Hrsg.): *Elites politiques et peuple en Suisse. Analyse des votations fédérales: 1970–1987*, Lausanne: Réalités sociales, 9–56.

Overbye, Einar, 1995: *Making a Case for the Rational, Self-Regarding «Ethical» Voter ... and Solving the «Paradox of Non-Voting» in the Process*, in: European Journal of Political Research, 27:3, 369–396.

Qvortrup, Matt, 2005: *A Comparative Study of Referendums. Government by the People*, Manchester: MUP.

Papadopoulos, Yannis, 1991: *Quel rôle pour les petits partis dans la démocratie directe?*, in: Schweizerisches Jahrbuch für Politische Wissenschaft 31, 131–150.

Papadopoulos, Yannis, 1998: *Démocratie Directe*, Paris: Economica.

Papadopoulos, Yannis, 2001: *How Does Direct Democracy Matter? The Impact of Referendum Votes on Politics and Policy-Making*, in: West European Politics, 24:2, 35–58.

Pappi, Franz Urban, 1973: *Parteiensystem und Sozialstruktur in der Bundesrepublik*, in: Politische Vierteljahresschrift, 14:2, 191–213.

Pappi, Franz Urban, 1985: *Die konfessionell-religiöse Konfliktlinie in der deutschen Wählerschaft: Entstehung, Stabilität und Wandel*, in: Oberndörfer, Dieter; Rattinger, Hans; Schmitt, Karl (Hrsg.): *Wirtschaftlicher Wandel, religiöser Wandel und Wertewandel. Folgen für das politische Verhalten in der Bundesrepublik Deutschland*, Berlin: Duncker & Humblot, 263–290.

Pappi, Franz Urban; Laumann, Edward O., 1974: *Gesellschaftliche Wertorientierungen und politisches Verhalten*, in: Zeitschrift für Soziologie, 3:2, 157–188.

Passy, Florence, 1993: *Compétence et décision politique*, in: Kriesi, Hanspeter (Hrsg.): *Citoyenneté et démocratie directe*, Zürich: Seismo, 213–231.

Patterson, Thomas E., 1980: *The Mass Media Election: How the Americans Choose Their President*, New York: Praeger.

Patzelt, Werner J., 1993: *Einführung in die Politikwissenschaft. Grundriss des Faches und studiumbegleitende Orientierung*, Passau: Richard Rothe.

Petermann, Sören, 2005: Rücklauf und systematische Verzerrungen bei postalischen Befragungen, in: ZUMA-Nachrichten, 29:57, 56–78.

Pettersen, Per A.; Lawrence, E. Rose, 2007: The Dog That Didn't Bark: Would Increased Electoral Turnout Make a Difference?, in: Electoral Studies, 26:3, 574–588.

Petty, Richard E.; Cacioppo, John T., 1986: *Communication and Persuasion: Central and Peripheral Routes to Attitude Change*, New York: Springer.

Petty, Richard E.; Priester, Joseph R., 1994: Mass Media Attitude Change: Implications of the Elaboration Likelihood Model of Persuasion, in: Bryant, Jennings; Zillmann, Dolf (Hrsg.): *Media Effects. Advances in Theory and Research*, Hillsdale: Erlbaum, 91–122.

Pizzorno, Alessandro, 1986: Sur la rationalité du choix démocratique, in: Birnbaum, Pierre; Leca, Jean (Hrsg.): *Sur l'individualisme*, Paris: Presses de la Fondation nationale des sciences politiques, 330–369.

Pommerehne, Werner W., 1978: Institutional Approaches to Public Expenditure: Empirical Evidence from Swiss Municipalities, in: Journal of Public Economics, 9:2, 255–280.

Pommerehne, Werner W., 1990: The Empirical Relevance of Comparative Institutional Analysis, in: European Economic Review, 34:2-3, 458–469.

Pommerehne, Werner W.; Schneider, Friedrich, 1982: Unbalanced Growth Between Public and Privates Sectors: An Empirical Examination, in: Haveman, Robert H. (Hrsg.): *Public Finance and Public Employment*, Detroit: Wayne State University Press, 309–326.

Pommerehne, Werner W.; Schneider, Friedrich, 1985: Politisch-ökonomische Überprüfung des Kaufkraftinzidenzkonzepts: Eine Analyse der AHV-Abstimmungen von 1972 und 1978, in: Brugger, Ernst A.; Frey, René L. (Hrsg.): *Sektoralpolitik versus Regionalpolitik*, Diessenhofen: Rüegger, 75–100.

Pommerehne, Werner W.; Weck-Hannemann, Hannelore, 1996: Tax Rates, Tax Administration and Income Tax Evasion in Switzerland, in: Public Choice, 88:1-2, 161–170.

Popkin, Samuel L., 1991: *The Reasoning Voter: Communication and Persuasion in Presidential Campaigns*, Chicago: University of Chicago Press.

Popper, Karl R., 1971: *Logik der Forschung*, Tübingen: Mohr.

Porst, Rolf, 1996: *Ausschöpfungen bei sozialwissenschaftlichen Umfragen. Die Sicht der Institute*, ZUMA-Arbeitsbericht 96/07.

Porst, Rolf, 1999: *Thematik oder Incentives? Zur Erhöhung der Rücklaufquoten bei Postalischen Befragungen*, ZUMA-Nachrichten 45, 72–87.

Price, Vincent, 2000: *Political Information*, in: Robinson, John R.; Shaver, Philip R.; Wrightsman, Lawrence S. (Hrsg.): *Measures of Political Attitudes*, San Diego: Academic Press.

Prior, Markus; Lupia, Arthur, 2006: *What Citizens Know Depends on How You Ask Them: Experiments on Time, Money, and Political Knowledge*, Princeton University and University of Michigan, Mimeo.

Putnam, Robert, 2000: *Bowling Alone: The Collapse and Revival of American Community*, New York: Simon & Schuster.

Rademacher, Patrick; Gerth, Matthias A.; Siegert, Gabriele, 2012: *Media Organizations in Direct-Democratic Campaigns*, in: Kriesi, Hanspeter (Hrsg.): *Political Communication in Direct Democratic Campaigns. Enlightening or Manipulating?*, Basingstoke: Palgrave Macmillan, 54–68.

Rahn, Wendy M., 1993: *The Role of Partisan Stereotypes in Information Processing about Political Candidates*, in: American Journal of Political Science, 37:2, 472–496.

Rahn, Wendy M.; Aldrich, John H.; Borgida, Eugene, 1994: *Individual and Contextual Variations in Political Candidate Appraisal*, in: American Political Science Review, 88:1, 193–199.

Rahn, Wendy M.; Krosnick, Jon A.; Breuning, Marikje, 1994: *Rationalization and Derivation Processes in Survey Studies of Political Candidate Evaluation*, in: American Journal of Political Science, 38:3, 582–600.

Ramsey, Charles; Hewitt, Alan D., 2005: *A Methodology for Assessing Sample Representativeness*, in: Environmental Forensics, 6:1, 71–75.

Raschke, Joachim, 1980: *Politik und Wertewandel in den westlichen Demokratien*, in: Politik und Zeitgeschichte, Beilage zur Wochenzeitung Das Parlament 36, 23–45.

Reich, Johannes, 2008: *Direkte Demokratie und völkerrechtliche Verpflichtungen im Konflikt*, in: Zeitschrift für ausländisches öffentliches Recht und Völkerrecht 68, 979–1025.

Riker, William H.; Ordeshook, Peter C., 1968: *A Theory of the Calculus of Voting*, in: American Political Science Review, 62:1, 25–42.

Riklin, Alois; Kley, Roland, 1981: *Stimmabstinenz und direkte Demokratie: Ursachen, Bewertungen, Konsequenzen: Daten zur direkten Demokratie in der Schweiz, im Kanton St. Gallen, im Bezirk St. Gallen und in der Stadt St. Gallen, sowie in weiteren 19 Ländern*, St. Galler Studien zur Politikwissenschaft, Bern: Haupt.

Ritschard, Rolf; Nef, Rolf, 1985: *Stadt-Land-Gegensätze bei ausgewählten eidgenössischen Volksabstimmungen*, Schweizerisches Jahrbuch für politische Wissenschaft 25, 113–131.

Robinson, William S., 1950: *Ecological Correlations and Behavior of Individuals*, in: American Sociological Review, 15:3, 351–357.

Roca, René, 2008: *Die Entwicklung direktdemokratischer Strukturen am Beispiel des Kantons Luzern (1830–1848)*, in: Graber, Rolf (Hrsg.): *Demokratisierungsprozesse in der Schweiz im späten 18. und 19. Jahrhundert, Forschungskolloquium im Rahmen des Forschungsprojekts «Die demokratische Bewegung in der Schweiz von 1770 bis 1870. Eine kommentierte Quellenauswahl»*, Frankfurt a. M.: Lang, 77–84.

Roca, René; Auer, Andreas, 2011: *Wege zur Direkten Demokratie in den Kantonen*, Zürich: Schulthess.

Rohner, Gabriela, 2012: *Die Wirksamkeit von Volksinitiativen beim Bund. 1848–2010*, Zürich: Schulthess.

Rohrschneider, Robert, 2002: *Mobilizing Versus Chasing. How do Parties Target Voters in Election Campaigns?*, in: Electoral Studies, 21:3, 367–382.

Roig, Charles, 1975: *La stratification politique*, in: Sidjanski, Dusan; Roig, Charles; Kerr, Henry; Inglehart, Ronald; Nicola, Jacques (Hrsg.): *Les Suisses et la politique*, Bern: Lang, 155–186.

Rokeach, Milton, 1973: *The Nature of Human Values*, New York: Free Press.

Rossi, Peter H., 1959: *Four Landmarks in Voting Research*, in: Burdick, Eugene; Brodbeck, Arthur J. (Hrsg.): *American Voting Behavior*, Glencoe: Free Press, 5–54.

Rost, Jürgen, 1996: *Lehrbuch Testtheorie, Testkonstruktion*, Bern: Huber.

Rudolph, Thomas J.; Popp, Elizabeth, 2009: *Bridging the Ideological Divide: Trust and Support for Social Security Privatization*, in: Political Behavior, 31:3, 331–351.

Ruloff, Dieter, 2003: *Politikwissenschaft in Zürich: Rückblick und Ausblick*, in: Serdült, Uwe; Widmer, Thomas (Hrsg.): *Politik im Fokus*, Zürich: Verlag Neue Zürcher Zeitung, 21–41.

Sabato, Larry J.; Ernst, Howard R.; Larson, Bruce (Hrsg.), 2001: *Dangerous Democracy. The Battle Over Ballot Initiatives in America*, Lanham: Rowman & Littlefield.

Sarcinelli, Ulrich, 1987: *Symbolische Politik: zur Bedeutung symbolischen Handelns in der Wahlkampfkommunikation der Bundesrepublik Deutschland*, Opladen: Westdeutscher Verlag.

Sardi, Massimo; Widmer, Eric, 1993: *L'orientation du vote*, in: Kriesi, Hanspeter (Hrsg.): *Citoyenneté et démocratie directe*, Zürich: Seismo, 191–212.

Sartori, Giovanni, 1987: *The Theory of Democracy Revised*, Chatham: Chatham House Publishers.

Sayer, Liana C., 2005: *Gender, Time and Inequality: Trends in Women's and Men's Paid Work, Unpaid Work and Free Time*, in: Social Forces, 84:1, 285–303.

Scarrow, Susan E., 2001: *Direct Democracy and Institutional Change. A Comparative Investigation*, in: Comparative Political Studies, 34:6, 651–665.

Schaltegger, Christoph A.; Feld, Lars P., 2001: *On Government Centralization and Budget Referendums: Evidence from Switzerland*, CESifo Working Paper No. 615.

Schenk, Michael, 2002: *Medienwirkungsforschung*, 2. Auflage, Tübingen: Mohr.

Scheuch, Erwin K., 1977: *Die wechselnde Datenbasis der Soziologie – Zur Interaktion zwischen Theorie und Empirie*, in: Müller, Paul J. (Hrsg.): *Die Analyse prozess-produzierter Daten*, Stuttgart: Klett-Cotta, 5–40.

Schiller, Theo, 2002: *Direkte Demokratie. Eine Einführung*, Frankfurt a. M.: Campus.

Schläpfer, Felix, 2011: *Access to party positions and preference formation: a field experiment*, in: Swiss Political Science Review, 17:1, 75–91.

Schloeth, Daniel, 1998: *Vor die Wahl gestellt. Erklärungen des Wahlverhaltens bei den Eidgenössischen Wahlen 1995*, Bern: Haupt.

Schmitt, Annette, 2005: *Die Rolle von Wahlen in der Demokratie*, in: Falter, Jürgen W.; Schoen, Harald (Hrsg): *Handbuch Wahlforschung*, Wiesbaden: VS Verlag für Sozialwissenschaften, 3–29.

Schmitt, Hermann; Holmberg, Sören, 1995: *Political parties in decline?*, in: Klingemann, Hans-Dieter; Fuchs, Dieter (Hrsg.): *Citizens and the State*, Oxford: Oxford University Press, 95–133.

Schmidt, Manfred G., 1995: *Wörterbuch zur Politik*, Stuttgart: Kröner.

Schmidt, Manfred G., 2000: *Demokratietheorien*, Opladen: Leske + Budrich.

Schmidt, Manfred G., 2010: *Demokratietheorien. Eine Einführung*. 5. Auflage, Wiesbaden: VS Verlag für Sozialwissenschaften.

Schmitt-Beck, Rüdiger, 2003: *Mass Communication, Personal Communication, and Vote Choice: The Filter Hypothesis of Media Influence in Comparative Perspective*, in: British Journal of Political Science, 33:2, 233–259.

Schneider, Friedrich, 1985: *Der Einfluss von Interessengruppen auf die Wirtschaftspolitik: Eine Untersuchung für die Schweiz*, Bern: Haupt.

Schneider, Friedrich; Pommerehne, Werner; Frey, Bruno S., 1981: *Politico-Economic Interdependence in a Direct Democracy: The Case of Switzerland*, in:

Hibbs, Douglas A.; Fassbender, Heino (Hrsg.): *Contemporary Political Economy*, Amsterdam: North Holland, 231–248.

Schnell, Rainer, 1997: *Nonresponse in Bevölkerungsumfragen*. Opladen: Leske + Budrich.

Schoen, Harald, 2003a: *Der demokratische Musterbürger als Normalfall? Kognitionspsychologische Einblicke in die black box politischer Meinungsbildung*, in: Politische Vierteljahresschrift, 47:1, 89–101.

Schoen, Harald, 2003b: *Gleich und gleich gesellt sich gern – auch im Wahlkampf? Zur politischen Prägekraft der Sozialstruktur in Abhängigkeit von der Nähe zum Wahltag*, in: Kölner Zeitschrift für Soziologie und Sozialpsychologie, 55:2, 299–320.

Schoen, Harald, 2005a: *Soziologische Ansätze in der Wahlforschung*, in: Falter, Jürgen W.; Schoen, Harald (Hrsg.): *Handbuch Wahlforschung*, Wiesbaden: VS Verlag für Sozialwissenschaften, 135–185.

Schoen, Harald, 2005b: *Daten in der empirischen Wahlforschung*, in: Falter, Jürgen W.; Schoen, Harald (Hrsg): *Handbuch Wahlforschung*, Wiesbaden: VS Verlag für Sozialwissenschaften, 89–103.

Schoen, Harald; Weins, Cornelia, 2005: *Der sozialpsychologische Ansatz zur Erklärung von Wahlverhalten*, in: Falter, Jürgen W.; Schoen, Harald (Hrsg.): *Handbuch Wahlforschung*, Wiesbaden: VS Verlag für Sozialwissenschaften, 187–242.

Schrag, Peter, 1998: *Paradise Lost: California's Experience, America's Future*, New York: New Press.

Schudson, Michael, 1998: *The Good Citizen: A History of American Civic Life*, New York: Free Press.

Schumann, Howard; Presser, Stanley 1981: *Questions and Answers in Attitude Surveys*. New York: Academic Press.

Schumann, Siegfried, 2005: *Methoden und Methodenprobleme der empirischen Wahlforschung*, in: Falter, Jürgen W.; Schoen, Harald (Hrsg.): *Handbuch Wahlforschung*, Wiesbaden: VS Verlag für Sozialwissenschaften, 64–87.

Schulz, Tobias, 2002: *Wie rational sind Volksentscheide? Eine empirische Untersuchung des Einflusses von Framing-Effekten auf Volksabstimmungen zur Umweltpolitik in Kalifornien und der Schweiz*, Dissertation an der Universität St. Gallen.

Schumpeter, Joseph A., 1942: *Capitalism, Socialism, and Democracy*, New York, London: Harper.

Schumpeter, Joseph A. [1942], 1962: *Capitalism, Socialism, and Democracy*, London: Allen & Unwin.

Schwartz, Thomas, 1987: *Your Vote Accounts on Account of the Way It Is Counted*, in: Public Choice, 54:2, 101–121.

Schwegler, Eveline, 2009: *Motivstrukturen unter Zugzwang. Sind die Schaffhauser die schweizerischen Musterbürger?*, Lizentiatsarbeit, Universität Zürich.

Sciarini, Pascal, 2000: *La formation des opinions dans les votations populaires de politique extérieure*, in: Swiss Political Science Review, 6:3, 71–84.

Sciarini, Pascal; Finger, Matthias, 1991: *Les Dimensions de l'espace politique suisse et l'intégration de la nouvelle politique écologique*, in: Revue Française de Science Politique 41:4, 537–548.

Sciarini, Pascal; Marquis, Lionel, 1999: *Opinion Formation in Foreign Policy: the Swiss Experience*, in: Electoral Studies, 18:4, 453–471.

Sciarini, Pascal; Marquis, Lionel, 2000: *Opinion publique et politique extérieure: le cas des votations populaires en Suisse*, in: International Political Science Review, 21:2, 149–171.

Sciarini, Pascal; Tresch, Anke, 2009: *A Two-Level Analysis of the Determinants of Direct Democratic Choices in European, Immigration and Foreign Policy in Switzerland*, in: European Union Politics, 10:4, 456–481.

Sciarini, Pascal; Tresch, Anke, 2011: *Campaign Effects in Direct-Democratic Votes in Switzerland*, in: Journal of Elections, Public Opinion & Parties, 21:3, 333–357.

Sciarini, Pascal; Tresch, Anke, 2014: *Votations populaires*, in: Knoepfel, Peter; Papadopoulos, Yannis; Sciarini, Pascal; Vatter, Adrian; Häusermann, Silja (Hrsg.): Handbuch der Schweizer Politik, Zürich: Verlag Neue Zürcher Zeitung, 497–524.

Sciarini, Pascal; Ballmer-Cao, Thanh-Huyen; Lachat, Romain, 2001: *Genre, âge et participation politique: les élections fédérales de 1995 dans le canton de Genève*, in: Swiss Political Science Review, 7:3, 81–96.

Sciarini, Pascal; Bornstein, Nicolas; Lanz, Bruno, 2007: *The Determinants of Voting Choices on Environmental Issues: A Two-Level Analysis*, in: de Vreese, Claes H. (Hrsg.): *The Dynamics of Referendum Campaigns. An International Perspective*, New York: Palgrave Macmillan, 234–266.

Sears, David O.; Funk, Carolyn, 1991: *The Role of Self-Interest in Social and Political Attitudes*, in: Zanna, Mark P. (Hrsg.): *Advances in Experimental Social Psychology 24*, New York: Academic Press, 1–91.

Seitz, Werner, 1997: *Die politische Kultur und ihre Beziehung zum Abstimmungsverhalten*, Zürich: Realutopia.

Selb, Peter, 2008: *Supersized Votes: Ballot Length, Uncertainty and Choice in Direct Legislation Elections*, in: Public Choice, 135:3-4, 319–336.

Selb, Peter; Kriesi, Hanspeter; Hänggli, Regula; Marr, Mirko, 2009: *Partisan Choices in a Direct-Democratic Campaign*, in: European Political Science Review, 1:1, 155–172.

Serdült, Uwe, 2013: *Partizipation als Norm und Artefakt in der schweizerischen Abstimmungsdemokratie – Entmystifizierung der durchschnittlichen Stimmbeteiligung anhand von Stimmregisterdaten aus der Stadt St. Gallen*, in: Good, Andrea; Platipodis, Bettina (Hrsg.): *Direkte Demokratie: Herausforderungen zwischen Recht und Politik, Festschrift für Andreas Auer zum 65. Geburtstag*, Bern: Stämpfli, 41–50.

Setälä, Maija, 1999: *Referendums and Democratic Government*, London: Macmillan.

Setälä, Maija, 2006: *On the Problems of Responsibility and Accountability in Referendums*, in: European Journal of Political Research, 45:4, 699–721.

Sherman, Steven J.; Judd, Charles M.; Park, Bernadette, 1989: *Social Cognition*, in: Annual Review of Psychology, 40:1, 281–326.

Sidjanski, Dusan, 1972: *Les Suisses et la politique: enquête sur les attitudes d'électeurs suisses*, Bern: Lang.

Simon, Herbert, 1955: *A Behavioral Model of Rational Choice*, in: Quarterly Journal of Economics, 69:1, 99–118.

Simon, Herbert, 1957: *Administrative Behavior: A Study of Decision-Making Processes in Administrative Organizations*, New York: Free Press.

Skocpol, Theda, 1979: *States and Social Revolutions*, Cambridge: Cambridge University Press.

Slovic, Paul, 1995: *The Construction of Preference*, in: American Psychologist, 50:5, 364–371.

Smith, Daniel A., 1998: *Tax Crusaders and the Politics of Direct Democracy*, New York: Routledge.

Smith, Eliot R., 1998: *Mental Representation and Memory*, in: Gilbert, Daniel T.; Fiske, Susan T.; Lindzey, Gardner (Hrsg.): *Handbook of Social Psychology*, 4. Auflage, Vol. 1, Boston: McGraw-Hill, 391–445.

Smith, Gordon, 1976: *The Functional Properties of the Referendum*, in: European Journal of Political Research, 4:1, 1–23.

Sniderman, Paul M., 1993: *The New Look in Public Opinion Research*, in: Finifter, Ada (Hrsg.): *The State of The Discipline II*, Washington: The American Political Science Association, 219–246.

Sniderman, Paul M.; Brody, Richard; Tetlock, Philip, 1991: *Reasoning and Choice: Explorations in Political Psychology*, New York: Cambridge University Press.

Snijders, Tom; Bosker, Roel, 2012: *Multilevel Analysis. An Introduction to Basic and Advanced Multilevel Modeling*, London: Sage.

Somin, Ilya, 1998: *Voter Ignorance and the Democratic Ideal*, in: Critical Review, 12:4, 413–458.

Soroka, Stuart N., 2002: *Issue Attributes and Agenda-Setting: Media, the Public, and Policymakers in Canada*, in: International Journal of Public Opinion Research, 14:3, 264–285.

Soukup, Petr, 2008: *Three Strategies: From Contextual Analysis to Multilevel Modeling*, in: Jeřábek, Hynek; Soukup, Petr (Hrsg.): *Advanced Lazarsfeldian Methodology*, Prague: Karolinum Press, Charles University, Kapitel 3, http://samba.fsv.cuni.cz/~soukp6as/ADVANCED_STATISTICS/lecture3/texts/soukup/Soukup3_Text.pdf (Zugriff 20.5.2014).

Stadelmann-Steffen, Isabelle; Freitag, Markus, 2009: *Abstimmungs- oder Wahldemokratie? Zum Einfluss der direkten Demokratie auf die Wahlteilnahme in den Kantonen*, in: Vatter, Adrian; Varone, Frédéric; Sager, Fritz (Hrsg.): *Demokratie als Leidenschaft. Planung, Entscheidung und Vollzug in der Schweizerischen Demokratie*, Bern, Stuttgart, Wien: Haupt, 157–182.

Stadelmann-Steffen, Isabelle; Freitag, Markus, 2011: *Making Civil Society Work: Models of Democracy and Their Impact on Civic Engagement*, in: Nonprofit and Voluntary Sector Quarterly, 40:3, 526–551.

Stadelmann-Steffen, Isabelle; Vatter, Adrian, 2012: *Does Satisfaction with Democracy Really Increase Happiness? Direct Democracy and Individual Satisfaction in Switzerland*, in: Political Behavior, 34:3, 535–559.

Stähli Ernst, Michèle, 2012: Switzerland, in: Häder, Sabine (Hrsg.): *Telephone Surveys in Europe: research and practice*, Berlin, Heidelberg: Springer, 25–36.

Steffen, Isabelle, 2005: *Determinanten der Arbeitslosigkeit in den Schweizer Kantonen. Eine empirische Untersuchung zu den Disparitäten in den kantonalen Arbeitslosenquoten*, in: Swiss Political Science Review, 11:1, 27–53.

Stevens, Stanley S., 1951: *Mathematics, Measurement and Psychophysics*, in: Stevens, Stanley (Hrsg.): *Handbook of Experimental Psychology*, New York: John Wiley & Sons, 1–49.

Stratmann, Thomas, 2006: *Is Spending More Potent For or Against a Proposition? Evidence from Ballot Measures*, in: American Journal of Political Science, 50:3, 788–801.

Strunk, Verena; Gerth, Matthias, 2011: *Politische Kampagnenwerbung in der Zürcher Tagespresse*, in: Studies in Communication Sciences, 11:2, 51–83.

Stutzer, Alois, 1999: *Demokratieindizes für die Kantone der Schweiz*, Working Paper No. 23, Institut für Empirische Wirtschaftsforschung, Universität Zürich.

Stutzer, Alois; Frey, Bruno S., 2000: *Stärkere Volksrechte – Zufriedenere Bürger: eine mikroökonomische Untersuchung für die Schweiz*, in: Swiss Political Science Review, 6:3, 1–30.

Suksi, Markko, 1993: *Bringing in the People*, Dordrecht: Martinus Nijhoff.

Squire, Peverill, 1988: *Why the 1936 Literary Digest Poll Failed*, in: Public Opinion Quarterly, 52:1, 125–133.

Taber, Charles S., 2003: *Information Processing and Public Opinion*, in: Sears, David O.; Huddy, Leonie; Jervis, Robert (Hrsg.): *The Handbook of Political Psychology*, New York: Oxford University Press, 433–476.

Tawfik, Amal; Sciarini, Pascal; Horber, Eugène, 2012: *Putting Voter Turnout in a Longitudinal and Contextual Perspective: An Analysis of Actual Participation Data*, in: International Political Science Review, 33:3, 352–371.

Tetlock, Philip E., 1999: *Theory-Driven Reasoning about Plausible Pasts and Probable Futures in World Politics: Are We Prisoners of Our Preconceptions?*, in: American Journal of Political Science, 43:2, 335–366.

Tewksbury, David, 1999: *Differences in How We Watch the News: The Impact of Processing Goals and Expertise on Evaluations of Political Actors*, in: Communication Research, 26:1, 4–29.

Theiler, Tobias, 2004: *The Origins of Euroscepticism in German-Speaking Switzerland*, in: European Journal of Political Research, 43:4, 635–656.

Todd, Peter M.; Gigerenzer, Gerd, 2000: *Précis of Simple Heuristics That Make Us Smart*, in: Behavioral and Brain Sciences, 23:5, 727–741.

Töller, Annette E.; Voller, Annette, 2013: *Wem nützt direkte Demokratie? Policy-Effekte direkter Demokratie und Folgerungen für die Forschung zu Deutschland*, in: Zeitschrift für Vergleichende Politikwissenschaft, 7:4, 299–320.

Tolbert, Caroline J.; Hero, Rodney E., 1996: *Race/Ethnicity and Direct Democracy: An Analysis of California's Illegal Immigration Initiative*, in: Journal of Politics, 58:3, 806–818.

Tolbert, Caroline J.; Hero, Rodney E., 2001: *Dealing with Diversity: Racial/Ethnic Context and Social Policy Change*, in: Political Research Quarterly, 54:3, 571–604.

Tolbert, Caroline J.; Grummel, John; Smith, Daniel A., 2001: *The Effect of Ballot Initiatives on Voter Turnout in the American States*, in: American Politics Research, 29:6, 625–648.

Tolbert, Caroline J.; McNeal, Ramona; Smith, Daniel A., 2003: *Enhancing Civic Engagement: The Effect of Direct Democracy on Political Participation and Knowledge*, in: State Politics and Policy Quarterly, 3:1, 23–41.

Tornay, Bénédicte, 2008: *La démocratie directe saisie par le juge*, Zürich: Schulthess.

Tourangeau, Roger; Rips, Lance J.; Rasinski, Kenneth, 2000: *The psychology of survey response*. Cambridge: Cambridge University Press.

Tourangeau, Roger; Rasinski, Kenneth A.; Bradburn, Norman; D'Andrade, Roy, 1989: *Carryover Effects in Attitude Surveys*, in: Public Opinion Quarterly, 53:4, 495–524.

Traugott, Michael W.; Katosh, John P., 1979: *Response Validity in Surveys of Voting Behavior*, in: Public Opinion Quarterly 43:3, 359–377.

Trechsel, Alexander H., 2000: *Feuerwerk Volksrechte. Die Volksabstimmungen in den schweizerischen Kantonen 1970–1996*, Basel, Genf: Helbing & Lichtenhahn.

Trechsel, Alexander H., 2002: *Volksabstimmungen*, in: Klöti, Ulrich; Knoepfel, Peter; Kriesi, Hanspeter; Linder, Wolf; Papadopoulos, Yannis (Hrsg.): *Handbuch der Schweizer Politik*, 3. Auflage, Zürich: Verlag Neue Züricher Zeitung, 557–588.

Trechsel, Alexander H.; Sciarini, Pascal, 1998: *Direct Democracy in Switzerland: Do Elites Matter?*, in: European Journal of Political Research, 33:1, 99–124.

Trechsel, Alexander H.; Serdült, Uwe; Auer, Andreas, 1999: *Kaleidoskop Volksrechte. Die Institutionen der direkten Demokratie in den schweizerischen Kantonen 1970–1996*, Basel: Schulthess.

Tresch, Anke, 2008: *Öffentlichkeit und Sprachenvielfalt. Medienvermittelte Kommunikation zur Europapolitik in der Deutsch- und Westschweiz*, Baden-Baden: Nomos.

Tresch, Anke, 2012: *The (Partisan) Role of the Press in Direct Democratic Campaigns: Evidence from a Swiss Vote on European Integration*, in: Swiss Political Science Review, 18:3, 287–304.

Tschannen, Pierre, 2007: *Staatsrecht der Schweizerischen Eidgenossenschaft*, Bern: Stämpfli.

Tschentscher, Axel, 2010: *Direkte Demokratie in der Schweiz – Länderbericht 2008/2009*, in: Feld, Lars P.; Huber, Peter; Jung, Otmar; Welzel, Christian; Wittreck, Fabian (Hrsg.): *Jahrbuch für direkte Demokratie 2009*, Baden-Baden: Nomos, 205–240.

Tschentscher Axel; Blonski, Dominika, 2012: *Direkte Demokratie in der Schweiz – Länderbericht 2010/2011*, in: Feld, Lars P.; Huber, Peter; Jung, Otmar; Lauth, Hans-Joachim; Wittreck, Fabian (Hrsg.): *Jahrbuch für direkte Demokratie 2011*, Baden-Baden: Nomos, 139–174.

Tsebelis, George, 2002: *Veto Players. How political institutions work*. Princeton: Princeton University Press.

Tversky, Amos; Kahnemann, Daniel, 1974: *Judgement under Uncertainty: Heuristics and Biases*, in: Science, 185:4157, 1124–1131.
Udehn, Lars, 2001: *Methodological Individualism. Background, History and Meaning*, London: Routledge.
Uleri, Pier V., 1996: *Introduction*, in: Gallagher, Michael; Uleri, Pier V. (Hrsg.): *The Referendum Experience in Europe*, Basingstoke: Macmillan, 1–19.
Ullrich, Carsten G.; Hollenstein, Bettina, 2003: *Einheit trotz Vielfalt? Zum konstitutiven Kern qualitativer Sozialforschung*, in: Soziologie, 32:4, 29–43.
Van Deth, Jan W., 1986: *Political Science as a No-Risk Policy*, in: Acta Politica, 21:2, 185–199.
Van Deth, Jan W., 1990: *Interest in Politics*, in: Jennings, M. Kent; van Deth, Jan W. (Hrsg.): *Continuities in Political Action*, Berlin, New York: De Gruyter, 275–312.
Vatter, Adrian, 1994a: *Der EWR-Entscheid: Kulturelle Identität, Rationales Kalkül oder struktureller Kontext?*, in: Schweizerische Zeitschrift für Soziologie, 20:1, 15–42.
Vatter, Adrian, 1994b: *Eigennutz als Grundmaxime in der Politik? Eine Überprüfung des Eigennutz-Axioms der ökonomischen Theorie der Politik bei Stimmbürgern, Parlamentariern und der Verwaltung*, Bern, Stuttgart, Wien: Haupt.
Vatter, Adrian, 1997: *Die Wechselbeziehungen zwischen Konkordanz- und Direktdemokratie. Ein Vergleich am Beispiel westlicher Industriestaaten und der Schweizer Kantone*, in: Politische Vierteljahresschrift, 38:4, 743–770.
Vatter, Adrian, 2000: *Consensus and Direct Democracy: Theoretical and Empirical Linkages*, in: European Journal of Political Research, 38:2, 245–268.
Vatter, Adrian, 2002: *Kantonale Demokratien im Vergleich. Entstehungsgründe, Interaktionen und Wirkungen politischer Institutionen in den Schweizer Kantonen*, Opladen: Leske + Budrich.
Vatter, Adrian, 2007a: *Lijphart goes Regional: Two Different Patterns of Consensus in Swiss Democracies*, in: West European Politics, 30:1, 147–171.
Vatter, Adrian, 2007b: *Direkte Demokratie in der Schweiz: Entwicklungen, Debatten und Wirkungen*, in: Freitag, Markus; Wagschal, Uwe (Hrsg.): *Direkte Demokratie. Bestandsaufnahmen und Wirkungen im internationalen Vergleich*, Münster: LIT Verlag, 71–113.
Vatter, Adrian, 2008: *Vom Extremtyp zum Normalfall? Die Schweizerische Konsensusdemokratie im Wandel. Eine Re-Analyse von Lijpharts Studie für die Schweiz von 1997 bis 2007*, in: Swiss Political Science Review, 14:1, 1–47.
Vatter, Adrian, 2009: *Lijphart Expanded: Three Dimensions of Democracy in Advanced OECD Countries*, in: European Political Science Review, 1:1, 125–154.

Vatter, Adrian (Hrsg.), 2011: *Vom Schächt- zum Minarettverbot. Religiöse Minderheiten in der direkten Demokratie*, Zürich: Verlag Neue Zürcher Zeitung.

Vatter, Adrian, 2014: *Das politische System der Schweiz*, Baden-Baden: Nomos.

Vatter, Adrian; Bernauer, Julian, 2009: *The Missing Dimension of Democracy: Institutional Patterns in 25 EU States*, in: European Union Politics, 10:3, 335–359.

Vatter, Adrian; Danaci, Deniz, 2010: *Mehrheitstyrannei durch Volksentscheide? Zum Spannungsverhältnis zwischen direkter Demokratie und Minderheitenschutz*, in: Politische Vierteljahresschrift, 51:2, 205–222.

Vatter, Adrian; Danaci, Deniz, 2011: *Mehrheitsdemokratisches Schwert oder Schutzschild für Minoritäten? Minderheitenrelevante Volksentscheide in der Schweiz*, in: Vatter, Adrian (Hrsg.): *Vom Schächt- zum Minarettverbot. Religiöse Minderheiten in der direkten Demokratie*, Zürich: Verlag Neue Zürcher Zeitung, 215–237.

Vatter, Adrian; Freitag, Markus, 2002: *Die Janusköpfigkeit von Verhandlungsdemokratien. Zur Wirkung von Konkordanz, direkter Demokratie und dezentralen Entscheidungsstrukturen auf den öffentlichen Sektor der Schweizer Kantone*, in: Swiss Political Science Review, 8:2, 53–80.

Vatter, Adrian; Freitag, Markus, 2007: *The Contradictory Effects of Consensus Democracy on the Size of Government: Evidence from the Swiss Cantons*, in: British Journal of Political Science, 37:2, 359–369.

Vatter, Adrian; Heidelberger, Anja, 2013: *Volksentscheide nach dem NIMBY-Prinzip? Eine Analyse des Abstimmungsverhaltens zu Stuttgart 21*, in: Politische Vierteljahresschrift, 54:2, 317–336.

Vatter, Adrian; Heidelberger, Anja, 2014: *Das Stimmbürgerverhalten bei grossen Infrastrukturprojekten in der Schweiz im Vergleich zur Stuttgart-21-Abstimmung*, in: *Jahrbuch für direkte Demokratie 2013*, Baden-Baden: Nomos (im Erscheinen).

Vatter, Adrian; Linder, Wolf; Farago, Peter, 1997: *Determinanten politischer Kultur am Beispiel des Schwyzer Stimmverhaltens*, in: Swiss Political Science Review, 3:1, 31–63.

Vatter, Adrian; Nabholz, Ruth, 1995: *Der Stimmbürger als Homo Oeconomicus? Ein empirischer Theorientest des Stimmbürgerverhaltens bei Fiskalvorlagen*, in: Politische Vierteljahresschrift, 36:3, 484–501.

Vatter, Adrian; Rüefli, Christian, 2003: *Do Political Factors Matter for Health Care Expenditures? A Comparative Study of Swiss Cantons*, in: Journal of Public Policy, 23:3, 301–323.

Verba, Sidney; Nie, Norman H., 1972: *Participation in America: Political Democracy and Social Equality*, New York: Harper & Row.

Verba, Sidney; Nie, Norman H.; Kim, Jae-On, 1978: *Participation and Political Equality*, Chicago: University of Chicago Press.

Verba, Sidney; Lehman Scholzman, Kay; Brady, Henry, 1995: *Voice and Equality: Civic Voluntarism in American Politics*, Cambridge: Harvard University Press.

Voll, Peter, 1991: *Konfession und Politik in der Schweiz. Zum konfessionellen Faktor bei der Entwicklung stabiler Parteiensympathien und bei den Eidgenössischen Abstimmungen vom 9. Juni 1985*, in: Schweizerische Zeitschrift für Soziologie, 17:2, 375–406.

Von Alemann, Ulrich; Tönnesmann, Wolfgang, 1995: *Grundriss – Methoden in der Politikwissenschaft*, in: von Alemann, Ulrich (Hrsg.): *Politikwissenschaftliche Methoden. Grundriss für Studium und Forschung*, Opladen: Westdeutscher Verlag, 17–140.

Von Arx, Nicolas, 2002: *Ähnlich, aber anders. Die Volksinitiative in Kalifornien und in der Schweiz*, Basel: Helbing & Lichtenhahn.

Von der Lippe, Peter; Kladroba, Andreas, 2002: *Repräsentativität von Stichproben*, in: Marketing 24, 227–238

Vox: *Analysen der eidgenössischen Abstimmungen*, 1977 ff., Bern, Zürich.

Wälti, Sonja, 1993: *La connaissance de l'enjeu*, in: Kriesi, Hanspeter (Hrsg.): *Citoyenneté et démocratie directe*, Zürich: Seismo, 25–50.

Wagschal, Uwe, 1997: *Direct Democracy and Public Policymaking*, in: Journal of Public Policy, 17:2, 223–245.

Wagschal, Uwe, 2009: *Folgt das Volk? Abstimmungsparolen als Instrument von Überzeugungsstrategien in Schweizer Volksabstimmungen*, in: Chaniotis, Angelos (Hrsg.): *Heidelberger Jahrbücher: Überzeugungsstrategien*, Berlin, Heidelberg: Springer, 73–92.

Wagschal, Uwe; Obinger, Herbert, 2000: *Der Einfluss der Direktdemokratie auf die Sozialpolitik*, in: Politische Vierteljahresschrift, 41:3, 466–497.

Walter-Rogge, Melanie, 2008: *Direkte Demokratie*, in: Gabriel, Oscar W.; Kropp, Sabine (Hrsg.): *Die EU-Staaten im Vergleich. Strukturen, Prozesse, Politikinhalte*, Wiesbaden: VS Verlag für Sozialwissenschaften, 236–267.

Wattenberg, Martin, 1998: *The Decline of American Political Parties, 1952–1996*, Cambridge: Harvard University Press.

Weber, Edward, 2012: *Geld in der direkten Demokratie. Eine Analyse des Einflusses der Werbeausgaben auf die Veränderung der Zustimmung bei 65 eidgenössischen Vorlagen zwischen 1998 und 2011*, Lizentiatsarbeit, Universität Zürich.

Weber, Max, 1963: *Das Verhalten der Stimmberechtigten gegenüber Finanzproblemen im schweizerischen Bundesstaat*, in: Schweizerische Gesellschaft für

Konjunkturforschung (Hrsg.): *Kultur und Wirtschaft. Festschrift zum 70. Geburtstag von Eugen Böhler*, Zürich: Polygrapischer Verlag, 87–96.

Weber, Max, 1972: *Wirtschaft und Gesellschaft*, 5. Auflage, Tübingen: Mohr.

Weber, Max, 1988: *Gesammelte Aufsätze zur Religionssoziologie I*, 9. Auflage, Tübingen: Mohr.

Wegner, Daniel M., 2002: *The Illusion of Conscious Will*, Cambridge: MIT Press.

Weisberg, Herbert F., 1980: *A Multidimensional Conceptualization of Party Identification*, in: Political Behavior, 2:1, 33–60.

Weisberg, Herbert F., 2005: *The Total Survey Error Approach: A Guide to the New Science of Survey Research*, Chicago: University of Chicago Press.

Wernli, Boris, 2001: *Contraintes institutionnelles, influences contextuelles et participation aux élections fédérales en Suisse*, Bern: Haupt.

West, Darrell M., 1991: *Polling Effects in Election Campaigns*, in: Political Behavior, 13:2, 151–163.

Widmer, Thomas; Buri, Christof, 1992: *Brüssel oder Bern: Schlägt das Herz der «Romands» eher für Europa? Ein Vergleich der Einstellungen von Deutsch- und WestschweizerInnen zur Europa-Frage*, in: Schweizerisches Jahrbuch für Politische Wissenschaft 32, 363–388.

Wilson, Timothy D.; Hodges, Sara D., 1992: *Attitudes as Temporary Constructions*, in: Martin, L.; Tesser, A. (Hrsg.): *The Construction of Social Judgment*, Hillsdale: Erlbaum, 37–65.

Wittmann, Walter, 1998: *Die Schweiz. Ende eines Mythos*. München: Langen Müller.

Wittmann, Walter, 2001: *Direkte Demokratie. Bremsklotz der Revitalisierung*, Frauenfeld: Huber.

Zaller, John, R., 1992: *The Nature and Origins of Mass Opinion*, Cambridge: Cambridge University Press.

Zaller, John R., 1996: *The Myth of Massive Media Impact Revived: New Support for a Discredited Idea*, in: Mutz, Diana C.; Sniderman, Paul M.; Brody, Richard A. (Hrsg.): *Political Persuasion and Attitude Change*, Ann Arbor: University of Michigan Press, 17–78.

Zaller, John R., 2003: *A New Standard of News Quality: Burglar Alarms for the Monitorial Citizen*, in: Political Communication, 20:2, 109–130.

Zaller, John R.; Feldman, Stanley, 1992: *A Simple Theory of the Survey Response: Answering Questions versus Revealing Preferences*, in: American Journal of Political Science, 36:3, 579–616.

Zillmann, Dolf; Bryant, Jennings, 1985: *Affect, Mood, and Emotion as Determinants of Selective Exposure*, in: Zillmann, Dolf; Bryant, Jennings (Hrsg.): *Selective Exposure to Communication*, Hillsdale: Erlbaum, 157–190.

Zimmermann, Rolf, 2009: *Zur Minarettsverbotsinitiative in der Schweiz*, in: Zeitschrift für ausländisches öffentliches Recht und Völkerrecht 69, 829–864.

Zingg, Elvira; Benz, Matthias, 2003: *Mobilität, Wahlbeteiligung und Sozialkapital in Schweizer Gemeinden*, in: Swiss Political Science Review, 9:2, 59–87.

Zintl, Reinhard, 1989: *Der Homo Oeconomicus: Ausnahmeerscheinung in jeder Situation oder Jedermann in Ausnahmesituationen?*, in: Analyse und Kritik, 11:1, 52–69.

Zintl, Reinhard, 2001: *Rational Choice as a Tool in Political Science*, in: Associations, 5:1, 35–50.

Zuckerman, Alan S.; Valentino, Nicholas A.; Zuckerman, Esra W., 1994: *A Structural Theory of Vote Choice. Social and Political Networks and Electoral Flows in Britain and the United States*, in: Journal of Politics, 56:4, 1008–1033.

Zürcher, Regula, 2006: *Konkordanz und Konfliktlinien. Eine Überprüfung der Konkordanztheorie anhand quantitativer und qualitativer Analysen der eidgenössischen Volksabstimmungen 1848 bis 1947*, Berner Studien zur Politikwissenschaft Bd. 15, Bern: Haupt.